Lloyd deMause
Was ist Psychohistorie?

Psychohistorie ist die wissenschaftliche Erforschung historischer Motivationen. Dieser Ausgangspunkt von Lloyd deMauses Theoriebildung impliziert eine radikale Kritik sowohl an der traditionellen Geschichtswissenschaft als auch an den traditionellen Formen der Sozialwissenschaften wie Anthropologie, Soziologie und Psychologie. Der Weg zum Verständnis historischer Ereignisse führt nicht über die Sammlung und narrative Anhäufung von Daten aus Politik, Wirtschaft und Gesellschaft; er führt über die methodische Ergründung bewußter und unbewußter psychologischer Motive der geschichtlich Handelnden.

DeMauses Werk zielt auf eine vollständige „Geschichte der Psyche" ab. Die Psyche des einzelnen bildet sich nach Maßgabe der zu einem bestimmten Zeitpunkt in einer bestimmten Gruppe praktizierten Erziehungsformen heraus. Kinder, die denselben Erziehungsformen unterworfen waren, bilden als Erwachsene eine Gruppe mit gemeinsamen unbewußten Phantasien, eine sogenannte „Psychoklasse".

Veränderungen der Erziehungsformen ziehen Veränderungen in der Psyche nach sich, die sich durch die Psychoklassen auf die Möglichkeitsfelder geschichtlichen Handelns auswirken. Je besser die Behandlung von Kindern seitens ihrer Eltern, je angenehmer und freudvoller die Kindheit insgesamt, desto integrierter die Psyche des einzelnen, desto weniger paranoid und ergo friedlicher auch das Verhalten der Gruppe – und desto unwahrscheinlicher die gewaltsame Lösung von Konflikten zwischen Gruppen respektive Nationen. Diese verborgenen Zusammenhänge dessen, was er auch die „Krieg-als-Geburt"-Fantasie nennt, weist der Autor in zahlreichen Einzelstudien geschichtlicher Ereignisse wie historischer Persönlichkeiten nach und belegt sie mit reichhaltigem Material.

Das Buch richtet sich an alle Geistes- und Sozialwissenschaftler, die die Grundlagen ihres Faches kritisch hinterfragen möchten, Interesse an den psychologischen Motivationen des geschichtlichen Prozesses haben und offen sind für neue Ansätze. Historiker und Psychologen, Anthropologen, Soziologen und Politologen, aber auch Psychoanalytiker, Pädagogen und Philosophen sowie (Prä- und Perinatal-)Mediziner werden sich von deMauses ebenso kühnen und provokanten wie empirisch gut untermauerten Thesen angesprochen, wenn nicht herausgefordert fühlen.

Reihe »Psyche und Gesellschaft«
Herausgegeben von Johann August Schülein und Hans-Jürgen Wirth

Lloyd deMause

Was ist Psychohistorie?

Eine Grundlegung

Herausgegeben von Artur R. Boelderl und Ludwig Janus
Aus dem Amerikanischen von Artur R. Boelderl

Psychosozial-Verlag

Die Übersetzung der hier enthaltenen Texte aus Foundations of Psychohistory (New York 1982) wurde zum Teil auf der Folie der von Renate und Rolf Wiggershaus (Kapitel 2) für Hört ihr die Kinder weinen (Frankfurt am Main 1977) bzw. von Aurel Ende, Eva Lohner-Horn und Peter Orban (Kapitel 1 und 3-8) für Grundlagen der Psychohistorie (Frankfurt am Main 1989) besorgten Erstübersetzungen erstellt.

Bibliografische Information der Deutschen Nationalbibliothek
Die Deutsche Nationalbibliothek verzeichnet diese Publikation
in der Deutschen Nationalbibliografie; detaillierte bibliografische Daten
sind im Internet über http://dnb.d-nb.de abrufbar.

© der Originaltexte Lloyd deMause
© 2000 Psychosozial-Verlag
E-Mail: info@psychosozial-verlag.de
www.psychosozial-verlag.de
Alle Rechte vorbehalten. Kein Teil des Werkes darf in irgendeiner Form
(durch Fotografie, Mikrofilm oder andere Verfahren)
ohne schriftliche Genehmigung des Verlages reproduziert
oder unter Verwendung elektronischer Systeme verarbeitet,
vervielfältigt oder verbreitet werden.
Umschlagabbildung: Jacques Stella, 1657
Umschlaggestaltung: Atelier Warminsky, Büdingen
ISBN 978-3-932133-64-0

Inhalt

Editorische Notiz   7

Vorwort (1981)   9

Die Evolution der Kindheit (1973)   16

Die Eigenständigkeit der Psychohistorie (1975)   118

Die Entstehung der amerikanischen Persönlichkeit durch psychische Artenbildung (1976)   145

Die psychogene Geschichtstheorie (1977)   183

Jimmy Carter und die amerikanische Fantasie (1977)   199

Historische Gruppenfantasien (1979)   229

Die fötalen Ursprünge der Geschichte (1981)   322

„Kopf oder Zahl": Geld als *poison container* (1988)   435

Die sanfte Revolution: Die Wurzeln der sowjetischen und osteuropäischen Demokratiebewegungen in der Kindheit (1990)   453

Der Golfkrieg als Geistesstörung (1991)   465

Für Reuben Fine,
für meine Psychohistoriker-Kollegen,
und für meine Frau Susan Hein

Psychohistorie im Internet:
http://www.psychohistory.com

Editorische Notiz

Mit dem vorliegenden Buch wird Lloyd deMause' grundlegendes theoretisches Werk zum Verständnis der psychologischen Motive im geschichtlichen Prozeß erstmals in seiner Gesamtheit einer deutschsprachigen Leserschaft zugänglich gemacht. Bislang konnte man die einzelnen Kapitel der *Foundations of Psychohistory* nur auf zwei verschiedene Bücher verteilt lesen, von denen sich das erste bis heute großer Verbreitung erfreut – *Hört ihr die Kinder weinen* (1977) –, während das zweite – *Grundlagen der Psychohistorie* (1989) – aus den unterschiedlichsten Gründen nicht das Echo hervorrief, das es verdient hatte (und das man sich angesichts seiner Aufnahme in Amerika erwarten durfte), und mittlerweile längst vergriffen ist. Da auch die als solche verdienstvolle Erstübersetzung vor allem des letzteren Buches Verbesserungen zuließ, lag die Entscheidung nahe, eine vollständig neue deutsche Ausgabe der *Foundations of Psychohistory* in Angriff zu nehmen. Daß diese zustande kommen konnte, ist neben dem Engagement der *Deutschen Gesellschaft für psychohistorische Forschung* insbesondere dem Entgegenkommen des Verlegers Herrn Dr. Hans-Jürgen Wirth zu verdanken, der sich trotz der angespannten Lage auf dem Buchmarkt, die kleinere Verlage mit ganzer Härte trifft, dazu bereit erklärt hat, das wirtschaftliche Risiko einer solchen Neuausgabe tragen zu wollen, und so maßgeblich zur Erfüllung eines Desiderats auf dem Gebiete der Psychologie wie der Geschichtswissenschaft und verwandter Disziplinen beiträgt.

Zusätzlich zu den in *Foundations of Psychohistory* enthaltenen Kapiteln (die ersten acht Texte) enthält der vorliegende Band noch drei weitere Aufsätze von deMause, die er seither verfaßt hat und die – erschienen im von ihm 1973 begründeten und herausgegebenen *Journal of Psychohistory* – verschiedene Aspekte der psychohistorischen Theorie respektive der Anwendung ihrer Methoden, wie sie in den vorangegangenen Kapiteln eingeführt worden sind, weiter entwickeln bzw. empirisch unterfüttern. DeMause ist der erste, der in systematischer Weise auf dem Niveau wissenschaftlicher Operationalisierbarkeit die psychologische Tiefendynamik historischer Prozesse dargestellt hat. Dabei arbeitet er grundlegende psychologische Wirkmechanismen heraus, die das Verständnis der geschichtlichen Entwicklung wesentlich zu bereichern versprechen.

Die Herausgeber danken allen, die am Zustandekommen dieses Buches beteiligt waren; Artur R. Boelderl dankt insbesondere seiner Frau Daniela F. Mayr und seiner Tochter Anoukis dafür, daß sie die zur Erstellung der Übersetzung erforderliche Zeit von der ohnehin schon geringen gemeinsamen (Frei-)Zeit abgezweigt und ihm zur Verfügung gestellt haben.

Linz und Heidelberg, im Sommer 1999   *Die Herausgeber*

Vorwort (1981)

> Die Theorie entscheidet, was wir beobachten können.
> *Einstein*

Psychohistorie ist die Lehre von den geschichtlichen Motivationen, nicht mehr und nicht weniger.

Ich hoffe, daß dieses Buch die theoretischen Grundlagen dieser neuen Wissenschaft Psychohistorie schafft.

Oft wird übersehen, daß die Psychohistorie die einzige neue Sozialwissenschaft im 20. Jahrhundert ist – Soziologie, Psychologie und Anthropologie haben sich alle im 19. Jahrhundert von der Philosophie gelöst.

Die erste Aufgabe am Beginn einer jeden neuen Wissenschaft ist die Formulierung kräftiger, klarer, überprüfbarer Thesen. Die neuen Thesen müssen innerlich konsistent und in der Lage sein, Vorhersagen zu ermöglichen, die an neuem empirischem Material geprüft und teilweise widerlegt werden können. Überprüfung und teilweise Widerlegung von Thesen ist das Ziel aller Wissenschaft und zugleich die einzige Basis für die Formulierung neuer und besserer Thesen und Vorhersagen.

Formulierung, Überprüfung, Widerlegung und Neuformulierung der psychohistorischen Theorie ist daher die einzige Absicht, die ich in diesem Buch verfolge.

Jedes Kapitel ist ein neues wissenschaftliches Experiment, in dem ich versuche, mich mit den Akteuren des geschichtlichen Schauspiels zu identifizieren und mein eigenes Unbewußtes dabei zu erforschen, um so an geschichtliche Motivationen heranzureichen. Nur wenn ich diesen *inneren* Akt der Entdeckung vollbringe, kann ich auf neues geschichtliches Material zurückgreifen, um die Motivationsmuster und Gruppendynamiken zu überprüfen, die ich gefunden zu haben meine. Das ist, wie Dilthey vor langer Zeit erkannt hat, der einzige Weg zur psychohistorischen Forschung. In letzter Instanz kann eine Psyche, um die Motive anderer zu entdecken, nur sich selbst erforschen. Die Motive einer anderen Spezies als der unseren, sofern sie in ihrer Art von uns völlig verschieden ist, sind schlicht unerforschlich. *Nur* indem wir den „Hitler in uns" entdecken, können wir einen Hitler verstehen. *Negieren* wir den „Hitler in uns", können wir keine Psychohistorie treiben. Wie Hitler war auch ich ein geschlagenes, verängstigtes Kind und mißgünstiger Jugendlicher. Ich erkenne ihn in mir, und mit ein bißchen Courage kann ich in meinem eigenen Innersten die Ängste fühlen, die er fühlte und die an der Heraufkunft der europäischen *Götterdämmerung** beteiligt waren.

Die Notwendigkeit, sich in die Tiefen seiner eigenen Psyche einzulassen, wenn man psychohistorisch forscht, verführt Kritiker oft dazu, Introspektion mit Halluzination zu verwechseln. Der Politikpsychologe Lloyd Etheredge gesteht ein, er könne nicht entscheiden, ob „deMauses Arbeit die eines mutigen, genialen Visionärs ist – oder ein verrückter Enthusiasmus für eigene, aus dem Ruder gelaufene Fantasien". Der Historiker Lawrence Stone fragt sich angesichts meiner Arbeit, „wie das irritierende Problem eines so mutigen, so herausfordernden, so dogmatischen, so enthusiastischen, so perversen und doch so stark untermauerten Modells zu lösen sei". Und David Stannard fürchtet, Introspektion sei lediglich Regression, und nennt meine Arbeit „weit jenseits der Schwelle auch der großzügigsten Definition von wissenschaftlicher Professionalität", weil ich, wie er sagt, meine Forschungen betreibe, indem ich „„Hunderte von Stunden' mit einem Zweijährigen unter der Bettdecke herumkrieche, um nach Antworten auf die Rätsel der Geschichte zu suchen". Introspektion ist freilich eine gefährliche Sache, und diejenigen, die sich ihrer in der Psychohistorie bedienen, werden nur allzu leicht beschuldigt, sie selbst seien die alleinige Quelle der Fantasien, die sie untersuchen.

Nachdem die Introspektion ein dermaßen wichtiges Werkzeug bei der Erforschung geschichtlicher Motivationen ist, muß das persönliche Leben des Psychohistorikers mit seinem gewählten Gegenstand eng verflochten werden. „Keine Liebe und kein Haß – kein Verstehen", das ist eine Binsenweisheit der psychologischen Wissenschaften. Es sollte niemanden überraschen, daß ich während der zehn Jahre meines Lebens, da ich die Forschungen zu diesen Texten unternahm und sie niederschrieb, alle darin enthaltenen Themen durchlebt habe; ich schrieb über die Entwicklung der Kindheit während der Kindheit meines Sohnes, über die Ursprünge des Krieges während meiner Scheidung und über die fötalen Ursprünge der Geschichte während der Schwangerschaft meiner zweiten Frau. Ich könnte genauso die Spuren des Einflusses meiner ersten und meiner zweiten Psychoanalyse auf diese Aufsätze feststellen oder die Entstehung unseres *Institute for Psychohistory* oder die des *Journal of Psychohistory*, in dem diese Aufsätze erstmals publiziert wurden. Das alles ist für wissenschaftliche Entdeckungen relevant. Letztlich zählt jedoch, wie gut die Theorie das vorliegende Material erklärt. Ich studiere methodisch meine eigenen Träume, um sowohl meine Rolle in psychohistorischen Gruppen als auch mein geschichtliches Material leichter zu verstehen – Geschichte ergibt nämlich, genauso wie Träume, einen guten Sinn, wenn man ihre jeweiligen symbolischen Transformationsregeln kennt. Gleichwohl beziehen meine psychohistorischen Theorien ihren Wahrheitswert nicht aus meinen Träumen, sondern von ihrer Kraft, die allgemein geteilten Motive von Individuen in geschichtlichen Gruppen zu erklären.

Die „psychogene Geschichtstheorie", zu der ich in diesem Buch ansetze, ist einfach zu verstehen, wenn auch manchmal schwer zu glauben. Sie kann zusammengefaßt dargestellt werden als die Theorie, daß Geschichte das Ausführen von Gruppenfantasien von Erwachsenen impliziert – Fantasien, die auf Motivationen beruhen, welche zuerst von der Evolution der Kindheit hervorgebracht werden.

Ich nenne diese Theorie „psychogen" anstelle von „ökonomisch" oder „politisch", da sie den Menschen mehr als *homo relatens* denn als *homo oeconomicus* oder *homo politicus* betrachtet – das heißt als jemanden, der nach *Beziehung* und *Liebe* statt nach Geld oder Macht sucht. Die Theorie behauptet, daß es nicht die „wirtschaftliche Klasse" noch die „gesellschaftliche Klasse" ist, sondern die *„Psychoklasse"* – gemeinsame Formen der Kindererziehung –, welche die wirkliche Grundlage zum Verständnis von Motivation in der Geschichte darstellt. Von daher ist der inoffizielle Slogan unseres *Journal of Psychohistory*: „keine Kindheit, keine Psychohistorie", auch dazu bestimmt, das psychogene Ziel als unser oberstes stets vor Augen zu halten, während wir unsere neue Wissenschaft herausbilden, wie schwierig es auch sein mag.

Als Unterdisziplin der wissenschaftlichen Psychologie ist die Psychohistorie einfach die Psychologie der größten Gruppen. Sie basiert auf der Psychoanalyse, weil diese die bedeutsamste Tiefenpsychologie des 20. Jahrhunderts ist – im Gegensatz zur soziologischen Theorie, die auf dem Assoziationismus des 18. Jahrhunderts oder dessen Abwandlung im 19. Jahrhundert, dem Behaviorismus, beruht. Dennoch sind psychohistorische Gesetzmäßigkeiten, wie der Psychohistoriker Rudolph Binion unablässig betont, Gesetzmäßigkeiten *sui generis*, sie sind nicht aus der klinischen Praxis, sondern nur aus historischer Beobachtung zu gewinnen. Während sie sich nämlich auf feste Prinzipien der individuellen Psychologie stützen, gehen sie über diese hinaus zu Dynamiken, die großen Gruppen eigen sind, und sind ebensowenig auf klinische Psychologie reduzierbar wie die Astronomie auf Atomphysik. Somit hebt meine Arbeit auf eine vollständige „Geschichte der Psyche" ab und nicht bloß darauf,

„Psychologie in der Geschichtswissenschaft anzuwenden". Das bedeutet, daß die Art Psychohistorie, die von jenen geschrieben wird, die dem *Institute for Psychohistory* angehören, sich weniger von William Langers berühmtem „Next Assignment" für Historiker herleitet, „die Psychoanalyse in der Geschichte zu verwenden", als von Freuds anfänglicher Hoffnung, wonach „wir jemand erwarten können, der es unternimmt, eines Tages eine Pathologie kultureller Gemeinschaften zu entwickeln".

Die von Freud aufgeworfene bloße Denkmöglichkeit, daß ganze Gruppen pathologisch sein könnten, verstört die Historiker. Der britische Historiker E. P. Hennock beklagt die „Kraßheit und schiere Narretei" meiner Arbeit vom historischen Relativismus her:

> Daß Menschen in anderen Zeitaltern sich ganz anders als wir verhalten, doch deshalb nicht weniger vernünftig und gesund sein könnten, ist nun schon seit langem eine grundlegende Übereinstimmung unter Historikern. Sie gehört nicht in deMauses geistiges Universum ... Die normalen Praktiken vergangener Gesellschaften werden ständig erklärt, als wären sie Psychosen.

Obwohl ich tatsächlich niemals das Wort „Psychose" auf Gruppen angewandt habe, weiß ich, was Hennock meint. Es ist derselbe historische Relativismus, den Philippe Ariès vertritt, wenn er sagt, Menschen früherer Zeiten, die Kinder sexuell mißbraucht haben, seien normal gewesen, weil „die weitverbreitete Praxis, mit den Intimteilen von Kindern zu spielen, Teil einer weitverbreiteten Tradition war". Diese Art Relativismus war unter Anthropologen in den dreißiger Jahren populär – „jede Kultur kann nur innerhalb ihres eigenen Wertesystems beurteilt werden" –, bis der Zweite Weltkrieg daherkam und es plötzlich bizarr schien zu sagen, „Nazis spiegeln bloß eine Kultur wider, die das Verbrennen von Babys in Öfen wertschätzt". Es gibt ganz einfach keine Möglichkeit, Werte aus der Psychohistorie zu eliminieren – Kinder zu lieben ist in *jeder* Kultur besser, als sie zu schlagen –, wenn der Psychohistoriker auch mittels Empathie natürlich *versuchen* kann, den Ethnozentrismus zu eliminieren. Insofern es das Hauptanliegen dieses Buches ist zu zeigen, daß psychische Reife eine *historische* Leistung darstellt, ist jede Seite dessen, was Sie gerade lesen, notwendigerweise von meinem Wertesystem geprägt, und Sie sollten sich darauf vorbereiten, meine Werte zusammen mit meinen Fakten zu hinterfragen. Das gilt natürlich auch für jede andere historische Theorie.

Das Wertesystem jeder Sozialwissenschaft ist in ihren obersten Grundsätzen eingebettet. Als die Soziologie ihren Anfang nahm, dachten Comte und

Durkheim, daß sie lediglich deren Gegenstandsbereich einschränkten, als sie ihren obersten Grundsatz aufstellten, wonach „die Gesellschaft dem Einzelnen vorausgeht". Doch seit Popper gezeigt hat, daß dies eine holistische Täuschung war, die tatsächlich eine *Bewertung* der Gruppe (ich würde sagen „der Gruppenfantasie") für *wichtiger* als den Einzelnen darstellte, schwirrt die Soziologie ohne theoretisches Fundament umher. In der Tat wurde der Begriff „Gesellschaft" *erfunden*, um individuelle Motivationen in Gruppen zu negieren; Durkheim machte aus dieser Flucht vor der Psychologie gar kein Hehl und erklärte, daß „jedesmal, wenn ein gesellschaftliches Phänomen direkt mit einem psychologischen Phänomen erklärt wird, wir sicher sein dürfen, daß die Erklärung falsch ist". Daher benutze ich nie das Wort „Gesellschaft" (und übernehme stattdessen den nicht verdinglichten Terminus „Gruppe"), denn ich halte es für ein projektives Mittel mehr, wie „Gott" oder „Hexe", um den Einzelnen aus seiner Verantwortung zu entlassen. „Die Gesellschaft bewirkte X" ist immer entweder eine Tautologie oder eine Projektion, und es ist ganz bewußt meine Intention, als Alternative zu den holistischen Soziologien von Durkheim und Marx in diesem Buch ein theoretisches System zu liefern, das auf methodologischem Individualismus basiert.

Bedeutet das, daß die Psychohistorie ihren Gegenstandsbereich ganz auf „psychologische Motive" einschränkt? Ja. Nur eine Psyche kann ein Motiv haben, eine Gruppe kann es nicht, eine Fabrik auch nicht, und auch ein Gewehr nicht. Ist die Psychohistorie dann „Geschichte, reduziert auf bloß persönliche Motive"? Wieder ja. Alle Motive sind persönlich, obwohl das „bloß" eine Leugnung ihrer Wichtigkeit darstellt. Und der Vorwurf des „Reduktionismus", der oft gegen die Psychohistorie erhoben wird, ist schlicht fehl am Platz, weil es nicht ein Versagen, sondern ein Ziel der Wissenschaft ist, scheinbar komplexe und disparate Vorgänge auf einfachere und grundlegendere Kräfte und Grundsätze zurückzuführen. Alle anderen Wissenschaften haben vor langer Zeit gelernt, daß das Universum vorhandener „Tatsachen" beinah unendlich ist; nur die Historiker glauben immer noch, sie könnten etwas lernen, indem sie bloß immer mehr narrative „Tatsachen" auftürmen.

Historiker werden in der Theorie von der Einzigartigkeit jedes historischen Ereignisses ausgebildet. Die meisten narrativen Historiker sind so überzeugt von diesem Grundsatz in der menschlichen Geschichte, wie die Menschen des Mittelalters es von der Naturgeschichte waren. Im besten Fall werden zeitgenössische Historiker einige politische Ereignisse und dann einige ökonomische erzählen und so mittels bloßer Aneinanderreihung annehmen, daß die beiden Erzählungen eine Theorie ergeben. Die narrative Geschichte ist aber *keine* Wissenschaft, noch auch soll sie eine sein. Narrative Geschichte beschreibt Abfolgen historischer Ereignisse; Psychohistorie entdeckt die Gesetzmäßigkeiten historischer Motivationen. Narrative Geschichte ist voll von „Zufällen" und „Fehlern"; Psychohistorie beschäftigt sich ausschließlich mit der Gesetzmäßigkeit insbesondere von „Zufällen" und „Fehlern". Narrative Geschichte ist periodenzentriert, und von allen Historikern wird erwartet, daß sie sich auf ein Land und eine Periode spezialisieren; Psychohistorie ist komparativ und kann sich ebensowenig auf nur einen Bereich der Geschichte spezialisieren, wie sich ein Astronom auf nur einen Bereich des Himmels spezialisieren kann. Wenn Studierende hören, wie ich bei Vorlesungen zwischen den Epochen hin- und herspringe, dann beklagen sie sich oft: „Es sieht nicht so aus, als würden Sie wirklich *Geschichte* betreiben." Sie haben recht.

Wie sehr unterscheidet sich aber dieses neue wissenschaftliche Modell hinsichtlich der Vorstellung, die man von der Geschichte hat! Was Sie in diesem Buch lesen werden, wird nahezu jeden Begriff davon, wie Geschichte zu betrachten sei, den Sie sich anderswo erworben haben, auf den Kopf stellen. Sie werden sehen, Geschichte ist nicht, wie öffentliche Ereignisse das Privatleben betreffen, sondern vielmehr, wie private Fantasien auf der öffentlichen Bühne ausagiert werden. Sie werden sehen, Geschichte handelt weniger von den Aktivitäten erwachsener Männer, sondern vielmehr davon, wie Geschichte zuerst in den Familien von Frauen und Kindern und auch Männern bestimmt und erst später in öffentlichen Aktivitäten Erwachsener reflektiert wird. Sie werden nicht untersuchen, wie einige wenige Anführer Macht über die Masse der Einzelnen ausüben, sondern wie Gruppen Anführern Aufgaben delegieren, so daß „Macht" in der Hauptsache ein Problem des Gruppenmasochismus statt eines der Gewalt wird. Sie werden entdecken, daß Kriege weniger fatale „Irrtümer" als vielmehr *Wünsche* sind. Sie werden sehen, daß unser Fortschritt über Magie und Aberglauben hinaus weniger der Anhäufung von Wissen zu verdanken ist als vielmehr einer Verbesserung der Reife infolge der Evolution der Kindheit. Sie werden sehen, daß nicht der Mensch vergangener Zeiten sicher war und der moderne Mensch entfremdet ist, sondern warum ersterer wesentlich eher schizoid und letzterer wesentlich eher glücklich und integriert erscheint. Anstelle die traditionelle Familie als eine starke, aber leider im Verfall begriffene Institution zu sehen, werden Sie Zeuge des Entstehens der Familie mit ihrer Liebe zu Kindern und Ehegatten als eine *moderne Errungenschaft*, die mit der Zeit immer stärker wird. Statt die Zivilisation als immer größere Zurückweisung instinktiver Lust zu sehen, werden Sie dazu gelangen, sie als immer größere Befriedigung von Bedürfnissen zu betrachten. Und anstelle Geschichte als einen Sieg der Moralität, des Überichs zu betrachten, werden Sie entdecken, warum sie tatsächlich ein Sieg von Wunsch und Vernunft, von Es und Ich *über* das Überich ist.

Wenn mich das zu einem Optimisten macht, dann würde ich Sie nicht in die Irre führen wollen. Anhänger der Evolutionslehre sind nicht immer Optimisten. Nachdem ich nicht versuche, die Geschichte zu idealisieren, fehlt mir die erste Anforderung für einen Optimisten. Und nachdem die *Whig*-Interpretation der Geschichte auf dem Begriff unvermeidlichen Fortschritts als Resultat der Vermehrung des Wissens beruht, kann meine Theorie keine *Whig*-Theorie sein. Ich glaube aber, daß die Stufe der Reife, welche auch immer, die wir durch die langsame Evolution der Kindheit erreicht haben, heutzutage durch unsere technologische Fähigkeit zur Selbstzerstörung bedroht ist, eine Fähigkeit, die sich jetzt schon auf 15.000 Tonnen TNT für jeden Mann, jede Frau und jedes Kind auf der Erde beläuft. Wenn wir nicht verstehen, wie wir das alles zustandegebracht haben und warum wir immer noch periodische Reinigungen durch Opfer brauchen, werden wir ohne Zweifel bald unsere infantile Gruppenfantasie der totalen Weltzerstörung ausleben.

Wenn dieses Buch ein Beitrag zu diesem Verstehensprozeß sein kann, werde ich es als einen Erfolg betrachten.

New York, 11. Juli 1981 *Lloyd deMause*

Die Evolution der Kindheit (1973)

> Do ye hear the children weeping,
> Oh my brothers...
> *Elizabeth Barrett Browning,* The Cry of the Children

Die Geschichte der Kindheit ist ein Alptraum, aus dem wir seit kurzem erst zu erwachen beginnen. Je weiter man in der Geschichte zurückgeht, desto niedriger ist das Niveau der Kindspflege und desto wahrscheinlicher ist es, daß Kinder getötet, ausgesetzt, geschlagen, terrorisiert und sexuell mißbraucht werden. Unsere Aufgabe hier ist es festzustellen, wieviel von dieser Kindheitsgeschichte aus dem Material, das auf uns gekommen ist, wiedergewonnen werden kann.

Daß dieses Muster von Historikern bislang nicht bemerkt worden ist, liegt daran, daß ernsthafte Geschichtsschreibung lange Zeit für Aufzeichnung von öffentlichen und nicht privaten Ereignissen gehalten wurde. Die Historiker haben sich so sehr auf den lärmenden Sandspielplatz der Geschichte mit seinen fantastischen Burgen und glorreichen Schlachten konzentriert, daß sie rundweg ignoriert haben, was in den Wohnungen um den Spielplatz herum vor sich geht. Und während Historiker für gewöhnlich die Sandkisten-Schlachten von gestern betrachten, um die Ursachen der heutigen zu finden, fragen wir uns stattdessen, wie jede Generation von Eltern und Kindern jene Themen schafft, die später in der Arena des öffentlichen Lebens ausgelebt werden.

Auf den ersten Blick scheint dieser Mangel an Interesse für das Leben von Kindern seltsam. Historiker sind traditionellerweise bemüht, Kontinuität und Wandel über die Zeiten zu erklären, und man weiß seit Plato, daß die Kindheit ein Schlüssel zu diesem Verständnis ist. Die Bedeutung der Eltern-Kind-Beziehungen für den sozialen Wandel wurde von Freud kaum bemerkt; der Aufschrei des heiligen Augustinus, „Gebt mir andere Mütter, und ich werde euch eine andere Welt geben", wurde von bedeutenden Denkern über fünfzehn Jahrhunderte wiederholt, ohne je die Geschichtsschreibung zu beeinflussen. Seit Freud hat unsere Sicht der Kindheit freilich eine neue Dimension gewonnen, und im letzten halben Jahrhundert ist die Erforschung der Kindheit für den Psychologen, den Soziologen und den Anthropologen zur Routine geworden. Für den Historiker steht sie erst am Anfang. Eine derart bestimmte Ablehnung verlangt nach einer Erklärung.

Historiker machen üblicherweise die geringe Zahl an Quellen für das Fehlen ernsthafter Erforschung der Kindheit vergangener Zeiten verantwortlich. Peter Laslett fragt sich, warum die „Mengen und Abermengen von kleinen Kindern in geschriebenen Aufzeichnungen seltsamerweise fehlen ... Das Schweigen all dieser Massen von Wickelkindern, Kleinkindern und Heranwachsenden in den Bemerkungen, die die Menschen zu dieser Zeit über ihre eigene Erfahrung gemacht haben, hat etwas Mysteriöses ... Wir können nicht sagen, ob Väter bei der Säuglingspflege geholfen haben ... Man kann zum gegenwärtigen Zeitpunkt nichts darüber sagen, was von den Psychologen Sauberkeitserziehung genannt wird ... Es braucht regelrecht eine Geistesanstrengung, sich stets zu vergegenwärtigen, daß Kinder in der herkömmlichen Welt immer in derartigen Zahlen zugegen waren, wo beinahe die Hälfte der gesamten Gemeinschaft im Zustande des Halbvergessenseins dahinlebte".[1] Wie der Familiensoziologe James Bossard es ausdrückt: „Leider ist die Geschichte der Kindheit nie geschrieben worden, und [infolge] des Mangels an geschichtlichen Daten zur Kindheit bestehen einige Zweifel, ob sie je geschrieben werden kann."[2]

Diese Überzeugung ist unter Historikern so stark, daß es nicht überrascht, wenn dieses Buch seinen Anfang nicht auf dem Feld der Geschichte, sondern bei der angewandten Psychoanalyse genommen hat. Vor fünf Jahren, als ich dabei war, ein Buch zur psychoanalytischen Theorie historischer Veränderung zu schreiben, schien es mir im Zuge einer Begutachtung der Ergebnisse eines halben Jahrhunderts angewandter Psychoanalyse so, daß diese deswegen keine Wissenschaft werden hatte können, weil sie nicht evolutionär geworden war. Nachdem der Wiederholungszwang die historische Veränderung per definitionem nicht erklären kann, endete jeder Versuch Freuds, Róheims, Kardiners und anderer, eine Theorie der Veränderung zu entwickeln, letztlich in einem keimfreien Disput darüber, ob die Henne oder das Ei zuerst dagewesen sei, nämlich ob die Kindeserziehung von kulturellen Eigenheiten abhängt oder umgekehrt. Daß die Praktiken der Kindeserziehung die Grundlage der erwachsenen Persönlichkeit sind, wurde wieder und wieder bewiesen. Wo sie aber ihren Ursprung nahmen, das brachte jeden Psychoanalytiker, der die Frage aufwarf, ans Ende seiner Weisheit.[3]

---

[1] Peter Laslett, The World We Have Lost, New York 1965, 104.
[2] James H. S. Bossard, The Sociology of Child Development, New York 1948, 598.
[3] Geza Róheim, The Study of Character Development and The Ontogenetic Theory of Culture, in: E. E. Evans-Pritchard u. a. (Hgg.), Essays Presented to C. G. Seligman, London 1934, 292; Abraham Kardiner (Hg.), The Individual and His

In einem Vortrag, den ich 1968 vor der *Association for Applied Psychoanalysis* hielt, habe ich eine evolutionäre Theorie historischer Veränderung in den Beziehungen zwischen Eltern und Kindern skizziert und vorgeschlagen, daß die *Association* – nachdem die Historiker die Arbeit an einer Geschichte der Kindheit bis zu diesem Zeitpunkt noch nicht aufgenommen hatten – ein Historikerteam einsetzen solle, das sich durch die Quellen wühlen sollte, um die Hauptphasen der Kindeserziehung im Westen seit der Antike offenzulegen. Dieser Aufsatz ist Ergebnis dieses Projekts.

Die in meinem Projektentwurf skizzierte „psychogene Geschichtstheorie" setzte mit einer umfassenden Theorie historischer Veränderung ein. Sie postulierte weder Technologie noch Wirtschaft als zentrale Veränderungskraft in der Geschichte, sondern die „psychogenen" Veränderungen in der Persönlichkeit, die aufgrund aufeinanderfolgender Generationen von Interaktionen zwischen Eltern und Kind auftreten. Zu dieser Theorie gehörten mehrere Hypothesen, deren jede es durch empirisches Material aus der Geschichte zu belegen oder widerlegen galt:

1. Die Evolution der Eltern-Kind-Beziehungen stellt eine eigenständige Quelle historischer Veränderung dar. Der Ursprung dieser Evolution liegt in der Fähigkeit aufeinanderfolgender Generationen von Eltern, auf das psychische Alter ihrer Kinder zu regredieren und die Ängste dieses Alters, wenn sie ihnen das zweite Mal begegnen, besser durchzuarbeiten als in ihrer eigenen Kindheit. Der Vorgang ist ähnlich dem der Psychoanalyse, der ebenfalls Regression und eine zweite Chance beinhaltet, sich Kindheitsängsten zu stellen.

2. Dieser „Generationendruck" auf psychische Veränderung ist nicht nur spontan, insofern er im Regressionsbedürfnis des Erwachsenen und im Streben des Kindes nach Beziehung wurzelt, er tritt auch unabhängig von gesellschaftlicher und techologischer Veränderung auf. Er kann daher selbst in Perioden gesellschaftlicher und techologischer Stagnation ausfindig gemacht werden.

3. Die Geschichte der Kindheit ist eine Abfolge immer engerer Annäherungen zwischen Erwachsenem und Kind, wobei jede Überwindung psychischer Distanz neue Angst hervorruft. Die Reduzierung dieser Angst der Erwachsenen ist die Hauptquelle der Praktiken der Kindeserziehung jedes Zeitalters.

4. Die Kehrseite der Hypothese, derzufolge Geschichte eine allgemeine Verbesserung der Kindspflege impliziert, ist, daß Eltern, je weiter zurück in der Ge-

---

Society, New York 1939, 471; in *Totem und Tabu* umging Freud das Problem, indem er eine „Vererbung psychischer Dispositionen" annahm [vgl. Freud, Totem und Tabu, Frankfurt am Main [8]1986, 176 (= GW IX)].

schichte man geht, umso weniger aufmerksam gegenüber den wachsenden Bedürfnissen des Kindes sind und sie umso weniger erfüllen. Das würde etwa auch bedeuten, daß – wenn es in Amerika heute weniger als eine Million mißbrauchter Kinder gibt[4] – an einem bestimmten Punkt in der bisherigen Geschichte die meisten Kinder dem ausgesetzt waren, was wir heute als Mißbrauch betrachten.
5. Insofern psychische Strukturen immer durch den schmalen Trichter der Kindheit von einer Generation an die nächste weitergegeben werden müssen, sind die Praktiken der Kindeserziehung in einer Gesellschaft nicht bloß ein Eintrag neben anderen in einer Liste kultureller Merkmale. Sie sind vielmehr die Bedingung von Weitergabe und Entwicklung aller anderen kulturellen Elemente und ziehen dem definitive Grenzen, was in allen anderen Bereichen der Geschichte erreicht werden kann. Bestimmte Kindheitserfahrungen müssen auftreten, damit bestimmte kulturelle Merkmale weiter bestehen, und treten diese Erfahrungen einmal nicht mehr auf, dann verschwindet das Merkmal.
Das Belegmaterial für die Evolution der Kindheit wird in diesem Aufsatz untersucht, die weiteren Teile der psychogenen Theorie werden im restlichen Buch dargelegt.

Ältere Werke über Kinder in der Geschichte
Obwohl ich glaube, daß dieser Aufsatz der erste ist, der die Geschichte der Kindheit im Westen ernsthaft untersucht, haben Historiker in vergangenen Epochen unleugbarerweise einige Zeit lang über Kinder geschrieben.[5] Auch wenn dem so ist, meine ich trotzdem, daß die Erforschung der Geschichte der Kindheit gerade erst beginnt, weil die meisten dieser Werke die Tatsachen der Kindheit in den Perioden, die sie behandeln, derart verzerren. Offizielle Biographen sind die schlimmsten Angreifer; die Kindheit wird generell idealisiert, und nur wenige Biographen vermitteln irgendeine brauchbare Information über die frühesten Jahre ihres Forschungsgegenstands. Die historischen Soziologen bringen es zustande, Theorien zusammenzudrehen, die Veränderungen in der Kindheit erklären sollen, ohne sich je die Mühe zu machen, eine einzige Familie in Vergangen-

---

[4] Enid Nemy, Child Abuse: Does It Stem From the Nation's Ills and Its Culture?, in der *New York Times* vom 16. August 1971, 16; manche Schätzungen erreichen eine Höhe von 2,5 Millionen mißbrauchter Kinder, vgl. Vincent J. Fontana, Somewhere a Child is Crying, New York 1973, 38.

[5] Eine Auswertung einiger jüngerer Arbeiten findet sich bei John C. Sommerville, Towards a History of Childhood and Youth, in *The Journal of Interdisciplinary History* 3 (1972), 438–447, und Edward Saveth, The Problem of American Family History, in *American Quarterly* 21 (1969), 311–329.

heit oder Gegenwart zu untersuchen.[6] Die Literaturhistoriker, die Bücher mit dem Leben verwechseln, konstruieren ein fiktionales Bild der Kindheit, so, als ob man durch die Lektüre von *Tom Sawyer* erfahren könnte, was im amerikanischen Familienheim des 19. Jahrhunderts wirklich vorging.[7]
Doch der Sozialhistoriker, dessen Aufgabe darin besteht, die Wirklichkeit gesellschaftlicher Bedingungen in der Vergangenheit ans Licht zu bringen, verschließt sich am heftigsten den Tatsachen gegenüber, die er aufwirft.[8] Stößt der eine Sozi-

---

[6] Vgl. insbes. Neil J. Smelser, Social Change in the Industrial Revolution: An Application of the Theory of the British Cotton Industry, Chicago 1959; Fred Weinstein und Gerald Platt, The Wish to Be Free: Society, Psyche, and Value Change, Berkeley-Los Angeles 1969; sowie Talcott Parsons und Robert F. Bales, Family, Socialization, and Interaction Process, New York 1955.

[7] Vgl. Peter Coveney, The Image of Childhood: The Individual and Society: A Study of the Theme in English Literature, Baltimore 1967; Gillian Avery, Nineteenth Century Children: Heroes and Heroines in English Children's Stories 1780-1900, London 1965; F. J. Harvey Darton, Children's Books in England: Five Centuries of Social Life, Cambridge 1966; und Paul Hazard, Books, Children & Men, Boston 1944.

[8] Zu den besten Kindheitsgeschichten zählen folgende: Grace Abbott, The Child and the State, 2 Bde., Chicago 1938; Abt-Garrison, History of Pediatrics, Philadelphia 1965; Philippe Ariès, Geschichte der Kindheit, München-Wien 1975 bzw. München 1998; Sven Armens, Archetypes of the Family in Literature, Seattle 1966; David Bakan, Slaughter of the Innocents, San Francisco 1971; Howard Clive Barnard, The French Tradition in Education, Cambridge 1922; Rosamond Bayne-Powell, The English Child in the Eighteenth Century, London 1939; Frederick A. G. Beck, Greek Education: 450-350 B.C., London 1964; Jessie Bedford (Pseudonym für Elizabeth Godfrey), English Children in the Olden Time, London 1907; H. Blumner, The Home Life of the Ancient Greeks, übers. v. Alice Zimmern, New York 1966; Bossard, Sociology; Robert H. Bremner u. a. (Hgg.), Children and Youth in America: A Documentary History, 3 Bde., Cambridge, Massachusetts, 1970; Elizabeth Burton, The Early Victorians at Home 1837-1861, London 1972; M. St. Clare Byrne, Elizabethan Life in Town and Country, London 1961; Ernest Caulfield, The Infant Welfare Movement in the Eighteenth Century, New York 1931; Oscar Chrisman, The Historical Child, Boston 1920; Phillis Cunnington und Anne Boch, Children's Costume in England: From the Fourteenth to the End of the Nineteenth Century, New York 1965; John Demos, A Little Commonwealth: Family Life in Plymouth Colony, New York 1970; J. Louise Despert, The Emotionally Disturbed Child – Then and Now, New York 1967; Georges Duby, La Société aux XIe et XIIe Siècles dans la Région Mâconnaise, Paris 1953; Alice Morse Earle, Child Life in Colonial Days, New York 1899; Jonathan Gathorne-Hardy, The Rise and Fall of the British Nanny, London 1972;

alhistoriker auf weitverbreiteten Kindsmord, so erklärt er diesen für „bewundernswert und menschlich".[9] Beschreibt eine andere Sozialhistorikerin Mütter, die ihre Säuglinge regelmäßig mit Stöcken schlagen, während diese noch in der Wiege liegen, so kommentiert sie das ohne einen Anflug von Belegen damit, daß diese Praxis, „wenn ihre [der Mutter; *A.d.Ü.*] Disziplin streng war, recht

---

Willystine Goodsell, A History of Marriage and the Family, New York 1934; Sister Mary Rosaria Gorman, The Nurse in Greek Life: A Dissertation, Boston 1917; E. H. Hare, Masturbatory Insanity: The History of an Idea, in *The Journal of Mental Science* 108 (1962), 2–25; Edith Hoffman, Children in the Past, London o. J.; Christina Hole, English Home-Life, 1450 to 1800, London 1947; David Hunt, Parents and Children in History, New York 1970; Anne L. Kuhn, The Mother's Role in Childhood Education: New England Concepts 1830-1860, New Haven 1947; W. K. Lacey, The Family in Classical Greece, Ithaca, New York, 1968; Marion Lochhead, Their First Ten Years: Victorian Childhood, London 1956; Alan Macfarlane, The Family Life of Ralph Josselin: A Seventeenth-Century Clergyman, Cambridge 1970; Morris Marples, Princes in the Making: A Study of Royal Education, London 1965; H. I. Marrou, A History of Education in Antiquity, New York 1956; Roger Mercer, L'enfant dans la société du XVIIIe siècle, Dakar 1951; Edmund S. Morgan, The Puritan Family: Religion & Domestic Relations in Seventeenth-Century England, New York 1966; George Henry Payne, The Child in Human Progress, New York 1916; Lu Emily Pearson, Elizabethans at Home, Stanford, California, 1957; Albrecht Peiper, Chronik der Kinderheilkunde, Leipzig 1966; Henricus Pecters, Kind en juegdige in het begin van de modern tijd, Antwerpen 1966; Ivy Pinchbeck und Margaret Hewitt, Children in English Society, Bd. 1: From Tudor Times to the Eighteenth Century, London 1969; Chilton Latham Powell, English Domestic Relations, 1487-1653, New York 1917; F. Gordon Roe, The Georgian Child, London 1961; ders., The Victorian Child, London 1959; John Rurath (Hg.), Pediatrics of the Past: An Anthology, New York 1925; Alice Ryerson, Medical Advice on Child Rearing, Ed.D.-Dissertation, Harvard University Graduate School of Education, 1960; Paul Sangster, Pity My Simplicity: The Evangelical Revival and the Religious Education of Children 1738-1800, London 1963; Levin L. Schücking, The Puritan Family, London 1969; René A. Spitz, Authority and Masturbation: Some Remarks on a Bibliographical Investigation, in *The Psychoanalytic Quarterly* 21 (1952), 490-527; George Frederic Still, The History of Paediatrics, London 1931; Karl Sudhoff, Erstlinge der pädiatrischen Literatur: Drei Wiegendrucke über Heilung und Pflege des Kindes, München 1925; Gordon Rattray Taylor, The Angel-Makers: A Study in the Psychological Origins of Historical Change 1750-1850, London 1958; Bernard Wishy, The Child and the Republic: The Dawn of Modern American Child Nurture, Philadelphia 1968.

[9] Charles Seltman, Women in Antiquity, London 1956, 72.

und billig und von Zuneigung durchdrungen war".[10] Begegnet eine dritte Müttern, die ihre Kinder jeden Morgen in Eiswasser tauchen, um sie „abzuhärten", und die Kinder sterben an dieser Praxis, so hält sie fest, daß „sie nicht absichtlich grausam waren", sondern einfach „Rousseau und Locke gelesen hatten".[11] Keine Praxis der Vergangenheit erscheint dem Sozialhistoriker anders denn als pure Wohltat. Findet Laslett, daß Eltern ihre Kinder, sobald sie das Alter von sieben Jahren erreicht haben, als Diener in andere Familien schicken, während sie selbst andere Kinder aufnehmen, die ihnen dienen sollen, so sagt er, das sei in Wirklichkeit bloße Zuneigung gewesen, weil es „zeige, daß Eltern nicht willens gewesen sein könnten, ihre eigenen Kinder der Disziplin zu unterwerfen, im eigenen Heim zu arbeiten".[12] Nachdem William Sloan eingeräumt hat, daß heftige Schläge an kleinen Kindern mit unterschiedlichen Schlagwerkzeugen „in der Schule und zuhause im 17. Jahrhundert ebenso an der Tagesordnung gewesen zu sein scheinen wie danach", sieht er sich bemüßigt hinzuzufügen, daß „Kinder, damals wie heute, mitunter Schläge verdienen".[13] Bringt Philippe Ariès derart viel Belegmaterial für die offene sexuelle Belästigung von Kindern, daß er eingesteht, „das Spiel mit den Intimteilen von Kindern sei Teil einer weitverbreiteten Tradition gewesen",[14] so fährt er damit fort, eine „traditionelle" Szene zu beschreiben, in der ein Fremder sich während einer Zugfahrt auf einen kleinen Buben wirft, „wobei seine Hand brutal im Hosenschlitz des Kindes herumwühlte", wozu der Vater lächelt, und schließt: „Worum es ging, war ein Spiel, dessen anstößigen Charakter wir nicht überbetonen dürfen."[15] Unmengen von Belegmaterial sind verborgen, werden verzerrt, abgeschwächt oder ignoriert. Die frühen Kinderjahre werden heruntergespielt, der formale Erziehungsinhalt wird endlos untersucht, und der emotionale Gehalt wird umgangen, indem die rechtliche Situation des Kindes betont und das Zuhause gemieden wird. Und ist der Charakter des Buchs eines Autors so beschaffen, daß die Allgegenwart unangenehmer Tatsachen nicht ignoriert werden kann, wird die Theorie erfunden, daß „gute Eltern

---

[10] Daniel R. Miller und Guy E. Swanson, The Changing American Parent: A Study in the Detroit Area, New York 1958, 10.
[11] Bayne-Powell, *English Child*, 6.
[12] Laslett, *World*, 12; E. S. Morgan stimmt darin überein, daß puritanische Eltern ihre Kinder nur deshalb in jungen Jahren fortschickten, weil sie „fürchteten, sie mit zu großer Zuneigung zu verziehen", *Puritan Family*, 77.
[13] William Sloane, Children's Books in England and America in the Seventeenth Century, New York 1955, 19.
[14] Ariès, *Geschichte der Kindheit*, 179.
[15] A. a. O., 180.

in den Aufzeichnungen keine Spuren hinterlassen". Untersucht beispielsweise Alan Valentine Briefe von Vätern an ihre Söhne aus 600 Jahren und findet unter 126 Vätern nicht einen, der nicht unsensibel, moralistisch und durch und durch egoistisch wäre, so folgert er: „Ohne Zweifel hat eine unendliche Zahl von Vätern ihren Söhnen Briefe geschrieben, die unsere Herzen erwärmen und erheben würden, wenn wir sie nur finden könnten. Die glücklichsten Väter hinterlassen keine Geschichte, und jene Männer, die mit ihren Kindern nicht gerade am besten umgehen können, schreiben am ehesten die herzzerreißenden Briefe, die auf uns kommen."[16] Auch Anna Burr, die 250 Autobiographien behandelt, hält fest, daß es keine glücklichen Erinnerungen an die Kindheit gibt, vermeidet aber sorgsam, daraus irgendwelche Schlüsse zu ziehen.[17]

Von allen bisherigen Büchern über die Kindheit ist Philippe Ariès' *Geschichte der Kindheit* vermutlich das bekannteste; ein Historiker verweist auf die Häufigkeit, mit der es „als Heilige Schrift zitiert" wird.[18] Ariès' zentrale These besagt das Gegenteil von meiner: Er behauptet, daß – während das Kind zuvor glücklich war, weil es ihm frei stand, mit vielen Klassen und Altersstufen Umgang zu haben – in der Frühmoderne ein besonderer Zustand namens „Kindheit" erfunden wurde, der in das tyrannische Konzept der Familie mündete, die Freundschaft und Geselligkeit zerstörte und die Kinder ihrer Freiheit beraubte, indem sie sie erstmals der Rute und der Kerkerzelle als Strafen unterwarf.

Um diese These zu belegen, führt Ariès zwei Hauptargumente an. Zum einen sagt er, ein eigener Begriff der Kindheit sei im Frühmittelalter unbekannt gewesen. „Die mittelalterliche Kunst kannte bis etwa zum 12. Jahrhundert keine Kindheit oder war zumindest nicht bestrebt, sie im Portrait festzuhalten", weil die Künstler „unfähig waren, ein Kind darzustellen, es sei denn als einen erwachsenen Menschen im kleineren Maßstab".[19] Das läßt nicht nur die Kunst der Antike völlig unberücksichtigt, sondern ignoriert auch umfangreiche Belege dafür, daß mittelalterliche Künstler sehr wohl wirklichkeitsgetreue Kinder malen

---

[16] Alan Valentine (Hg.), Fathers to Sons: Advice without Consent, Norman, Oklahoma, 1963, xxx.
[17] Anna Robeson Burr, The Autobiography: A Critical and Comparative Study, Boston 1909; vgl. auch Emma N. Plank, Memories of Early Childhood in Autobiographies, in *The Psychoanalytic Study of the Child*, Bd. 8, New York 1953.
[18] Frank E. Manuel, The Use and Abuse of Psychology in History, in *Daedalus* 100 (1971), 203.
[19] Ariès, *Geschichte der Kindheit*, 92.

konnten.[20] Auch Ariès' etymologisches Argument dafür, daß ein eigener Begriff der Kindheit unbekannt gewesen sei, ist unhaltbar.[21] Jedenfalls ist die Wendung von der „Erfindung der Kindheit" derart kraus, daß es verwundert, wieviele Historiker sie in letzter Zeit aufgegriffen haben.[22] Sein zweites Argument, daß die moderne Familie die Freiheit des Kindes einschränke und die Härte der Bestrafungen erhöhe, läuft allen Zeugnissen zuwider.

Weitaus verläßlicher als Ariès sind folgende vier Bücher, von denen nur eines von einem Berufshistoriker verfaßt wurde: George Paynes *The Child in Human Progress*, G. Rattray Taylors *The Angel Makers*, David Hunts *Parents and Children in History* und J. Louise Desperts *The Emotionally Disturbed Child – Then and Now*. Payne war der erste, der 1916 das große Ausmaß von Kindsmord und Brutalität gegenüber Kindern in der Vergangenheit, insbesondere in der Antike, erforschte. Taylors reich dokumentiertes Buch ist eine gelehrte psychoanalytische Lektüre über Kindheit und Persönlichkeit im England des späten 18. Jahrhunderts. Hunt konzentriert sich wie Ariès auf das einzigartige Dokument des 17. Jahrhunderts, Héroards Tagebuch der Kindheit Ludwigs XIII., tut dies aber mit großer psychologischer Sensibilität und Wachheit gegenüber den psychohistorischen Implikationen seiner Ergebnisse. Und Desperts psychiatrischer Vergleich des falschen Umgangs mit Kindern in Vergangenheit und Gegenwart vermittelt die ganze Breite der emotionalen Haltungen gegenüber Kindern seit der Antike, wobei die Autorin ihren wachsenden Schrecken bei der Enthüllung einer Geschichte unaufhörlicher „Herzlosigkeit und Grausamkeit" zum Ausdruck bringt.[23]

---

[20] Eine enorme Bibliographie und viele Beispiele für Gemälde mit Kindern in der frühmittelalterlichen Kunst finden sich bei Victor Lasareff, Studies in the Iconography of the Virgin, in *Art Bulletin* 20 (1938), 26–65.

[21] Natalie Z. Davis, The Reasons of Misrule, in *Past and Present* 50 (1971), 61 f. Frank Boll, Die Lebensalter: Ein Beitrag zur antiken Ethologie und zur Geschichte der Zahlen, Leipzig-Berlin 1913, hat die beste Bibliographie zu den „Lebensaltern des Menschen"; zu allen Variationen des Wortes „child" im Altenglischen vgl. Hilding Back, The Synonyms for „Child", „Boy", „Girl" in Old English, London 1934.

[22] Richard Sennett, Families Against the City, Cambridge, Massachusetts, 1970; Joseph F. Kett, Adolescence and Youth in Nineteenth-Century America, in *The Journal of Interdisciplinary History* 2 (1971), 238–299; John und Virginia Demos, Adolescence in Historical Perspective, in *The Journal of Marriage and the Family* 31 (1969), 632–638.

[23] Despert, *Emotionally Disturbed Child*, 40.

Diesen vier Büchern zum Trotz müssen die entscheidenden Fragen zur vergleichenden Geschichte der Kindheit erst gestellt werden und sind weit davon entfernt, beantwortet zu werden. In den folgenden beiden Teilen dieses Kapitels werde ich einige psychologische Prinzipien behandeln, die für die Beziehungen zwischen Erwachsenen und Kindern in der Vergangenheit zutreffen. Die Beispiele, die ich anführe, stammen, obwohl sie nicht untypisch für das Leben eines Kindes in der Vergangenheit sind, nicht zu gleichen Teilen aus allen Epochen, sondern sind deswegen ausgewählt worden, weil sie die deutlichsten Illustrationen der beschriebenen psychologischen Prinzipien darstellen. Erst in den drei nachfolgenden Teilen, in denen ich einen Überblick über die Geschichte von Kindsmord, Weglegung, Ammensäugen, festem Wickeln, Schlagen und sexuellem Mißbrauch gebe, beginne ich zu erforschen, wie weitverbreitet diese Praktiken in jeder Epoche waren.

Psychologische Prinzipien der Geschichte der Kindheit: projektive und Reversionsreaktionen
Bei der Erforschung der Kindheit über viele Generationen ist es am wichtigsten, sich auf jene Momente zu konzentrieren, die die Psyche der folgenden Generation am meisten betreffen: Das heißt vor allem darauf, was passiert, wenn ein Erwachsener sich einem Kind von Angesicht zu Angesicht gegenübersieht, das etwas braucht. Der Erwachsene verfügt, wie ich meine, im wesentlichen über drei Reaktionsweisen: (1) Er kann das Kind als Vehikel zur Projektion des Inhalts seines eigenen Unbewußten benutzen (projektive Reaktion); (2) er kann das Kind als Substitut einer in seiner eigenen Kindheit bedeutenden Erwachsenenfigur benutzen (Reversionsreaktion); oder (3) er kann mit den Bedürfnissen des Kindes empathisch sein und so handeln, daß sie befriedigt werden (empathische Reaktion).
Die projektive Reaktion ist Psychoanalytikern natürlich unter Termini vertraut, die von „Projektion" bis „projektive Identifikation" reichen, eine handfeste, intrusive Form, anderen seine Gefühle einzuflößen. Der Psychoanalytiker zum Beispiel ist durch und durch vertraut damit, als „Klosettbrille"[24] für die massiven Projektionen des Patienten benutzt zu werden. Dieser Zustand, als Vehikel für Projektionen benutzt zu werden, ist für Kinder der Vergangenheit die Regel.

---

24   Donald Meltzer, The Psycho-Analytical Process, London 1967; Herbert A. Rosenfield, Psychotic States: A Psychoanalytical Approach, New York 1965.

Auch die Reversionsreaktion ist denen vertraut, die prügelnde Eltern untersuchen.[25] Kinder existieren nur dazu, elterliche Bedürfnisse zu erfüllen, und es ist stets das Versagen des Kindes-als-Elternteil, Liebe zu schenken, das die tatsächlichen Prügel auslöst. Wie eine schlagende Mutter es ausdrückt: „Ich habe mich in meinem ganzen Leben nie geliebt gefühlt. Als das Baby geboren wurde, dachte ich, es würde mich lieben. Als es weinte, hieß das, es liebte mich nicht. Also schlug ich es."

Der dritte Ausdruck, empathische Reaktion, wird hier in einem eingeschränkteren Sinn gebraucht, als das Wörterbuch ihn definiert. Er bezeichnet die Fähigkeit des Erwachsenen, auf die Ebene des Bedürfnisses eines Kindes zu regredieren und es richtig zu identifizieren, ohne irgend eine Beimischung der eigenen Projektionen des Erwachsenen. Der Erwachsene muß also genug Distanz gegenüber dem Bedürfnis bewahren können, um in der Lage zu sein, es zu befriedigen. Es ist eine Fähigkeit, die mit dem Gebrauch namens „freischwebende Aufmerksamkeit" – oder, wie Theodor Reik es nennt: „Hören mit dem dritten Ohr"[26] – identisch ist, den der Psychoanalytiker von seinem Unbewußten macht.

Projektive und Reversionsreaktionen sind bei Eltern in der Vergangenheit oft zugleich aufgetreten und haben eine Wirkung hervorgebracht, die ich das „Doppelbild" nenne, wobei das Kind sowohl als voll mit den projizierten Wünschen, Feindseligkeiten und sexuellen Vorstellungen des Erwachsenen und zugleich als eine Mutter- oder Vaterfigur gesehen wurde. Das heißt, es ist *sowohl böse als auch* voll Liebe. Je weiter zurück in der Geschichte man zudem geht, desto mehr an „Konkretisierung" oder Verdinglichung dieser projektiven und Reversionsreaktionen findet man, und umso bizarrer werden zunehmend die

---

[25] Brandt F. Steele, Parental Abuse of Infants and Small Children, in: E. James Anthony und Therese Benedek (Hgg.), Parenthood: Its Psychology and Psychopathology, Boston 1970; David G. Gil, Violence Against Children: Physical Child Abuse in the United States, Cambridge, Massachusetts, 1970; Brandt F. Steele und Carl B. Pollock, A Psychiatric Study of Parents Who Abuse Infants and Small Children, in: Ray E. Helfer und C. Henry Kempe (Hgg.), The Battered Child, Chicago 1968, 103–145; Richard Galdston, Dysfunctions of Parenting: The Battered Child, the Neglected Child, the Exploited Child, in: John G. Howells (Hg.), Modern Perspectives in International Child Psychiatry, New York 1971, 571–584.

[26] Theodor Reik, Hören mit dem dritten Ohr. Die innere Erfahrung eines Psychoanalytikers, Hamburg 1976; vgl. auch Stanley L. Olinick, On Empathy, and Regression in Service of the Other, in *British Journal of Medical Psychology* 42 (1969), 40–47.

Haltungen Kindern gegenüber, ähnlich jenen zeitgenössischer Eltern von geprügelten und schizophrenen Kindern.

Die erste Veranschaulichung dieser eng miteinander verknüpften Begriffe, die wir untersuchen werden, findet sich in einer Szene zwischen Erwachsenem und Kind aus der Vergangenheit. Man schreibt das Jahr 1739; der Knabe, Nicolas, ist vier Jahre alt. Der Vorfall ist einer, an den er sich erinnert und den er sich von seiner Mutter bestätigen läßt. Sein Großvater, der ihm in den letzten Tagen viel Aufmerksamkeit entgegengebracht hat, beschließt, ihn „prüfen" zu müssen, und sagt: „Nicolas, mein Junge, du hast viele Fehler, und die verdrießen deine Mutter. Sie ist meine Tochter und hat mir immer gehorcht; gehorche auch du mir und bessere deine Fehler, oder ich werde dich auspeitschen wie einen Hund, der abgerichtet wird." Nicolas, der über den Betrug „von jemand, der so freundlich zu mir war", erzürnt ist, wirft seine Spielsachen ins Feuer. Der Großvater scheint dadurch erfreut zu sein.

> „Nicholas ..., ich habe das gesagt, um dich zu prüfen. Hast du wirklich geglaubt, ein Großpapa, der gestern und vorgestern so lieb zu dir war, könnte dich heute wie einen Hund behandeln? Ich habe gedacht, du wärst klug ..." „Ich bin kein wildes Tier, wie ein Hund." „Nein, aber du bist nicht so gescheit, wie ich dachte, oder du hättest verstanden, daß ich dich nur aufgezogen habe. Es war nur ein Scherz ... Komm her zu mir." Ich lief in seine Arme. „Das ist noch nicht alles", setzte er hinzu. „Ich möchte, daß du und deine Mutter wieder gut seid; du hast ihr Kummer gemacht, tiefen Kummer ... Nicolas, dein Vater liebt dich; liebst du ihn auch?" „Ja, Großpapa!" „Stell dir vor, er wäre in Gefahr, und um ihn zu retten, wäre es nötig, deine Hand ins Feuer zu halten, würdest du es tun? Würdest du sie ... hineinhalten, wenn es nötig wäre?" „Ja, Großpapa." „Und für mich auch?" „Für dich? ... Ja, ja." „Und für deine Mutter?" „Für Mama? Beide Hände, beide!" „Wir werden sehen, ob du die Wahrheit sagst, denn deine Mutter braucht deine Hilfe sehr! Wenn du sie lieb hast, mußt du das beweisen." Ich gab keine Antwort; indem ich aber alles zusammennahm, was gesagt worden war, ging ich zum offenen Herd und hielt, während sie einander Zeichen gaben, meine rechte Hand ins Feuer. Der Schmerz ließ mich heftig aufschluchzen.[27]

Was diese Art Szene so typisch für die Interaktion zwischen Erwachsenen und Kindern in der Vergangenheit macht, ist das Vorhandensein von so vielen einander widersprechenden Haltungen auf seiten des Erwachsenen ohne die geringste

---

[27] Nicholas Restif de la Bretonne, Monsieur Nicolas; or, The Human Heart Unveiled, Bd. 1, übers. v. R. Crowder Mathers, London 1930, 95.

Lösungsmöglichkeit. Das Kind wird geliebt und gehaßt, belohnt und bestraft, es ist böse und liebevoll, alles zugleich. Daß das das Kind in einen Double-bind widersprüchlicher Signale einspannt (der nach Bateson[28] und anderen der Schizophrenie zugrundeliegt), liegt auf der Hand. Doch kommen die widersprüchlichen Signale selbst von Erwachsenen, die sowohl zu beweisen versuchen, daß das Kind sehr böse ist (projektive Reaktion), als auch, daß es sehr liebevoll ist (Reversionsreaktion). Es ist Funktion des Kindes, die drückenden Ängste des Erwachsenen zu verringern; das Kind agiert als Abwehrmittel des Erwachsenen. Die projektiven und Reversionsreaktionen sind es auch, die das Aufkommen von Schuldgefühlen angesichts der schweren Prügel, die wir so oft in der Vergangenheit finden, verunmöglichen. Dies deshalb, weil es nicht das Kind als solches ist, das geschlagen wird. Es sind entweder die eigenen Projektionen des Erwachsenen („Schau sie an, wie sie ein Auge auf dich wirft! So schnappt sie sich die Männer – sie ist eine richtige Sexbombe!", sagt eine Mutter von ihrer geprügelten zweijährigen Tochter), oder es ist ein Reversionsprodukt („Er glaubt, er sei hier der Boss – immer versucht er, einem Dinge anzuschaffen – aber ich habe ihm gezeigt, wer hier das Sagen hat!", sagt ein Vater von seinem neun Monate alten Buben, dem er gerade den Schädel zertrümmert hat).[29] Man kann in den historischen Quellen oft das Verschmelzen von Geschlagenem und Schläger und damit ein völliges Fehlen von Schuldgefühlen ausmachen. Ein amerikanischer Vater berichtet 1830, daß er seinen vier Jahre alten Sohn mit einer Pferdepeitsche ausgepeitscht habe, weil dieser nicht in der Lage war, etwas zu lesen. Das Kind wird im Keller nackt festgebunden:

> Als er in dieser Lage war und ich, die Frau meines Herzens und die Herrin des Hauses, allesamt verzweifelt, unsere Herzen sinken fühlten, begann ich mit dem Gebrauch der Rute ... Im Laufe dieser äußerst unangenehmen, selbstverleugnenden und unvertretbaren Arbeit machte ich zahlreiche Pausen, in denen ich Ratschläge gab und ihn zu überzeugen versuchte, Ausflüchte zum Verstummen brachte, Einwände beantwortete ... Ich fühlte die ganze Kraft göttlicher Autorität und den ausdrücklichsten Auftrag, den ich in meinem ganzen Leben je gespürt habe ... Doch unter dem bestimmenden Einfluß einer derart zornigen Leidenschaft und Sturheit, die mein Sohn an den Tag gelegt hatte, ist es kein Wunder,

---

[28] Gregory Bateson, Steps to an Ecology of Mind, New York 1972 (dt. Ökologie des Geistes. Anthropologische, psychologische, biologische und epistemologische Perspektiven, Frankfurt am Main 1985).

[29] Barry Cunningham, Beaten Kids, Sick Parents, in der *New York Post* vom 23. Februar 1972, 14.

daß er glaubte, „mich durchprügeln zu müssen", schwach und zitterig, wie ich war, und er zweifellos wußte, daß es mich beinah krank machte, ihn zu peitschen. Die ganze Zeit über konnte er weder mich noch sich selbst bemitleiden.[30]

Diesem Bild des Verschmelzens von Vater und Sohn, wobei der Vater sich darüber beklagt, daß er selbst der Geschlagene sei und Mitleid verdiene, werden wir begegnen, wenn wir uns fragen, wieso Prügel in der Vergangenheit so weitverbreitet sein konnten. Sagt ein Pädagoge zur Zeit der Renaissance, man solle einem Kind, wenn man es schlage, mitteilen, „man verrichte die Züchtigung gegen seinen eigenen Willen, sei vom Gewissen dazu gezwungen und verlange von ihm, einen nie wieder solcher Mühe und Pein auszusetzen. Tue es dies dennoch (so sage man), so müsse es einen Teil des Schmerzes mit einem mitleiden und solle daher nun Erfahrung und Zeugnis davon haben, welchen Schmerz das für beide bedeute" – dann werden wir die Verschmelzung nicht so leicht übersehen und sie als bloße Heuchelei etikettieren können.[31]

Tatsächlich sehen Eltern das Kind als derart voll von projizierten Anteilen ihrer selbst, daß sogar echte Unfälle des Kindes als Verletzungen der Eltern gesehen werden. Cotton Mathers Tochter Nanny fiel ins Feuer und verbrannte sich schwer, und er rief: „O weh, wegen meiner Sünden wirft der gerechte Gott mein Kind ins Feuer!"[32] Er erforschte alles, was er kürzlich falsch gemacht hatte, nachdem er aber glaubte, er sei derjenige gewesen, der bestraft worden war, konnte er keine Schuld seinem Kind gegenüber empfinden (etwa deswegen, weil er sie allein gelassen hatte), und es konnte keine berichtigende Handlung gesetzt werden. Bald darauf verbrannten sich zwei andere Töchter schwer. Seine Reaktion bestand darin, eine Predigt darüber zu halten, „Welchen Nutzen Eltern aus Übeln ziehen sollten, die ihren Kindern zugestoßen sind".

Das Thema Kinder-„Unfälle" darf nicht auf die leichte Schulter genommen werden, liegt in ihm doch der Schlüssel zur Beantwortung der Frage, warum Erwachsene in der Vergangenheit so armselige Eltern gewesen sind. Läßt man tatsächliche Todeswünsche beiseite, die später erörtert werden sollen, geschahen in der Vergangenheit deshalb so zahlreiche Unfälle, weil kleine Kinder so oft allein gelassen wurden. Mathers Tochter Nibby wäre tödlich verbrannt, wäre nicht „jemand zufällig gerade beim Fenster vorbeigegangen"[33], denn es war niemand

---

[30] Samuel Arnold, An Astonishing Affair!, Concord 1830, 73–81.
[31] Powell, *Domestic Relations*, 110.
[32] Cotton Mather, Diary of Cotton Mather, Bd. 1, New York o. J., 283.
[33] A. a. O., 369.

da, der ihre Schreie hätte hören können. Ein Vorfall in Boston zur Gründerzeit ist ebenso typisch:

> Nachdem sie zu Abend gegessen hatten, brachte die Mutter ihre beiden Kinder in dem Zimmer zu Bett, wo auch sie selbst schliefen, und sie gingen einen Nachbarn besuchen. Als sie zurückkehrten ..., ging die Mutter zum Bett, fand ihr jüngstes Kind (eine Tochter von etwa fünf Jahren) nicht vor, und nach langer Suche fand sie es ertrunken in einem Brunnen in ihrem Keller ...[34]

Der Vater gibt die Schuld an dem Unfall dem Umstand, daß er an einem Feiertag gearbeitet habe. Nun liegt der Punkt nicht nur darin, daß es bis ins 20. Jahrhundert herauf üblich war, kleine Kinder allein zu lassen. Wichtiger ist, daß Eltern sich nicht mit der Vermeidung von Unfällen beschäftigen können, wenn ihnen das Schuldgefühl aufgrund der Tatsache fehlt, daß ihrem Empfinden nach die eigenen Projektionen bestraft worden sind. Menschen, die das meiste projizieren, erfinden keine Sicherheitsherde, oft genug können sie nicht einmal darauf sehen, daß ihren Kindern die geringste Pflege zuteil wird. Unglücklicherweise sorgt ihre Projektion für die Wiederholung solcher Vorfälle.

Die Benutzung des Kindes als eines „Aborts" für die Projektionen Erwachsener liegt dem ganzen Begriff der Erbsünde zugrunde, und 1800 Jahre lang stimmten die Erwachsenen allgemein überein, daß – wie Richard Allestree es 1676 ausdrückt – „das Neugeborene voll von den Malen und der Verunreinigung der Sünde ist, die es von unseren ersten Eltern durch unsere Lenden erbt ...".[35] Die Taufprozedur beinhaltete für gewöhnlich auch einen regelrechten Teufelsexorzismus, und der Glaube, daß das Kind, das bei seiner Taufe weint, den Teufel aus sich entlasse, hat die formale Aufhebung des Exorzismus in der Renaissance lange überlebt.[36] Auch dort, wo die offizielle Religion den Teufel nicht hervorhob, war er doch gegenwärtig; hier die Beschreibung eines polnischen Juden des 19. Jahrhunderts beim Unterricht:

---

[34] Carl Holliday, Woman's Life in Colonial Boston, Boston 1922, 25.
[35] Richard Allestree, The Whole Duty of Man, London 1766, 20.
[36] Keith Thomas, Religion and the Decline of Magic, New York 1971, 479; Beatrice Saunders, The Age of Candlelight: The English Social Scene in the 17th Century, London 1959, 88; Traugott K. Oesterreich, Possession, Demoniacal and Other Among Primitive Races, in Antiquity, the Middle Ages, and Modern Times, New York 1930; Grünewalds Bild *Der heilige Cyriakus* zeigt ein Mädchen, dem beim Exorzieren gewaltsam der Mund geöffnet wird, um den Teufel herauszulassen.

Er bezog eine ungemeine Freude aus den Leiden des kleinen Opfers, das auf der Bank zitterte wie Espenlaub. Und er pflegte die Peitschenhiebe kalt, langsam, bedächtig zu verabreichen ... er bat den Knaben, seine Kleider fallen zu lassen und sich über die Bank zu legen ... und schlug mit den ledernen Riemen drauf los ... „In jedem gibt es einen guten Geist und einen bösen Geist. Der gute Geist hat seinen eigenen Wohnort – das ist der Kopf. Und auch der böse Geist hat einen solchen – und das ist die Stelle, an der du die Peitschenhiebe bekommst."[37]

Das Kind war in der Vergangenheit dermaßen mit Projektionen aufgeladen, daß es oft Gefahr lief, für einen Wechselbalg gehalten zu werden, wenn es zuviel weinte oder anderweitig zuviel forderte. Es gibt eine umfangreiche Literatur über Wechselbälger,[38] doch wird nicht allgemein erkannt, daß es keineswegs nur mißgestaltete Kinder waren, die als Wechselbälger getötet wurden, sondern auch solche, die – wie der heilige Augustinus es ausdrückt – „an einem Dämon leiden ... Sie stehen unter der Gewalt des Teufels ... Manche Säuglinge sterben unter dieser Pein ...".[39] Einige Kirchenväter erklärten, wenn ein Kind unausgesetzt nur weine, begehe es eine Sünde.[40] Sprenger und Krämer behaupten in ihrer Bibel der Hexenjagd, dem *Malleus Maleficarum* von 1487, man könne Wechselbälger daran erkennen, daß sie „stets erbärmlich heulen und nicht einmal, wenn sie an vier oder fünf Mütter zum Säugen angesetzt werden, größer werden". Luther stimmt dem zu: „Es ist wahr: Sie nehmen oft die Kinder von Frauen im Kindbett heraus und legen sich selbst an deren Stelle und sind mit ihrer Scheißerei, Fresserei und Schreierei abscheulicher als zehn Kinder auf einmal."[41] Guibert von Nogent betrachtet im 12. Jahrhundert seine Mutter gleich einer Heiligen, weil sie das Weinen eines Säuglings, den sie adoptiert hatte, hinnahm:

> ... das Baby belästigte meine Mutter und all ihre Diener mit dem Wahnsinn seines nächtlichen Jammerns und Weinens – obwohl es bei Tage sehr brav war, abwechselnd spielte und schlief – so sehr, daß niemand in dem nämlichen kleinen Raum ein wenig Schlaf finden konnte. Ich hörte die Ammen, die sie angestellt hatte, sa-

---

[37] Shmarya Levin, Childhood in Exile, New York 1929, 58 f.
[38] Carl Haffter, The Changeling: History and Psychodynamics of Attitudes to Handicapped Children in European Folklore, in *The Journal of the History of the Behavioral Sciences* 4 (1968), 55–61; der Aufsatz enthält die beste Bibliographie. Vgl. auch Bayne-Powell, *English Child*, 247, und Pearson, *Elizabethans*, 80.
[39] Augustinus, Against Julian, New York 1957, 117.
[40] William E. H. Lecky, History of the Rise and Influence of the Spirit of Rationalism in Europe, New York 1867, 362.
[41] Haffter, *Changeling*, 58.

gen, daß sie die Rassel des Kindes Nacht für Nacht nicht zu schütteln aufhören durften, so bösartig war es, nicht aus eigener Schuld, sondern wegen des Teufels in ihm, und daß die Kraft einer Frau völlig dabei versagte, ihn auszutreiben. Die gute Frau war von äußerster Pein gequält; unter all den schrillen Schreien war kein Mittel, ihrer schmerzenden Schläfe Erleichterung zu verschaffen ... Und doch hat sie das Kind nie aus dem Haus gesperrt ...[42]

Der gefühlsmäßige Glaube, daß Säuglinge an der Kippe zur Verwandlung in restlos bösartige Wesen stünden, ist einer der Gründe, warum sie so lang und fest bandagiert oder gewickelt wurden. Man spürt den Unterton bei Bartholomäus Anglicus (um 1230): „Und aufgrund ihrer Zartheit können die Arme des Kindes leicht und schnell gebeugt und gebogen werden und verschiedene Formen annehmen. Und daher werden die Gliedmaßen und Arme von Kindern mit Lysten [Bandagen] und anderen geeigneten Bändern festgebunden, auf daß sie nicht gekrümmt werden noch eine schlechte Form annehmen ..."[43] Was da fest gewickelt wird, ist der mit den gefährlichen, bösartigen Projektionen der Eltern angefüllte Säugling. Die Gründe, die für das feste Wickeln in der Vergangenheit angeführt werden, sind dieselben wie die, welche Menschen in Osteuropa heute noch für diese Praxis angeben: Das Baby muß festgebunden werden, sonst reißt es sich die Ohren ab, kratzt sich die Augen aus, bricht sich die Beine oder berührt seine Genitalien.[44] Wie wir in Kürze im Abschnitt über Wickeln und Einschränkungen sehen werden, bedeutet das oft auch das Schnüren von Kindern in alle Arten von Korsetten bzw. auf Stützen, Lehnbretter und in Gängelbänder und geht sogar bis zum Anbinden auf Stühlen, um die Kinder davon abzuhalten, „wie ein Tier" auf dem Boden herumzukrabbeln.

Wenn Erwachsene also ihre unannehmbaren Gefühle auf das Kind projizieren, leuchtet ein, daß strenge Maßnahmen ergriffen werden müssen, um dieses gefährliche „Abort-Kind" unter Kontrolle zu halten, sobald es den Wickelbändern einmal entwachsen ist. Ich werde später verschiedene Kontrollmethoden untersuchen, die Erwachsene über die Jahrhunderte angewandt haben, hier will ich jedoch nur ein Kontrollmittel veranschaulichen – das Erschrecken von Kindern durch Geister –, um dessen projektiven Charakter zu erörtern.

---

[42] Abt Guibert von Nogent, Self and Society in Medieval France: The Memoirs of Abbot Guibert of Nogent, hg. v. John F. Benton, New York 1970, 96.

[43] G. G. Coulton, Social Life in Britain: From the Conquest to the Reformation, Cambridge 1918, 46.

[44] Ruth Benedict, Child Rearing in Certain European Countries, in *The American Journal of Orthopsychiatry* 19 (1949), 345 f.

Die Zahl geisterähnlicher Figuren, die in der Geschichte dazu verwendet wurden, Kindern Angst einzujagen, ist Legion, und ihre regelmäßige Anwendung durch Erwachsene war bis vor kurzem allgemein verbreitet. Die Alten hatten ihre Lamia und Striga, die – wie deren hebräischer Prototyp Lilith – Kinder roh verspeisten und zusammen mit Mormo, Canida, Poine, Sybaris, Acco, Empusa, Gorgon und Ephialtes „zum Wohle des Kindes erfunden wurden, um es nämlich weniger unbesonnen und unbezähmbar zu machen", wie Dio Chrysostomus sagte.[45] Die meisten antiken Autoren stimmten darin überein, daß es von Vorteil war, Kindern die Bilder dieser Hexen stets vor Augen zu halten, sie der Angst zu überlassen, nachts wach dazuliegen und auf die Geister zu warten, die sie entführen, fressen, in Stücke reißen und ihr Blut oder ihr Knochenmark aussaugen würden. Zur Zeit des Mittelalters freilich traten Hexen und Teufel in den Vordergrund und hier und da ein Jude als Aufschlitzer von Babykehlen, neben Herden von anderen Ungeheuern und Kobolden „wie jenen, [mit] denen Ammen ihnen gerne Furcht einflößen".[46] Nach der Reformation wurde Gott selbst – der „dich über den Abgrund der Hölle hält, gerade so, wie man eine Spinne oder ein anderes hassenswertes Insekt übers Feuer hält"[47] – zum vornehmlichen Schwarzen Mann zum Erschrecken von Kindern, und ganze Traktate wurden geschrieben, die in Babysprache die Qualen beschrieben, die Gott für Kinder in der Hölle in petto hatte: „Das kleine Kind ist in diesem glühend heißen Ofen. Hör nur, wie es schreit, um herauszukommen ... Es stampft mit seinen kleinen Füßen auf den Boden ..."[48]

Als die Religion nicht mehr Brennpunkt der Schreckenskampagne war, wurden Figuren verwendet, die dem Elternhaus näher kamen: Der Werwolf wird dich auffressen, der Schwarze Mann oder der Rauchfangkehrer werden dich nächtens entführen.[49] Diese Praktiken wurden erst im 19. Jahrhundert ein Ziel der Kritik.

---

[45] Dio Chrysostomos, Discourses, übers. v. J. W. Cohoon, London 1932, 36 (dt. Dio Chrysostomus, Sämtliche Reden, eingel., übers. u. erl. v. Winfried Ellinger, Zürich 1967).

[46] Maffeo Vegio, De Educatione Liberorum, in: Maria W. Fanning (Hg.), Maphei Vegii Laudensis De Educatione Liberorum Et Eorum Claris Moribus Libri Sex, Washington, D.C., 1933, 642.

[47] Carl Holliday, Woman's Life in Colonial Boston, New York 1960, 18 (Neudruck der 1922 in Boston erschienenen Ausgabe).

[48] Brigid Brophy, Black Ship to Hell, New York 1962, 361.

[49] Marc Soriano, From Tales of Warning to Formulettes: the Oral Tradition in French Children's Literature, in *Yale French Studies*, Bd. 43 (1969), 31; Melesina French, Thoughts on Education by a Parent, unveröffentlicht, Southampton 181?,

In England sagt ein Elternteil 1810, daß „der einst vorherrschende Brauch, junge Seelen mit Geistergeschichten zu erschrecken, nun allgemein mißbilligt wird, als Folge des wachsenden Anteils an gutem Verstand im Lande. Viele aber, die heute leben, können Ängste vor einer übernatürlichen Kraft und vor der Dunkelheit noch zu den tatsächlichen schlechten Erfahrungen der Kindheit zählen ..."[50] Doch werden Kinder von ihren Eltern in vielen Dörfern Europas auch heute noch mit dem *loup-garou* (Werwolf), dem *barbu* (bärtigen Mann) oder dem *ramoneur* (Rauchfangkehrer) geängstigt, oder es wird ihnen erzählt, sie würden in den Keller geworfen, damit die Ratten an ihnen nagen.[51]

Dieser Zwang, strafende Figuren zu personifizieren, war so stark, daß Erwachsene nach dem Prinzip der „Konkretisierung" tatsächlich Katchina-ähnlich gekleidete Puppen herrichteten, um sie zum Erschrecken von Kindern zu verwenden. Ein englischer Autor erklärt 1748, daß Kleinkindern die Angst anfänglich von Ammen eingeflößt wurde, die sie mit Geschichten von „*raw-head* und *bloodybones*" erschreckten:

> Die Amme setzt sich zum Ziel, das übelgelaunte Kind zu beruhigen, und bastelt in dieser Absicht eine ungeschlachte Figur, läßt sie hereinkommen und das Kind in greulichen, unangenehmen Tönen anschreien und anbrüllen, die den zarten Organen des Ohrs wehtun, und erweckt zur gleichen Zeit durch ihr Gestikulieren und ihre Nähe den Eindruck, als wolle die Puppe das Kind verschlucken.[52]

---

50 42; Roe, Georgian Child, 11; Jacob Abbott, Gentle Measures in the Management and Training of the Young, New York 1871, 18; James Mott, Observations on the Education of Children, New York 1816, 5; W. Preyer, The Mind of the Child, New York 1896, 164; William Byrd, Another Secret Diary, Richmond 1942, 449; Francis Joachim de Pierre de Bernis, Memoirs and Letters, Boston 1901, 90.
French, *Thoughts*, 43; vgl. auch Enos Hitchcock, Memoirs of the Bloomsgrove Family, Bd. 1, Boston 1790, 109; Iris Origo, Leopardi: A Study in Solitude, London 1953, 24; Hippolyte Adolphe Taine, The Ancient Regime, Gloucester, Massachusetts, 1962, 130; Vincent J. Horkan, Educational Theories and Principles of Maffeo Veggio, Washington, D.C., 1953, 152; Ellen Weeton, Miss Weeton: Journal of a Governess, hg. v. Edward Hall, London 1936, 58.

51 Laurence Wylie, Village in the Vaucluse, New York 1957, 52 (dt. Übersetzung unter dem Titel *Dort in der Vaucluse*, Frankfurt am Main 1969).

52 Dialogues on the Passions, Habits and Affections Peculiar to Children, London 1748, 31; Georg Friedrich Most, Der Mensch in den ersten sieben Lebensjahren, Leipzig 1839, 116.

Diese furchterregenden Figuren waren auch sehr beliebt bei Ammen, die wollten, daß die Kinder im Bett blieben, während sie selbst nächtens ausgingen. Susan Sibbald hat Geister als einen wirklichen Teil ihrer Kindheit im 18. Jahrhundert in Erinnerung:

> Das Auftauchen von Geistern war ein keineswegs ungewöhnliches Ereignis ... Ich erinnere mich sehr gut, als beide Kindermädchen in Fowey eines Abends das Kinderzimmer verlassen wollten ... Wir verstummten, als wir die schauerlichsten Ächzer und Kratzer aus dem Verschlag neben der Treppe vernahmen. Die Tür wurde aufgerissen, und oh Schreck!, herein kam eine Gestalt, groß und weiß gekleidet, aus deren Augen, Nase und Mund Feuer herauszukommen schien. Wir verfielen beinahe in Krämpfe und fühlten uns tagelang nicht wohl, wagten aber kein Wort darüber zu sagen.[53]

Die erschreckten Kinder waren nicht immer so alt wie Susan und Betsey. Eine amerikanische Mutter erzählt 1882 von der zweijährigen Tochter einer Freundin, deren Kindermädchen, als es sich am Abend mit den anderen Dienern vergnügen wollte, während die Eltern aus dem Haus waren, sich vergewisserte, daß sie nicht gestört werden würde, indem sie dem kleinen Mädchen erzählte, daß ein

> fürchterlicher Schwarzer Mann ... im Zimmer versteckt sei, der sie fangen würde, sobald sie ihr Bett verließe oder auch nur den geringsten Laut von sich gebe ... um so sicherzustellen, daß der Verlauf ihrer abendlichen Vergnügungen nicht unterbrochen würde. Sie machte eine riesige Gestalt eines schwarzen Mannes mit angsteinflößenden, stierenden Augen und einem gewaltigen Mund und stellte sie ans Fußende des Bettes, in dem das kleine unschuldige Kind fest schlief. Als der Abend in den Räumlichkeiten der Diener vorüber war, kehrte das Kindermädchen zu seinem Schützling zurück. Als sie leise die Tür öffnete, gewahrte sie das kleine Mädchen, aufrecht in seinem Bett sitzend und, vor Furcht in Agonie gefallen, auf das schreckliche Ungeheuer vor ihm starrend, wobei beide Hände in sein blondes Haar verkrampft waren. *Es war mausetot!*[54]

---

[53] Francis P. Hett (Hg.), The Memoirs of Susan Sibbald 1783-1812, 176.
[54] Rhoda E. White, From Infancy to Womanhood: A Book of Instruction for Young Mothers, London 1882, 31.

Abbildung 1 – Kinder, die mit einer Schreckensmaske spielen *(Jacques Stella, 1657)*

Es gibt einige Zeugnisse dafür, daß diese Verwendung von maskierten Figuren zum Erschrecken von Kindern bis in die Antike zurückgeht.[55] Das Thema „Kinder, die mit Masken erschreckt werden" ist sehr beliebt bei Künstlern und zieht sich von den römischen Fresken bis zu den Drucken Jacques Stellas (1657); nachdem diese frühen traumatischen Ereignisse jedoch weitestgehender Verdrängung unterliegen, war ich nicht in der Lage, ihre präzisen antiken Gestalten ausfindig zu machen. Dio Chrysostomus sagte, daß „furchteinflößende Bilder Kinder verschrecken, wenn sie Essen haben möchten oder spielen oder irgend etwas anderes Unsinniges wollen", und es wurden Theorien über deren wirkungsvollsten Einsatz erörtert: „Ich meine, daß jeder Knabe irgend einen speziellen Kobold fürchtet und gewohnt ist, von diesem erschreckt zu werden – Bürschchen freilich, die von Natur aus ängstlich sind, schreien auf, egal, was man hervorzieht, um sie zu erschrecken …"[56]

Werden nun kleine Kinder mittels maskierter Figuren erschreckt, wenn sie bloß weinen, essen oder spielen wollen, dann hat der Anteil der Projektion und das

---

[55] Strabo, The Geography, Bd. 1, übers. v. Horace L. Jones, Cambridge, Massachusetts, 1960, 69 (dt. Geographica. In 17 Büchern, übers. u. erl. v. Wolfgang Aly, 2 Bde. erschienen, Bonn 1968 bzw. 1971); Epiktet, The Discourses as Reported by Arrian, Bd. 1, übers. v. W. A. Oldfather, Cambridge, Massachusetts, 1967, 217, 243 sowie Bd. 2, 169 (dt. Handbüchlein der Moral und Unterredungen, hg. v. Wolfgang Kraus, Zürich 1996).

[56] Dio Chrysostomos, *Discourses*, Bd. 1, 243, sowie Bd. 5, 107.

Bedürfnis der Erwachsenen, diese zu kontrollieren, solche massiven Ausmaße angenommen, wie man sie heutzutage nur bei offen psychotischen Erwachsenen findet. Die genaue Häufigkeit der Verwendung derartiger Figuren in der Vergangenheit kann noch nicht exakt bestimmt werden, obwohl sie oft als allgemein verbreitet bezeichnet werden. Von vielen Formen kann man aber zeigen, daß sie üblich waren. So gab es etwa bis vor kurzem in Deutschlands Geschäften um die Weihnachtszeit herum immer ganze Haufen von Besenstielen, die in der Mitte zusammengebunden wurden und an beiden Enden eine steife Bürste aufwiesen. Diese wurden verwendet, um Kinder zu schlagen; in der ersten Dezemberwoche verkleideten sich die Erwachsenen mit furchterregenden Kostümen und gaben vor, Boten Christi mit Namen *Pelznickel* zu sein, die die Kinder bestraften und ihnen sagten, ob sie nun Weihnachtsgeschenke kriegen würden oder nicht.[57]

Erst wenn man die Anstrengung sieht, mit der Eltern kämpfen, um diese Praxis des konkreten Veranschaulichens furchterregender Bilder aufzugeben, zeigt sich die Macht ihres Bedürfnisses nach dieser Praxis. Einer der frühesten Anwälte der Kindheit im Deutschland des 19. Jahrhunderts war Jean Paul (Johann Paul Friedrich Richter). In seinem beliebten Buch *Levana* verurteilte er Eltern, die ihre Kinder „mittels Schreckensbildern" ruhig hielten, und führte medizinische Zeugnisse dafür an, daß solche Kinder „häufig dem Wahnsinn zum Opfer fallen". Doch war sein eigener Zwang zur Wiederholung seiner Kindheit so groß, daß er sich gezwungen sah, abgeschwächte Versionen derselben Praxis für seinen eigenen Sohn zu erfinden:

> Wenn man über jede Sache eigentlich nur einmal erschrickt, nicht zweimal: so glaub' ich, könnte man ja durch scherzhafte Vorspiele den Kindern den Ernst ersparen. Zum Beispiel: Ich gehe mit meinem neunjährigen Paul in einem dicken Wald spazieren. Plötzlich fallen drei geschwärzte und gewaffnete Kerle hervor und uns an, weil ich mit ihnen Tages vorher gegen eine kleine Diebs-Prämie den Überfall abgekartet habe. Wir beide sind nur mit Stöcken ausgerüstet, die Räuberhorde aber mit Stechgewehr und einer blindgeladenen Pistole. (...) ... ich (schlage) dem einen Schnapphahn die abgedrückte Pistole seitwärts, damit sie mich verfehlt, (legiere) dem andern mit dem Stocke den Degen aus der Hand ... (...) Allerdings

---

[57] Anna C. Johnston, Peasant Life in Germany, New York 1858, 353. Mehrere Informanten haben mir gesagt, daß sich dies bis weit ins 20. Jahrhundert hinein fortgesetzt hat. – *A.d.Ü.*: Offenbar spielt deMause hier auf die Bräuche der Krampus- oder Schiachperchtenumzüge am Tag vor dem Heiligen Nikolaus (5. bzw. 6. Dezember) an, die in manchen Gegenden Süddeutschlands und Österreichs nach wie vor gepflegt werden.

(setz' ich hier in der zweiten Auflage dazu) sind solche Spiele schon ihrer Unwahrheit wegen bedenklich ... (...) Andere Degen- und Mantelstücke ... wären mit Vorteil in der Nacht aufzuführen, um die Phantasien des Gespensterglaubens zu platter Alltäglichkeit zu entkleiden ..."[58]

Ein anderer Bereich der Konkretisierung dieses Bedürfnisses, Kindern Angst einzujagen, umfaßt die Verwendung von Leichen. Vielen sind die Szenen in Mrs. Sherwoods Roman *History of the Fairchild Family* bekannt,[59] in welchen die Kinder dazu gebracht werden, Galgen aufzusuchen, um die dort hängenden verwesenden Leichname zu besichtigen, während ihnen moralische Geschichten erzählt werden. Oft wird nicht erkannt, daß diese Szenen aus dem alltäglichen Leben genommen sind und einen wichtigen Teil der Kindheit vergangener Tage bildeten. Ganze Schulklassen wurden zu Hinrichtungen geführt, und Eltern nahmen ihre Kinder des öfteren zu Erhängungen mit und peitschten sie hernach zuhause aus, damit sie das Gesehene im Gedächtnis behielten.[60] Sogar ein so humanistisch orientierter Erzieher wie Maffeo Vegio, der ganze Bücher schrieb, um gegen das Schlagen von Kindern zu protestieren, mußte einräumen, daß „es nicht immer eine schlechte Sache ist, sie [die Kinder] Zeugen einer öffentlichen Hinrichtung werden zu lassen".[61]

Die Auswirkungen dieser dauernden Leichenschau auf die Kinder waren natürlich massiv. Ein kleines Mädchen ging, nachdem ihre Mutter ihr den frischen Leichnam ihrer neunjährigen Freundin als Exempel gezeigt hatte, rastlos auf und ab und sagte: „Sie werden die Tochter in das tiefe Loch stecken, und was wird Mutter tun?"[62] Ein Knabe wachte mitten in der Nacht schreiend auf, nachdem er Zeuge von Erhängungen geworden war, und „erhängte seine eigene Katze".[63] Die elf Jahre alte Harriet Spencer hielt in ihrem Tagebuch fest, überall tote Körper auf Galgen und zermalmte auf Rädern gesehen zu haben. Ihr Vater nahm sie mit,

---

[58] Jean Paul, Levana oder Erziehlehre, Bad Heilbrunn 1963, 181; vgl. auch 179 f.
[59] Mrs. Mary Sherwood, The History of the Fairchild Family, London o. J.
[60] Taylor, *Angel-Makers*, 312; Most, *Mensch*, 118; Frances Ann Kemble, Records of a Girlhood, New York 1879, 27; Horkan, *Educational Theories*, 117; Dr. Courtenay Dunn, The Natural History of the Child, New York 1920, 300; E. Mastone Graham, Children of France, New York o. J., 40; Hett, *Memoirs*, 10; Ivan Bloch, Sexual Life in England, London 1958, 361; Harriet Bessborough, Lady Bessborough and Her Family Circle, London 1940, 22-24; Sangster, *Pity*, 33 f.
[61] Maffeo Vegio, *De Educatione Liberorum*, 644.
[62] Memoir of Elizabeth Jones, New York 1841, 13.
[63] C. S. Peel, The Stream of Time: Social and Domestic Life in England 1805-1861, London 1931, 40.

um ihr Hunderte von Leichen zu zeigen, die aufgetürmt worden waren, um Platz für weitere zu schaffen.

> ... Papa sagt, es sei dumm und abergläubisch, sich vor dem Anblick toter Körper zu fürchten, und so bin ich ihm über ein dunkles, enges und steiles Stiegenhaus nachgegangen, das sich einen langen Weg rundherum hinunter wand, bis sie eine Tür zu einer großen Höhle öffneten. Diese wurde von einer in der Mitte herunterhängenden Lampe erleuchtet, und der Mönch hielt eine Fackel in der Hand. Zuerst konnte ich nichts sehen, und als ich es schließlich konnte, wagte ich es kaum zu schauen, da allenthalben fürchterliche und gräßliche schwarze Figuren waren, von denen einige grinsten, andere auf uns zeigten oder Schmerzen zu leiden schienen, in allen erdenklichen Stellungen, und so schrecklich, daß ich mir das Schreien beinahe nicht verkneifen konnte, und mir schien, sie bewegten sich alle. Als Papa sah, wie unangenehm mir zumute war, war er nicht zornig, sondern sehr freundlich und sagte, ich müsse es überwinden und eine der Figuren berühren, was sehr schockierend war. Ihre Haut war über und über dunkelbraun und ganz an den Knochen angetrocknet und ganz hart und fühlte sich an wie Marmor.[64]

Dieses Bild des freundlichen Vaters, der seiner Tochter hilft, die Angst vor Leichen zu überwinden, ist ein Beispiel dafür, was ich „projektive Fürsorge" nenne, um es von wahrer empathischer Fürsorge zu unterscheiden, die das Ergebnis der empathischen Reaktion ist. Projektive Fürsorge setzt die erste Stufe der Projektion des eigenen Unbewußten des Erwachsenen auf das Kind voraus und kann von der empathischen Fürsorge dadurch unterschieden werden, daß sie den tatsächlichen Bedürfnissen des Kindes gegenüber entweder unangemessen oder unzureichend ist. Die Mutter, die allem Unbehagen ihres Kindes damit begegnet, es zu stillen, die Mutter, die der Kleidung ihres Säuglings große Aufmerksamkeit schenkt, während sie ihn zur Amme zum Stillen fortschickt, und die Mutter, die eine volle Stunde darauf verwendet, ein Kind richtig mit Wickelbändern festzubinden – alle sind sie Beispiele für projektive Fürsorge.

Projektive Fürsorge ist jedoch nichtsdestoweniger hinreichend, um ein Kind zum Erwachsenen heranzuziehen. Sie ist in der Tat das, was Anthropologen, die die Kindheit bei Primitiven untersuchen, oft „gute Fürsorge" nennen, und erst wenn ein in der Psychoanalyse bewanderter Anthropologe denselben Stamm erneut untersucht, kann man sehen, daß hier die Projektion und nicht wirkliche

---

[64] Bessborough, *Bessborough Family*, 23 f.

Empathie bemessen und gewertet wird. So weisen Studien der Apachen[65] diesen immer die höchsten Einträge auf der Skala der „oralen Befriedigung" zu, die für die Entwicklung des Gefühls der Geborgenheit so wichtig ist. Die Apachenfrau stillt das Kind, wie das bei vielen primitiven Stämmen der Fall ist, zwei Jahre lang auf Verlangen, und darauf beruht die Bewertung. Erst als der psychoanalytisch geschulte Anthropologe L. Bryce Boyer sie besuchte, wurde die wahre projektive Grundlage dieser Fürsorge offenbar:

> Die Fürsorge, die Säuglingen von Apachenmüttern zuteil wird, ist heutzutage verblüffend inkonsistent. In der Regel verhalten sie sich in den Beziehungen zu ihren Babys sehr zärtlich und aufmerksam. Es gibt viel Körperkontakt. Die Zeiten der Nahrungsaufnahme werden im allgemeinen vom Schrei des Babys bestimmt, und jedes Unbehagen wird zuerst mit einer Brustwarze oder einem Fläschchen beantwortet. Zur gleichen Zeit verfügen die Mütter über ein sehr eingeschränktes Verantwortungsgefühl, soweit die Kindesfürsorge betroffen ist, und man gewinnt den Eindruck, daß die Zärtlichkeit der Mutter ihrem Baby gegenüber darauf basiert, dem Säugling diejenige Pflege zu gewähren, die sie sich selbst als Erwachsene wünscht. Eine große Zahl von Müttern setzt ihre Kinder aus oder legt sie weg – Babys, die sie eine Woche vorher noch liebevoll gestillt haben. Die Apachen nennen diese Praxis sehr treffend „das Baby wegwerfen". Sie empfinden nicht nur kaum eine bewußte Schuld aufgrund dieses Verhaltens, sondern sind zu Zeiten offen erfreut darüber, in der Lage gewesen zu sein, sich der Last zu entledigen. In manchen Fällen „vergessen" Mütter, die ihre Kinder weggelegt haben, regelrecht darauf, daß sie sie je gehabt haben. Die gewöhnliche Apachenmutter glaubt, körperliche Pflege sei alles, was ein Säugling braucht. Sie hat wenig oder gar keine Gewissensbisse, ihr Baby bei der nächstbesten Person zu lassen, während sie ihrem Antrieb folgend zum Tratsch, Einkaufen, Wetten, Trinken oder „Herumhängen" weggeht. Im besten Fall vertraut die Mutter ihr Baby einer Schwester oder einer älteren Verwandten an. In Ursprungszeiten war ein solches Arrangement beinahe immer möglich.[66]

Sogar ein so einfacher Akt wie der, Empathie mit Kindern aufzubringen, die geschlagen werden, fiel Erwachsenen in der Vergangenheit schwer. Die wenigen Pädagogen, die vor Beginn der Moderne rieten, Kinder nicht zu verprügeln, ar-

---

[65] John W. M. Whiting und Irvin L. Child, Child Training and Personality: A Cross-Cultural Study, New Haven 1953, 343.

[66] L. Bryce Boyer, Psychological Problems of a Group of Apaches: Alcoholic Hallucinosis and Latent Homosexuality Among Typical Men, in *The Psychoanalytic Study of Society*, Bd. 3 (1964), 225.

gumentierten im allgemeinen damit, daß es schlechte Folgen haben würde, und nicht damit, daß es dem Kind Schmerzen zufügte. Ohne dieses Element der Empathie hatte der Rat jedoch keine wie immer geartete Wirkung, und Kinder konnten und durften geschlagen werden wie eh und je. Mütter, die ihre Säuglinge drei Jahre lang zu Stillammen schickten, waren ehrlich betroffen darüber, daß ihre Kinder danach nicht zu ihnen zurückkommen wollten, sie waren aber nicht in der Lage, den Grund dafür ausfindig zu machen. Hunderte Generationen von Müttern schnürten ihre Kinder in Wickelbänder ein und sahen untätig zu, wie diese aus Protest schrieen, weil ihnen der psychische Mechanismus fehlte, mit ihnen empathisch zu sein. Erst als der langsame historische Fortschritt in der Evolution der Eltern-Kind-Beziehung diese Fähigkeit über aufeinanderfolgende Generationen von Interaktionen zwischen Eltern und Kindern endlich aufbaute, wurde ersichtlich, daß festes Wickeln völlig unnötig war. Hören wir, wie Richard Steele 1706 im *Tatler* beschreibt, wie sich seiner Meinung nach ein Säugling nach der Geburt fühlt:

> Ich lag sehr ruhig da; doch die Hexe nimmt mich auf keine noch so geringe Veranlassung oder Provokation hin auf und umwickelt meinen Kopf, so fest sie nur kann; dann bindet sie meine beiden Beine zusammen und läßt mich eine schreckliche Mixtur hinunterschlucken. Ich hielt es für einen groben Eintritt ins Leben, mit der Einnahme von Arzneien zu beginnen. Nachdem ich so gekleidet worden war, wurde ich zu einem Bett getragen, in dem eine hübsche junge Dame (meine Mutter, meine ich) Anstalten machte, mich zu Tode zu drücken ... und mich in die Arme eines Mädchens warf, das dazu angehalten worden war, sich um mich zu kümmern. Das Mädchen war sehr stolz über seine weibliche Beschäftigung als Kinderfrau und nahm es, weil ich einen Laut von mir gegeben hatte, auf sich, mich aus- und von neuem einzuwickeln, um zu sehen, was mir Unbehagen bereite; dies tat sie und steckte eine Nadel in jede Masche. Ich weinte immer noch, woraufhin sie mich in ihrem Schoß auf mein Gesicht legt; und um mich zu beruhigen, verfiel sie darauf, alle Nadeln hineinzuhämmern, indem sie mir auf den Rücken klopfte und ein Wiegenlied kreischte ...[67]

Ich habe bis zum 18. Jahrhundert keine Beschreibung mit diesem Grad an Empathie gefunden. Nicht lange danach kamen 2000 Jahre festen Wickelns zu einem Ende.
Man hegt die Vorstellung, es müsse doch alle möglichen Arten von Orten geben, an denen man auf der Suche nach dieser fehlenden empathischen Fähigkeit in der

---

[67] Asa Briggs (Hg.), How They Lived, Bd. 3, New York 1969, 27.

Vergangenheit fündig werden könnte. Der erste dieser Orte ist natürlich die Bibel; hier sollte man zweifellos Empathie gegenüber den Bedürfnissen von Kindern finden, denn wird Jesus nicht immer so dargestellt, daß er kleine Kinder in den Armen hält? Liest man jedoch alle der über 2000 Verweise auf Kinder, die die Bibelkonkordanz auflistet, dann fehlen diese sanften Bilder. Man findet Unmengen zum Kindesopfer, zur Steinigung von Kindern, zum Verprügeln, zu ihrem strengen Gehorsam, zu ihrer Liebe gegenüber ihren Eltern und zu ihrer Rolle als Träger des Familiennamens, aber nicht eine einzige Stelle, die die geringste Empathie ihren Bedürfnissen gegenüber verrät. Sogar die wohlbekannte Wendung „Es leiden die kleinen Kinder, und verbiete ihnen nicht, zu mir zu kommen", erweist sich als die im Nahen Osten übliche Praxis, Exorzismen durch Handauflegen durchzuführen, was viele heilige Männer taten, um das Kindern einwohnende Böse auszutreiben: „Dann brachte man ihm kleine Kinder, auf daß er seine Hände auf sie lege und bete ... er legte seine Hände auf sie, und dann ging er." (Matt. 19,13)

All das will nicht heißen, daß Eltern ihre Kinder in der Vergangenheit nicht geliebt hätten; das taten sie wohl. Auch heute sind Leute, die ihre Kinder schlagen, keine Sadisten; sie lieben ihre Kinder, zu gewissen Zeiten und auf ihre eigene Art, und sind manchmal in der Lage, zärtliche Gefühle auszudrücken, insbesondere wenn die Kinder nichts fordern. Dasselbe galt für die Eltern in der Vergangenheit; Ausdrücke von Zärtlichkeit gegenüber Kindern treten am häufigsten dann auf, wenn das Kind nichts fordert, besonders wenn es entweder schläft oder tot ist. Homers Wendung „wie eine Mutter eine Fliege von ihrem Kind wegscheucht, wenn es im süßen Schlafe liegt" findet sein Gegenstück in Martials Totengedicht:

> Decke die zarten Gebeine kein starrer Rasen und Erde,
> sei ihr nicht schwer! Denn auch sie war es ja niemals für dich.[68]

Erst im Augenblick des Todes rufen die Eltern, zuvor unfähig, empathisch zu sein, mit Morelli (1400) aus: „Du liebtest ihn, doch hast deine Liebe nie dazu verwendet, ihn glücklich zu machen; du behandeltest ihn eher als einen Fremden denn als einen Sohn; du vergönntest ihm nie je eine ruhige Stunde ... Du küßtest

---

[68] Horace E. Scudder, Childhood in Literature and Art, Boston 1894, 34; Martial, Epigrams, Bd. 2, übers. v. Walter C. A. Kerr, Cambridge, Massachusetts, 1968, 255 (dt. Epigramme. Lat./dt., hg. u. übers. v. Paul Barié und Winfried Schindler, Düsseldorf 1999).

ihn nie, wenn er es wünschte; du erschöpftest ihn in der Schule und mit vielen groben Schlägen."[69]

Natürlich ist es nicht die Liebe, die dem Elternteil der Vergangenheit fehlte, sondern vielmehr die emotionale Reife, deren es dazu bedarf, das Kind als eine von einem selber unterschiedene Person zu sehen. Es ist schwierig abzuschätzen, welcher Prozentsatz von den Eltern heutzutage die empathische Ebene mit hinreichender Konsistenz erreicht. Ich habe einmal eine informelle Umfrage unter einem Dutzend Psychotherapeuten gemacht und sie gefragt, wieviele von ihren Patienten am Anfang ihrer Analyse in der Lage waren, von ihren Kindern Vorstellungen als Individuen unabhängig von ihren eigenen projizierten Bedürfnissen zu haben; alle gaben an, daß nur sehr wenige diese Fähigkeit besäßen. Einer von ihnen, Amos Gunsberg, drückte es so aus: „Das tritt nicht auf bis zu einem schon sehr fortgeschrittenen Punkt ihrer Analyse, immer zu einem besonderen Moment – wenn sie nämlich zu einem Bild ihrer selbst als unabhängig von ihrer eigenen, alles in sich begreifenden Mutter gelangen."

Parallel zur projektiven Reaktion läuft die Reversionsreaktion, bei der Kind und Elternteil die Rollen tauschen und oftmals ziemlich bizarre Ergebnisse die Folge sind. Die Reversion erfolgt schon lange, bevor das Kind geboren wird – sie ist die Quelle des sehr starken Verlangens nach Kindern, das man in der Vergangenheit feststellt und das immer nach Maßgabe dessen ausgedrückt wird, was Kinder ihren Eltern geben können, und niemals danach, was die Eltern ihnen geben können. Medea führt, bevor sie den Kindsmord begeht, Klage darüber, daß sie, wenn sie ihre Kinder tötet, niemanden mehr haben wird, der sich um *sie* kümmert:

> Vergebens also zog ich euch, ihr Kinder, auf!
> Vergebens duldet' ich und schwand in Sorgen hin
> Und trug umsonst die grausen Schmerzen der Geburt!
> Traum! ehemals nährt' ich Arme schöne Hoffnungen.
> Der Greisin, wähnt' ich, solltet einst *ihr* pflegen, *ihr*
> Die Augen einst zudrücken der Entschlummerten:
> Das schönste Glück der Sterblichen. Nun ist dahin
> Die süße Sorgfalt.[70]

---

[69] Giovanni di Pagalo Morelli, Ricordi, hg. v. V. Branca, Florenz 1956, 501.
[70] Euripides, Medea, 1029-1036 (dt.: Euripides' Werke, übers. v. F. H. Bothe, Bd. 1, Berlin 1800, 1007-1014); auch Jason bemitleidet lediglich sich selbst, vgl. a. a. O., 1325-1327 (dt. 1328-1331). (Vgl. auch ders., Medea. Gr./dt., hg. u. übers. v. Karl H. Eller, Stuttgart 1983.)

Ist es erst geboren, wird das Kind Elternteil von Mutter und Vater, entweder in positiver oder negativer Hinsicht, völlig ohne Zusammenhang mit dem tatsächlichen Alter des Kindes. Das Kind wird ungeachtet seines Geschlechts oft in ähnliche Kleider gehüllt wie die Mutter des Elternteils, das heißt nicht nur in ein langes Kleid, sondern auch in eines, das mindestens eine Generation lang aus der Mode ist.[71] Die Mutter wird buchstäblich im Kind wiedergeboren; Kinder werden nicht nur wie „Miniatur-Ausgaben von Erwachsenen" gekleidet, sondern ganz eindeutig als Miniatur-Frauen, oft auch komplett mit Dekolleté.

Die Vorstellung, daß der Großelternteil tatsächlich im Baby wiedergeboren wird, ist in der Antike weitverbreitet,[72] und die Nähe des Wortes „Baby" zu den verschiedenen Bezeichnungen für Großmutter (baba, Babe) weist auf ähnliche Annahmen hin.[73] Es gibt jedoch auch Belege für konkretere Reversionen in der Vergangenheit, solche, die regelrecht halluzinatorisch sind. So wurden etwa die Brüste von Säuglingen oft von Erwachsenen geküßt, oder es wurde an ihnen gesaugt. Sowohl Penis als auch Brustwarzen des kleinen Ludwig XIII. wurden von den ihn umgebenden Leuten oft geküßt. Obwohl Héroard, der Autor seines Tagebuchs, ihn immer zum Tätigen stilisiert (mit dreizehn Monaten „läßt er M. de Souvré, M. de Termes, M. de Liancourt und M. Zamet seinen Zipfel küssen")[74], wird später ersichtlich, daß er manipuliert wurde: „Er will die Marquise nie seine Brustwarzen berühren lassen, seine Amme hatte ihm gesagt: ‚Herr, laßt niemanden Eure Brustwarzen oder Euren Zipfel anrühren; sie werden sie Euch abschneiden.'"[75] Doch konnten die Erwachsenen ihre Hände und Lippen immer noch nicht von seinem Penis und seinen Brustwarzen lassen. Beides stellte die wiedergekehrten Brüste der Mutter dar.

Ein weiterer Anlaß für den „Säugling-als-Mutter"-Mechanismus war der allgemeine Glaube, Säuglinge hätten Milch in ihren Brüsten, die ausgedrückt werden mußte. Die italienische *balia* (Milchamme) des 14. Jahrhunderts wurde gelehrt, „sicherzugehen und seine [des Säuglings] Brüste oft zu drücken – um vorhandene

---

[71] Ariès, *Geschichte der Kindheit*, 112; Christian Augustus Struve, A Familiar Treatise on the Physical Education of Children, London 1801, 299.

[72] Agnes C. Vaughan, The Genesis of Human Offspring: A Study in Early Greek Culture, Menasha, Wisconsin, 1945, 107; James Hastings (Hg.), A Dictionary of Christ and the Gospels, New York 1911, 533.

[73] Kett, *Adolescence*, 35, 230.

[74] E. Soulié und E. de Barthélemy (Hgg.), Journal de Jean Héroard sur l'Enfance et la Jeunesse de Louis XIII, Bd. 1, Paris 1868, 35.

[75] A. a. O., 76.

Milch herauszubekommen, weil diese ihn schmerzt"[76]. Es gibt in der Tat eine schwache Rationalisierungsmöglichkeit für diese Annahme, da ein Neugeborenes in seltenen Fällen als Resultat eines Rests weiblicher Hormone von seiner Mutter einen Tropfen milchiger Flüssigkeit auf seinen Brüsten aufweisen kann. Doch gab es einen Unterschied zwischen diesem Fall und „der unnatürlichen, aber weitverbreiteten Praxis, die zarten Brüste eines neugeborenen Säuglings gewaltsam zu quetschen, mit der rauhen Hand der Amme, was die häufigste Ursache von Entzündungen in diesem Bereich ist", wie der amerikanische Pädiater Alexander Hamilton noch 1793 schreiben mußte.[77]

Küssen, Saugen und Quetschen der Brust sind nur ein paar der Praktiken, denen das „Kind als Brust" unterworfen wird; man findet eine Vielzahl von Praktiken wie jene, vor der folgender Pädiater zu Anfang des 19. Jahrhunderts gewarnt hat:

> Eine Praktik aber der verletzendsten und abstoßendsten Art ist die vieler Kindermädchen, Tanten und Großmütter, die dem Kind zumuten, an ihren Lippen zu saugen. Ich hatte Gelegenheit, den Verfall eines blühenden Säuglings zu beobachten, als Folge davon, von einem halben Jahr aufwärts an den Lippen seiner kränklichen Großmutter zu saugen.[78]

Ich habe sogar mehrere Hinweise auf Eltern gefunden, die „Kinder lecken". Davon mag beispielsweise George du Maurier gesprochen haben, als er über sein Neugeborenes sagte: „Das Kindermädchen bringt sie jeden Morgen zu mir ans Bett, damit ich sie mit der ‚Prügelzunge' lecken kann – ich genieße diese Handlung so sehr, daß ich damit fortfahren werde, bis (das Kind) die Mündigkeit erreicht."[79]

Man gewinnt den Eindruck, daß das perfekte Kind jenes wäre, das den Eltern buchstäblich die Brust gibt, und die Alten würden wohl zustimmen. Wann immer über Kinder diskutiert wurde, kam mit Sicherheit die Geschichte von Valerius Maximus zur Sprache, der ein „perfektes" Kind beschreibt. Plinius erzählt sie so:

---

[76] Francesco da Barberino, Reggimento e costume di donne, Turin 1957, 189.
[77] Alexander Hamilton, The Family Female Physician: Or, A Treatise on the Management of Female Complaints, and of Children in Early Infancy, Worcester 1793, 287.
[78] Struve, *Treatise*, 273.
[79] Albrecht Peiper, *Chronik*, 120; Daphne du Maurier (Hg.), The Young George de Maurier: A Selection of His Letters 1860-67, London 1951, 223.

Es gibt fürwahr unzählige Beweise kindlicher Zuneigung auf der ganzen Welt, einen jedoch in Rom, mit dem sich der ganze Rest nicht messen kann. Eine plebejische Frau von niedriger Stellung, die gerade ein Kind geboren hatte, erhielt Erlaubnis, ihre Mutter zu besuchen, die zur Strafe ins Gefängnis geworfen worden war; der Wärter durchsuchte sie vorher jedesmal, um zu verhindern, daß sie irgendwelche Lebensmittel mit hineinnahm. Man ertappte sie dabei, wie sie ihrer Mutter Nahrung aus ihren eigenen Brüsten gab. Infolge dieses Wunders wurde die fromme Zuneigung der Tochter mit der Entlassung der Mutter belohnt, und beiden wurde lebenslanger Unterhalt gewährt; und der Ort, an dem dies statthatte, wurde der entsprechenden Göttin geweiht, ein Tempel für die kindliche Zuneigung ...[80]

Die Geschichte wurde durch die Jahrhunderte immer wieder als Musterbeispiel erzählt. Peter Charron hat sie 1593 das „Zurückleiten des Stroms zur Quelle"[81] genannt, und das Thema war Gegenstand von Gemälden von Rubens, Vermeer und anderen.

Oft wird das Bedürfnis, das Bild vom „Kind als Mutter" auszuagieren, übermächtig; bei einem typischen Vorfall wird hier einem sechs Jahre alten Mädchen 1656 von Kardinal Mazarin und anderen Erwachsenen ein „Streich" gespielt:

Eines Tages, als er sie wegen eines Verehrers neckte, den sie zu haben behauptete, begann er sie endlich dafür zu tadeln, daß sie guter Hoffnung sei ... Sie machten ihre Kleider von Zeit zu Zeit enger und ließen sie glauben, sie würde immer dikker. Das ging solange, wie man es für notwendig hielt, um sie von der Wahrscheinlichkeit ihres Guter-Hoffnung-Seins zu überzeugen ... Die Zeit ihrer Niederkunft kam, inmitten ihrer Laken fand sie am Morgen ein neugeborenes Kind. Man kann sich das Erstaunen und die Verzweiflung, in welche sie bei diesem Anblick geriet, nicht vorstellen. „So etwas", sagte sie, „ist niemandem außer der Jungfrau Maria und mir je widerfahren, denn ich habe nie irgendeinen Schmerz empfunden." Die Königin kam, um sie zu trösten, und bot sich als Gottesmutter dar; viele kamen, um mit ihr zu schwatzen wie mit einer, die soeben niedergekommen war.[82]

---

[80] Plinius, Natural History, übers. v. H. Rockham, Cambridge, Massachusetts, 1942, 587 (dt.: Cajus Plinius Secundus, Naturgeschichte, übers. v. Ph. H. Külb, Bd. 7, Stuttgart 1843, 832).

[81] Sieur Peter Charron, Of Wisdom, übers. v. George Stanhope, London ³1729, 1384.

[82] St. Evremond, The Works of Monsieur de St. Evremond, Bd. 3, London 1714, 6.

Kinder haben sich seit jeher auf viele konkrete Arten um Erwachsene gekümmert. Von römischen Zeiten an bedienten Knaben und Mädchen ihre Eltern bei Tisch, und im Mittelalter arbeiteten alle Kinder mit Ausnahme der königlichen als Diener, entweder zu Hause oder für andere, und liefen oft zu Mittag von der Schule heim, um ihre Eltern zu bedienen.[83] Ich werde hier nicht den ganzen Gegenstand der Kinderarbeit erörtern, man sollte sich aber daran erinnern, daß Kinder vieles von dem, was es auf der Welt an Arbeit gibt, vom Alter von vier bis fünf Jahren an erledigt haben, lange bevor im 19. Jahrhundert Kinderarbeit ein solches Thema wurde.

Abbildung 2 – Elisabethanische Familie beim Abendessen. *Man beachte, daß das kleinste Kind beim Essen steht und das ältere die Familie bedient.*

---

[83] W. Warde Fowler, Social Life at Rome in the Age of Cicero, New York 1926, 177; Edith Rickert (Hg.), The Babee's Book: Medieval Manners for the Young, London 1908, xviii; Mrs. E. M. Field, The Child and His Book, London 1892, Reprint Detroit 1968, 91; Frederick J. Furnivall (Hg.), Early English Meals and Manners (1868), Reprint Detroit 1969, 229; Pearson, *Elizabethans*, 172.

Die Reversionsreaktion zeigt sich jedoch am deutlichsten in der emotionalen Interaktion zwischen Kind und Erwachsenem. Sozialarbeiter von heute, die „prügelnde" Mütter besuchen, sind oft darüber erstaunt, wie sehr kleine Kinder den Bedürfnissen ihrer Eltern entsprechen:

> Ich erinnere mich, ein achtzehn Monate altes Mädchen seine Mutter beschwichtigen zu sehen, die sich in einem Zustand höchster Angst befand und in Tränen aufgelöst war. Zuerst setzte sie das Fläschchen ab, an dem sie nuckelte. Dann bewegte sie sich auf solche Weise umher, daß sie sich ihrer Mutter nähern, sie berühren und zuletzt beruhigen konnte (wozu ich nicht einmal ansatzweise in der Lage gewesen war). Als sie spürte, daß ihre Mutter sich wieder wohlfühlte, ging sie durchs Zimmer, legte sich hin, griff nach ihrem Fläschchen und begann wieder an ihm zu nuckeln.[84]

Diese Rolle haben Kinder in der Vergangenheit häufig übernommen. Ein anderes Kind hat man „nie weinen oder unruhig gesehen ... Als sie noch ein Baby in den Armen ihrer Mutter war, hob sie zu dieser Jahreszeit oft ihre kleine Hand und wischte die Tränen von der Wange ihrer Mutter ..."[85] Die Ärzte versuchten gewöhnlich, Mütter dazu zu bewegen, ihre Kinder selbst zu säugen, statt sie zu einer Milchamme zu senden, indem sie versprachen, daß „er (der Säugling) es als Gegenleistung dafür unternimmt, ihr (der Mutter) tausend Freuden zu erweisen ... er küßt sie, streichelt ihr Haar, ihre Nase und Ohren, er schmeichelt ihr ..."[86] In Verfolgung dieses Themas habe ich über fünfhundert Gemälde von Müttern und Kindern aus allen Ländern katalogisiert und herausgefunden, daß die Bilder früher das Kind zeigen, wie es die Mutter betrachtet, ihr zulächelt und sie zärtlich behandelt, als umgekehrt die Mutter, wie sie das Kind betrachtet, ihm zulächelt und es zärtlich behandelt, was für eine Mutter auf Gemälden überhaupt seltene Handlungen sind.

---

[84] Elizabeth L. Davoren, The Role of the Social Worker, in: Ray E. Helfer und C. Henry Kempe (Hgg.), The Battered Child, Chicago 1968, 155.
[85] Ruby Ann Ingersoll, Memoir of Elizabeth Charlotte Ingersoll Who Died September 18, 1857 Aged 12 Years, Rochester, New York, 1858, 6.
[86] Jacques Guillimeau, The Nursing of Children, London 1612, 3.

Abbildungen 3a und 3b – Das Kind als Liebhaber der Mutter. *Unter den üblicherweise steifen mittelalterlichen Darstellungen von Mutter und Kind sind auch ein paar wie diese, die den Wunsch veranschaulichen, daß das Kind ein Liebhaber sein möge, der die Mutter leidenschaftlich umarmt.*

Die Fähigkeit des Kindes, Erwachsene zu bemuttern, war oft seine Rettung. Mme. de Sévigné entschloß sich, ihre achtzehn Monate alte Enkeltochter nicht mit auf eine Reise zu nehmen, die für das Kind hätte fatal sein können.

> Mme. du Puy-du-Fou möchte nicht, daß ich mein Enkelkind mitnehme. Sie sagt, es würde sie der Gefahr aussetzen, und endlich füge ich mich; ich würde es nicht wollen, die kleine Lady zu gefährden – ich mag sie sehr ... sie tut hundert und mehr kleine Dinge – sie spricht, liebkost die Leute, tätschelt sie, bekreuzigt sich, bittet um Verzeihung, macht Knickse, küßt einem die Hand, zuckt mit den Schultern, tanzt, schmeichelt, krault einen am Kinn: kurz, sie ist insgesamt liebreizend, bisweilen vergnüge ich mich Stunden mit ihr. Ich will nicht, daß sie stirbt.[87]

Das Bedürfnis der Eltern nach Bemutterung erlegte dem heranwachsenden Kind eine enorme Last auf. Es war mitunter sogar die Ursache seines Todes. Einer der häufigeren Gründe, die für den Tod eines Säuglings angegeben werden, war „Drauflegen" oder Ersticken im Bett, und obwohl das oft auch nur eine Ausrede

---

[87] H. T. Barnwell (Hg.), Selected Letters of Madame de Sévigné, London 1959, 73.

für Kindsmord war, räumten Pädiater ein, daß es sich dann, wenn es tatsächlich vorgefallen war, der Weigerung der Mutter zuzuschreiben war, das Kind in ein eigenes Bett zu geben, wenn sie schlafen ging; „indem sie das Kind nicht loslassen will, hält sie es noch fester, während sie schläft. Ihre Brust verschließt die Nase des Kindes".[88] Dieses reversive Bild vom Kind als Sicherheitsdecke stellte die Wirklichkeit hinter der bekannten mittelalterlichen Warnung dar, daß Eltern sorgfältig darauf achten müßten, ihre Kinder nicht zu hätscheln „wie der Efeu, der den Baum, den er umwächst, unweigerlich abtötet, oder die Affenmutter, die ihre Jungen aus bloßer Verliebtheit beim Umarmen zu Tode drückt"[89].

Das psychologische Prinzip des Doppelbildes
Der unentwegte Wechsel zwischen Projektion und Reversion, zwischen dem Kind als Teufel und als Erwachsenem, bringt ein „Doppelbild" hervor, das für einen Großteil der bizarren Eigenschaften der Kindheit in der Vergangenheit verantwortlich ist. Wir haben bereits gesehen, inwiefern dieser Wechsel vom Bild des Erwachsenen zum projizierten Bild eine Vorbedingung des Prügelns ist. Wir können jedoch eine noch reichhaltigere Vorstellung vom Doppelbild bekommen, indem wir eine tatsächliche Kindheit der Vergangenheit ein wenig detaillierter untersuchen. Die ausführlichste Aufzeichnung einer Kindheit vor der Moderne ist das Tagebuch Héroards, des Arztes Ludwigs XIII., das beinah tägliche Einträge darüber enthält, was er das Kind und dessen Umgebung tun sah und sagen hörte. Das Tagebuch erlaubt uns des öfteren, einen Blick auf das im Umschlagen begriffene Doppelbild zu erhaschen, wie es sich in Héroards eigenem Denken ereignet, insofern seine Darstellung des Babys zwischen projektiven und reversiven Bildern hin und her wechselt.
Das Tagebuch setzt ein mit der Geburt des Dauphins 1601. Sofort tauchen seine Erwachsenen-Qualitäten auf. Er kam aus dem Mutterleib und hielt seine Nabelschnur „mit solcher Kraft, daß sie (die Mutter oder die Hebamme) sie ihm nur schwer entreißen konnte". Er wurde beschrieben als „stark muskulös", und sein Schrei war so laut, daß „er sich überhaupt nicht wie ein Kind anhörte". Sein Penis wurde sorgfältig untersucht und für „gut vorbereitet" erklärt.[90] Da er ein Dauphin war, tut man diese ersten Projektionen erwachsener Eigenschaften als bloßen Stolz über einen neuen König ab, bald aber beginnen sich die Bilder re-

---

[88] Most, *Mensch*, 74.
[89] Charron, *Wisdom*, 1338; Robert Cleaver, A godlie forme of household government ..., London 1598, 296.
[90] Soulié, *Héroard*, 2–5.

gelrecht aufzutürmen, und das Doppelbild, demzufolge er sowohl ein Erwachsener als auch ein unersättliches Kind ist, wird immer deutlicher.

> Am Tage nach seiner Geburt ... klingen seine Schreie im allgemeinen überhaupt nicht wie die eines Säuglings und klangen niemals so, und wenn er an der Brust saugte, so geschah dies mit einem ganzen Mundvoll, und er öffnete seine Kiefer so weit, daß er mit einem Zug mehr zu sich nahm als andere in dreien. Daher war seine Amme beinahe stetig trocken ... Er war niemals völlig gestillt.[91]

Die Vorstellung vom gerade ein paar Wochen alten Dauphin abwechselnd als eines kindlichen Herkules, der die Schlangen besiegte, und als eines Gargantua, der 17.913 Rinder brauchte, um gestillt zu werden, steht völlig quer zu dem in Wirklichkeit kränklichen, schwachen, gewickelten Säugling, dessen Bild aus Héroards Aufzeichnungen hervorgeht. Von den Dutzenden Leuten, die zu seiner Pflege eingeteilt waren, war keiner in der Lage, die Befriedigung seiner einfachsten Bedürfnisse nach Nahrung und Ruhe zu gewährleisten. Dauernd wurden unnötige Wechsel bei den Milchammen vorgenommen und ständige Ausgänge und lange Reisen veranstaltet.[92] Als er an die zwei Monate alt war, war der Dauphin dem Tode nahe. Héroards Angst wuchs, und als Abwehr gegen diese Angst wurde seine Reversionsreaktion deutlicher:

> Von der Amme gefragt: „Wer ist dieser Mann?", antwortet er in seiner Sprechweise und mit Freude: „Erouad!" [Héroard] Man kann sehen, daß sein Körper sich nicht mehr entwickelt oder genährt wird. Die Muskeln auf seiner Brust sind völlig verschwunden, und der große Wulst, den er zuvor an seinem Nacken hatte, war nun nur noch Haut.[93]

Als der Dauphin beinahe zehn Monate alt war, wurden Gängelbänder an seinem Kleid angebracht. Gängelbänder wurden zur Verwendung angeraten, um dem Kind das Gehen beizubringen, öfter aber wurden sie dazu eingesetzt, es wie eine Marionette zu manipulieren und zu kontrollieren. In Kombination mit Héroards projektiven Reaktionen erschwert dies das Verständnis dessen, was tatsächlich vorfiel und was von denjenigen im Umfeld des kleinen Ludwig manipuliert wurde. So wird zum Beispiel berichtet, daß er es im Alter von elf Monaten genossen habe, mit Héroard zu fechten, und das so sehr, daß „er mich lachend durch den

---

[91] A. a. O., 7-9.
[92] A. a. O., 11.
[93] A. a. O., 14 f.

ganzen Raum hetzt". Ein Monat später jedoch berichtete Héroard, daß er „beginnt, sich standhaft herumzubewegen, wenn man ihn unter den Armen hält".[94] Es ist offenkundig, daß er am Gängelband geführt oder geschwungen wurde, wenn es hieß, er habe Héroard „gehetzt". Nachdem er in Wirklichkeit erst sehr viel später in Sätzen sprechen konnte, halluzinierte Héroard in der Tat, als er berichtete, jemand sei den vierzehn Monate alten Dauphin besuchen gekommen, der „sich herumdreht und alle ansieht, die in Reih und Glied an der Balustrade stehen, sich ihn erwählt und ihm seine Hand hinhält, die der Prinz dann küßt. M. d'Haucourt tritt ein und sagt, er sei gekommen, das Kleid des Dauphin zu küssen; er dreht sich zu ihm und sagt, das sei nicht nötig".[95]
Zur selben Zeit wurde er als sexuell überaus aktiv beschrieben. Die projektive Grundlage dafür, dem Kind ein erwachsenes Sexualverhalten zuzuschreiben, ist in Héroards Beschreibungen augenfällig: „[Mit zwölf Monaten] ruft der Dauphin den Pagen zurück und hebt mit einem ‚Ho!' sein Hemdchen, um ihm seinen Zipfel zu zeigen ... er verlangt, daß jeder seinen Zipfel küßt ... in Begleitung des kleinen Mädchens zieht er sein Hemd hinauf, zeigt ihm seinen Zipfel mit solcher Begierde, daß er völlig außer sich ist."[96] Und nur wenn man sich besinnt, daß es sich im folgenden in Wirklichkeit um ein fünfzehn Monate altes Baby handelt, das wahrscheinlich am Gängelband geführt wird, kann diese Szene von Héroards massiven Projektionen abgelöst werden:

> Der Dauphin geht hinter Mlle. Mercier, die kreischt, weil M. de Montglat ihr mit der Hand auf die Hinterbacken geschlagen hat; auch der Dauphin kreischte. Sie floh zum Bett hin; M. de Montglat folgte ihr und wollte ihr den Hintern küssen, sie schreit sehr laut auf; der Dauphin hört es und beliebt, ebenfalls laut zu schreien; genießt dies und schüttelt seine Beine und seinen ganzen Körper vor Freude ... man heißt seine Frauen kommen; er heißt sie tanzen, spielt mit der kleinen Marguerite, küßt sie, umarmt sie; wirft sie zu Boden, schmeißt sich mit bebendem Körper und knirschenden Zähnen auf sie ... neun Uhr ... Er versucht, ihr mit einer Birkenrute auf die Hinterbacken zu schlagen. Mlle. Bélier fragt ihn: „Monsieur, was hat M. de Montglat mit Mercier getan?" Auf der Stelle begann er mit einem süßen Lächeln in die Hände zu klatschen und sich auf diese Weise so zu erhitzen, daß er unter Freuden hinfortgetragen wurde, nachdem er eine gute halbe bis dreiviertel Stunde lachend und händeklatschend zugebracht hatte, wobei er

---

[94] A. a. O., 32, 34.
[95] A. a. O., 36.
[96] A. a. O., 34, 35.

sich ungestüm auf sie geworfen hatte, ganz wie jemand, der den Witz verstanden hatte.[97]

Nur selten läßt Héroard erkennen, daß der Dauphin bei diesen sexuellen Manipulationen in Wirklichkeit passiv war: „Die Marquise steckt oft ihre Hand unter seine Weste; er läßt sich von der Amme in sein Bett bringen, wo sie mit ihm spielt und ihre Hand oft unter sein Mäntelchen steckt."[98] Öfter noch wird einfach dargestellt, wie er ausgezogen, mit dem König, der Königin oder beiden oder auch mit verschiedenen Dienern zu Bett gebracht und von der Zeit an, da er ein Säugling war, bis mindestens zu seinem siebenten Lebensjahr in sexuelle Manipulationen einbezogen wurde.

Ein weiteres Beispiel für das Doppelbild findet sich anläßlich der Beschneidung. Es ist bekannt, daß Juden, Ägypter, Araber und andere die Vorhaut von Knaben beschnitten. Die Gründe dafür sind mannigfaltig, alle aber fallen in den Bereich des Doppelbilds von Projektion und Reversion. Derartige Verstümmelungen von Kindern durch Erwachsene implizieren immer Projektion und Bestrafung, um projizierte Leidenschaften zu kontrollieren. Wie Philo es im 1. nachchristlichen Jahrhundert ausgedrückt hat, galt die Beschneidung „der Ausrottung der Leidenschaften, die den Geist einschnüren. Denn nachdem von allen Leidenschaften die des Verkehrs zwischen Mann und Frau die größte ist, haben die Gesetzgeber empfohlen, daß dasjenige Instrument, welches diesem Verkehr dient, verstümmelt werde, wobei sie darauf hingewiesen haben, daß diese mächtigen Leidenschaften gezügelt werden müssen und nicht nur diese bestimmte, sondern alle Leidenschaften von dieser einen gesteuert werden".[99] Moses Maimonides stimmt dem zu:

> Ich glaube, daß einer der Gründe für die Beschneidung die Verringerung des Geschlechtsverkehrs und die Schwächung der Geschlechtsorgane war; ihr Ziel bestand darin, die Tätigkeiten dieses Organs einzuschränken und es soviel wie möglich ruhen zu lassen. Das wahre Ziel der Beschneidung bestand darin, dem Geschlechtsorgan eine solche Art von körperlichem Schmerz zuzufügen, daß nicht seine natürliche Funktion oder die Potenz des einzelnen beeinträchtigt, sondern

---

[97] A. a. O., 42 f.
[98] A. a. O., 45. Diese sexuelle Einbeziehung des Dauphins kann nicht nur dazu dienen, sein königliches Charisma zu befördern, zumal auch der König und die Königin beteiligt sind.
[99] Felix Bryk, Circumcision in Man and Woman: Its History, Psychology and Ethnology, New York 1934, 94.

vielmehr die Macht der Leidenschaft und des allzu großen Verlangens verringert würde.[100]

Das reversive Element der Beschneidung kann im Thema von der Eichel als Brustwarze gesehen werden, das in den Einzelheiten einer Version dieses Rituals eingebettet ist. Der Penis des Kleinkindes wird gerieben, um ihn steif zu machen, und die Vorhaut wird eingeritzt, entweder mit dem Fingernagel des Mohel oder mit einem Messer, und dann rund um die Eichel abgezogen. Daraufhin saugt der Mohel das Blut von der Eichel.[101] Das geschieht aus demselben Grund, aus dem jeder den Penis des kleinen Ludwig küßte – weil der Penis und im besonderen die Eichel die wiedergekehrte Brustwarze der Mutter ist und das Blut deren Milch.[102] Die Vorstellung, daß das Blut des Kindes magische Milch-Eigenschaften besitze, ist uralt und liegt vielen Opferhandlungen zugrunde, doch statt dieses komplexe Problem hier zu untersuchen, würde ich es vorziehen, mich auf den hauptsächlichen Sinn der Beschneidung zu konzentrieren, nämlich das Auftauchen der Eichel-als-Brustwarze. Es ist nicht allgemein bekannt, daß die Entblößung der Eichel nicht nur für die Völker, die Beschneidungen durchführen, ein Problem war. Den Griechen und Römern galt die Eichel als heilig; ihr Anblick „löste Angst und Erstaunen im Herzen des Menschen aus",[103] und daher banden sie die Vorhaut entweder mit einer Schnur zusammen, die *kynodesme* genannt wurde, oder klemmten sie sonst mit einer *fibula* zu, einer Klammer, was Infibulation genannt wurde.[104] Belege für die Infibulation, sowohl aus Gründen der „Mäßigung" als auch „um die Begierde zu zügeln", finden sich auch in der Renaissance und der Neuzeit.[105]

---

[100] A. a. O., 100.

[101] A. a. O., 57, 115.

[102] Auch Personen, die sich heutzutage selbst verstümmeln, erfahren das Fließen von Blut als Milch; vgl. John S. Kafka, The Body as Transitional Object: A Psychoanalytic Study of a Self-Mutilating Patient, in *British Journal of Medical Psychology* 42 (1969), 209.

[103] Eric J. Dingwall, Male Infibulation, London 1925, 60; und Thorkil Vanggaard, Phallos: A Symbol and its History in the Male World, New York 1969, 89.

[104] Dingwall, *Infibulation*, 61; Celsus, De Medicina, Bd. 3, übers. v. W. B. Spencer, Cambridge 1938, 25; Augustin Cabanes, The Erotikon, New York 1966, 171; Bryk, *Circumcision*, 225–227; Soranus, Gynecology, Baltimore 1956, 107; Peter Ucko, Penis Sheaths: A Comparative Study, in *Proceedings of the Royal Anthropological Institute of Great Britain and Ireland for 1969*, London 1970, 43.

[105] Dingwall, *Infibulation*, 27, 56–58; Count de Buffon, A Natural History, Bd. 1, übers. v. William Smellie, London 1781, 217.

War die Vorhaut nicht lang genug, um die Eichel zu bedecken, wurde manchmal eine Operation durchgeführt, bei der die Haut an der Wurzel des Penis eingeschnitten und nach oben gezogen wurde.[106] In der Kunst der Antike wurde die Eichel in der Regel bedeckt dargestellt, wobei der Penis entweder in eine Spitze auslief oder sonst die zusammengeschnürte Vorhaut deutlich abgebildet wurde, auch im erigierten Zustand. Ich habe nur zwei Fälle gefunden, bei denen die Eichel dargestellt wurde: entweder wenn sie Ehrfurcht hervorrufen sollte, wie in den Abbildungen des Phallus, die üblicherweise an Türschwellen angebracht wurden, oder wenn der Penis bei der Fellatio gezeigt wurde.[107] Somit war das Reversionsbild bei Juden und Römern gleichermaßen in ihrer Einstellung gegenüber der Eichel-als-Brustwarze enthalten.

Kindsmord und Todeswünsche gegenüber Kindern
In zwei Büchern, die sich durch reiche klinische Dokumentation auszeichnen, hat der Psychoanalytiker Joseph Rheingold die Todeswünsche von Müttern[108] gegenüber ihren Kindern untersucht und nicht nur herausgefunden, daß sie wesentlich weiter verbreitet sind, als allgemein wahrgenommen wird, sondern auch, daß sie einem mächtigen Versuch entstammen, die Mutterschaft „ungeschehen" zu machen, damit diese Frauen der Bestrafung entgehen, die ihre eigenen Mütter ihnen ihrer Vorstellung nach auferlegen würden. Rheingold führt uns Mütter vor Augen, die gebären und ihre eigenen Mütter anflehen, sie nicht zu töten, und ortet den Ursprung sowohl der kindsmörderischen Wünsche als auch der postpartalen Depressionszustände nicht in einer Feindseligkeit dem Kind selbst gegenüber, sondern im Bedürfnis, das Kind zur Besänftigung der eigenen Mütter zu opfern. Das Krankenhauspersonal ist sich dieser weitverbreiteten kindsmörderischen Wünsche sehr wohl bewußt und erlaubt oft einige Zeit lang keinen Kontakt zwischen Mutter und Kind. Die Belege Rheingolds, Blocks, Zilborgs und anderer[109] sind komplex und haben weitreichende Implikationen; wir können

---

[106] Paulus Aegineta, The Seven Books of Paulus Aegineta, 3 Bde., übers. v. Francis Adams, London 1844-1847, Bd. 1, 346; Celsus, *Medicina*, 421.

[107] Otto J. Brendel, The Scope and Temperament of Erotic Art in the Greco-Roman World, in: Studies in Erotic Art, hg. v. Theodore Bowie und Cornelia V. Christenson, New York 1970, Tafeln 1, 17, 18, 20.

[108] Joseph C. Rheingold, The Fear of Being a Woman: A Theory of Maternal Destructiveness, New York 1964, und ders., The Mother, Anxiety, and Death: The Catastrophic Death Complex, Boston 1967.

[109] Dorothy Bloch, Feelings That Kill: The Effect of the Wish for Infanticide in Neurotic Depression, in: *The Psychoanalytic Review* 52 (1965); Bakan, *Slaughter*; Stuart

hier nur herausheben, daß die Impulse heutiger Mütter zur Tötung der Nachkommenschaft überaus weit verbreitet sind und mit Phantasien von Erstechen, Verstümmelung, Mißbrauch, Enthauptung und Strangulierung einhergehen, die Mütter in der Psychoanalyse gewöhnlich äußern. Je weiter in der Geschichte man zurückgeht, so meine ich, desto mehr Impulse zur Tötung der Nachkommenschaft von Eltern werden ausagiert.

Die Geschichte des Kindsmords in der westlichen Welt muß erst geschrieben werden, und ich strebe das hier nicht an. Es ist aber bereits genug bekannt, um sagen zu können, daß entgegen der üblichen Annahme, es handle sich hier mehr um ein östliches als um ein westliches Problem, Kindsmord sowohl an ehelichen wie an unehelichen Kindern in der Antike eine regelmäßige Praxis war, daß das Töten ehelicher Kinder erst im Mittelalter langsam eingeschränkt wurde und daß uneheliche Kinder bis weit ins 19. Jahrhundert herauf regelmäßig getötet wurden.[110]

---

[110] S. Asch, Depression: Three Clinical Variations, in *Psychoanalytic Study of the Child* 21 (1966), 170-171; Morris Brozovsky und Harvey Falit, Neonaticide: Clinical and Psychodynamic Considerations, in *Journal of Child Psychiatry* 10 (1971); Wolfgang Lederer, The Fear of Women, New York 1968; Galdston, *Dysfunctions*, und die Bibliographie bei Rheingold.
Bibliographien finden sich bei: Abt-Garrison, *History of Pediatrics*; Bakan, *Slaughter*; William Barclay, Educational Ideas in the Ancient World, London 1959, Anhang A; H. Bennett, Exposure of Infants in Ancient Rome, in *Classical Journal* 18 (1923), 341-345; A. Cameron, The Exposure of Children and Greek Ethics, in *Classical Review* 46 (1932), 105-114; Jehanne Charpentier, Le Droit de l'enfance Abandonée, Paris 1967; A. R. W. Harrison, The Law of Athens: The Family and Property, Oxford 1968; William L. Langer, Checks on Population Growth: 1750-1850, in *Scientific American* (1972), 93-99; François Lebrun, Naissances illégitimes et abandons d'enfants en Anjou au XVIIIe siècle, in *Annales: Économies, Sociétés, Civilisations* 27 (1972); A. J. Levin, Oedipus and Samson, the Rejected Hero-Child, in *International Journal of Psycho-Analysis* 38 (1957), 103-110; John T. Noonan, Jr., Contraception: A History of Its Treatment by the Catholic Theologians and Canonists, Cambridge, Massachusetts, 1965; Payne, Child; Juha Pentikainen, The Nordic Dead-Child Traditions, Helsinki 1968; Max Raden, Exposure of Infants in Roman Law and Practice, in *Classical Journal* 20 (1925), 342 f.; Edward Shorter, Illegitimacy, Sexual Revolution, and Social Change in Modern Europe, in *The Journal of Interdisciplinary History* 2 (1971), 237-272; ders., Infanticide in the Past, in *History of Childhood Quarterly: The Journal of Psychohistory* 1 (1973), 178-180; ders., Sexual Change and Illegitimacy: The European Experience, in: Modern European Social History, hg. v. Robert Bezucha, Lexington, Massachusetts, 1972, 231-269; John Thrupp, The Anglo-Saxon Home: A History of the Domestic In-

Der Kindsmord in der Antike wird üblicherweise trotz buchstäblich Hunderter deutlicher Hinweise antiker Autoren heruntergespielt, denen zufolge er ein akzeptiertes, alltägliches Ereignis war. Kinder wurden in Flüsse geworfen, auf Misthaufen und Jauchengruben geschleudert, in Töpfe „eingepflanzt", wo sie verhungerten, und an jedem Hügel, an jeder Straßenecke ausgesetzt, „Beute für Raubvögel, Futter für wilde Tiere zum Zerreißen" (Euripides, *Ion*, 504). Zunächst wurde generell jedes Kind getötet, das hinsichtlich seiner Gestalt und Größe nicht perfekt war, zuwenig oder zuviel weinte oder sich auf irgendeine andere Weise von dem unterschied, was in den gynäkologischen Schriften darüber, „Wie man erkennt, ob das Neugeborene der Aufzucht wert ist",[111] beschrieben wird. Darüber hinaus wurde das Erstgeborene in der Regel am Leben gelassen,[112] besonders, wenn es ein Knabe war. Mädchen wurden natürlich geringgeschätzt, und die Instruktionen Hilarions für seine Frau Alis (1 v. Chr.) sind typisch für die Offenheit, mit der diese Dinge diskutiert wurden: „Solltest du, was gut der Fall sein kann, ein Kind gebären, so laß es, wenn es ein Knabe ist, am Leben; ist es ein Mädchen, setz es aus."[113] Das Resultat war ein großes Ungleichgewicht von Männern und Frauen, das für die westliche Welt bis weit ins Mittelalter, als das Töten ehelicher Kinder vermutlich stark eingeschränkt wurde, typisch war. (Das Töten unehelicher Kinder beeinflußt das Verhältnis der Geschlechter nicht, da generell beide Geschlechter getötet werden.) Statistiken für die Antike, soweit sie zugänglich sind, weisen eine große Überzahl von Kna-

---

stitutions and Customs of England. From the Fifth to the Eleventh Century, London 1862; Richard Trexler, Infanticide in Florence, in *History of Childhood Quarterly: The Journal of Psychohistory* 1 (1973), 98-117; La Rue Van Hook, The Exposure of Infants at Athens, in *American Philological Association Transactions and Proceedings* 51 (1920), 36-44; Oscar H. Werner, The Unmarried Mother in German Literature, New York 1966; G. Glotz, L'Exposition des Enfants. Études Sociales et Juridiques sur l'antiquité grecque, Paris 1906; Y.-B. Brissaud, L'infanticide à la fin du moyen âge, ses motivations psychologiques et sa répression, in *Revue historique de droit français et étranger* 50 (1972), 229-256; M. de Gouroff (Antoine J. Duguer), Essai sur l'histoire des enfants trouvés, Paris 1885; William L. Langer, Infanticide: A Historical Survey, in *History of Childhood Quarterly: The Journal of Psychohistory* 1 (1973), 353-367.

[111] Soranus, *Gynecology*, 79.
[112] Lacey, *Family*, 164.
[113] John Garrett Winter, Life and Letters in the Papyri, Ann Arbor, Michigan, 1933, 56; Naphtali Lewis und Meyer Reinhold, Roman Civilization: Source Book 2, New York 1955, 403; Gunnlaugs saga ormstungu, in: Three Icelandic Sagas, übers. v. M. H. Scargill, Princeton 1950, 11 f.

ben gegenüber Mädchen aus; in 79 Familien, die um 228 bis 220 v. Chr. das milesische Bürgerrecht erhielten, gab es z. B. 118 Söhne und 28 Töchter; 32 Familien hatten ein Kind, 31 hatten zwei Kinder. Wie Jack Lindsay es ausdrückt:

> Zwei Söhne sind nicht ungewöhnlich, drei gibt es hin und wieder, mehr als eine Tochter hingegen wurde praktisch nie aufgezogen. Poseidippos sagte, „eine Tochter setzt auch ein reicher Mann stets aus" ... Von 600 Familien auf den Inschriften aus dem 2. Jahrhundert in Delphi erzog 1% zwei Töchter.[114]

Das Töten ehelicher Kinder war auch unter reichen Eltern so üblich, daß Polybius es für die Entvölkerung Griechenlands verantwortlich machte:

> In unserer Zeit unterliegt ganz Griechenland einer niedrigen Geburtsrate und einem allgemeinen Bevölkerungsrückgang, so daß die Städte menschenleer geworden sind und das Land aufgehört hat, Früchte zu tragen, obwohl es weder andauernde Kriege noch Epidemien gegeben hat ... nachdem die Männer in solch einen Zustand von Anmaßung, Habgier und Trägheit verfallen sind, daß sie sich nicht zu vermählen wünschen oder, wenn sie vermählt sind, die ihnen geborenen Kinder nicht aufziehen, oder wenigstens deren eines oder zwei, wie es üblich ist ...[115]

Bis ins vierte nachchristliche Jahrhundert konnten in Griechenland wie in Rom weder das Gesetz noch die öffentliche Meinung am Kindsmord etwas Falsches finden. Auch die großen Philosophen waren derselben Ansicht. Die paar Stellen, die von Altphilologen als Verurteilung des Kindsmords angesehen werden, scheinen mir nachgerade auf das Gegenteil hinzudeuten, wie etwa Aristoteles' Standpunkt: „Was nun das Aussetzen oder Aufziehen der geborenen Kinder angeht, so soll es ein Gesetz geben, wonach kein mißgestaltetes Kind aufgezogen werden solle; aufgrund der Vielzahl von Kindern aber muß es, sofern die üblichen Gebräuche verhindern, daß Geborene ausgesetzt werden, eine bestimmte Grenze für die Vermehrung der Nachkommenschaft geben." In ähnlicher Weise wird auch Musonius Rufus, mitunter „der römische Sokrates" genannt, als einer angeführt, der gegen den Kindsmord aufgetreten sei, sein knappes Werk „Soll jedes geborene Kind aufgezogen werden?" stellt jedoch unzweifelhaft lediglich fest, daß Brüder nicht getötet werden sollten, zumal sie sehr nützlich sind.[116]

---

[114] Jack Lindsay, The Ancient World, London 1968, 168.
[115] Polybius, The Histories, Bd. 6, übers. v. W. R. Paton, London 1927, 30.
[116] Cora E. Lutz, Musonius Rufus „The Roman Socrates", in: Alfred R. Bellinger (Hg.), *Yale Classical Studies*, Bd. 10, New Haven 1947, 101; obwohl sein Schüler

Weitaus mehr antike Schriftsteller befanden den Kindsmord hingegen ganz freimütig für gut und meinten, wie etwa Aristipp, daß ein Mann mit seinen Kindern tun könne, was er wolle, denn: „Trennen wir uns nicht (auch) von unserer Spukke, von Läusen und dergleichen, als von unnützen Dingen, die nichtsdestoweniger sogar aus uns selber entstanden sind?"[117] Oder sie gaben vor, es handle sich jeweils nur um schwächliche Kinder:

> Verrückten Hunden schlagen wir auf den Kopf; den wilden und rasenden Ochsen schlachten wir; kranke Schafe führen wir dem Messer zu, um zu verhindern, daß sie die Herde anstecken; unnatürliche Nachkommenschaft zerstören wir; wir ertränken sogar Kinder, die bei der Geburt schwach und abnorm sind. Und doch ist es nicht zornige Leidenschaft, sondern die Vernunft, die das Schädliche vom Gesunden trennt.[118]

Das Thema Aussetzung war weitverbreitet im Mythos, in der Tragödie und jüngeren Komödie, die häufig darum kreist, wie lustig Kindsmord doch ist. In Menanders *Samia* (*Das Mädchen von Samos*) stammt die Heiterkeit von der Darstellung eines Mannes, der versucht, ein Baby zu zerhacken und zu grillen. In seiner Komödie *Das Schiedsgericht* greift ein Schafhirte einen ausgesetzten Säugling auf, überlegt, ihn aufzuziehen, ändert dann aber seine Meinung und sagt: „Was habe ich mit der Aufzucht von Kindern und der ganzen Mühsal zu schaffen!" Er gibt es einem anderen, streitet aber mit ihm darum, wer das Halsband des Babys behält.[119]

Es muß jedoch festgehalten werden, daß Kindsmord vermutlich seit prähistorischer Zeit allgemein üblich war. Henri Vallois, der die ganzen prähistorischen Fossilien, die von der Zeit der Pithekanthropen bis zu der der Völker des Mesolithikums ausgegraben wurden, in Tabellen verzeichnet hat, kam auf ein Ge-

---

Epiktet mehr gegen den Kindsmord zu sein scheint, vgl. Epiktet, *Discourses*, Kapitel 23. Vgl. auch die rechtliche Billigung des Kindsmords in den *Gortyna Law Tables*, IV:21, 23, in: R. Dareste (Hg.), Recueil des Inscriptions Juridiques Grecques, Paris 1894, 365.

[117] Bartholomew Batty, The Christian Mans Closet, 1581 übers. v. William Lowth, 28.

[118] Seneca, Moral Essays, übers. v. John W. Basore, Cambridge, Massachusetts, 1963, 145.

[119] Menander, The Principal Fragments, übers. v. Frances G. Allinson, London 1921, 33 (vgl. dt. Das Schiedsgericht, Triesenberg ⁴1974); Philip E. Slater, The Glory of Hera: Greek Mythology and the Greek Family, Boston 1968.

schlechtsverhältnis von 148 zu 100 zugunsten von Männern.[120] Griechen und Römer bewohnten in Wirklichkeit eine Insel der Aufklärung inmitten eines Meers von Nationen, die sich nach wie vor auf einer früheren Stufe der Opferung von Kindern für Götter befanden, eine Praxis, der die Römer vergeblich Einhalt zu gebieten suchten. Am besten dokumentiert ist das Kindesopfer in Karthago, das Plutarch beschreibt:

> ... im vollen Bewußtsein und Verstande opferten sie selbst ihre eigenen Kinder, und die, die keine Kinder hatten, kauften armen Leuten kleine Kinder ab und schnitten ihnen die Kehle durch, als wären sie gerade einmal Lämmer oder junge Vögel; dabei stand die Mutter ohne eine Träne oder einen Klaglaut daneben; sollte sie jedoch einen einzigen Klaglaut hören oder eine einzige Träne fallen lassen, so büßte sie das Geld ein, und ihr Kind wurde nichtsdestoweniger geopfert; und der gesamte Bereich vor der Statue war erfüllt vom lauten Lärm der Flöten und Trommeln, damit die Schmerzensschreie nicht an die Ohren der Menschen dringen konnten.[121]

Das Kindsopfer ist natürlich die konkreteste Art des Ausagierens von Kindsmord, der nach Rheingolds These ein Opfer für die jeweilige Mutter der Elternteile darstellt. Es wurde von den irischen Kelten, den Galliern, den Skandinaviern, den Ägyptern, den Phöniziern, den Moabitern, den Ammonitern und zu bestimmten Zeiten auch von den Israeliten praktiziert.[122] Archäologen haben

---

[120] Henri V. Vallois, The Social Life of Early Man: The Evicence of Skeletons, in: Sherwood L. Washburn (Hg.), Social Life of Early Man, Chicago 1961, 225.

[121] Plutarch, Moralia, übers. v. Frank C. Babbitt, London 1928, 493 (dt. Moralphilosophische Schriften, hg. u. übers. v. Hans J. Klauck, Stuttgart 1997).

[122] E. Wellisch, Isaac and Oedipus, London 1954, 11–14; Payne, *Child*, 8, 160; Robert Seidenberg, Sacrificing the First You See, in *The Psychoanalytic Review* 53 (1966), 52–60; Samuel J. Beck, Abraham's Ordeal: Creation of a New Reality, in *The Psychoanalytic Review* 50 (1963), 175–185; Theodore Thass-Thienemann, The Subconscious Language, New York 1967, 302–306; Thomas Platter, Journal of a Younger Brother, übers. v. Jean Jennett, London 1963, 85; Tertullian, Apology, in: The Anti-Nicene Fathers, Bd. 3, New York 1918, 25 (dt. Apologeticum. Verteidigung des Christentums. Lat./dt., hg. u. übers. v. Carl Becker, München ⁴1992); P. W. Joyce, A Social History of Ancient Ireland, Bd. 1, London ³1920, 285; William Burke Ryan, Infanticide: Its Law, Prevalence, Prevention, and History, London 1862, 200–220; Eusebius Pamphili, Ecclesiastical History, New York 1955, 103; J. M. Robertson, Pagan Christs, New York 1967, 31; Charles Picard, Daily Life in Carthage, übers. v. A. E. Foster, New York 1961, 671; Howard H. Schlossman, God the Father and His Sons, in *American Imago* 29 (1972), 35–50.

Tausende Knochen von geopferten Kindern ausgegraben, häufig mit Inschriften, die die Opfer als erstgeborene Söhne adeliger Familien identifizierten, bis zurück ins Jericho des Jahres 7000 vor Christus.[123] Das Einmauern von Kindern in Wänden, Gebäudefundamenten und Brücken, um deren Struktur zu stärken, war vom Bau der Mauer von Jericho bis noch 1843 in Deutschland üblich.[124] Bis zum heutigen Tag inszenieren Kinder, die das Spiel *London Bridge is Falling Down* spielen, ein Opfer für eine Flußgottheit, wenn sie am Ende des Spiels das Kind auffangen.[125]

Sogar in Rom führte das Opfern von Kindern eine Existenz im Untergrund. Dio schrieb, daß Julian „viele Knaben in einem magischen Ritus getötet hat"; Sueton schrieb, daß der Senat aufgrund eines Omens „dekretiert hat, kein männliches Neugeborenes solle dieses Jahr aufgezogen werden"; und Plinius d. Ä. berichtete von Männern, die „sich das Knochenmark und Gehirn von Säuglingen zu verschaffen suchen".[126] Häufiger war die Praxis, die Kinder seines Feindes zu töten, oft in großer Zahl,[127] so daß adlige Kinder nicht nur auf der Straße Zeuge von Kindsmorden wurden, sondern auch selbst nach Maßgabe des politischen Glücks ihrer Väter unter ständiger Todesdrohung lebten.

---

[123] William Ellwood Craig, Vincent of Beauvais, On the Education of Noble Children, Ph.D.-Dissertation an der University of California at Los Angeles 1949, 21; Payne, *Child*, 150; Arthur Stanley Riggs, The Romance of Human Progress, New York 1938, 284; E. O. James, Prehistoric Religion, New York 1957, 59; Nathaniel Weyl, Some Possible Genetic Implications of Carthaginian Child Sacrifice, in *Perspectives in Biology and Medicine* 12 (1968), 69–78; James Hastings (Hg.), Encyclopedia of Religion and Ethics, Bd. 3, New York 1951, 187; Picard, *Carthage*, 100.

[124] H. S. Darlington, Ceremonial Behaviorism: Sacrifices For the Foundation of Houses, in *The Psychoanalytic Review* 18 (1931); Henry Bett, The Games of Children: Their Origin and History, London 1929, 104 f.; Joyce, *Social History*, 285; Payne, *Child*, 154; Anonymus, Foundations Laid in Human Sacrifice, in *The Open Court* 23 (1909), 494–501.

[125] Henry Bett, Nursery Rhymes and Tales: Their Origin and History, New York 1924, 35.

[126] Dio's Roman History, Bd. 9, übers. v. Earnest Cary, London 1937, 157; Sueton, The Lives of the Twelve Caesars, hg. v. Joseph Gavorse, New York 1931, 108 (dt. Die Kaiserviten/De vita Caesarum, hg. u. übers. v. Hans Martinet, Düsseldorf 1998); Plinius, Natural History, Bd. 8, übers. v. H. Rockham, Cambridge, Massachusetts, 1942, 5 (dt. Naturkunde/Naturalis Historia. Lat./dt., hg. v. Roderich König und Gerhard Winkler, München 1973-1978, Darmstadt ²1997).

[127] Sueton, *Caesars*, 265; Livius, Works, Bd. 12, übers. v. Evan T. Sage, Cambridge, Massachusetts, 1938, 9; Tacitus, The Annals of Tacitus, übers. v. Donald R. Dudley, New York 1966, 186, 259 (dt. Die Annalen, Paderborn 1982).

Philo war der erste, auf den ich stieß, der sich deutlich gegen die Schrecken des Kindsmords aussprach:

> Manche begehen die Tat mit ihren eigenen Händen; mit ungeheuerlicher Grausamkeit und Barbarei ersticken und unterdrücken sie den ersten Atemzug der Säuglinge oder werfen sie in einen Fluß oder in die Tiefen des Meeres, nachdem sie etwas Schweres an ihnen befestigt haben, damit sie unter dessen Gewicht noch schneller untergehen. Andere nehmen sie und setzen sie an einem verlassenen Ort aus, wobei sie, wie sie sagen, hoffen, sie mögen gerettet werden, sie in Wahrheit jedoch dem quälendsten Schicksal überlassen. Denn alle wilden Tiere, die sich von menschlichem Fleisch ernähren, kommen an diese Stelle und laben sich ungehindert an den Säuglingen, ein vorzügliches Mahl, das ihnen von deren einzigen Beschützern, denjenigen, die vor allen anderen für ihre Sicherheit sorgen sollten, nämlich von deren Vätern und Müttern, bereitet wird. Auch fleischfressende Vögel fliegen herab und schlingen die Überreste hinunter ...[128]

Obwohl in den beiden Jahrhunderten nach Augustus einige Bemühungen unternommen wurden, Eltern dafür zu bezahlen, daß sie ihre Kinder am Leben hielten, um die schwindende römische Bevölkerungszahl wieder anzuheben,[129] kam es erst im vierten Jahrhundert zu einem augenscheinlichen Wandel. Erst im Jahre 374 n. Chr. begann das Gesetz, die Tötung eines Kindes als Mord zu betrachten.[130] Doch schien auch die Verurteilung des Kindsmords seitens der Kirchenväter oft mehr auf deren Sorge um die Seele der Eltern als der um das Leben des Kindes zu beruhen. Diese Haltung wird ersichtlich in der Aussage St. Justinus' des Märtyrers, derzufolge der Grund dafür, daß ein Christ seine Kinder nicht aussetzen solle, darin bestehe zu vermeiden, daß er ihnen später in einem Bordell begegne: „Damit wir niemandem etwas antun oder selbst sündigen, sind wir gelehrt worden, daß es frevelhaft ist, auch neugeborene Kinder auszusetzen, zuallererst deshalb, weil wir erkennen, daß beinahe alle diejenigen, die ausgesetzt werden (nicht nur Mädchen, sondern auch Knaben), in Prostitution aufwach-

---

[128] Philo, Works, Bd. 7, übers. v. F. H. Colson, Cambridge, Massachusetts, 1929, 549 (dt. Die Werke in deutscher Übersetzung, hg. v. Leopold Cohn, Berlin 1997); vgl. auch Favorinus bei J. Foote, An Infant Hygiene Campaign of the Second Century, in *Archives of Pediatrics* 37 (1920), 181.
[129] Lewis und Reinhold, *Roman Civilization*, 344, 483.
[130] Noonan, *Contraception*, 86.

sen."[131] Als die Christen selbst beschuldigt wurden, Babys in geheimen Riten zu töten, waren sie jedoch schlagfertig genug zu erwidern: „Was glaubt ihr, wieviele der hier Anwesenden, die nach dem Blut von Christen dürsten – wieviele sogar von Euch Angehörigen des Magistrates, die Ihr uns gegenüber als schlechthin Rechtschaffene auftretet – hegen den Wunsch, daß ich an ihr Gewissen rühre dafür, daß sie ihre eigene Nachkommenschaft zu Tode gebracht haben?"[132]

Abbildung 4 – Kinder, die gekocht werden. *Kindsmörderische Wünsche der Eltern wurden in der Regel auf Juden oder Hexen projiziert, wie hier in Guazzos Compendium Malificarum.*

Nach dem Konzil von Vaison (442 n. Chr.) mußte das Auffinden ausgesetzter Kinder in der Kirche kundgetan werden, und im Jahre 787 n. Chr. gründete Dateo von Mailand das erste ausschließlich für ausgesetzte Kleinkinder vorgesehene Heim.[133] Andere Länder folgten demselben Entwicklungsmuster.[134] Trotz umfas-

---

[131] St. Justinus der Märtyrer, Writings, New York 1949, 63; ebenso Dio Chrysostomos, *Discourses*, 151; Tertullian, *Apology*, 205; Laktanz, The Divine Institutes, Bücher 1-8, Washington, D.C., 1964, 452.
[132] Tertullian, Apologetical Works, New York 1950, 31.
[133] Hefele-Leclercq, Histoire des conciles, Bd. II, Teil 1, Paris 1908, 459 f.; St. Magnebode (606-654) hat Leclercq zufolge vielleicht noch früher ein Heim für Findelkinder gegründet.

sender literarischer Zeugnisse wird die fortgesetzte Existenz weitverbreiteten Kindsmords im Mittelalter von Mediävisten jedoch im allgemeinen geleugnet, nachdem dieser nicht in Kirchenregistern und anderen quantitativen Quellen aufscheint. Wenn aber Geschlechtsverhältnisse wie etwa ein solches von 156 zu 100 (ca. 801 n. Chr.) oder eines von 172 zu 100 (1391 n. Chr.) Indikatoren für das Ausmaß der Tötung von ehelichen Töchtern sind,[135] und wenn uneheliche Kinder in der Regel ungeachtet ihres Geschlechts getötet wurden, dann könnte die tatsächliche Zahl von Kindsmorden im Mittelalter ganz beträchtlich gewesen sein. Zweifellos besaß Innozenz III., als er gegen Ende des 12. Jahrhunderts das Hospital Santo Spirito in Rom gründete, genaue Kenntnis der Anzahl von Frauen, die ihre Babys in den Tiber warfen. Noch 1527 gab ein Priester zu, daß „die Latrinen von den Schreien der Kinder widerhallen, die in sie hineingeworfen worden sind".[136] Ausführliche Untersuchungen stehen noch am Anfang, es ist jedoch durchaus möglich, daß Kindsmord vor dem 16. Jahrhundert nur fallweise unter Strafe gestellt wurde.[137] Wenn Vincent von Beauvais im 13. Jahrhundert geschrieben hat, daß ein Vater stets besorgt darüber war, seine Tochter könne „ihre Nachkommenschaft ersticken"; wenn die Ärzte all die Kinder beklagt haben, „die im Frost oder auf den Straßen gefunden wurden, weggeworfen von einer bösen Mutter"; und wenn wir feststellen, daß im England zur Zeit der Angelsachsen die Rechtsmeinung gelautet hat, daß Säuglinge, die starben, für ermordet galten, solange nicht das Gegenteil bewiesen war, sollten wir diese Hinweise mit Sicherheit zum Anlaß für äußerst nachdrückliche Forschungen über den mittelalterlichen Kindsmord nehmen.[138] Und nur weil formale Aufzeich-

---

[134] Dictionnaire d'archéologie chrétienne et de liturgie, Paris 1907-1951, Bd. I, Artikel „Alumni" von H. Leclercq, 1288-1306; Thrupp, *Anglo-Saxon Home*, 81.

[135] Emily R. Coleman, Medieval Marriage Characteristics: A Neglected Factor in the History of Medieval Serfdom, in *The Journal of Interdisciplinary History* 2 (1971), 205-220; Josiah Cox Russell, British Medieval Population, Albuquerque, New Mexico, 1948, 168.

[136] Trexler, *Infanticide*, 99; Brissaud, *L'infanticide*, 232.

[137] Trexler, *Infanticide*, 100; F. G. Emmison, Elizabethan Life and Disorder, Chelmsford 1970, 7f., 155-157; Pentikainen, *Dead-Child*; Werner, *Mother*, 26-29; Ryan, *Infanticide*, 1-6; Barbara Kellum, Infanticide in England in the Later Middle Ages, in *History of Childhood Quarterly: The Journal of Psychohistory* 1 (1974), 367-388; Brissaud, *L'infanticide*, 243-256.

[138] Craig, *Vincent of Beauvais*, 368; Thomas Phayer, The Regiment of Life, including the Boke of Children, 1545; Thrupp, *Anglo-Saxon Home*, 85; William Douglass, A Summary, Historical and Political, of the First Planting, Progressive Improve-

nungen wenig uneheliche Geburten ausweisen, sollten wir uns sicherlich nicht mit der Annahme begnügen, daß „die Menschen der traditionellen Gesellschaft bis zur Hochzeit enthaltsam blieben", zumal viele Mädchen es zustandebrachten, ihre Schwangerschaften selbst vor ihren eigenen Müttern, die neben ihnen schliefen, verborgen zu halten,[139] und man darf bestimmt annehmen, daß sie sie vor der Kirche verbargen.

Sobald unser Material reichhaltiger wird, nämlich mit dem 18. Jahrhundert,[140] steht fest, daß es fraglos in jedem Land Europas eine hohe Kindsmord-Häufigkeit gegeben hat. Während in jedem Land immer mehr Heime für Findelkinder aufgemacht wurden, strömten von überall Kinder herbei, und die Heime hatten bald keinen Platz mehr. Obwohl Thomas Coram 1741 sein Hospital für Findelkinder eröffnete, weil er es nicht mehr ertragen konnte, die sterbenden Babys in der Gosse herumliegen und auf den Müllhaufen Londons verrotten zu sehen, waren tote Babys noch in den 1890er Jahren ein gewohnter Anblick auf den Straßen Londons.[141] Im späten 19. Jahrhundert beschrieb Louis Adamic, wie er in einem osteuropäischen Dorf von „mordenden Kindermädchen" aufwuchs, in das Mütter ihre Kleinkinder schickten, damit sie dort erledigt würden, „indem man sie nach einem heißen Bad der kalten Luft aussetzte; sie mit etwas fütterte, was ihnen Magen- und Darmkrämpfe verursachte; Gips in ihre Milch mischte, was ihr Inneres wortwörtlich pflasterte; sie plötzlich mit Essen stopfte, nachdem man ihnen zwei Tage lang nichts zu essen gegeben hatte ...". Adamic hätte ebenfalls umgebracht werden sollen, aus irgendeinem Grund aber verschonte ihn seine Amme. Seine Schilderung, wie er sie dabei beobachtete, als sie die anderen Babys umbrachte, die zu ihr geschickt wurden, liefert ein Bild von der emotiona-

---

ments, and Present State of the British Settlements in North America, Bd. 2, London 1760, 202.

[139] John Brownlow, Memoranda: Or Chronicles of the Foundling Hospital, London 1847, 217.

[140] Shorter, *Sexual Change*; Bakan, *Slaughter*; Shorter, *Illegitimacy*; Shorter, *Infanticide*; Charpentier, *Droit*; Robert J. Parr, The Baby Farmer, London 1909; Lebrun, *Naissances*; Werner, *Mother*; Brownlow, *Memoranda*; Ryan, *Infanticide*; Langer, *Checks*; sowie eine überaus umfangreiche Bibliographie, über die Langer verfügt, um diesen Artikel zu stützen, die jedoch nur in Form von Kopien vorliegt, wenngleich sie teilweise in seinem Artikel Infanticide: A Historical Survey, in *History of Childhood Quarterly: The Journal of Psychohistory* 1 (1974), 353–365, wiedergegeben ist.

[141] C. H. Rolph, A Backward Glance at the Age of „Obscenity", in *Encounter* 32 vom Juni 1969, 23.

len Wirklichkeit hinter all den Jahrhunderten des Kindsmords, auf die wir zurückblicken:

> Auf ihre eigene seltsame, hilflose Weise liebte sie sie alle ... Wenn aber die Eltern der unglücklichen Kinder oder deren Verwandte die übliche geringe Summe zu deren Unterhalt nicht bezahlen konnten oder wollten ..., entledigte sie sich ihrer ... Eines Tages kehrte sie mit einem länglichen kleinen Päckchen aus der Stadt zurück ... ein schrecklicher Verdacht beschlich mich. Das Baby in der Wiege würde sterben! ... Als das Baby weinte, hörte ich, wie sie aufstand, und sie säugte es im Dunkeln, wobei sie murmelte: „Armes, armes Kleines!" Ich habe seither viele Male versucht, mir vorzustellen, was sie dabei gefühlt haben muß, als sie ihre Brust einem Kind gab, von dem sie wußte, daß es dazu bestimmt war, von ihrer Hand zu sterben ... „Du armes, armes Kleines!" Sie sprach absichtlich so deutlich, damit ich sie auch sicher hörte. „... Frucht der Sünde nicht durch eigene Schuld, sondern selbst ohne Sünde ... bald wirst du gehen, bald, bald, mein Armes ... und da du jetzt gehst, wirst du nicht in die Hölle kommen, wie du es würdest, wenn du am Leben bliebest und aufwüchsest und ein Sünder würdest." ... Am nächsten Morgen war das Kind tot ...[142]

Sobald das Kind geboren worden war, war es in der Vergangenheit ständig von der Aura des Todes und von Gegenmaßnahmen gegen den Tod umgeben. Seit ältesten Zeiten hat man Exorzismen, Läuterungen und magische Amulette für notwendig erachtet, um die Unzahl der todbringenden Mächte auszutreiben, von denen man das Gefühl hatte, daß sie um das Kind herum lauerten, und man traktierte das Baby und seine Umgebung mit kaltem Wasser, Feuer, Blut, Wein, Salz und Urin.[143] Einige griechischen Dörfer haben sich diese Atmosphäre der Abwehr des Todes bis zum heutigen Tag bewahrt:

> Das neugeborene Kind schläft fest eingewickelt in einer Wiege aus Holz, die von einem Ende zum anderen in eine Decke eingeschlagen ist, so daß es in einer Art dunklem, luftdichtem Zelt liegt. Die Mütter fürchten die Auswirkungen kalter Luft und böser Geister ... Nach der Dämmerung gleicht die Hütte oder das Haus einer belagerten Stadt, mit vernagelten Fenstern, einer verriegelten Tür und Salz

---

[142] Louis Adamic, Cradle of Life: The Story of One Man's Beginnings, New York 1936, 11, 45, 48.

[143] Royden Keith Yerkes, Sacrifice in Greek and Roman Religions and Early Judaism, New York 1952, 34; Ernest Jones, Essays in Applied Psycho-Analysis, Bd. 2, New York 1964, 22–109; Gorman, *Nurse*, 17.

und Weihrauch an strategischen Punkten wie der Schwelle, um jedes Eindringen des Teufels abzuwehren.[144]

Von alten Frauen, nach Rheingold Symbole der Großmutter, deren Todeswünsche abgewehrt wurden, dachte man, daß sie einen „bösen Blick" hätten, unter dessen Einfluß das Kind sterben würde. Zur Abwehr dieser Todeswünsche werden dem Kind Amulette gegeben, in der Regel in Form eines Penis oder einer phallusförmigen Koralle.[145] Während das Kind heranwuchs, blieben die Todeswünsche ihm gegenüber stets aufrecht und brachen immer wieder durch. Epiktet sagte: „Was für ein Leid bereitet das, wenn du dir selbst in dem Augenblick, da du dein Kind küßt, zuflüsterst: ‚Morgen wirst du sterben?'"[146] Wenn ein Kind etwas Schlaues tut, sagt ein Italiener zur Zeit der Renaissance: „Dieses Kind ist nicht zum Leben bestimmt."[147] Zu allen Zeiten sagen Väter ihren Söhnen mit den Worten Luthers: „Ich hätte lieber einen toten Sohn als einen ungehorsamen."[148] Fenelon empfiehlt, einem Kind Fragen zu stellen wie „Würdest du dir den Kopf abschlagen lassen, um in den Himmel zu kommen?"[149] Walter Scott sagte, seine Mutter habe bekannt, sie sei „unter einer starken Versuchung durch den Teufel (gestanden), mir mit ihrer Schere die Kehle durchzuschneiden und mich im Moor zu versenken".[150] Leopardi berichtete von seiner Mutter: „Als sie den Tod eines ihrer Kinder herannahen sah, erfuhr sie eine tiefe Glückseligkeit, die sie nur vor denen zu verbergen trachtete, die ihr deswegen wahrscheinlich Vorwürfe gemacht hätten."[151] Die Quellen sind voll von ähnlichen Beispielen.

---

[144] J. K. Campbell, Honour, Family and Patronage, Oxford 1964, 154.
[145] Walton B. McDaniel, Conception, Birth and Infancy in Ancient Rome and Modern Italy, Coconut Grove, Florida, 1948, 32; J. Stuart Hay, The Amazing Emperor Heliogabalus, London 1911, 230; Peiper, Chronik, 95; Juvenal and Persius, übers. v. Gg. G. Ramsay, Cambridge, Massachusetts, 1965, 249, 337; Barberino, Reggimento, 188; Raphael Patai, The Hebrew Goddess, New York 1967, 210; Alan Macfarlane, Witchcraft in Tudor and Stuart England, New York 1970, 163; Hole, English Home-Life, 41; Kinder wurden seit der Antike mit der Ikonographie des Todes in Verbindung gebracht.
[146] Epiktet, Discourses, Bd. 2, 213.
[147] Iris Origo, The Merchant of Prato, London 1957, 163.
[148] What Luther Says: An Anthology, 2 Bde., zusammengestellt v. Ewald M. Plass, St. Louis 1959, 145.
[149] H. C. Barnard (Hg.), Fenelon On Education, Cambridge 1966, 63.
[150] Edward Wagenknecht, When I Was a Child, New York 1946, 5.
[151] Origo, Leopardi, 16.

Drängende Regungen, den Säugling zu verstümmeln, zu verbrennen, erfrieren zu lassen, zu ertränken, zu schütteln und mit Gewalt herumzuschleudern, wurden in der Vergangenheit unablässig ausagiert. Die Hunnen pflegten neugeborenen Knaben die Wangen aufzuschneiden. Robert Pemell berichtet, wie Eltern zur Zeit der Renaissance in Italien und anderen Ländern neugeborene Babys „mit einem heißen Eisen im Nacken brandmarkten oder sonst Wachs von einer brennenden Kerze auf sie tropfen ließen", um der „Fallsucht" (Epilepsie; *A.d.Ü.*) vorzubeugen.[152] In der frühen Neuzeit wurde in der Regel die Sehne unter der Zunge des Neugeborenen durchschnitten, oft mit dem Fingernagel der Hebamme, eine Art Beschneidung im kleinen.[153] Die Verstümmelung von Kindern durch die Epochen hat bei Erwachsenen Mitleid und Gelächter hervorgerufen und war Grundlage für die zu jeder Zeit weitverbreitete Praxis, Kinder zum Zwecke des Bettelns zu verstümmeln,[154] was sich bis zu Senecas *Kontroverse* zurückverfolgen läßt, die den Schluß zieht, daß es nicht falsch sei, ausgesetzte Kinder zu verstümmeln:

> Wirf einen Blick auf die Blinden, die in den Straßen herumwandern, indem sie sich auf ihre Stöcke stützen, und auf die mit den zermalmten Füßen, und wirf auch noch einen Blick auf jene mit gebrochenen Gliedern. Diesem fehlen die Arme, jener hat sich die Schulter aus der Form nach unten ziehen lassen, damit seine grotesken Bewegungen Gelächter hervorrufen mögen ... Gehen wir zum Ursprung all dieser Krankheiten – einem Laboratorium für die Herstellung menschlicher Trümmerhaufen – einer Höhle, angefüllt mit Gliedmaßen, die man Kindern bei lebendigem Leib ausgerissen hat ... Welcher Schaden ist der Republik damit zugefügt worden? Ist diesen Kindern nicht im Gegenteil ein Dienst erwiesen worden, insofern ihre Eltern sie hinausgeworfen hatten?[155]

---

[152] Margaret Deanesly, A History of Early Medieval Europe, London 1956, 23; Robert Pemell, De Morbis Puerorum, or, A Treatise of the Diseases of Children ..., London 1653, 8, eine Praxis, die an die japanische Praxis erinnert, die Haut von Kindern mit Moxe zu verbrennen, was nach wie vor aus Gesundheits- sowohl wie aus Disziplinierungsgründen getan wird; vgl. Edward und Margaret Norbeck, Child Training in a Japanese Fishing Community, in: Douglas C. Haring (Hg.), Personal Character and Cultural Milieu, Syracuse 1956, 651–673.

[153] Hunt, *Parents and Children*, 114; Cleaver, *A godlie Form*, 253; Hamilton, *Female Physician*, 280.

[154] Vgl. die Bibliographie in Abt-Garrison, *History of Pediatrics*, 69.

[155] Payne, *Child*, 242 f.

Manchmal wurde das Herumwerfen des gewickelten Kindes praktiziert. Ein Bruder Heinrichs IV. wurde, als man ihn zum bloßen Amüsement von einem Fenster zum anderen hin- und herwarf, fallen gelassen und getötet.[156] Dasselbe widerfuhr dem kleinen Comte de Marle: „Einer der Kämmerer und das Kindermädchen, in dessen Obhut er war, unterhielten sich damit, daß sie ihn über das Brett eines offenen Fensters hin und zurück warfen ... Manchmal gaben sie vor, ihn nicht zu fangen ... Der kleine Comte de Marle fiel hinab und schlug unten auf einer steinernen Stufe auf."[157] Ärzte klagten über Eltern, die ihren Kindern beim „üblichen" Herumwerfen die Knochen brachen.[158] Kindermädchen sagten oft, daß die Korsetts, in die Kinder eingeschnürt wurden, notwendig seien, denn sonst könne man „sie nicht herumwerfen. Und ich erinnere mich, daß ein herausragender Chirurg sagte, ihm sei ein Kind gebracht worden, dem mehrere Rippen durch die Hand der Person eingedrückt worden waren, die es ohne sein Korsett herumgeworfen hatte".[159] Die Ärzte prangerten auch das übliche heftige Schaukeln von Kindern an, „welches das Baby in einen Zustand der Benommenheit versetzt, damit es diejenigen, in deren Obhut es ist, nicht stören möge".[160] Das war der Grund, weshalb im achtzehnten Jahrhundert erstmals Kritik an den Wiegen erhoben wurde; Buchan sagte, gegen Wiegen sei er wegen des üblicherweise „schlecht gelaunten Kindermädchens, das sich, statt das gelegentliche Unbehagen oder die Indisponiertheit zum Schlaf des ihm anvertrauten Babys, wenn es zur Ruhe gelegt wird, zu besänftigen, oft auf die höchste Ebene des Zorns steigert und in seiner Torheit und Brutalität versucht, das Weinen des Säuglings durch laute, schroffe Drohungen und das ungestüme Hin- und Herrattern der Wiege zu ersticken und ihn mit Gewalt in den Schlummer zu zwingen".[161]

---

[156] Graham, *Children*, 110.

[157] Nancy Lyman Roelker, Queen of Navarre: Jeanne d'Albret, Cambridge, Massachusetts, 1969, 101.

[158] Ruhrah, *Pediatrics*, 216; Bayne-Powell, *English Child*, 165; William Buchan, Advice to Mothers, Philadelphia 1804, 186; *The Mother's Magazine* 1 (1833), 41; Paxton Hibben, Henry Ward Beecher: An American Portrait, New York 1927, 28.

[159] James Nelson, An Essay on the Government of Children, Dublin 1763, 100; Still, *History of Pediatrics*, 391.

[160] W. Preyer, Mental Development in the Child, New York 1907, 41; Thomas Phaire, The Boke of Chyldren, Edinburgh 1965, 28; Pemell, *De Morbis*, 23; Most, *Mensch*, 76; Dr. Heinrich Rauscher, Volkskunde des Waldviertels, in *Das Waldviertel*, 3. Band (Volkskunde), Verlag Zeitschrift „Deutsches Vaterland", Wien o. J., 1-116.

[161] Buchan, *Advice*, 192; Hamilton, *Female Physician*, 271.

Auch wurden Kinder in einer Vielzahl von Bräuchen zuweilen beinahe zum Erfrieren gebracht, Bräuche, die sich von der Taufe durch langes Eintauchen in Eiswasser und Rollen im Schnee bis zur Praxis des Tauchbads erstrecken, bei dem das Kind regelmäßig immer wieder bis über den Kopf in eiskaltes Wasser getaucht wurde, „während es seinen Mund aufriß und nach Luft schnappte".[162] Elizabeth Grant erinnert sich zu Anfang des 19. Jahrhunderts daran, daß „eine große, lange Wanne im Küchenhof stand, bei der das Eis, das sich auf ihrer Oberfläche gebildet hatte, vor unserem schrecklichen Eintauchen in sie oft erst aufgebrochen werden mußte ... Wie ich kreischte, bettelte, betete, flehte, um verschont zu werden ... Beinah völlig gefühllos geworden, wurde ich in das Zimmer der Haushälterin gebracht ..."[163] Auf die alte Sitte der Germanen, Skythen, Kelten und Spartaner (nicht der Athener, die andere Abhärtungsmethoden anwandten) zurückgehend,[164] war das Eintauchen in kalte Flüsse gewöhnlich weit verbreitet, und seit den Zeiten der Römer wurde das Eintauchen in kaltes Wasser als heilsam für Kinder angesehen.[165] Mitunter wurden die Kinder sogar beim Zu-

---

[162] Scevole de St. Marthe, Paedotrophia; or The Art of Nursing and Rearing Children, übers. v. H. W. Tytler, London 1797, 63; John Floyer, The History of Cold-Bathing, London ⁶1732; William Buchan, Domestic Medicine, durchges. v. Samuel Griffitts, Philadelphia 1809, 31; Ruhrah, *Pediatrics*, 97; John Jones, M.D., The arts and science of preserving bodie and soule in healthe (1579), Univ. Microfilms 14724, 32; Alice Morse Earle, Customs and Fashions in Old New England, Detroit 1968 (Erstveröffentlichung 1893), 2; The Common Errors in the Education of Children and Their Consequences, London 1744, 10; William Thomson, Memoirs of the Life and Galland Exploits of the Old Highlander Serjeant Donald Macleod, London 1933, 9; Morton Schatzman, Soul Murder: Persecution in the Family, New York 1973, 41; Hitchcock, *Memoirs*, 271.

[163] Elizabeth Grant Smith, Memoirs of a Highland Lady, London 1898, 49.

[164] Aristoteles, Politics, übers. v. H. Rackham, Cambridge, Massachusetts, 1967, 627 (dt. Politik. Schriften zur Staatstheorie, hg. u. übers. v. Franz F. Schwarz, Stuttgart 1993); A Translation of Galen's ‚Hygiene' (*De Sanitate Tuenda*), übers. v. Robert M. Green, Springfield, Illinois, 1951, 33; Peiper, *Chronik*, 81.

[165] Horaz, Satires, Epistles, Ars Poetica, übers. v. H. Rushton Fairclough, Cambridge, Massachusetts, 1961, 177 (dt. Sämtliche Werke. Lat./dt. 2 Teile, hg. v. Hans Färber und Wilhelm Schöne, Düsseldorf ¹¹1993); Floyer, *Cold-Bathing*; Jean-Jacques Rousseau, Emile, übers. v. Barbara Foxley, London 1911, 27 (dt. Emile, hg. v. Martin Rang, Stuttgart 1998); Earle, *Child Life*, 25; Jean Paul, *Levana*, 140; Dorothy Canfield Fisher, Mothers and Children, New York 1914, 113; Marian Harland, Common Sense in the Nursery, New York 1885, 13; Earle, *Customs*, 24; Mary W. Montagu, The Letters and Works of Lady Mary Wortley Montagu, Bd. 1, London 1861, 209; Nelson, *Essay*, 93.

bettgehen in kalte, nasse Handtücher eingewickelt, sowohl zur Abhärtung wie auch als Therapie.[166] Es überrascht nicht, wenn William Buchan, der große Pädiater des 18. Jahrhunderts, sagte, daß „beinah die Hälfte der menschlichen Wesen durch ungeeignete Behandlung oder Vernachlässigung in der Kindheit umkommt".[167]

Weglegung, Säugen und Wickeln
Obwohl es zahlreiche Ausnahmen von der allgemeinen Regel gab, verbrachte das Durchschnittskind wohlhabender Eltern bis ins 18. Jahrhundert seine ersten Lebensjahre im Haus einer Amme, kehrte zur Pflege durch andere Bedienstete nach Hause zurück und wurde im Alter von sieben Jahren zu Diensten, zur Lehre oder zur Schule ausgeschickt, so daß der Zeitaufwand, den bemittelte Eltern tatsächlich zur Erziehung ihrer Kinder aufbrachten, minimal war. Die Auswirkungen, die diese und andere institutionalisierten Formen der Weglegung durch die Eltern auf das Kind hatten, sind wenig diskutiert worden.
Die extremste und älteste Form der Weglegung ist der offene Verkauf von Kindern. Kinderverkauf war zu babylonischen Zeiten legal und dürfte in der Antike bei vielen Völkern üblich gewesen sein.[168] Obwohl Solon das Recht der Eltern auf Verkauf ihrer Kinder einzuschränken suchte, ist es unklar, wie wirksam das Gesetz war.[169] Herodas veranschaulichte eine Prügelszene, bei der einem Knaben gesagt wurde: „Du bist ein schlimmer Junge, Kattalos, so schlimm, daß niemand ein gutes Wort über dich verlieren könnte, nicht einmal, wenn er dich verkaufen wollte."[170] Die Kirche versuchte jahrhundertelang, den Kinderverkauf auszumerzen. Theodor, im 7. Jahrhundert Erzbischof von Canterbury, verfügte, daß ein Mann seinen Sohn nach dessen siebentem Lebensjahr nicht mehr in die Sklaverei verkaufen dürfe. Wenn man Giraldus Cambrensis glauben soll, hatten die Engländer im 12. Jahrhundert ihre Kinder als Sklaven an die Iren verkauft, und die

---

[166] Isaac Deutscher, Lenin's Childhood, London 1970, 10; Yvonne Kapp, Eleanor Marx. Vol. 1 – Family Life, London 1972, 41; John Ashton, Social Life in the Reign of Queen Anne, Detroit 1968, 3.
[167] Buchan, *Domestic*, 8.
[168] The Code of Hammurabi King of Babylon about 2250 B.C., übers. v. Robert Frances Harper, Chicago 1904, 41; Payne, *Child*, 227, 279-291; Bossard, *Sociology*, 607 f.; Aubrey Gwynn, Roman Education: From Cicero to Quintillian, Oxford 1926, 13; Fustel de Coulanges, The Ancient City, Garden City, New York, o. J., 92, 315.
[169] Harrison, *Law*, 73.
[170] Herodas, The Mimes and Fragments, Cambridge 1966, 117.

normannische Invasion war eine Strafe Gottes für diesen Sklavenhandel.[171] In vielen Gebieten erhielt sich der Kinderverkauf sporadisch bis in die Moderne herauf, in Rußland etwa wurde er erst im 19. Jahrhundert gesetzlich verboten.[172] Eine weitere Weglegungspraxis war der Einsatz von Kindern als politischen Geiseln oder als Bürgschaft im Schuldensfall, was ebenfalls bis in babylonische Zeiten zurückreicht.[173] Sidney Painter beschreibt ihre mittelalterliche Version, bei der es „völlig üblich war, kleine Kinder als Geiseln wegzugeben, um für eine Übereinkunft einzustehen, und ebenso, sie für die Treulosigkeit ihrer Eltern büßen zu lassen. Als Eustace de Breteuil, der Gatte einer unehelichen Tochter Heinrichs I., dem Sohn eines seiner Vasallen die Augen ausstach, erlaubte der König dem erzürnten Vater, der Tochter Eustaces, die Heinrich als Geisel erhalten hatte, die gleiche Verstümmelung zuzufügen"[174]. In ähnlicher Weise übergab John Marshall dem König Stephan seinen Sohn William und sagte, es „kümmere ihn wenig, ob William gehängt würde, denn er habe Ambosse und Hämmer, um noch bessere Söhne zu schmieden", und Franz I. tauschte, als er von Karl V. gefangengenommen worden war, zunächst seine kleinen Söhne gegen seine eigene Freiheit ein und brach daraufhin prompt den Handel, so daß sie ins Gefängnis geworfen wurden.[175] In der Tat war die Praxis, seine Kinder als Pagen oder Diener in einen anderen adligen Haushalt zu entsenden, oft schwer vom Einsatz der Kinder als Geiseln und Bürgschaften zu unterscheiden.

Ähnliche Weglegungsmotive lagen dem Brauch zugrunde, Kinder in Pflege zu geben, der bei den Walisern, Angelsachsen und Skandinaviern in allen Schichten verbreitet war, wobei ein Kind zu einer anderen Familie geschickt wurde, damit es dort bis zum Alter von siebzehn Jahren aufgezogen würde und dann zu den Eltern zurückkehrte. Das ging in Irland bis ins 17. Jahrhundert so, und die Engländer sandten ihre Kinder zur Zeit des Mittelalters häufig nach Irland, damit sie dort von den Iren in Pflege genommen würden.[176] Dies stellte in Wirklichkeit lediglich eine extreme Version der mittelalterlichen Praxis dar, adelige Kinder im

---

[171] Thrupp, *Anglo-Saxon Home*, 11; Joyce, *History*, 164 f.; William Andrews, Bygone England: Social Studies in Its Historic Byways and Highways, London 1892, 70.

[172] John T. McNeill und Helena M. Gamer, Medieval Handbooks of Penance, New York 1938, 211; eine späte amerikanische Kinderauktion wird beschrieben bei Grace Abbott, The Child and the State, Bd. 2, Chicago 1938, 4.

[173] Georges Contenau, Everyday Life in Babylon and Assyria, New York 1966, 18.

[174] Sidney Painter, William Marshall: Knight-Errant, Baron, and Regent of England, Baltimore 1933, 16.

[175] A. a. O., 14; Graham, *Children*, 32.

[176] Joyce, *History*, Bd. 1, 164 f.; a. a. O., Bd. 2, 14–19.

Alter von sieben Jahren oder schon vorher als Diener, Pagen, Hofdamen, Oblatinnen und Oblaten oder Schreiber in die Häuser anderer oder in Klöster zu schicken – Praktiken, die noch in der frühen Neuzeit üblich waren.[177] Wie auch bei der entsprechenden Praxis der unteren Klassen, der Lehre,[178] ist das ganze Thema vom Kind als Arbeiter in den Heimen anderer so weitläufig und schlecht aufgearbeitet, daß es hier leider nicht ausführlich untersucht werden kann, seiner offensichtlichen Bedeutung im Leben der Kinder in der Vergangenheit zum Trotz.

Abbildungen 5a und 5b – Böse Eltern, die ihre Kinder dem Teufel übergeben. *Dürers* Ritter von Turn *aus dem 15. Jahrhundert und der Holzschnitt zum Prozeß um Agnes Sampson aus dem 16. illustrieren das weitverbreitete Thema von Eltern, die dem Teufel die Kinder übergeben, die sie ihm versprochen haben.*

---

[177] Marjorie Rowling, Everyday Life in Medieval Times, New York 1968, 138; Furnivall, *Meals and Manners*, xiv; Kenneth Charlton, Education in Renaissance England, London 1965, 17; Macfarlane, *Family Life*, 207; John Gage, Life in Italy at the Time of the Medici, London 1968, 70.

[178] O. Jocelyn Dunlop, English Apprenticeship and Child Labour, London 1912; M. Dorothy George, London Life in the Eighteenth Century, New York 1964.

Neben den institutionalisierten Praktiken der Weglegung kam auch das informelle Weggeben kleiner Kinder an andere Leute seitens ihrer Eltern bis ins 19. Jahrhundert herauf ziemlich häufig vor. Die Eltern boten alle Arten von Rationalisierung dafür auf, daß sie ihre Kinder weggaben: „zum Sprechenlernen" (Disraeli), „zum Ablegen der Schüchternheit" (Clara Barton), um der „Gesundheit" willen (Edmund Burke, Mrs. Sherwoods Tochter) oder als Bezahlung für erwiesene ärztliche Dienstleistungen (Patienten von Jerome Cardan und William Douglas). Manchmal gaben sie auch zu, daß es einfach deswegen geschah, weil die Kinder nicht erwünscht waren (Richard Baxter, Johannes Butzbach, Richard Savage, Swift, Yeats, Augustus Hare und andere). Mrs. Hares Mutter brachte die allgemeine Gleichgültigkeit gegenüber diesen Weglegungen zum Ausdruck: „Ja, sicher, das Baby soll weggeschickt werden, sobald es entwöhnt ist; und wenn noch jemand eins haben möchte, würdest du freundlicherweise in Erinnerung rufen, daß wir noch andere haben."[179] Knaben wurden natürlich bevorzugt; im 18. Jahrhundert schrieb eine Frau an ihren Bruder und fragte nach seinem nächsten Kind: „Wenn es ein Knabe ist, beanspruche ich ihn für mich; ist es ein Mädchen, werde ich mich damit zufriedengeben, auf das nächste zu warten."[180]

Dennoch war das Fortschicken der Kinder zu Ammen die in der Vergangenheit vorherrschende Form der institutionalisierten Weglegung. Die Säugamme ist eine aus der Bibel, dem Codex Hammurabi, den ägyptischen Papyrustexten sowie der griechischen und römischen Literatur vertraute Gestalt, und seit sich römische Ammen an der Colonna Lactaria versammelten, um ihre Dienste zu verkaufen, sind sie stets gut organisiert.[181] Ärzte und Moralisten haben seit Galen und Plutarch Mütter dafür angeprangert, daß sie ihre Kinder fortschickten, damit sie gesäugt würden, anstatt sie selbst zu stillen. Ihr Rat besaß jedoch wenig Wirksamkeit, sandten doch bis zum 18. Jahrhundert die meisten Eltern, die es sich leisten konnten, und viele, die es nicht konnten, ihre Kinder unmittelbar nach der Geburt zur Säugamme. Selbst arme Mütter, die es sich nicht leisten konnten, ihre Kinder zur Amme zu schicken, weigerten sich oft, ihnen selbst die Brust zu geben, und gaben ihnen stattdessen Brei. Im Gegensatz zu den Annah-

---

[179] Augustus J. C. Hare, The Story of My Life, Bd. 1, London 1896, 51.
[180] Betsy Rodgers, Georgian Chronicle, London 1958, 67.
[181] Harper, *Code of Hammurabi*; Winter, *Life and Letters*; I. G. Wickes, A History of Infant Feeding, in *Archives of Disease in Childhood* 28 (1953), 340; Gorman, *Nurse*; A. Hymanson, A Short Review of the History of Infant Feeding, in *Archives of Pediatrics* 51 (1934), 2.

men der meisten Historiker geht der Brauch, Kindern überhaupt nicht die Brust zu geben, in vielen Gebieten Europas mindestens bis ins 15. Jahrhundert zurück. Eine Mutter, die aus einem Gebiet Norddeutschlands zugezogen war, wo das Stillen der Kinder mehr verbreitet war, wurde von bayerischen Frauen für „schweinisch und obszön" gehalten, weil sie ihr Kind selber säugte, und ihr Mann drohte damit, er würde nicht essen, wenn sie diese „abscheuliche Angewohnheit" nicht aufgäbe.[182]

Was die Reichen betrifft, die ihre Kinder tatsächlich für Jahre weggaben, so gebrauchten üblicherweise nicht einmal jene Experten, die diese Praxis für schlecht hielten, in ihren Abhandlungen empathische Ausdrücke, vielmehr hielten sie den Einsatz von Säugammen deshalb für schlecht, weil „die Würde eines neugeborenen menschlichen Wesens durch die fremde und verderbte Ernährung mit der Milch einer anderen Frau zerstört (wird)".[183] Das heißt, das Blut der Säugamme aus einer niedrigeren gesellschaftlichen Klasse geriet in den Körper des Babys aus der oberen Klasse, wobei man dachte, die Milch sei weiß schäumendes Blut.[184] Gelegentlich verrieten die Moralisten, natürlich Männer allesamt, ihr unterdrücktes Ressentiment gegenüber ihren Müttern, das daher rührte, daß diese sie zu Säugammen fortgeschickt hatten. Aulus Gellius klagte: „Wenn das Kind jemand anderem gegeben und aus dem Blickfeld der Mutter entfernt wird, wird die Stärke des mütterlichen Eifers stufenweise und nach und nach erlöschen ... und es wird beinahe so vollständig vergessen, als ob es durch den Tod verloren wäre."[185] In der Regel aber siegte die Verdrängung, und die Eltern wurden hochge-

---

[182] Green, *Galen's Hygiene*, 24; Foote, *Infant Hygiene*, 180; Soranus, *Gynecology*, 89; Jacopo Sadoleto, Sadoleto on Education, London 1916, 23; Horkan, *Educational Theories*, 31; Jones, *The art and science*, 8; Juan de Mariana, The King and the Education of the King, Washington, D.C., 1948, 189; The Colloquies of Erasmus, übers. v. Craig R. Thompson, Chicago 1965, 282 (dt. Vertraute Gespräche, Essen 1995); St. Marthe, *Paedotrophia*, 10; Most, *Mensch*, 89; John Knodel und Etienne Van de Walle, Breast Feeding, Fertility and Infant Mortality: An Analysis of Some Early German Data, in *Population Studies* 21 (1967), 116–120.

[183] Foote, *Infant Hygiene*, 182.

[184] Clemens von Alexandria, The Instructor, Edinburgh 1867, 141 (=Ante-Nicene Christian Library, Bd. 4) [dt. Des Clemens von Alexandria der Erzieher, III Bücher, übers. v. Otto Stählin, München 1934 (=Bibliothek der Kirchenväter, Bde. II/7 u. II/8)]; Aulus Gellius, The Attic Nights of Aulus Gellius, Bd. 2, Cambridge, Massachusetts, 1968, 357 (dt. Die attischen Nächte. 2 Bde., übers. v. Fritz Weiss, unveränd. Nachdruck der Ausgabe Leipzig 1875/76, Darmstadt 1992); Clemens von Alexandria, Christ the Educator, New York 1954, 38.

[185] Aulus Gellius, *Attic*, 361.

halten. Und, noch wichtiger, die Wiederholung stand fest. Obwohl man sehr gut wußte, daß Kinder in weitaus größerem Ausmaß als zu Hause starben, wenn sie bei einer Säugamme waren, beklagten die Eltern fortwährend den Tod ihrer Kinder, übergaben dann aber ihren nächsten Säugling wieder der Säugamme, als ob diese eine moderne Rachegöttin sei, die noch ein weiteres Opfer forderte.[186] Sir Simonds D'Ewes hatte bereits mehrere Söhne bei einer Säugamme verloren, und dennoch schickte er sein nächstes Baby erneut für zwei Jahre zu „einer armen Frau, die von einem bösen Manne, der sie fast hatte verhungern lassen, sehr mißhandelt worden war, wobei natürlich auch sie selbst hochmütig, verdrießlich und launenhaft veranlagt war; was alles zusammen in der Folge zum endgültigen Untergang und zur Zerstörung unseres so süßen und sanften Kindes führte ..."[187]

Abbildungen 6a, 6b und 6c – Das Säugen von Kindern: Phantasie und Wirklichkeit. *Die beiden typischen Säugeszenen zur Zeit der Renaissance links zeigen die Phantasie – Mütter beim Stillen ihrer eigenen Kinder –, die Szene rechts zeigt die Wirklichkeit – das Baby saugt an der Amme, während die Brüste der Mutter dem Betrachter (dem Vater) vorbehalten bleiben. Man beachte, daß auf den beiden Bildern links der Künstler jeweils unsicher zu sein scheint, wo er die Brüste der Mutter hinplazieren soll, da er nie von ihnen gestillt worden ist.*

---

[186] Morelli, *Ricordi*, 144, 452.
[187] James O. Halliwell (Hg.), The Autobiography and Correspondence of Sir Simonds d'Ewes, London 1854, 108; vgl. auch William Bray (Hg.), The Diary of John Evelyn, Bd. 1, London 1952, 330, 386; Henry Morley, Jerome Cardan: The Life of Girolamo Cardano of Milan, Physician, 2 Bde., London 1854, 203.

Mit Ausnahme der Fälle, in denen die Amme im Haus lebte, wurden Kinder, die der Säugamme übergeben worden waren, im allgemeinen vom Alter von zwei bis ins Alter von fünf Jahren dort gelassen. Die Bedingungen waren in jedem Land ähnlich. Jacques Guillimeau schilderte, wie das Kind bei einer Amme „erstickt, erdrückt oder fallen gelassen werden und so zu einem vorzeitigen Tode kommen konnte; oder es konnte auch von irgendeinem wilden Tier, einem Wolf oder einem Hund, gefressen, verstümmelt oder verunstaltet werden, woraufhin die Amme, die fürchtete, wegen ihrer Nachlässigkeit bestraft zu werden, einfach ein anderes Kind an dessen Statt nehmen konnte".[188] Robert Pemell berichtete, der Priester seiner Pfarre habe ihm erzählt, daß diese, als er in sie eintrat, „voll gewesen sei mit Säuglingen aus London und er dennoch innert eines Jahres alle bis auf zwei begraben habe".[189] Gleichwohl wurde die Praxis in England und Amerika bis ins 18. Jahrhundert unerbittlich weiter geübt, in Frankreich bis ins 19. und in Deutschland bis ins 20. Jahrhundert.[190] England war dem Kontinent im Umgang mit Säuglingen so weit voraus, daß sehr wohlhabende Mütter ihre Kinder bereits im 17. Jahrhundert oft selbst stillten.[191] Es war auch nicht einfach eine Sache der Unmoral der Reichen; Robert Pemell beklagte 1653 die Praxis von „Frauen in hoher wie auch niedriger Stellung gleichermaßen, ihre Babys zu

---

[188] Guillimeau, *Nursing*, 3.
[189] Wickes, *Infant Feeding*, 235.
[190] Hitchcock, *Memoirs*, 19, 81; Wickes, *Infant Feeding*, 239; Bayne-Powell, *English Child*, 168; Barbara Winchester, Tudor Family Portrait, London 1955, 106; Taylor, *Angel-Makers*, 328; Clifford Stetson Parker, The Defense of the Child by French Novelists, Menasha, Wisconsin, 1925, 4-7; William Hickey, Memoirs of William Hickey, London 1913, 4; Jacques Levron, Daily Life at Versailles in the Seventeenth and Eighteenth Centuries, übers. v. Elxiane Engel, London 1968, 131; T. G. H. Drake, The Wet Nurse in the Eighteenth Century, in *Bulletin of the History of Medicine* 8 (1940), 934-948; Luigi Tansillo, The Nurse, A Poem, übers. v. William Roscoe, Liverpool 1804, 4; Marmontel, Autobiography, Bd. 4, London 1829, 123; Th. Bentzon, About French Children, in *Century Magazine* 52 (1896), 809; Most, *Mensch*, 89-112; John M. S. Allison (Hg.), Concerning the Education of a Prince: Correspondence of the Princess of Nassau-Saarbruck 13 June-15 November, 1758, New Haven 1941, 26; Mrs. Alfred Sidgwick, Home Life in Germany, Chatauqua, New York, 1912, 8.
[191] Lucy Hutchinson, Memoirs of Colonel Hutchinson, London 1968, 13-15; Macfarlane, *Family Life*, 87; Lawrence Stone, The Crisis of the Aristocracy: 1558-1641, Oxford 1965, 593; Kenneth B. Murdock, The Sun at Noon, New York 1939, 14; Marjorie H. Nicolson (Hg.), Conway Letters, New Haven 1930, 10; Countess Elizabeth Clinton, The Countesse of Lincolness Nurserie, Oxford 1622.

verantwortungslosen Frauen auf dem Land in Pflege zu geben", und noch 1780 mutmaßte der Polizeichef von Paris, daß von 21.000 Babys, die jedes Jahr in seiner Stadt geboren wurden, 17.000 zum Säugen durch Ammen auf das Land geschickt, 2.000 oder 3.000 in Kinderheimen untergebracht, 700 bei sich zu Hause von Säugammen versorgt und nur 700 von ihren eigenen Müttern gestillt würden.[192]

Die tatsächliche Dauer des Stillens war in jeder Zeit und Region sehr unterschiedlich. Tabelle 1 listet die Angaben auf, die ich bislang ausmachen konnte.

TABELLE 1
Alter (in Monaten) zum Zeitpunkt der völligen Entwöhnung

Quelle[193]	Alter bei der Entwöhnung	ungefähre Zeit	Nationalität
Ammenvertrag	24	367 v. Chr.	griechisch
Soranus	12-24	100 n. Chr.	römisch
Macrobius	35	400	römisch
Barberino	24	1314	italienisch
Metlinger	10-24	1497	deutsch
Jane Grey	18	1538	englisch
John Greene	9	1540	englisch
E. Roesslin	12	1540	deutsch
Sabine Johnson	34	1540	englisch

---

[192] Wickes, *Infant Feeding*, 235; Drake, *Wet Nurse*, 940.

[193] Hymanson, *Review*, 4; Soranus, *Gynecology*, 118; Macrobius: Commentary on the Dream of Scipio, übers. v. William H. Stahl, New York 1952, 114; Barberino, *Reggimento*, 192; Ruhrah, *Pediatrics*, 84; Pearson, *Elizabethans*, 87; Macfarlane, *Family Life*, 87; Euch Roesslin, The byrth of mankynde, London 1540, 30; Winchester, *Tudor*, 106; Still, *History of Paediatrics*, 163; Jones, *Arts and sciences*, 33; Soulié, *Héroard*, 55; John Evelyn, The Diary and Correspondence of John Evelyn, hg. v. William Bray, o. J., 3; John Peckey, A General Treatise of the Diseases of Infants and Children, London 1697, 11; Nelson, *Essay*, 20; Nicholas Culpepper, A Directory for Midwives: or, a guide for women in their conception, bearing, and suckling their children, London 1762, 131; Still, *History of Paediatrics*, 390; St. Marthe, *Paedotrophia*, 98; Valentine, *Fathers*, 93; Eliza Warren, *How I Managed My Children from Infancy to Marriage*, 20; Caleb Tickner, A Guide for Mothers and Nurses in the Management of Young Children, New York 1839, 37; Robert M. Myers (Hg.), The Children of Pride, New Haven 1972, 508; Knodel, *Breast Feeding*, 118.

John Dee	8-14	1550	englisch
H. Mercurialis	15-30	1552	italienisch
John Jones	7-36	1579	englisch
Ludwig XIII.	25	1603	französisch
John Evelyn	14	1620	englisch
Ralph Joesslin	12-19	1643-1679	englisch
John Pechey	10-12	1697	englisch
James Nelson	3-4	1753	englisch
Nicholas Culpepper	12-48	1762	englisch
William Cadogan	4	1770	englisch
H. W. Tytler	6	1797	englisch
S. T. Coleridge	15	1807	englisch
Eliza Warren	12	1810	englisch
Caleb Tickner	10-12	1839	englisch
Mary Mallard	15	1859	amerikanisch
deutsche statistische Erhebung	1-6	1878-1882	deutsch

Falls diese Tabelle allgemeine Tendenzen anzeigt, läßt sich ablesen, daß mit der frühen Neuzeit das sehr lange Stillen immer weniger üblich wurde, vielleicht als Resultat eines Rückgangs der projektiven Fürsorge. Auch gilt, daß die Aussagen über die Entwöhnung immer zutreffender wurden, sobald die Kinder weniger häufig zur Säugamme geschickt wurden; Roesslin beispielsweise schreibt: „Avicenna rät, das Kind zwei Jahre lang an der Brust trinken zu lassen; wie es sich bei uns ergibt, trinkt es jedoch meist nur ein Jahr lang ..."[194] Sicherlich ist Alice Ryersons Bemerkung, daß „in der Zeit kurz vor 1750 das Entwöhnungsalter in der Praxis drastisch verringert worden ist", zu sehr verallgemeinernd.[195] Obgleich von den Säugammen erwartet wurde, daß sie sich während der Stillzeit des Geschlechtsverkehrs enthielten, entsprachen sie selten dieser Erwartung, und die Entwöhnung ging in der Regel der Geburt des nächsten Kindes voraus. Deshalb dürfte ein so langes, zweijähriges Stillen im Westen stets die Ausnahme gewesen sein.

Seit 2000 v. Chr. kennt man verschiedenste Gefäße zum Füttern; wo sie erhältlich war, wurde Kuh- und Ziegenmilch verwendet, und oft wurde das Kind ein-

---

[194] Roesslin, *Byrth*, 30.
[195] Ryerson, *Medical Advice*, 75.

fach zum Saugen an die Zitze des Tieres gehalten.[196] Brei, im allgemeinen aus Brot oder Mehl, vermischt mit Wasser oder Milch gemacht, ergänzte oder ersetzte das Säugen von den ersten Wochen an und wurde dem Kind mitunter in den Hals gestopft, bis es erbrach.[197] Jede andere Speise wurde zuerst von der Säugamme gekaut und dann dem Kind zum Essen gegeben.[198] Opium und Alkohol wurden den Kindern ohne Ausnahme zu allen Zeiten verabreicht, damit sie zu weinen aufhörten. Der Papyrus Ebers berichtet von der Wirksamkeit einer Mixtur aus Mohnsamen und Fliegenkot für Kinder: „Sie wirkt sofort!" Dr. Hume klagte 1799 über Tausende von Kindern, die jedes Jahr von ihren Ammen dadurch getötet würden, daß sie „ihnen in einem fort Godfreys Herztropfen in die kleinen Kehlen schütten, ein Mittel, das ein sehr starkes Opiat ist und letzten Endes ebenso tödlich wie Arsen. Sie geben vor, das deshalb zu tun, um das Kind zu beruhigen – in der Tat sind viele auf diese Weise für immer ruhiggestellt ..." Und tägliche Alkoholdosen wurden häufig „einem kleinen Wesen in die Kehle geleert, das unfähig ist, die Verabreichung zu verweigern, aber seinen Abscheu durch Abwehrbestrebungen und ein gequältes Gesicht deutlich macht ..."[199]

Es gibt in den Quellen viele Anzeichen dafür, daß Kindern generell unzureichende Nahrung gegeben wurde. Kinder von armen Leuten sind natürlich oft hungrig gewesen, aber auch Kindern von Reichen, besonders Mädchen, gab man im allgemeinen sehr dürftige Essensmengen sowie wenig oder gar kein Fleisch. Plutarchs Beschreibung der „Hunger-Diät" der spartanischen Jugendlichen ist bekannt; aufgrund der Vielzahl von Hinweisen auf karge Nahrung, darauf, daß Babys nur zwei- oder dreimal am Tag gestillt wurden, auf Fastenzeiten für Kinder und auf Nahrungsentzug als Disziplinierungsmittel erhält man aber den Ein-

---

[196] Wickes, *Infant Feeding*, 155–158; Hymanson, *Review*, 4–6; Still, *History of Paediatrics*, 335 f., 459; Mary Hopkirk, *Queen Over the Water*, London 1953, 1305; Erasmus, *Colloquies*, 282.

[197] The Female Instructor; or Young Woman's Companion, Liverpool 1811, 220.

[198] W. O. Hassal, How They Lived: An Anthology of Original Accounts Written Before 1485, Oxford 1962, 105.

[199] Cyril P. Bryan, The Papyrus Ebers, New York 1931, 162; Still, *History of Paediatrics*, 466; Douglass, *Summary*, 346; Rauscher, *Volkskunde*, 44; John W. Dodds, The Age of Paradox: A Biography of England 1841–1851, New York 1952, 157; Abt-Garrison, *History of Pediatrics*, 11; John B. Beck, The effects of opium on the infant subject, in *Journal of Medicine*, New York 1844; Tickner, *Guide*, 115; Friendly Letter to Parents and Heads of Families Particularly Those Residing in the Country Towns and Villages in America, Boston 1928, 10; Buchan, *Domestic*, 17; Pinchbeck, *Children*, 301.

druck, daß es Eltern in der Vergangenheit, genauso wie heute die Eltern zeitgenössischer Kindesmißbraucher, schwierig fanden, darauf zu achten, daß ihre Kinder adäquat ernährt wurden.[200] Autobiographien von Augustinus bis Baxter berichten vom Bekenntnis ihrer Autoren, die Sünde der Völlerei begangen zu haben, weil sie als Kind Obst gestohlen hätten; niemand hat je daran gedacht, die Frage aufzuwerfen, ob sie das vielleicht getan hätten, weil sie hungrig waren.[201]

Das Kind in verschiedene Zwangsvorrichtungen einzuschnüren war eine beinah universelle Praxis. Die hauptsächliche Erlebniswirklichkeit der frühesten Jahre des Kindes war das Wickeln. Wie wir bereits festgehalten haben, hielt man Einschränkungen deshalb für notwendig, weil das Kind mit den gefährlichen Projektionen der Erwachsenen dermaßen angefüllt war, daß letztere glaubten, es würde sich, dürfte es sich frei bewegen, die Augen auskratzen, die Ohren abreißen, die Beine brechen, die Knochen verrenken, vom Anblick seiner eigenen Gliedmaßen erschrocken sein und sogar wie ein Tier auf allen Vieren herumkrabbeln.[202] Das traditionelle Wickeln ist in jedem Land und zu jeder Zeit ziemlich das gleiche; es „besteht darin, das Kind gänzlich am Gebrauch seiner Gliedmaßen zu hindern,

---

[200] John Spargo, The Bitter Cry of the Children, Chicago 1968; Xenophon, Minor Writings, übers. v. E. C. Marchant, London 1925, 37 (dt. Scripta minora, hg. u. aus dem Griechischen v. Anton Sommer, Wien o. J.); Hopkirk, *Queen*, 130–135; Plutarch, *Moralia*, 433; St. Basilius, Ascetical Works, New York 1950, 266 (dt. Basilius von Cäsarea, Die Mönchsregeln, übers. v. Karl Suso Frank, St. Ottilien 1991); Gage, *Life in Italy*, 109; St. Hieronymus, The Select Letters of St. Jerome, übers. v. F. A. Wright, Cambridge, Massachusetts, 1933, 357–361 (Sophronius Eusebius Hieronymus, Ausgewählte Briefe. 2 Bde., übers. v. Ludwig Schade, München 1936 f.); Thomas Platter, The Autobiography of Thomas Platter: A Schoolmaster of the Sixteenth Century, übers. v. Elizabeth A. McCoul Finn, London 1847, 8; Craig, *Vincent of Beauvais*, 379; Roesslin, *Byrth*, 17; Jones, *Arts and sciences*, 40; Taine, *Ancient Regime*, 130; D. B. Horn und Mary Ranson (Hgg.), English Historical Documents. Vol. 10, 1714–1783, New York 1957, 561; Lochhead, *First Ten Years*, 34; Eli Forbes, A Family Book, Salem 1801, 240 f.; Leontine Young, Wednesday's Children: A Study of Child Neglect and Abuse, New York 1964, 9.

[201] Augustinus, Confessions, New York 1963 (dt. Bekenntnisse. Lat./dt., übers. v. Joseph Bernhart, Frankfurt am Main 1987); Richard Baxter, The Autobiography of Richard Baxter, London 1931, 5; zuvor hatte Augustinus bereits erwähnt, daß er Essen vom Tisch hatte stehlen müssen (18).

[202] Hassall, *How They Lived*, 184; Benedict, *Child Rearing*, 345; Geoffrey Gorer und John Rickman, *The People of Great Russia: A Psychological Study*, 98; Peckey, *Treatise*, 6; Ruhrah, *Pediatrics*, 219; Green, *Galen's Hygiene*, 22; François Mauriceau, The Diseases of Women With Child, and in Child-Bed, übers. v. Hugh Chamberlin, London 1736, 309.

indem man es in einen endlos langen Verband einwickelt, so daß es nicht unzutreffend ist zu sagen, es gleiche einem Holzklotz; wodurch manchmal die Haut wund gerieben wird; das Fleisch zusammengepreßt, fast bis zum Brand; der Blutkreislauf beinahe angehalten; und dem Kind auch die geringste Fähigkeit zur Bewegung genommen. Seine kleine Taille ist von einem Korsett umgeben ... Sein Kopf ist in die Form gepreßt, die die Einbildungskraft der Hebamme nahelegen mochte; und seine Gestalt wird durch entsprechend ausgeübten Druck zusammengehalten ..."[203]

Abbildung 7 – Beim Wickeln des Kindes. *Aus England (1633)*

---

[203] William P. Dewees, A Treatise on the Physical and Medical Treatment of Children, Philadelphia 1826, 4; eine weitere Bibliographie zum Thema des festen Wikkelns findet sich bei Wayne Dennis, Infant Reactions to Restraint: an Evaluation of Watson's Theory, in *Transactions of the New York Academy of Science*, Reihe 2, Bd. 2 (1940); Erik H. Erikson, Childhood and Society, New York 1950 [dt. Kindheit und Gesellschaft, Stuttgart ^{13}1999 (=Standardwerke der Psychoanalyse)]; Lotte Danziger und Liselotte Frankl, Zum Problem der Functionsreifung, in *Archiv für Kinderforschung* 43 (1943); Boyer, *Problems*, 225; Margaret Mead, The Swaddling Hypothesis: Its Reception, in *American Anthropologist* 56 (1954); Phyllis Greenacre, Infant Reactions to Restraint, in: Clyde Kluckhohn und Henry A. Murray (Hgg.), Personality in Nature, Society and Culture, New York ^{2}1953, 513 f.; Charles Hudson, Isometric Advantages of the Cradle Board: A Hypothesis, in *American Anthropologist* 68 (1966), 470–474.

Das Wickeln war oft so kompliziert, daß es bis zu zwei Stunden dauerte, ein Kind anzuziehen.[204] Der Vorteil für die Erwachsenen war enorm - sie mußten Kindern kaum noch Aufmerksamkeit schenken, wenn sie erst einmal eingeschnürt waren. Wie eine jüngere medizinische Studie über das Wickeln zeigt, sind gewickelte Kinder extrem passiv; ihr Herzschlag verlangsamt sich, sie weinen weniger, sie schlafen weitaus mehr, und sie sind im allgemeinen so abwesend und träge, daß die Ärzte, die die Untersuchung durchführten, sich fragten, ob man es nicht wieder mit dem Wickeln versuchen sollte.[205] Die historischen Quellen bestätigen dieses Bild; seit der Antike sind die Ärzte sich darüber einig, daß „Wachsamkeit bei Kindern weder von Natur aus noch durch das Verhalten, d. h. aus Gewohnheit, vorkommt, denn sie schlafen immer", und es wird beschrieben, wie die Kinder stundenlang hinter dem heißen Ofen niedergelegt, an Haken an die Wand gehängt, in Fässer gelegt und ganz allgemein „wie ein Paket in jedem dafür passenden Winkel abgelegt" wurden.[206] Beinahe alle Nationen kannten das Wickeln. Sogar im alten Ägypten, wo die Kinder angeblich nicht gewickelt worden sein sollen, weil Malereien sie nackt zeigten, dürfte das Wickeln praktiziert worden sein, zumal Hippokrates schrieb, daß die Ägypter wickeln, und Figurinen gelegentlich Wickelgewänder darstellen.[207] Jene wenigen Gebiete, in denen das Wickeln nicht ausgeübt wurde, wie im antiken Sparta und im schottischen Hochland, waren zugleich die Gebiete mit den schwersten Abhärtungspraktiken – als ob nur die Wahl bestünde, Kinder entweder fest zu wickeln oder sie nackt herumzutragen und ohne Kleider im Schnee herumlaufen zu lassen.[208] Das Wickeln wurde für so selbstverständlich gehalten, daß die Belege für die Dauer des

---

[204] Hester Chapone, Chapone on the Improvement of the Mind, Philadelphia 1830, 200.

[205] Earle L. Lipton, Alfred Steinschneider und Julius B. Richmond, Swaddling, A Child Care Practice: Historical, Cultural and Experimental Observations, in *Pediatrics*, Supplement 35, Teil 2 (März 1965), 521-567.

[206] Turner Wilcox, Five Centuries of the American Costume, New York 1963, 17; Rousseau, *Emile*, 11; Christian A. Struve, A Familiar View of the Domestic Education of Children, London 1802, 296.

[207] Hippokrates, übers. v. W. H. S. Jones, London 1923, 125 (dt. Sämtliche Werke, 3 Bde., Reprint der Ausgabe 1933-1940, Anger 1994); Steffen Wenig, The Woman in Egyptian Art, New York 1969, 47; Erich Neumann, The Great Mother: An Analysis of the Archetype, New York 1963, 32 (dt. Die große Mutter. Eine Phänomenologie der weiblichen Gestaltungen des Unbewußten, Düsseldorf [11]1997).

[208] James Logan, The Scotish Gael; or, Celtic Manners, As Preserved Among the Highlanders, Hartford 1851, 81; Thompson, *Memoirs*, 8; Marjorie Plant, The Domestic Life of Scotland in the Eighteenth Century, London 1952, 6.

Wickelns vor der frühen Neuzeit reichlich uneinheitlich sind. Soranus sagt, die Römer hätten das Kind im Alter von 40 bis 60 Tagen „ent-wickelt"; das trifft hoffentlich eher zu als die von Platon angegebenen „zwei Jahre".[209] Festes Wickeln, zu dem oft auch das Aufbinden auf Tragebretter gehörte, setzt sich im gesamten Mittelalter fort, ich habe aber nicht herausfinden können, für wieviele Monate ein Kind in dieser Zeit gewickelt wurde.[210]

  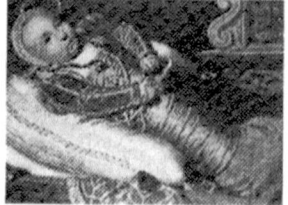

Abbildungen 8a, 8b und 8c – Gewickelte Kinder. *Es zeigt sich ein langsamer Fortschritt beim Entfernen der Wickelbänder (griechisch, 5. Jh. v. Chr., italienisch, 15. Jh., englisch, 16. Jh.).*

Die wenigen Quellenhinweise aus dem 16. und 17. Jahrhundert sowie das Studium der Kunst jener Zeit legen für diese Jahrhunderte eine Wickelzeit von einem Monat bis zu vier Monaten nahe; danach wurden die Arme frei gelassen, Körper und Beine blieben jedoch noch weitere sechs bis neun Monate gewickelt.[211] Die

---

[209] Soranus, *Gynecology*, 114; Plato, The Laws, Cambridge, Massachusetts, 1926, 7 (dt. Nomoi/Die Gesetze. Gr./dt., hg. v. Karlheinz Hülser, übers. v. Franz Susemihl u.a. nach Friedrich Schleiermacher, Frankfurt am Main 1991).

[210] Dorothy Hartley, Mediaeval Costume and Life, London 1931, 117–119.

[211] Cunnington, *Children's Costume*, 35, 53–69; Macfarlane, *Family Life*, 90; Guillimeau, *Nursing*, 23; Lipton, *Swaddling*, 527; Hunt, *Parents and Children*, 127; Peckey, *Treatise*, 6; M. St. Clare Byrne (Hg.), The Elizabethan Home Discovered in Two

Engländer wiesen den Weg zur Beendigung des Wickelns, wie sie es auch mit dem Stillen bei aushäusigen Säugammen getan hatten. Wickeln war in England und Amerika mit dem Ende des 18. Jahrhunderts, in Frankreich und Deutschland mit dem 19. Jahrhundert ein Auslaufmodell.²¹²

Abbildung 9 – Gewickeltes Kind im Mittelalter. *Das gewickelte Kind sieht aus, als wäre es älter als ein Jahr* (Reuner Musterbuch, *1210*).

Dialogues by Claudius Hollyband and Peter Erondell, London 1925, 77. Es ist interessant festzustellen, daß Mütter über 100 Jahre vor Cadogans Kampagne gegen das feste Wickeln damit begannen, das Alter herabzusetzen, in dem die Kinder von ihren Wickeln befreit wurden, und daß frühe Ärzte wie Glisson diesem Wandel ablehnend gegenüberstanden und dazu neigten, dessen psychogenen Ursprung in der Familie selbst anzusiedeln.

²¹² Cunnington, *Children's Costume*, 68 f.; Magdelen King-Hall, The Story of the Nursery, London 1958, 83, 129; Chapone, *Improvement*, 199; St. Marthe, *Paedotrophia*, 67; Robert Sunley, Early Nineteenth-Century Literature on Child Rearing, in: Margaret Mead und Martha Wolfenstein (Hgg.), Childhood in Contemporary Culture, Chicago 1955, 155; Kuhn, *Mother's Role*, 141; Wilcox, *Five Centuries*; Alice M. Earle, Two Centuries of Costume in America, Bd. 1, New York 1903, 311; Nelson, *Essay*, 99; Lipton, *Swaddling*, 529–532; Culpepper, *Directory*, 305; Hamilton, *Female Physician*, 262; Morwenna und John Rendle-Short, The Father of Child Care: Life of William Cadogan (1711–1797), Bristol 1966, 20; Caulfield, *Infant Welfare*, 108; Ryerson, *Medical Advice*, 107; Bentzon, *French Children*, 805; Most, *Mensch*, 76; Struve, *View*, 293; Sidgwick, *Home Life*, 8; Peiper, *Chronik*, 666.

Nachdem das Kind aus seinen Wickelbändern entlassen war, wurde es jedoch weiterhin allen möglichen physischen Beschränkungen unterworfen, die je nach Land und Zeit variierten. Kinder wurden mitunter an Stühle gebunden, um sie am Krabbeln zu hindern. Bis ins 19. Jahrhundert hinein wurden Gängelbänder an der Kleidung des Kindes befestigt, um es kontrollieren und herumschwenken zu können. Korsetts und Stützen aus Knochen, Holz oder Eisen wurden oft für beide Geschlechter gebraucht. Kinder wurden mitunter auf Rückenbretter geschnallt und ihre Füße in Blöcke gesteckt, während sie lernten, und um „die Haltung zu verbessern", wurden Eisenkragen und andere Vorrichtungen eingesetzt, wie etwa jenes Gerät, das Francis Kemble beschrieben hat: „eine schreckliche Martermaschine von der Art der Rückenbretter, aus Stahl, mit rotem Leder überzogen, die aus einem flachen Teil bestand, der auf meinem Rücken plaziert, mit einem Gürtel nach unten an meine Taille geschnallt und oben mit zwei über meine Schultern gestriffenen Achselstücken gesichert wurde. Aus der Mitte des Dings ragte ein stählerner Zapfen oder Stachel, mit einem Stahlkragen, der meine Kehle umspannte und hinten festgeschnallt wurde."[213]

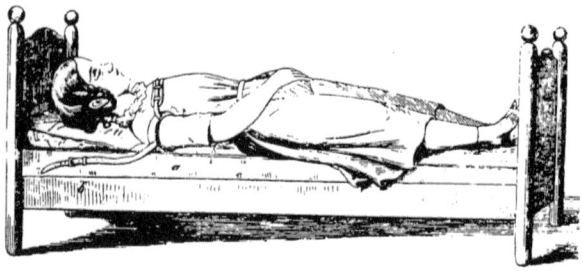

Abbildung 10 – Kind mit Schlafgürtel. *Wird dazu verwendet, sicherzustellen, daß der Körper während des Schlafs ausgestreckt bleibt; eine von Dutzenden Einschränkungsvorrichtungen, die der deutsche Pädagoge D. G. M. Schreber im 19. Jahrhundert erfunden hat.*

[213] Cunnington, *Children's Costume*, 70–128; Tom Hastie, *Home Life*, 33; Preyer, *Mind*, 273; Earle, *Costume*, 316 f.; Mary Somerville, Personal Recollections, From Early Life to Old Age, of Mary Somerville, London 1873, 21; Aristoteles, *Politics*, 627; Schatzman, *Soul Murder*; Earle, *Child Life*, 58; Burton, *Early Victorians*, 192; Joanna Richardson, Princess Mathilde, New York 1969, 10; Bentzon, *French Children*, 805; Stephanie de Genlis, Memoirs of the Countess de Genlis, 2 Bde., New York 1825, 10; Kemble, *Records*, 85.

Diese Gerätschaften scheinen in der Zeit vom 16. bis zum 19. Jahrhundert allgemeiner im Gebrauch gewesen zu sein als im Mittelalter, ein Eindruck, der aber freilich auch von der geringen Zahl früherer Quellen herrühren mag. Zwei Praktiken jedoch waren seit der Antike vermutlich in jedem Land verbreitet: die generelle Kargheit der Kleidung zu „Abhärtungs"-Zwecken und die Verwendung stuhlähnlicher Geräte, die Unterstützung beim Gehen geben sollten, in Wirklichkeit aber dazu verwendet wurden, das Krabbeln zu verhindern, das für tierisch gehalten wurde. Felix Würtz (1563) beschreibt den Gebrauch einer bestimmten Variante:

> ... es gibt Stühle für Kinder zum Hineinstellen, in denen sie sich nach allen Seiten umdrehen können, wenn Mütter oder Ammen sie in ihnen erblicken, dann kümmern sie sich nicht mehr um das Kind, lassen es allein, gehen ihrem eigenen Geschäft nach, in der Annahme, daß das Kind gut versorgt sei, doch sie denken kaum an den Schmerz und das Leid, in welchen das Kind sich befindet ... das arme Kind ... muß vielleicht viele Stunden lang stehen, wo doch schon eine halbe Stunde Stehen zu lang ist ... Ich wünsche mir, daß alle derartigen Stehstühle verbrannt würden ...[214]

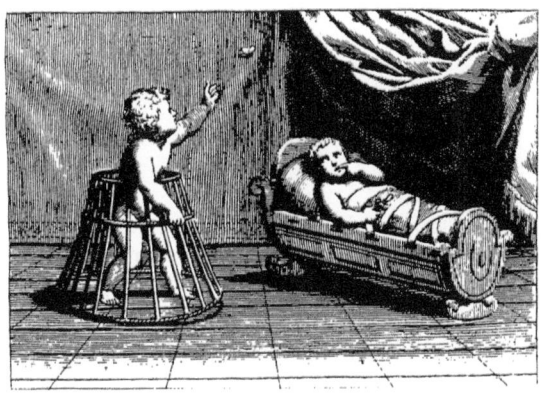

Abbildung 11 – Stehkäfig und Wiege mit Riemen *(Jacques Stella, 1657)*.

---

[214] Xenophon, *Writings*, 7; Horkan, *Educational Theories*, 36; Earle, *Child Life*, 26; Nelson, *Essay*, 83; Ruhrah, *Pediatrics*, 220; Soranus, *Gynecology*, 116. Für eine ähnliche Ansicht vgl. Gregory Bateson und Margaret Mead, Balinese Character: A Photographic Analysis, Bd. 2, Special Publications of the New York Academy of Sciences, 1942.

Reinlichkeitserziehung, Disziplin und Sexualität
Obwohl seit der Antike Stühle mit unten angebrachten Nachttöpfen existieren, gibt es vor dem 18. Jahrhundert keine Belege für Reinlichkeitserziehung in den ersten Lebensmonaten des Kindes. Wiewohl Eltern sich wie Luther häufig darüber beklagten, daß ihre Kinder „die Winkel besudeln", und wiewohl Ärzte Mittel gegen das „Bettnässen" verschrieben, darunter auch das Auspeitschen (Kinder schliefen generell zusammen mit Erwachsenen), ist der Kampf um die Kontrolle über Urin und Kot zwischen Eltern und Kindern im Säuglingsalter eine Erfindung des 18. Jahrhunderts, das Produkt einer späten psychogenen Phase.[215]
Kinder sind natürlich immer mit ihren Exkrementen identifiziert worden; neugeborene Kinder wurden *ecrême* genannt, und das lateinische *merda*, Exkrement, war Ursprung des französischen *merdeux*, Dreckspatz (ugs. für kleines Kind überhaupt).[216] Doch waren vor dem 18. Jahrhundert Klistier und Abführmittel und nicht das Töpfchen die hauptsächlichen Gerätschaften, mit denen man Bezug zum Inneren des kindlichen Körpers aufnahm. Kranken wie gesunden Kindern wurden Zäpfchen, Einläufe und orale Abführmittel verabreicht. Eine Autorität des 17. Jahrhunderts behauptete, Kinder sollten vor jedem Säugen zum Stuhlgang gebracht werden, damit die Milch nicht mit dem Kot vermischt würde.[217]

---

[215] T. B. L. Webster, Everyday Life in Classical Athens, London 1969, 46; The Story of Abelard's Adversities: Historia Calamitatum, übers. v. J. T. Muckle, Toronto 1954, 30 (dt. Die Leidensgeschichte und der Briefwechsel mit Heloisa, hg. u. übers. v. Eberhard Brost, Berlin ²1954); Roland H. Bainston, Women of the Reformation in Germany and Italy, Minneapolis 1971, 36; Pierre Belon, Les Observations, de plusieurs singularitez et choses memorables trouvées en Grèce, Judée, Egypte, Arabie, et autres pays estranges, Antwerpen 1555, 317 f.; Phaire, *Boke*, 53; Pemell, *De Morbis*, 55; Peckey, *Treatise*, 146; Elizabeth Wirth Mavick, Héroard and Louis XIII, in *The Journal of Interdisciplinary History*; Guillimeau, *Nursing*, 80; Ruhrah, *Pediatrics*, 61; James Benignus Bossuet, An Account of the Education of the Dauphine, In a Letter to Pope Innocent XI, Glasgow 1743, 34.
[216] Thass-Thienemann, *Subconscious*, 59. – So etwa noch heute im Österreichisch-Bayerischen „Scheißerl(e)" für kleines Kind (*A.d.Ü.*).
[217] Hunt, *Parents and Children*, 144. In dem Abschnitt über Säuberungsmaßnahmen ist Hunt am scharfsichtigsten.

Abbildung 12 – Klistierszene. *Typische deutsche Darstellung eines Babys, das seine regelmäßigen Einläufe bekommt, aus dem 18. Jahrhundert.*

Héroards Tagebuch ist voll von minutiösen Beschreibungen dessen, was in Ludwigs Körper hinein- und was aus ihm herauskommt; ihm wurden in seiner Kindheit buchstäblich Tausende Abführmittel, Zäpfchen und Einläufe verabreicht. Urin und Kot von Kindern wurden oft untersucht, um den inneren Zustand des Kindes zu bestimmen. David Hunts Beschreibung dieses Vorgangs legt deutlich den projektiven Ursprung dessen offen, was ich als das „Abort-Kind" bezeichnet habe:

> Von den kindlichen Därmen glaubte man, daß sie Dinge enthielten, die auf die Welt der Erwachsenen anmaßend und drohend ansprachen, mit Bosheit und Ungehorsam. Die Tatsache, daß die Exkremente des Kindes unangenehm aussahen und rochen, bedeutete, daß das Kind irgendwo tief in seinem Inneren übel gesonnen war. Egal wie sanftmütig und hilfsbereit es erscheinen mochte, die Exkremente, die regelmäßig aus ihm herausgespült wurden, wurden als die beleidigende Botschaft eines inneren Dämons betrachtet, die die „bösen Launen" anzeigte, welche drinnen lauerten.[218]

Erst im 18. Jahrhundert verschob sich das Hauptaugenmerk vom Klistier auf das Töpfchen. Nicht nur wurde mit der Reinlichkeitserziehung schon in einem früheren Alter angefangen, zum Teil als Resultat des geringeren Einsatzes von Wickelbändern, vielmehr wurde der ganze Prozeß, das Kind die Hervorbringungen seines eigenen Körpers kontrollieren zu lassen, mit einer zuvor ungekannten emotionalen Bedeutung ausgestattet. Mit dem Willen eines kleinen Kindes während seiner ersten Lebensmonate zu ringen wurde nachgerade zum Maßstab für die Stärke des Engagements von Eltern für ihre Kinder und stellte gegenüber der

---

[218] A. a. O., 144 f.

Herrschaft des Klistiers einen psychologischen Fortschritt dar.[219] Im 19. Jahrhundert begannen die Eltern allgemein bereits in den allerersten Lebensmonaten allen Ernstes mit der Reinlichkeitserziehung, und ihre Forderungen nach Sauberkeit wurden mit Ende des Jahrhunderts so streng, daß das ideale Kind beschrieben wurde als eines, „das nicht einmal für kürzeste Zeit irgendeinen Schmutz an seinem Körper oder seinem Kleid oder in seiner Umgebung aushalten kann".[220] Auch heute noch beginnen die meisten Eltern in England und Deutschland die Reinlichkeitserziehung bereits vor dem sechsten Lebensmonat; in Amerika liegt der Durchschnitt eher bei neun Monaten, und das Spektrum ist insgesamt breiter.[221]

Das Belegmaterial, das ich zu den Methoden der Disziplinierung von Kindern gesammelt habe, bringt mich zu der Ansicht, daß ein sehr großer Prozentsatz der vor dem 18. Jahrhundert geborenen Kinder das gewesen ist, was man heute als ein „geschlagenes Kind" bezeichnen würde. Von über zweihundert Erziehungsratgebern der Zeit vor dem 18. Jahrhundert, die ich untersucht habe, billigten die meisten, daß Kinder heftig geschlagen werden, und überhaupt alle genehmigten das Schlagen von Kindern unter verschiedenen Umständen, mit Ausnahme von dreien, nämlich Plutarch, Palmieri und Sadoleto, und die richteten sich an Väter und Lehrer, ohne die Mütter zu erwähnen.[222] Von den siebzig vor dem 18. Jahrhundert lebenden Kindern, über deren Leben ich Aufzeichnungen gefunden habe, sind bis auf ein Kind alle geschlagen worden: Montaignes Tochter. Leider sind Montaignes Essays über Kinder so voller Widersprüche, daß man sich unsicher darüber ist, ob man dieser einzelnen Aussage glauben darf. Berühmt ist Montaignes Behauptung, sein Vater sei so lieb zu ihm gewesen, daß er einen Mu-

---

[219] Nelson, *Essay*, 107; Chapone, *Improvement*, 200; Ryerson, *Medical Advice*, 99.
[220] Stephen Kern, Did Freud Discover Childhood Sexuality?, in *History of Childhood Quarterly: The Journal of Psychohistory* 1 (1973), 130; Preyer, *Mental Development*, 64; Sunley, *Literature*, 157.
[221] Josephine Klein, Samples from English Cultures, Bd. 2: Child-rearing Practices, London 1965, 449–452; David Rodnick, Post War Germany: An Anthropologist's Account, New Haven 1948, 18; Robert R. Sears u. a., Patterns of Child Rearing, New York 1957, 109; Miller, *Changing American Parent*, 219 f.
[222] Plutarch, The Education of Children, in: Plutarch: Selected Essays on Love, the Family, and the Good Life, übers. v. Moses Hadas, New York 1957, 113 (dt. Über die Liebe, Freiburg ³1958); F. J. Furnivall (Hg.), Queen Elizabethes Achademy, London 1869 (=Early English Text Society Extra Series, Nr. 8), 1; William Harrison Woodward, Studies in Education During the Age of the Renaissance 1400-1600, Cambridge, Massachusetts, 1924, 171.

siker anstellte, der jeden Morgen auf einem Instrument spielte, um ihn aufzuwecken, so daß sein empfindliches Gehirn nicht erschreckt würde. Mag das auch wahr sein, so könnte dieses ungewöhnliche Hausleben dennoch nur zwei oder drei Jahre gewährt haben, denn sofort nach der Geburt wurde Montaigne für mehrere Jahre in ein anderes Dorf zu einer Säugamme geschickt, und vom sechsten bis zum dreizehnten Lebensjahr wurde er zur Schule in eine andere Stadt geschickt, weil er seinem Vater „träge, langsam und unbeständig" erschien. Als er die Aussage tätigte, seine Tochter sei „nun mehr als sechs Jahre alt und niemals ... durch irgendetwas anderes als Worte ... wegen ihrer kindlichen Fehler belehrt oder bestraft worden", war sie tatsächlich bereits elf Jahre alt. An einer anderen Stelle gestand er mit Bezug auf seine Kinder: „Ich habe es nicht willentlich zugelassen, daß sie in meiner Nähe aufgezogen wurden."[223] Somit sollten wir uns vielleicht eines Urteils über dieses, unser einziges nicht geschlagenes Kind enthalten. (Peipers ausführlicher Überblick über die Literatur zum Schlagen gelangt zu ähnlichen Schlußfolgerungen.)[224]

Zu den Prügelinstrumenten gehörten Peitschen aller Art, darunter die neunschwänzige Katze, Schaufeln, Rohrstöcke, Stangen aus Eisen und Holz, Rutenbündel, die *discipline* (eine Peitsche aus kleinen Ketten) und spezielle Schulinstrumente wie das *flapper*, eine Klappe mit einem birnenförmigen Ende und einem runden Loch zur Erzeugung von Blasen. Ihr vergleichsweise häufiger Einsatz mag durch die Aufstellungen jenes deutschen Schulleiters verdeutlicht werden, der ausrechnete, daß er 911.527 Stockschläge, 124.000 Peitschenhiebe, 136.715 Schläge mit der Hand und 1.115.800 Ohrfeigen verabreicht hatte.[225] Die in den Quellen beschriebenen Schläge waren im allgemeinen schwer, hinterließen am Körper Blutergüsse und Blutungen, begannen früh und waren regelmäßiger Bestandteil des Lebens eines Kindes.
Jahrhundert um Jahrhundert wuchsen geschlagene Kinder heran und schlugen wieder ihre eigenen Kinder. Öffentlicher Protest war selten. Selbst Humanisten und Lehrer, die wie Petrarca, Ascham, Comenius und Pestalozzi im Ruf großer

---

[223] Michel de Montaigne, The Essays of Michel de Montaigne, übers. v. George B. Ives, New York 1946, 234, 516 (dt. Essais. Erste moderne Gesamtübersetzung v. Hans Stilett, Frankfurt am Main 1998); Donald M. Frame, Montaigne: A Biography, New York 1965, 38–40, 95.
[224] Peiper, *Chronik*, 302–345.
[225] Preserved Smith, A History of Modern Culture, Bd. 2, New York 1934, 423.

Sanftmut standen, äußerten sich zustimmend über das Schlagen von Kindern.[226] Miltons Frau klagte darüber, wie sie es haßte, die Schreie seiner Neffen zu hören, wenn Milton diese schlug, und Beethoven schnalzte seine Schüler mit einer Stricknadel und stach sie mitunter auch damit.[227] Auch königliche Hoheiten waren nicht vor Prügeln verschont, wie die Kindheit Ludwigs XIII. bestätigt. Bei Tisch befand sich eine Peitsche an der Seite seines Vaters, und bereits mit siebzehn Monaten wußte der Dauphin genug, um nicht zu weinen, wenn ihm mit der Peitsche gedroht wurde. Als er fünfundzwanzig Monate alt war, begannen regelmäßige Auspeitschungen, oft auf die nackte Haut. Er hatte häufig Alpträume, die seine Auspeitschungen zum Inhalt hatten, welche ihm am Morgen, gleich wenn er erwachte, verabreicht wurden. Auch als er bereits König war, wachte er immer noch nachts voller Angst auf, in Erwartung seiner morgendlichen Auspeitschung. Am Tag seiner Krönung, als er acht Jahre alt war, wurde er ausgepeitscht: „Ich würde gern auf soviel Huldigung und Ehre gern verzichten, wenn sie mich dafür nicht gepeitscht hätten"[228], meinte er.

Nachdem Kinder, die nicht gewickelt wurden, in besonderem Maße Abhärtungspraktiken unterworfen wurden, bestand eine der Funktionen des Wickelns vielleicht darin, den Hang der Eltern zur Kindesmißhandlung zu vermindern. Ich habe noch keinen Erwachsenen gefunden, der ein gewickeltes Kind geschlagen hätte. Das Schlagen auch der kleinsten Kinder ohne Windeln kam dagegen ziemlich häufig vor, ein sicheres Anzeichen für das „Prügel"-Syndrom. Susannah Wesley sagte über ihre Babys: „Als sie ein Jahr alt wurden (bei manchen schon früher), wurde ihnen beigebracht, die Rute zu fürchten und nur leise zu weinen." Giovanni Dominici erteilte den Rat, Babys „häufige, aber nicht allzu schwere

---

[226] Letters from Petrarch, übers. v. Morris Bishop, Bloomington, Indiana, 1966, 149 (dt. Petrarca, Dichtungen, Briefe, Schriften, hg. v. Hanns W. Eppelsheimer, Frankfurt am Main 1980); Charles Norris Cochrane, Christianity and Classical Culture, London 1940, 35; James Turner, The Visual Realism of Comenius, in *History of Education* 1 (Juni 1972), 132; Johann Amos Comenius, The School of Infancy, Chapel Hill, North Carolina, 1956, 102 (dt. Ausgewählte Werke, 4/6 Bde., hg. v. K. Schaller und D. Tschizewskij, Hildesheim 1973-1983); Roger DeGuimps, Pestalozzi: His Life and Work, New York 1897, 161; Christian Bec, Les marchands écrivains: affaires et humanisme à Florence 1375-1434, Paris 1967, 288-297; The Family in Renaissance Florence, übers. v. Renée Neu Watkins, Columbia, South Carolina, 1969, 66.

[227] Christina Hole, The English Housewife in the Seventeenth Century, London 1953, 149; Editha und Richard Sterba, Beethoven and His Nephew, New York 1971, 89.

[228] Soulié, *Héroard*, 44, 203, 284, 436; Hunt, *Parents and Children*, 133 ff.

Peitschenhiebe zu verabreichen ...". Rousseau zufolge wurden Babys in ihren ersten Tagen oft geschlagen, um sie ruhig zu halten. Eine Mutter schrieb über ihre erste Auseinandersetzung mit ihrem vier Monate alten Säugling: „Ich peitschte ihn, bis er ganz schwarz und blau war und ich ihn einfach *nicht* mehr schlagen *konnte*, und er gab die ganze Zeit über kein Stückbreit nach." Die Anzahl der Beispiele ließe sich leicht ausweiten.[229]

Abbildung 13 – Das „Zureiten" eines Schülers. *Diese römischen (aus* Herculaneum*) und mittelalterlichen (1140) Schulszenen illustrieren eine beliebte Stellung zum Schlagen von Schulkindern, die in den englischen Schulen des 19. Jahrhunderts „horsing" genannt wurde.*

Eine seltsame Bestrafungsmethode, die auf den Mönch des frühen Mittelalters Alkuin angewandt wurde, als er noch ein Kleinkind war, bestand darin, die Fußsohlen mit einem Gerät, das einem Schustermesser ähnelte, aufzuritzen oder aufzustechen. Das erinnert an die Angewohnheit des Bischofs von Ely, seine jungen Diener mit einem Stachelstock zu stechen, den er stets in einer Hand hielt. Wenn Jane Grey darüber klagte, daß ihre Eltern ihr „Kniffe und Stiche" versetzt hätten,

---

[229] Giovanni Dominici, On the Education of Children, übers. v. Arthur B. Cote, Washington, D.C., 1927, 48; Rousseau, *Emile*, 15; Sangster, *Pity*, 77.

und Thomas Tusser über „zerzauste Ohren, wie die gehetzter Bären,/ solch gefurchte Lippen, solche Rucks, solche Kniffe", dann ist möglicherweise der Stachelstock verwendet worden. Sollten weitere Forschungen zeigen, daß der Stachelstock für Kinder auch in der Antike verwendet wurde, dann würfe das ein anderes Licht auf Ödipus' Mord an Laios auf jenem einsamen Weg, wurde er doch buchstäblich dazu „angestachelt" – Laios fuhr „von dem Wagen mitten übers Haupt ... herab mir mit dem Doppelstachel".[230]

Obwohl die frühesten Quellen im Hinblick auf die genaue Schwere der Züchtigung sehr dürftig sind, scheint es doch in jeder Periode im westlichen Abendland Belege für eine merkbare Verbesserung zu geben. Die Antike ist voll mit Gerätschaften und Praktiken, die späteren Zeiten unbekannt waren, darunter Fesseln für die Füße, Handschellen, Knebel, drei Monate „im Block" und die blutigen Auspeitschwettbewerbe in Sparta, bei denen oft auch Jugendliche zu Tode gepeitscht wurden.[231] Ein angelsächsischer Brauch macht die Ebene deutlich, auf welcher in frühester Zeit Gedanken über Kinder angestellt wurden. Thrupp sagt: „Es war üblich, wenn ein Rechtszeugnis von irgendeiner Zeremonie zu erhalten gewünscht wurde, diese von Kindern bezeugen zu lassen, die an Ort und Stelle mit ungewöhnlicher Heftigkeit geprügelt wurden, was, so nahm man an, jedem Bericht von den Vorgängen zusätzlich Gewicht verleihen würde ..."[232]

Hinweise auf genau geschilderte Züchtigungsarten sind im Mittelalter sogar noch schwieriger zu finden. Ein Gesetz im 13. Jahrhundert hob das Schlagen von Kindern auf die Ebene der Öffentlichkeit: „Wenn man ein Kind schlägt, bis es blutet, wird es das nicht vergessen, doch wenn man es totschlägt, kommt das Gesetz zur Anwendung."[233] Die meisten mittelalterlichen Beschreibungen berichten von einem sehr heftigen Schlagen, obwohl etwa der hl. Anselm, wie in so vielen Dingen, auch hier seiner Zeit weit voraus war, als er einem Abt befahl, Kinder sanft

---

[230] Thrupp, *Anglo-Saxon Home*, 98; Furnivall, *Meals and Manners*, vi; Roger Ascham, The Scolemaster, New York 1967, 34; H. D. Traill und J. S. Mann, Social England, New York 1909, 239; Sophokles, Oedipus The King, 808 (dt. König Ödipus/Oidipus tyrannos. Gr./dt., übers. v. Wilhelm Willige, Düsseldorf 1999).

[231] Herodas, *Mimes*, 117; Adolf Erman, The Literature of the Ancient Egyptians, London 1927, 189–191; Peiper, *Chronik*, 17; Plutarch, *Moralia*, 145; Plutarch, The Lives of the Noble Grecians and Romans, übers. v. John Dryden, New York o. J., 64 (dt. Griechische und römische Heldenleben, Wiesbaden 1966); Galen, On the Passions and Errors of the Soul, übers. v. Paul W. Harkins, Ohio State University Press, 56.

[232] Thrupp, *Anglo-Saxon Home*, 100.

[233] Peiper, *Chronik*, 309.

zu schlagen, denn: „Sind sie nicht Menschen? Sind sie nicht aus Fleisch und Blut wie du?"[234] Aber erst in der Renaissance kamen ernst gemeinte Ratschläge auf, das Schlagen von Kindern zu mäßigen, obwohl diese allgemein auch dann noch von Zustimmung zu wohlüberlegt angewandten Schlägen begleitet wurden. Wie Bartholomew Batty sagte, sollten Eltern „die goldene Mitte halten", was bedeutet, sie sollten „ihre Kinder nicht ins Gesicht und auf den Kopf schlagen und hauen und sie nicht wie Gerstensäcke mit Knütteln, Stöcken, Forken oder Schaufeln verprügeln", denn dann könnten sie infolge der Schläge sterben. Die richtige Weise war die, das Kind „mit der Rute ... auf die Seiten zu schlagen, davon wird es nicht sterben".[235]

Einige Versuche, das Schlagen von Kindern einzuschränken, wurden im 17. Jahrhundert unternommen, doch erst im 18. Jahrhundert kam es zum stärksten Rückgang. Die frühesten Lebensläufe, die ich von Kindern entdeckt habe, die möglicherweise überhaupt nicht geschlagen wurden, stammen aus der Zeit zwischen 1690 und 1750.[236] Erst im 19. Jahrhundert kam das Peitschen nach althergebrachter Art in den meisten Teilen Europas und Amerikas allmählich aus der Mode, wobei es in Deutschland am längsten fortdauerte, wo 80% der Eltern nach wie vor zum Schlagen ihrer Kinder stehen, ganze 35% davon zum Schlagen mit Rohrstöcken.[237]

---

[234] The Life of St. Anselm – Archbishop of Canterbury, übers. v. R. W. Southern Eadmer, Oxford 1962, 38 (dt. Anselm von Canterbury, Leben, Lehre, Werke, übers., eingel. u. erl. v. Rudolf Allers, Wien 1936).

[235] Batty, *Christian*, 14–26; Charron, *Wisdom*, 1334–1339; Powell, *Domestic Relations*, passim; John F. Benton (Hg.), Self and Society in Medieval France: The Memoirs of Abbot Guibert of Nogent, New York 1970, 212–241; Luella Cole, A History of Education: Socrates to Montessori, New York 1950, 209: Comenius, *School*, 102; Watkins, *Family*, 66.

[236] Bossuet, *Account*, 56 f.; Henry H. Meyer, Child Nature and Nurture According to Nicolaus Ludwig von Zinzendorf, New York 1928, 105; Bedford, *English Children*, 238; King-Hall, *The Story of the Nursery*, 83–111; John Witherspoon, The Works of John Witherspoon, D.D., Bd. 8, Edinburgh 1805, 178; Rev. Bishop Fleetwood, Six Useful Discourses on the Relative Duties of Parents and Children, London 1749.

[237] Zu den amerikanischen Zuständen vgl. Lyman Cobb, The Evil Tendencies of Corporal Punishment as a Means of Moral Discipline in Families and Schools, New York 1847, und Miller, *Changing American Parent*, 13 f.; zu den heutigen Zuständen in Deutschland vgl. Walter Havernick, Schläge als Strafe, Hamburg 1964.

Mit dem allmählichen Rückgang des Schlagens mußten Ersatzmittel dafür gefunden werden. So wurde etwa das Einsperren von Kindern im Dunkeln im 18. und 19. Jahrhundert ziemlich beliebt. Die Kinder wurden in „dunkle Kammern (gesteckt) und manchmal stundenlang vergessen". Eine Mutter schloß ihren drei Jahre alten Knaben in einer Schublade ein. Das Haus einer Familie war „eine Art kleine Bastille, in der in jeder Kammer ein Missetäter zu finden war – einige schluchzten und wiederholten mechanisch Wörter, andere aßen ihr Brot und tranken Wasser ...". Die Kinder wurden mitunter tagelang eingesperrt. Ein fünf Jahre alter französischer Knabe sagte zu seiner Mutter, als er mit ihr eine neue Wohnung ansah: „Oh nein, Mama ... das geht nicht; es gibt keine dunkle Kammer! Wo könntest du mich denn hinstecken, wenn ich garstig bin."[238]

Die Geschichte der Sexualität im Kindesalter stellt einen vor noch größere Schwierigkeiten als sonst, wenn es um die Erhebung der Fakten geht, denn zu der in unseren Quellen üblichen Zurückhaltung und Verdrängung kommt noch die Unzugänglichkeit der meisten Bücher, Manuskripte und Artefakte, die die Grundlage unserer Forschung bilden. Viktorianische Einstellungen gegenüber der Sexualität herrschen bei den meisten Bibliothekaren immer noch vor, und der Großteil der Werke, die sich auf Sexualität in der Geschichte beziehen, bleibt in ganz Europa in Bibliotheksmagazinen und Museumskellern hinter Schloß und Riegel und ist sogar für den Historiker unzugänglich. Doch auch unter diesen Umständen gibt es in den uns soweit zugänglichen Quellen genug Belegmaterial, das darauf hindeutet, daß sexueller Mißbrauch von Kindern in der Vergangenheit bei weitem üblicher war als heute und daß die strenge Bestrafung von Kindern aufgrund ihrer sexuellen Begehren in den letzten zweihundert Jahren Produkt eines späten psychogenen Stadiums war, in dem der Erwachsene das Kind nicht dazu benutzte, seine eigenen sexuellen Phantasien auszuagieren, sondern dazu, sie zu zügeln. Beim sexuellen Mißbrauch wie bei der körperlichen Mißhandlung war das Kind nur ein Gelegenheitsopfer, ein Maßstab für die Rolle, die es im Abwehrsystem des Erwachsenen spielte.

---

[238] Smith, *Memoirs*, 49; Richard Heath, Edgar Quinet: His Early Life and Writings, London 1881, 3; Lord Lindsay, Lives of the Lindsays: or, a Memoir of the Houses of Crawford and Barcarros, Bd. 2, London 1849, 307; L. H. Butterfield (Hg.), Letters of Benjamin Rush, Bd. 1: 1761-1792, Princeton 1951, 511; Bentzon, *French Children*, 811; Margaret Blundell, Cavalier: Letters of William Blundell to his Friends, 1620-1698, London 1933, 46.

Abbildung 14 – Griechischer Mann, der mit dem Penis eines Knaben spielt.

Das Kind verlebte in der Antike seine ersten Jahre in einer Atmosphäre des sexuellen Mißbrauchs. Zum Aufwachsen in Griechenland und Rom gehörte oft, von älteren Männern sexuell mißbraucht zu werden. Die genaue Form und Häufigkeit des Mißbrauchs unterschieden sich nach Region und Zeit. Auf Kreta und in Böotien waren päderastische Heiraten und Flitterwochen üblich. Unter aristokratischen Knaben in Rom war der Mißbrauch weniger häufig, doch war der sexuelle Mißbrauch von Kindern in irgendeiner Form überall offenkundig.[239] Knabenbordelle florierten in jeder Stadt, und in Athen konnte man sogar einen Vertrag zur Inspruchnahme eines Knaben-Leihservice schließen. Sogar dort, wo homosexueller Umgang mit freien Knaben von Gesetzes wegen verhindert wurde, hielten sich die Männer Sklavenjungen zum Mißbrauch, so daß auch freigeborene Kinder ihre Väter mit Knaben schlafen sahen. Manchmal wurden Kinder in ein Konkubinat verkauft; Musonius Rufus fragte sich, ob ein solcher Knabe berechtigt sei, sich dem Mißbrauch zu widersetzen: „Ich kannte einen Vater, der so verdorben war, daß er seinen Sohn, der durch seine jugendliche Schönheit

---

[239] Bibliographien finden sich bei Hans Licht, Sexual Life in Ancient Greece, New York 1963; Robert Flacelière, Love in Ancient Greece, übers. v. James Cleugh, London 1960; Pierre Grimal, Love in Ancient Rome, übers. v. Arthur Train, Jr., New York 1967; J. Z. Eglinton, Greek Love, New York 1964; Otto Kiefer, Sexual Life in Ancient Rome, New York 1962; Arno Karlen, Sexuality and Homosexuality: A New View, New York 1971; Vanggaard, *Phallos*; Wainwright Churchill, Homosexual Behavior Among Males: A Cross-Cultural and Cross-Species Investigation, New York 1967.

auffiel, in ein Leben der Schande verkaufte. Wenn nun dieser Bursche, der von seinem Vater verkauft und in einem solches Leben geschickt wurde, sich geweigert hätte und nicht gegangen wäre, dürften wir dann sagen, er sei ungehorsam gewesen ...?"[240] Aristoteles' Haupteinwand gegen Platons Vorstellung, daß Kinder gemeinsam aufgezogen werden sollten, bestand darin, daß dann Männer, wenn sie mit Knaben schliefen, nicht wüßten, ob diese Knaben womöglich ihre eigenen Söhne seien, was nach Aristoteles' Ansicht „höchst unschicklich" wäre.[241] Plutarch berichtet, der Grund dafür, daß freigeborene römische Knaben, solange sie noch sehr jung waren, eine goldene Kugel um den Hals trugen, habe darin bestanden, daß Männer erkennen konnten, mit welchen Knaben sexueller Verkehr unziemlich war, wenn sie eine Gruppe von Nackten trafen.[242]
Plutarchs Bemerkung ist nur eine unter vielen, die zeigen, daß der sexuelle Mißbrauch von Knaben sich nicht auf diejenigen beschränkte, die älter als elf oder zwölf Jahre waren, wie die meisten Forscher annehmen. Der sexuelle Mißbrauch kleinerer Kinder durch Pädagogen und Lehrer mag während der ganzen Antike verbreitet gewesen sein. Obgleich alle Arten von Gesetzen verabschiedet wurden, um sexuelle Übergriffe Erwachsener auf Schulkinder einzuschränken, wurden die langen schweren Stöcke, die Pädagogen und Lehrer bei sich trugen, oft dazu benutzt, die Kinder zu ängstigen. Quintilian warnte nach vielen Jahren der Lehrtätigkeit in Rom die Eltern vor der Häufigkeit des sexuellen Mißbrauchs durch Lehrer und machte dies zur Grundlage seiner Verurteilung des Schlagens in den Schulen:

> Wenn Kinder geschlagen werden, haben Schmerz oder Angst häufig Resultate, über die zu sprechen nicht angenehm ist und die sehr leicht eine Quelle der Scham darstellen, einer Scham, die den Geist zermürbt und bedrückt und das Kind dazu führt, das Licht zu scheuen und zu hassen. Wenn zudem bei der Auswahl ehrbarer Erzieher und Lehrer unzureichend Sorge getragen wird, so erröte ich bei der Erwähnung des schändlichen Mißbrauchs, den manche Schurken mit ihrem Recht zur Verabreichung körperlicher Strafen treiben oder aufgrund der Gelegenheit, die durch die so bei den Opfern verursachte Furcht gegeben ist und anderen nicht

---

[240] Lutz, *Rufus*, 103.
[241] Aristoteles, *Politics*, 81.
[242] Grimal, *Love*, 106; Karlen, *Sexuality*, 33; Xenophon, *Writings*, 149.

oft geboten wird. Ich werde mich bei diesem Thema nicht aufhalten; es ist schon mehr als genug, wenn ich den Sinn meiner Worte deutlich gemacht habe.[243]

Aischines zitiert einige der athenischen Gesetze, die sexuelle Übergriffe auf Schulkinder einschränken sollten:

> ... betrachte den Fall der Lehrer ... es ist offenkundig, daß der Gesetzgeber ihnen mißtraut ... Er verbietet dem Lehrer, den Schulraum, dem Gymnastiklehrer, die Ringschule vor Sonnenaufgang zu öffnen, und er befiehlt ihnen, die Türen vor Sonnenuntergang zu verschließen; denn er ist höchst argwöhnisch im Hinblick darauf, daß sie mit einem Knaben allein sein könnten oder sich mit ihm im Dunkeln aufhielten.[244]

Als er Timarchus anklagte, sich als Knaben-Prostituierter verkauft zu haben, brachte Aischines mehrere Männer in den Zeugenstand, die gestanden, für unzüchtigen Verkehr mit Timarchus bezahlt zu haben. Aischines räumte ein, daß viele als Kinder sexuell mißbraucht wurden, darunter auch er selbst, aber nicht gegen Bezahlung, was die Sache illegal gemacht hätte.[245]

Das Belegmaterial aus Literatur und Kunst bestätigt dieses Bild vom sexuellen Mißbrauch auch kleiner Kinder. Petronius stellt gern Erwachsene dar, die das „unreife kleine Werkzeug" der Knaben befühlen, und seine Beschreibung der Vergewaltigung eines sieben Jahre alten Mädchens, bei der Frauen in einer langen Reihe um das Bett herum Beifall klatschen, legt nahe, daß auch Frauen nicht davon ausgenommen waren, bei diesem Vorgang eine Rolle zu spielen.[246] Aristoteles meinte, Homosexualität werde häufig zur Gewohnheit „bei denen, die von Kindheit an mißbraucht werden". Es wurde meist angenommen, daß die kleinen nackten Kinder, die man in erotischen Szenen auf Vasen Erwachsenen aufwarten sieht, Diener seien, doch sollten wir angesichts der üblichen Rolle adliger Kinder als Diener die Möglichkeit in Erwägung ziehen, daß sie durchaus Kinder des Hauses sein könnten. Denn, wie Quintilian über die adeligen römischen Kinder

---

[243] Quintilian, Institutio Oratoria, übers. v. H. E. Butler, London 1921, 61 (dt. Ausbildung des Redners/institutionis oratoriae libri XII. Lat./dt., 2 Bde., hg. u. übers. v. Helmut Rahn, Darmstadt ³1995); Karlen, *Sexuality*, 34 f.; Lacey, *Family*, 157.
[244] Aeschines, The Speeches of Aeschines, übers. v. Charles Darwin Adams, London 1919, 9 f.
[245] A. a. O., 136.
[246] Petronius, The Satyricon and The Fragments, Baltimore 1965, 43 (dt. Satiricon, übers. v. Fritz Tech, Berlin 1997).

sagte: „Wir freuen uns, wenn sie etwas Loses sagen: Worte, die wir nicht einmal aus dem Munde alexandrinischer Zierbengel dulden dürfen, nehmen wir mit Lachen und einem Küßchen hin ... von uns hören sie es, unsere Freundinnen und unsere Schlafzimmerfreunde sehen sie, jede Abendgesellschaft dröhnt von unanständigen Liedern, was man auch nur zu nennen sich scheut, ist da zu sehen."[247]

Abbildung 15 – Kinder, die Erwachsenen bei einer Orgie aufwarten. *Griechische Zeichnung eines festlichen Gelages.*

Selbst die Juden, die die Homosexualität unter Erwachsenen mit schweren Strafen auszumerzen versuchten, waren im Falle jugendlicher Knaben nachsichtiger. Trotz Moses' ausdrücklichem Befehl, Kinder nicht zu verderben, lautete die Strafe für unzüchtigen Verkehr mit Kindern, die älter als 9 Jahre waren, auf Tod durch Steinigung, die Kopulation mit jüngeren Kindern hingegen wurde nicht als Sexualakt betrachtet und konnte lediglich durch eine Auspeitschung bestraft werden, „als eine Angelegenheit der öffentlichen Disziplin".[248]

Man muß sich in Erinnerung rufen, daß der weitverbreitete sexuelle Mißbrauch von Kindern nur unter der Voraussetzung einer zumindest unbewußten Komplizenschaft der Kindseltern vorkommen kann. Kinder standen in der Vergan-

---

[247] Aristoteles, The Nicomachean Ethics, Cambridge 1947, 403 (dt. Die Nikomachische Ethik, übers. v. Olof Gigon, München 1991); Quintilian, *Institutio*, 43; Ove Brusendorf und Paul Henningsen, A History of Eroticism, New York 1963, Tafel 4.

[248] Louis M. Epstein, Sex Laws and Customs in Judaism, New York 1948, 136.

genheit unter der denkbar umfassendsten Kontrolle ihrer Eltern, die damit einverstanden sein mußten, sie denen zu übergeben, die sie mißbrauchten. Plutarch sinniert darüber, wie wichtig diese Entscheidung für Väter war:

> Ich scheue mich, das Thema anzuführen, scheue mich aber zugleich, mich von ihm abzuwenden ... ob wir nämlich denen, die unseren Knaben nachstellen, erlauben sollen, sich mit ihnen zu verbinden und ihre Zeit mit ihnen zu verbringen, oder ob die entgegengesetzte Haltung, sie auszuschließen und von jeglicher Intimität mit unseren Knaben fernzuhalten, die richtige sei. Immer wenn ich schonungslos daherredende Väter von der strengen und harten Sorte sehe, die intimen Umgang mit Liebhabern als unerträglichen Frevel an ihren Söhnen betrachten, bin ich sehr vorsichtig, mich selbst als Förderer und Anwalt der Praxis zu erkennen zu geben. [Und doch] erklärt [Plato], daß Männern, die ihren Wert unter Beweis gestellt haben, erlaubt werden sollte, jeden hübschen Jüngling zu liebkosen, wie es ihnen gefällt. Liebhaber, die nur nach körperlicher Schönheit gieren, hinfortzutreiben, ist somit rechtens; freie Hand sollte jedoch den Liebhabern der Seele gewährt werden.[249]

Wie die Erwachsenen, die wir zuvor um den kleinen Ludwig XIII. gesehen haben, konnten auch die Griechen und Römer ihre Hände nicht von Kindern lassen. Ich habe nur einen einzigen Beleg dafür aufgetrieben, daß sich diese Praxis, wie der Mißbrauch Ludwigs XIII., bis zurück ins Säuglingsalter erstreckte. Sueton verurteilte Tiberius, weil er „Knaben vom zartesten Alter, die er seine ‚Fischchen' nannte, angeleitet habe, ihm beim Baden an den Hüften herumzuschwimmen und zu -spielen, ihn zu lecken und zu beißen; ja sogar, daß er sich von halbwüchsigen, aber noch nicht der Brust entwöhnten Kindern am Schamglied oder an der Brustwarze habe saugen lassen". Sueton mag diese Geschichte erfunden haben oder nicht, jedenfalls hatte er offensichtlich Grund zu der Annahme, daß seine Leser ihm glauben würden. Das gilt auch für Tacitus, der dieselbe Geschichte erzählte.[250]
Die beliebteste sexuelle Verwendung von Kindern war jedoch nicht die Fellatio, sondern der Analverkehr. Martial schrieb, man solle, während man es mit einem Knaben treibe, „davon absehen, die Leistengegend mit der tastenden Hand zu erregen ... Die Natur hat, was männlich, geteilt. Ein Teil ist für Mädchen, einer für Männer bestimmt. Nimm also, was dir gehört!" Das, sagte er, müsse deswegen so sein, weil das Masturbieren von Knaben „die Männlichkeit beschleunige",

---

[249] Plutarch, *Education*, 118.
[250] Sueton, *Caesars*, 148; Tacitus, *Annals*, 188.

eine Beobachtung, die vor ihm schon Aristoteles gemacht hatte. Wann immer auf erotischen Vasen ein vorpubertärer Knabe dargestellt wurde, der sexuell gebraucht wurde, wurde der Penis niemals erigiert gezeigt.[251] Denn die Männer der Antike waren nicht wirklich Homosexuelle, wie wir sie heute kennen, sondern befanden sich in einem viel niedrigeren psychischen Modus, der meiner Meinung nach „ambisexuell" genannt werden sollte (sie selber gebrauchten den Ausdruck „beidhändig"). Während der Homosexuelle bei Männern Zuflucht vor Frauen sucht, als Abwehr des ödipalen Konflikts, hat der Ambisexuelle die ödipale Ebene nie wirklich erreicht und gebraucht Knaben und Frauen fast unterschiedslos.[252] Tatsächlich ist, wie die Psychoanalytikerin Joyce McDougall beobachtet hat, der Hauptzweck dieser Art von Perversion der Beweis, daß „es keinen Unterschied zwischen den Geschlechtern gibt". Die Perversion sei ein Versuch, die sexuellen Traumata der Kindheit durch Reversion unter Kontrolle zu bringen, wobei nun der Erwachsene ein anderes Kind in die Situation der Hilflosigkeit versetzt, und gleichzeitig die Kastrationsangst zu bewältigen, indem man beweist, daß „die Kastration nicht wehtut und im Gegenteil nachgerade die Bedingung erotischer Erregung ist".[253] Das charakterisiert den Mann der Antike sehr gut. Der Geschlechtsverkehr mit kastrierten Kindern wurde oft als besonders erregend beschrieben, kastrierte Knaben waren die beliebtesten „voluptates" im kaiserlichen Rom, und Kinder wurden „in der Wiege" kastriert, um in Bordellen von Männern gebraucht zu werden, die es gern mit jungen kastrierten Knaben trieben. Als Domitian ein Gesetz erließ, das die Kastration von Kindern für Bordelle verbot, pries Martial ihn: „Immer schon liebten dich Knaben, ... nun lieben auch Kinder dich, Caesar."[254] Paulus Aegineta beschrieb die Standardmethode, die zur Kastration kleiner Knaben angewandt wurde:

> Wir werden manchmal von hochgestellten Personen gezwungen, diese Operation gegen unseren Willen durchzuführen ... Sie wird durch Zusammendrücken folgendermaßen vollzogen: die Kinder, die noch in einem Alter sind, wo sie zart sind, werden in einen Topf mit heißem Wasser gesetzt, und wenn die Teile im

---

[251] Martial, *Epigrams*, 255; Aristoteles, Historia Animalium, übers. v. R. Cresswell, London 1862, 180 [dt. Tierkunde, Paderborn ²1958 (=Die Lehrschriften, Bd. VIII: Naturgeschichte, Teil 1)].

[252] Vanggaard, *Phallos*, 25, 27, 43; Karlen, *Sexuality*, 33 f.; Eglinton, *Greek Love*, 287.

[253] Joyce McDougall, Primal Scene and Sexual Perversion, in *International Journal of Psycho-Analysis* 53 (1972), 378.

[254] Licht, *Sexual Life*, 497; Peter Tomkins, The Eunuch and the Virgin, New York 1962, 17–30; Vangaard, *Phallos*, 59; Martial, *Epigrams*, 75, 144.

Bad weich geworden sind, werden die Hoden mit den Fingern zusammengedrückt, bis sie verschwinden.

Die Alternative, sagte er, bestand darin, die Kinder auf eine Bank zu legen und die Hoden herauszuschneiden. Viele Ärzten in der Antike erwähnten diese Operation, und Juvenal sagte, sie seien oft dazu genötigt worden.[255]

Anzeichen für die Kastration umgaben das Kind in der Antike. Auf jedem Feld und in jedem Garten sah es einen Priapus mit einem großen erigierten Penis und einer Sichel, die die Kastration symbolisieren sollte. Sein Erzieher und sein Lehrer konnten kastriert sein, überall gab es kastrierte Gefangene, und auch die Bediensteten seiner Eltern waren häufig kastriert. Der heilige Hieronymus schrieb, daß manche Leute sich fragten, ob es klug sei, junge Mädchen mit Eunuchen zusammen baden zu lassen. Und obwohl Konstantin ein Gesetz gegen Kastratoren erließ, verbreitete sich die Praxis unter seinen Nachfolgern so schnell, daß bald selbst adlige Eltern ihre Söhne verstümmelten, um deren politisches Fortkommen zu befördern. Das Kastrieren von Knaben wurde auch als „Heilmittel" gegen verschiedene Krankheiten angewendet, und Ambroise Paré klagte darüber, daß soviele skrupellose „Abschneider" – begierig, an die Hoden von Kindern zu kommen, um sie für magische Zwecke zu verwenden – Eltern dazu überredeten, ihre Kinder kastrieren zu lassen.[256]

Das Christentum brachte einen neuen Begriff in die Diskussion ein – die kindliche Unschuld. Wenn Christus, so sagte Clemens von Alexandrien, den Menschen riet, „wie kleine Kinder zu werden", um ins Himmelreich zu kommen, sollte man „die Bedeutung dieser Worte nicht närrischerweise falsch verstehen. Wir sind keine kleinen Kinder in dem Sinne, daß wir uns auf dem Boden rollen oder wie Schlangen auf der Erde kriechen". Christus habe gemeint, daß die Menschen so „unbefleckt" werden sollten wie Kinder – rein, ohne sexuelles Wissen.[257]

Im ganzen Mittelalter betonten die Christen die Vorstellung, daß Kinder im Hinblick auf jegliche Vorstellung von Lust und Schmerz völlig unschuldig seien. Ein Kind „hat noch keine sinnlichen Freuden kennengelernt und hat keine Vorstellung von männlichen Begierden; ... man wird wie ein Kind, wenn man zornig wird; und wenn man Kummer hat, ist man wie ein Kind, das manchmal gerade

---

[255] Paulus Aegineta, *Aegeneta*, 379–381.
[256] Martial, *Epigrams*, 367; St. Hieronymus, *Letters*, 363; Tomkins, *Eunuch*, 28–30; Geoffrey Keenes (Hg.), The Apologie and Treatise of Ambroise Paré, London 1951, 102.
[257] Clemens von Alexandria, *Christ*, 17.

dann lacht und spielt, wenn sein Vater, seine Mutter oder sein Bruder gestorben ist ...".[258] Unglücklicherweise stellt die Vorstellung, daß Kinder unschuldig seien und nicht verdorben werden könnten, eine übliche Abwehr von Kindesmißhandlern dar, wenn es darum geht einzugestehen, daß ihr Mißbrauch dem Kind schadet, so daß die mittelalterliche Fiktion von der Unschuld der Kinder nur die Aussagekraft unserer Quellen mindert und nicht zum Beweis dafür taugt, was wirklich vor sich ging. Abt Guibert von Nogent sagte, die Kinder seien gesegnet, daß sie ohne sexuelle Gedanken und Fähigkeiten seien; man fragt sich, worauf er sich dann bezog, wenn er sich zu der „Gottlosigkeit, die ich in meiner Kindheit beging ...", bekannte.[259] Meistens werden Diener des Mißbrauchs von Kindern beschuldigt; selbst eine Wäscherin konnte „Gottlosigkeit bewirken". Die Diener „zeigen (oft) unzüchtige Vorgänge in Gegenwart von Kindern [und] verderben die wichtigsten Teile von Säuglingen". Die Säugammen sollten keine jungen Mädchen sein, „denn von diesen haben viele vorzeitig das Feuer der Leidenschaft geweckt, wie wahre Berichte künden und wie, das wage ich zu sagen, die Erfahrung beweist".[260]

Giovanni Dominici versuchte in einer Schrift aus dem Jahre 1405 der so zweckdienlichen „Unschuld" der Kindheit einige Grenzen zu setzen; ab einem Alter von drei Jahren sollte den Kindern nicht mehr erlaubt werden, nackte Erwachsene zu sehen. Denn selbst „wenn man annimmt, daß es bei einem Kind vor dem fünften Lebensjahr keine sexuellen Gedanken und keine natürliche Regung gibt, wird es sich doch, wenn man keine Vorsorge trifft und es im Angesicht von solchen Handlungen aufwächst, so daran gewöhnen, daß es später keine Scham dabei empfindet ...". Daß es oft die Eltern selbst sind, die das Kind belästigen, geht aus der folgenden Passage hervor:

> Es sollte schlafen bedeckt mit einem Nachthemd, das bis unter das Knie reicht, wobei so viel Sorge wie möglich darauf verwendet werden sollte, daß es nicht unbedeckt bleibe. Laß weder die Mutter noch den Vater und noch viel weniger irgendeine andere Person es berühren. Um dabei, daß ich dies so ausführlich behandle, nicht langweilig zu wirken, erwähne ich nur die Geschichte der Alten, die

---

[258] Origenes, Commentary on Matthew, in: Allan Menzies (Hg.), The Ante-Nicene Fathers, Bd. 9, New York 1925, 484 (dt. Origenes' Matthäuserklärung, hg. v. Erich Klostermann, Leipzig 1935).
[259] Benton, *Self*, 14, 35.
[260] Craig, *Vincent of Beauvais*, 303; Cleaver, *Godlie*, 326 f.; Dominici, *Education*, 41.

diese Lehre zur vollen Anwendung brachten, um die Kinder gut aufzuziehen, nicht als Sklaven des Fleisches.[261]

Daß es in der Renaissance zu einem Wandel beim sexuellen Gebrauch von Kindern kam, läßt sich nicht nur an der wachsenden Zahl von Moralisten ersehen, die davor warnten (wie die Amme Ludwigs XIII., sagte auch Jean Gerson, es sei die Pflicht des *Kindes*, andere davon abzuhalten, es zu belästigen), sondern auch an der Kunst der Zeit. Nicht nur waren die Renaissance-Bilder voll mit nackten *putti* oder mit Cupidos, die ihre Augenbinden vor nackten Frauen abnehmen, darüber hinaus wurden auch immer häufiger wirkliche Kinder dargestellt, die das Kinn der Mutter liebkosen oder eines ihrer Beine über deren Beine legen – beides ikonographische Zeichen für die geschlechtliche Liebe –, und die Mutter wurde oft so gemalt, daß ihre Hand dem Genitalbereich des Kindes sehr nahe war.[262] Die Kampagne gegen den sexuellen Gebrauch von Kindern zog sich durch das ganze 17. Jahrhundert, nahm jedoch im 18. Jahrhundert eine völlig neue Wendung: Es kam zur Bestrafung des kleinen Knaben oder Mädchens wegen der Berührung der eigenen Genitalien. Daß das wie die frühe Reinlichkeitserziehung eine späte bzw. jüngere psychogene Stufe anzeigte, wird durch die Tatsache bezeugt, daß Verbote der kindlichen Masturbation in keiner der von Whiting und Child beobachteten primitiven Gesellschaften zu finden sind.[263] Die Einstellung der meisten Leute gegenüber der kindlichen Masturbation vor dem 18. Jahrhundert kommt in Fallopius' Rat an die Eltern zum Ausdruck, „während der Kindheit darauf bedacht zu sein, den Penis des Knaben zu vergrößern".[264]

---

[261] Ebd.
[262] Ariès, *Geschichte der Kindheit*, 107 f.; Johannes Butzbach, The Autobiography of Johannes Butzbach: A Wandering Scholar of the Fifteenth Century, Ann Arbor 1933, 2 (dt. Odeporicon. Wanderbüchlein, übers. v. Andreas Beriger, Zürich 1993); Horkan, *Educational Theories*, 118; Jones, *Arts and sciences*, 59; James Cleland, The Instruction of a Young Nobleman, Oxford 1612, 20; Sir Thomas Elyot, The Book Named the Governor, London 1962, 16; Erwin Panofsky, Studies in Iconology: Humanistic Themes in the Art of the Renaissance, New York 1972, 95–166; Leo Steinberg, The Metaphors of Love and Birth in Michelangelo's Pietàs, in: Theodore Bowie und Cornelia V. Christenson (Hgg.), Studies in Erotic Art, New York 1970, 231–339; Josef Kunstmann, The Transformation of Eros, London 1964, 21–23.
[263] Whiting, *Child-Training*, 79.
[264] Gabriel Falloppius, De decoraturie trachtaties, cap. 9, in: Opera Omnia, 2 Bde., Frankfurt 1600, 336 f.; Soranus, *Gynecology*, 107.

Abbildung 16 – Die Großmutter Christi spielt mit seinem Penis. *Wie Hans Baldung Griens Darstellung von Anna selbdritt (1511) zeigt, masturbierten Großmütter üblicherweise ihre Enkelkinder.*

Obwohl die Masturbation bei Erwachsenen als geringfügige Sünde galt, dehnten die mittelalterlichen Bußbücher das Verbot nur selten auf die Kindheit aus; Homosexualität unter Erwachsenen, nicht Masturbation war die hauptsächliche Obsession der vorneuzeitlichen sexuellen Regulierung. Noch im 15. Jahrhundert klagt Gerson darüber, daß Erwachsene ihm erzählten, sie hätten nie davon gehört, daß Masturbation eine Sünde sei, und er weist die Beichtväter an, Erwachsene direkt zu fragen: „Mein Freund, berührst oder reibst du deine Rute, *wie es Kinder gewöhnlich tun?*"[265]

Doch erst zu Beginn des 18. Jahrhunderts, auf dem Höhepunkt der Bestrebungen, den Kindsmißbrauch unter Kontrolle zu bringen, begannen Eltern ihre Kinder für Masturbation nachhaltig zu bestrafen und Ärzte den Mythos zu ver-

---

[265] Michael Edward Goodich, The Dimensions of Thirteenth Century Sainthood, Ph.D.-Dissertation, Columbia University 1972, 211 f.; Jean-Louis Flandrin, Mariage tardif et vie sexuelle: Discussions et hypothèses de recherche, in *Annales: Economies Sociétés Civilisations* 27 (1972), 1351–1378.

breiten, daß diese Wahnsinn, Epilepsie, Blindheit und Tod verursache. Im 19. Jahrhundert erreichte diese Kampagne einen unglaublichen Grad an Raserei. Ärzte und Eltern tauchten mitunter mit Messern und Scheren bewaffnet vor dem Kind auf und drohten, die Genitalien des Kindes abzuschneiden; Beschneidung, Klitoridektomie und Infibulation wurden manchmal als Strafe eingesetzt; und alle Arten von einschränkenden Vorrichtungen, unter anderem Gipsverbände und Käfige mit spitzen Nägeln, wurden verschrieben. Die Beschneidung erfuhr besonders weite Verbreitung; ein amerikanischer Kinderpsychologe etwa hielt fest: Wenn ein Kind von zwei Jahren sich die Nase reibt und keinen Augenblick ruhig sein kann, hilft nur die Beschneidung.

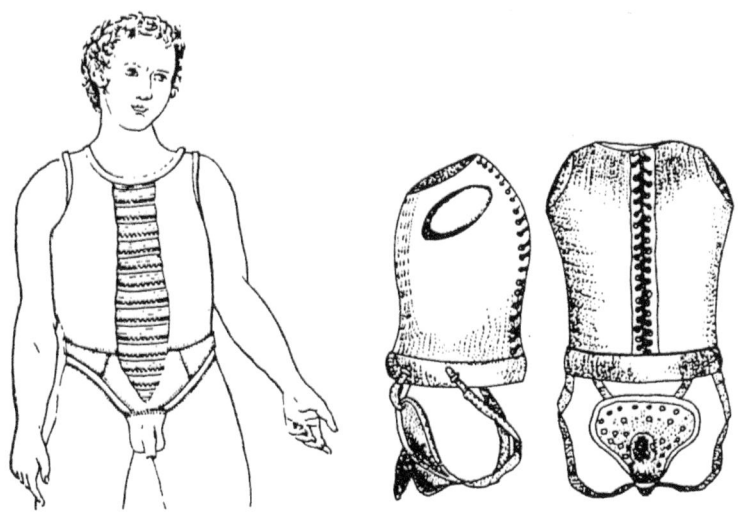

Abbildungen 17a und 17b – Anti-Masturbationsvorrichtungen aus Metall. Französisch (G. Jalade-Lafond, 1818) und deutsch (W. Scheinlein, 1831).

Ein anderer Arzt, dessen Buch die Bibel so manchen amerikanischen Haushalts des 19. Jahrhunderts war, empfahl, daß kleine Knaben auf Anzeichen für Masturbation hin scharf zu beobachten und zu ihm zur Beschneidung ohne Anästhesie zu bringen seien, was sie ausnahmslos kurierte. Spitz' graphische Darstellungen unterschiedlicher Empfehlungen bei Masturbation, die auf 559 ausgewerteten Büchern beruhen, weisen für chirurgische Eingriffe einen Höhepunkt zwischen 1850 und 1879 und für einschränkende Maßnahmen zwischen 1880 und 1904 aus. 1925 sind diese Methoden fast vollständig verschwunden, nach zwei Jahrhunderten brutaler und völlig überflüssiger Übergriffe auf die Genitalien von Kindern.[266]

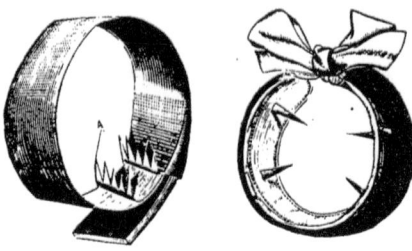

Abbildung 18 – Penisringe. *Wurden Knaben nachts im Bett übergestreift, um Erektionen während des Schlafs zu verhindern.*

Nach dem 18. Jahrhundert war der sexuelle Mißbrauch bei Dienern und anderen Erwachsenen und Jugendlichen weitaus stärker verbreitet als bei Eltern, obgleich es angesichts der Zahl von Eltern, die ihre Kinder weiterhin mit Bediensteten schlafen ließen, nachdem bereits bei früheren Dienern sexueller Mißbrauch vorgefallen war, offensichtlich ist, daß die Voraussetzungen für den Kindesmiß-

---

[266] Hare, *Masturbatory Insanity*, 2–25; Spitz, *Authority and Masturbation*, 490–527; Onania, or the Heinous Sin of Self-Pollution, 4. Aufl. London o. J., 1–19; Simon Tissot, L'Onanisme: Dissertation sur les maladies produites par la masturbation, Lausanne 1764; G. Rattray Taylor, Sex in History, New York 1954, 223; Taylor, *Angel-Makers*, 327; Alex Comfort, The Anxiety Makers: Some Curious Preoccupations of the Medical Profession, London 1967; Ryerson, *Medical Advice*, 305 ff.; Kern, *Freud*, 117–141; L. Deslander, M.D., A Treatise on the Diseases Produced by Onanism, masturbation, self-pollution, and other excesses, Übersetzung aus dem Französischen, Boston 1838; Mrs. S. M. I. Henry, Studies in Home and Child Life, Battle Creek, Michigan, 1897, 74; George B. Leonard, The Transformation, New York 1972, 106; John Duffy, Masturbation and Clitoridectomy: A Nineteenth Century View, in *Journal of the American Medical Association* 186 (1963), 246; Dr. Yellowlees, Masturbation, in *Journal of Mental Science* 22 (1876), 337; J. H. Kellogg, Plain Facts for Old and Young, Burlington 1881, 186–497; P. C. Remondino, M.D., History of Circumcision from the Earliest Times to the Present, Philadelphia 1891, 272.

brauch immer noch unter der Kontrolle der Eltern standen. Kardinal Bernis, der sich daran erinnerte, als Kind belästigt worden zu sein, warnte die Eltern, daß „nichts für die Moral und vielleicht die Gesundheit so gefährlich ist, wie die Kinder zu lange in der Obhut von Zimmermädchen oder sogar von jungen Damen zu lassen, die in Schlössern aufgezogen worden sind. Ich möchte hinzufügen, daß die besten unter ihnen nicht immer die ungefährlichsten sind. Sie trauen sich bei einem Kind, was bei einem jungen Mann zu wagen sie sich schämen würden".[267] Ein deutscher Arzt sagte, Kindermädchen und Bedienstete vollzögen „alle Arten von sexuellen Handlungen" an Kindern „zum Spaß". Sogar Freud berichtete, er sei von seinem Kindermädchen verführt worden, als er zwei Jahre alt war, und Ferenczi und andere Analytiker nach ihm betrachteten Freuds Entscheidung von 1897, die meisten Berichte von Patienten über frühe sexuelle Verführungen für bloße Phantasie zu halten, als falsch. Dem Psychoanalytiker Robert Fleiss zufolge „(wird) nie jemand allein durch seine Phantasien krank", und eine große Zahl von Patienten, die sich der Psychoanalyse unterziehen, berichtet auch heute, daß sie Kinder sexuell gebrauchen, obwohl nur Fleiss diese Tatsache in seine psychoanalytische Theorie einbaut. Wenn man hört, daß noch im Jahre 1900 manche glaubten, Geschlechtskrankheiten könnten „mittels Geschlechtsverkehrs mit Kindern" geheilt werden, gewinnt man einen angemessenen Eindruck von den Dimensionen des Problems.[268]

---

[267] Restif de la Bretonne, *Monsieur Nicolas*, 86, 88, 106; *Common Errors*, 22; Deslander, *Treatise*, 82; André Parreaux, Daily Life in England in the Reign of George III, übers. v. Carola Congreve, London 1969, 125 f.; Bernard Perez, The First Three Years of Childhood, London 1885, 58; *My Secret Life*, New York 1966, 13–15, 61; Gathorne-Hardy, *Rise and Fall*, 163; Henri E. Ellenberger, The Discovery of the Unconscious, New York 1970, 299; Joseph W. Howe, Excessive Venery, Masturbation and Continence, New York 1893, 63; C. Gasquoine Hartley, Motherhood and the Relationships of the Sexes, New York 1917, 312; Bernis, *Memoirs*, 90.

[268] Dr. Albert Moll, The Sexual Life of Children, New York 1913, 219; Max Schur, Freud: Living and Dying, New York 1972, 120-132; Robert Fleiss, Symbol, Dream and Psychosis, New York 1973, 205-229.

Abbildung 19 – Mädchen, das exorziert wird. *Die häufigen hysterischen Anfälle von Kindern konnten oft dadurch kuriert werden, ihnen den Teufel auszutreiben, wie in diesem Gemälde Grünewalds von 1520.*

Es versteht sich von selbst, daß die Auswirkungen solch schweren körperlichen und sexuellen Mißbrauchs, wie ich ihn beschrieben habe, auf das Kind der Vergangenheit immens waren. Ich möchte hier nur zwei solche Auswirkungen auf das heranwachsende Kind andeuten, eine psychologische und eine physische. Die erste ist die enorme Zahl von kindlichen Alpträumen und Halluzinationen, die ich in den Quellen gefunden habe. Obgleich schriftliche Aufzeichnungen von Erwachsenen, die überhaupt etwas vom Gefühlsleben eines Kindes verraten, außerordentlich selten sind, so offenbaren sie doch, wann immer man sie entdeckt, in der Regel wiederkehrende Alpträume und sogar regelrechte Halluzinationen. Seit der Antike beinhaltet die pädiatrische Literatur regelmäßig Abschnitte darüber, wie die „furchtbaren Träume" von Kindern zu heilen seien, und manchmal wurden Kinder geschlagen, weil sie Alpträume hatten. Kinder lagen nachts wach und wurden von imaginären Geistern, Dämonen, „einer Hexe auf dem Polster", „einem großen schwarzen Hund unter dem Bett" oder „einem gekrümmten Finger, der durch das Zimmer kriecht", erschreckt.[269] Zudem ist die Geschichte der Hexerei in der westlichen Welt voll von Berichten über Kinder mit krampfartigen Anfällen, Gehör- oder Sprachverlust, Gedächtnisschwund, Teufelshalluzinationen, Beichtgeständnissen vom Verkehr mit Teufeln und Anklagen der Hexerei gegenüber Erwachsenen einschließlich der eigenen Eltern. Und schließlich, noch früher im Mittelalter, stoßen wir auf Kinder mit Tanzwut (Veitstanz; A.d.Ü.), auf Kinderkreuzzüge und Kinderwallfahrten – Themen, die schlichtweg zu weitreichend sind, um hier diskutiert zu werden.[270]

Einen letzten Punkt möchte ich nur kurz berühren: die Möglichkeit, daß Kinder in der Vergangenheit aufgrund der armseligen Pflege, die ihnen zuteil wurde, körperlich retardiert waren. Obwohl das feste Wickeln für sich genommen die körperliche Entwicklung von Kindern bei Primitiven in der Regel nicht beeinflußt, scheint die Kombination von festem Wickeln, Vernachlässigung und allgemeinem Mißbrauch in der Vergangenheit oft genau das hervorgebracht zu haben, was wir heute als retardierte Kinder bezeichnen. Ein Anzeichen für diese Retardation ist die Tatsache, daß die meisten Kinder heutzutage mit 10 bis 12 Monaten zu gehen beginnen, während sie in der Vergangenheit allgemein erst später damit anfingen. Die Altersangaben in bezug auf das erste Gehen in Tabelle 2 sind alle, die ich in den Quellen bislang gefunden habe.

---

[269] Mrs. Vernon D. Broughton (Hg.), Court and Private Life in the Time of Queen Charlotte: Being the Journals of Mrs. Papendiek, Assistant Keeper of the Wardrobe and Reader to Her Majesty, London 1887, 40; Morley, *Cardan*, 35; Origo, *Leopardi*, 24; Kemble, *Records*, 28; John Greenleaf Whittier (Hg.), Child Life in Prose, Boston 1873, 277; Walter E. Houghton, The Victorian Frame of Mind, 1830–1870, New Haven 1957, 63; Harriet Martineau, Autobiography, Bd. 1, Boston 1877, 11; John Geninges, The Life and Death of Mr. Emdung Geninges, Priest (1614), 18; Thompson, *Religion*, 471.

[270] Chadwick Hansen, Witchcraft at Salem, New York 1970; Ronald Seth, Children Against Witches, London 1969; H. C. Erik Midelfort, Witch Hunting in Southwestern Germany, Stanford 1972, 109; Carl Holliday, Woman's Life in Colonial Days, Boston 1922, 60; Jeffrey Burton Russell, Witchcraft in the Middle Ages, Ithaca, New York, 1972, 136; George A. Gray, The Children's Crusade, New York 1972.

TABELLE 2
Alter (in Monaten) beim ersten Gehen

Quelle[271]	Alter beim ersten Gehen	ungefähre Zeit	Nationalität
Macrobius	28	400	römisch
Federico d'Este	14	1501	italienisch
James VI.	60	1571	schottisch
Anne von Dänemark	108	1575	dänisch
Anne Cliffords Kind	34	1617	englisch
John Hamilton	14	1793	amerikanisch
Augustus Hare	17	1834	englisch
Marianne Gaskell	22	1836	englisch
H. Taines Sohn	16	1860	französisch
Tricksy du Maurier	12	1865	englisch
W. Preyers Sohn	15	1880	deutsch
Franklin Roosevelt	15	1884	amerikanisch
G. Dearborns Tochter	15	1900	amerikanisch
American Institute for Child Life (Untersuchung)	12-17	1913	amerikanisch
University of Minnesota (23 Babys)	15	1931	amerikanisch

---

[271] Stahl, *Macrobius*, 114; Julia Cartwright Ady, Isabelle d'Este: Marchioness of Mantua, 1474-1539 – A Study of the Renaissance, London 1903, 186; Mary Ann Gibbs, The Years of the Nannies, London 1960, 23; Agnes Strickland, Lives of the Queens of England, 6 Bde., London 1864, 2; Lady Anne Clifford, The Diary of Lady Anne Clifford, London 1923, 66; Allan McLane Hamilton, The Intimate Life of Alexander Hamilton, London 1910, 224; Hare, *Story*, 54; Elizabeth Cleghorn Gaskell, „My Diary": the early years of my daughter Marianne, London 1923, 33; Mrs. Emily Talbot (Hg.), Papers on Infant Development, Boston 1882, 30; Du Maurier, *Young Du Maurier*, 250; Preyer, *Mind*, 275; James David Barber, The Presidential Character: Predicting Performance in the White House, Englewood Cliffs, New Jersey, 1972, 212; George V. N. Dearborn, Motor-Sensory Development: Observations on the First Three Years of a Child, Baltimore 1910, 160; William B. Forbush, The First Years in a Baby's Life, Philadelphia 1913, 11; Mary M. Shirley, The First Two Years: A Study of Twenty-Five Babies, Minneapolis 1931, 40. Vgl. auch Sylvia Brody, Patterns of Mothering: Maternal Influence During Infancy, New York 1956, 105; und Sidney Axelrad, Infant Care and Personality Reconsidered, in *The Psychoanalytic Study of Society* 2 (1962), 99–102, die auf ähnliche Retardierungsmuster bei albanischen Kindern, die fest gewickelt werden, hinweisen.

Periodisierung der Formen der Eltern-Kind-Beziehungen
Da manche Menschen nach wie vor Kinder töten, schlagen und sie sexuell mißbrauchen, muß man beim Versuch, die Formen der Kindererziehung nach Perioden einzuteilen, zuerst einräumen, daß die psychogene Evolution in verschiedenen Familienlinien mit verschiedenen Geschwindigkeiten voranschreitet und daß viele Eltern in früheren historischen Formen „steckengeblieben" zu sein scheinen. Es gibt zudem bedeutende Klassen- und Gebietsunterschiede, insbesondere seit der Neuzeit, als die oberen Klassen aufhörten, ihre Kinder zu Säugammen zu schicken, und sie selbst aufzuziehen begannen. Die nachstehende Periodisierung sollte als eine einstweilige Zuordnung jener Formen von Eltern-Kind-Beziehungen gelesen werden, die vom – aus psychogener Sicht – am meisten fortgeschrittenen Teil der Bevölkerung in den am meisten fortgeschrittenen Ländern geübt wurden, und die angegebenen Zeitpunkte sind jeweils die frühesten, zu denen ich in den Quellen Beispiele für die jeweilige Form gefunden habe. Die Reihe von sechs Formen repräsentiert eine kontinuierliche Abfolge von immer größeren Annäherungen zwischen Eltern und Kindern im Zuge einer Entwicklung, in deren Verlauf eine Elterngeneration nach der anderen langsam ihre Ängste überwand und die Fähigkeit herauszubilden begann, die Bedürfnisse ihrer Kinder zu erkennen und zu befriedigen. Ich bin außerdem davon überzeugt, daß die Reihe eine sinnvolle Hilfestellung zur Einschätzung gegenwärtiger Formen der Kindeserziehung leistet.

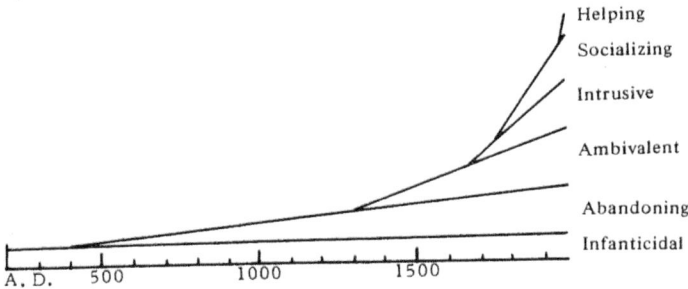

1. Kindsmord (Antike bis 4. Jahrhundert n. Chr.): Das Bild der Medea schwebt über der Kindheit in der Antike, denn hier spiegelt der Mythos nur die Wirklichkeit wider. Einige Tatsachen sind bedeutsamer als andere, und wenn Eltern ihre Ängste hinsichtlich der Pflege von Kindern in der Regel dadurch auflösten, letztere zu töten, so beeinflußte dies die überlebenden Kinder zutiefst. Für die, die heranwachsen durften, stand die projektive Reaktion an oberster Stelle, und die Reversionsreaktion trat im weitverbreiteten Unzuchttreiben mit dem Kind konkret und offen zutage.

2. *Weglegung (4. bis 13. Jahrhundert n. Chr.):* Hatten die Eltern das Kind einmal als ein Wesen mit Seele zu akzeptieren begonnen, war der einzige Weg, den Gefahren ihrer eigenen Projektionen zu entrinnen, die Weglegung, sei es zu einer Säugamme, ins Mönchs- oder Nonnenkloster, zu Pflegeeltern, als Diener oder Bürgschaften in die Häuser anderer Adeliger, sei es in Form schwerer emotionaler Weglegung im eigenen Heim. Symbol für diese Form könnte Griselda sein, die so bereitwillig ihre Kinder weggab, um die Liebe zu ihrem Gatten unter Beweis zu stellen. Es könnte freilich auch jede der bis ins 13. Jahrhundert so populären Darstellungen einer strengen Maria sein, die steif das Jesuskind hält. Die Projektion war nach wie vor sehr massiv, nachdem das Kind noch immer voll des Bösen war und stets geschlagen werden mußte, die Reversion aber verminderte sich, wie die Rückläufigkeit der Unzucht mit Kindern zeigt, in beträchtlichem Ausmaß.

3. *Ambivalenz (14. bis 17. Jahrhundert):* Weil das Kind immer noch ein Container für gefährliche Projektionen war, als es in das emotionale Leben der Eltern eintreten durfte, war es deren Aufgabe, es in die rechte Form zu gießen. Von Dominici bis Locke gab es kein populäreres Bild als das des körperlichen Modellierens von Kindern, die als weiches Wachs, als Gips oder Lehm betrachtet wurden, den man eben erst in die rechte Form zu schlagen habe. Enorme Ambivalenz kennzeichnet diese Erziehungsform. Ihren Anfang nimmt sie etwa im 14. Jahrhundert, das ein Ansteigen der Zahl von Handbüchern für die Unterweisung von Kindern, die Ausdehnung der Kulte um Maria und das Jesuskind sowie ein regelrechtes Wuchern von Bildern der „innigen Mutter" in der Kunst verzeichnet.

4. *Einmischung (18. Jahrhundert):* Ein ungeheurer Rückgang der Projektion und das faktische Verschwinden der Reversionsreaktion waren die Errungenschaften der großen Übergangszeit in den Eltern-Kind-Beziehungen, die das 18. Jahrhundert einleitete. Das Kind war nicht mehr so voll von gefährlichen Projektionen, und statt bloß sein Inneres mit einem Klistier zu untersuchen, näherten sich die Eltern ihm noch viel mehr und versuchten, seinen Geist zu erobern, um sein Inneres, seinen Zorn, seine Bedürfnisse, seine Masturbation, ja seinen Willen selbst zu kontrollieren. Das von intrusiven Eltern erzogene Kind wurde von der

Mutter gestillt, nicht fest gewickelt, erhielt keine regelmäßigen Einläufe, erfuhr frühe Reinlichkeitserziehung, man betete, aber spielte nicht mit ihm, es wurde geschlagen, aber nicht regelmäßig ausgepeitscht, für Masturbation bestraft, und es wurde im selben Ausmaß mit Drohungen und Schuldzuweisungen wie mit anderen Methoden der Bestrafung dazu gebracht, auf der Stelle zu gehorchen. Das Kind erschien um so viel weniger bedrohlich, daß wahre Empathie möglich wurde, und es entstand die Pädiatrie, die zusammen mit der allgemeinen Verbesserung der elterlichen Pflege die Säuglingssterblichkeit reduzierte und den Grundstein für die demographische Entwicklung im 18. Jahrhundert legte.

5. *Sozialisation (19. Jahrhundert bis Mitte des 20. Jahrhunderts):* Nachdem die Projektionen weiter rückläufig waren, wurde die Erziehung eines Kindes ein Prozeß, in dem man weniger versuchte, seinen Willen zu erobern, als vielmehr, es zu formen, es in die richtigen Wege zu leiten, es zu lehren, sich anzupassen, es zu sozialisieren. Die Form der Sozialisation wird von den meisten nach wie vor für das einzige Modell gehalten, in dem die Diskussion der Kindspflege voranschreiten kann, und sie war Quelle aller psychologischen Modelle des 20. Jahrhunderts, von Freuds „Triebeinschränkung" bis zu Skinners Behaviorismus. Es ist im besonderen *das* Modell des soziologischen Funktionalismus. Zudem zeigt der Vater im 19. Jahrhundert zum ersten Mal mehr als nur ein gelegentliches Interesse am Kind, erzieht es mit und entlastet manchmal sogar die Mutter bei den die Pflege des Kindes betreffenden häuslichen Arbeiten.

6. *Unterstützung (beginnt in der Mitte des 20. Jahrhunderts):* Zur Form der Unterstützung gehört die Annahme, daß das Kind besser als seine Eltern weiß, was es in jeder Phase seines Lebens braucht; beide Eltern werden in das Leben des Kindes einbezogen, insofern sie daran arbeiten, mit ihm empathisch zu sein und seine wachsenden und besonderen Bedürfnisse zu befriedigen. Es fehlt jeder Versuch zu disziplinieren oder „Gewohnheiten" auszubilden. Die Kinder werden weder geschlagen noch gescholten, und man entschuldigt sich bei ihnen, wenn man sie im Streß angebrüllt hat. Die Form der Unterstützung erfordert ein enormes Ausmaß an Zeit, Energie und Diskussionsbereitschaft auf seiten beider Elternteile, besonders während der ersten sechs Jahre, denn einem kleinen Kind zu helfen, seine täglichen Ziele zu erreichen, bedeutet, ständig auf es einzugehen, mit ihm zu spielen, seine Regressionen zu tolerieren, sein Diener zu sein statt umgekehrt, seine emotionalen Konflikte zu deuten und ihm die Objekte zur Verfügung zu stellen, die für seine sich entwickelnden Interessen geeignet sind. Noch haben wenige Eltern diese Art der Kindspflege konsequent verfolgt. Aus den Büchern, die Kinder beschreiben, welche in der Form der Unterstützung

aufgewachsen sind,²⁷² wird offenkundig, daß diese ein Kind hervorbringt, das freundlich und aufrichtig ist, niemals depressiv, andere nachahmend oder gruppenorientiert, das einen starken Willen hat und sich von Autoritäten nicht einschüchtern läßt.

Die psychogene Theorie: ein neues Paradigma für die Geschichtswissenschaft
Die psychogene Theorie könnte, glaube ich, ein radikal neues Paradigma für die Erforschung der Geschichte liefern.²⁷³ Sie kehrt die übliche Annahme vom „Geist als *tabula rasa*" um und betrachtet stattdessen die „Welt als *tabula rasa*", in dem Sinn, daß jede Generation in eine Welt bedeutungsloser Objekte hineingeboren wird, denen Bedeutung nur verliehen wird, wenn das Kind eine bestimmte Art von Pflege erhält.²⁷⁴ Jedesmal werden, sobald die Form der Pflege einer genügenden Anzahl von Kindern sich ändert, alle Bücher und Artefakte auf der Welt als irrelevant für die Ziele der neuen Generation hinweggefegt, und die Gesellschaft beginnt, sich in unvorhersehbare Richtungen zu bewegen. Wie der historische Wandel mit den sich ändernden Formen der Kindespflege zusammenhängt, bleibt noch genauer auszudifferenzieren.

---

[272] A. S. Neill, The Free Child, London 1952; Paul und John Ritter, The Free Family: A Creative Experiment in Self-Regulation for Children, London 1959; Michael Deakin, The Children on the Hill, London 1972.

[273] Ungeachtet der einzelnen Entwicklungslinie, die hier beschrieben wird, ist die psychogene Geschichtstheorie nicht unilinear, sondern multilinear, zumal auch Bedingungen außerhalb der Familie den Verlauf der Eltern-Kind-Entwicklung in jeder Gesellschaft bis zu einem gewissen Grad beeinflussen. Hier wird nicht die Forderung aufgestellt, alle anderen Quellen des historischen Wandels auf die psychogene zu reduzieren. Statt ein Beispiel für psychologischen Reduktionismus zu liefern, ist die psychogene Theorie in Wirklichkeit eine bewußte Anwendung des „methodologischen Individualismus", wie er beschrieben wird von Friedrich A. von Hayek, The Counter-Revolution of Science: Studies in the Abuse of Reason, Glencoe, Illinois, 1952 (dt. Mißbrauch und Verfall der Vernunft, München 1979); Karl R. Popper, The Open Society and Its Enemies, Princeton 1950 (dt. Die offene Gesellschaft und ihre Feinde. 2 Bde., übers. v. Paul K. Feyerabend, 7. vollständig neubearb. Aufl., Stuttgart 1992); J. W. N. Watkins, Methodological Individualism and Non-Hempelian Ideal Types, in: Leonard I. Krimerman (Hg.), The Nature and Scope of Social Science, New York 1969, 457–472. Vgl. auch J. O. Wisdom, Situational Individualism and the Emergent Group Properties, in: Robert Borger und Frank Cioffi (Hgg.), Explanation in the Behavioral Sciences, Cambridge, Massachusetts, 1970, 271–296.

[274] Die Zitate stammen aus Calvin S. Hall, Out of a Dream Came the Faucet, in *Psychoanalysis and the Psychoanalytic Review* 49 (1962).

Wenn das Maß der Lebenskraft einer Theorie in ihrer Fähigkeit besteht, interessante Probleme aufzuzeigen, dann sollten die Geschichte der Kindheit und die psychogene Theorie eine aufregende Zukunft haben. Es gibt noch viel darüber zu lernen, wie Erwachsenwerden in der Vergangenheit wirklich gewesen ist. Eine unserer vordringlichsten Aufgaben wird sein zu untersuchen, warum die Evolution der Kindheit in verschiedenen Ländern und verschiedenen Klassen und Familienlinien mit verschiedenen Geschwindigkeiten voranschreitet. Doch wissen wir bereits genug, um erstmals in der Lage zu sein, einige bedeutende Fragen zum Wandel von Wertvorstellungen und Verhaltensweisen in der Geschichte der westlichen Welt zu beantworten. Die Geschichte der Hexerei, der Magie, der religiösen Bewegungen und anderer irrationaler Massenphänomene wird als eine der ersten von der Theorie profitieren. Darüber hinaus sollte die psychogene Theorie uns schließlich verstehen helfen, warum soziale Organisation, politische Form und Technologie sich zu bestimmten Zeiten und in bestimmte Richtungen ändern und nicht zu anderen Zeiten und in andere Richtungen. Vielleicht wird die Einführung des Parameters Kindheit in die Geschichtswissenschaft sogar die mehr als hundert Jahre andauernde Durkheimsche Flucht der Historiker vor der Psychologie beenden und uns ermutigen, die Arbeit an der Konstruktion einer wissenschaftlichen Geschichte der menschlichen Natur wieder aufzunehmen, die John Stuart Mill vor so langer Zeit schon als eine „Theorie der Ursachen, die den zu einem Volk oder einem Zeitalter gehörenden Charaktertyp bestimmen", umrissen hat.[275]

---

[275] Vgl. Maurice Mandelbaum, History, Man and Reason: A Study in Nineteenth Century Thought, Baltimore 1971, Kapitel 11, zu Mills mißlungenem Versuch, eine historische Wissenschaft der menschlichen Natur zu erfinden.

Die Eigenständigkeit der Psychohistorie (1975)

Seit der Gründung des *Journal of Psychohistory* sind zwei Jahre vergangen. In dieser kurzen Zeit hat es die Aufmerksamkeit sowohl der wissenschaftlichen als auch der Massenmedien erregt und wurde im *New York Review of Books*, in *Harpers*, *Commentary*, *Psychology Today*, *Human Behavior* und dem *London Times Literary Supplement* zitiert und angegriffen.[1]

Die meisten Angriffe verwendeten Argumente aus dem Buch *Clio and the Doctors: Psycho-History, Quanto-History and History* des Historikers Jacques Barzun,[2] in dem er zornig der Vorstellung widerspricht, daß die Psychohistorie überhaupt eine Disziplin der Geschichtswissenschaft sei, nachdem, wie er sagt, Geschichte eine erzählende Disziplin sei, die beschreibe, *was* geschehen ist, während die Psychohistorie danach strebe, eine Wissenschaft zu sein, die ihr Augenmerk darauf richtet, *warum* etwas geschehen ist. Das Buch und seine frühere Version als Artikel im *American Historical Review*[3] sind von Psychohistorikern allenthalben dafür angegriffen worden, daß sie ein zu kurz greifendes Verständnis der Rolle der geschriebenen Geschichte vertreten. Trotzdem frage ich mich, ob Barzun in dieser einen Hinsicht nicht recht und die Psychohistoriker unrecht haben könnten – ob nämlich die Psychohistorie nicht doch ein von der Geschichtswissenschaft völlig verschiedenes Unternehmen sei, mit ihrer eigenen Methodologie, ihren eigenständigen Aufgabenstellungen und ihren eigenen hohen Leistungsstandards.

Seit der Philosoph Carl Hempel 1942 seinen Artikel *The Function of General Laws in History*[4] veröffentlicht hat, haben die meisten Geschichtsphilosophen anerkannt, daß Geschichtswissenschaft keine Wissenschaft im strengen

---

[1] Geoffrey Barraclough, Farewell to Hitler, im *New York Review of Books* vom 3. April 1975, 11-16; Freud's Pop, in *Harpers* vom April 1975, 9 f.; Gertrude Himmelfarb, The „New History", in *Commentary* vom Januar 1975, 72-78; Lloyd deMause, Our Forebears Made Childhood a Nightmare, in *Psychology Today* vom April 1975, 85-90; The Baby Killers, in *Human Behavior* vom Juli 1974, 70 f.; Elie Kedourie, New Histories for Old, im *London Times Literary Supplement* vom 23. Mai 1975, 565.

[2] Chicago 1975.

[3] History: The Muse and Her Doctors, in *American Historical Review* 77 (1972), 36-64.

[4] Carl Hempel, The Function of General Laws in History, in: Herbert Feigel und Wilfred Sellars (Hgg.), Readings in Philosophical Analysis, New York 1949.

Wortsinn sein kann und daß sie es niemals als Teil ihrer Aufgabe betrachten kann, Gesetze im Hempelschen Sinne aufzustellen. Die geschriebene Geschichte kann im Lauf ihrer eigenen Geschichte einige von den Gesetzen, die andere Wissenschaften aufgestellt haben, zur Anwendung bringen, doch die ihr eigene Aufgabe bleibt die, die wesentliche Abfolge des historischen Geschehens zu berichten und, *qua* Geschichtswissenschaft, zu erzählen, was geschehen ist, und nicht, warum.[5]

Psychohistorie ist, wie mir scheint, im Gegenteil damit beschäftigt, präzise nach Hempelscher Art und Weise Gesetze aufzustellen und Ursachen zu entdecken. Das Verhältnis zwischen Geschichtswissenschaft und Psychohistorie läuft dem Verhältnis zwischen Astrologie und Astronomie parallel oder, wenn das zu pejorativ scheint, dem zwischen Geologie und Physik. Astrologie und Geologie sind Disziplinen, die sequentielle Ordnungen im Himmel und auf der Erde suchen, während Astronomie und Physik überhaupt nicht narrativ sind, sondern Wissenschaften, die darum bemüht sind, in ihren jeweiligen Bereichen Gesetze aufzustellen. Psychohistorie als die Wissenschaft von der historischen Motivation kann sich auf dieselben geschichtlichen Ereignisse konzentrieren, die auch die Geschichtswissenschaft behandelt, doch ist es niemals ihre Absicht zu erzählen, was Tag für Tag geschehen ist. Als die ersten Astronomen auf Astrologen stießen, die die Konstellationen der Gestirne Tag für Tag beschrieben und alle Verhältnisse zwischen ihnen zu erklären suchten, schufen sie eine Revolution, indem sie sagten: „Vergeßt die Abfolge der Himmel. Was uns *qua* Wissenschaftler interessiert, ist dieser eine Lichtpunkt und ob er einen Kreis oder eine Ellipse beschreibt – und *warum*. Um das herauszufinden, werden wir die narrative Aufgabe der Astrologie fallen lassen müssen."

Mehr noch, die Wissenschaft hat diese Aufgabe der Narration niemals aufgegriffen – weil sie es gar nicht hätte können. Die Astronomie wird, auch wenn sie zuletzt alle Gesetze des Universums entdeckt haben wird, trotzdem so wenig die Abfolgen der Himmel erzählen, wie die Psychohistorie je die Ereignisse dieser oder jener Periode erzählen wird. Psychohistorie als Wissenschaft wird immer problemorientiert sein, während die Geschichtswissenschaft immer periodenorientiert bleiben wird. Das sind einfach zwei unterschiedliche Aufgaben.

Daraus folgt natürlich nicht, daß die Psychohistorie einfach die Fakten heranzieht, welche die Historiker bis in die Gegenwart herauf nacherzählt haben, um dann Gesetze historischer Motivation zu konstruieren. Wie Astronomie und

---

[5] Alan Donagan, Explanations in History, in: Patrick Gardiner (Hg.), Theories of History, New York 1959.

Physik hält die Psychohistorie es für nötig, selbst in den Gesellschaften der Vergangenheit und der Gegenwart nach Material zu suchen, das den ihr eigentümlichen Forschungsinteressen entgegenkommt. Weite Teile geschriebener Geschichte sind für den Psychohistoriker von geringem Wert, während andere große Bereiche, die von Historikern lange Zeit vernachlässigt worden sind – die Geschichte der Kindheit, Inhaltsanalysen historischer Bildersprachen usw. –, sich plötzlich von der Peripherie ins Zentrum der Begriffswelt des Psychohistorikers ausdehnen, ganz einfach deshalb, weil seine neuen Fragen Material erfordern, das sich in Geschichtsbüchern nirgends findet.

Nun bin ich mir dessen wohl bewußt, daß ich mit der Beanspruchung des Felds historischer Motivationen ausschließlich für den Psychohistoriker augenblicklich gegen die vielfach wiederholte Behauptung der Historiker anrenne, daß sie die ganze Zeit mit Motivationen arbeiteten, es sei also gar nichts Neues daran. Ich hatte diese Behauptung in den beiden Jahrzehnten, die seit meiner ersten Beschäftigung mit Geschichtsphilosophie vergangen sind, schon so oft gehört, daß ich mich schließlich dazu bewogen fühlte zu bestimmen, wie oft genau Historiker in ihren Werken tatsächlich Motivationen untersuchen. Ich führte daher eine Kontrolliste, als ich 100 Geschichtsbücher verschiedenster Art las, und hielt genau fest, wieviele Sätze irgendeiner Motivationsanalyse gewidmet waren – nicht nur Sätze, die psychoanalytisch orientiert waren, sondern alle, die überhaupt irgendeine Ebene von Aufmerksamkeit verrieten. In keinem Fall erreichte dieser motivationale Gehalt auch nur 1% des Buches – somit schien das Feld mangels Konkurrenz doch unser zu sein. Was nicht einfach reine Nacherzählung eines Geschehnisses nach dem anderen war, entpuppte sich in der Hauptsache als Wiedergabe von so vielen wirtschaftlichen Fakten wie möglich in der Hoffnung, daß deren bloße Verbindung mit der historischen Erzählung fälschlicherweise für eine Erklärung gehalten werden würde.

Nun wird jeder, der einen Teil der über 1300 Bücher und Artikel gelesen hat, die in der „Bibliographie der Psychohistorie"[6] enthalten sind, bald bemerken, daß die Psychohistorie dieses 1:99-Verhältnis umgekehrt hat, so daß sich der Löwenanteil psychohistorischen Schrifttums einer intensiven Konzentration auf die Motivationsanalyse widmet, während die „physischen" Ereignisse der Geschichte eine notwendigerweise eher skizzenhafte Behandlung erfahren. Es gibt z. B. am Anfang von Runcimans dreibändiger *History of the Crusades*[7] nur eine Seite, die beschreibt, wie die Streitparteien beschlossen haben, 400 Jahre Krieg zu begin-

---

[6] Lloyd deMause (Hg.), Psychohistory: A Bibliographic Guide, New York 1975.
[7] Steven Runciman, History of the Crusades, 3 Bde., Cambridge 1950.

nen, dagegen mehrere tausend Seiten, die sich den Routen, Schlachten und anderen Ereignissen widmen, die die „Geschichte" der Kreuzzüge ausmachen. Ein Psychohistoriker würde diese Geschichte *voraussetzen* und Jahrzehnte seiner Forschung und Tausende Seiten auf die für die Psychohistorie überaus faszinierende Frage verwenden, warum sich so viele Menschen an eine so seltsame Aufgabe machen wie die, ein Relikt zu bergen. Daß der Historiker, wenn er ein solches Werk rezensiert, ihm vorhalten würde, die ganze Geschichte der Kreuzzüge zu „ignorieren", sollte den Psychohistoriker ebensowenig beunruhigen, wie die Vorhaltung des Astrologen, daß er alle anderen Sterne „ignoriere", wenn er bloß die Bahn eines einzigen Planeten beschreibe, Galilei beunruhigt hat. Es war nicht seine Aufgabe, und narrative Geschichtswissenschaft ist nicht die unsere.

Dieser Umstand, daß die Psychohistorie andere Bereiche „ignoriert", wenn sie sich spezialisiert, ist von einiger Wichtigkeit, zumal er so oft von Historikern vorgebracht wird, wenn sie psychohistorische Werke kritisieren. Was meine eigene Arbeit betrifft, so bin ich z. B. beschuldigt worden, keine Ahnung zu haben von der Wirtschaft (obwohl ich der Gründer und Vorstandsvorsitzende einer Gesellschaft bin, die sieben professionelle ökonomische Newsletters veröffentlicht), von der Soziologie (obwohl ich über eine Ausbildung in Soziologie verfüge und Forschungsassistent von C. Wright Mills an der Columbia Universität war), vom Gebrauch von Statistiken (obwohl ich fünf Jahre lang als Berufs-Statistiker meine Brötchen verdient habe) und von politischen Faktoren (obwohl ich meine gesamte Ausbildung bis zum Abschluß in Politikwissenschaft absolviert habe). Den Kritikern der Psychohistorie scheint nicht in den Sinn gekommen zu sein, daß wir unser Augenmerk ganz bewußt auf die geschichtliche Evolution der Psyche verlegt haben könnten, weil wir nur dadurch Zugang zu den ungelösten Problemen genau dieser Bereiche wie Politik, Wirtschaft und Soziologie erhalten können, Bereiche, die mit unbelegten psychologischen Annahmen geradezu durchsetzt sind und die es gerade aufgrund der ihnen inhärenten ungelösten psychohistorischen Probleme nicht geschafft haben, verläßliche Wissenschaften zu werden. Berufswissenschaftler in den jeweiligen Disziplinen haben das sehr wohl erkannt und geben es untereinander in ihren Zeitschriften sogar zu – nur die Historiker, die keine Ahnung haben von den brüchigen Fundamenten der Bereiche, bei denen sie unkritisch Anleihen nehmen, bilden sich ein, es könne „wirtschaftliche, politische und gesellschaftliche Faktoren" geben, die von den „psychologischen" Faktoren in der Geschichte irgendwie getrennt wären. Nur ein Beispiel: Es ist wahrscheinlich wahr, daß meine eigene Arbeit zur Evolution der Kindheit wenigstens teilweise eine Antwort auf Probleme darstellte, denen ich in der Theorie der wirtschaftlichen Entwicklung begegnet bin, wie sie in Büchern etwa von Everett E. Hagen (*On the Theory of Social Change: How Economic Growth Begins*) ausgebreitet wird, wo gezeigt wird, daß das entscheidende Element, dessen es bedarf, um einen Sprung in der wirtschaftlichen Entwicklung hervorzubringen, genau jene Art von Persönlichkeit ist, von der ich später in der Geschichte der Kindheit nachweisen konnte, daß sie Ergebnis der „intrusiven" Erziehungsform ist. Ebenso unzweifelhaft hängt die Erforschung der Klasse eng mit der Entwicklung psychohistorischer Muster von Beherrschung und Unterwerfung zusammen und die Erforschung der Macht mit einem Verständnis der Gruppenfantasie-Bedürfnisse und -abwehrmechanismen. Der Eindruck, daß Psychohistorie auf irgendeine Weise die Wirtschaft, die Soziologie oder die Politikwissenschaft „ignoriere", ist vielleicht der ignoranteste Vorwurf, der gegen sie erhoben werden konnte.

Wenn das *Times Literary Supplement* das *Journal of Psychohistory* dafür angreift, „hinter jeder Handlung ein verborgenes Motiv zu sehen",[8] dann kann man nur antworten: „Natürlich! Handlung ist ganz einfach Verhalten, und nachdem nur Psychen Motive haben können, muß die Motivation, ob verborgen oder nicht, in ihrem eigenen Geltungsbereich auf ihre jeweilige Rechtmäßigkeit[*] überprüft werden, um jeder Handlung Bedeutung zu verleihen." Historiker lassen diese Überprüfung für gewöhnlich weg, etwa A. J. P. Taylor, wenn er beschreibt, warum Hitler 1939 keinen Krieg beginnen wollte:

> Viele aber glauben, daß Hitler ein moderner Attila war, der die Zerstörung um ihrer selbst willen liebte und daher auf einen Krieg drängte, ohne an Politik zu denken. Gegen solche dogmatischen Ansichten läßt sich nicht argumentieren. Hitler war ein außergewöhnlicher Mann; und sie können wohl recht haben. Doch seine Politik ermöglicht auch rationale Erklärungen; und auf diesen baut Geschichte auf ... Beim Betrachten der deutschen Rüstung verlassen wir die mystischen Regionen der Psychologie Hitlers und finden eine Antwort im Bereich der Tatsachen. Die Antwort ist klar. Der Stand der deutschen Rüstung im Jahr 1939 liefert den entscheidenden Beweis, daß Hitler einen totalen Krieg nicht in Betracht gezogen und vermutlich überhaupt keinen Krieg beabsichtigt hat.[9]

---

[8] Kedourie, *New Histories*, 3.
[*] Im Original: „... motivation ... must be examined in and of its own right ..." (A.d.Ü.)
[9] A. J. P. Taylor, The Origins of the Second World War, New York 1968, 216 f.

Der künstlerische Handstreich bei dieser Art von Geschichtsschreibung ist es, nie die tatsächlichen Motive des Handelnden zu untersuchen, sondern lediglich vom Blick auf die materielle Realität, hier den Rüstungsstand, darauf zu schließen, was seine Motive waren. Daß dies die Möglichkeit ausschließt, Hitler könnte ungeachtet des Standes seiner Rüstung einen Krieg beabsichtigt haben, wird einfach übersehen. Von Historikern wird angenommen, daß sie unfähig sind, „Psychologie zu treiben", die ohnehin „mystisch" ist, und so sind sie dazu gezwungen, die „rationalsten" Erklärungen zu akzeptieren ... „und auf diesen baut Geschichte auf".

Diese und viele andere, der Logik der Psychohistorie integrale Gründe bewegen mich dazu zu glauben, daß es für die Psychohistorie früher oder später nötig werden wird, sich von der Geschichtswissenschaft abzuspalten und auf ähnliche Weise eine eigene Abteilung innerhalb der akademischen Welt zu bilden, wie im späten 19. Jahrhundert die Soziologie von der Ökonomie und die Psychologie von der Philosophie weggedriftet sind. Die Psychohistorie war in der Tat in zumindest einer Hinsicht nie das ausschließliche oder auch nur hauptsächliche Eigentum der Geschichtsinstitute: Die Mehrzahl der Bücher und Artikel in der „Bibliographie der Psychohistorie" wurde von Wissenschaftlern geschrieben, die alles andere als Berufs-Historiker sind, und das ist auch im Hinblick auf die für das *Journal of Psychohistory* geschriebenen Artikel und dessen Beirat, dem Psychiater, Politikwissenschaftler, Erzieher, Psychologen, Psychotherapeuten, Geisteswissenschaftler und Anthropologen sowie Historiker angehören, der Fall. Tatsächlich sind die Historiker unter den Subskribenten des *Journal* eine Minderheit. Lehrveranstaltungen zur Psychohistorie werden heute an vielen unterschiedlichen Universitätsinstituten abgehalten, und auch wenn sie an einem Geschichtsinstitut angeboten werden, werden sie mit höchster Wahrscheinlichkeit von einem Historiker und einem Psychoanalytiker gemeinsam geleitet. Mein Vorschlag, eigene Institute für Psychohistorie einzurichten, verdankt sich mithin weniger dem Plan, ein Schisma herbeizuführen, er stellt vielmehr einen Schritt dar, die auseinandergebrochenen Teile psychohistorischer Forschung zusammenzuführen, so daß diejenigen, die sich ja in Wirklichkeit im selben Feld bewegen, miteinander kommunizieren können und nicht mehr Minderheiten in ihren jeweiligen verschiedenen Instituten sind, die sich selbst für „Politikpsychologen", „psychoanalytische orientierte Soziologen" oder „angewandte Psychoanalytiker" und so weiter halten. Die Auswahl der *Probleme* – nicht das Material, das erforscht wird – definiert die Disziplin, und alle genannten Wissenschaftler arbeiten an der gleichen Art von Problemen.

Indem sie diese vielen Bereiche vereint, würde die Psychohistorie dem merkwürdigen Flickwerk der verschiedenen Disziplinen, die heute die „Psychologie der Gesellschaft" erforschen, erstmals etwas Sinn abgewinnen. Das würde natürlich voraussetzen, daß „Psychohistorie" kein engerer Begriff als „psychosozial" und der Ausdruck „psychosozial" schlichtweg redundant ist, weil das „Soziale" nicht „da draußen", sondern nur „hier drinnen" ist: im Kopf. Der gewöhnliche Vorwurf, daß Psychohistorie „alles auf Psychologie reduziere", ist philosophisch gesehen sinnlos – *natürlich* ist die Psychohistorie in diesem Sinne reduktionistisch, nachdem alles, was sie erforscht, historische Motivationen sind. Nur wenn eingeräumt wird, daß das „Soziale" Teil des „Psychologischen" ist, kann das Paradigma psychohistorischer Forschung erkannt werden wie folgt:

PSYCHOHISTORIE		Physische Realität
3. Gruppen-Psychohistorie	Gruppenfantasie	Gruppenfantasie
2. Psychobiographie	Erwachsene	Erwachsene
1. Geschichte der Kindheit	Kind	Kind
	Generation 1	*Generation 2*

Über die Tatsache hinaus, daß es die drei Unterabteilungen der Psychohistorie definiert, leistet dieses Paradigma zwei Dinge, die es von den anderen Sozialwissenschaften, insbesondere der Soziologie, unterscheidet. Einmal kehrt es das Verhältnis zwischen physischer und psychischer Realität um, so daß anstelle der Vorstellung, wonach die materiellen Prozesse die Gangart der Geschichte bestimmen und die Psychen ihrer Akteure irgendwie hinter sich her ziehen, die menschliche Psychologie zum Ersten gemacht – womit Marx auf den Kopf und Hegel wieder auf die Beine gestellt wird – und die materielle Realität vornehmlich als Ergebnis von Entscheidungen des Menschen betrachtet wird, vergangenen oder gegenwärtigen, bewußten oder unbewußten. Zweitens ist die Hauptgrundlage für geschichtlichen Wandel die *wechselseitige Beziehung von Personen*, nicht zu vergessen die Beziehung zwischen Generationen, und der Mensch wird zum erstenmal nicht als *homo faber,* sondern als *homo relatens* gesehen.

Es gibt noch weitere Unterschiede zwischen der Psychohistorie und anderen Wissenschaften, die erst jetzt ersichtlich werden. Vor allem schreitet die Psychohistorie als Wissenschaft nicht durch geduldige Anhäufung von Faktenstößen voran, sondern indem sie zunächst Probleme definiert, die für ihre innere Entwicklung interessant sind, sodann aus dem zugänglichen Material mutige Hypothesen formuliert, um diese Probleme zu lösen, und zuletzt versucht, die Hypothesen mittels neuen Materials, das sie nun mühsam erworben hat, zu überprüfen und zu *widerlegen* (nicht zu beweisen – Beweise sind etwas für Gymnasiasten im Chemiekurs). In der Tat hat die Psychohistorie eine doppelte Beweislast, denn sie muß nicht nur allen üblichen Standards historischer Forschung genügen, sondern auch psychologisch korrekt sein – im Unterschied zur üblichen schäbigen Psychologie, die sich heute in jeder historischen Zeitschrift findet und die einen auf jeder Seite ausrufen läßt: „Aber die Menschen *funktionieren* nun einmal nicht so!" Diese doppelte Beweislast wird natürlich eine besondere Art der Ausbildung verlangen, mit einer soliden Fundierung im gesamten Spektrum der Hilfsmittel von historischer Forschung und Entwicklungspsychologie, zumal beide unerläßlich sind für das Ansinnen, die harte Nuß der historischen Motivation zu knakken.

Wie Historiker aufgezeigt haben, ist es natürlich wahr, daß die Psychohistorie nicht über eine besondere Methode der Beweisführung verfügt, eine, die dem Historiker oder jeder anderen Disziplin nicht zugänglich wäre. Wie alle Wissenschaften steht und fällt die Psychohistorie mit der Klarheit und Überprüfbarkeit ihrer Begriffe, der Tragweite und Zielgenauigkeit ihrer Theorien, der Masse ihres empirischen Materials usw. Was die Psychohistorie aber *sehr wohl* an Besonderem hat, ist eine bestimmte *Methodologie der Entdeckung*, eine Methodologie, die die Probleme der historischen Motivation mit einer einzigartigen Mischung aus historischer Dokumentation, klinischer Erfahrung und dem Einsatz der eigenen Emotionen des Forschers als dem entscheidenden Forschungsinstrument zur Entdeckung zu lösen sucht. Ein persönliches Beispiel soll das veranschaulichen.

Im vergangenen Jahrzehnt habe ich mich intensiv für die noch geringe, aber doch wachsende Literatur zu den Ursachen des Krieges interessiert, die seit einiger Zeit von Sozialwissenschaftlern aus den unterschiedlichsten Disziplinen hervorgebracht wird. Schon lange zuvor hatte ich entdeckt, daß Historiker, die sich in den Spezifika eines bestimmten Krieges oder einer bestimmten Periode verzetteln, wenig Interesse dafür zeigten, ihre erzählende Darstellung zu generalisieren. Es schien in der Tat so, als würden die Historiker die Worte „Streben nach Macht" ans Ende ihrer Überlegungen setzen, als ob die Ansammlung von Millionen Menschen, die sich jahrelang organisieren, um Millionen ihrer feindlichen Nachbarn unter enormen eigenen Opfern dahinzumetzeln, die allereinsichtigste menschliche Handlung wäre und keine Erklärung hinsichtlich ihrer Motivation erfordere. Jene wenigen Historiker, die über ihre erzählende Darstellung hinausgegangen sind, haben sich sofort auf wirtschaftliche „Erklärungen" gestürzt, was nicht allzu schwierig ist, nachdem kein Krieg je ohne irgendeinen wirtschaftlichen Disput im Umfeld ausgekommen ist. Aber sie haben es einfach nie dazu gebracht zu fragen, warum ausgerechnet der Krieg das Mittel war, mit dem dieser oder jener wirtschaftliche Disput gelöst wurde. Noch auch schienen sie zu bemerken, daß der Krieg nie wirklich wirtschaftlich von Vorteil war und daß die Anführer, wenn sie sich entschieden, in den Krieg zu ziehen, sich nie die Mühe gemacht haben, sich hinzusetzen und eine Liste der wirtschaftlichen Ziele zu erstellen, ihnen einen Geldwert beizumessen, die Kosten des Krieges abzuziehen und dann eine „Kriegsgewinnerklärung" vorzulegen (der bloße Gedanke an die Vernünftigkeit eines solchen Akts läßt ihn bereits lachhaft erscheinen). Und dennoch fuhren die Historiker fort, ganze Bibliotheken aus ihrer Feder fließen zu lassen, in welchen sie die wirtschaftlichen Verhältnisse vor Kriegen beschreiben, ohne sich je die Mühe zu machen, die tatsächlichen Äußerungen und Handlungen der Anführer zu untersuchen, die die Entscheidung trafen, Krieg zu führen, und auf diese Weise zu sehen, ob all die wirtschaftlichen Faktoren tatsächlich irgendeine ursächliche Wirkung auf deren Motivationen ausgeübt haben.

Ebensowenig konnte ich anderen Arten, auf die Historiker den Krieg erklären, irgendeinen Sinn abgewinnen, Arten, die nicht nur (psychologisch gesehen) naiv, sondern zumeist auch (logisch gesehen) widersprüchlich waren. Bei Angabe „diplomatischer" Ursachen sollten einander entgegengesetzte Bedingungen identische Resultate zeitigen, etwa wenn der Erste Weltkrieg durch die „Inflexibilität" des Allianzsystems verursacht worden sein sollte, so daß beim Ausbruch einer geringfügigen kämpferischen Auseinandersetzung ganz Europa hineingezogen wurde, während der Zweite Weltkrieg von der „Über-Flexibilität" des Allianzsystems verursacht worden sein sollte, die es Hitler erlaubte, ohne Furcht davor, andere hineinzuziehen, ein Land nach dem anderen einzunehmen. In ähnlicher Weise wurden „soziale" Ursachen mit gegensätzlichen Resultaten angeführt: Ursache für den Krieg Frankreichs gegen Österreich 1772 sei der revolutionäre Aufruhr innerhalb seiner Grenzen gewesen, während der Krieg Frankreichs gegen England 1803 durch das *Ende* des revolutionären Aufruhrs verursacht worden sei, welches Frankreich erlaubt habe, seine Energien nach außen wenden zu können.

Meine eigenen Studien über die Ursachen von Kriegen zentrierten sich um die wirklichen Motivationen derer, die die Entscheidungen trafen, und derjenigen in

ihrem Umfeld, die das Klima von Erwartungen erzeugten, das es ihnen erlaubte, die Entscheidungen in die Realität umzusetzen. Im letzten Jahr habe ich einen großen Stapel von Fotokopien und Notizen über die tatsächlichen Äußerungen von Anführern und anderen während der Zeit gesammelt, als die Entscheidungen, einen Krieg zu beginnen, gefällt wurden – eine Aufgabe, die nicht so einfach ist, wie sie sich anhören mag, zumal die Historiker im allgemeinen aus ihrer Darstellung vieles vom wichtigsten Material entfernen, das ein Psychohistoriker dafür braucht, die Motivation zu bestimmen, wie etwa persönliche Ausdrucksweisen, Metaphern, Versprecher, beiläufige Kommentare, Witze, Gekritzel an den Rändern von Dokumenten und so weiter, und Derartiges ließ sich in einer begrenzten Zeitspanne anhand der Originalquellen nicht allzu leicht wiedergewinnen. Dennoch hatte ich am Ende des Jahres Material von großer Bandbreite angehäuft und daraus sogar ein paar neue Dinge über den Krieg gelernt.
Als erstes lernte ich, daß diese Anführer mir weniger Vaterfiguren im ödipalen Sinn zu sein schienen als vielmehr Direktoren der Müllabfuhr, insofern ihr Umfeld von ihnen erwartete, daß sie mit den riesigen Mengen projizierter Gefühle umgehen konnten, die die einzelnen mithilfe der üblichen innerpsychischen Abwehrmechanismen nicht im Zaum zu halten fähig waren. Großgruppen stellen anscheinend für die Psyche ein auf einer anderen Ebene anzusiedelndes Problem dar als zwischenmenschliche Beziehungen, so daß innerpsychische Abwehrmechanismen weniger wirksam werden und die Psyche auf Beziehungsformen zurückgeworfen wird, die in der vorsprachlichen Kindheit vorherrschend waren, als die Probleme damit erledigt wurden, daß sie auf den Mutterleib projiziert und dann wieder in das eigene Ich reintrojiziert wurden. Der einzelne bezieht sich auf eine große Gruppe mit ähnlichen massiven Projektionsmitteln und delegiert die Anführer und Inhaber anderer Rollen dazu, ihn bei dieser Aufgabe zu unterstützen. Dieser Prozeß setzt sich durch die Geschichte aller Großgruppen fort und erfordert spezifische *Gruppenfantasien*, um ausgeführt zu werden und die primitiven Ängste, die sich daraus ergeben, abzuwehren. Eine Gruppenfantasie, von der erwartet wird, daß Anführer sie ausführen, ist die, Stellen zu finden, um die riesigen Mengen projizierter Gefühle abzuladen, Stellen, die ich äußere und innere „Abort-Objekte" (*toilet objects*) genannt habe. Daß die so abgeladenen Gefühle infantilen Ursprungs waren, versteht sich von selbst, doch zu meiner Überraschung fand ich heraus, daß sie allen Ebenen der psychischen Organisation zu entstammen schienen, so daß die deutschen Anführer die Serben 1914 nicht nur „königsmörderisch" (ödipal) nennen konnten, was man verstehen könnte, sondern auch „giftig" (oral), „ekelhaft" (anal) und „unzüchtig"

(phallisch).¹⁰ Hatten die Anführer einmal festgelegt, welche Länder Abort-Objekte für diese projizierten Gefühle sein sollten, konnte das emotionale Abladen (*emotional dumping*) als gewöhnlicher Bestandteil des politischen Systems betrieben werden, und es war dann die Aufgabe der Diplomatie, darauf zu sehen, daß diese nunmehr gefährlichen Objekte ganz unter Kontrolle blieben, auf dieselbe Weise, wie kleine Kinder, bevorzugte Abort-Objekte von Erwachsenen, kontrolliert werden, indem sie bald „gezüchtigt", bald „in die Knie gezwungen" werden, ihnen „eine Lektion erteilt" wird usw. Solange diese äußeren Abort-Objekte nicht drohten, außer Kontrolle zu geraten, konnte der Krieg auf Distanz gehalten werden, und die „Diplomatie" schien zu funktionieren.

Immer aber fiel augenscheinlich etwas vor, das den heiklen Prozeß des Gefühle-Abladens störte, und ein Gruppenprozeß setzte ein, der unerbittlich den Weg in den Krieg wies, auch wenn alle Beteiligten ihn dem Anschein nach verhindern wollten. Diese „ausweglose Drift" zum Krieg war die vorherrschende Stimmung jedes Krieges, den ich studierte, so daß es schien, als ob eine außergewöhnlich mächtige Gruppenfantasie ausagiert würde, die zu beeinflussen auch der mächtigste Anführer völlig unfähig war, sobald sie einmal ins Rollen gekommen war. Um einmal mehr ein deutsches Beispiel anzuführen: Kaiser Wilhelm II., der Österreich-Ungarn dazu ermutigt hatte, gegen Serbien in den Krieg zu ziehen, war so überrascht, als Serbien auf praktisch alle exzessiven Forderungen Österreichs einging, daß er, nachdem er verkündet hatte, daß „jeder Grund für einen Krieg wegfällt", den Befehl erteilte, Wien solle zur Versöhnlichkeit angehalten werden. Aber der Sog der Gruppenfantasie war zu mächtig. Seine Untergebenen handelten so, als *hörten sie einfach nicht, was er sagte,* und der Krieg nahm gleichwohl seinen Lauf. Bethmann-Hollweg bemerkte damals: „Alle Regierungen ... und die große Mehrheit ihrer Völker sind zum Frieden geneigt, aber man hat die Richtung verloren, und der Stein ist ins Rollen gekommen."¹¹ Der Krieg schien eine gruppenpsychotische Episode zu sein, mit Denkmustern, bildsprachlichen Ebenen und Graden der Abspaltung und Projektion, die sich gewöhnlich nur in den begrenzten psychotischen Episoden von einzelnen finden, die jedoch temporär sind und denselben Menschen früher oder später völlig unbegreiflich erschei-

---

10   Max Montgelas und Walter Schücking (Hgg.), Outbreak of the World War: German Documents Collected By Karl Kautsky, Oxford 1924, 63, 307, 266, 161.
11   A. a. O., 250 ff. Die Unvermeidlichkeit der Bewegung auf den Krieg hin wie auch die meisten der anderen Irrationalitäten, die den Kriegsprozeß begleiten, wird am besten zusammengefaßt und angemessen mit Hinweisen ausgestattet bei Geoffrey Blainey, The Causes of War, New York 1973.

nen. Der manische Optimismus und die unvermeidliche Unterschätzung der Länge und Härte des Krieges, das Ansteigen der Paranoia gegenüber den Motivationen des Gegners (es ist sogar schon ein „Index der Paranoia" erstellt und graphisch festgehalten worden)[12], das Fehlen des Bewußtseins dafür, daß bei einem Kriegszug tatsächlich Menschen *sterben* würden: Diese und andere scheinbare Irrationalitäten sind allesamt Anzeichen dafür, daß eine mächtige Gruppenfantasie ausagiert wird. Welcher Art jedoch diese unbarmherzige Gruppenfantasie war – bei dieser Frage war ich völlig aufgeschmissen. Irgendein kontrollierender Prozeß hielt all diese Bilder und Einsichten zusammen, die ich aus dem vor mir liegenden Material gewonnen hatte. Aber ich hatte keine Ahnung, welcher das sein konnte und weshalb er für alle Beteiligten so zwingend zu sein schien.

Wie schon bei früheren Fällen, wenn das mir vorliegende Material mich verwirrt hatte, war ich überzeugt, daß hinter meiner Unfähigkeit, eine Antwort zu finden, Gründe persönlicher Abwehr steckten, und ich unternahm viele Versuche, meine Abwehrhaltungen niederzureißen. Ich war bestrebt, mich mit jenen Anführern, über die ich das meiste Material besaß, zu identifizieren, indem ich jede Biographie von Napoleon bis Hitler las, die ich ergattern konnte, und deren „freien Assoziationen" über die Ereignisse um sie herum zuzuhören versuchte. Ich versenkte mich einmal wochenlang in die Masse des Materials und untersuchte jeden Morgen meine Träume auf meine *eigenen* „Assoziationen" und Abwehrhaltungen. Nichts schien zu funktionieren. Ich war mehrere Monate lang völlig blockiert.

Im Januar dieses Jahres las ich *Business Week* und bemerkte ein Interview mit Henry Kissinger, in dem er erklärte, er hätte gelernt, daß „es leichter ist, in einen Krieg hineinzugeraten als wieder herauszukommen", und daß der einzige Fall, in dem die USA neuerlich einen Krieg führen würden, dann gegeben wäre, wenn sich „irgendeine tatsächliche Strangulierung" ereignete. Diese Bildsprache kam mir vertraut vor. Sie erinnerte mich insbesondere an etwas, was Kaiser Wilhelm II. und seine Berater 1914 immerzu sagten, daß nämlich „die Monarchie an der Kehle gepackt worden und dazu gezwungen ist zu wählen, ob sie sich strangulieren läßt oder eine verzweifelte Anstrengung unternimmt, um sich gegen diesen Angriff zu verteidigen", und daß „plötzlich ein Netz über unseren Kopf gewor-

---

[12] Ole R. Holsti und Robert C. North, The history of human conflict, in: Elton B. McNeil (Hg.), The Nature of Human Conflict, Englewood Cliffs, New Jersey, 1965, 166.

fen worden ist ... und wir uns isoliert in diesem Netz winden".[13] Ich erinnerte mich daran, daß mir, als ich das zum ersten Mal gelesen hatte, diese Gefühle unangemessen vorgekommen waren, zumal Deutschland in keiner Hinsicht am Ersticken war und England, das beschuldigt wurde, ihm das Netz über den Kopf zu werfen, sich Deutschland gegenüber zu dieser Zeit völlig friedlich verhielt. Nachdem ich mit den vielen „Umzingelungs"-Theorien vertraut war, mit denen Staaten ihre Kriegsführung rechtfertigten, war ich einmal mehr versucht, die Bildsprache als Rationalisierung abzutun, als ich mir aber selbst Einhalt gebot und sagte: „Nein! Sowohl Henry als auch Wilhelm scheinen hier sehr zuverlässig. Sie berichten mir, daß es sich *anfühlte*, als würden sie stranguliert werden, und sie folgerichtig Krieg führen mußten, und dieses eine Mal sollte ich ihren Gefühlen *trauen* und sehen, wohin sie mich führen." Ich holte noch einmal meinen Berg von Notizen vor und stellte bald fest, daß dies in der Tat die kontrollierende Fantasie gewesen war, die ich so lange übersehen hatte – Bilder davon, „stranguliert" und „erstickt" zu werden, sprangen mir von jeder Seite entgegen, die ich vor mir hatte. Mehr noch, die Kriegs-Strangulierung schien ausgelöst worden zu sein von einer Fantasie, sich im Geburtskanal zu befinden, „unfähig, einen Atemzug der Erleichterung zu nehmen", „unfähig, das Licht am Ende des Tunnels zu sehen", aber dennoch „gegen den eigenen Willen" zum „unerbittlichen Schlittern auf den Krieg zu" anzusetzen, angefangen mit dem unvermeidlichen „Bruch der diplomatischen Beziehungen", sich „mit nackter Gewalt" auf „den Abstieg in den Abgrund" hinzubewegen und schließlich in den „Krieg, der der Preis für die eigene Freiheit ist" „auszubrechen".

Es erübrigt sich zu sagen, daß ich immer noch sehr zögerte, die Wirklichkeit einer so unwahrscheinlichen, ja bizarren Gruppenfantasie von „Krieg als Geburt" zu akzeptieren. Doch schon eine bloß provisorische emotionale Akzeptanz der grundlegenden Geburtsthese machte den größten nur denkbaren Unterschied im Hinblick darauf, wie ich mit meinem Forschungsmaterial vorankam. Zum einen konnte ich erst jetzt damit beginnen, meine Kenntnis der psychoanalytischen Literatur zu üblichen Geburtsbildern in Träumen zu nutzen, in welchen Klaustrophobie und Erstickung immer dafür stehen, im Geburtskanal gefangen zu sein, Tatsachen, die mir im vorangegangenen Jahr, während ich versuchte, dem historischen Material einen Sinn abzugewinnen, völlig entgangen waren. Ich hatte natürlich bemerkt, daß die Anführer während des Auf-den-Krieg-Zuschlitterns

---

[13] Luigi Albertini, The Origins of the World War of 1914, Bd. II, Oxford 1952, 132; Imanuel Geiss (Hg.), July 1914: The Outbreak of the First World War: Selected Documents, New York 1967, 295.

sagten, sie fühlten sich „klein und hilflos", ich hatte aber die Wichtigkeit der Bildlichkeit nachhaltig abgeblockt. Daß da ein Kampf auf Leben und Tod um „ein wenig Raum zum Atmen" im Gange war, war augenfällig - wie Bethmann-Hollweg vor dem Reichstag im Zuge der Kriegserklärung am 4. August 1914 sagte: „Wer so bedroht ist wie wir und um seinen höchsten Besitz kämpft, kann lediglich erahnen, wie er sich seinen Weg nach draußen freihacken soll."[14] Doch auch die ganze Bildlichkeit von Geburtsträumen war präsent, wie sie Psychoanalytikern vertraut ist - Erdrosseln, Ertrinken, Erhängen, Ersticken, Erdrücktwerden in Räumen oder Tunnels. In der Psychoanalyse stehen diese Bilder für den Versuch des Patienten, den angstauslösenden Druck der Wehenkontraktionen und das nachgeburtliche Schnappen nach Luft zu wiederholen und in der Wiederholung zu bewältigen. Dieses neuerliche Durchleben zeigt an, daß Geburtstraumata bei den meisten Erwachsenen noch sehr lebendig sind, insbesondere bei solchen, deren regressives Bedürfnis nach neuerlicher Verschmelzung mit der Mutter durch inadäquates elterliches Verhalten lebendig gehalten wurde.[15] Nicht nur haben Psychoanalytiker diese Bilder traditionellerweise in Träumen vorgefunden,[16] in jüngerer Zeit hat Arthur Janov auch entdeckt, daß Patienten in der Primärtherapie regelmäßig sogenannte „Geburts-Primals" haben, bei denen sie ihre eigenen Geburtsvorgänge mit großer Detailtreue neuerlich durchleben, und daß nach diesen Wiedererlebnissen enorme psychische wie physische Veränderungen stattfinden.[17]

Beim Versuch, all diesen Gedankensträngen einen Sinn abzugewinnen, stellte ich fest, daß es nicht so aussah, als würde die *Wirklichkeit* - die physische Wirklichkeit - die Anführer dazu bringen, sich wie strangulierte Babys zu fühlen. Henry Kissinger und der Kaiser waren zu dem Zeitpunkt, als sie Gefühle wie im Geburtskanal zu ersticken zu äußern begannen, tatsächlich keineswegs mehr in Kriegsgefahr als ein Jahr zuvor, als sie solche Gefühle nicht geäußert hatten. Was die amerikanische Wirtschaft tatsächlich „strangulierte", waren eher die in den vorangegangenen zwei Jahrzehnten für Kriegsmaterial ausgegebenen 1,5 Billio-

---

[14] Ralph H. Lutz, Fall of the German Empire 1914-1918: Documents of the German Revolution, Bd. I, Stanford 1932, 13.
[15] Zu den unterschiedlichen Ebenen der Elternschaft in der Geschichte vgl. Lloyd deMause (Hg.), Hört ihr die Kinder weinen. Eine psychogenetische Geschichte der Kindheit, Frankfurt am Main 1977.
[16] Nandor Fodor, The Search for the Beloved: A Clinical Investigation of the Trauma of Birth and Pre-Natal Conditioning, New Hyde Park 1949, 35-45.
[17] Arthur Janov, The Feeling Child: Preventing Neurosis in Children, New York 1973, 41-81.

nen Dollar als die gegenwärtige Ölsituation, und der Eindruck, das kleine Serbien sei tatsächlich in der Lage, Mitteleuropa zu „strangulieren", war völlig grotesk. Als ich mein Material durchsah, kam ich im Gegenteil darauf, daß Staaten, die *tatsächlich* umzingelt waren, wie Serbien selbst oder Polen 1939, sich *nicht* in solchen Bildern ausdrückten, während Länder, die bei Kriegsbeginn *sehr wohl* sagen, sie fühlen sich umzingelt, wie Deutschland 1939, dies dann *nicht* mehr behaupten, wenn das Kriegsgeschehen sich gegen sie gewendet hat und sie tatsächlich umzingelt sind (so gibt es zum Beispiel kein einziges Geburtsbild in Hitlers *Geheimen Tischreden* von Juli 1941 bis November 1944). Es ist die *Gruppenfantasie*, eine psychische, nicht materielle Wirklichkeit, die aus bislang unbekannten Gründen Staaten dazu veranlaßt, Gefühle wie dasjenige, in einem Geburtskanal stranguliert zu werden, auf ihre Anführer überfließen zu lassen, und welche diesen dann den Eindruck verschafft, daß nur die extreme Lösung, einen Krieg zu führen und sich ihren Weg durchzuhacken, die Möglichkeit zur Erleichterung dieses Gefühls bietet.

Es dauerte nun nicht mehr lange, bis ich gewahr wurde, daß Kriege in derselben Abfolge verlaufen wie Geburten. Sie entwickeln sich aus einem Zustand, der der Schwangerschaft ähnelt, wobei die Luft voll von Gefühlen großer Erwartung ist, ein Eindruck, auf den sich William Yancey, der Leiter der Delegation Alabamas auf dem Sezessions-Kongreß der Demokraten 1860, vor einer Versammlung ergriffener Zuhörer als auf „einen ruhenden Vulkan" bezog, der drohte, „ein großer ausbrechender Vulkan" zu werden.[18] Bald darauf scheint es so, „daß jeder Tag mit irgend einem neuen Ereignis schwanger geht".[19] Die Anführer der Nation finden sich selbst in dem wieder, was Kaiser Wilhelm „als die nervöse Anspannung, in deren Würgegriff Europa sich seit den letzten paar Jahren befindet"[20], bezeichnet oder Admiral Shimada bei einem noch vor Pearl Harbor stattfindenden Treffen als „ein dichtes, spannungsgeladenes Gefühl des Eingeschlossenseins" beschrieben hat, das in der Luft liege. Die Nation war bald der Ansicht, daß sie „sich des unerträglichen Drucks, dem sie unterworfen ist, entledigen (mußte) ... um sich selbst aus der verzweifelten Position, in die sie verwickelt war, herauszuziehen ..., um wenigstens eine Atempause zu erlangen".[21] Die Nation scheint, wie der Kongreßmann Brinton 1917 sagte, von etwas gebannt zu sein, das sich wie ein „unsichtbares Energiefeld" anfühlte. „Meine Herren, es liegt

---

[18] Bruce Catton, The Coming Fury, Garden City, New York, 1961, 32.
[19] William Eddis, Letters from America, Cambridge, Massachusetts, 1969, 151.
[20] Montgelas/Schücking, *Outbreak*, 56.
[21] Herbert Feis, The Road to Pearl Harbor, Princeton 1950, 293, 265.

etwas in der Luft", sagte er zu seinen Abgeordneten-Kollegen, „etwas Stärkeres, als Sie und ich begreifen und dem wir uns nicht widersetzen können, etwas, das uns körperlich zu ergreifen und uns buchstäblich dazu zu zwingen scheint, für diese Kriegserklärung zu stimmen...".[22] Kurz danach werden die diplomatischen Beziehungen „abgebrochen", „die Vergangenheit legte ihre Hand auf die Schulter der Gegenwart und trieb sie der dunklen Zukunft entgegen"[23], und der „Abstieg in den Abgrund" beginnt, da die Nation zu ihrem „finalen Sprung über die Grenze" ansetzt.

Wenn die Entscheidung für den Krieg endlich gefallen ist, beherrscht zwangsläufig enorme Erleichterung die Gefühlslage. Als Deutschland Frankreich 1914 den Krieg erklärte, wurde dies, so sagte der Kronprinz, als ein willkommenes Ende der stetig ansteigenden Spannung, ein Ende des Alptraums der Umzingelung aufgenommen. „Es ist eine Freude zu leben", frohlockte eine deutsche Zeitung am selben Tag; Deutschland „jubelte vor Glück".[24] Und als ein halbes Jahrhundert zuvor in Amerika Fort Sumter fiel, erlebten sowohl der Norden als auch der Süden die gleiche Erleichterung darüber, daß „etwas Unerträgliches ein Ende gefunden hatte". Die Massen drehten durch, sie lachten, schwenkten Fahnen, wurden von Begeisterung erfaßt. „Der Ofen brennt. Ich habe vorher nicht gewußt, was eine Volkserregung bedeuten kann", schrieb ein Bostoner Kaufmann, der die jubelnden Massen beobachtete, und der Korrespondent der *London Times* beschrieb das gleiche im Süden – „glühende Gesichter, wilde Augen, kreischende Münder", welche die *Dixie*-spielenden Bands übertönten.[25]

Wenn die Kriegsankündigung gleichbedeutend mit dem tatsächlichen Moment der Geburt war, so fragte ich mich, wie weit diese Detailtreue getrieben werden konnte. Wäre es etwa zu weit hergeholt, sich vorzustellen, daß man im historischen Material Belege für das explosive Schnappen des Neugeborenen nach dem ersten Luftzug finden könnte, das gewöhnlich von einem Klaps auf den Rücken begleitet wird? Ich mußte den Blick zur Bestätigung meiner Ahnung nicht allzu weit heben. Indem ich noch einmal meine Notizen nach den tatsächlichen Gefühlen durchsuchte, die von jenen geäußert wurden, welche genau in dem Moment, als der Krieg erklärt worden war, zugegen waren, entdeckte ich mehrere deutliche Beispiele, bei denen eine *tatsächliche Geburtsentladung* halluziniert

---

[22] Richard W. Leopold und Arthur S. Link (Hgg.), Problems in American History, New York 1965, 762.
[23] Feis, *Pearl Harbor*, 293.
[24] Barbara Tuchman, The Guns of August, New York 1962, 121.
[25] Catton, *Fury*, 325.

worden war. Als etwa Lincoln seine Proklamation, welche Truppen zur Verteidigung der Union anforderte (eine Handlung, die von allen als der Beginn des Bürgerkriegs erkannt wurde), herausgegeben hatte, zog er sich allein in sein Zimmer zurück, „und ein Gefühl überkam ihn, als wäre er absolut verlassen und hilflos ... plötzlich hörte er ein Geräusch wie das Donnern einer Kanone ... Die Dienerschaft des Weißen Hauses, die er danach befragte, hatte nichts gehört ... Auf dem Weg [nach draußen] traf er auf mehrere Personen, von denen er einige fragte, ob sie nicht so etwas wie Kanonendonner gehört hätten. Niemand hatte irgendetwas gehört, und so nahm er an, es müsse sich wohl um eine Laune seiner Einbildungskraft gehandelt haben."[26] In ähnlicher Weise erinnerte sich einer derjenigen, die anwesend waren, als Chamberlain 1939 vor dem britischen Kabinett erschien und verkündete: „Richtig, meine Herren, das bedeutet Krieg!" an folgendes: „Kaum hatte er das gesagt, als es einen gewaltigen Donnerschlag gab, und der ganze Kabinettssaal wurde von einem blendenden Blitzlicht erleuchtet. Es war der ohrenbetäubendste Donnerschlag, den ich je in meinem Leben gehört habe. Er erschütterte regelrecht das Gebäude."[27] Die Geburtsentladung schien erst stattzufinden, nachdem emotional anerkannt worden war, daß die Geburtskrise beendet war – sie fand beispielsweise *nicht* statt beim ersten tatsächlichen Schußwechsel im Zuge der Belagerung von Fort Sumter. In der Tat konnte die Geburtsentladung sogar halluziniert werden, wenn die Mitteilung, daß der Krieg begonnen habe, fälschlich überbracht wurde. Als man Hitler 1938 mitteilte, daß die tschechischen Truppen sich in Bewegung setzten, und es so aussah, als begänne nun der lang vermiedene Krieg in Europa, sagte sein Berater Paul Schmidt, es sei gewesen, als wäre in der Todesstille dieser paar Minuten ein „großer Paukenschlag" erklungen.[28] Diese Geburtsentladung war in der Tat deshalb so notwendig, da die Anführer, eingeschlossen Woodrow Wilson und F. D. Roosevelt, immer solange aufs Zögern bedacht waren, ihre Länder in Kriege zu verwickeln, bis sie die Ekstase (und Erleichterung) des Kriegsschreis der Geburt spüren konnten. Wie Wilson selbst es ausdrückte, als eines der Mitglieder seines Kabinetts ihm zu Beginn des Jahres 1917 sagte, daß Amerika ihm folgen werde, wenn er es in den Krieg führte:

---

[26] Carl Sandburg, Abraham Lincoln: The War Years, Bd. 1, New York 1939, 236 f.
[27] Sidney Aster, 1939: The Making of the Second World War, New York 1973, 387.
[28] Paul Schmidt, Statist auf diplomatischer Bühne 1923-45, Bonn 1949, 413.

Nun, das ist es nicht, worauf ich warte; das ist nicht genug. Wenn sie nicht mit einem Schlachtruf hineingehen können, hat es keinen Sinn, daß sie überhaupt hineingehen.[29]

Je mehr ich die Worte von Anführern untersuchte, umso deutlicher erkannte ich, daß allen *bewußt zu sein* schien, daß der Krieg eine Gruppenfantasie der Geburt war, gegen die man fast vergeblich ankämpfte. Bei der Kuba-Krise etwa war es erst möglich, den Krieg zwischen den USA und der Sowjetunion zu vermeiden, nachdem Chruschtschow an Kennedy geschrieben und dafür plädiert hatte, die zwei Nationen sollten es nicht „zu einem Zusammenprall kommen lassen wie blinde Maulwürfe", die einander in einem Tunnel[30] zu Tode bekämpfen. Noch deutlicher ist das Codewort, das vom japanischen Botschafter Kurusu benutzt wurde, als er Tokio anrief, um zu signalisieren, daß die Verhandlungen mit Roosevelt gescheitert waren und daß es in Ordnung war, mit der Bombardierung von Pearl Harbor fortzufahren. Gezwungen, aus dem Stand einen Gesprächscode zu erfinden, anhand dessen Tokio erkennen können sollte, daß der Krieg zu beginnen sei, verkündete Kurusu, daß die „Geburt eines Kindes" unmittelbar bevorstehe, und fragte, wie die Dinge in Japan stünden. „Sieht es so aus, als könne ein Kind geboren werden?" „Ja", lautete die Erwiderung, „die Geburt des Kindes scheint bevorzustehen!" Das einzige Problem war, daß der amerikanische Geheimdienst, der mithörte, den Sinn des „Krieg-als-Geburt"-Codes sofort erkannte.[31]

Die Bildsprache vom Krieg als Geburt schien in früheste Zeiten zurückzureichen. Numa errichtete Janus, dem römischen Gott der Schwellen und Bogengänge, einen bronzenen Tempel, und wann immer Rom in den Krieg zog, wurden die riesigen Doppeltüren geöffnet, ein vertrautes Traumbild für die Geburt. In der Folge übernahmen Nationen, wenn ein Krieg begann, diese römische Bildsprache und erklärten, ganz wie die *Chicago Tribune* an dem Tag, als Lincoln Truppen anforderte: „Die Tore des Janus sind offen; der Sturm steht uns ins Haus." Offenbar hat kein amerikanischer Krieg bisher ohne Geburts-Bildersprache auskommen können, von der Amerikanischen Revolution, die mit Bildern von Geburt und Trennung vom Mutter-Land und dem, was Samuel

---

[29] Joseph P. Tumulty, Woodrow Wilson As I Knew Him, New York 1921, 235.
[30] Robert F. Kennedy, Thirteen Days: A Memoir of the Cuban Missile Crisis, New York 1969, 89.
[31] John Toland, The Rising Sun: The Decline and Fall of the Japanese Empire, 1936-1945, New York 1970, 174 f.

Adams als den Kampf um „das Kind Unabhängigkeit ..., das gerade um seine Geburt ringt"[32], bezeichnet hat, voll war, bis zum Vietnam-Krieg, der als „ein sumpfiges Loch, in das du hineingesogen worden bist", begann, sich bald darauf in einen „bodenlosen Abgrund" und ein „Teer-Baby", von dem du dich nicht trennen konntest[33], verwandelte und mit einem *baby airlift* endete[*].
Ein Teil der Kriegssymbolik ist ganz offen und transparent– man braucht kaum einen Psychoanalytiker, um die Nachricht zu interpretieren, die General Groves an Präsident Truman kabelte, um zu berichten, daß die erste Atombombe erfolgreich gewesen sei („Das Baby wurde geboren"), oder um die Bildsprache der Hiroshima-Bombe namens *Little Boy* und des Flugzeugs, aus dessen Bauch sie geworfen und das nach der Mutter des Piloten benannt wurde, zu erfassen. Ein anderer Teil der Symbolik wird gleichwohl erst begreiflich, wenn man sich mit der psychoanalytischen klinischen Erforschung von Geburtsträumen vertraut macht. Obwohl mir die Literatur größtenteils bereits bekannt war, von Ranks Buch über das Geburtstrauma bis zu Janovs umfangreicher Arbeit über das Wiedererleben der Geburt im Zuge der Primärtherapie, entdeckte ich eine ganze neue Bandbreite von Bildern, sobald ich mich durch noch umfassendere Lektüre im Feld der Forschung über Geburtsträume dafür sensibilisiert hatte. Ich entdeckte zum Beispiel ein wenig bekanntes Buch, das 25 Jahre zuvor von dem Psychoanalytiker Nandor Fodor geschrieben worden war, mit dem Titel *The Search for the Beloved: A Clinical Investigation of the Trauma of Birth and Prenatal Conditioning*, ein Buch, das zum Zeitpunkt seines Erscheinens nur ignoriert wurde, weil es seiner Zeit so weit voraus war. Es enthält zum Beispiel eine vollständige Beschreibung der Gewalttätigkeit „normaler" Geburtsmethoden, die in jedem Punkt jene Frederick Leboyers antizipiert,[34] sowie zudem einen Vorschlag, wie die Psychotherapie das Geburtstrauma heilen könne, der im voraus vieles von Arthur Janovs Arbeit darlegt.
Eines der Geburtssymbole, auf die Fodor die Aufmerksamkeit lenkt, ist das Bild – oder öfter noch der Alptraum – des Feuers. Sowohl Leboyer als auch Fodor

---

[32] Henry Steele Commager und Richard B. Morris (Hgg.), The Spirits of Seventy-Six, Bd. I, New York 1970, 294.

[33] David Halberstam, The Best and the Brightest, New York 1969, 249, 601, 617. – *Tar baby* konnotiert zugleich die Liaisonen amerikanischer Soldaten mit vietnamesischen Frauen (die *tar*, dunkleres Blut, in ihren Adern haben) sowie deren prokreative Resultate, die Mischlingskinder. (A.d.Ü.)

[*] Eine Luftbrücke, mittels derer die US-Soldaten ausgeflogen wurden (A. d. Ü.).

[34] Frederick Leboyer, Birth Without Violence, New York 1975 (dt. Geburt ohne Gewalt, München ^{8}1995).

zufolge ist die Haut des Neugeborenen extrem sensibel und empfindet sowohl während der langen Stunden der Wehen als auch unmittelbar nach der Geburt Gefühle, als ob sie am Verbrennen wäre, insbesondere wenn der Raum kälter als 36° C ist oder das Baby in rauhe Leibwäsche eingewickelt wird.[35] Ist man sich dessen einmal bewußt, so ist das historische Bild vom Krieg als einem „verwüstenden Feuer" leichter zu begreifen. Wie die Geburt in Träumen dadurch symbolisiert werden kann, in einem brennenden Haus eingeschlossen zu sein, besteht darüber hinaus ein großer Teil der Kriegsführung darin, einfach Feuer an Menschen und Dingen zu legen, auch wenn das mehr Kosten als Nutzen bringt, wie im Fall der „strategischen Bombardierung" Europas im Zweiten Weltkrieg. Krieg und Feuersbrunst scheinen so innig miteinander verbunden zu sein, daß Truppen dazu getrieben werden, Dörfer in Brand zu stecken, auch wenn diese denen gehören, die angeblich Verbündete sind, wie in Vietnam. Der Impuls, Menschen und Orte in Brand zu stecken, übersteigt anscheinend jedes andere Kriegsziel.

Fodors Buch enthält ähnlich viele Bezugnahmen auf ein anderes Traumbild für die Geburt – das Hinabfallen oder Hinunterspringen von Türmen. Dies ist natürlich eine Wiederholung des Geburtsmoments selbst, der ein Kopfüber-nach-unten-Fallen impliziert und die instinktive Angst des Babys vor dem Fallen sowie den Greifreflex aktiviert. Nur wenn man sein „inneres Ohr" auf dieses Bild eingestellt hält, wird es offenkundig, daß viele Anführer in entscheidenden Momenten das Thema des „Hinunterspringens von Türmen" benutzen, um Krieg-als-Geburt-Botschaften zu übermitteln. Als etwa Japan gerade dabei war, sich zu entscheiden, gegen Amerika in den Krieg zu ziehen, wurden seine Anführer mit einem umfangreichen Bericht konfrontiert, der gut dokumentiertes Belegmaterial dafür enthielt, daß Japan Amerika auf jedem Gebiet der potentiellen und tatsächlichen Kriegsführung im Verhältnis von mindestens 1:10 unterlegen war und daher unmöglich gewinnen konnte. Nachdem sie sich jedoch in dem Stadium des Gruppenprozesses befanden, der das „Auf-den-Krieg-Zuschlittern" unvermeidlich machte, betrachtete Premierminister Tojo diesen überzeugenden Beweis, daß Japan den Krieg nicht gewinnen konnte, und verkündete: „Es gibt Zeiten, da wir den Mut haben müssen, außergewöhnliche Dinge zu tun – wie mit geschlossenen Augen vom Vordach des Kiyomizu-Tempels zu springen!"[36] In ähnlicher

---

[35] Anläßlich einer persönlichen Unterhaltung mit Dr. Leboyer bei der *Tarrytown Conference on Birth Without Violence* am 19. April 1975; Fodor, *Search*, 16, 93–103.

[36] Toland, *Rising Sun*, 112.

Weise verglich der französische Außenminister zur Zeit des Münchner Abkommens den Krieg mit dem „Springen vom Eiffelturm".³⁷

Als ich die wiederholte Untersuchung meines historischen Materials abgeschlossen hatte, war offensichtlich geworden, daß all die „unschuldigen Babys", die in Kriegen getötet – und manchmal auch gerettet – werden, nicht einfach nur Randthemen, Kriegsunfälle darstellten, sondern daß *Babys vielmehr das Herz der zentralen Kriegsfantasie waren*. Bedenken Sie, wie oft Kriege mit Gerüchten beginnen, der Feind „schlitze schwangeren Frauen den Bauch auf", ob mit türkischen Bajonetten oder den hölzernen Pfählen der Roten Khmer.³⁸ Bedenken Sie, wie oft Kriege mit „Baby-Rettungs"-Missionen enden, ob beim amerikanischen *baby lift* aus Vietnam oder den *Lebensborn*-Projekten der Nazis in Europa, bei denen Babys aus besetzten Ländern entführt, mit Instrumenten, die denen der Obstetrik ähneln, auf ihre rassische Eignung geprüft und dann entweder als ungeeignet ermordet oder heim nach Deutschland geschickt wurden, um dort als Arier erzogen zu werden. Bedenken Sie, wie oft das Töten von Babys – wie im Prozeß gegen Calley – zum emotionalen Wendepunkt eines Krieges wird, und wie die Öffentlichkeit, sobald sie einmal begriffen hatte, daß *Amerikaner tatsächlich Babys töteten* (was sie natürlich die ganze Zeit getan hatten), dem Krieg ihre Unterstützung entzog. Es wird bald augenfällig, daß – wie Fodor in seiner Geburtstraum-Forschung herausgefunden³⁹ und Melanie Klein klinisch entdeckt hat⁴⁰ – das Ausbrechen aus dem Geburtskanal zugleich auch das Einbrechen *in* den Körper der Mutter bedeutet und daß die Verschmelzung dieser beiden Fantasien das Wesen der Krieg-als-Geburt-Fantasie ausmacht, bei der Invasionen benachbarter Länder unternommen werden müssen, um der „Umzingelung" zu entkommen, während der Invasor zugleich das Bedürfnis hat, die bösen Babys im Körper der Mutter, die verhaßten Geschwister, den verdorbenen Inhalt des Mutterleibs unter Kontrolle zu haben und zu zerstören. Daß es in den fremden Ländern infantilisierte böse Babys gab, die eliminiert – oder manchmal gerettet – werden mußten, darauf verwies wesentlich mehr als nur meine Kleinianischen Neigungen. Das historische Material war voll von dieser Bildsprache. So begann Hitler den Zweiten Weltkrieg nicht nur, weil er das Gefühl hatte, Deutschland

---

37 Laurence Thompson, The Greatest Treason: The Untold Story of Munich, New York 1968, 112.
38 Robert Sam Anson, Withdrawal Pains, in der *New Times* vom 21. März 1975, 25.
39 Fodor, *Search*, 253 ff.
40 Melanie Klein, Narrative of A Child Analysis, New York 1960 [dt. Darstellung einer Kinderanalyse. 2 Tle., Stuttgart 1999 (=Gesammelte Schriften, Bd. IV)].

brauche *Lebensraum**, sondern auch, weil er die guten (deutschen) Babys in den benachbarten Staaten retten und die bösen (jüdischen, polnischen) umbringen mußte. Die Blutsbande, welche die Mutter an jene Babys binden, die gerettet werden sollten, lagen schon in der Bildsprache der Eingangsworte von *Mein Kampf* deutlich zutage:

> Deutschösterreich muß wieder zurück zum großen deutschen Mutterlande, und zwar nicht nur aus Gründen irgendwelcher wirtschaftlichen Erwägungen heraus. (...) *Gleiches Blut gehört in ein gemeinsames Reich.* Das deutsche Volk besitzt so lange kein moralisches Recht zu kolonialpolitischer Tätigkeit, solange es nicht einmal seine eigenen Söhne in einen gemeinsamen Staat zu fassen vermag.[41]

Doch neben diesen wenigen guten Babys, die es verdienen, gerettet zu werden, sind die meisten Babys doch verhaßte Besetzer des Körpers der Mutter und müssen eliminiert werden. In der Tat hat sogar die Verwendung von Giftgas in der Absicht des Genozids (zu Beginn des Jahres 1939) mit der Vergasung psychisch kranker und mißgebildeter *Kinder* begonnen und wurde erst zwei Jahre später auf Juden und andere ausgedehnt,[42] alles gleichermaßen böse Babys, alle erzeugt von demselben emotionalen Ablade-Mechanismus, der oben im Abschnitt über äußere und innere Abort-Objekte beschrieben wurde. Denn am Ende muß das Kind ohnehin sterben, und die moderne Kriegsführung ist, was das Ausführen der Impulse der Menschheit zum Mord an der Nachkommenschaft angeht, genauso effektiv, wie es früher Kindsopfer und Kindsmord waren.[43]

---

* Im Original deutsch. (*A.d.Ü.*)

[41] Adolf Hitler, Mein Kampf, München 1939, 1 (Hervorhebung im Original).

[42] Lucy S. Dawidowicz, The War Against The Jews 1933-1945, New York 1975, 132.

[43] Als ich diesen Artikel schrieb, kam ich darauf, daß ich dem Wesen dieser Baby-Bildersprache bereits mehr als ein Jahr zuvor anhand der brillanten Aphorismen Henry Ebels in *The First Part of the Revelation of Moses the Son of Jehoshar* (Fort Lee, New Jersey, 1973, 58 f., 102, 106) begegnet war, wo er schildert, wie „auch aus Dresden, Berlin, Hiroshima und Nagasaki stickige und heiße Mutterleiber (*chokewomb hot-wombs*)" gemacht wurden und wie „die Menschen sich über die ruhige Bestialität wundern, mit der die Nazis Babys und Säuglinge und Kinder umbrachten. Aber das war genau der Punkt. Auch die hilflosen Erwachsenen, die sie abschlachteten, waren für sie ‚Kinder'. Wenn sie soviele Babys wie möglich verschlangen, dann würden sie vielleicht selbst nicht verschlungen werden. Wenn sie immer mehr Babys in den stickigen und heißen Mutterleib hineinstießen, dann würde Mama SIE vielleicht verschonen".

Der Punkt dieses Ausflugs in die Methodologie psychohistorischer Entdeckung ist der, daß es wesentlich mehr bedarf als der technischen Ausbildung des Psychohistorikers, um zu einem spezifischen Moment der Entdeckung in der Psychohistorie etwas beizutragen. Sicherlich waren sowohl mein historisches als auch mein psychoanalytisches Wissen hilfreich – ich mußte wissen, wie man sich in der Literatur beider Bereiche bewegt –, in einem tieferen Sinne jedoch führte jedes Moment meiner eigenen emotionalen Entwicklung bei der Erkenntnis der Bildersprache der Geburt im Krieg zum Durchbruch. Das geht weit über mein eigenes offenkundiges Interesse am Kausalzusammenhang des Krieges in den vorangegangenen beiden Jahrzehnten hinaus und hat überhaupt nichts mit irgendeiner theoretischen Neigung für die Bildersprache des Geburtstraumas zu tun, zumal ich weder Rankianer noch Anhänger Janovs war. Weit entscheidender waren zum Beispiel die langen Stunden irgendwann im Laufe des siebenten oder achten Jahres meiner persönlichen Psychoanalyse, als ich damit rang, Träume vom Ertrinken und Versinken in einem Strudel oder in Treibsand wieder zu durchleben und Sinn in ihnen zu finden, oder die Hunderte von Stunden, die ich mit meinem Sohn verbrachte, als er zwei Jahre alt war und wir vorgaben, wir wären Babys in Mamas Bauch, im Dunkeln unter der Bettwäsche herumkrabbelten und so taten, als fielen wir unter „Hilfe! Rette mich!"-Schreien aus dem Bett, weil dies das endlose Spiel war, das meinem Sohn einen starken Sinn für die Lust an der Überlegenheit zu vermitteln schien. Die Psychohistorie ist wie die Psychoanalyse eine Wissenschaft, bei der die *Gefühle* des Forschers ebenso sehr oder sogar mehr Teil seiner Forschungsausrüstung sind wie/als seine Augen oder seine Hände. Wie die Augen, so sind auch Gefühle nicht unfehlbar; sie führen oft zu Verzerrungen und ähnlichem, nachdem die Psychohistorie aber auf die menschliche Motivation abhebt und die Entdeckung und das Abwägen komplexer Motive *nur* durch die Identifikation mit den Menschen, die Handlungen setzen, durchgeführt werden können, behindert die herkömmliche Unterdrückung allen Gefühls, die von beinahe jeder „Wissenschaft" gepredigt und befolgt wird, den Psychohistoriker in demselben Maße, wie es einen Biologen behindern würde, wenn man ihm die Verwendung eines Mikroskops untersagte. Die *emotionale* Entwicklung eines Psychohistorikers ist daher ebenso sehr Gegenstand der Diskussion wie seine intellektuelle Entwicklung. Daß sie eine persönliche Psychoanalyse zur allerersten Voraussetzung hat, versteht sich von selbst, genauso wie im Falle des Psychoanalytikers. Ich meine aber auch, daß sie über dieses formale Erfordernis hinausgeht.

Ich muß offen eingestehen, daß ich – als ein Ergebnis meiner persönlichen Kontakte zu vielleicht tausend Historikern in der ganzen Welt im vorangegangenen Jahrzehnt, sowohl in Verbindung mit dem Projekt der Geschichte der Kindheit als auch bei der Etablierung des *Journals* – nicht mehr glaube, daß die meisten traditionell vorgehenden Historiker emotional hinreichend ausgerüstet sind (und das ist auch mit Ausbildung nicht wettzumachen), ihre Gefühle als psychohistorische Forschungsinstrumente einzusetzen, obgleich es eine ganze neue Generation von Psychohistorikern gibt, die gerade zu arbeiten beginnt und dazu *sehr wohl* in der Lage ist. Von einem typischen Historiker zu erwarten, daß er Psychohistorie betreibt, ist wie einen Blinden zu lehren, Astronom zu sein, so sehr ist er jedem psychologischen Einblick in sich selbst oder in sein historisches Material seitens *jeder* modernen psychologischen Schule abhold. Es gibt komplexe historische Gründe für diese Tatsache, die mit dem charakteristischen Prozeß der Autoselektion an den Universitäten in den vergangenen Jahrzehnten zu tun haben wie auch mit dem Prozeß, durch den die Geschichtsinstitute so viele emotional zugängliche Studenten an die Psychologie verloren haben. Im Lichte dieser Tatsache versuche ich, wann immer ich einem Wissenschaftler gegenüber von der emotionalen Entwicklung spreche, die notwendig ist, um einen guten Psychohistoriker abzugeben, und einen verblüfften Blick des völligen Unverständnisses ernte, einen Weg zu finden, das Thema Psychohistorie überhaupt sein zu lassen. Mein Gegenüber befindet sich für gewöhnlich in einer anderen Diskurswelt, in der emotionale Reaktionen als nicht entscheidend im Hinblick auf die Resultate betrachtet werden.

Eine letzte Veranschaulichung wird diesen Punkt weiter ausführen. Viele Jahre lang habe ich mich gefragt, warum ich als Radikaler und Anti-Nationalist nichtsdestoweniger fast zu Tränen gerührt war, wenn ich mit meinem Sohn dastand und einer Parade von Marschmusik-Kapellen zuschaute. Die Versuchung war groß, das Gefühl abzuschütteln oder ihm ein Etikett zu geben, das dem Unbehagen auszuweichen erlaubte, aber ich war so betroffen von diesem Gefühl, von Militärmusik aufgewühlt zu werden, daß ich mich dazu bemüßigt fühlte, meinen Tisch in der *New York Public Library* zu verlassen, wann immer ich die Musik einer Militärkapelle hörte, die die *Fifth Avenue* hinunterzog, nur um zu sehen, ob ich mein Gefühl festmachen und seine Macht über mich verorten könne. Wenn ich Kollegen, die mich zu dieser Zeit begleiteten, etwas seltsam erschienen bin, so sei dem, wie dem sei – ich mußte versuchen, diese Frage zu beantworten, die durch und durch psychohistorisch war. Erst nach der Entdeckung der Krieg-als-Geburt-These kehrte mein Denken zu der Frage zurück, warum die Kapellen mich so bewegten – nun ahnte ich, daß ich die Antwort wußte. Ich nahm zur nächsten Parade eine Stoppuhr mit und maß die Taktschläge der Kapelle. Sie ertönten mit einer Häufigkeit von etwa 110 bis 130 Schlägen pro Minute. Dann maß ich Populärmusik von der üblichen berieselnden Art im Radio – 70 bis 80 Schläge pro Minute. Als ich diese Werte mit dem Geburtshilfe-Arzt meiner Frau verglich, stellte ich fest, daß der normale Herzschlag bei etwa 75 Schlägen pro Minute liegt und der erhöhte Herzschlag einer Frau während einer Wehenkontraktion bei etwa 110-150 Schlägen pro Minute. Offenbar war ich, während ich der Parade zuschaute, ein Baby, das gerade geboren wurde, ergriffen und getragen vom Herzschlag meiner Mutter, ob mir danach war oder nicht, und die Tränen in meinen Augen galten der bevorstehenden Trennung von meiner Mutter! Womöglich nicht der Welt allerwichtigste Entdeckung, doch eine durch und durch psychohistorische – und obwohl ihre *Bestätigung* als Möglichkeit vielleicht jedem offensteht, der den üblichen wissenschaftlichen Kanons von Wahrheit folgt, stand ihre tatsächliche *Entdeckung* nur dem Psychohistoriker mit seinen ganz eigentümlichen Persönlichkeitszügen und seiner Lebensart offen, die notwendig sind, um die eigenen Emotionen als Hilfsmittel zur Erforschung der Gruppenfantasie einsetzen zu können.

Was alles nicht bedeuten soll, daß ich Befriedigung darüber empfunden hätte, mit dem Krieg-als-Geburt-Paradigma die letzte „Ursache" des Kriegs gefunden zu haben. Seltsamerweise zielt die Wissenschaft nicht sonderlich darauf ab, Ursachen zu entdecken – sie versucht, Probleme zu lösen, die für ihre eigene innere Entwicklung interessant sind, und Ursachen sind oft das Nebenprodukt dieses Problemlösens. Was ich mit meiner Forschung getan hatte, war meines Erachtens etwas für die Psychohistorie sogar noch Entscheidenderes, als eine Ursache zu finden: *Ich hatte die Frage, die ich zunächst gestellt hatte, geändert.* Ich hatte ein neues Problem definiert, das in eine neue theoretische Struktur eingebettet war, die nach meinem Gefühl sowohl sehr fruchtbar als auch empirisch überprüfbar sein konnte, und ich war nun in der Lage, eine ganze Reihe neuer Fragen zu stellen wie: Warum projizieren Nationen in manchen Momenten ihrer Geschichte Geburtsgefühle auf ihre Anführer und in anderen nicht? Welche Mittel werden verwendet, um diese Projektionen mitzuteilen? Sind diese Geburtsbilder Abwehrmittel gegen andere psychische Zustände in der Führungsgruppe oder der Nation? Stellten einige Kriege Ausnahmen vom Krieg-als-Geburt-Paradigma dar, und wenn ja, mit welcher motivationalen Bildersprache ersetzten sie es? Gibt es charakteristische Entwicklungsmuster der Bildersprache des Kriegs? Warum finden Gruppenfantasien in dermaßen grotesk übertriebener Zeitlupengeschwindigkeit statt, bei der es Monate und Jahre braucht, um Ereignisse auszuagieren, die ursprünglich nur einige Stunden gedauert haben, während genau dieselben Bilder in Träumen zu Minuten verdichtet werden?

Die Fähigkeit, neue Fragen hervorzubringen, ist nachgerade das Gütesiegel einer Wissenschaft. Die Physik weitete sich im 17. und 18. Jahrhundert nicht deshalb so schnell aus, weil die Physiker klüger gewesen wären als die anderen Wissenschaftler in ihrem Umfeld. In mancherlei Hinsicht waren diese frühen Wissenschaftler bezüglich ihrer Erziehung und eines umfassenden Wissens über ihre Lebenswelt ziemlich eingeschränkt. Der gleiche Grundsatz gilt für die Psychohistoriker, die dort erfolgreich zu sein hoffen, wo die Historiker daran gescheitert sind, eine wissenschaftliche Erklärung für die historische Motivation zu liefern. Die Psychohistoriker können das nicht erreichen, weil sie klüger wären als die Historiker, sondern weil sie ihre Aufgabe auf gänzlich andere Weise verstehen und Zugang zu Forschungsmitteln und wissenschaftlichen Modellen haben, die dem Historiker unzugänglich sind. Wie es auch für die gelehrtesten Astrologen keinen Weg gab, die Bewegungen der Planeten zu verstehen, solange sie (1) diese Aufgabe als ihrem Wesen nach narrativ und nicht problemorientiert begriffen und sich (2) weigerten, ein Teleskop zu verwenden, so kann auch der gelehrteste Historiker die Kausalzusammenhänge der Geschichte nicht verstehen, solange er (1) seine Aufgabe als narrativ und nicht als problemorientiert begreift und sich (2) weigert, seine eigene Fähigkeit zur emotionalen Identifikation bei jedem Schritt des Forschungsprozesses auf wissenschaftliche Weise einzusetzen.

Andere Psychohistoriker haben, glaube ich, ähnliche Wege wie ich gefunden, um diesen Prozeß der emotionalen Identifikation und des Ablegens von Abwehrmitteln zu intensivieren. Rudolph Binion verbrachte bei der Recherche für seine Psychobiographien von Lou Andreas-Salomé und Hitler mehrere Monate damit, Berge von Quellenmaterial über ihre motivationalen Muster anzuhäufen, schloß sich dann monatelang mit seinem Belegmaterial ein und las immer wieder jedes Detail, bis „die Teile ... *alle* zusammenpaßten und *alle* Tatsachen hinter ihnen aufgestapelt waren: Erst das brachte die letzte Überzeugung".[44] Henry Ebel umgibt sich stundenlang mit seinem historischen Material und seinen *primals*, wobei er zu dem Material, das vor ihm liegt, frei assoziiert, mit einer konzentrierten Anstrengung, um tiefere Ebenen der Motivation zu erreichen als die, welche die

---

[44] Rudolph Binion, Hitler's Concept of *Lebensraum*, in *History of Childhood Quarterly: The Journal of Psychohistory* 1 (1973), 196; My life with Frau Lou, in: Perry Curtis (Hg.), The Historian's Workshop, New York 1970, 293–306.

herkömmliche Lektüre offenlegt.[45] Wie auch meine eigene Trauminterpretation sind all diese Methoden zur Aufhebung der Abwehr gegen Entdeckungen Versuche, die Psychohistoriker unternehmen, um Forschungsmittel zu entwickeln, die – wie Mikroskope und Teleskope – Zugang zu einem Material gewähren, das ihnen bisher verwehrt war. Denn die Psychohistorie ist mehr eine *Wiederentdeckung* als eine Entdeckung – *sie ist ein Prozeß, das herauszufinden, was wir alle schon wissen und wonach wir bereits handeln.* Unsere Entdeckung äußerer Bedingungen hängt ganz davon ab, wieviel von unseren inneren Abwehrmechanismen gegen die Erkenntnis dessen, was wir die ganze Zeit tun, wir ablegen können. Jeder, der in den Krieg zieht, spricht in der Bildsprache der Geburt, spricht auf die Trommelschläge der Geburt an und kommuniziert über Geburtssymbole mit anderen, die in den Krieg ziehen, und jeder Historiker füllt seine Bücher mit Schriftzügen, die davon berichten, wie „der Pulsschlag der kommenden Gewalt immer lauter und schneller wird, während die Nation sich unerbittlich auf die Geburtsschmerzen des Krieges zubewegt". Wir alle wissen es – und dennoch weiß es keiner. Nur der Psychohistoriker, der sich selbst dazu erzieht zu benutzen, was „hier drinnen" ist, um zu entdecken, was „da draußen" vor sich geht, kann hoffen, dort erfolgreich zu sein, wo so viele daran gescheitert sind, jene Gruppenfantasien zu verstehen und unter Kontrolle zu bringen, die unsere Geschichte zu nennen wir beliebten.

---

[45] Henry Ebel, Primal therapy and psychohistory, in *History of Childhood Quarterly: The Journal of Psychohistory* 2 (1975), 563–570; und ders., *The First Part of the Revelation of Moses the Son of Jehoshar.*

Die Entstehung der amerikanischen Persönlichkeit durch psychische Artenbildung (1976)

> Die Geschichte ist in Wahrheit eine Bühne.
> Die Autorin des Stücks, die blieb zu Hause.

Woraus ist Amerika hervorgegangen? Was hat eine Gruppe totalitärer, bigotter, kopfjagender und hexenverfolgender Engländer über einen Zeitraum von nur einem Jahrhundert in eine Nation wild zur Eigenständigkeit entschlossener Yankees verwandelt? Welche plötzliche Verlagerung psychischer Kräfte ließ in einer Welt, die einen in seiner Langsamkeit an die Eiszeit erinnernden Wandel der historischen Persönlichkeit gewohnt war, die festgefrorene feudale Maske des europäischen Menschen aufbrechen und setzte den mächtigen Individualismus frei, der die erste moderne Demokratie der Welt formte?[1] In Amerika war der menschlichen Persönlichkeit etwas Neues widerfahren – Condorcet meinte, die Amerikaner seien „aus der Geschichte herausgetreten", Turgot nannte sie „die Hoffnung der menschlichen Art", viele stimmten darin überein, *was* geschehen war. Was aber hat es *verursacht*?

In den vergangenen 200 Jahren haben Historiker diese Frage mit einem einzigen Tenor beantwortet: Bäume haben Amerika verursacht. Bäume und der ganze freie Raum, die den amerikanischen Siedlern die Freiheit gaben, neu anzufangen und die hierarchische europäische Komplexität, die sie hinter sich gelassen hatten, durch eine institutionenlose amerikanische Einfachheit zu ersetzen.[2] Leider

---

[1] Für die beste Arbeit darüber, inwiefern Amerika tatsächlich die erste moderne Demokratie war, in der das Prinzip der „Zustimmung der Regierten" erstmals umgesetzt wurde, siehe Gordon S. Wood, The Creation of the American Republic 1776-1787, Chapel Hill 1969. In dieser Hinsicht ebenfalls wertvoll ist Richard L. Bushman, From Puritan to Yankee: Character and the Social Order in Connecticut, 1690-1765, Cambridge 1967.

[2] Die Ausdauer, mit der amerikanische Historiker auch heute noch an der Auffassung festhalten, die Umwelt bewirke nennenswerten psychischen und sozialen Wandel, wird am besten ersichtlich bei David W. Nobile, Historians Against History: The Frontier Thesis and the National Covenant in American Historical Writing Since 1830, Minneapolis 1965. Das populärste Buch, das sich auf die Umwelt-These stützt, stammt von Frederick Jackson Turner, The Frontier in American History, New York 1920. Die meisten Historiker freilich umgehen die Frage nach der *Ursache* völlig, indem sie rein narrativ bleiben und anstelle von Ursachen „Vorbedingungen" beschreiben, das heißt vorangegangene geschichtliche Ereignis-

wirft diese auf Umweltbedingungen rekurrierende These zwei Probleme auf. Das erste besteht darin, daß die wichtigsten gesellschaftlichen Einrichtungen unbeschadet – in den Köpfen der Kolonisten – mit nach Amerika gebracht wurden und es in Neu-England zwei Generationen, nachdem die ersten Puritaner gelandet waren, genauso totalitär, hierarchisch und intolerant zuging wie überall in Europa – trotz der ganzen Bäume. Und das zweite Problem ist: Wenn Bäume, offener Raum und ein neuer Anfang demokratische Menschen hervorzubringen vermochten, warum war das denn nicht auch in Brasilien oder Mexiko oder gar in Sibirien der Fall?

Das größte Problem, wenn man mit Historikern über Ursächlichkeit diskutiert, ist ihre unvermeidliche Annahme, daß „geschichtliche Ereignisse" durch vorhergehende „geschichtliche Ereignisse" verursacht werden. Aus diesem Grund ist die Mehrzahl historischer Erklärungen bis heute ihrem Wesen nach narrativ: Amerika wurde durch ein geschichtliches Ereignis verursacht, und zwar die Begegnung der Siedler mit der Natur. Die anfängliche methodologische Annahme ist jedoch in Wahrheit irrig; wissenschaftlich betrachtet legt *keine* geschichtliche Tat eine Gruppe von Menschen je auf *irgendeine* zukünftige Tat fest und kann insofern auch nie deren Ursache sein. Pearl Harbor hat nicht unseren Krieg mit Japan verursacht, weil wir nämlich beschlossen hätten, keine Vergeltung zu üben, wenn *wir* nur anders gewesen wären. Jede wissenschaftliche Beschreibung der Ursachen von geschichtlichen Vorkommnissen unter Erwachsenen muß in erster Linie die Herausbildung der daran beteiligten historischen Persönlichkeiten berücksichtigen, und dabei insbesondere auch deren Herausbildung in der Kindheit. Der wissenschaftliche Sinn der Frage „Woraus ist Amerika hervorgegangen?" ähnelt somit dem Sinn der Frage „Woraus ist die Giraffe hervorgegangen?". Die Antworten auf beide Fragen sind in *evolutionären* Beschreibungen zu finden. Die Giraffe ist das Produkt *biologischer Artenbildung* unter bestimmten Säugetier-Eltern durch Selektion und Isolation einer abweichenden Population zu einem besonderen Zeitpunkt der biologischen Evolution in einer bestimmten natürlichen Umgebung. Amerika ist das Ergebnis einer *psychischen Artenbildung* von

---

se zwischen Erwachsenen, wie zum Beispiel bei Jack Greene, An Uneasy Connection: An Analysis of the Preconditions of the American Revolution, in: Stephen G. Kurtz und James H. Hutson (Hgg.), Essays on the American Revolution, New York 1973, 32–80. Selbst dann schleicht sich die Umwelt-These jedoch wieder ein, die in Greenes Fall die Form der Behauptung annimmt, zum Leben in den rauhen amerikanischen Wäldern habe es „mannhafter" Persönlichkeiten bedurft, was sich später in das Bedürfnis nach einer „mannhaften" Revolution verwandelt habe.

Eltern mit einer bestimmten psychischen Struktur durch Selektion und Isolation einer abweichenden Population zu einem besonderen Zeitpunkt der Evolution der Kindheit in einer bestimmten Gruppenumgebung. Wie das Gen der Ort für die Vererbung der biologischen Struktur ist, so ist die „psychogene" Interaktion zwischen Eltern und Kind der Ort für die Übermittlung der psychischen Struktur. Wie die moderne synthetisierende Evolutionsbiologie den Prozeß genetischer Veränderung als grundlegende Quelle[3] neuer Genotypen erforscht, so untersucht die moderne wissenschaftliche Psychohistorie die *psychogene* Interaktion zwischen Mutter[4] und Kind als grundlegende Quelle von *Psychotypen,* das heißt von neuen historischen Persönlichkeiten.

Am meisten überrascht jedoch, daß sich die psychische Artenbildung als ein durch und durch nach bestimmten Gesetzen ablaufender Prozeß erweist, ganz wie die biologische Artenbildung. Die Entstehung psychischer Variation verläuft in Stufen, „psychogene Formen" genannt, ähnlich den Evolutionsstufen biologischer Ordnungen, bei denen aufeinanderfolgende Generationen von Müttern sich unverbrauchten Populationen von Kindern gegenüber sehen und deren Bedürfnisse auf neue, fortschrittlichere Weisen zu befriedigen versuchen, als sie selbst in ihrer Kindheit erfahren haben.

---

[3] Mutation ist in der modernen synthetisierenden biologischen Evolutionstheorie „die eigentliche", nicht „die einzige Quelle" genetischer Variation. „Neue Verbindungen ... sind die weitaus wichtigste Quelle genetischer Variation", sagt Ernst Mayr in seiner verbindlichen Darlegung der modernen synthetischen Theorie: Animal Species and Evolution, Cambridge 1963, 179 (dt. Artbegriff und Evolution, Hamburg-Berlin 1967). Genauso verhält es sich bei der psychogenen Variation mit den durch Heirat erreichten „neuen Verbindungen".

[4] Väter treten, was die Pflege des Kindes betrifft, erst im 19. Jahrhundert in dessen entscheidender Entwicklungsperiode, also den ersten sieben Jahren etwa, in Erscheinung; daher ist der Ausdruck „Mutter" für den größten Teil der Evolution der Kindheit korrekt und wird hier verwendet, um die Situation im kolonialen Amerika am besten zu vermitteln. Für mehr Information dazu und zu den weiteren Elementen der psychogenen Geschichtstheorie vgl. meinen Artikel *Die Evolution der Kindheit* im vorliegenden Band.

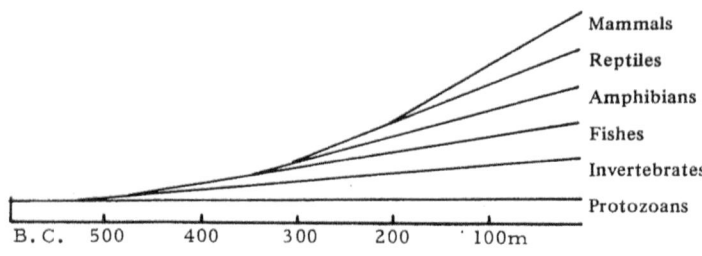

Schema 1: Die biologische Evolution

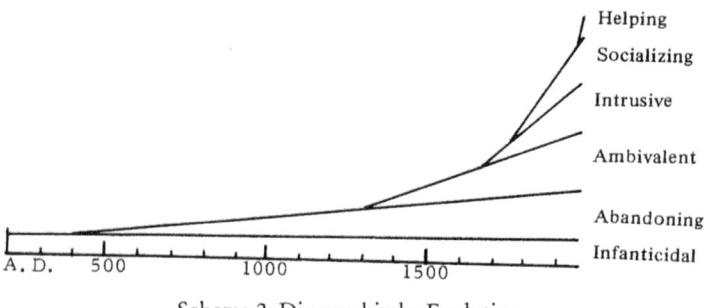

Schema 2: Die psychische Evolution

Jeder Fortschritt in der psychogenen Form verringert die emotionale Distanz zwischen Mutter und Kind. Die kindsmörderische Form der Antike wurde der Angst, die durch die Bedürfnisse des Säuglings hervorgerufen wurde, mittels Maßnahmen Herr, die ständig das Leben des Kindes bedrohten, darunter auch der tatsächliche Kindsmord bei Reichen wie Armen gleichermaßen. Die mittelalterliche Form der Weglegung setzte anstelle des Kindsmords die fortwährende Zurückweisung des Kindes ein, sei es durch Entsendung zu Säugammen, in Pflegefamilien oder in Klöster. Die seit der Renaissance ambivalenten Eltern betrachteten das Kleinkind als unwiderruflich böse und idealisierten es zugleich über die Maßen. Die intrusive Form des 18. Jahrhunderts brachte eine Mutter hervor, die dem Kind nun zwar ein gewisses Maß ihrer Liebe gewährleisten konnte, doch nur unter der Bedingung, seine Emotionen total zu kontrollieren. Und die gegenwärtig vorherrschende Form der Sozialisation bedient sich der versteckten Manipulation des Kindes, vornehmlich durch das Erzeugen von Schuldgefühlen und die Delegierung elterlicher Ziele.

Jede psychogene Form erzeugt für sich wiederum eine historisch neue psychische Spezies von Erwachsenen: Der schizoide Charakter der Antike macht dem autistischen Charakter Platz (hervorgebracht durch die in der mittelalterlichen Kindheit praktizierte Weglegung), dem manisch-depressiven Charakter des Spätmittelalters folgt der zwanghafte Charakter der frühen Neuzeit, das Resultat elterlichen Verhaltens nach der Form der Einmischung, und diesem folgen schließlich die verschiedenen Typen von Angst-Charakteren, die in der zeitgenössischen Gesellschaft so weit verbreitet sind (vgl. die Schemata 3 und 4).

Schema 3: Historische Kindheitsformen

Form	elterlicher Wunsch	geschichtliche Erscheinungsformen
Kindsmord	Mutter: „Ich wünsche, du wärst tot, um meine eigene Angst, von der Mutter getötet zu werden, zu bewältigen."	Kindsopfer und -mord, Kind als Brustpenis, Intoleranz gegenüber der Wut des Kindes, Abhärtung, Geister und Magie, Kindsverkauf, Unzucht mit Kindern
Weglegung	Mutter: „Ich muß dich verlassen, um den Bedürfnissen zu entgehen, die ich in dich projiziere."	längere Wickelphase, Pflege, Überantwortung an Ammen, Klöster und Lehre
Ambivalenz	Mutter: „Du bist böse aufgrund meiner erotischen und aggressiven Projektionen auf dich."	Einläufe, frühes Schlagen, kürzere Wickelphase, schlechtes Gewissen und Trauer möglich, das Kind als erotisches Objekt (Vorstufe zur Empathie)
Einmischung	Mutter: „Du bekommst Liebe, wenn ich volle Kontrolle über dich habe."	frühes Sauberwerden, Verdrängung der kindlichen Sexualität, Ende des Wickelns und der Weggabe an Ammen, Empathie ist möglich, Entwicklung der Kinderheilkunde
Sozialisation	Mutter und Vater: „Wir lieben dich, wenn du unsere Ziele erreichst."	Schuld als Argument, „geistige Disziplin", Erniedrigung, Enstehung des Pflichtschulwesens, Delegieren unbewußter elterlicher Wünsche

Unterstützung	Mutter und Vater: „Wir lieben dich und werden dir helfen, deine Ziele zu erreichen."	Kindesrechte, Ent-Schulung und freie Schulen, Kindertherapie, gewaltfreie Geburt

Schema 4: Typen erwachsener Persönlichkeiten nach psychogenen Formen

Kindsmord	schizoide Persönlichkeit	Denken im Primärprozeß, symbiotische Omnipotenz, Konfusion von *gender* und Geschlechtszone, Abspaltung und projektive Identifikation, sadomasochistische Störungen
Weglegung	autistische Persönlichkeit	beziehungslos, narzißtisch, ausbeutend, parasitär, mißtrauisch, orale Wut, schwaches oder größenphantastisches Ich, psychopathisch, unfähig, Aufschub zu ertragen, keine Gewissensbisse, idealisierte Mutter, ohne Zeitgefühl
Ambivalenz	depressive Persönlichkeit	schuldbewußt und depressiv, unersättliches Liebes-, Status- und Sexualverlangen, enorme Über-Ich-Ansprüche, realistische Zeitwahrnehmung
Einmischung	zwanghafte Persönlichkeit	pseudorational, kalt, abgehoben, innerlich selbstkritisch, phobisch, obsessiv-zwänglerische und Konversionssymptome
Sozialisation	ängstliche Persönlichkeit	weniger fester Charakterpanzer, freischwebende Angst und Unbefriedigtheit aufgrund des Delegierten-Daseins, Verlust der Individualität in der Gruppe, unvollständige Gefühlsbildung
Unterstützung	?	? (noch keine Erwachsenen)

Jede dieser Formen elterlichen Verhaltens wird nur durch die Geschichte erreicht. Wie in jedem Evolutionsschema entpuppt sich, was Darwin zuerst festgestellt hat, die Tabelle vergangener Stufen zugleich als eine Tabelle zur Bewertung in der Gegenwart, so daß die Abfolge psychogener Formen der Vergangenheit zu einer Auflistung der zeitgenössischen psychoanalytischen Persönlichkeitstypen wird, wie sie vom gegenwärtigen Spektrum an Familientypen hervorgebracht werden, vom elterlichen Verhalten, das zum „Battered-Child"-Syndrom führt, bis zum „überkontrollierenden" intrusiven elterlichen Verhalten. Jeder zeitgenössische Typ ist daher zugleich ein „psychologisches Fossil", das in einer vergangenen geschichtlichen Periode vorherrschend war, so wie die Reptile der Gegenwart einst die dominante Spezies einer vergangenen Epoche waren.

Die Parallelen zwischen biologischer und psychischer Evolution sind nicht auf die gesetzmäßige Hervorbringung neuer Typen beschränkt; einige der wichtigsten *Mechanismen,* die unterschiedliche Evolutionsverläufe erklären, erweisen sich als identisch. Zwei Evolutionsmechanismen – Selektion und Isolation – sind sowohl für die moderne synthetisierenden Evolutionstheorie als auch für die psychogene Geschichtstheorie maßgeblich, insbesondere in bezug auf unsere gegenständliche Frage nach der Evolution der amerikanischen Persönlichkeit. Denn die Entstehung von Variation, ob durch Mutation oder durch psychogene Interaktion zwischen Mutter und Kind, ist natürlich nur die halbe Geschichte. Ebenso wichtig sind die Gesetze, die das Wachstum und die Erhaltung abweichender Populationen erklären. Mit den Mechanismen Selektion und Isolation können wir unsere Untersuchung über „den Ursprung der psychischen Arten" auf die Frage zurückbringen: „Woraus ist Amerika hervorgegangen?" Denn wie die Selektion einer kleinen Zahl von Varianten einer biologischen Population und deren nachfolgende geographische Isolation das „Überschwemmtwerden" von entstehenden genetischer Variationen verhindert, so verhinderte die Selektion einer kleinen Zahl von Müttern aus der europäischen Population und ihre geographische Isolation in Amerika das „Überschwemmtwerden" von den entstehenden psychogenen Variationen weniger fortgeschrittener Formen der Eltern-Kind-Beziehungen. Die amerikanischen Kolonien wurden daher sehr fruchtbar im Hinblick auf das Auftauchen neuer psychischer Spezies, eine Art Galapagos-Inseln der Psychohistorie.

Werfen wir einen Blick auf diese ungewöhnlichen Mütter. Der Zeitpunkt der Evolution war das 17. Jahrhundert, die Spätphase des ambivalenten elterlichen Verhaltens. Die Entwicklung neuer Mütter aus kleinen Mädchen hatte gerade einen entscheidenden Wendepunkt in der Evolution der Kindheit erreicht – die bewußte und unbewußte Tötung weiblicher Neugeborener als lebensunwert, eine Praxis, die nicht nur bis in die Antike, sondern sogar über sie hinaus bis zu unseren paläolithischen Anfängen zurück reicht, war praktisch von der Bildfläche verschwunden. (Belege dafür und weitere demographische Hinweise finden sich im Anhang.) Nun ist es leider wahr, daß kleine Mädchen, die wissen, daß ihre Eltern ihre Geschwister umbringen, ihre eigenen mütterlichen Fähigkeiten tendenziell nur sehr rudimentär ausbilden. Obwohl die Kirche dem offenen Kindsmord der Antike – in der „praktisch nie mehr als eine Tochter aufgezogen wurde",[5] auch von reichen Eltern nicht – zögerlich ablehnend gegenüberstand, kam es nur langsam zu einem Rückgang der selektiven Tötung der Nachkommenschaft, die sich im ganzen Mittelalter fortsetzte, sowohl in Form des offenen Kindsmords als auch in Form so verbreiteter Praktiken wie der, Mädchen häufiger als Knaben mit gerade genug Geld für ein paar Wochen Unterhalt zu „Mord-Ammen" zu schicken oder ihnen wesentlich kürzer die Brust zu geben als Knaben, so daß sie anfällig für Seuchen mit tödlichem Ausgang wurden, und so fort. Obwohl kleine Mädchen in den meisten gegenwärtigen Gesellschaften biologisch robuster sind als Knaben und eine niedrigere Sterblichkeitsrate aufweisen, läßt sich der Beweis dafür, daß weiterhin mehr Mädchen als Knaben getötet wurden, an den Ergebnissen von Volkszählungen ablesen, die um ein Drittel mehr Knaben als Mädchen verzeichnen, ein Verhältnis, das sich erst im 17. Jahrhundert bei ungefähr gleichen Teilen einpendelte.

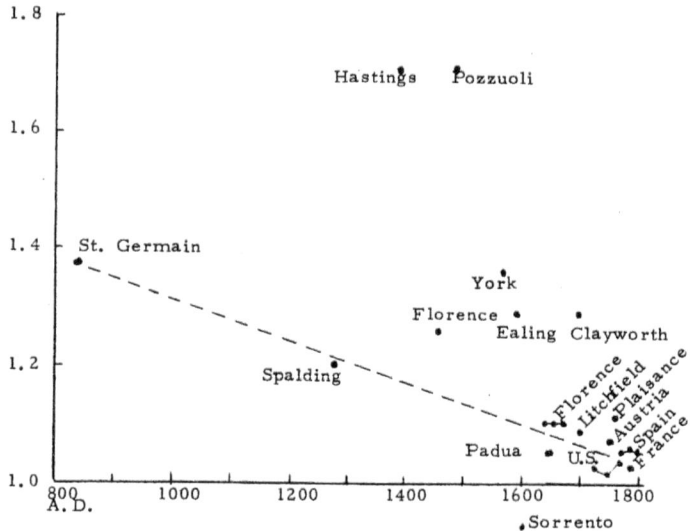

Schema 5: Verhältnisse Knaben zu Mädchen als Index für Kindsmord

---

[5] P. A. Brunt, Italian Manpower 225 B.C.-A.D. 14, Oxford 1971, 151.

Aber auch zu dieser Zeit gab es noch viele Gebiete und Klassen mit einem höheren Unterschied im Verhältnis zwischen Knaben und Mädchen, eine Widerspiegelung der großen Variation psychogener Formen im Europa des 17. Jahrhunderts. England war Frankreich um ein Jahrhundert und dem übrigen Europa um zwei Jahrhunderte voraus, und zwar bezüglich so entscheidender Indizes wie dem Rückgang des Kindsmords, der Aufgabe des festen Wickelns und dem Nachlassen der Praxis, Kinder zu Säugammen aus dem Haus zu schicken – die im Frankreich des 18. Jahrhunderts immer noch so weit verbreitet war, daß 80% aller Pariser Kinder zu gemieteten Ammen aufs Land abgeschoben wurden –, von denen sie erst Jahre später zurückkehrten und dann oft gleich wieder ins Schulinternat oder zu einem Lehrherrn geschickt wurden, so daß viele Franzosen wahrheitsgemäß mit Talleyrand sagen konnten, daß sie nicht eine Woche ihres Lebens unter dem Dach ihres Vaters verbracht hatten.[6] Zur gleichen Zeit ließen Eltern in Deutschland und Italien ihre kleinen Knaben immer noch zu Zehntausenden kastrieren, in der Hoffnung, sie als Sänger vermieten zu können, russische Säuglinge wurden nach wie vor stundenlangen Taufzeremonien in Eis-

---

[6] Charles Maurice de Talleyrand, Memoirs, Bd. 1, Paris 1895, 8 (dt. Memoiren des Fürsten Talleyrand, 5 Bde., Köln-Leipzig 1891-1893). Zur Rate von 80% Säugammen in Paris vgl. mein Kapitel *Evolution der Kindheit* im vorliegenden Band, sowie auch Maurice Garden, Lyon et les Lyonnais au XVIIIe Siècle, Paris 1970; George D. Sussman, The Wet-Nursing Business in Nineteenth-Century France, in *French Historical Studies* a (1975), 394-328. Zu Belegen für den Rest des Satzes vgl. den Anhang zu diesem Kapitel; meinen Artikel *Evolution der Kindheit*; Elizabeth Wirth Marvicks Kapitel über das Frankreich des 17. Jahrhunderts: Nature Versus Nurture: Patterns and Trends in Seventeenth-Century French Child-Rearing, in: Lloyd deMause (Hg.), The History of Childhood, New York 1974 (dt. Natur und Kultur: Trends und Normen der Kindererziehung in Frankreich im siebzehnten Jahrhundert, in: Lloyd deMause (Hg.), Hört ihr die Kinder weinen. Eine psychogenetische Geschichte der Kindheit, Frankfurt am Main 1977, 364-421); Roger Mols, Introduction à la démographie historique des Villes d'Europe du XIVe au XVIIe siècle, Louvain 1955; Léon Lallemond, Histoire des enfants abandonnés et delaissés: études sur la protection de l'enfance aux diverses époques de la civilisation, Paris 1885, 161 ff.; Louis Henry, The Population of France in the Eighteenth Century, in: D. V. Glass und D. E. Eversley, Population in History: Essays in Historical Demography, London 1965; William L. Langer, Infanticide: A Historical Survey, in *History of Childhood Quarterly* 1 (1974), 353-365 (dt. Kindermord: Ein historischer Überblick, in *Kindheit* 1 (1979), 329-344); Edward Shorter, The Making of the Modern Family, New York 1975 (dt. Die Geburt der modernen Familie, Reinbek bei Hamburg 1977); und Olwin H. Hufton, The Poor of Eighteenth-Century France 1750-1789, Oxford 1974, S. 329-345.

wasser unterzogen, um sie „abzuhärten", und italienische Babys wurden immer noch bei religiösen Prozessionen an Prunkwagen genagelt, die von kindsmörderischen Müttern in der Hoffnung gespendet wurden, daß der schmerzhafte Tod im Dienste der Religion ihren Babys den Weg geradewegs in den Himmel garantiere.[7]

England war dem übrigen Europa im 17. Jahrhundert nicht nur insgesamt voraus; insbesondere die englische Mittelschicht, aus der dann so viele amerikanischen Mütter stammten, wies diese historisch neuen Haltungen gegenüber Kindern zuerst auf. Zu einer Zeit, als der englische Adel seine Kinder nach wie vor zu Ammen schickte, stellten sich ein paar tapfere englische Mütter der Mittelschicht, vor allem Puritanerinnen, die man dazu anhielt, mit ihren Kindern zu beten und sie streng zu überwachen, zum erstenmal in der Geschichte den enormen Ängsten, die auftauchen, wenn man tatsächlich mit Empathie auf die emotionalen Bedürfnisse des Säuglings an der Brust eingeht. Wenn die Babys etwa beim Wickeln weinten, hörten diese Mütter auf zu klagen, daß „der Mensch in Fesseln geboren ist", eine Phrase, die seit Plinius *ad nauseam* wiederholt worden war,[8] und waren stattdessen empathisch mit ihren Säuglingen und versuchten gegen die entsetzten Einwände ihrer Hausärzte, sie nicht fest zu wickeln. Die Franzosen dünkte der Anblick dieser ungewickelten englischen Säuglinge „beklagenswert", und sie beanstandeten die allzu große „Milde der Mütter ... bei den Engländern".[9]

Von solchen Müttern wurde die amerikanische Persönlichkeit geformt. Ausgewählt unter den am meisten fortgeschrittenen Eltern und isoliert von den „Überschwemmungs"-Effekten aufgrund von Eltern, die auf der Ebene früherer

---

[7] So William Roscoe in seiner Einleitung zu Luigi Tansillo, The Nurse. A Poem, übers. v. W. Roscoe, Liverpool 1804; Maurice Andrieux, Daily Life in Papal Rome in the Eighteenth Century, London 1968, 164; Anonymus, Praeputii Incisio, New York 1931, 129; Albrecht Peiper, Chronik der Kinderheilkunde, Leipzig 1966, 147; Patrick P. Dunn, „That Enemy is the Baby": Childhood in Imperial Russia, in: deMause, *History of Childhood*, 389 (dt. „Der Feind ist das Kind": Kindheit im zaristischen Rußland, in: deMause, *Hört ihr die Kinder weinen*, 535–564); Giorgio Vasari, Le Vite de' Piu Eccellenti Pittori, Scultori e Architettori, Bd. 6, Novara 1967, 152; Henrietta Caracciolo, Memoirs of Henrietta Caracciolo, London 1865, 14 f.

[8] Plinius, Natural History, übers. v. H. Rockham, Cambridge, Massachusetts, 1942, 509 (dt.: Cajus Plinius Secundus, Naturgeschichte, übers. v. Ph. H. Külb, Bd. 7, Stuttgart 1843).

[9] Mary Rowsell, The Life Story of Ch. de la Tremoille, Countess of Derby, London 1905, 105; Guy Miege, The Present State of Great Britain, London 1907, 222.

Formen standen, wurden amerikanische Mütter die ersten in der Geschichte, die sich ihren ambivalenten Gefühlen stellten und die moderne intrusive Form der Kindeserziehung auszubilden begannen, eine Form, die von größerer Nähe, besserer Ernährung, längerer Dauer und höherer Überwachung gekennzeichnet war als jede frühere Form in der Evolution der Kindheit. Belege hierfür finden sich allenthalben. Das koloniale Amerika hatte den geringsten zahlenmäßigen Unterschied im Verhältnis von Knaben zu Mädchen und die wenigsten Fälle von Kindesweglegung und Kindsmord der damaligen Welt. Es bedurfte keiner riesigen Findelhäuser, die es in ganz Europa im Überfluß gab, und zu einer Zeit, als man in den Gossen von London oder Paris jeden Morgen Hunderte von Säuglingen erblicken konnte, hielt Samuel Sewall 1685 in seinem Tagebuch fest, daß er gerade das „erste Kind, das jemals ... in Boston ausgesetzt wurde", gesehen hatte.[10] Hinzu kommt, daß Amerika das erste Land war, das allgemeine öffentliche Schulen errichtete,[11] für das Verbot des Schlagens von Kindern in der Schule und zuhause plädierte,[12] dem Entsenden zu Ammen[13] und dem festen Wickeln ein Ende bereitete[14] und in dem – ein sicheres Zeichen dafür, daß die Form der Einmi-

---

[10] John Brownlow, The History and Objects of the Foundling Hospital, London 1865; Marvick, *Nature Versus Nurture*, 286; Diary of Samuel Sewall, in: Collections of the Mass. Historical Society, 5. Reihe: Bd. V, 1878, 103; David Stannard, Death and the Puritan Child, in *The American Quarterly* 26 (1974), 456–476.

[11] Catherine Fennelly, Town Schooling in Early New England, Sturbridge, Massachusetts, 1962.

[12] Dagobert D. Runes (Hg.), The Selected Writings of Benjamin Rush, New York 1947, 111 ff.; L. H. Butterfield (Hg.), Letters of Benjamin Rush. Vol. I: 1761-1792, Princeton 1951, 511 f.; Edmund S. Morgan, Virginians at Home: Family Life in tbe Eighteenth Century, Williamsburg 1952, 7 ff.; J. William Frost, The Quaker Family in Colonial America: A Portrait of the Society of the Friends, New York 1973, 77.

[13] Zum Vergleich mit der Entsendung zu Ammen in Amerika siehe Enos Hitchcock, Memoirs of the Bloomsgrove Family, Bd. 1, Boston 1790, 19, 81–87, und John F. Walzer, A Period of Ambivalence: Eighteenth-Century American Childhood, in: deMause, *History of Childhood*, 353–355 (dt. Ein Zeitalter der Ambivalenz: Kindheit in Amerika im achtzehnten Jahrhundert, in: deMause, *Hört ihr die Kinder weinen*, 490–534).

[14] Im Gegensatz zu John Demos' oft wiederholter Behauptung, daß die Kinder im kolonialen Amerika nie gewickelt worden seien (vgl. ders., Developmental Perspectives in the History of Childhood, in: *The Journal of Interdisciplinary History* 2 (1971), 17), hielt sich das Wickeln in Amerika bis zur Mitte des 18. Jahrhunderts, während es in England sogar bis ins späte 18. Jahrhundert und in Frankreich und Deutschland bis ins 19. Jahrhundert weiter praktiziert wurde. Vgl. An American

schung sich nachhaltig durchgesetzt hatte – Anti-Masturbations-Literatur für Kinder verfaßt wurde.[15] Wie vorauszusehen, begannen europäische Besucher bald, diese „Verhätschelung" der amerikanischen Kinder, diese extreme „Nachsicht", die sie zu „kleinen Haustyrannen macht", bitter zu beklagen, zum Teil auch deshalb, weil die amerikanischen Mütter ein bißchen von der Aufmerksamkeit, die zuvor ganz dem Vater und seinen Gästen zuteil geworden war, nun den Kindern widmeten.[16]

Der Preis für diese neue emotionale Nähe der Mütter in der intrusiven Erziehungsform war erheblich. Lautete das Paradigma der Mutter der vorangegangenen ambivalenten Form: „Du bist im Innersten böse, und ich muß dich zusammenschnüren und schlagen, weil du lediglich ein Container für meine eigene projizierte Bösartigkeit bist", so hieß das Paradigma der neuen intrusiven Mutter:

[15] Matron, The Maternal Physician; a Treatise on the Nurture and Management of Infants ... , New York 1811, 136; William P. Dewees, A Treatise on the Physical and Medical Treatment of Children, Philadelphia 1826, 64; Hugh Smith, Letters to Married Ladies, New York 1832, 125, 265, 271; R. Turner Wilcox, Five Centuries of American Costume, New York 1963; Alice Morse Earle, Two Centuries of Costume in America, Bd. I, New York 1903, 311; The Winthrop Papers. Vol. I, 1498-1628, in: *Mass. Historical Society* 1929, 263; Alice Judson Ryerson, Medical Advice on Child Rearing, 1650-1900, unveröff. Doktorarbeit, Harvard 1960; Claire E. Fox, Pregnancy, Childbirth and Early Infancy in Anglo-American Culture: 1675-1830, Dissertation, University of Pennsylvania 1966, 210 f.
Cotton Mather, Tbe Pure Nazarite, Boston 1723. Studien wie E. H. Hare, Masturbation Insanity: The History of an Idea, in *Journal of Mental Science* 108 (1962), 2-25, und G. J. Garker-Benfield, The Horrors of the Half-Known Life: Male Attitudes Toward Women and Sexuality in Nineteenth-Century America, New York 1975, 166, erwähnen als erstes Anti-Masturbationsbuch für Kinder das anonyme französische Buch *Onania* und nehmen an, daß sich diese „neuartige" Idee (auf dem Wege der Lektüre) auf andere Länder ausbreitete. Sie übersehen den Unterschied zwischen Traktaten, die geschrieben wurden, um den Verlust von Samen zu verhindern, und sich bis zu Aristoteles zurückverfolgen lassen (und natürlich nur an nachpubertäre Heranwachsende gerichtet sind), und solchen Traktaten, die – an Kinder gerichtet – auf die von Selbstmanipulation herrührende Sinnlichkeit abzielen und die allein Indikator für den Einstieg in die Form der Einmischung sind.

[16] Charles H. Sherrill, French Memories of Eighteenth-Century America, New York 1915, 71 f. Diese Klage wird von nachfolgenden Besuchern Amerikas fortgeführt; vgl. dazu Richard L. Rapson, The American Child As Seen By British Travelers, 1845-1935, in: Michael Gordon (Hg.), The American Family in Social-Historical Perspective, NewYork 1973.

„Du bist böse, aber wenn du es zugibst und dein Innenleben meiner totalen Kontrolle unterwirfst, werde ich zulassen, daß du dich mir nahe fühlst." Die amerikanischen Mütter wurden so als erste auf der Welt zu Fanatikerinnen totaler Kontrolle, in einem Ausmaß, das heute nur noch in seltenen klinischen Fällen zu finden ist. „Ihr Wille sollte unserem voll und ganz unterworfen sein", sagt ein Elternteil aus der Kolonialzeit, „und was immer wir befehlen oder fordern, dem muß auf der Stelle entsprochen werden".[17] Die „dauernde Überwachung" des kleinen Kindes, das „Brechen des Willens" fing vor seinem ersten Geburtstag an, indem die Mutter „mit dem Willen" des Säuglings „rang", bis er lernte, sich durch unverzügliches Reagieren und die völlige Unterdrückung des Weinens ganz zu unterwerfen, und so etwas hervorbrachte, was Jonathan Edwards als „heiteren Gehorsam in alle Ewigkeit" bezeichnet hat.[18] Während die Mutter in der ambivalenten Form kontinuierliche Einläufe verabreichte, um das „böse Zeug" im Baby herauszuwaschen, begann die intrusive Mutter zum erstenmal in der Geschichte mit der Reinlichkeitserziehung des Säuglings – bereits im Alter von vier Wochen – und unterwarf damit sogar seine Ausscheidungsorgane einem Regime der totalen Kontrolle.[19]

Nachdem die Mütter bestrebt waren, das Schlagen von Kindern zu reduzieren, verließen sie sich nun häufiger auf extreme psychologische Maßnahmen. Zum Beispiel wurden Kinder für Ungehorsam laufend mit dem Tod bedroht, einem Tod, der von einem zornigen Gott verhängt wurde, der „dich über den Abgrund der Hölle hält, so wie man eine Spinne oder irgendein widerliches Insekt über das Feuer hält", und sogar bei Schreibübungen mußte immer wieder der Satz „Denk daran, daß du geboren bist, um zu sterben" geschrieben werden.[20] Das Resultat war naturgemäß ein Kind, das, wie David Ferris, den Tod „als häufig-

---

[17] Aus Banks' *Journal* (1712), zitiert bei Frost, *Quaker Family*, 77.

[18] DeMause, *Evolution*; Frost, *Quaker Family*, Kapitel 4; Robert C. Moore, Justification Without Joy: Psychohistorical Reflections on John Wesley's Childhood and Conversion, in *History of Childhood Quarterly* 2 (1974), 31–52; Paul Sangster, Pity My Simplicity: The Evangelical Revival und the Religious Education of Children 1738-1800, London 1963; Gordon Rattray Taylor, The Angel-Makers: A Study in the Psychological Origins of Historical Change 1750-1850, London 1958; Jonathan Edwards in: Philip J. Greven, Child-Rearing Concepts, 1628-1861, Itasca, Illinois, 1974, 72.

[19] Fox, *Pregnancy*, 247; deMause, *Evolution*, 541 ff.

[20] Stannard, *Death and the Puritan Child*, 459 ff.; Carl Holliday, Woman's Life in Colonial Days, Boston 1922, 18; Ernest Caulfield, Pediatric Aspects of the Salem Witchcraft Tragedy, in *American Journal of Diseases for Children* 65 (1943), 792.

sten Gefährten meiner Gedanken" empfand oder, wie die zwei Jahre alte Elizabeth Butcher, über ihre „Sündhaftigkeit und (ihr) verdorbenes Wesen" nachdachte, während sie in der Wiege lag.[21] Psychotische Episoden gab es reichlich bei diesen Kindern, zum Beispiel dann, wenn die Pariser Kinder „anfingen, sich auf merkwürdige und ungewöhnliche Weise zu benehmen ..., indem sie in Löcher schlüpften, unter Sessel und Stühle krochen und allerlei seltsame Haltungen einnahmen und possenhafte Gesten ausführten ...".[22]

In glücklichen Momenten jedoch, wenn die Kinder der Mutter eingeschüchtert genug vorkamen, um ganz unter ihrer Kontrolle zu stehen, war eine süße Verschmelzung mit der Mutter möglich, die oft die Form eines Bekehrungserlebnisses durch die Verschmelzung mit Christus annahm. Edwards berichtet uns von der vier Jahre alten Phebe Bartlet, die 1735, nachdem sie schier endlos mit der Mutter in der Kammer gebetet hatte und von ihr über die Strafen, die in der Hölle auf sie warteten, unterrichtet worden war, allein in die Kammer zurückgeht und wie folgt betet:

> „Herr, erlöse mich! Ich bete und flehe um Vergebung all meiner Sünden!" Als das Kind sein Gebet verrichtet hatte, kam es aus der Kammer, ging zu seiner Mutter und setzte sich zu ihr, und es weinte laut ... Seine Mutter fragte es sodann, ob es fürchtete, daß Gott es nicht erlösen werde. Darauf antwortete es: „Ja, ich habe Angst, daß ich in die Hölle kommen werde!" Die Mutter versuchte, es zu beruhigen und sagte zu ihm ..., es solle ein artiges Mädchen sein ... doch fuhr es fort, eine Weile ernstlich zu weinen und zu reden, bis es schließlich plötzlich aufhörte und zu lächeln anfing, um sogleich mit lächelnder Miene zu sagen ... „Mutter, das Reich Gottes ist zu mir gekommen! ... Ich liebe Gott!"[23]

Der Bekehrungsprozeß, ob bei Erwachsenem oder Kind, bestand aus Phasen des Schreckens, der Erniedrigung und schlußendlich einer Verschmelzung mit einer zugewandten, intrusiven Mutter – eine Fantasie zuerst der Regression in einen höllischen Mutterleib und dann der „Wiedergeburt" in einem symbiotischen Zustand des Einsseins mit einem „süßen und lieblichen" „Ewigen Licht".[24] Dieses

---

[21] Memoirs of the Life of David Ferris, Philadelphia 1825, 16; Holliday, *Woman's Life*, 31.
[22] Holliday, *Woman's Life*, 60.
[23] Jonathan Edwards, Representative Selections, Boston 1935, 86.
[24] Hugh Barbour, The Quakers in Puritan England, New Haven 1964, 98; Nathan Cole, zitiert bei Richard L. Bushman (Hg.), The Great Awakening: Documents on the Revival of Religion, 1740-1745, New York 1970, 70. Für die Stufen des

Licht, die Verschmelzung mit der Wärme der Mutter, die zuvor in der Geschichte nur durch einsame Mystiker erreicht worden war, wurde nun mit der intrusiven Form zu einem Ziel von Kindheit, Adoleszenz und Erwachsenheit. Darüber hinaus hatten in den 1740er Jahren genug Amerikaner die Stufe der intrusiven Form erreicht, so daß sie sich in Gruppen versammelten und massive Fantasien von Gruppenregression entwickelten, was von Historikern als das „Große Erwachen" (*Great Awakening*) bezeichnet wurde. Tausende von Leuten liefen zusammen, um Prediger zu hören, die die mütterliche Rolle des Angstmachers spielten und den Anwesenden ermöglichten, die Regressions- und Wiedergeburts-Fantasie neuerlich zu durchleben. Obwohl es schon seit dem 17. Jahrhundert religiöse Erneuerungsbewegungen gegeben hatte, versammelten sich erst im 18. Jahrhundert, als genug nach der intrusiven Form erzogene Erwachsene greifbar waren, riesige Gruppen in ganz Amerika, um den Beschreibungen der Prediger von Höllenfeuer und Verdammnis zu lauschen und so „die Befürchtungen und Ängste, die Kreische und Schreie, das Zittern und die Erregungen, die Weinausbrüche und Ohnmachtsanfälle" durchzumachen, die das Böse aus ihren Seelen trieben und sie zur glorreichen Vereinigung mit Gott führten.[25]

Diese Amerikaner auf der Stufe der intrusiven Form, die zu diesem Vorgang der Regression und Wiedergeburt in der Verschmelzung mit der Mutter fähig waren, jene, die sich selbst die „Neuen Lichter" nannten, waren letztlich die treibende Kraft hinter dem amerikanischen Revolutionskrieg, der selbst eine Gruppenfantasie von Regression und Wiedergeburt darstellte.[26] Nur eine Persönlichkeit, welche die intrusive Form erreicht hatte, konnte die Gefühle von persönlicher Machtlosigkeit und Launenhaftigkeit des Kosmos hinter sich lassen, die durch die Brutalität und Launenhaftigkeit des elterlichen Verhaltens vor der intrusiven Form hervorgerufen worden waren. Nur sie konnte im Ansatz die Ich-Stärke

---

Wiedergeburtsprozesses sowie eine klare Beschreibung des Prozesses der Regression in den Mutterleib vgl. Stanislav Grof, Realms of the Human Unconscious: Observations from LSD Research, New York 1975 (dt. Topographie des Unbewußten. LSD im Dienst der tiefenpsychologischen Forschung, Stuttgart [7]1997), und Francis J. Mott, The Universal Design of Birth, Philadelphia 1948.

[25] Edwin S. Gaustad, The Great Awakening in New England, Gloucester 1965, 49 ff.

[26] Für eine detaillierte Beschreibung der Beziehung zwischen Religion und Politik in dieser Epoche und insbesondere für Belege der treibenden Kraft der *New-Light*-Psychologie in Richtung Revolution vgl. Alan Heimert, Religion and the American Mind: From the Great Awakening to the Revolution, Cambridge 1966. Vgl. auch Richard L. Bushman, From Puritan to Yankee: Character and Social Order in Connecticut, 1690-1765, Cambridge 1967, 286 ff.

und Individualität erlangen, welche die Ziele der modernen Persönlichkeit sind. Das zugewandtere, beständigere intrusive mütterliche Verhalten war verantwortlich für die Beendigung des Bedürfnisses nach massiver projektiver Identifikation – jener ganzen Welt von Magie, Geistern, Dämonen, Teufeln und anderen abgespaltenen Teilen des Selbst, die im 17. Jahrhundert verschwand, und zwar *vor* der Einführung des wissenschaftlichen Denkens.[27] Die neue Einstellung Kindern gegenüber war verantwortlich für die Einschränkung auf die Familie und die schnelle Entwicklung der Kinderheilkunde, die beiden hauptsächlichen Charakteristika der großen demographischen Übergangszeit, die für die Geschichte des Westens von so großer Bedeutung war.[28] Und schließlich – da elterliche Tyrannei jede andere Tyrannei stützt – waren nur Erwachsene der intrusiven Form dazu fähig, die hierarchische Welt passiven Gehorsams gegenüber dem „göttlichen Recht von Amtsinhabern und Königen"[29] für hinfällig zu erklären und das Projekt der Revolution gegen Autoritäten zur zentralen Lebensaufgabe zu machen.[30]

Daß die amerikanische Revolution neben wirtschaftlichen auch psychologische Wurzeln hatte, ist eine Überlegung, die Historiker erst seit kurzem wälzen.[31]

---

[27] Daß das Verschwinden der Magie nicht durch intellektuelle oder wirtschaftliche Veränderungen verursacht wurde, wird schlüssig nachgewiesen von Keith Thomas, Religion and the Decline of Magic, Harmondsworth 1973.

[28] Die Priorität motivationaler Faktoren in der demographischen Übergangszeit wird betont von Robert V. Wells, Family History and DemographicTransition, in *Journal of Social History* 9 (1975), 1-19. Amerikas Fähigkeit, „modern" zu sein, lange bevor es urban oder industriell war, wird hervorgehoben von Richard Brown, Modernization and the Modern Personality in Early America: 1600-1865: A Sketch of a Synthesis, in *Journal of Interdisciplinary History* 2 (1972), 201-228.

[29] Bushman, *Puritan to Yankee*, 286.

[30] Für eine paradigmatische klinische Fallstudie einer zeitgenössischen intrusiven Mutter vgl. David L. Rubinfine, Maternal Stimulation, Psychotic Structure and Early Object Relations: With Special Reference to Aggression and Denial, in *Psychoanalytic Study of the Child* 17 (1962), 274 ff.

[31] Angefangen mit Bernard Bailyn, The Ideological Origins of the American Revolution, Cambridge 1967. Zur Geschichte der Interpretationen von Historikern siehe Edmund Morgan (Hg.), The American Revolution: Two Centuries of Interpretation, Englewood Cliffs 1965. Eine vollständige Diskreditierung der Ansicht, Amerika sei von England wirtschaftlich ausgebeutet worden, findet sich bei Lawrence H. Gipson, The Coming of the Revolution, New York 1954, und Oliver M. Dikkerson, The Navigation Acts and the American Revolution, Philadelphia 1951. Eine peinlich genaue quantitative Widerlegung der Auswirkungen wirtschaftlicher Parameter auf die Außenpolitik findet sich bei Rudolph J. Rummel, The Relati-

Abgesehen von so offensichtlichen Tatsachen wie dem völligen Fehlen wirtschaftlicher Angelegenheiten (oder des im vorliegenden Fall vermeintlich strittigen Themas, das da lautete: „No taxation without representation" - ohne Vertretung keine Besteuerung) in persönlichen Aufzeichnungen und Briefen aus der Zeit um 1775-1776,[32] litt das wirtschaftliche Argument immer unter der Unwahrscheinlichkeit der Annahme, daß Zehntausende Männer wegen einer britischen Steuer von 1,20 Dollar im Jahr gegen feuernde Musketen und Kanonen anstürmen würden.[33] Nein, die amerikanische Revolution war in erster Linie eine Gruppenfantasie, eine Behauptung der gegenseitigen Abhängigkeit von Mutter-England, ein psychotischer Gruppenprozeß von Regression und Wiedergeburt ähnlich dem des Großen Erwachens, nur daß bei der Revolution Amerika anstelle von Christus zur Mutter wurde, mit der man verschmolz.

Der Verlauf dieser Gruppenregression in den Jahren vor der Revolution läßt sich anhand der Änderungen in der Bildsprache nachzeichnen, die zur Beschreibung von Mutter-England verwendet wurde. Die zugrundeliegende Gruppenfantasie des kolonialen Amerika war die der totalen Abhängigkeit von einer allesspendenden Mutter. 1741 „sind die Kolonien" trotz Amerikas relativer wirtschaftlicher und politischer Unabhängigkeit einer charakteristischen Metapher zufolge „gleichwohl nichts als Babys, die nur mit den Brüsten und durch den Schutz ihres Mutterlandes bestehen können".[34] Diese Abhängigkeitsfantasie von der „zärtlichen Mutter" Britannien diente der Abwehr und Verleugnung jeglicher

---

    onship Between National Atrributes and Foreign Conflict Behavior, in: J. David Singer (Hg.), Quantitative International Politics: Insights and Evidence, New York 1968, 204 ff. Die umfangreiche Studie von Lewis F. Richardson in seinem Buch *Statistics of Deadly Quarrels* (Pacific Grove, Kalifornien, 1960, 207-209) zeigt, daß selbst bei Anwendung der weitesten Definition von „wirtschaftlich" nur 29% der Kriege seit 1820 unter anderen auch wirtschaftliche Ursachen hatten.

[32] Thomas Fleming, 1776: Year of Illusions, New York 1975, 7.

[33] Peter D. McClelland, The Cost to America of British Imperial Policy, in *American Economic Review* 59 (1969), 382 ff. Noch weniger kann man sich vorstellen, daß Menschen in den Krieg ziehen, weil sie John Locke gelesen haben. Und im Hinblick auf die Frage der Vertretung kommt Merrill Jensen, The Founding of a Nation, New York 1968, 86, zu dem Schluß: „Die meisten Verantwortlichen auf amerikanischer Seite ... hatten nicht die Absicht, um Vertretung im [britischen] Parlament anzusuchen."

[34] Edwin Burrows und Michael Wallace, The American Revolution: The Ideology and Psychology of National Liberation, in *Perspectives in American History* 6 (1972), 190. Dieser glänzende Artikel ist sehr ergiebig im Hinblick auf Metaphern von Eltern-Kind-Beziehungen in der Politik.

Feindseligkeit. So hielt man es etwa für lächerlich, die Stationierung britischer Truppen in Amerika vorzuschlagen, hätte dies doch geheißen, „zwei Beef-Eaters seiner Majestät abzustellen, um auf einen Säugling in der Wiege aufzupassen, damit er sich nicht erhebt und die Kehle seines Vaters durchschneidet".[35]
In den 1760er Jahren jedoch, als genügend Erwachsene der intrusiven Erziehungsform sich ihrer unbewußten Feindseligkeit bewußt wurden und diese zu artikulieren anfingen, begann sich die Bildsprache zu ändern, und die Gruppenfantasie schritt von Jahr zu Jahr auf immer frühere Kindheitstraumata zurück. Zunächst erinnerte man sich der Geschwister-Rivalität; John Otis Jr. klagte, daß „jeder Einwohner Amerikas mindestens zwei faule Kerle ... in Mutter Britanniens Schoß ... angenehm leben läßt".[36] Dann begannen besondere Praktiken der Kindheit aus der Verdrängung wiederzukehren. Darstellungen zeigten Britannien, wie es junge Amerikaner an „Gängelbändern" in Gefangenschaft hielt (vgl. Abbildung 6). Die Praxis, kleinen Kindern eiserne Krägen um den Hals zu legen, um sie dazu zu bringen, ihren Kopf aufrecht zu halten, wurde in Klagen darüber umgemünzt, daß die Amerikaner „ihre Hälse folgsam dem Joch darboten" und daß „man die Ketten der Unterdrückung uns nicht jetzt schon für Generationen von noch Ungeborenen um den Hals legen kann".[37] 1765 fragte John Adams, ob „Britannien die Mutter ist und wir die Kinder sind ...(;) haben Kinder nicht das Recht, sich zu beschweren, wenn ihre Eltern versuchen, ihnen die Glieder zu brechen ..."? – ein Hinweis auf das Schlagen mit Ruten, das in Adams' Kindheit noch eine verbreitete Praxis war.[38] 1773 regredierte die Gruppenfantasie auf die anale Bildsprache, wenn Mutter-England so wahrgenommen wurde, daß es „die Gedärme seiner eigenen Kinder ... durchbohrt", und 1775 war die orale Phase erreicht – nur daß die Mutter diesmal nicht als nährend, sondern als „vergiftend", nicht als rein und sanft, sondern als „eine alte ausgesetzte Prostituierte", nicht als beschützend, sondern als Mörderin, „rot vom Blut ihrer Kinder", erlebt wurde.[39]

---

[35] Ebd.
[36] A. a. O., 193.
[37] James T. Flexner, George Washington and the New Nation (1783-1793), Boston 1969, 316; William Goddard, The Constitutional Courant, in: Merrill Jensen (Hg.), Tracts of the American Revolution, New York 1967, 85 f.
[38] John Adams, A Dissertation on the Canon and Feudal Law, in: The Works of John Adams, Bd. 3, Boston 1853, 460 f.
[39] Burrows/Wallace, *American Revolution*, 205, 202. Vgl. auch Jensen, *Founding of a Nation*, 131.

Abbildung 6: Anonymus: *Das arme alte England, das seine bösen amerikanischen Kinder wieder einzufangen versucht.* Die Bänder sind Gängelbänder, die an der Kleidung von Kindern befestigt und dazu verwendet wurden, sie zu kontrollieren. Sie stehen zugleich für die Nabelschnur.

Zur gleichen Zeit folgten auch die politischen Ereignisse dem regressiven Weg der Gruppenfantasie. Die Briten bildeten sich immer noch ein, sie seien harte, aber gerechte Eltern, während die amerikanischen Loyalisten, Persönlichkeiten der ambivalenten Form, die weiterhin an der Hierarchie festhielten und unfähig waren, sich mit dem Bild von der neuen Mutter-Nation zu vereinigen, weiterhin auf der Notwendigkeit des Gehorsams beharrten und sogar forderten, Mutter-England möge „ihre pflichtvergessenen und rebellischen Kinder züchtigen".[40]

Der tatsächliche Wendepunkt dieser Gruppenfantasie kam mit der *Boston Tea Party*. Das Ereignis selbst war rein symbolisch, da es sowohl in Britannien als auch in Amerika zu Hunderten ähnlicher Protesterhebungen kam.[41] Doch die

---

[40] Burrows/Wallace, *American Revolution*, 218–223.
[41] Richard M. Brown, Violence and the American Revolution, in: Kurtz/Hutson, *Essays*, 90. Nicht nur war die Teesteuer schon sechs Jahre alt, die Protestierenden

infantile Symbolik war beiden Seiten völlig klar – England stopfte Amerikas Hals mit Nahrung, so wie Mütter ihren Babys den Hals mit Brei zu stopfen pflegten, bis sie sich übergaben (vgl. Abbildungen 7, 8 und 9).[42] Diesmal ließen die Kolonisten es nicht widerstandslos mit sich geschehen. Die *Boston Evening Post* bezeichnete den Tee als „vergiftet", und die Amerikaner spuckten ihn aus – in den Hafen. Dieses Ausspucken trieb England zur Weißglut. Während es zuvor den Entgang von Millionen Pfund an Steuern praktisch gleichgültig akzeptiert hatte, reagierte es jetzt mit militärischer Gewalt auf dieses Ausspucken jener „unbedeutenden kleinen Provinz, der Schöpfung unserer eigenen Hände, der Luftblase unseres eigenen Atems".[43] Die Schlacht von Lexington folgte, und die amerikanische Gruppenfantasie regredierte auf das grundlegendste Trauma, jenes der Geburt.

---

ignorierten auch schlicht die weitaus höheren Steuern auf Melasse, Zucker und Draht.

[42] DeMause, *Evolution*, 538.

[43] John C. Miller, Origins of the American Revolution, Stanford 1959, 344, 356. Ein Bostoner Arzt bot an, den „medizinischen Beweis" dafür zu liefern, daß der Tee giftig war; siehe Jensen, *The Founding of a Nation*, 440.

Abbildung 7: Anonymus: *Der tüchtige Arzt oder Amerika schluckt die bittere Arznei*. Veröffentlicht 1774 von Paul Revere nach der *Boston Tea Party*. Der Tee wird die Kehle hinuntergeschüttet wie Brei, nur mit vertauschten Rollen, so daß die Mutter ihn bekommt. Indem er aus Amerika eine Mutter macht, kann der Künstler noch ein weiteres Thema einbringen, das der Geburt, in Gestalt des Arztes, der der ausgestreckten Frau unter den Rock schaut.

Abbildung 8: William Thomson: *Breischale*. Diese Breischale aus dem frühen 19. Jahrhundert veranschaulicht den typischen Kolonialstil und wurde verwendet, um Babys eine Mixtur aus Brot und Wasser oder Brot und Milch in den Hals zu leeren.

Abbildung 9: Philip Dawes: *Die Bostoner bezahlen den Steuereintreiber oder Teeren und Federn*. Britische Zeichnung eines Ereignisses, bei dem Siedler einen Steuereintreiber tatsächlich dazu zwangen, Tee zu trinken. Das Schütten des Tees in den Hafen verstärkt die Gleichsetzung noch.

Die Bildsprache der Geburt drang 1775-1776 in die Alltagssprache der Politik ein (vgl. Abbildungen 10, 11 und 12). Wie bei allen Kriegen[44] entsprach die Bildsprache den tatsächlichen Geburtspraktiken der Zeit. Während wir heute, wo Entbindungen im Krankenhaus die Norm sind, mit Bildern von „Luftschlägen mit chirurgischer Genauigkeit" in den Krieg gehen, gebaren die Mütter der Kolonialzeit noch unter großen Blutungen zuhause, und daher ist die Amerikanische Revolution voll mit Bildern vom „unschuldigen Blut" von „Säuglingen", Bildern von „Füßen, die auf blutbesprenkelten Pflastersteinen ausrutschen" und Bildern von „blutbefleckten Straßen". Sogar das vertraute Geburtslaken wird von einem Autor heraufbeschworen, der die bevorstehende Revolution als „ein großes Laken, ... schwer von Unterdrückung und Verzweiflung ... [und] schwer von Zerstörung", sah.[45] Ein anderer Autor bildete sich sogar ein, daß in Concord „in den Wehen liegende Frauen von der [britischen] Soldateska nackt auf die Straßen getrieben wurden".[46] Auch die neu eingeführte Praxis des Teerens und Federns ist ein projiziertes Ausagieren der Geburtsszene, bei dem der Pöbel das Opfer in ein von Teer bedecktes und oft auch in Kuh- oder Schweinemist gewälztes Fäces-Baby verwandelt.[47]

---

[44] Zur Krieg-als-Geburt-Hypothese vgl. Lloyd deMause, Die Eigenständigkeit der Psychohistorie, im vorliegenden Band. Die politische Theorie der Zeit offenbarte die hier vorgestellte These, daß Gruppenregression auf die Geburt notwendig war, um die Loyalität von Großbritannien auf Amerika zu übertragen: So wurde zum Beispiel allgemein anerkannt, daß die Siedler durch eine Rückkehr zum „Naturzustand" (mit seinen Untertönen von Nacktheit und Geburt) ihre „Bande" zu Britannien „zerreißen" und als Amerikaner wiedergeboren werden würden.

[45] Philip Davidson, Propaganda and the American Revolution: 1763-1783, Chapel Hill 1941, 9, 94, 120 ff.; Merrill Jensen (Hg.), English Historical Documents. Vol. IX: American Colonial Documents to 1776, NewYork 1955, 756.

[46] Jensen, *English Historical Documents*, 829; vgl. auch ders., *Founding of a Nation*, 591.

[47] Brown, *Violence*, 103 f.; Ann Hulton in: Morton und Penn Borden (Hgg.), Tbe American Tory, Englewood Cliffs 1972, 28.

Abbildung 10: Anonymus: *Die amputierten Kolonien*. Das Original wurden 1766 von Franklin während der Stempelakten-Krise verwendet. Hier sind die Auswirkungen der fantasierten Angriffe auf den Leib von Mutter England zu sehen.

Abbildung 11: Anonymus: *Vereinigt euch oder sterbt*. Vergeltung für die Angriffe auf den Körper der Mutter wird auch mit Blick auf das Kind fantasiert (Kinder wurden zu dieser Zeit oft als „Nattern" bezeichnet).

Abbildung 12: *Verschiedene Zerstückelungsfantasien zu Zeiten internationaler Spannungen*. Nachdem praktisch jeder zwischenstaatliche Vorfall Zerstückelungsfantasien auslösen kann, ist es hilfreich, in der Symbolik dieser und der vorherigen beiden Abbildungen verletzte Nabelschnüre und „Phantom-Plazentas" (die fremde Bedrohung) zu erkennen.

So „wurde das Kind Freiheit geboren", wie James Otis Jr. sagte, „ins Dasein gebracht unter der Ammenschaft" von Amerikanern, die die Gruppenfantasie vom Krieg-als-Geburt ausagierten, indem sie sich ihren Weg aus dem furchtbesetzten Mutterleib freikämpften und sich mit „dem Kind Unabhängigkeit, das um seine Geburt ringt", identifizierten.[48] So wurde Amerika „in den furchtbaren Abgrund" des Krieges „gestürzt", wie Edmund Burke es ausdrückte.[49] Und so illustriert die Amerikanische Revolution, die wir dieses Jahr feiern, wie alle historischen Bewegungen, die psychogene Gesetzmäßigkeit, daß die Geschichte das definitive Auffangbecken des Verdrängten ist, die letzte Ruhestätte kindlicher Traumata, die Gruppenfantasie, die letzten Endes das wieder in Szene setzt und Wirklichkeit werden läßt, womit wir am wenigsten zu tun haben wollen – unsere eigene Kindheit.

Anhang: Zur Demographie des Tötens der Nachkommenschaft

Der Großteil meiner psychogenen Geschichtstheorie hat das Angstniveau des Berufsstandes der Historiker angehoben, doch nichts hat mehr an außerordentlicher Wut hervorgerufen als mein Beharren auf der Langlebigkeit von elterlichen Todeswünschen gegenüber den eigenen Kindern. Der Tod von Babys wird in den seltenen Fällen, wenn er überhaupt Eingang in den akademischen Diskurs findet, als widriges Ereignis der Demographie betrachtet, als eine bloße Nebenwirkung von Unkenntnis, Armut oder dem Mangel an medizinischen Verfahren – er darf alles sein, nur kein elterlicher Wunsch. Wie Dorothy Bloch und Joseph Rheingold in ihren Schriften wiederholt gezeigt haben,[50] verleugnet das Kind stets energisch das Wissen um die Todeswünsche der Eltern und nimmt lieber das Schlimmste von sich selbst an, statt sich einzugestehen, daß es völlig uner-

---

[48] Samuel Adams, zitiert in Henry Steel Commager und Richard B. Morris (Hgg.), The Spirit of Seventy-Six, Bd. 1, New York 1970, 294; Jeremiah Dummer, Defence of tbe New England Charters, London 1765.
[49] Jensen, *Founding of a Nation*, 579.
[50] Dorothy Bloch, Feelings That Kill: The Effect of tbe Wish for Infanticide in Neurotic Depression, in *Psychoanalytic Review* 52 (1965); dies., Some Dynamics of Suffering: The Effect of the Wish for Infanticide in a Case of Schizophrenia, in *Psychoanalytic Review* 53 (1966); dies., Fantasy and the Fear of Infanticide, in *Psychoanalytic Review* 61 (1974); Joseph C. Rheingold, The Fear of Being a Woman: A Theory of Maternal Destructiveness, New York 1964; ders., The Mother, Anxiety and Death: The Catastrophic Death Complex, Boston 1967.

wünscht sei. Die Meinungsbildung der Historiker spiegelt diese heftige Reaktion gegen die Realität kindsmörderischer Wünsche wider.

Nur ein Beispiel: Joseph Kett schreibt in seiner Rezension zu meiner Arbeit in *The American Historical Review*,[51] daß an meiner Ansicht, der Kindsmißbrauch sei in der Vergangenheit weit verbreitet gewesen, „fast alles" falsch sei:

> Um die Ubiquität des Aussetzens weiblicher Kinder zu untermauern, zitiert er ein paar Exempel sehr unausgewogener Geschlechterverhältnisse, übergeht aber stillschweigend die Arbeit ernsthafter Demographen, die mit den Belegen von Kindsmord vorsichtiger umgehen.

Ungeachtet Ketts namentlich nicht genannter „ernsthafter Demographen" zeigen die Tatsachen genau das Gegenteil – von 53 Artikeln, die Geschichts-Demographen über Kindsmord und Geschlechterverhältnisse geschrieben haben, geben mir alle außer einem darin recht, daß es in Antike und Mittelalter tatsächlich Kindsmord in großem Maßstab gab und dieser erst in der Neuzeit allmählich zurückging. Da die erwähnte einzige Ausnahme, der Mittelalter-Demograph David Herlihy, zweifelsohne die Autorität ist, auf die sich Kett mit dem Hinweis auf „ernsthafte Demographen" bezieht, sollten seine Aussagen im Detail untersucht werden, bevor wir uns der großen Menge der oben in Schema 5 ausgewiesenen konkreten Belege für den kontinuierlichen Rückgang des Kindsmords zuwenden.

Herlihys Feststellung, daß im Italien des 15. Jahrhunderts „das Aussetzen weiblicher Babys keine verbreitete Praxis gewesen zu sein scheint", basiert einzig auf der in seinen Schriften immer wiederholten Behauptung, daß der konstante Überschuß an Knaben in den Ergebnissen von Volkszählungen, die er bringt, „hauptsächlich Unterlassungen beim Erfassen weiblicher Babys geschuldet ist".[52] Der einzige Beleg, den er in seinen Schriften für diese seltsame Neigung anführt, sich nur beim Zählen von Mädchen zu irren – eine Neigung, die mysteriöserweise nach Seuchen, also dann, wenn Mädchen willkommener sind, abnimmt –, ist der, daß „uns überlieferte Predigten ein vollständiges Verzeichnis der Sünden des Zeitalters liefern und daß dem Verbrechen darin kein besonderes Augenmerk zuteil wurde".[53] Die Möglichkeit, daß das Verbrechen allgemein akzeptiert und

---

[51] *The American Historical Review* 80 (1975), 1296.
[52] David Herlihy, Medieval and Renaissance Pistoia: The Social History of an Italian Town, 1200-1430, New Haven 1967, 80 f.
[53] A. a. O., 80.

ihm daher „kein besonderes Augenmerk" zuteil wurde, wird von Herlihy nicht in Erwägung gezogen. Seine tatsächlichen Zahlen weisen im Pistoia der Renaissance weit mehr Knaben als Mädchen aus: „Der zahlenmäßige Geschlechterunterschied in der städtischen wie ländlichen Bevölkerung bei Kindern von 15 Jahren und darunter ist sehr hoch, 125 Knaben auf 100 Mädchen. Das könnte eine Eigentümlichkeit des Geschlechterunterschieds bei der Geburt wiederspiegeln. Giovanni Villani hielt zum Beispiel fest, daß im Florenz der 1330er Jahre von den 5500 bis 6000 jährlich getauften Babys die Zahl der Knaben die der Mädchen um 300 bis 500 übertraf, doch würde auch diese Verteilung, falls sie exakt verzeichnet wurde, allerhöchstens zu einem Geschlechterverhältnis in der Kindheit von ungefähr 118 [Knaben auf 100 Mädchen] führen."[54] Doch ist dieser Überschuß an Knaben (105/100 ist das normale Verhältnis bei der Geburt)[55] nur eine weitere Widerlegung von Herlihys These der „falschen Zählung", da man sich bei individuellen Taufen nicht selektiv bezüglich des Geschlechts verzählt. Darüber hinaus würde, zumal Mädchen überall biologisch widerstandsfähiger und weniger anfällig für Krankheiten sind als Knaben,[56] ein Geschlechterverhältnis von 125 [Knaben] auf 100 [Mädchen] im Alter von 0 bis 15, unter Ausschluß späteren Kindsmords, eine Kindsmordrate in der Größenordnung von etwa einem Drittel oder mehr aller geborenen Mädchen bedeuten.[57]

In allen seinen Schriften gibt Herlihy nur ein Exempel, das seine oft wiederholte These, die da lautet: „kein Kindsmord", wirklich durch Zahlen stützt. In seinen Erläuterungen zu zwei karolingischen Erhebungen findet er eine, und zwar die aus St. Victor in Marseille, mit „106 weiblichen Kindern, aber nur 99 männli-

---

[54] Ebd.
[55] Sogar das zeitgenössische amerikanische Geburtsverhältnis von 105/100 (Vital Statistics of the U.S. - 1970. Vol. I - Natality, Rockville, Maryland, 1975, I-19) liegt höher als zu früheren Zeiten (vgl. Mortimer Spiegelman, Introduction to Demography, durchges. Aufl. Cambridge, Massachusetts, 1965, 395).
[56] United Nations, Department of Economic and Social Affairs, Demographic Yearbook - 1973, New York 1974, 263 ff.
[57] C. Klapisch (L'infance en Toscane au debut du XVe siècle, in *Annales de démographie historique* (1973), 103) verzeichnet einen weiteren Einbruch desselben *Catasto* mit 129 [Knaben auf 100 Mädchen] für 0-1 Jahr, 120 für 1-7 Jahre und 116 für 8-14 Jahre.

chen, also einem Quotienten von 93,40"[*], und schließt daraus, daß „es keinen Hinweis auf weiblichen Kindsmord unter den Bauern von St. Victor gibt".[58] Diese Schlußfolgerung bringt es jedoch fertig, eine entscheidende Tatsache zu übersehen: Bei über einem Drittel dieser Zählung *war für das Kind kein Geschlecht angegeben*. Daraus zu schließen, daß das Verhältnis zwischen den nicht angegebenen Geschlechtern bei einem so geringen Sample genau dasselbe gewesen sein müsse wie das zwischen den angegebenen Geschlechtern, ist völlig ungerechtfertigt. Zudem beträgt in Santa Maria in Farfa – die zweite karolingische Erhebung, die Herlihy anführt und bei der die Zahl der Fälle, in denen „kein Geschlecht angegeben" wird, viel niedriger und die Bevölkerung insgesamt groß ist, so daß die Erhebung für den Demographen weitaus höhere Zuverlässigkeit besitzt – das Verhältnis Knaben zu Mädchen 136 zu 100. Dazu kann Herlihy nur sagen, daß dieser höhere Unterschied „kaum glaubwürdig ... [und nur] ein weiteres Indiz für die irrigen Angaben in bezug auf Kinder" sei.[59] Für Herlihy sind zahlenmäßig niedrige Geschlechterunterschiede und unzulängliche Erhebungen also ein schlüssiger Beweis für seine These, daß es „keinen Kindsmord" gegeben habe, während zahlenmäßig hohe Geschlechterunterschiede und hinreichendere Erhebungen für ihn ein Beweis für „irrige Angaben" sind.

Schema 13: Geschlechtsquotienten karolingischer Kinder

	männlich	weiblich	Quotient	keine Geschlechtsang.
St. Victor in Marseilles	99	106	93,40	155
Santa Maria in Farfa	328	242	135,54	123

Im Unterschied dazu hat Emily Coleman, eine ehemalige Studentin von Herlihy, eine sorgfältige und umfassend analysierte Untersuchung karolingischer Geschlechterverhältnisse vorgelegt, die mit meiner These von einem weitverbreiteten Kindsmord übereinstimmt.[60] Ihre Studien zum Polyptychon von Saint Ger-

---

[*] Hier wie auch bei den folgenden Zahlenangaben errechnet sich der Quotient durch Division der Anzahl der Knaben durch die Anzahl der Mädchen, im vorliegenden Fall also 99:106 = 0,934.

[58] David Herlihy, Life Expectancies for Women in Medieval Society, in: Rosemarie T. Morewedge (Hg.), The Role of Women in the Middle Ages, Albany 1975, 5 f.

[59] A. a. O., 6 f.

[60] Von den Studien Emily Colemans sind als wichtigste zu nennen: Medieval Marriage Characteristics: A Neglected Factor in the History of Medieval Serfdom, in *Journal of Interdisciplinary History* 2 (1971), 207–215; A Note on Medieval Peasant

main-des-Près (ca. 801), die auch von der *product-moment*-Korrelationsanalyse ausführlich Gebrauch machen, kommen zu dem Schluß, daß sich das Geschlechterverhältnis in der Kindheit (136 Knaben auf 100 Mädchen) *nicht* durch falsches Zählen erklären lasse, da es in (umgekehrt) proportionaler Entsprechung zur Größe des Bauernhofs stehe, und daß daher mit Sicherheit selektiver weiblicher Kindsmord praktiziert worden sei.[61] Dieses Prinzip trifft in der Tat auf alle uns vorliegenden Zahlen zu, da man sich schwerlich „eine Neigung zum Falschzählen" vorstellen kann, die mit der Größe des Landbesitzes korreliert und vor und nach Seuchen steigt bzw. abnimmt.

Das von anderen Historikern angeführte Material paßt zu diesem Bild von der weitverbreiteten Tötung der Nachkommenschaft vor der Neuzeit. Obwohl Daten aus Volkszählungen in der Antike spärlich sind und man versucht sein könnte, Untersuchungen wie Kirchners *Prosopographica Attica*, die für 346 Familien ein Verhältnis von fünf Knaben auf ein Mädchen ausweist, anzuzweifeln,[62] bestätigen neuere Studien die These vom massiven Kindsmord in der Antike. William Tarn faßt die hellenistischen Daten zusammen:

> Von einigen tausend Familien aus Griechenland, die ca. 228-230 die milesische Staatsbürgerschaft erhielten, sind Einzelheiten über 79 Familien mit ihren Kindern erhalten; diese hatten 118 Söhne und 28 Töchter [ein Verhältnis von 421/100], darunter viele Minderjährige; diese Proportionen können nicht durch natürliche Ursachen erklärt werden. Ähnliches gilt für Familien nach Epiktet, von denen 32 ein Kind und 31 zwei Kinder hatten; und sie zeigen ein gewisses Bemühen um zwei *Söhne*. Alle Inschriften bestätigen das. Zwei Söhne sind geradezu üblich, ein paar Familien haben drei; in Eretria hatten im 3. Jahrhundert bestimmt zwei von 19 Familien mehr als einen Sohn, was zwar weniger ist als bei denen, die nach Milet zogen, aber mit den Belegen aus Delphi übereinstimmt ... mehr als eine Tochter wurde praktisch nie aufgezogen, was Poseidippus' Aussage bestätigt, daß „auch ein reicher Mann eine Tochter immer aussetzt". Von den 600 Familien auf delphischen Inschriften des 2. Jahrhunderts zog nur ein Prozent zwei Töchter auf; die Belege aus Milet stimmen damit überein, und in der ganzen Masse von In-

---

Demography, in *Historical Methods Newsletter* 5 (1972), 53-58; L'infanticide dans le Haut Moyen Age, in *Annales: économies, sociétés, civilisations* (1974), 315-335 (engl. Infanticide in the Early Middle Ages, in: Susan Stuard (Hg.), English Women in Medieval Society, Philadelphia 1976, 47-70).

[61] Coleman, *L'infanticide*, 329 ff.
[62] Zitiert bei Sarah B. Pomeroy, Goddesses, Whores, Wives and Slaves: Women in ClassicalAntiquity, NewYork 1975, 70.

schriften lassen sich die Nennungen von Schwestern beinahe an den Fingern abzählen ...[63]

In seinem umfangreichen Band über *Italian Manpower* bestätigt der Demograph des klassischen Zeitalters, P. A. Brunt, das Vorkommen massiven selektiven weiblichen Kindsmords, wenn er festhält, daß

> wir von einem „Gesetz des Romulus" erfahren, das Bürger unter Androhung des Verlusts der Hälfte ihres Besitzes (eine Sanktion, die den *proletarii* gegenüber naturgemäß keine Wirkung zeigte) dazu verpflichtete, alle männlichen Kinder und das erstgeborene Mädchen aufzuziehen, es sei denn, das Kind wäre verkrüppelt oder entstellt, in welchem Falle es ausgesetzt werden durfte, sofern fünf Nachbarn ihre Zustimmung erteilten. Das Aussetzen mißgebildeter Säuglinge scheint unter dem Zwölftafelgesetz in der Tat obligatorisch und eine normale Praxis gewesen zu sein.[64]

Der Demograph J. C. Russell, der sein Leben der Erforschung antiker und mittelalterlicher Populationen widmete, ist ebenfalls der Meinung, daß die hohen zahlenmäßigen Geschlechterunterschiede zur Zeit der Römer nur durch eine vergleichsweise höhere weibliche Kindsmordrate erklärbar ist, und führt die englische Aufzählung Johns von Hastings (1391-1392) als vergleichbaren Beleg für das Mittelalter an (170 Knaben auf 100 Mädchen).[65]
Der Renaissance-Demograph Richard Trexler gibt ihm recht[66] und widmet den Aufzeichnungen aus dem Florenz des 15. Jahrhunderts eine sorgfältige Untersuchung, welche die wichtige Unterscheidung zwischen dem offenen Kindsmord früherer Zeiten und der verbreiteteren Tötung der Nachkommenschaft im späten Mittelalter, die jenen nach und nach ersetzte, verdeutlicht. Trexler führt den Florentiner *Catasto* von 1427 an, der eine mit dem Alter zunehmende Unausgeglichenheit zwischen den Geschlechtern ausweist:

---

[63] William Tarn, Hellenistic Civilization, London ³1952, 101 (dt. Die Kultur der hellenistischen Welt, Darmstadt 1966).
[64] Brunt, *Italian Manpower*, 149.
[65] J. C. Russell, British Medieval Population, Albuquerque 1948, 1968.
[66] Richard C. Trexler, Infanticide in Florence: New Sources and First Results, in *The History of Childhood Quarterly* 1 (1973), 98–116.

Schema 14: Geschlechterquotienten in der Kindheit in Florenz (1427)

Geburt	115
0-1	118
1-2	119
2-3	120
3-4	119

Nun stellt dieser mit dem Alter im Wachsen begriffene zahlenmäßige Geschlechterunterschied nicht nur das Gegenteil des Normalfalls in den meisten heutigen Populationen dar, in welchen man die höhere weibliche Widerstandsfähigkeit zum Tragen kommen läßt, sondern Trexler zeigt darüber hinaus auf, daß er in der Hauptsache nur bei jenen Babys zutrifft, die in der Obhut gemieteter Ammen standen; während es unter denen, die ins Hospital geschickt wurden, den weiblichen Babys ungefähr gleich gut erging wie den männlichen, starben bei der Säugamme beinahe doppelt so viele Mädchen wie Knaben noch vor ihrem ersten Geburtstag, entweder, weil Knaben bei der Amme eine bevorzugte Behandlung erfuhren, oder infolge einer höheren Neigung, Mädchen zu schlechtbezahlten Ammen zu schicken, oder wegen beidem gleichzeitig. Diese Kombination von sofortigem Kindsmord bei der Geburt durch Erdrosseln, Ertränken oder Aussetzen und späterer Kindstötung durch häufigeres Entsenden zur Säugamme oder durch Entsenden unter Beigabe eines Geldbetrages, der gerade für ein paar Wochen Unterhalt reichte, zu „Mörder-Ammen", die derartige Hinweise gewohnt waren,[67] bringt die Gesamtzahlen an Kindstötungen hervor, die ich in meiner Tafel (Schema 5) eingesetzt habe.

Obwohl sich in Geburtsregistern mitunter sehr hohe Unterschiede im Verhältnis von Knaben zu Mädchen finden (Feuchères Verhältnis von 162/100 für den französischen Adel im späten Mittelalter ist die größte Differenz, auf die ich gestoßen bin)[68], bewegt sich der Quotient bei der Geburt eher im Bereich 110-120, während die Zahlen bei Volkszählungen höher liegen, so daß *sowohl* selektiver Kindsmord *als auch* spätere Tötung der Nachkommenschaft zusammenwirken,

---

[67] Vgl. sowohl meine Ausführungen zum Thema der „Mörder-Ammen" in *Die Evolution der Kindheit* als auch die Elizabeth Wirth Marvicks in *Nature Versus Nurture*.

[68] P. Feuchère, La noblesse du Nord de la France, in *Annales* 6 (1951), 306-318. Vgl. auch den Rückgang des Unterschieds bei der Geburt, dokumentiert in: John Knodel, Two and One Half Centuries of Demographic History in a Bavarian Village, in *Population Studies* 24 (1970), 359.

um insgesamt die Unausgeglichenheit hervorzubringen, die sich in den Rohdaten der Volkszählungen widerspiegelt. Die vielleicht ausführlichste Gesamtstudie dieser Kombination von Kindsmord bei der Geburt und nachmaliger Tötung stellt die Arbeit von Ursula M. Cowgill dar, einer Biologin an der Universität Yale, die nicht nur Zahlen vorgelegt hat, die das genaue Ausmaß von selektivem Säuglingsmord und Kindstötung in York, England, über drei Jahrhunderte beziffern, sondern die dabei wirkenden Mechanismen auch in der konkreten Feldforschung in Guatemala beobachtet hat. Zur Bearbeitung der Yorker Pfarregister von 1538 bis 1812 fütterte Cowgill einen Computer mit den Daten von 33 000 Geburten und erstellte eine graphische Darstellung der Sterblichkeitsraten von Kindern, die zeigte, daß Mädchen in jedem Alter in höherer Zahl starben als Knaben, was, so Cowgill, „nahelegt, daß die Eltern in York ihren Knaben bessere Pflege angedeihen ließen als ihren Mädchen".[69] Diese unterschiedliche Behandlung führte zusammen mit dem Kindsmord bei der Geburt (dessen Quotient in York im 16. Jahrhundert 110,8 betrug)[70] zu einem Gesamtverhältnis von 136/100. In zwei gemeinsam mit G. E. Hutchinson verfaßten, faszinierenden Aufsätzen[71] beschreibt Cowgill die Beobachtungen in einem Indianerdorf in Guatemala, in dem das Geschlechterverhältnis 178/100 beträgt, eine Unausgeglichenheit, die sich ihr zufolge voll und ganz der Neigung von Eltern verdankt, „männliche Nachkommen vorzuziehen ..., indem männlichen Säuglingen länger die Brust gegeben wird als weiblichen. Man findet in der Tat männliche Kinder, die nach wie vor gestillt werden, während ihre jüngeren weiblichen Geschwister schon entwöhnt worden sind. Wenn man mit den Leuten lebt, erhält man den starken Eindruck, daß Knaben auch nach der Entwöhnung bessere Pflege zuteil wird als Mädchen". Die Praxis, Knaben länger zu stillen als Mädchen, läßt sich natürlich in der historischen Literatur zusammen mit den anderen erwähnten

---

[69] Ursula M. Cowgill, The People of York: 1538-1812, in *Scientific American* 222 (Januar 1970), 108.

[70] Ursula M. Cowgill, Life and Death in the Sixteenth Century in the City of York, in *Population Studies* 21 (1967), 61.

[71] Ursula M. Cowgill und G. E. Hutchinson, Sex Ratio in Childhood and the Depopulation of the Petén, Guatemala, in *Human Biology* 35 (1963), 90-104; dies., Differential Mortality Among the Sexes in Childhood and Its Possible Significance in Human Evolution, in *Proceedings of the National Academy of Sciences* 49 (1963), 425–429. Andere südamerikanische Gesellschaften weisen hohe zahlenmäßige Geschlechterunterschiede auf, befinden sich jedoch noch in der früheren psychogenen Form des offenen Kindsmords; vgl. etwa James V. Neel, Lessons from a ‚Primitive' People, in *Science* 170 (20. November 1970), 816.

unterschiedlichen Behandlungsformen finden. Es ist interessant, in Klammern festzuhalten, daß diese ihre Nachkommen tötenden Indianer – genauso wie ein halbes Jahrtausend zuvor die ihre Nachkommen tötenden Europäer – ihre Kinder wie kleine Erwachsene anzogen, im Gegensatz zu Stämmen in der Umgebung, die Mädchen weniger unterschiedlich behandelten. Cowgill und Hutchinson meinen sogar, daß das sexuell provokative Verhalten kleiner Mädchen gegenüber erwachsenen Männern als ein notwendiger evolutionärer Mechanismus fungieren könnte, um eine „demographische Katastrophe" dadurch zu vermeiden, daß sie in ihnen so feindlich gesonnenen kulturellen Systemen Interesse für sich erwecken – eine höfliche Art zu sagen, daß kleine Mädchen Männer dazu verführen müssen, sie am Leben zu lassen!

Obgleich Shakespeare in *Macbeth* annahm, seine Zuhörerschaft sei mit dem „neugebornen Knaben / Den die Metz erwürgt im Graben" (*„the birth-strangled babe / Ditch-deliver'd by a drab"*) völlig vertraut, war der selektive Kindsmord im eigentlichen Sinn zu Beginn der Neuzeit, besonders in England und Amerika, beinahe ganz von der selektiven Tötung nach der Geburt verdrängt worden, was rechtmäßige Kinder betraf.[72] Obwohl F. G. Emmison den Kindsmord in Middlesex und Essex im 16. Jahrhundert „traurigerweise üblich" nennt,[73] kommt Keith Wrightson in einem Artikel, der einen Überblick über den Kindsmord im England des 17. Jahrhunderts gibt, für letzteres Jahrhundert zu dem Schluß, daß die Beseitigung von Säuglingen, obwohl sie „zum Teil die vertrautere Form der Tötung bei der Geburt annahm", hauptsächlich „durch absichtliche Vernachlässigung bei der Ernährung, einer Art von Kindsmord, von der es den Anschein hat,

---

[72] R. Thompson, Seventeenth-Century English and Colonial Sex Ratios: A Postscript, in *Population Studies* 28 (1974), 153–165, rezensiert die frühere Arbeit von Herbert Moller und führt ein Geburtsverhältnis von 107/100 aus Graunts Tabellen für London an, welche die Zeit von 1629 bis 1664 abdecken. D. E. C. Eversley, A Survey of Population in an Area of Worcestershire from 1660-1850 on the Basis of Parish Records, in *Population Studies* 10 (1957), 253–279, sagt, daß „die Kindersterblichkeit in England bereits im 17. Jahrhundert die niedrigste Europas war". Im 19. Jahrhundert wies ganz Europa bei Kindern ein Geschlechterverhältnis von annähernd 100/100 auf; Verzeichnisse, die dies mit Material belegen, sind in Schweden zu finden. Vgl. Statistika Centralbyram [Gustav Sundbärg (Hg.)], Aperçus Statistiques Internationaux, Bd. 11, Stockholm 1908, 118; Michael G. Mulhill, The Dictionary of Statistics, London ^{4}1899, 443; Alexander von Oettingen, Die Moralstatistik in ihrer Bedeutung für eine Socialethik, Erlangen 1882, 60 f.; und Statistica del regno d'Italia, Populazione Censimento degli antichi stati Sardi e censimenti de Lombardia, Turin 1862.

[73] F. G. Emmison, Elizabethan Life: Disorder, London 1970, 156.

daß sie als weniger unzweideutig verbrecherisch betrachtet wurde", erzielt wurde.[74]

Die Verhältnisse, die ich in meiner graphischen Darstellung in Schema 5 verwendet habe, bestätigen die Hauptthese meiner psychogenen Theorie der Evolution der Kindheit in bezug auf den allmählichen Rückgang der bewußten wie unbewußten Kindstötung im Laufe der Geschichte:

Schema 15: Die in der graphischen Darstellung (Schema 5) verzeichneten Geschlechterverhältnisse

Ort	Quelle: Fußnote	Zeit	Knaben/100 Mädchen
St. Germain, Frankreich	75	801-829	136
Spalding, England	76	1268-1269	120
Hastings, England	77	1391-1392	170
Florenz, Italien	78	1427	125
Pozzuoli, Italien	79	1489	170
York, England	80	1538-1600	136
Sorrent, Italien	81	1561	91
Ealing, England	82	1599	128
Padua, Italien	83	1634	104
Florenz, Italien	84	1622-1642	109

---

[74] Keith Wrightson, Infanticide in Earlier Seventeenth-Century England, in *Local Population Studies* 15 (1975), 10–21.
[75] Coleman, *Infanticide in the Early Middle Ages*, 58.
[76] H. E. Hallam, Some Thirteenth-Century Censuses, in *Economic History Review*, 2. Folge 10 (1957), 353. Versammelt die Volkszählungen von Weston, Mouldon und Spaulding.
[77] Russell, *Late Ancient and Medieval Populations*, 168.
[78] Herlihy, *Pistoia*, 80.
[79] Russell, *Late Ancient and Medieval Populations*, Tabelle 34. Hier – wie auch an anderer Stelle in Schema 15 – habe ich die Quotienten für das jeweils nächstliegende Alter zwischen 0 und 14 Jahren anhand der vorhandenen Daten errechnet.
[80] Cowgill, *York*, 106 ff., für das 16. Jahrhundert insgesamt errechnet aus Zahlen für das Geschlechterverhältnis bei der Geburt im 16. Jahrhundert, die Cowgill, *Life and Death in York*, 61, angibt, und hernach auf ihre graphische Darstellung in *York*, 108, umlegt.
[81] Russell, *Late Ancient and Medieval Populations*, Tabelle 34.
[82] D. E. C. Eversley u. a., An Introduction to English Historical Demography: From the Sixteenth to the Nineteenth Century, London 1966, 204.
[83] Karl Julius Beloch, Bevölkerungsgeschichte Italiens, Bd. 1, Berlin 1939, 37.

Clayworth, England	85	1688	134
Lichfield, England	86	1695	108
Österreich	87	1754	107
Piacenza, Italien	88	1758	110
Spanien	89	1768	104
Spanien	89	1787	105
Spanien	89	1797	104
Frankreich	90	1776	102
USA	91	1703-1774	101-104

Was soll man mit so einer langen Geschichte der Kindstötung schlußendlich anfangen? Einen Schluß darf man jedenfalls nicht ziehen, und das ist der, daß sie ein Ergebnis von Armut sei. Das Belegmaterial läßt keinen Zweifel daran, daß sowohl Reiche als auch Arme ihre Kinder umbrachten. Colemans Zahlen in bezug auf Landeigentum weisen zum Beispiel eine leichte Tendenz dahingehend auf, daß reichere Bauern weniger Mädchen getötet haben, doch gab es sogar bei den reichsten Gutsbesitzern Geschlechterverhältnisse in der Höhe von 130-140 [Knaben auf 100 Mädchen], die höchsten Unterschiede von 150-200 [Knaben auf 100 Mädchen], wie sie manchmal unter den Armen zu finden sind, wurden also

---

[84] A. a. O., 43; Beloch, *Bevölkerungsgeschichte Italiens*, Bd. 2, 144 f.
[85] Peter Laslett und John Harrison, Clayworth and Cogenhoe, in: H. E. Bell und R. I. Ollard (Hgg.), Historical Essays 1600-1750 Presented by David Ogg, London 1963, 157–184.
[86] D. V. Glass, Two Papers on Gregory King, in: Glass/Eversley, *Populations in History*, 181.
[87] Mols, *Introduction à la démographie historique*, Bd. 2, 191. Ich habe den Durchschnitt für die angegebenen Gebiete anhand der ungefähren Bevölkerungszahl errechnet.
[88] Beloch, *Bevölkerungsgeschichte Italiens*, Bd. 1, 45.
[89] Massimo Livi Bacci, Fertility and Nuptiality Changes in Spain from the Late 18th to the Early 20th Century, in *Population Studies* 22 (1968), 93.
[90] Henry, *The Population of France*, 500, 502.
[91] Laut einer Zusammenstellung des *U.S. Bureau of the Census*, welche die Volkszählungen aus allen Bundesstaaten erfaßt, deren durchschnittlicher Wert für ein dreiviertel Jahrhundert einen Niedergang des zahlenmäßigen Geschlechterunterschieds mit dem Alter zeigt. Vgl. A Century of Population Growth 1790-1900, Tabellen 81-103, Washington, D.C., 1909; Herbert Moller, Sex Composition and Correlated Culture Patterns of Colonial America, in *William & Mary Quarterly* 2 (1945), 113–153; Evarts B. Greene und Virginia D. Harrington, American Population Before the Federal Census of 1790, Gloucester 1966.

nur knapp nicht erreicht. Und der Florentiner *Catasto* verzeichnete überhaupt einen viel höheren Unterschied bei den Wohlhabenden (jenen, die mit mehr als 400 Florentiner Gulden zur Steuer veranlagt wurden) als bei den Armen![92] Da dies nur jene Fälle von Kindstötung erfaßt, die in den Statistiken der Geschlechterverhältnisse aufscheinen, darf man mit hoher Wahrscheinlichkeit schließen, daß die Tatsache, von reichen Eltern zu stammen und deshalb eher zu einer Säugamme fortgeschickt zu werden, einem – in Anbetracht der reichen Literatur über die erhöhte Sterblichkeitsrate von zu Ammen gesandten Kindern – nur einen geringen Vorteil gegenüber jenen verschaffte, die von armen Eltern stammten.[93]

Noch auch darf man sich vorstellen, daß es sich bei all diesen Kindern, die getötet wurden, um uneheliche Kinder handelte. Selbst wenn wir nicht über direkte Beweise verfügten, daß Eltern die Tötung ehelicher Kinder veranlaßten:[94] Es waren doch fast alle Kinder, die zur Amme geschickt wurden, ehelich (der Eindruck, daß Europa unehelichen Babys gegenüber ach so „tolerant" gewesen sei, entspricht natürlich keineswegs der Wahrheit). Wenn etwa Lyoner Eltern die Hälfte ihrer Neugeborenen zur Amme aufs Land schickten und wiederum die Hälfte von diesen dort starb,[95] ist die Auswirkung davon, sie nicht zuhause zu behalten, wohl eindeutig. Ich muß daher bei meiner anfänglichen Feststellung bleiben, daß in der ganzen Antike und im frühen Mittelalter, mit einer langsamen Abnahme im Spätmittelalter, eheliche Kinder in großer Zahl getötet wurden und daß der Kindsmord erst im 17. Jahrhundert allgemein auf uneheliche Babys eingeschränkt wurde.

Was darf man nun aus all diesen demographischen Belegen für die lebensbedrohliche Atmosphäre rund um das Heranwachsen in der Vergangenheit schließen? Meine Meinung, was zunächst das Ausmaß dieser Kindstötungen anlangt, lautet unverändert, daß es nach wie vor grob unterschätzt wird – daß ein Drittel bis die Hälfte aller in der Antike und im frühen Mittelalter geborenen Babys vermutlich

---

[92] Trexler, *Infanticide*, 101.
[93] Vgl. die Anmerkungen in meinem Artikel *Evolution*, 34 f., und Tabelle 5 in John Knodel und Etienne Van de Walle, Breast Feeding, Fertility and Infant Mortality: An Analysis of Some Early German Date, in *Population Studies* 21 (1967), 118. Vgl. auch George D. Sussman, The Wet-Nursing Business in Nineteenth-Century France, in *French Historical Studies* 9 (1975), 304–328.
[94] DeMause, *Evolution*, 25 ff.; Marvick, *Nature Versus Nurture*, 282.
[95] Pierre Goubert, Historical Demography and the Reinterpretation of Early Modern French History: A Research Review, in *Journal of Interdisciplinary History* 1 (1970), 47.

getötet wurden, ein Verhältnis, das erst zu Beginn der Neuzeit langsam abnahm. Da offenbar praktisch alle unehelichen Babys, Knaben wie Mädchen gleichermaßen,[96] und um mindestens ein Drittel mehr ehelich geborene Mädchen als Knaben ermordet wurden, muß man buchstäblich Millionen toter Babys in Betracht ziehen, wenn man die emotionalen Auswirkungen dieser Praxis auf die Überlebenden beurteilen will. Um die Proportionen, die sich hinter einem Geschlechterverhältnis in der Kindheit verbergen können, zu verdeutlichen: Eine jüngere detaillierte Untersuchung eines japanischen Dorfes von 1717 bis 1830 zeigte ein Geschlechterverhältnis bei der Geburt von nur 114 Knaben auf 100 Mädchen, etwa so, wie es in Europa zur frühen Neuzeit weitgehend geherrscht hatte, nachdem der massenmäßig betriebene Kindsmord an ehelichen Babys aufgehört hatte. Eine sorgfältigere Analyse der Altersgruppen wies jedoch einen weitaus häufigeren Kindsmord als zuerst angenommen auf, da auch ein hoher Prozentsatz der Knaben getötet worden war (wie eine Wahrscheinlichkeitsanalyse nach dem Alter enthüllte), wobei der Kindsmord „weniger als Teil eines Überlebenskampfes denn als eine Maßnahme zur Planung der Geschlechterzusammensetzung, Geschlechterfolge, des [Alters-]Abstandes und der insgesamten Kinderanzahl" praktiziert wurde.[97] Knaben wurden sowohl getötet, um eine Aufteilung des Besitzes zu vermeiden, als auch einfach deshalb, weil die Eltern schon genug hatten, und so war das Geschlechterverhältnis nur deshalb um 114 auf 100 unausgeglichen, weil Mädchen in noch größerem Ausmaß als Knaben getötet wurden. Auf Grundlage der angegeben Zahlen schätze ich, daß in diesem Dorf etwa ein Viertel aller ehelichen Kinder getötet wurde, eine Zahl, die sich noch um beinahe alle unehelichen Kinder erhöht, was eine Gesamtsumme von zweifellos einem Drit-

---

[96] Der Anteil geborener *und am Leben gelassener*, jedoch an Institutionen abgegebener unehelicher Babys lag in Frankreich im 18. Jahrhundert bei ungefähr einem Drittel (Henry, *The Population of France*, 451). Die tatsächliche Zahl unehelicher Kinder muß daher sogar noch höher gewesen sein. Natürlich weisen Gesellschaften unterschiedliche Anteile von tatsächlichen unehelichen Kindern auf, doch die von einigen Demographen vertretene Ansicht, daß Unehelichkeit im christlichen Mittelalter und später praktisch inexistent gewesen sei, ist ebenso phantastisch wie ihre Versicherung, daß es keinen Kindsmord gegeben habe; beide entstammen der gleichen Quelle. „Bei den angeblich ermordeten Kindern läßt sich kein ausgeprägter zahlenmäßiger Geschlechterunterschied feststellen", und im Essex des 17. Jahrhunderts „werden von den 62 Kindern 53 eindeutig als unehelich beschrieben", sagt Wrightson, *Infanticide*, 12.

[97] Robert Y. Eng und Thomas C. Smith, Peasant Families and Population Control in Eighteenth-Century Japan, in *Journal of Interdisciplinary History* 6 (1976), 417–445.

tel aller geborenen Kinder ergibt. Gesellschaften, die sich in einer früheren psychogenen Form befinden, würden sogar noch höhere Raten an getöteten Nachkommen verzeichnen; für die Antike scheint die Tötung der Hälfte aller Kinder keine unwahrscheinliche Zahl.[98]

Die Auswirkungen auf die überlebenden Kinder kann man sich kaum vorstellen. Die am Leben gebliebenen Kinder wurden bestimmt von der kindsmörderischen Atmosphäre der Leute, unter denen sie aufwuchsen, geprägt, sie sahen Flüsse, Gräben und Latrinen voller toter und sterbender Babys, waren Zeugen bei Taufzeremonien in eisigen Flüssen und besuchten Dörfer von „Mörder-Ammen". Unseren demographischen und literarischen Belegen wird es nie gelingen, den entscheidenden Moment einzufangen, in dem ein Elternteil dem Kind den Ruf „Ich hätte dich umbringen können, weißt du" an den Kopf wirft, und nur ein literarisches Genie wie Louis Adamic kann das innere Grausen beschreiben, das er empfand, als er zusah, wie die „Mörder-Amme", die ihn gestillt hatte, dem Säugling an ihrer Brust vorsummte, daß sie ihn noch in derselben Nacht erdrosseln werde.[99] Und doch haben wir jetzt, nachdem diese Dinge alle an- und ausgesprochen worden sind, genug Belege, um meine oben im Haupttext aufgestellte Behauptung zu untermauern, daß kleine Mädchen, die widerstandsfähigste aller Arten,[100] in einer Atmosphäre der Kindstötung aufwuchsen und wußten, daß ihr Leben nicht viel wert war, daß ihre Geschwister durch Mord und Vernachlässigung zu Millionen umgebracht wurden und daß der Rückgang dieser massiven Tötung der Nachkommenschaft in der frühen Neuzeit Bestandteil einer wichtigen Verbesserung ihrer Fähigkeit wurde, ihren eigenen Kindern während des Heranwachsens gute Mütter zu sein.

---

[98] Geschlechterverhältnisse von 248 Knaben auf 100 Mädchen wurden im 19. Jahrhundert in Teilen Indiens erreicht. Vgl. Kanti B. Pakrasi, Female Infanticide in India, Kalkutta 1971, 88, 235. Vgl. auch J. Hajnal, European Marriage Patterns in Perspective, in: Glass/Eversley, *Population in History*, 127, für weitere Informationen über Indien, China und Osteuropa.

[99] Louis Adamic, Cradle of Life: The Story of One Man's Beginning, New York 1936, 23.

[100] Robert D. Rutherford, The Changing Sex Differential in Mortality, Westport, Connecticut, 1975, 9.

Die psychogene Geschichtstheorie[*] (1977)

> Theorien sind Netze; nur wer sie auswirft, wird einen Fang machen.
> *Novalis*

1. Psychohistorie ist die Wissenschaft von den Mustern historischer Motivationen und basiert auf einer anti-holistischen Philosophie des methodologischen Individualismus.

    1A. Psychohistorie ist eine Wissenschaft, nicht eine narrative Kunst wie die Geschichte.
        1A.1. Psychohistorische Forschung muß vergleichend sein, sie muß auf Aussagen zielen, die sich in Gesetzen formulieren lassen.
        1A.2. Psychohistorie schreitet wie jede andere Wissenschaft mit der Entdeckung neuer Paradigmen voran und versucht diese zu widerlegen.
        1A.3. Wie die Psychoanalyse wendet die Psychohistorie als primäres Hilfsmittel zur Entdeckung die Selbstbeobachtung der emotionalen Reaktionen des Forschers an; nichts wird je „da draußen" entdeckt, was nicht zuvor „hier drinnen" empfunden wird.

    1B. Psychohistorie ist individualistisch, nicht holistisch wie Soziologie und Anthropologie.
        1B.1. Der holistische Fehlschluß, wonach die Gruppe als eine Entität jenseits ihrer individuellen Konstituenten besteht, setzt voraus, was erst erforscht werden soll – die Fantasie, daß die Gruppe der Körper der Mutter sei und eigene Ziele und Motive verfolge.
        1B.2. Soziologie, ob an Parsons orientiert oder marxistisch, basiert auf der holistischen Behauptung Durkheims, daß „gesellschaftliche Tatsachen als Dinge behandelt werden müssen, das heißt als Wirklichkeiten außerhalb des Einzelnen", und ist, wie Parsons eingesteht, „inhärent teleologisch".
        1B.3. Anthropologie basiert auf einem ähnlichen holistischen „Kultur"-Begriff, so daß – wenn Steward behauptet, daß „die Persönlichkeit von der Kultur geprägt wird, doch nie gezeigt wurde, daß die Kultur von der

---

[*] Wörter in eckigen Klammern sind Anmerkungen des Übersetzers.

Persönlichkeit affiziert wird" – die tautologische Aussageform von der Nichtbeachtung der Tatsache herrührt, daß der Terminus „Kultur" unabhängig vom Terminus „Persönlichkeit" keinerlei Sinn hat.

1B.4. Alle Aussagen von der Form „X wird gesellschaftlich (oder kulturell) bestimmt" sind tautologisch und behaupten eine holistische Entität hinter dem Einzelnen.

1B.5. Begriffe wie „Gesellschaft", „Kultur", „Staat", „Gesellschaftsstruktur" und „Macht" sind holistisch; ihre individualistischen Entsprechungen sind „Gruppe", „Persönlichkeit", „Regierung", „Gruppenfantasie" und „Kraft".

1B.6. Die hauptsächliche Methode von Soziologie und Anthropologie besteht darin, Korrelationen zwischen zwei Facetten der erwachsenen Persönlichkeit herzustellen und dann einen ursächlichen Zusammenhang zu behaupten; die hauptsächliche Methode der Psychohistorie besteht darin, Ursachen motivationaler Muster in früheren persönlichen Erlebnissen herzustellen und deren Wiedererrichtung innerhalb der Erwachsenengruppe aufzuzeigen.

1C. Methodologischer Individualismus heißt das Prinzip, wonach Gruppenprozesse vollständig erklärt werden können durch (a) psychologische Gesetze, die die Motivation und das Verhalten von Einzelnen regeln, und (b) Beschreibungen von deren gegenwärtiger physischer wie historischer Situation, die selbst nur das Ergebnis früherer Motivationen ist, die sich auf die physische Wirklichkeit auswirken.

1C.1. Das untenstehende Diagramm ist hinreichend, um alle geschichtlichen Vorgänge zu erklären; „Gruppenfantasie" ist die Bezeichnung für allgemein geteilte Fantasien Einzelner in Gruppen.

PSYCHOHISTORIE		Physische Realität
3. Gruppen-Psychohistorie	Gruppenfantasie	Gruppenfantasie
2. Psychobiographie	Erwachsene	Erwachsene
1. Geschichte der Kindheit	Kind	Kind
	Generation 1	*Generation 2*

1C.2. Durkheims soziologische Regel, wonach „jedesmal, wenn ein gesellschaftliches Phänomen unmittelbar durch ein psychologisches Phänomen erklärt wird, wir sicher sein dürfen, daß die Erklärung falsch ist", wird ersetzt durch die psychohistorische Regel, derzufolge „alle Gruppenphänomene psychologische Erklärungen haben; Individuen in Gruppen verhalten sich nur anders als einzelne Individuen, weil sie ihre psychischen Konflikte anders abspalten, nicht weil irgendeine ‚gesellschaftliche' Kraft auf sie wirkte".

1C.3. Mit dem Verschwinden der untoten Entität „Gesellschaft" zeigt sich, daß alle Gruppenwerte provisorisch sind und mit jeder Generation Wandlungen unterliegen; was nunmehr als problematisch in den Blick kommt, ist nicht Wandel, sondern Dauer.

1C.4. Nicht nur das Irrationale in der Geschichte kann mittels psychohistorischer Erklärung erfaßt werden; die gesamte Geschichte, mit ihren Stärken wie ihren Schwächen, ihren vereinigenden Tendenzen wie ihren auflösenden, hat Determinanten aus der Kindheit und Gruppendynamik.

2. Die entscheidende Quelle historischer Veränderung ist Psychogenese, die nach Gesetzen verlaufende Veränderung der Formen der Kindeserziehung infolge des Drucks, den Generationen aufeinander ausüben.

2A. Psychogenese hängt von der Fähigkeit der Eltern und ihrer Ersatzpersonen zur Regression auf das psychische Alter ihrer Kinder und zur besseren zweiten Durcharbeitung der Ängste dieses Alters ab. („Besser" heißt hier: besser als in ihrer eigenen Kindheit.)

2A.1. Der Prozeß von Regression und Progression rührt vom eingeborenen biologischen Begehren beider Teile einer früheren Dyade her, sich aufeinander zu beziehen, und er ist somit die einzige Geschichtstheorie, die die „Liebe" als grundlegenden Mechanismus der Veränderung festsetzt.

2A.2. Der Prozeß von Regression und Progression ist identisch mit dem, was in der Psychotherapie Veränderung hervorbringt; Geschichte kann mithin als Psychotherapie der Generationen gesehen werden.

2B. Die Evolution der Kindheit schreitet mit unterschiedlichen Geschwindigkeiten voran, sowohl auf der Ebene des Einzelnen wie auf der einer ganzen Bevölkerung.

2B.1. Zu Variationen hinsichtlich der psychogenen Entwicklung auf der Ebene des Einzelnen kommt es infolge von (a) biologischen Unterschieden (genetischen wie uterinen Ereignissen), (b) Unterschieden nach dem Erfolg der Geburt (je später die Geburt, desto weniger intensiv ist im allgemeinen die elterliche Fürsorge) und (c) kontingenten Ereignissen (frühem Verlust eines Elternteils, Verletzung, anderen Einschnitten im persönlichen Leben).

2B.2. Zu Variationen hinsichtlich der psychogenen Entwicklung auf der Ebene der Bevölkerung kommt es infolge von (a) Selektion und Isolierung (Ausfall eines kleinen Teils möglicher Erziehungsformen durch Auswanderung), (b) Immigration (das Einfließen neuer Erziehungsformen in eine größere Bevölkerung), (c) Nicht-Fortpflanzung (bei psychotischen, ungeeigneten oder anderen, niedrigeren psychogenen Formen Zugehörigen, die in der Regel keine Kinder aufziehen), (d) kulturellem Kontakt (Förderung neu entstehender Typen von Elternschaft und Ersatz-Eltern), (e) materiellen Bedingungen (soweit sie die Kindeserziehung betreffen) und (f) Faktoren der Gruppenfantasie (Kriege und Revolutionen und ihre Auswirkungen auf Kinder, der Anteil der Mütter an der Arbeitswelt, die Beteiligung des Vaters an der Kindeserziehung etc.).

2C. Die Evolution der Kindheit ist eine Folge verstärkter Annäherungen zwischen Erwachsenen und Kindern, wobei jeder Fortschritt dazu tendiert, Trennungen aufzuheben, Projektion und Verkehrung zu reduzieren und die Empathie zu steigern.

2C.1. Die sechs psychogenen Formen und ihre Entstehungszeiten in den bestentwickelten Ländern sind:

(1) *Kindsmord* (seit jeher)
(2) *Weglegung* (seit ca. 400 n. Chr.)
(3) *Ambivalenz* (seit ca. 1300)
(4) Intrusion – *Einmischung* (seit ca. 1700)
(5) *Sozialisation* (seit ca. 1800)
(6) *Unterstützung* (seit ca. 1950?)

	elterlicher Wunsch	*geschichtliche Erscheinungsformen*
(1) Kindsmord	Mutter: „Ich wünsche, du wärst tot, um meine eigene Angst, von der Mutter getötet zu werden, zu bewältigen."	Kindsopfer und -mord, Kind als Brustpenis, Intoleranz gegenüber der Wut des Kindes, Abhärtung, Geister und Magie, Kindsverkauf, Unzucht mit Kindern
(2) Weglegung	Mutter: „Ich muß dich verlassen, um den Bedürfnissen zu entgehen, die ich in dich projiziere."	längere Wickelphase, Pflege, Überantwortung an Ammen, Klöster und Lehre
(3) Ambivalenz	Mutter: „Du bist böse aufgrund meiner erotischen und aggressiven Projektionen auf dich."	Einläufe, frühes Schlagen, kürzere Wickelphase, schlechtes Gewissen und Trauer möglich, das Kind als erotisches Objekt (Vorstufe zur Empathie)
(4) Einmischung	Mutter: „Du bekommst Liebe, wenn ich volle Kontrolle über dich habe."	frühes Sauberwerden, Verdrängung der kindlichen Sexualität, Ende des Wickelns und der Weggabe an Ammen, Empathie ist möglich, Entwicklung der Kinderheilkunde
(5) Sozialisation	Mutter und Vater: „Wir lieben dich, wenn du unsere Ziele erreichst."	Schuld als Argument, „geistige Disziplin", Erniedrigung, Enstehung des Pflichtschulwesens, Delegieren unbewußter elterlicher Wünsche
(6) Unterstützung	Mutter und Vater: „Wir lieben dich und werden dir helfen, deine Ziele zu erreichen."	Kindesrechte, Ent-Schulung und freie Schulen, Kindertherapie, gewaltfreie Geburt

2C.2. Die „ambivalente Form" stellt eine Wasserscheide in der Entwicklungsfolge dar, insofern bis dahin Fortschritt mittels Internalisierung und Verdrängung zuvor projizierter Persönlichkeitsanteile erfolgte (Magie), wohingegen danach – weil Ambivalenz nun toleriert werden kann (die Kleinsche „depressive Haltung") – Fortschritt durch Reduzierung der Verdrängung und Steigerung der Autonomie des Ichs erzielt wird.

2C.3. Der Fortschritt innerhalb jeder Form hängt von der Überwindung der für sie spezifischen Ängste ab; so wird, wenn Weglegung die grundlegende Form ist, ein Mangel an Ammen größere Auswirkungen zeitigen als zu irgendeiner anderen Zeit, und so weiter.

2D. Die biologische Evolution des Menschen brachte als Endergebnis ein hilfloses Baby hervor, dessen Instinkt auf die Bildung einer intensiven persönlichen Beziehung zielt, indem es die Eltern dazu auffordert, zu regredieren und eine Beziehung herzustellen statt zu verdrängen und allein zu sein.

2D.1. Freuds These, wonach die Zivilisation durch „zunehmend höheren Triebverzicht" voranschreite, war genau verkehrt; die Zivilisation schreitet vielmehr nur durch zunehmend höhere Akzeptanz der Triebe von Kindern und die Gewähr voran, daß sie ohne abwehrende Verzerrungen derselben heranwachsen können.

2D.2. Hegels These, die Geschichte sei „das zu sich selbst kommende Wesen des Menschen", kommt der Wahrheit näher, doch nur insofern, als jede Generation bestrebt ist, ihre Kinder bei der Erfüllung von deren eigenen Wünschen zu unterstützen, so daß neue Werte eher auf evolutionärem als teleologischem Wege erzeugt werden.

3. Die Entwicklung neuer psychogener Formen bringt neue Psychoklassen hervor, welche die Gruppenfantasien früherer Psychoklassen bedrohen und sich in geschichtlichen Perioden der Rebellion, des Triumphs und der Reaktion niederschlagen.

3A. Gruppenfantasien werden gebildet, damit Einzelne bestimmte Rollen spielen können, um [unbewältigte] Kindheitsängste abzuwehren.

3A.1. Innerpsychische Abwehrmechanismen sind in Gruppen nicht wirksam, daher werden an ihrer Statt Gruppenfantasien als allgemein geteilte Abwehrformen eingesetzt, die die Regression auf die Traumata der Kindheit verhindern.

3A.2. Je größer die Gruppe, desto weiter geht die drohende Regression, und je früher daher der Ursprung der Gruppenfantasie anzusiedeln ist, desto primitiver die Abspaltung.

3A.3. In einer Gruppe wird der Mensch nicht zum Tier – er wird ein verängstigtes Baby.

3B. Was man für gewöhnlich „gesellschaftliche Struktur" nennt, ist tatsächlich die Teilung großer Gruppen in kleinere Delegationsgruppen, die innerhalb von Gruppenfantasien spezifische Rollen spielen.

3B.1. Delegationsgruppen agieren ambivalente Gefühle aus, die allen Mitgliedern der größeren Gruppe gemeinsam sind, die der Rest der Gruppe jedoch zu leugnen und auf diese [die Delegationsgruppen] zu projizieren trachtet.

3B.2. Was man für gewöhnlich „gesellschaftliche Einrichtungen" nennt, sind geschichtliche Delegationsgruppen: die Kirche als eine Gruppenfantasie einseitiger Abhängigkeit, die Armee als eine Gruppenfantasie der Geburt, die Regierung als eine Gruppenfantasie der Versorgung, der Kapitalismus als eine Gruppenfantasie der Kontrolle, die Revolution als eine Gruppenfantasie wechselseitiger Abhängigkeit, das Klassensystem als eine Gruppenfantasie der Unterwerfung, die Schule als eine Gruppenfantasie der Erniedrigung.

3B.3. Delegationsgruppen bestehen aus Einzelnen, die gewisse Abwehrformen teilen und sich selbst in Hierarchien konstituieren, um die fantasierte Gruppengewalt zu bändigen [contain].

3C. Anführer sind Persönlichkeiten, die in der Lage sind, zu *Containern* der bizarren projektiven Identifikationen in Gruppenfantasien zu werden.

3C.1. Projektive Identifikation, das hauptsächliche Kommunikationsmittel im Gruppenleben, ist das als erzwingbar fantasierte Abstoßen der geleugneten psychischen Anteile einer Psyche in eine andere.

3C.2. Anführer sind nicht bloß Eltern – sie spielen die abwehrenden Rollen, die von der gerade operativen Phase der Gruppenfantasie, gleich welcher, erfordert werden, sie werden strenge Väter, wenn die Gruppengewalt geleugnet wird, versorgende Mütter, wenn Weglegung abgewehrt wird, rebellische Söhne, wenn die Autorität verfällt und paranoide Geschwister, wenn die Gruppengewalt projiziert wird.

3C.3. Anführer sind stets *Container* für die Erniedrigungsgefühle einer Gruppe - die Entpersönlichung oder den Entzug innerpsychischer Abwehrmöglichkeiten in einer Gruppe, die sich der Bedrohung anheimfallen läßt, wieder zu einem hilflosen Baby gemacht zu werden -, so daß Anführer stets Außenpolitik treiben, wenn sie mit erniedrigungsähnlichen Gefühlen beladen sind.

3D. Historische Gruppenfantasien resultieren aus der Interaktion verschiedener Psychoklassen.

3D.1. Psychoklassen sind Gruppen von Einzelnen mit derselben Kindheitsform innerhalb einer bestimmten Bevölkerung.

3D.2. Psychoklassen verlangen unterschiedliche Gruppenabwehrformen, und diese sind für andere Psychoklassen oft nicht tolerierbar.

3D.3. Je umfassender das Spektrum der Psychoklassen in einer bestimmten Bevölkerung, desto schärfer ist der Konflikt zwischen ihren Abwehrformen.

3D.4. Je höher die psychogene Form der Psychoklasse, desto weniger hat sie es nötig, ihre Konflikte auszuagieren.

3D.5. Es gibt nur eine partielle Beziehung zwischen Psychoklasse und ökonomischer Klasse, abhängig von der geschichtlichen Periode.

3D.6. Politische und religiöse Bewegungen haben mehr Bezug zur Psychoklasse als zur ökonomischen Klasse.

3E. Jede Generation bringt eine neue Psychoklasse auf die Bühne der Geschichte, welche die Gruppenfantasien der älteren Psychoklassen stört und Perioden der Rebellion, des Triumphs und der Reaktion hervorruft.

3E.1. Nur derjenige Teil der neuen Generation, der die Erfahrung der neuen Kindeserziehung teilt, macht die neue Psychoklasse aus.

3E.2. Eine Periode der Rebellion tritt dann ein, wenn die neue Psychoklasse jung ist, in der Regel zuerst in den künstlerischen Bereichen.

3E.3. Eine Periode des Triumphs tritt dann ein, wenn die neue Psychoklasse hinsichtlich der Gruppenziele beherrschend wird, obwohl sie nach wie vor in der Minderheit ist.

3E.4. Eine Periode der Reaktion tritt dann ein, wenn die älteren Psychoklassen scharf gegen die Ziele und Lebensarten der neuesten Psychoklasse vorgehen.

3F. Psychogene Veränderung ist die entscheidende Quelle aller technologischen Veränderung; technologische Veränderung erfolgt nicht automatisch, wie oft angenommen, noch zieht sie die Psyche in ihren Sog.

3F.1. Der Grund dafür, daß die Formen der Kindeserziehung teilweise mit technologischen Niveaus zusammenhängen, liegt darin, daß jene diese hervorbringen, nicht umgekehrt.

3F.2. Elternschaft auf niedriger Stufe verhält sich dysfunktional zu allen technologischen Stufen – frühes Anhalten zur Sauberkeit hat den Frühkapitalisten nicht bei der Anhäufung von Geld geholfen, es machte sie neurotisch unfähig, es gewinnbringend zu investieren, wie auch heute noch.

3F.3. Kein Wirtschaftssystem „verlangt" bestimmte psychogene Typen – Kapitalismus und Sozialismus funktionieren beide sowohl mit sadistischen wie mit reifen Persönlichkeiten –, und kein Wirtschaftssystem „verlangt" eine bestimmte Form der Kindeserziehung.

3F.4. Die Erfindung und Verbreitung neuer Technologien erfolgt, wenn neue Psychoklassen die identifikatorische Projektion von Anteilen ihrer Psyche in Gegenstände reduzieren – so daß etwa tiefes Pflügen das Oberflächenpflügen ablösen kann, sobald die Fantasie von „Mutter Erde" verabschiedet ist, so können Zahnräder erfunden und gebraucht werden, sobald sie emotional von Zähnen abgelöst sind, und das Gesamt der modernen Wissenschaft kann erfunden werden, sobald der aristotelische Begriff von den „wirklichen Wesenheiten" aufgegeben ist.

3F.5. Wirtschaftliche Systeme ändern sich, wenn neue Psychoklassen den Anwendungsbereich projektiver Identifikationen für die Gruppe reduzieren können – so daß frühe Marktwirtschaft sich entwickeln kann, wenn das vorhergehende wechselseitige Schenkungssystem immer weniger als Abwehr gegen primitive Todeswünsche gebraucht wird, die Ausweitung des Handels im Spätmittelalter möglich wird, sobald feudale Bindungen nicht mehr als Abwehr gegen Weglegung benötigt werden, und der kapitalistische Güterbesitz mit der Loslösung des Eigentums von seinen „historischen" (Gruppenfantasie-)Banden aufkommen kann.

3F.6. Sogar vorgeblich „rein physische" geschichtliche Phänomene entpuppen sich als psychogen determiniert – sogar Seuchen hängen von der christlichen Liebe zum Dreck als Nahrung der Ratten ab, deren Flöhe die Krankheitsträger waren.

3F.7. Psychogenese und nicht „gesellschaftliches Bedürfnis" definiert die Abfolge von Erfindungen – sonst wäre die wissenschaftliche Astronomie wohl kaum der Erfindung der Toilettenspülung vorausgegangen.

3G. Primitive Stämme denken nicht magisch, weil sie technologisch primitiv wären – sie haben vor langem eine psychogene Hemmung durchgemacht und sich in der Folge nicht technologisch entwickelt, sondern nur ihre Gruppenfantasien ausgeweitet.

3G.1. Primitive Stämme sind irgendwo in den ersten beiden psychogenen Formen der Kindeserziehung verortet, wie das Fehlen von depressiven Erkrankungen (Schuld) belegt, die eine Errungenschaft der ambivalenten Form sind.

3G.2. Primitive haben ihre Persönlichkeit nicht ihrer rauhen Umgebung angepaßt – sie zogen in rauhe Gegenden, weil diese ihrem inneren Leben entsprachen.

4. Psychogene Formen bestimmen die Persönlichkeitsebene, die erreicht werden kann, und bringen die typischen Konflikte und Abwehrformen jeder geschichtlichen Periode hervor, welche Kunst, Religion, Politik und Ökonomie jedes Zeitalters tragen.

4A. Psychogene Formen entsprechen spezifischen Sets von Persönlichkeitstypen, die typische Abwehrmuster aufweisen und mit jeder Form an Ichstärke gewinnen:

Kindsmord	schizoide Persönlichkeit	Denken im Primärprozeß, symbiotische Omnipotenz, Konfusion von gender und Geschlechtszone, Abspaltung und projektive Identifikation, sadomasochistische Störungen
Weglegung	autistische Persönlichkeit	beziehungslos, narzißtisch, ausbeutend, parasitär, mißtrauisch, orale Wut, schwaches oder größenphantastisches Ich, psychopathisch, unfähig, Aufschub zu ertragen, keine Gewissensbisse, idealisierte Mutter, ohne Zeitgefühl

Ambivalenz	depressive Persönlichkeit	schuldbewußt und depressiv, unersättliches Liebes-, Status- und Sexualverlangen, enorme Über-Ich-Ansprüche, realistische Zeitwahrnehmung
Einmischung	zwanghafte Persönlichkeit	pseudorational, kalt, abgehoben, innerlich selbstkritisch, phobisch, obsessiv-zwänglerische und Konversionssymptome
Sozialisation	ängstliche Persönlichkeit	weniger fester Charakterpanzer, freischwebende Angst und Unbefriedigtheit aufgrund des Delegierten-Daseins, Verlust der Individualität in der Gruppe, unvollständige Gefühlsbildung
Unterstützung	?	? (noch keine Erwachsenen)

4B. Diese Persönlichkeitstypen können sich innerhalb jeder Form von „normal" bis „abnormal" erstrecken, abhängig vom Grad der Persönlichkeitsintegration und der Unterstützung durch andere in der geschichtlichen Periode:

Spektrum der Persönlichkeitstypen nach psychogenen Formen

	normal	neurotisch	psychotisch
Kindsmord	schizoide Persönlichkeit	Impulsstörungen und sadomasochistische Abwehrformen	katatonisch und hebephren
Weglegung	autistische Persönlichkeit	anaklitische (Vernachlässigungs-) depressive Störungen und psychopathische Abwehrformen	paranoide Schizophrenie
Ambivalenz	depressive Persönlichkeit	introjektive (Schuld-) depressive Störungen und manische Abwehrformen	manisch-depressive Psychose

Einmischung	zwanghafte Persönlichkeit	obsessiv-zwänglerische Störungen und Konversions-Abwehrformen
Sozialisation	ängstliche Persönlichkeit	hysterische Störungen und psychosexuelle Abwehrformen

4B.1. Die Anführer jeder geschichtlichen Periode – jene, die Kriege, Unterdrückung und Revolution mit Sorgfalt und Bedacht auslösen – sind lediglich diejenigen, die am vollständigsten in die Gruppenfantasien des Zeitalters integriert sind.

4B.2. Jene, die in einem Zeitalter für „neurotisch" gehalten werden, sind oft einfach Angehörige einer höheren psychogenen Form als die, die für „normal" gehalten werden, sie müssen nur die Angst bewältigen, die Gruppenfantasien des Zeitalters nicht zu teilen.

4C. Die vorherrschenden Gruppenfantasien jeder geschichtlichen Periode korrespondieren mit drei Abwehrebenen:

    4C.1. Die Unheilsfantasie – sie korrespondiert dem Grundtrauma jeder Kindheitsform.

    4C.2. Die Abwehrfantasie – sie leugnet die zugrundeliegende traumatische Fantasie.

4C.3. Die Wunschfantasie – eine weitere Verleugnung, die die idealen Gruppenfantasien eines Zeitalters liefert.

Evolution der Fantasien im Westen

	Fantasie-Ebene	persönliche Ebene	geschichtliche Ebene
Kindsmord (bis 4. Jhdt.)	Wunsch	Vater wird mich vor dem Tod retten.	Reinkarnation, Erlösungsreligionen, Verwandtschaftssysteme und ökonomischer Austausch als Gegenmaßnahmen zu Todeswünschen
	Abwehr	Vater wird mich töten.	Opferreligionen, Isaak, Christus, Blutsfehden
	Unheil	Mutter wird mich töten.	Striga, Medea, Sklaverei, Vernichtungskriege

Weglegung (4. bis 14. Jhdt.)	Wunsch	Vater/Mutter haben mich nicht ausgesetzt.	Lehensbande, Große Kette des Seins, Marienverehrung, Zunahme des Kirchensystems, mystische Vereinigung mit Christus
	Abwehr	Ich habe Vater/Mutter ausgesetzt.	Klöster, Kreuzzüge, Wallfahrten, Acidie
	Unheil	Mutter hat mich ausgesetzt.	Exkommunikation, „Herrenlos"-Sein, Hexerei, Teufel
Ambivalenz (14. bis 17. Jhdt.)	Wunsch	Ich liebe Vater/Mutter.	Zunahme nationaler Souveränität, Gottkönigtum, Vermischung von Kirche und Staat, Niedergang der Magie
	Abwehr	Mutter liebt mich, wenn ich brav bin.	Protestantismus, Säuberung der Kirche, gute Taten, Anrufung, Humanismus, Pakt mit Gott
	Unheil	Mutter haßt mich.	Vorbestimmung, der rächende Gott, Renaissance-Melancholie
Einmischung (18. Jhdt.)	Wunsch	Ich bin der kontrollierende Vater.	Nationalismus, Imperialismus, Kapitalismus
	Abwehr	Ich werde die Kontrolle von Mutter übernehmen.	Revolution als wechselseitige Abhängigkeit, Utopismus
	Unheil	Mutter kontrolliert mich.	Gott als Uhrmacher, wirkliches Klassensystem, Kinderarbeit
Sozialisation (19. bis 20. Jhdt.)	Wunsch	Ich bin jetzt frei.	Liberalismus, freie Marktwirtschaft, Schulideal
	Abwehr	Ich werde die Gruppe zu meinem Delegierten machen.	Zunahme des Nationalstaats und der Bürokratie
	Unheil	Mutter macht mich zu ihrem Delegierten.	der Bourgeois als Überich-Delegierter, der Bohémien als Es-Delegierter, Leben als „Rolle"

5. Gruppen, ob unmittelbar oder geschichtlich, führen bei ihren Mitgliedern einen Zustand „fötaler Trance" herbei, indem sie spezifische physische Erinnerungen an uterines und perinatales Leben auslösen.

5A. Der Mensch ist ein politisches Tier, wie Aristoteles sagte, weil für die meisten zivilisierten Menschen nur das Leben in einer Gruppe wieder Kontakt zu verdrängten fötalen Emotionen herstellen kann.

5B. Nur Individuen in fötalen Trancezuständen sind in der Lage, Gruppenfantasien zu bilden, welche bestimmten Regeln des fötalen Lebens folgen:

5B.1. Das Leben wird zunehmend enger, und Wachstum erfordert stets mehr physischen Raum mittels tatsächlicher Ausweitung des Territoriums (obschon jeder Dummkopf sehen kann, daß der daraus erwachsende Widerstand gegen die Ausweitung das Wachstum der Gruppe zerstört).

5B.2. Andere Gruppen sind entweder nährende Plazentas oder blutsaugende, vergiftende Plazentas (obwohl es offensichtlich ist, daß alle Gruppen aus Einzelnen bestehen, die einem mit allen möglichen Haltungen gegenübertreten).

5B.3. Das angemessene Verhalten gegenüber einer nährenden Plazenta ist Ehrfurcht gegenüber ihrem „Kraftfluß" (auch wenn er dich in Wahrheit verletzen kann).

5B.4. Das angemessene Verhalten gegenüber einer blutsaugenden, vergiftenden Plazenta ist es, deren Blut zu saugen und es im Gegenzug zu vergiften (auch wenn das in Wirklichkeit als Vergeltung deinen eigenen Tod bedeuten kann).

5B.5. Die primäre Absicht jeder Gruppe ist es, ihre Mutterleibsumgebung zu bewahren, uneingedenk der Kosten für die Individuen der Gruppe (obwohl ein Krieg die meisten Amerikaner umbringt [mehr als jede andere Reaktion], ist es das wert, um zu bewahren, „wofür Amerika steht").

5B.6. Die „Haut" der Mutterleibsgruppe, in der man ist, bestimmt gänzlich die Beziehungen, die man zu Ereignissen haben kann (obwohl es eine Epidemie in einem Nachbarland gibt, schreibt deine Zeitung, was dein Anführer zum Frühstück gegessen hat).

5B.7. Individuen sind mittels Nabelschnüren mit Anführern verbunden und werden abwechselnd von ihnen gefüttert bzw. sie füttern sie (obwohl der Anführer völlig untätig oder für die Gruppe schädlich sein kann, „fließen" Kraft und Unterwürfigkeit weiter).

5B.8. Gruppen sind durch Nabelschnüre mit anderen Gruppen und Plazentas verbunden und müssen unter Einsatz ihres teuren Lebens um die „Vitalität", die zwischen ihnen fließt, kämpfen (obwohl es für zwei Gruppen gut sein kann, ihre bewaffnete Stärke zu reduzieren, können sie das nicht tun, weil es das „Gleichgewicht der Kräfte" beeinflussen würde, und so müssen sie „gegen die Macht der Gezeiten bestehen", um „den Verlust an Vitalität in ihrem System zu verhindern").

5B.9. Störungen der Mutterleibsumgebung, in der man sich befindet, sind stets die Schuld einer vergiftenden Plazenta, der man Schaden zufügen kann, indem man sie „unter Druck" setzt (obwohl du damit in Wirklichkeit die Feindseligkeit deiner Nachbarn erhöhst).

5B.10 Wenn die Gruppenfantasie von einer intakten Mutterleibsumgebung versagt („das gesellschaftliche Gewebe verschleißt und reißt dann"), schlittert die Gruppe unweigerlich in eine „Krieg-als-Geburt"-Gruppenfantasie (obwohl die tatsächlichen Kriegsgründe zu diesem Zeitpunkt minimal sein können).

5B.11 Während der „Krieg-als-Geburt"-Gruppenfantasie pumpen Gruppen ihre Plazenta-Anführer voll mit Gefühlen von zu großen Menschenmassen, von Erstickung, Verhungern und Strangulierung (obwohl ihre wirtschaftliche Situation in Wahrheit vorzüglich sein kann).

5B.12. Gruppen ziehen in den Krieg, um die Hilflosigkeit und den Horror, in einem Geburtskanal gefangen zu sein, mittels einer sadomasochistischen Orgie überwinden zu können, um „sich den Weg aus dem Leib der Mutter freizuhauen" (obwohl die logischste Lösung für die meisten Kriegsdrohungen die ist, nichts zu tun, ist gewalttätiges Handeln stets am zwingendsten).

5B.13. Sobald andere in eine „Krieg-als-Geburt"-Erfahrung eintauchen, fühlen sich die Nachbarn in einen ähnlichen Zustand fötaler Trance gesogen (obwohl Amerikaner Kriege in Europa als irrational erkennen, werden sie umgehend von einer „Kraft erfaßt, der sie nicht widerstehen können", und springen in ihre eigene Geburtserfahrung).

5B.14. Nach erfolgreichen Kriegen fühlen die Gruppen sich „wiedergeboren" und erfahren eine Periode lebhafter, optimistischer Zusammenarbeit, die als „die besten Jahre unseres Lebens" betrachtet wird (obwohl sie in Wirklichkeit wirtschaftlich darnieder liegen).

5C. Das Ausmaß, in welchem eine Gruppe in einen Zustand völliger fötaler Trance fällt, wird bestimmt durch die Fähigkeit ihrer aktuellen Gruppenfantasie, die Illusion einer unversehrten Mutterleibsumgebung zu erzeugen, die die Traumata der Kindheit zu bändigen vermag.

Jimmy Carter und die amerikanische Fantasie (1977)

Viereinhalb Jahre sind vergangen, seit Amerika zuletzt Krieg geführt hat. Das ist für die Aufrechterhaltung des Friedens eine lange Zeit – zumindest dann, wenn die jüngere Erfahrung einen Maßstab dafür bietet und wenn Beinahe-Kriege wie die Kuba-Krise mitgerechnet werden. Die erste Frage, die man einem neuen Präsidenten stellen sollte, lautet daher offensichtlich: „Wird er uns in einen Krieg führen?"
Die Ergebnisse dieser Untersuchung geben eine einfache, wenn auch erschreckende Antwort auf dieser Frage. Unser Schluß ist, daß Jimmy Carter uns – aus Gründen, die sowohl in seiner eigenen Persönlichkeit wie in den mächtigen emotionalen Ansprüchen der amerikanischen Fantasie liegen – sehr wahrscheinlich um 1979 in einen neuen Krieg führen wird.
Welche Krise dazu erkoren werden mag, um auszuagieren, was unsere Fantasie verlangt, ist nicht Gegenstand unserer Erörterung, zumal unser Fokus gänzlich auf Amerika liegt. Wir können auch keinen exakten Zeitplan oder ein Szenario für die nächste Krise angeben. Gleichwohl – und mit all der Achtsamkeit, die wir der Versuchung beimessen, in unserer noch jungen Wissenschaft der Psychohistorie Vorhersagen zu treffen – können wir nicht umhin zu schließen, daß es scheint, als würde Jimmy Carter mit hoher Wahrscheinlichkeit in nicht allzu ferner Zukunft unserer nächster Kriegsanführer.
Daß gewöhnlich niemand diese schonungslose, aber entscheidende Frage – ob ein Anführer uns in den Krieg führen könnte – stellt, hat mehr mit unserer Furcht zu tun, die Antwort zu hören, als mit irgendwelchen dem Stellen der Frage selbst inhärenten Schwierigkeiten. Schließlich ist die moderne Tiefenpsychologie heute in der Lage, die emotionale Reife einer Persönlichkeit wenigstens ansatzweise zu bestimmen und sich ihrer Entdeckungen einigermaßen gewiß zu sein. Auch die moderne Psychohistorie kann heute die allgemeine emotionale Stimmung einer Nation bestimmen – wiederum bis zu einem gewissen groben Genauigkeitsgrad – und zeigen, wie unsere wechselnden emotionalen Bedürfnisse mit der Persönlichkeit unseres Anführers interagieren, um Momente nationaler Krisen hervorzurufen.[1]

---

[1] Unter den jüngeren psychohistorischen Untersuchungen, die versuchen, Phasen der nationalen Fantasie zu erfassen, vgl. Lloyd deMause, Die Entstehung der amerikanischen Persönlichkeit durch psychische Artenbildung, im vorliegenden Band; Rudolph Binion, Hitler Among the Germans, New York 1977 (dt. „... daß

Doch ist Psychohistorie bis heute in der Hauptsache über die weit zurückliegende Vergangenheit geschrieben worden – je weiter zurück, desto besser. Nachdem wir Teil der heutigen Gruppenfantasien sind, wie können wir in der Lage sein, sie zu analysieren? Das Folgende ist ein erster Versuch, die emotionale Reife eines gegenwärtigen Präsidenten, Jimmy Carters, zu messen, indem seine Persönlichkeit in Bezug zu den emotionalen Bedürfnissen des amerikanischen Volkes gesetzt und vorhergesagt wird, was die unmittelbare Zukunft als Resultat der Interaktion zwischen diesen beiden Parametern aller Wahrscheinlichkeit nach bringen wird.

Der Ursprung dieser Untersuchung

Die vorliegende Untersuchung über Jimmy Carter und die amerikanische Fantasie ist das fünfte von etwa 22 Projekten, die zur Zeit vom *Institute for Psychohistory*, seinem *Journal of Psychohistory* und der *Psychohistory Press* gefördert werden.[2] Das Projekt begann im Sommer 1976 beim regelmäßigen Sommer-Workshop des *Institute*, bei dem mehrere Kollegen in erste Diskussionen zu Paul Elovitz' Impulsbericht über Carters Kindheit und Persönlichkeit einstiegen – Diskussionen insbesondere über die Arten unbewußter Fantasien, die die Medien zu dieser Zeit über Carter erzeugten, vom Erscheinungsbild seiner Zähne bis hin

---

ihr mich gefunden habt." Hitler und die Deutschen. Eine Psychohistorie, Stuttgart 1978); Lloyd deMause (Hg.), The New Psychohistory, New York 1975; und Glenn Davis, Childhood and History in America, New York 1976.

[2] Die 22 Projekte, die das *Institute for Psychohistory* bislang fördert, sind: „Die Geschichte der Kindheit" (Lloyd deMause); „Die neue Psychohistorie" (Lloyd deMause und andere); „Kindheit und Geschichte in Amerika" (Glenn Davis); das Projekt einer Psychobiographie Hitlers (Helm Stierlin); das Carter-Projekt (vorliegender Artikel); „Der angloamerikanische Familienzyklus" (Martin Quitt und Vivan Fox); das *Journal of Psychological Anthropology*-Projekt (Arthur Hippler und andere); „Englisches Märtyrertum" (Seymour Byman); „Psychohistorie der amerikanischen Erziehung" (Barbara Finkelstein und andere); „Amerikanischer Chiliasmus" (Joseph Dowling); „Psychokulturelle Entwicklung" (Arthur Hippler); „Fötale Ursprünge der Geschichte" (Lloyd deMause, vgl. im vorliegenden Band x-y); „Die Kolonialgeschichte Virginias" (Martin Quitt); „Die erste chiliastische Bewegung" (Henry Ebel); „Die Psychohistorie moderner Sozialdienste" (Henry Lawton); „Psychohistorie als Beruf" (Rudolph Binion und andere); „Die Grenzfamilie" (Alice Eichholz); „Die Entwicklung der geschichtlichen Persönlichkeit" (deMause); „Der deutsche Nationalismus" (David Beisel); „Die Probleme der Übertragung bei Psychohistorikern" (Paul Elovitz); „Der Kleingruppenprozeß" (John Hartman); das Projekt zur Psychohistorie Bismarcks (Jacques Szaluta).

zu seinen verschiedenen messianischen „Außenseiter"-Rollen. Im vergangenen Jahr haben unsere Forschungen und Diskussionen bei Treffen des *Institute* und kleineren privaten Zusammenkünften eine Fortsetzung erfahren, so daß es - wie bei allen Projekten des Institute - bald schwierig wurde festzustellen, welche Ideen von wem stammten, so frei-fließend und „nicht-akademisch" verliefen unsere Diskussionen und das Mit-teilen individueller Forschungsergebnisse.

Meine eigene Forschung hat sich auf wiederholte Muster der amerikanischen Gruppenfantasie im vergangenen Vierteljahrhundert der amerikanischen Politik konzentriert. Paul Elovitz' Forschungsinteresse hat ihn nach Plains, Georgia, zu psychoanalytisch angelegten Interviews mit Lillian Carter und anderen im frühen Leben Jimmy Carters emotional wichtigen Figuren geführt. David Beisel hat sich bemüht, in seinem Zugang synthetischer als wir anderen vorzugehen, und sein Augenmerk auf die komplexe Interaktion zwischen Persönlichkeitszügen und historischen amerikanischen Fantasie-Bedürfnissen gelegt. John Hartman hat den Akzent auf die utopischen Gruppenfantasien im Umfeld der Versammlung, bei der Carter nominiert wurde, gelegt, und Henry Ebel hat uns einen inneren Einblick in die Art und Weise gegeben, wie wir alle unsere Anführer unbewußt zugleich als superpotente Erwachsene und Super-Babys wahrnehmen. Alle diese Untersuchungen laufen jedoch in einem zentralen Thema zusammen: der intimen, dynamischen Beziehung zwischen den unbewußten Bedürfnissen des Anführers und den gleichermaßen tiefen unbewußten Bedürfnissen der Gruppe, die zu „führen" er vorgibt.

Nachdem die Psychohistorie, wie wir sie am *Institute for Psychohistory* verstehen, danach strebt, eine Wissenschaft von den Mustern historischer Motivation zu sein, haben sich unsere Diskussionen und daran anschließenden Forschungen hauptsächlich auf zwei Bereiche konzentriert, die für die Analyse von Jimmy Carters motivationaler Dynamik entscheidend sind. Der erste Bereich ist seine Kindheit - wie ist es *gefühlsmäßig* gewesen, in den späten 20er Jahren der Sohn von Lillian und James Earl Carter in Plains, Georgia, zu sein? Welche Stärken und welche Schwächen hat Carter in den Jahren seines Heranwachsens aus seiner Beziehung zu seinen Eltern und anderen Aufsichtspersonen erworben? Welche Persönlichkeitszüge, welche allgemeinen Verhaltensmuster sind zeit seines Lebens dominant geblieben und bestimmen die Art, wie er auf die enormen emotionalen Anforderungen reagiert, die auf ihm als unserem Anführer lasten?

Der zweite Brennpunkt der Untersuchung ist die historische „Gruppenfantasie", ein Ausdruck, den ich als Psychohistoriker in einem spezifischeren Sinn verwende, als er im Feld der Gruppendynamik kleiner Gruppen verwendet wird, aus dem ich ihn entlehnt habe. Eine historische Gruppenfantasie ist ein Set von allgemein geteilten unbewußten Annahmen, ganz ohne Bezug zu irgendeiner „objektiven" Wirklichkeit, Annahmen hinsichtlich der Weise, wie es *gefühlsmäßig* ist, Mitglied einer historischen Gruppe zu einer bestimmten Zeit in der Geschichte zu sein. Gruppenfantasien sind das, was staatliche Meinungsumfragen zu erfassen streben, wenn sie in periodischen Abständen versuchen, die „Stimmung" Amerikas zu erheben, und die Leute fragen, ob sie meinen, ihr Anführer sei stark oder werde schwächer, ob sie meinen, ihr Land sei sicher oder befinde sich im Zustand des Aufruhrs, der Feind sei stark oder bedrohlich, was die Zukunft bringen werde usw. Diese Gefühle „aus dem Bauch" verändern sich in Mustern, die in Wirklichkeit überhaupt nichts mit dem tatsächlichen Zustand des Landes zu tun haben. Wie wir bald entdecken werden, verdanken sie sich beinah zur Gänze den von den Menschen hervorgebrachten und von den Medien verbreiteten wechselnden Fantasien, die sich auf die Fähigkeit des Anführers richten, den „Angeführten" imaginäre Nahrung zu liefern. Gleichwohl sind diese Wechsel der „Stimmungen" real, sie können gemessen werden, sie verändern sich in ungefähr vorhersagbarer Weise, *und* sie bestimmen, wann wir uns entscheiden, an internationalen Konflikten teilzunehmen oder uns von ihnen fernzuhalten.

Ein letztes Wort zum Carter-Projekt, bevor ich mit der Darlegung meines Materials beginne. Die Wunschanteile der Gruppenfantasie im heutigen Amerika sind so gelagert, daß die Mehrzahl der Presse, Rezensenten eingeschlossen, diese Ausführungen wahrscheinlich als einen „Angriff" auf Jimmy Carter interpretieren wird. Nichts könnte von der Wahrheit weiter entfernt sein. In der Tat ist das genaue Gegenteil der Fall. Ich hege sogar die Vorstellung, daß Carter die Lektüre dieser Untersuchungen sowohl genießen als auch Vorteil daraus ziehen würde. Tatsache ist, daß wir alle ihn gewählt haben, doch auch wenn wir das nicht getan hätten, hat unsere Empathie – die ja die erste Bedingung unserer Tätigkeit als professionelle Psychohistoriker ist – uns im vergangenen Forschungsjahr erlaubt, uns so unausgesetzt mit ihm (sowohl als einem heranwachsenden Kind wie auch als Erwachsenem) zu identifizieren, daß er uns nun wie einer von uns erscheint, ein Freund, kaum jemand, den wir ohne Gefühlsbeteiligung „angreifen" könnten. Außerdem, er ist *unser* Anführer – *wir* sind die Passagiere auf dem Schiff, das er durch die internationalen Gewässer navigiert, und wir würden selber an der allgemeinen Gruppenfantasie teilhaben, derzufolge in Kriegen niemand wirklich stirbt, wenn wir ihm etwas anderes als nur Gutes wünschten. Es sei gleich am Anfang gesagt: Jimmy Carter ist ein ehrenwerter, persönlich einnehmender Mensch mit den besten Absichten. Krieg und Frieden sind jedoch Angelegenheiten, die die tiefsten Persönlichkeitsschichten miteinbeziehen, und es ist unglücklicherweise sehr wahrscheinlich, daß, wenn einst der Tag kommen sollte, an dem wir alle von jenem hellen orangen Glühen am Horizont dahingerafft werden, ein ehrenwerter Mann mit den besten Absichten den Knopf gedrückt haben wird.

Die Stadien der amerikanischen Gruppenfantasie
Die politischen Rollen, die jeder von uns innerhalb der wechselnden Gruppenfantasien unseres Lebens als Nation spielt, sind natürlich Rollen, die sowohl von Kindheitsängsten einerseits abgeleitet sind als auch andererseits als Abwehr gegen sie funktionieren.[3] Doch obwohl eine Person zur Annahme liberaler Rollen und eine andere zur Annahme konservativer Rollen tendieren mag, je nach dem Maß an Strenge und Unterstützung in der jeweiligen Kindheit, gibt es eine höhere Fantasie-Ebene, auf der diese Rollen lediglich als zwei Teile eines Dramas erscheinen, das beide umfaßt, ein Drama, desssen „Buch" die übliche Links-rechts-Dichotomie der modernen Politik transzendiert. So mag Amerika in bezug auf aktuelle Fragen geteilt erscheinen, in der Regel weiß sich jedoch die große Mehrheit des Landes im Hinblick auf wesentliche politische Annahmen einig: Wir sind uns einig darüber, daß wir wollen, daß unser Anführer und unsere Nation „stark" sind, darüber, daß der Anführer oft zu stark und die Regierung zu groß ist, daß wir uns über Kinkerlitzchen uneins sind, damit nur ja keine substantiellen Veränderungen eintreten können, einig darüber, wer der „Feind" ist und wie gefährlich er ist, darüber, wann es Zeit ist, Krieg zu führen, und wann, ihn zu beenden.

Es ist diese höhere Ebene der Gruppenfantasie, die ich in den letzten Jahren begrifflich zu erfassen und sodann zu messen versucht habe. Das Werkzeug für diese Messung habe ich „Fantasie-Analyse" genannt. Die detaillierten technischen Kriterien für die Fantasie-Analyse eines jeden historischen Dokuments finden sich an einer anderen Stelle,[4] hier möge es ausreichen zu erwähnen, daß sie darin besteht, aus dem historischen Dokument alle operativen Fantasie-Ausdrücke

---

[3] Zu meiner Theorie der historischen Gruppenfantasie vgl. im vorliegenden Band die Beiträge *Die psychogene Geschichtstheorie*, *Die Eigenständigkeit der Psychohistorie* sowie *Die Entstehung der amerikanischen Persönlichkeit durch psychische Artenbildung*. Eine Bibliographie der Literatur zur politischen Sozialisation findet sich bei Fred I. Greenstein und Michael Lerner (Hgg.), A Source Book for the Study of Personality and Politics, Chicago 1971.

[4] Vgl. *Historische Gruppenfantasien* im vorliegenden Band.

herauszunehmen, inklusive aller Metaphern, Vergleiche, Gefühlsbeschreibungen, Körperbilder und anderer vorhandenen emotionalen Schlüsselausdrücke. Das erzeugt eine Serie von Wörtern, die tiefe Körpergefühle beschreiben, welche sodann analysiert und psychohistorisch verortet werden können.

Als nur ein Beispiel unter Hunderten, die ich andernorts ausführlich behandle, führe ich hier eine Stelle aus den Protokollen einer Sitzung des Senatsausschusses für Auswärtige Angelegenheiten von 1949 an, in der unsere Haltung gegenüber den Russen in Deutschland erörtert wurde:

> Wir hören, daß es mächtige Zugkräfte in die andere Richtung gibt, und daß es Dinge gibt, die die Russen täten, welche in jeder vergleichbaren Situation wichtig seien. Wir hegen keinen Zweifel daran, daß sich die Russen zu gegebener Zeit darauf vorbereiten werden, die Polen an der Ostgrenze den Bach hinunter gehen zu lassen.[5]

Eine Fantasie-Analyse dieser Stelle würde lediglich zwei Ausdrücke aufgreifen: „Zugkräfte ... den Bach hinunter." (Im allgemeinen verdichtet eine Fantasie-Analyse Dokumente auf etwa 1% ihres gesamten Wortbestandes.) Die übrigen Worte werden bezüglich ihrer Bedeutung für die Motivationsanalyse als nicht-operativ betrachtet, ihr Zweck ist eigentlich der einer Abwehr, sie sind „rationale" Deckmäntel, die dazu dienen, die Aufmerksamkeit des Lesers/Hörers von der emotional mächtigen Fantasiesprache abzulenken, die in ihnen eingebettet liegt.

Nun mag das auf den ersten Blick durch und durch willkürlich scheinen, und ich gebe zu, daß es mir schwerfallen wird, die Genauigkeit und Zuverlässigkeit dieser neuen psychohistorischen Methode auf deutlich weniger als 50 Seiten voll mit Veranschaulichungen und Darlegungen zu vermitteln. Aber sogar im Falle dieser Sitzung von 1949 stellt sich heraus, daß die Worte „Zugkräfte ... den Bach hinunter" das emotionale Thema des ganzen Treffens bestimmen und dessen hauptsächliche historische Gruppenfantasie sehr gut verdichten: daß nämlich die Schritte der Gruppe, gegenüber der Haltung der Russen in bezug auf Deutschland eine härtere Linie zu verfolgen, darauf hinauslaufen könnten, daß diese entgegen ihren Wünschen einen gefährlichen, „zerquetschenden" Korridor hinuntergezogen würde und daß etwas Schreckliches geschehen könnte. Und so liest sich, obwohl der Text der Sitzung im ganzen eher einen kontrollierten und sogar

---

[5] Reviews of the World Situation, 1949-1950. Hearings Held in Executive Session Before the Senate Committee on Foreign Relations, U.S. Senate, Eighty-First Congress, First Session, Washington, D.C., 1974.

langweiligen Ton aufweist, die Fantasie-Analyse der einleitenden Abschnitte wie folgt:

> verletzend ... der sein Gesicht wahrt ... Gegenschlag ... mächtige Stimme ... Pferdemaul ... niederlegen ... unterminieren ... herumschleichen ... verängstigt ... schreckliche Angst ... schreckliche Angst ... ziehen ... gezogen ... Zugkräfte ... den Bach hinunter ... gezwungen ... getrieben ... ängstlich ... ziehen ... auslaufen ... den Bach hinunter ... Krieg ... ziehen ... Angst ... Bruch ... verrückt ... zerquetscht ... Korridor ... Korridor ... Korridor ... Korridor ...

Was ich bei der Durchführung von Fantasie-Analysen an Hunderten von historischen Dokumenten – darunter Zeitungs- und Zeitschriftenartikel, Protokolle von Ausschußsitzungen, Reden, Pressekonferenzen, politische Karikaturen, sogar die Tonbandaufnahmen von Nixon bei Watergate – herausgefunden habe, ist, daß in jeder Gruppen-Kommunikation das Gerüst eines emotional mächtigen Sets von Körperempfindungen verborgen ist und daß das, was sie mitteilt, einen großen Teil ihrer Gesamtdauer lang mit Körpererinnerungen zu tun hat, die vom primären Trauma des Lebens von uns allen herrühren: der Geburt.

Obwohl diese Entdeckung der Geburt als des Schlüssels zum Verständnis der Gruppenfantasie zunächst ein ziemlich erstaunlicher und sogar bizarrer Fund zu sein scheint, ist sie doch das Ergebnis mehrerer Jahre analytischer Anstrengung und kam tatsächlich „durch das Material" zustande, anstelle diesem aus irgendwelchen theoretischen Gründen aufgezwungen worden zu sein. (In der Tat verhielt ich mich einige Zeit lang selbst so durch und durch ungläubig, was die Art der Resultate betrifft, daß ich die Technik der Fantasie-Analyse neuerlich mit Leuten erprobte, die mit meiner früheren Arbeit nicht vertraut waren, um sicherzugehen, daß ich nicht in das Material etwas hineinlas, was gar nicht da war.) Die obige Auswahl gibt eine typische Version oder Phase solcher Körpererinnerung wieder, eine, die regelmäßig als Ergebnis von Fantasie-Analysen historischen Materials auftritt. Sie bildet einen Moment vor dem Einsetzen der tatsächlichen Geburt ab, in dem der Fötus gerade erst anfängt, den Zug „den Bach hinunter" und „in den Korridor hinein" zu spüren, wenn das Quetschen durch die Wehenkontraktionen der Mutter gerade erst anfängt, die „schreckliche Angst" vor dem, was bevorsteht, auszulösen – die scheinbar endlosen Stunden des enormen, peinigenden Drucks der Geburt selbst.

Da ich hier nicht in der Lage bin, die Art und Weise, wie die Geburtsphasen die Gruppenfantasien beeinflussen, so detailliert darzulegen, wie ich es in anderen

Untersuchungen getan habe,[6] kann ich nur zusammenfassend sagen, daß die Ergebnisse meiner Fantasie-Analyse von Hunderten offizieller Dokumente der jüngeren amerikanischen Geschichte ein regel- und gesetzmäßiges Muster von Gruppenfantasie-Phasen erkennen lassen, ein Muster, das sich stets alle drei oder vier Jahre wiederholt, und zwar wie folgt:

Phasen der Gruppenfantasie

fötale Phase	Anführer-Fantasie	Nation (Mutterleibs)-Fantasie	Feind-Fantasie
1 „stark"	starker Anführer	intakter Mutterleib, innere Geborgenheit	der Feind ist stark, unter Kontrolle
2 „brüchig"	wird schwächer	brüchig, überfüllt, unsicher	wird schwächer, gefährlich
3 „Zusammenbruch"	hilflos	zusammengebrochen, Druck baut sich auf	zusammengebrochen, giftig
4 „Durchbruch"	stark und mutig	eingeschlossen, sich einen Weg aus dem würgenden Mutterleib erkämpfen	der Feind ist mächtig, wird angegriffen

Die Befindlichkeiten innerhalb jeder Phase standen in den historischen Dokumenten, die einer Fantasie-Analyse unterzogen wurden, durchwegs miteinander in Verbindung. In Phase 1, wenn der Anführer stark ist – oft, aber nicht immer zu Beginn der Amtszeit eines Präsidenten –, erscheint die Nation als sicher, und der „Feind" wird unter Kontrolle gehalten. Die Politik scheint um die Persönlichkeit eines nährenden Fantasie-Anführers zu kreisen und aus Diskussionen darüber zu bestehen, wie stark er ist, ob er *zu* stark ist, ob die Regierung tätig genug oder ob sie zu mächtig ist und so weiter. Mit der Zeit beginnt die Fähigkeit des Anführers, seinem Volk gegenüber die Rolle völlig zufriedenstellender magischer Versorgung zu erfüllen, nachzulassen, und Phase 2, das Brüchigwerden, beginnt. Zeitungsartikel erscheinen in großer Zahl, die darüber berichten, wie die inneren Spannungen in unserem Land unsere nationale Stärke bedrohen,

---

[6] Ein Überblick und eine Bibliographie der Literatur zu den Körpererinnerungen an die Geburt und deren Beziehung zur Geschichte findet sich im Geburts-Sonderheft des *Journal of Psychohistory* (4. Jahrgang 1977, Heft 3), insbesondere in den Artikeln von Stanislav Grof, Leslie Feher, Francis J. Mott, Henry Ebel, Alice Eichholz, Henry Lawton und mir. Zu meiner Theorie über die fötalen Ursprünge der Geschichte vgl. die in Anm. 3 und 4 zitierten Studien.

daß ein plötzlicher Zusammenbruch der Werte zu befürchten ist und wie es auch beim „Feind" (als Projektion) „an allen Ecken und Enden kracht", aufgrund von Führungskrisen, die ihn instabil und daher gefährlich werden lassen. Phase 3, der „Zusammenbruch", beginnt oft mit einem spezifischen Ereignis, das als ein „Zusammenbruch der Werte" betrachtet wird, den zu verhindern der Anführer keine Macht hat – ob es nun lokale Vorfälle sind wie etwa Unruhen, oder ob es ein äußeres Ereignis ist wie ein außenpolitischer Rückschlag. In dieser Phase steht die Frage im Zentrum der Angst: Kann der hilflose Anführer uns vor möglichen Umstürzen und Katastrophen schützen? Artikel werden darüber geschrieben, wie die Welt immer überfüllter wird (oder die Städte oder die Autobahnen), wie dürftig die Nahrungsvorräte sind, wie sehr die Umwelt verschmutzt worden ist und daß das blanke Chaos an der nächsten Ecke lauert. Mit Phase 4, dem „Durchbruch", beginnt schließlich die Geburt selbst, und die Nation sucht nach irgendeiner Krise, die üblicherweise Krieg oder Kriegsgefahr impliziert, in die sie sich begeben kann. Die Nation fühlt sich, als wäre sie in der Falle, als würde sie gewürgt; sie ist klaustrophobisch und muß sich in einen „Freiheitskampf" einlassen, um sich aus einer unerträglichen Situation herauszuschlagen. Nachdem eine Krisensituation geortet worden ist, wird der Feind angegriffen, und die Nation fühlt sich wieder stark – und zugleich überaus erleichtert, weil sie nun endlich gegen etwas in der realen Welt kämpft, statt den fantasierten unerträglichen Druck passiv zu erleiden. (Politische Karikaturen, die einen Kopf zeigen, der unter schmerzhaftem Druck leidet, und einen Körper, der gestreckt und gedreht ist, kennzeichnen diese Phase.) Kann der Anführer aber den Krieg nicht innerhalb eines Jahres etwa „gewinnen", so fürchtet die Nation, sie sei letztlich doch nicht so stark und könne tatsächlich während ihrer Geburtskrise sterben, und dann wird der Anführer durch die Fantasie-Sprache aller Medien auf einmal dahingehend unterwiesen, daß die Geburtsschmerzen irgendwie zu einem Ende gebracht werden müssen. Der Anführer beendet sodann den Krieg (zumindest in der Fantasie), der Anführer ist wieder stark, und der Zyklus beginnt wieder ganz von vorn.

Das tatsächliche Belegmaterial für diesen Gruppenfantasie-Zyklus wird in meiner Untersuchung *Historische Gruppenfantasien* ausführlich, Dokument für Dokument, vorgestellt, mit Fantasie-Analysen der Medien, Reden, Konferenzen, Kongreßsitzungen, Tonbändern, politischen Karikaturen und anderem Material aus den vergangenen 25 Jahren amerikanischer Geschichte. Die Resultate dieser Analyse sind in Tafel A zusammengefaßt.

Tafel A: Stadien der amerikanischen Gruppenfantasie

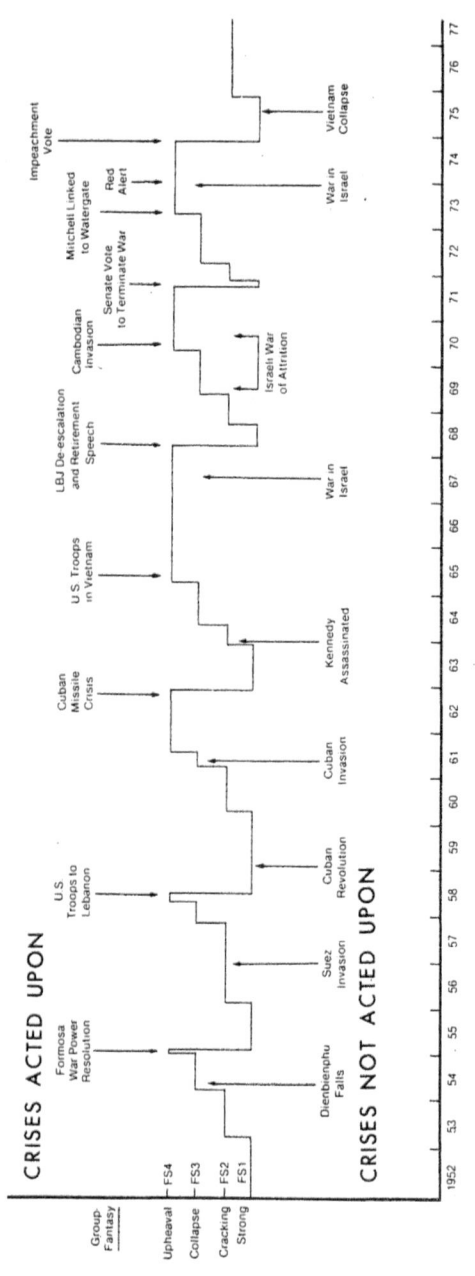

Die vergangenen 25 Jahre der amerikanischen Geschichte haben 6 vollständige Gruppenfantasie-Zyklen erlebt, wobei jede „Geburtsphase" schließlich in einer wirklichen Krise ausagiert wurde, im allgemeinen, wenn auch nicht immer, in Form eines Krieges oder Beinahe-Krieges. Die Einträge über der Linie zeigen die Krise auf, die dazu auserkoren wurde, am Gipfel jedes Zyklus die Geburtsfantasie auszuagieren. Die internationale Krise wurde meist durch irgendetwas, was gerade da war, bereitgestellt, und in jedem Fall *ist die Fantasie der Wirklichkeit vorausgegangen.* Das heißt, die Fantasiesprache ging zunächst bis Phase 4, und die Nation flehte nach Linderung des unerträglichen Druckes, und *danach* erst wurde irgendeine Krise, die gerade greifbar war, für wichtig genug erachtet, um Handlungen von unserer Seite hervorzurufen. Um diesen Punkt hervorzuheben, habe ich *unter* der Linie auch einige der internationalen Krisen erwähnt, die sich in den ersten drei Phasen zugetragen haben, nur wenige von den vielen, die tatsächlich vorfielen, um zu zeigen, bei wie vielen Krisen wir *nicht* beschlossen, uns einzubringen. Die meisten davon, wie etwa der Untergang der französischen Streitkräfte in Indochina, die Suezkrise und verschiedene kriegerische Auseinandersetzungen zwischen Arabern und Israelis, waren genauso „wichtig", oft sogar wichtiger als die Ereignisse, bei denen wir mitzumischen beliebten, aber wir standen nicht unter ausreichendem psychischem Druck, um ihnen mit kriegerischen Handlungen zu begegnen, bis wir die vierte oder „Durchbruchs"-Phase erreicht hatten.

Der erste Fantasiezyklus beginnt mit dem langsamen Aufbau während der ersten Jahre unter Eisenhower. Er hilft uns dabei zu erklären, wieso Eisenhower in Phase 3 den mächtigen Kräften, die versuchten, uns dazu zu bringen, Flugzeuge und sogar Truppen nach Dienbienphu zu entsenden, ruhig widerstehen konnte, einige Zeit später aber, in Phase 4, die Nation in Alarmzustand versetzte und den Kongreß um formale Kriegsvollmachten über ein paar unbedeutende Inseln um Formosa bat. Eisenhowers zweiter Zyklus weist ein ähnliches Muster auf, zuerst bedächtige Zurückhaltung (in Phase 2) und Weigerung, unsere Truppen in der Suezkrise zu verpflichten, unerwarteterweise und beinahe ohne Hand und Fuß gefolgt von der Entsendung amerikanischer Truppen in den friedlichen Libanon, als wir neuerlich Phase 4 erreichten und keine andere Krise ausfindig machen konnten, um uns in sie zu verwickeln.

Kennedys einziger Zyklus erreichte die vierte Stufe zu Beginn des Jahres 1961, und obwohl es eine Zeitlang so aussah, als wären wir imstande, ihn in Gestalt einer bewaffneten Konfrontation mit den Russen um Berlin auszuagieren, schienen diese zu dieser Zeit (aus ihren eigenen Beweggründen heraus) zu zögern, sich auf einen Kampf einzulassen, und errichteten stattdessen die Berliner Mauer, womit sie die „Krise" beendeten – Amerika jedoch auf halbem Wege mitten in der „Durchbruchs"-Phase „hängen" ließen. Als wir uns auf 1962 zubewegten, hatten wir daher sehr dringend etwas nötig, um das wir kämpfen konnten, da jedoch kein echter Krieg zur Stelle war, in den man geraten konnte, begannen die Medien die „seltsame Ruhe" zu kommentieren, von der die Welt erfaßt worden zu sein schien – es gab eine solche merkliche Dissonanz zwischen dem Aufruhr und der schrecklichen Angst der Gruppenfantasie in unseren Köpfen einerseits und der „Ruhe" der Welt draußen andererseits, daß wir dachten, wir seien verrückt. Im Sommer 1962 fanden wir die Lösung: Kuba. Lange bevor wir auch nur den Verdacht hatten, dort könnten Raketen stationiert sein, fingen wir damit an, Kuba gegenüber eine kriegsähnliche Sprache zu gebrauchen, indem wir Kriegsresolutionen verabschiedeten, Kuba ein „Krebsgeschwür" nannten, das Amerika befallen habe, eine Blockade über die Insel verhängten, Castros Existenz und ein „rotes Kuba" als für uns nicht tolerierbar bezeichneten und sodann U2-Flieger hinüberschickten, um zu sehen, was wir entdecken konnten. Das tatsächliche Auffinden der Raketen nach dieser ganzen Fantasie wurde als eine große emotionale Erleichterung aufgenommen, und als die Russen zustimmten, sie im Gegenzug dafür zu entfernen, daß wir eingestandenermaßen völlig nutzlose Raketen in der Türkei entfernten, die zu entfernen wir ohnehin bereits beschlossen hatten, schlugen wir das Angebot aus, erteilten den Befehl, die Invasion der Insel vorzubereiten und riskierten so, den Dritten Weltkrieg auszulösen – alles nur deshalb, damit wir den giftigen „Feind" tatsächlich angreifen oder wenigstens nachdrücklich erniedrigen und die Katharsis der fantasierten Geburt erleben konnten.

Johnsons Krise war natürlich der Vietnam-Krieg, und obwohl wir uns vielleicht sehr langsam in ihn „hineingeschlängelt" haben, ist es doch Tatsache, daß unsere ersten wirklichen Kampftruppen lediglich eine Woche, nachdem die Gruppenfantasie-Sprache in jedem Periodikum des Landes Phase 4 erreicht hatte, nach Vietnam geschickt wurden. Vietnam war jedoch, wie die ihm vorausgegangenen zwei Weltkriege, eine sehr unbefriedigende Katharsis – es schien sich nicht an sein Fantasie-Drehbuch halten und dann enden zu wollen, als wir das „Gefühl" hatten, daß es enden sollte. Und so „beendete" Johnson 1968 den Krieg nach Monaten, in denen es Artikel und Proteste gehagelt hatte, die aufzeigten, wie viele „unserer Jungs" dort ihr Leben ließen (auf der Fantasieebene scheint niemand in der Frühphase eines Krieges zu sterben), indem er dessen Deeskalation und seinen eigenen Rücktritt verkündete. Sofort geschahen auf der Gruppenfantasie-Ebene zwei Dinge. Erstens ging die Fantasiesprache unmittelbar auf Phase 1 zurück, und der Krieg verschwand regelrecht aus den Medien. Es war, als ob wir uns mittels allgemeiner Übereinstimmung darauf geeinigt hatten, daß er vorüber war, obwohl er in Wirklichkeit natürlich immer weiter eskalierte und die größten Schlachten und zerstörerischsten Bombardements noch kommen sollten. Diejenigen, die immer noch dagegen protestierten, ganz dieselben, die zuvor die höchste mediale Aufmerksamkeit auf sich gezogen hatten, wurden nun als Durchgedrehte und Verrückte verunglimpft – wozu protestieren, wenn der Krieg schon aus ist?

Nixon wurde gewählt und durchlief den üblichen Zyklus der starken und dann schwächer werdenden Führungskraft, und als wir schließlich 1970 neuerlich Phase 4 erreicht hatten, begannen wir uns nach einer neuen Krise umzusehen, in der wir unsere Geburtsfantasien ausagieren konnten. Wir betrachteten die Weltlage und entdeckten – siehe da – Vietnam! Drei Wochen, nachdem die Gruppenfantasie-Sprache neuerlich Phase 4 erreicht hatte, befahl Nixon den Einmarsch in Kambodscha, und die Medien stellten völlig richtig fest, daß „ein neuer Krieg" begonnen hatte.

Um 1971 begann auch dieser „neue Krieg" schmerzlich genug zu werden, um ein Ende zu finden, und der US-Senat tat, was er mit Leichtigkeit schon Jahre zuvor hätte tun können; er stimmte für eine Beendigung des Krieges. Die Fantasiesprache fiel unmittelbar auf Phase 1 zurück (obwohl der Krieg sich in Wirklichkeit, wie zuvor schon in Korea, noch eineinhalb Jahre hinzog, nachdem unsere Fantasie ihn für beendet erklärt hatte). Nixon empfing von der Nation die Friedensbotschaft und kündigte seine rein symbolische Reise nach China an – zumal er nunmehr wieder ein „starker" Anführer war und locker mit „dem Feind" verhandeln konnte.

Als aber der sechste Zyklus auf unserer Tafel wieder Phase 4 erreichte, mußte Nixon feststellen, daß es rundum keine Krise gab, in die er sich einbringen konnte; tatsächlich war er gerade im Begriff, den Vietnam-Krieg *wirklich* zu beenden. Der Mittlere Osten war einmal mehr sehr verlockend, schaffte es aber gerade noch, dem zu entkommen, daß eine wirkliche Krise daraus wurde. Daher brachte Nixon das letztmögliche Opfer – wenn der schwache Anführer die Krise nicht verhindern kann, *wird* er selbst zur Krise werden, und indem er sich selbst aus dem Amt entfernt, gibt er einem neuen Anführer die Chance, den Starkschwach-hilflos-stark-Zyklus durchzustehen. Watergate, das zuvor auf den hinteren Seiten der Zeitschriften untergegangen war, wurde nun zum „Seite-eins-Renner" der nationalen Aufmerksamkeit, und Nixon, im Selbstopfer von Geburt an geübt, warf *sich selbst* in die Flammen, „um den unerträglichen Druck zu lindern". In diesem Fall stellen die Watergate-Tonbänder ein unschätzbares Material für die Analyse der Entwicklung der Gruppenfantasie über die Monate hin dar, und eine lange derartige Analyse der Bänder und anderer Dokumente der Watergate-„Krise" sind Teil meines Artikels *Historische Gruppenfantasien*, zusammen mit einer Erörterung der besonderen Bedingungen, unter welchen eine Nation die Katharsis des Krieges durch eine Auswechslung des Anführers ersetzen kann. Doch auch während der Watergate-Zeit implizierte die in Phase 4 auftretende Krise 1973 sehr wohl das Eintauchen in eine Handlung, die beinahe zum Krieg führte. Nachdem die letzte kriegerische Auseinandersetzung zwischen Arabern und Israelis zuende war, befahl Nixon eine „Alarmstufe Rot" mit allem, was dazugehört, und Truppen in der Stärke von zwei Millionen Amerikanern bereiteten sich auf den Krieg vor und wurden mit Nuklearwaffen ausgerüstet – alles infolge einer reichlich unbedeutenden russischen Mitteilung über die friedenserhaltenden Streitkräfte der UNO.[7] Die Russen verzichteten natürlich auf eine Erwiderung, und so wurde die Krise auf der Fantasie-Ebene gehalten, bis die Abstimmung für die Amtsenthebung schließlich den schwachen Anführer entfernte.

Nachdem Nixon weg war, wurde Ford unser Anführer für Phase 1, und wurde allenthalben als stark und nährend dargestellt, solange wenigstens, bis er einige Zeit im Amt gewesen war und zwei Frauen unabhängig voneinander auf ihn schossen. Danach erschien er als schwach und untätig (Phase 2), vielen sogar als ein Witz schlechthin. Als Jimmy Carter Präsident wurde, stieg er aufgrund der langen Zeit, die seit der letzten Krise verstrichen war, gleich in Phase 2 der Gruppenfantasie ein – was erklärt, warum er kaum eine „Schonzeit" erlebt hat, in der er seine Vorstellungen durch den Kongreß hätte bringen können, wie es am Beginn von Präsidentschaften üblicherweise der Fall ist. Die *Gallup*-Umfrage weist für Carter nach vier Monaten im Amt aus, daß nur 66% der Wähler mit seiner Art der Amtsführung einverstanden sind, wohingegen Truman nach einer vergleichbaren Zeit auf 82% Zustimmung kam, Eisenhower auf 74%, Kennedy auf 76% und Johnson auf 73%.[8] Dieses Image von „mangelnder Stärke" verdankt sich ganz und gar der Phase der Gruppenfantasie, in der wir uns zur Zeit, da ich

---

[7] Zur Geschichte darüber, wie die Psychohistoriker diesen Roten Alarm vom Oktober 1973 zuerst vorhergesagt und dann sein Eintreten ignoriert haben, vgl. Lloyd deMause, Psychohistory and Psychotherapy, in *The History of Childhood Quarterly: The Journal of Psychohistory* 2 (1975), 408–414.

[8] Polls in Perspective: Carter – A Popular President, But –, in *U.S. News & World Report* vom 30. Mai 1977, 24.

dies schreibe (Mai 1977), alle befinden, jene Phase nämlich, die nach einem schwächerwerdenden Anführer verlangt (Phase 2). Auf der Ebene der *Wirklichkeit* wurde Carter zur besten Zeit Präsident – eine stark ansteigende Wirtschaft, kein Krieg, kein Zwist unter den Bürgern –, und kein Präsident hat je härter daran gearbeitet, sein Image unter den Leuten in den ersten Monaten zu verstärken. Auf der Ebene der *Gruppenfantasie* jedoch bleibt er ein schwächerwerdender Anführer, dazu bestimmt, im kommenden Jahr sogar noch schwächer zu werden. Das ist der Grund dafür, daß seine Gesetzesentwürfe schon jetzt auf Widerstand stoßen, obwohl sie im Vergleich mit den Vorschlägen anderer Präsidenten am Beginn ihres Amtes ziemlich bescheiden sind, und es ist zugleich auch der Grund dafür, daß die Leute in Meinungsumfragen unaufhörlich darüber klagen, daß sie auf nicht näher präzisierbare Weise immer noch nicht in der Lage sind, herauszufinden und „wirklich zu wissen", wie Carter eigentlich ist und wofür er steht.

Der Präsident als Fantasie-Anführer
Es gilt von vornherein zu verstehen, daß alle tatsächlichen Leistungen einer Nation und ihrer Führung *trotz* des Gruppenfantasie-Prozesses und sogar gegen diesen erbracht werden – die Fantasie arbeitet darauf hin, alle wirklichen Errungenschaften zunichte zu machen, alle wirklichen Führungsqualitäten zu unterbinden, alle tatsächlichen (Vermögens-)Werte zu verschleudern und die Leute völlig passiv zu halten. Sogar Kriege stellen sich als passive Gruppenaktionen heraus – es werden keine Entscheidungen verlangt, die nicht rein taktisch wären, keine schmerzlichen Kompromisse im Hinblick auf Werte, keine Reife, nur bloße emotionale Entlastung. Nie war Amerika so passiv und unkreativ wie in den Jahren des Vietnam-Krieges (Vietnam hat in der Tat, wie Johnson behauptete, die große Gesellschaft umgebracht, bloß auf weitaus tiefergehende Weise als etwa nur in wirtschaftlicher Hinsicht). Ich habe andernorts Belegmaterial dafür vorgelegt, daß der Präsident, seine Berater, der Kongreß und die meisten Angehörigen der Nation, während sie untereinander diese Gruppenfantasien austauschen und sie ausagieren, in etwas eintreten, was ein tatsächlicher Trancezustand ist, eine echte Trance ähnlich der in der Hypnose oder auch jener, die unter dem Einfluß bestimmter Drogen erlebt wird. Eine Gruppe von Beratern des Präsidenten, die (wie bei der Raketenkrise auf Kuba) in einem *War Room* an einem Tisch sitzt, oder eine Gruppe von Kongreßabgeordneten, die (wie bei der Krise am Golf von Tonking) Sitzungen zur Erteilung von Kriegsvollmächten beiwohnt, nehmen an etwas teil, das technisch gesehen mehr eine Séance ist als eine rationale Diskussion. Ihr tranceähnlicher Zustand kann sogar dokumentiert werden (unter einigen

Mühen – von Treffen, bei denen tatsächlich Entscheidungen gefällt werden, werden selten wörtliche Protokolle geschrieben, und Erinnerungen daran, was wirklich vorgefallen ist, sind bekanntermaßen dürftig). Nichtsdestoweniger kann man bei diesen Treffen alle Elemente eines Trancezustandes erkennen: erhöhte Beeinflußbarkeit, gesteigerte Abhängigkeit vom Anführer, extreme Passivität bei üblicherweise kraftvollen Leuten, Wunsch nach Einstimmigkeit in der Gruppe, eher emotionales als logisches Denken,[9] Gedächtnisausfälle gegenüber unbequemen Tatsachen, Unfähigkeit zum Ertragen von Untätigkeit und sogar eine Häufung von solchen Körperempfindungen wie Schwindel, Ohnmachtsängsten, trockenem Gefühl im Mund, Druck im Kopf, beschleunigtem Herzschlag und klaustrophobischen Gefühlen, die allesamt in Verbindung mit Geburtserinnerungen stehen.[10]

Die Vorstellung vom Präsidenten als jemandem, der in erster Linie ein Fantasie-Anführer ist, ein Delegierter der nationalen Stimmungslagen, steht völlig quer zum althergebrachten Modell der Politikwissenschaft, die Anführer primär als Inhaber von etwas, das „Macht" genannt wird, betrachtet. Tatsächlich funktioniert jedoch der Großteil der Politik auf exakt entgegengesetzte Weise: Zunächst entwickelt die Nation völlig irrationale Gruppenfantasien, pumpt sie sodann über die Medien und rangniedrigere Regierungsbeamte in den Präsidenten und seine Berater und erwartet von ihnen, daß sie sie irgendwie ausagieren, um die von den fantasierten Zuständen erzeugten Ängste zu lindern. Das ist unabhängig von Staat, Zeitalter oder Regierungsform gültig. Ich habe andernorts zum Beispiel das Vorhandensein mächtiger, mit der Geburt assoziierter Emotionen (wie der des Erstickens, des Eingeschlossenseins und des Stranguliertwerdens) in den Worten vieler Staaten zum Zeitpunkt, da sie in den Krieg zogen, nachgewiesen, von Kaiser Wilhelms Erklärung vor dem Ersten Weltkrieg, derzufolge er sich „stranguliert" fühlte, weil „plötzlich ein Netz über unseren Kopf geworfen wor-

---

[9] Ein sehr scharfsichtiger politischer Psychologe nennt diesen Gruppen-Trancezustand „Gruppendenken"; vgl. Irving L. Janis, Victims of Groupthink: A Psychological Study of Foreign Policy Decisions and Fiascoes, Boston 1972. Ein anderer politischer Psychologe hat aufgrund von Inhaltsanalysen von vor dem Ersten Weltkrieg gebrauchten sprachlichen Ausdrücken sogar eine Art Paranoia-Index erstellt; vgl. Ole R. Holsti und Robert C. North, The History of Human Conflict, in: Elton B. McNeil (Hg.), The Nature of Human Conflict, Englewood Cliffs 1965, 166.

[10] Für nähere Details zu diesem Zustand fötaler Trance vgl. meine Artikel *Die psychogene Geschichtstheorie* und *Die fötalen Ursprünge der Geschichte* im vorliegenden Band.

den ist", bis zu Hitler, der in den Krieg zog, um Deutschlands „Lebensraum"-Problem zu lösen.[11] In ähnlicher Weise sind die Kriege Amerikas von der Revolution bis Vietnam durchdrungen von sprachlichen Ausdrücken wie „das Kind Unabhängigkeit, das um seine Geburt ringt", „ein Abstieg in den Abgrund" und dem Unvermögen, „das Licht am Ende des Tunnels zu sehen".[12] Obwohl üblicherweise angenommen wird, daß geopolitische oder wirtschaftliche Motive Ursache von Kriegen sind, sind sie viel eher die äußeren *Anlässe* für Krieg, während die wahren Ursachen psychodynamische, ganz und gar innere und allgemein geteilte psychische Zustände sind. Als der deutsche Generalstab 1914 schrieb, daß er „zu extremen Mitteln gegriffen hat, um mit einem glühenden Eisen das Krebsgeschwür auszubrennen, das den Körper Europas ständig zu vergiften gedroht hat", verwendete er dieselbe Sprache und antwortete auf dieselbe Fantasie wie Richard Nixon, als er vor der Raketenkrise auf Kuba sagte, „Kuba ist ein Krebsgeschwür ... Man riskiert Krieg, wenn der Kommunismus nicht jetzt aufgehalten wird und sich weiter ausbreiten darf".[13]

Die Verantwortung, diese Fantasie aufzulösen, wird letztlich in den Schoß des Fantasie-Anführers gelegt, der ein Experte im Empfangen und Interpretieren der unausgegorenen, mächtigen, sich wandelnden Fantasie-Bedürfnisse großer Menschengruppen ist (das ist die genaue Definition eines Politikers). Der „Druck" des Augenblicks wird in Handlungen-Lösungen übersetzt, und die Befürchtungen der Menschen werden die Befehle des Anführers. Die enorme Erleichterung, die eine gewalttätige Handlung bereitet, zeigt sich in Churchills Brief an seine Frau 1914, als Europa gerade in den Krieg zog: „Alles tendiert in Richtung Katastrophe und Zusammenbruch. Ich bin voll dabei, aufgekratzt und glücklich." Eine ähnliche Gruppenstimmung offenbart sich in dem, was ein Amerikaner an dem Tag aus Washington, D.C., schrieb, da Truman sich entschlossen hatte, amerikanische Truppen nach Korea zu entsenden:

> Ich lebe und arbeite seit zwanzig Jahren in und von dieser Stadt. Nie zuvor ... habe ich ein solches Gefühl der Erleichterung und Einigkeit in dieser Stadt verspürt

---

[11] deMause, *Die Eigenständigkeit der Psychohistorie*.
[12] deMause, *Die Entstehung der amerikanischen Persönlichkeit*.
[13] Die deutsche Belegstelle stammt aus: Max Montgelas und Walter Schucking (Hgg.), Outbreak of the World War: German Documents Collected By Karl Kautsky, New York 1924, 307. Das Nixon-Zitat entstammt der *New York Times* vom 19. September 1962, 3.

... Als im Hohen Haus die Erklärung des Präsidenten verlesen wurde, erhob sich die ganze Kammer zum Jubel.[14]

Eines meiner überraschendsten Ergebnisse ist vielleicht, daß Häufigkeit und Schwere von Kriegen und kriegsähnlichen Handlungen wenig mit den realen Gegebenheiten zu tun haben, was die militärische Stärke betrifft, Gegebenheiten, von denen allgemein angenommen wird, daß sie einen großen Teil der internationalen Beziehungen steuern. Die Präsidentschaft Trumans etwa vollzog sich in einem kontinuierlichen Panikzustand und kulminierte darin, daß er Amerika in den blutigen, langwierigen Koreakrieg verwickelte – alles während einer Periode, in der über eine überwältigende Überlegenheit aller Streitkräfte und die alleinige Fähigkeit zur Herstellung der Atombombe verfügte. In der Tat wurde die Truman-Doktrin, Grundlage dafür, daß Amerika ein Vierteljahrhundert lang weltweit in die jeweils lokale Politik eingriff, 1947 verkündet, zu einer Zeit, da Amerika ein Atomkraft-Monopol besaß und Rußland infolge der Schäden, die es im Zweiten Weltkrieg an Industrie und Bevölkerung erlitten hatte, völlig darniederlag, ein Zeitpunkt, den Dean Acheson als eine der größten Krisen der Geschichte beschrieben hat, insofern Rußland im Begriff war, „die Ansteckung über Kleinasien und Ägypten nach Afrika zu tragen und über Italien und Frankreich nach Europa".[15] Im Gegensatz dazu waren die Eisenhower-Jahre weitaus weniger auf Interventionen angelegt und verliefen gänzlich ohne einen wirklichen Krieg, trotz des Verlusts der militärischen Vorherrschaft Amerikas nach der Entwicklung russischer Nuklearwaffen und Raketen. Es sind in der Tat allein unsere Fantasie-Bedürfnisse, die uns daran hindern zu sehen, daß innere Dynamiken und nicht Bedrohungen von außen unsere Außenpolitik bestimmen.

Wirkliche Kriege mit Kampfhandlungen beginnen mithin, wenn sich in einem langsamen, tödlichen Tanz die Gruppenfantasie-Zyklen zweier Nationen annähern, bis sie übereinstimmen, Kurve für Kurve, Spitze für Spitze, und die beiden Nationen übereinkommen, sich miteinander zu einer Geburt durchzuringen – wenn sie sich also, wie Chruschtschow auf dem Höhepunkt der Kubakrise an Kennedy schrieb, darauf einigen, es „zu einem Zusammenprall kommen" zu lassen „wie blinde Maulwürfe", die einander in einem Tunnel zu Tode bekämpfen.[16] Während die Gruppenfantasie-Zyklen in der Neuzeit im allgemeinen eine

---

[14] Bert Cochran, Harry Truman and the Crisis Presidency, New York 1973, 316.
[15] Dean G. Acheson, Present at the Creation: My Years in the State Department, New York 1969, 220.
[16] Robert F. Kennedy, Thirteen Days: A Memoir of the Cuban Missile Crisis, New York 1966, 89.

Dauer von vier oder fünf Jahren aufweisen, treten wirkliche Kriege mit Kampfhandlungen nur bei jeder vierten oder fünften Krise auf, wenn die psychische Dynamik stimmt, die militärischen Vorbereitungen angemessen sind und ein „Feind" ausgemacht worden ist, der sich selbst ebenfalls auf dem Gipfel seiner Geburtsangst befindet. Statistische Untersuchungen von Kriegen bestätigen die Gesetzmäßigkeit dieses Gruppenprozesses in der Tat ziemlich gut, zumindest für den Großteil der industriell entwickelten Welt. So sind beispielsweise in den vergangenen zwei Jahrhunderten in den USA im Durchschnitt alle 18 Jahre Kriege aufgetreten, in England ebenfalls alle 18 Jahre, in Frankreich alle 20, in Deutschland alle 24 und in Rußland wiederum alle 18 Jahre.[17] Unser ritueller Totentanz hat seinen eigenen Rhythmus, der jede Generation dann gefangennimmt, wenn sie gerade am Gipfel ihrer jugendlichen Blüte steht, und sie dann in den Höllenrachen des Moloch schleudert.

Die Persönlichkeit von Präsidenten
Es ist nur legitim, wenn der Leser an diesem Punkt einen Schritt zurücktritt und eine sachliche Frage stellt: „Wenn wir einmal einräumen, daß all die reichlich unerhörten Dinge, die Sie bislang von sich gegeben haben, ein gewisses Maß an Wahrheit beinhalten und daß ein derart frühes Ereignis wie die Geburt die Politik zu bestimmen scheint, warum dann das Aufhebens um das ganze übliche psychohistorische Belegmaterial über die Kindheit und den elterlichen Einfluß und die Persönlichkeitsentwicklung? Es scheint ja alles völlig hoffnungslos zu sein, so wie Sie es darstellen – mit diesen ewigen Zyklen von Geburt und Wiedergeburt. Welchen Unterschied könnte es wohl machen, *welche* Persönlichkeit der Präsident aufweist, wenn Politik so sehr von Geburtserfahrungen abhängt, die jeder mit jedem teilt?"
Die Antwort lautet natürlich, daß die Geburt nur einen Teil der ganzen Geschichte ausmacht. Unabhängig davon, wie traumatisch die Geburt eines jeden tatsächlich war, werden sogar Geburtserinnerungen von der späteren Kindheitserfahrung tiefgreifend modifiziert. Je mehr ein Kind von Liebe, Freiheit und Empathie umgeben ist, umso besser ist es in der Lage, seine frühesten Ängste wiederholt durchzuarbeiten, umso besser kann es sie umwandeln und sogar überwinden. Eine freundliche Familie stellt eine natürliche Therapie sogar für Geburtsängste dar, und wenn, wie ich in meiner Untersuchung *Die Evolution der Kindheit* behaupte,[18] die Kindheit in der Geschichte einen progressiven Trend

---
[17] Maurice N. Walsh (Hg.), War and the Human Race, New York 1971, 78.
[18] Im vorliegenden Band.

zum Besseren hin aufweist, sollte die Menschheit letzten Endes in der Lage sein, sich selbst ebenso vom Krieg zu heilen, wie sie sich von der Sklaverei, der Blutrache, dem Duell, der Hexenverfolgung und anderen gruppenpsychotischen Praktiken geheilt hat. Doch haben die meisten Kinder auch heute noch eine schlichtweg fürchterliche Kindheit, und es wird sicherlich noch eine ganze Zeitlang Kriege geben, bevor genug Menschen emotional reif genug geworden sein werden, ihrer nicht mehr zu bedürfen. Daher ist es für uns als Psychohistoriker eine unserer wichtigsten Aufgaben, danach zu fragen, welche Arten von Persönlichkeitsbildern unsere Anführer haben und wie sie genauerhin mit den emotionalen Bedürfnissen der Nation interagieren.

Die psychohistorische Erforschung der Persönlichkeit von Präsidenten hat leider kaum erst begonnen. Es gibt nur zwei Präsidenten, über die es Untersuchungen auch ihrer Kindheit gibt, die hinreichenden Tiefgang haben, um intelligente Psychobiographien zu erlauben: Theodor Roosevelt und Richard Nixon.[19] Ist dem auch so, so ist in Primärquellen doch genügend Information zugänglich, um ein paar allgemeine Aussagen über die Persönlichkeitstypen treffen zu können, die wir im 20. Jahrhundert dazu auserkoren haben, unsere Anführer zu sein. Zunächst einmal hat keiner von ihnen eine extrem traumatische Kindheit gehabt. Auf der sechsstufigen Skala von Familienarten, die ich benutze, um Formen der Kindeserziehung zu erheben (Kindsmord, Weglegung, Ambivalenz, Einmi-

---

[19] Vgl. Glenn Davis, Theodore Roosevelt and the Progressive Era: A Study in Individual and Group Psychohistory, in: deMause, *The New Psychohistory*, 245–305. Zu Nixon vgl. sowohl James W. Hamilton, Some Reflections on Richard Nixon in the Light of His Resignation and Farewell Speeches, in *The Journal of Psychohistory* 4 (1977), 491–511, als auch David Abrahamson, Nixon vs Nixon: An Emotional Tragedy, New York 1977. Andere „Psychobiographien" enthalten wenig Informationen über die Kindheit und können nicht als wissenschaftlich taugliche Psychobiographien betrachtet werden. Doris Kearns' *Lyndon Johnson and the American Dream* z. B. verließ sich ganz auf Johnsons eigene Darstellung seiner Kindheit, ohne jegliche Bemühung um eigenständige Nachforschungen in Primärquellen. Bruce Mazlishs *In Search of Nixon* wurde, wie er selbst sagt, erst verfaßt, nachdem ihm keine angemessene finanzielle Unterstützung erteilt worden war, so daß er ordentlich hätte arbeiten und zu Whittier gehen können, um die Fakten über Nixons Kindheit auszuheben. Nancy Gager Clinchs *The Kennedy Neurosis* enthält eine Seite über die strenge Disziplin in JFK's Kindheit, bemüht sich jedoch einmal mehr nicht um eigenständige Erforschung der Quellen. Freuds Buch über Wilson ist eine Katastrophe, und so weiter. Es wird noch Jahre dauern, bevor man überhaupt damit beginnen kann, sich grundsätzliche Meinungen über die Persönlichkeiten amerikanischer Präsidenten zu bilden.

schung, Sozialisation, Unterstützung), fallen alle Präsidenten dieses Jahrhunderts in den zweithöchsten Rang der „Unterstützung", mit Ausnahme von Nixon, dessen strenge Quäker-Mutter und oft brutaler Vater seine Kindheit in der niedrigeren Kategorie der „Einmischung" ansiedeln lassen. Was das bedeutet, ist dies, daß man, um heute ein Anführer Amerikas zu werden, keinen familiären Hintergrund haben kann, in dem ständiges Geschlagenwerden, wiederholte offene Vernachlässigung oder irgendwelche anderen schwer traumatischen, psychischen wie physischen Entbehrungen die Regel sind. (Das ist im übrigen in anderen Ländern und anderen Zeiträumen *nicht* der Fall – Hitler z. B. war ein klassisches „geprügeltes Kind", wie viele Österreicher seiner Generation, Produkt von regelmäßigen, blutigen Verprügelungen, oft mit hunderten Schlägen auf einmal.)[20] Das durchschnittliche Niveau der Kindheit in Amerika insgesamt war jedoch in diesem Jahrhundert gut genug, um keinen solchen psychopathischen Anführer mehr erforderlich zu machen.

Innerhalb dieser Grenzen aber sticht ein Zug hervor, der zur Kindheit beinah jedes Präsidenten gehört: eine emotionale Distanznahme seitens der Mutter. Diese Distanz tritt oft im Zusammenhang mit einer Reihe von Kindermädchen oder anderen Bediensteten an den Tag, an die die Mutter viele ihrer Obsorgefunktionen gegenüber dem Kind delegiert, wie es z. B. bei Theodor Roosevelt, Franklin D. Roosevelt und John F. Kennedy der Fall war.[21] Es ist, als ob die Mütter unserer Präsidenten „gut genug" sein müßten, ihnen die Ich-Stärke zu geben, die sie brauchen, um den Wettbewerb um die Führung zu überstehen, sie müssen aber auch „distanziert genug" sein, um ihnen ein tiefes Loch der Einsamkeit in die Magengrube zu reißen, ein Loch, das mit den Bedürfnissen und der Bewunderung großer Menschenmassen zu füllen jene sich bewogen fühlen. Wer nie Fantasie-Anführer einer richtigen Gruppe gewesen ist, kann sich nicht einmal im Ansatz die Ansprüche vorstellen, die an jemanden gestellt werden, von dem erwartet wird, daß er mit den tiefsten und ambivalentesten Ängsten der solcherart „Geführten" in Verbindung bleibt und sie auflöst. Und ganz allgemein gesprochen, kann man nur von einem zutiefst einsamen Menschen, der seit seiner Kindheit darauf eingestellt war, alle ihm zuteil gewordene Anerkennung und Wärme dadurch zu gewinnen, Delegierter der Bedürfnisse seiner Mutter zu sein und sich in perfekter Übereinstimmung mit deren Wünschen zu verhalten, er-

---

20 Vgl. Binion, *Hitler Among the Germans*; Helm Stierlin, Adolf Hitler. Familienperspektiven, Frankfurt am Main 1995; Robert Waite, The Psychopathic God: Adolf Hitler, New York 1977.
21 Davis, *Childhood and History in America*.

warten, daß er Berufspolitiker wird. Der Anblick unserer Fantasie-Anführer, wie sie unseren emotionalen Befehlen folgen, ist so selbstverständlich, daß wir es nicht einmal mehr bemerken. David Frost befiehlt Nixon im Fernsehen, Töne wie ein Staatsmann von sich zu geben, und prompt wird er zum allmächtigen Anführer der freien Welt. Frost befiehlt ihm, sich „beim Volk zu entschuldigen", und er schluchzt und entschuldigt sich.

Eine Kindheit jedoch ragt unter denen aller Präsidenten heraus, weil sie *keine* distanzierte Mutter aufweist: die Dwight Eisenhowers. Obwohl kein Biograph sie erforscht hat, finden sich in seinen Schriften doch genug verstreute Hinweise auf seine frühen Jahre, die den Psychohistoriker aufhorchen und den Verdacht hegen lassen, hier sei etwas anders gewesen. Obwohl er um die Jahrhundertwende aufwuchs und der gelegentliche „Einsatz des Leders" seitens seines Vaters dem in anderen Familien dieser Zeit glich, hatte er eine höchst ungewöhnliche Mutter, eine, deren Nähe, Wärme, Zuverlässigkeit und tatsächliche *Freude* mit sich und ihren Kindern unter den Müttern von Präsidenten einzigartig war. Eisenhowers Erzählungen von ihr, auch sein Gebrauch von Adjektiven dabei, sind ganz anders als alle anderen autobiographischen Schriften, denen ich bei irgendeinem Anführer auf der Welt begegnet bin. Er spricht von ihr als „warm", „sanft", „heiter", „tolerant", mit „einem offenherzigen Lächeln" – und er führt genug Begebenheiten im Detail an, die einen sicher machen, daß es sich um keine Reaktionsbildung handelt. Wenn sie von anderen übers Ohr gehauen wurde, konnte sie zutiefst erzürnt sein und etwas dagegen tun (einmal, als sie um irgendeine Sache betrogen worden war, begann sie, zuhause das Recht zu studieren), und sie schien im allgemeinen ungewöhnlich erfolgreich dabei zu sein, „das Leben für eine achtköpfige Familie glücklich und sinnvoll zu gestalten", wobei sie „viele Stunden am Tag" mit den Kindern verbrachte.[22] Fotografien von ihr sind die einzigen, die ich bislang entdeckt habe, auf denen die Mutter eines Präsidenten tatsächlich *lächelt* (auch Eisenhower selbst ist, was das Lächeln auf Bildern seiner Knabenzeit betrifft, einzigartig, ein glückliches Gesicht unter seinen gequälten Schulkameraden).

Diese ungewöhnliche innere Heiterkeit machte Eisenhower während seiner Militärlaufbahn zu einem merkwürdigen Außenseiter, von seinen ersten Zusammenstößen mit dem autoritären MacArthur bis zu seinem Widerstand gegen den Rest der militärischen Oberbefehlshaber im Zweiten Weltkrieg im Hinblick auf die Landungen in Afrika (Eisenhowers Plan eines sofortigen Einmarschs in Frank-

---

[22] Dwight D. Eisenhower, At Ease: Stories I Tell to Friends, Garden City 1967, 32–37, 76.

reich, der den Krieg um zwei Jahre verkürzt hätte, wurde von Churchill entschieden zurückgewiesen).[23] Einzigartig aber war Eisenhower als Präsident – so einzigartig, daß es aus der Kurve, die die amerikanische Gruppenfantasie darstellt, klar hervorgeht (Tafel A). Während andere Präsidenten dem wachsenden Druck der Gruppenfantasie damit begegneten, daß sie einen tatsächlichen Krieg zum Ausagieren fanden, widerstand Eisenhower allen Bemühungen, ihn dazu zu bringen, ein gewöhnlicher Fantasie-Anführer zu sein. Obwohl seine politischen Ansichten wenig ungewöhnlich waren, fand er irgendwo tief in seinem Inneren einen Kern der Reife und ein Verständnis für persönliche Wertigkeiten vor, die ihn befähigten, zuerst nachzudenken, statt gleich zu handeln, als die Mehrheit im Land sagte: „Wir fühlen uns, als lägen wir im Sterben – du mußt etwas *tun*, um unsere Befürchtungen zu lindern." Als er dann am Gipfel zweier Fantasiezyklen tatsächlich zur Tat schritt, tat er es in einer Weise, die zwar die Ängste beschwichtigte, indem es so aussah, als würde eine Kriegshandlung gesetzt, jedoch in keiner Weise wirklich zum Krieg führte. Das war das erste Mal 1955 der Fall, als der Kongreß – der aufgrund von Eisenhowers Weigerung, in Indochina mitzumischen, vor den Kopf gestoßen war – ihm formal die Kriegsvollmacht über Formosa erteilte, wobei man hoffte, er würde in eine kämpferische Auseinandersetzung mit China geraten. Aber obwohl Eisenhower nach außen Härte verkündete, benutzte er die amerikanischen Streitkräfte in Wirklichkeit lediglich dazu, die nationalistischen (d. i. nationalchinesischen) Truppen von den in Streit stehenden Inseln zu *vertreiben*, womit er die Krise beendete. Und als der Geburtshöhepunkt 1958 wiederkehrte, schob er Truppen auf solche Weise in den verschlafenen Libanon hinein und wieder heraus, daß es den Anschein hatte, als hätten wir irgendwie einen Sieg über den Kommunismus errungen. Er erzielte diesen Rekord an Kriegslosigkeit nicht gerade leicht – McCarthy war der Sprecher unserer Frustration über Eisenhowers Reife –, aber erzielte ihn doch. Es gilt festzuhalten, daß es eine glückliche Mutter in Abilene, Kansas, war, die fünfzig Jahre zuvor das Drehbuch für dieses friedlichste Jahrzehnt auf der Bühne der amerikanischen Geschichte geschrieben hatte.

Die Persönlichkeit Jimmy Carters
Wie schlägt sich nun vor dem Hintergrund der oben aufgestellten entscheidenden Parameter Jimmy Carters Persönlichkeit im Vergleich mit anderen modernen Präsidenten zu Buche? Welche Art von Kindheit hatte er, wie ist seine Entwicklung bis dato verlaufen, und was können uns seine bisherigen Interaktionen

---

[23] Peter Lyon, Eisenhower: Portrait of the Hero, Boston 1974, 78, 128 ff.

mit der amerikanischen Gruppenfantasie über die Wahrscheinlichkeit sagen, mit der er unsere nächste Geburtskrise in Form einer kriegerischen Handlung ausagieren wird?

Abbildung 1: „Oje! Ich fürchte, diese ‚Recht-auf-Leben'-Proponenten versuchen, meine Kandidatur im Keim zu ersticken!" *Diese Karikatur stellt Carter unverblümt als Fötus dar.*

Das verfügbare Belegmaterial über Carters Kindheit, das in den folgenden Versuchen vorgelegt wird, verortet ihn als Produkt einer „distanzierten" Mutter in einer Reihe mit dem Großteil der Präsidenten in der jüngeren Vergangenheit. Seine Mutter arbeitete nämlich die meiste Zeit, glaubte, daß Kinder ohnehin nicht viel bei ihren Müttern sein sollten, und delegierte viele ihrer Obsorgefunktionen auf andere. Wie auch andere Präsidenten, fügte er sich dieser anfänglichen emotionalen Deprivation natürlich gut ein, tief in seinem Inneren jedoch gibt es einen Quell der Einsamkeit, der der Hauptursprung seiner politischen Karriere und die Quelle seiner häufig festgestellten und beinahe mystischen „intimen Beziehung zum amerikanischen Volk" ist. Sein kometenhafter Aufstieg von „Jimmy wer?" zum Präsidenten basierte nicht auf traditioneller Fließband-Politik, sondern auf einem messianischen Bild vom „Außenseiter", das von Anfang an gepflegt wurde, damit es mit allen Gruppenfantasien, die Amerikaner auf ihn projizierten, gefüllt werden konnte. (Pat Caddells berühmte Notiz an Carter – die ihm mitteilte, die Tatsache, daß die Leute nicht wüßten, wofür Carter stehe, sei ein Vorzug, insofern „große Wählergruppen ihre eigenen Wünsche auf Gouverneur Carter projizieren können" – ist die beste Definition für einen Fantasie-Anführer, die ich je zu Gesicht bekommen habe.)[24] Wie David Beisel in seiner Studie detailliert nachweist, gewann Carter die Wahl im besonderen durch seine intimen Variationen zu Themen, die sich der Beschädigung der Führungskraft im Zuge von Watergate verdankten, Themen, die Elemente seiner persönlichen Geschichte ebenso heranzogen wie den Mythos von seiner „perfekten" Familie und die Gefühle der Nation, von ihrem abgesetzten Anführer „verlassen" worden zu sein. Seine Persönlichkeit weist jeden einzelnen Zug auf, den wir auch von unseren Präsidenten kennen, die uns in der Vergangenheit in den Krieg geführt haben. Seine Erfahrung dabei, in der Kindheit die distanzierten und oft verzerrten Botschaften seiner Mutter zu interpretieren, hat ihn extrem sensibel gemacht für die verborgenen Gruppenfantasie-Bedürfnisse der Nation; sein eigenes Bedürfnis, den augenscheinlich unerfüllbaren Erwartungen seiner beiden Eltern in seinem Leben gerecht zu werden, ließ ihn zu einem klassischen Workaholic werden; und sowohl sein populistisches Image als auch seine Entscheidung für eine „aktiv-positive" politische Rolle tendieren dazu, ihn anfällig für schnelle Handlungen zu machen, wenn die Zeit zum Ausführen eines Geburtsereignisses kommt. Seine Positionen zum Krieg als solchem stimmen bis dato völlig mit denen eines künftigen Anführers in Kriegszeiten überein. Er war bis zum Kriegs-

---

[24] Caddell wird zitiert bei Henry Fairlie, Sweet Nothings, in *The New Republic* vom 11. Juni 1977, 18.

ende ein Befürworter des Einsatzes in Vietnam und hat auch seither das Thema „Weltfrieden" kaum je als vorrangiges Ziel seiner Präsidentschaft erwähnt.

Abbildung 2: „Willkommen an Bord, Fritz!" [Im Boot sitzt Walter „Fritz" Mondale.] *Diese Karikatur stellt zwei Themen der Gruppenfantasie dar: Carters Fähigkeit, wie Jesus auf dem Wasser zu wandeln, und den Wahlkampf als ruhige See, symbolisch für den Guten Mutterleib.*

Es gibt nach meinem Dafürhalten nichts, was er seit seiner Amtseinführung getan hat, das diese Zusammenfassung seiner Persönlichkeitszüge anders zu gewichten erlaubte. Er hat damit begonnen, daß er die Mitarbeiter für seine Außenpolitik aus der von Rockefeller unterstützten *Trilateral Commission* rekrutierte, er hat die Beziehungen zu Rußland auf Eis gelegt, jahrelange Bemühungen um Abrüstung fallen lassen, einen „12 Jahre andauernden Niedergang" der NATO-Rüstungsbestände entdeckt, eine neue Initiative zum Aufbau von NATO-Streitkräften vorangetrieben, sein Versprechen, das amerikanische Rüstungsbudget zu verringern, über Bord geworfen, und er hat – bevor wir den stillen, stetigen, andauernden Anstieg atomarer Waffenbestände ganz vergessen – den gegenwärtig bereits vorhandenen Zigtausenden atomaren Sprengköpfen noch weitere hinzugefügt, viele davon in neuer, „annehmbarerer" Gestalt von Atomwaffen zum direkten Einsatz auf dem Schlachtfeld. Daß diese neue Stimmung in der Kriegsführung von der freien Presse regelrecht unbemerkt bleibt, darf ruhig erwartet werden – Psychohistoriker haben gelernt, den *U.S. News and World Report* zu lesen und nicht die *New York Times*, um herauszufinden, was in der amerikanischen Gruppenfantasie wirklich vor sich geht. Die Schlagzeilen einer kürzlich erschienenen Ausgabe von *U.S. News* lauteten in der Tat: „DER PRÄSIDENT SPRICHT KLARTEXT ... Härterer Kurs gegenüber Rußland", und Carter wird wie folgt zitiert:

Afrika	„Wir betrachten die Möglichkeit eines Krieges im südlichen Teil Afrikas als immer gegeben."
mittlerer Osten	„Die Amerikaner würden auf alle offenen oder impliziten Drohungen (mit einem Ölembargo) nicht wohlwollend reagieren."
Panama-Kanal	„Es gibt eine potentielle Bedrohung für den Kanal..."
Sowjetunion	„Die Differenzen zwischen uns und der Sowjetunion sind nach wie vor umfassend und sehr deutlich."[25]

(In der gleichen Woche nahm die *New York Times* einen verblüffenden Bericht ihres Experten für den Mittleren Osten, Drew Middleton, mit der Überschrift: „Beide Seiten im Mittleren Osten sprechen beiläufig von Krieg, während sich die Gewichtung von einer politischen zu einer militärischen Lösung verlagert" und versteckte ihn im Innenteil, statt ihm die Abhandlung auf der Titelseite zu gewähren, die er ganz augenscheinlich verdient hatte.)[26]

Abbildung 3: „Warum Carter nicht der Erlöser sein wird, auf den wir gewartet haben". *Im März 1977 beginnt der Niedergang der utopischen Gruppenfantasie. Auf diesem Titelblatt eines Magazins wird Carter wie ein Heiliger dargestellt, die Schlagzeile warnt jedoch vor allzu großen Erwartungen.*

---

25 *U.S. News & World Report* vom 6. Juni 1977, 17, 19.
26 *New York Times* vom 7. Juni 1977, 3.

Carters Sprache ist, wie eine umfassende Analyse seiner Reden enthüllt, unmerklich durchsetzt mit der Bildsprache von Furcht und Krieg. Wenn diese im Kontext einer innenpolitischen Angelegenheit auftaucht, so daß etwa aus einem Energieprogramm „das moralische Äquivalent des Krieges" wird, greift die Presse die Bildsprache auf und wiederholt sie in Form von Schlagzeilen über eine weltweite Ölkrise, die den „Ausnahmezustand wie im Krieg"[27] erforderlich mache, und in Form von Karikaturen, die Carter im Gewand Jesu mit einem Spruchband zeigen, auf dem „Das Ende ist nahe" steht. Wenn es in seiner Rede um außenpolitische Angelegenheiten geht, strotzt sie geradezu vor denselben, zwischen edlen Phrasen sorgsam verborgenen, aggressiven und angstvollen Bildausdrükken, die ich bei Fantasie-Analysen von Präsidentenreden vor anderen kriegerischen Aktionen immer wieder gefunden habe. Als Beispiel hier die Fantasie-Analyse seiner am 22. Mai 1977 an der Universität von Notre Dame gehaltenen Ansprache:

> dunkle Absicht ... Fäden, die verbinden ... Zuversicht ... getrennt ... Stärke ... Waffen ... Furcht ... Furcht ... Öl ins Feuer gegossen ... man bekämpft Feuer besser mit Wasser ... Zuversicht ... gebunden ... in den Grundfesten erschüttert ... Krieg ... Krise ... erschöpfend ... Spannungen ... geschwächt ... Krise ... Gefahr ... Gewalt ... Kampf ... Furcht ... erwachen ... mächtig ... stark ... Krieg ... die Hetze einschränken ... Krieg ... Haß ... Schaden, Hunger und Seuche ... Blut ... Verzweiflung ... die Bande stärken ... Zuversicht ... gefährlich ... einfrieren ... Waffen ... Angriff ... Sprengkörper ... militärisches Eingreifen ... militärische Streitkraft ... Gefahr ... Waffen ... Sprengkörper ... Sprengkörper ... Waffen ... Waffen ... Krieg.[28]

Daß viele von Carters Worten und Handlungen, die zu wachsenden Spannungen führen, auch eine positive Seite haben, soll natürlich nicht geleugnet werden. Daß er beispielsweise eine tiefe Verpflichtung gegenüber den Menschenrechten empfindet, ändert nichts an der Tatsache, daß die *Form* und insbesondere das *Timing* seiner wiederholten heftigen Kritik an Rußland im Hinblick auf die Menschenrechte zur Fantasie des „Den-starken-Mann-Markierens" dazugehört und im übrigen nichts zur Verbesserung der Lage der russischen Dissidenten beiträgt, die er verteidigt. Dasselbe ließe sich von Form und Timing seiner Erklärungen zu Palästina, Afrika etc. sagen.

---

[27] *New York Post* vom 16. Mai 1977, 1.
[28] *New York Times* vom 23. Mai 1977, 12.

Zudem ist sich die amerikanische Öffentlichkeit, wie ich glaube, der versteckten Bildsprache Jimmy Carters als eines künftigen Kriegsanführers voll bewußt. Sein Markenzeichen – die Zähne – entspricht dem Bild, das mit schöner Regelmäßigkeit dazu verwendet wurde, einen anderen Anführer zu porträtieren, der ebenfalls wegen seiner Bereitschaft, Krieg zu führen, gewählt worden war, namentlich Theodore Roosevelt, im besonderen in seiner mächtigen, aggressiven, „beißenden" Rolle.[29] Auch Carters Ambiguität hinsichtlich dessen, ob er nun ein Liberaler oder ein Konservativer ist, dient lediglich dazu, die Spannungen zu erhöhen. Denn Carter ist ein idealer Präsident zum Lahmlegen. Konservative können sich ihm als einem Demokraten widersetzen, Liberale als einem Konservativen, und es scheint eine sichere Wette, daß eine Pattstellung Hauptthema des Jahres 1978 sein wird, in der Periode nämlich, da sich Phase 3 aufbaut – wie übrigens häufig in Phase-3-Perioden –, und daß der Höhepunkt der für Phase 4 typischen Spannungen, sofern die vergangenen zwei Jahrzehnte eine Orientierungshilfe bieten, irgendwann im Jahr 1979 erreicht sein wird.

In Anbetracht der gegenwärtigen Situation im Mittleren Osten als dem Dampfkessel der Welt und der gegenwärtigen amerikanischen Haltung, wonach jedes künftige Ölembargo ein entscheidendes Wehenbeschleunigungsmittel für eine „strangulierende" Geburt darstellt, sieht man sich sogar versucht, den Schauplatz des nächsten Konfliktes vorherzusagen. Henry Kissinger erklärt, Amerika werde im Mittleren Osten nur dann Krieg führen, wenn es dort „irgendeine tatsächliche Strangulierung" gebe. Gerald Ford sagt: „Im Falle wirtschaftlicher Strangulierung müssen wir darauf vorbereitet sein, das für unsere Selbsterhaltung Nötige zu unternehmen. Wenn man stranguliert wird, geht es um Tod oder Leben." (Fords Definition für „Strangulierung" ist sogar noch deutlicher fötal: „Strangulierung bedeutet, wenn man es mit Blick auf den Menschen als solchen ausdrückt, daß man hilflos auf dem Rücken daliegt.")[30] Ich brauche wohl kaum zu erwähnen, daß ich, sobald ich 1979 irgendwann das Wort „Strangulierung" regelmäßig aus aller Munde höre, meine Familie samt Hund ins Auto zu stecken und mich nach Kanada aufzumachen gedenke, weg von den vorherrschenden Winden und dem Atomregen.

---

29 Vgl. insbesondere die „Zähne"-Karikaturen von Theodore Roosevelt in: Stephen Hess und Milton Kaplan, The Ungentlemanly Art: A History of American Political Cartoons, durchges. Aufl. New York 1975, 130.

30 Die Ford-Zitate finden sich bei Terence McCarthy, The Middle East: Will We Go To War?, in *Ramparts* vom April 1977, 21.

Selbst wenn der äußerst lockere Gewehrabzug im Mittleren Osten nicht der tatsächliche Auslösemechanismus für die nächste Krise sein sollte, ist zweifelhaft, daß irgendetwas Gelinderes als kriegerische Handlungen die Bühne sein wird, auf der das Drama sich abspielt. Während die Bedingungen, die bestimmen, ob eine Geburtskrise die Form eines Krieges, einer Revolution oder einer anderen Führungskrise annimmt, erst noch aktualisiert werden müssen, scheint Carters Persönlichkeit, anders als die Nixons, völlig verschlossen für die rasche Form der Bewältigung einer Führungskrise durch seinen Sturz. Auch hat er nicht denselben Selbstzerstörungstrieb und dieselbe Anfälligkeit für Mißgeschicke und Unfälle, die Kennedy zu einem Zeitpunkt, da bereits ganzseitige Inserate die Sprache der Gewalt gebrauchten, nach Dallas gehen und dann noch in einem offenen Auto langsam durchs gesamte Stadtzentrum fahren ließen. Somit ist das einzige, was Carter davon abhalten kann, unseren nächsten Ruf nach Krieg – wenn der „Druck" wieder einmal ins Unerträgliche anwächst – positiv zu beantworten, seine Reife.

Könnte Carters bekannte „Unabhängigkeit" zugleich auch eine Unabhängigkeit *uns* gegenüber beinhalten? Könnte ein Mann, der in aller Öffentlichkeit körperliche Wärme seiner Frau gegenüber zu zeigen vermag – und wirklich dazu steht –, vielleicht auch imstande sein, dann eine tiefe Quelle menschlicher Wärme in seinem Herzen anzuzapfen, wenn die Fassade abgebröckelt ist und der Abstieg bis zu unserem Eintauchen in eine neuerliche höllische Geburt begonnen hat? Könnte ein Mann, der ganze Tage mit seiner Tochter verbringt, an denen *sie* über jede Minute seiner Zeit verfügen kann, fähig sein, daran zu denken, daß in Kriegen Kinder tatsächlich sterben?

Wir hoffen es. Denn an so einem dünnen Faden Hoffnung hängt die Existenz der Menschheit.

Historische Gruppenfantasien (1979)

Der Begriff der historischen Gruppenfantasien
In den vorhergehenden vier Aufsätzen[1] habe ich den Begriff der *historischen Gruppenfantasien* für jenen Teil meiner psychogenen Theorie eingeführt, der beschreibt, wie sich die durch die Evolution der Eltern-Kind-Beziehungen hervorgebrachten Werte in geschichtliche Bewegungen übersetzen. In diesem Kapitel nun werden die historischen Gruppenfantasien als jene gemeinsamen Fantasien definiert,
(1) die massive Verschiebungen von Gefühlen, die mit der Suche des einzelnen nach Liebe verbunden sind, auf die öffentliche Bühne darstellen,
(2) die es den Menschen erlauben, Gruppen dazu zu benutzen, ihre gemeinsamen privaten Gefühle zu beruhigen,
(3) die die Menschen verdrängte Wünsche, Wutregungen und Verbote, die ihren Ursprung in den Kindheitserfahrungen der Gruppe haben, ausagieren und abwehren lassen,
(4) in denen dieselben Ich-Mechanismen von Abspaltung, Verdichtung, Reaktionsbildung usw. am Wirken sind wie in der individuellen Phantasiebildung, nur daß sie
(5) in der öffentlichen Diskussion gebildet werden aus
(6) Materialien, die von aktuellen geschichtlichen Ereignissen geliefert werden;
(7) die die Gruppenrollen nach Psychoklassen verteilen sowie
(8) die eine Gruppendynamik erzeugen, die zu einem Zusammenbruch der Gruppenfantasie, einer Periode paranoider Zusammenbrüche und dem Versuch ihrer Wiederherstellung durch die Bildung eines Gruppenwahns führen kann, und

---

[1] Der Begriff der historischen Gruppenfantasien wird eingeführt bei Lloyd deMause, The Independence of Psychohistory, in: ders. (Hg.), The New Psychohistory, New York 1975, 7-27 (dt. Die Eigenständigkeit der Psychohistorie); ders., The Formation of the American Personality Through Psychospeciation, in *The Journal of Psychohistory* 4 (1976), 1-30 (dt. Die Entstehung der amerikanischen Persönlichkeit durch psychische Artenbildung); ders., The Psychogenic Theory of History, in *The Journal of Psychohistory* 4 (1977), 253-267 (dt. Die psychogene Geschichtstheorie); und ders., Jimmy Carter and American Fantasy, in: ders. und Henry Ebel (Hgg.), Jimmy Carter and American Fantasy, New York 1977, 9-31 (dt. Jimmy Carter und die amerikanische Fantasie – alle deutschen Übersetzungen im vorliegenden Band).

(9) die in einem Gruppentrance-Zustand resultieren, der eine Entladung durch gewalttätige geschichtliche Handlungen erfordern könnte.

Jeder dieser Punkte wird im Verlauf dieser Abhandlung eine ausführliche empirische Illustration erfahren. Zunächst aber werde ich, damit sich der Begriff der historischen Gruppenfantasien von Begriffen wie „Mythos", „Gruppendenken" und „Nationalcharakter" unterscheiden läßt, kurz entfalten, was ich mit jedem der neun Bestandteile dieses Begriffs meine.

(1) *„massive Verschiebungen von Gefühlen, die mit der Suche des einzelnen nach Liebe verbunden sind, auf die öffentliche Bühne"*: Daß historische Gruppenfantasien Verschiebungen privater Emotionen auf die öffentliche Bühne sind, ist ein Gemeinplatz, seit Freud vor beinahe siebzig Jahren den ersten psychohistorischen Text überhaupt geschrieben hat: *Eine Kindheitserinnerung des Leonardo da Vinci.*[2] Daß aber der Kern dieser Verschiebungen immer mit Gefühlen zu tun hat, die durch die Suche nach Liebe entstanden sind – daß die Verschiebungen immer von der Familie auf Religion und Politik erfolgen –, ist nicht gleichermaßen evident gewesen. Wie viele Psychotherapeuten noch immer nicht einsehen, daß ihre Aufgabe darin besteht, den Patienten zu unterstützen „auf einer Selbstentdeckungsreise, die Liebe zum Ziel hat", wie Reuben Fine es ausdrückt,[3] so sehen auch die meisten Historiker noch immer nicht ein, daß ihr Untersuchungsgegenstand Emotionen beinhaltet, die ständig von der nämlichen Suche danach, Liebe sowohl zu geben als auch zu erhalten, im Leben derer, die sie erforschen, verschoben werden.

Obwohl man sich leicht vorstellen kann, daß Menschen von einem Anführer oder einer Gruppe geliebt werden und ihnen auch ihrerseits Liebe schenken wollen, so ist es zugegebenermaßen auf den ersten Blick schwierig, sich vorzustellen, inwiefern so gewalttätige geschichtliche Ereignisse wie Kriege und Revolutionen das Ergebnis einer Suche des einzelnen nach Liebe sein können. Nach einiger Überlegung ist das jedoch vielleicht auch nicht schwieriger, als es einst in der Individualpsychologie war, sich vorzustellen, daß Mord und Selbstmord Teil einer Suche des einzelnen nach Liebe sind. Erst wenn der Psychohistoriker im

---

[2] Sigmund Freud, Leonardo da Vinci and A Memory of His Childhood, in *Standard Edition*, Bd. XI, 63-136 (dt. Eine Kindheitserinnerung des Leonardo da Vinci, in: GW VIII: Werke aus den Jahren 1909-1913, Frankfurt am Main [8]1990, 128-211).

[3] Reuben Fine, Search for Love, in: Arthur Burton et al., Twelve Therapists, San Francisco 1972, 232.

vollen Bewußtsein über das überwältigende Ausmaß verzweifelter Anklammerungsversuche, innerer Leere und gewalttätiger Wut steht, die das traurige Resultat der Atmosphäre mangelnder Liebe in den meisten Familien während der gesamten Geschichte sind, kann er die ganze Kraft der Verschiebung des Dramas von unerfüllter Liebe, Desillusionierung und Feindseligkeit auf die öffentliche Bühne ansatzweise ermessen.

Verschiebungen von der Familie auf politische und religiöse Aktivitäten finden in zweierlei Hinsicht statt: (a) indirekt, insofern die Persönlichkeitstypen, die von den Kindheitsformen jedes Zeitalters hervorgebracht werden, die Gruppenfantasien der nachfolgenden Generation grundsätzlich bestimmen, und (b) direkt, insofern die psychosexuellen Konflikte zwischen Männern und Frauen – und zwischen Männern und Männern – in jeder geschichtlichen Epoche Quellen der historischen Gruppenfantasien dieser Epoche sind, wie verzerrt auch immer diese erotischen Phantasien in ihrer auf ein geschichtliches Ereignis projizierten Form erscheinen mögen.

Die Frage nach der zentralen Triebkraft der Veränderung in historischen Gruppenfantasien hat mich lange vor ein Rätsel gestellt. In früheren Aufsätzen habe ich die Arbeitshypothese verwendet, *das Verstreichen der Zeit selbst* sei hinreichend, um den Verfall und Zusammenbruch von Gruppenfantasien sowie den Eindruck vom Schwächerwerden des Fantasie-Anführers auszulösen, die meine empirischen Forschungen an den Tag gebracht hatten. Meine Argumentation lautete, daß Gruppenfantasien, nachdem sie eine so umfassende Abwehrfunktion erfüllen, in sich instabil seien und, ebenso wie persönliche Abwehrstrukturen, letztendlich zwangsläufig zusammenbrächen, sowohl aufgrund der Wiederkehr des Verdrängten als auch infolge des Unvermögens der Wirklichkeit, den Anforderungen des Fantasie-Inhalts zu genügen. Diese letztere Dynamik – insbesondere das Unvermögen des realen Anführers, die in ihn als einen Fantasie-Anführer gesetzten Erwartungen zu erfüllen – legte besonderen Nachdruck auf das Bedürfnis der Gruppe, den Fantasie-Anführer magische Nahrung und unaufwendige Auflösungen ihrer emotionalen Bedürfnisse und Konflikte bereitstellen zu lassen. Aus diesem Grund habe ich in meiner Arbeit bisher dazu tendiert, die Beziehung zwischen Anführer und Gruppe innerhalb einer mehr oder weniger maternalen, prä-ödipalen theoretischen Struktur anzusiedeln.

Meine in den vorangegangenen vier Abhandlungen angestellten Nachforschungen in diesem prä-ödipalen Material, bei denen ich das Modell vom „Versagen des nährenden Anführers" verwendete, hat mich zu immer früheren Bildsprachen geführt, die ich in meinem historischen Material entdeckte, bis ich schließlich –

in dem Artikel *Jimmy Carter und die amerikanische Fantasie*, wo ich eine Theorie über verschiedene Stufen der Gruppenfantasie von „stark" über „brüchig" und „Zusammenbruch" bis zum „Durchbruch" skizzierte - behauptet habe, daß diese Stufen parallel zu den Stufen der frühesten prä-ödipalen Kindheitsphase liefen: denen der Geburt. Je mehr ich jedoch mit dem historischen Belegmaterial arbeite, umso deutlicher erkenne ich, daß diese Parallele mit den Stufen der Geburt nur Teil eines komplexeren Bildes ist. Diese vier Stufen der Gruppenfantasie - die ich anfänglich auf empirischem Wege im historischen Material vorfand - besitzen ihre eigene Gültigkeit, jenseits der Geburtsmetapher und über sie hinaus, insofern sie die grundlegenden Gefühlslagen der geschichtlichen Gruppe zusammenfassen, während deren Vertrauen in den Fantasie-Anführer sich auf den Zusammenbruch zubewegt. Die Bildsprache der Wiedergeburt, auf die ich gestoßen bin, kann jetzt in einem umfassenderen Rahmen angesiedelt werden. Es ist nicht so sehr die Frage, ob die Bildsprache der Geburt im historischen Material vorhanden ist oder nicht. Sie ist in hohem Ausmaß vorhanden, und kein Psychohistoriker kann es sich leisten, das Begehren nach Wiedergeburt in historischen Gruppen zu ignorieren. Die Frage ist vielmehr, welche *Bedeutung* ihr zukommt, welche *Funktion* in der Gruppendynamik sie hat. Der Grund dafür, daß sich ab der „Zusammenbruchs"-Stufe der Gruppenfantasie stets gewalttätige Geburtsbilder häufen - wie es auch zu einem Aufwallen gewalttätiger oraler, analer und ödipaler Bilder kommt -, ist der, daß die kontrollierende Gruppenfantasie, die das verdrängte Material zuvor gebunden und abgewehrt hatte, zusammengebrochen ist.

Obwohl meine vorherigen Abstecher in prä-ödipales Material sehr nützlich waren, um den symbolischen Gehalt der regressiven Phasen historischer Gruppenfantasien auszumachen, blieb durch die Eingeschränktheit des Arbeitsmodells früherer Aufsätze der Schwerpunkt doch bei der mütterlichen, nährenden Beziehung zwischen Anführer und Gruppe. Als jemand, der in Freudscher Psychoanalyse ausgebildet ist, fragte ich mich oft: „Wo ist der Ödipuskomplex in der Geschichte?" Es gibt in Religion und Politik keine klar erkennbaren Mütter, die zu gewinnen, und keine Väter, die umzubringen wären, und die Geschichte scheint auch nicht gerade rundheraus erotisch zu sein. Bestenfalls gibt es in der Politik nur Väter, wenn man einmal alle Feinde, innere wie äußere, schlechthin als Väter sehen will. (Und in der Religion - gibt es da nur Mütter?) Die Situation erschien mir lange Zeit verwirrend. Erst als ich das zentrale Modell vom Anführer als Versorger - und das traditionelle Modell der Politik als einer Verteilung von Gütern - hinterfragte, machte ich einen Schritt auf ein umfassenderes Modell hin, eines, das seine eigene, über die Vorstellung vom „natürlichen Verfall der Versorgung" hinausgehende Gruppenfantasie-Dynamik aufweist.

Die Lösung ist nicht schwer zu finden, sobald einmal die richtige Frage gestellt ist, die da lautet: „Wenn die verschiedenen prä-ödipalen Versorgungsrollen Positionen sind, auf die historische Gruppen *hin* regredieren, *von wo aus* regredieren sie dann?" Die Antwort ist, wie bei der individuellen Neurose, der *ödipale Konflikt selbst*.

Doch wer ist in historischen Gruppenfantasien der Vater und wer die Mutter? Die Antwort darauf liegt nicht gerade auf der Hand, und sie ansatzweise zu geben, wird die ganze verbleibende Abhandlung beanspruchen. Ich bin mittlerweile der Meinung, daß in der Gruppendynamik der *Fantasie-Anführer* in der Regel der imaginierte Vater und die *Gruppe selbst* die Mutter ist. Die zentrale Kraft bei der Bewegung der Gruppenfantasie von einer Stufe zur nächsten – das heißt, die elementare Quelle für die Bewegung der Geschichte selbst – ist somit *die ständige Verschiebung erotischer (inklusive prä-ödipaler) Phantasien die vom ödipalen Drama, den Anführer-als-Vater zu töten und die Gruppe-als-Mutter zu gewinnen, veranlaßt wird*.

Ob der Anführer von der Gruppe erwählt worden ist oder ob er vermeintlich „durch Gewalt" regiert, tut nichts zur Sache. Sogar wenn er erwählt worden ist, so ist er erwählt worden, um gestürzt zu werden oder, präziser, um die unvermeidliche Enttäuschung und den Haß irgendwie in den Griff zu bekommen, ob durch heroische Abwehrposen, durch Verschiebung der Wut auf Feinde oder durch seinen eigenen symbolischen Tod. Es hat auch keinerlei Auswirkung, daß von den einzelnen Mitgliedern keinesfalls gesagt werden kann, sie seien in der Lage, die Gruppe-als-Mutter wirklich zu „gewinnen". Der Anführer-Vater wird als „Besitzer" der Gruppen-Mutter wahrgenommen, und das Bemühen jedes einzelnen, der in der Geschichte handelnd in Erscheinung tritt, wird von dieser zentralen Gruppenfantasie und ihren Folgen beeinflußt. Der Aufbau von Enttäuschung und Wut gegenüber dem Fantasie-Anführer ist Ursache des letztlich eintretenden Zusammenbruchs der gerade wirkenden Gruppenfantasie sowie Quelle des beim Anführer wahrgenommenen Schwächerwerdens und kann nur vermieden werden, wenn er etwas unternimmt, um seine augenfällige Macht über die Gruppe zu steigern, als ihr heroischer Retter aufzutreten oder die Wut von sich auf andere abzulenken.

Die unterschiedlichen Entscheidungen, die Fantasie-Anführer und historische Gruppen beim Versuch treffen, persönliche emotionale Probleme durch geschichtliches Handeln zu lösen, werden im Mittelpunkt der empirischen Abschnitte weiter unten in diesem Aufsatz stehen. Was ich in diesem einleitenden theoretischen Abschnitt hervorheben möchte, ist die seltsame Rolle, die der Anführer in diesem psychogenen Modell der historischen Gruppenfantasie spielt. Während der Anführer im allgemein üblichen Modell der Geschichte, dem der Politikwissenschaft, in erster Linie als eine Quelle der *Macht* und in der Soziologie als Verteiler der *Versorgungs*mittel begriffen wird, sind in meinem psychogenen Modell alle beiden Rollen vorhanden, doch nur als Regressionspositionen von zweitrangiger Bedeutung im hauptsächlichen Drama, das darin besteht, ödipale Konflikte einzudämmen und Abwehrmaßnahmen gegen sie zu ergreifen. Sowohl die Rolle der Macht als auch die der Versorgung sind daher in der Geschichte nach Maßgabe der evolutionären Stufe, welche die Gruppenfantasie erreicht hat, je unterschiedlich – das heißt nach Maßgabe der spezifischen Form des erotischen Lebens auf jeder geschichtlichen Stufe.

Eine genauere Beschreibung dieser Formveränderungen historischer Gruppenfantasien wird weiter unten in diesem Kapitel gegeben. Zunächst möchte ich noch eine weitere Bemerkung zur emotionalen Aufgabe des Fantasie-Anführers machen. Obwohl der Anführer *masochistisch* genug sein muß, um den ständigen ödipalen Haß der einzelnen in der Gruppe zu ertragen, muß er doch auch *sadistisch* genug sein, um sich sowohl mit dem Haß der Gruppe ihm gegenüber identifizieren als auch die Gruppe davon überzeugen zu können, daß sie einen Teil ihrer Wut auf andere übertragen solle. Diese Verschiebung impliziert freilich oft, daß der Anführer die Verantwortung für die zerstörerischsten Handlungen übernimmt, die Menschen setzen können, so daß der normale Sadismus in jedem von uns nicht ausreicht, um einen erfolgreichen historischen Fantasie-Anführer abzugeben. Darüber hinaus muß der Anführer genug Freude aus „verrücktem" Denken und Handeln beziehen können, um sich selbst zu einem Behälter für die ständigen psychotischen Projektionen der Gruppe machen zu lassen, darunter die verschiedenen Grade von Unwirklichkeit, Abspaltung, paranoidem Mißtrauen, Größenwahn, gewalttätiger Wut und anderen Formen psychotischer Angst. Was ein Fantasie-Anführer jedenfalls *nicht* sein muß, ist *reif.* Anführer sind jeden Tag „erfolgreich", obwohl sie emotional extrem gestört sind – wovon die Napoleons und Stalins jeder Epoche und jedes Landes zeugen.

Wie ich in einem späteren Abschnitt genauer beschreiben werde, bedeutet die Tatsache, daß die sich wandelnden Formen des erotischen Lebens in jedem geschichtlichen Zeitalter die Gruppenfantasien dieses Zeitalters bestimmen, daß eine der wichtigsten Aufgaben der Psychohistorie darin besteht, die genaue Ebene der Beziehungen zwischen den Geschlechtern zu untersuchen, welche die historischen Persönlichkeiten jeder Gruppe und jeden Alters im Zuge ihrer Evolution erreicht haben. Ungeachtet dessen, daß diese Psychohistorie der Sexualität erst geschrieben werden muß, ist doch schon genug Material vorhanden, um ansatzweise zu erkennen, wie die Entwicklungsschritte der sexuellen Verhaltensweisen ins historische Material projiziert werden. Jeder Fortschritt in den sexuellen Beziehungen zwischen Mann und Frau – ob die neue Idealisierung der Frau in der mittelalterlichen höfischen Liebe, die Bestrebungen der frühen Neuzeit, die Sexualität in der Ehe zu erforschen, die Veränderungen innerhalb der Familie, die durch die Frauenrechtsbewegungen des Viktorianischen Zeitalters hervorgebracht wurden, oder die emotionalen Auswirkungen der gegenwärtigen feministischen Bewegungen – ist eine Quelle der Ängste, Wünsche, Wutregungen und Schuldgefühle, die in jeder Epoche auf den politischen und den religiösen Bereich projiziert werden. Das heißt, die sexuellen Beziehungen jedes Zeitalters und jeder Gruppe sind Indikatoren und genaugenommen Effekte der immer höher anzusiedelnden Lösungsebenen für Konflikte, die der Ödipuskomplex in kontinuierlich besser entwickelten Formen der Kindheitserziehung erzeugt. Dasselbe gilt natürlich auch für die Psychohistorie der homosexuellen Gefühle, ein noch verborgeneres Thema, doch von entscheidender Bedeutung für das Verständnis der ganzen Machtbeziehungen zwischen Männern. Eigentlich handelt es sich bei der Erforschung der „Macht" in der Geschichte, wie sich zeigt, weniger um eine Angelegenheit der Armeen als vielmehr um die Frage nach dem Ausmaß und der Form, in denen jedes Zeitalter die homosexuell motivierte Abtretung von Ressourcen seitens der Mehrheit an die Minderheit regelt – ein Gegenstand, den zu erforschen Teil der Psychohistorie der Sexualität und nicht der Macht ist. Die psychogene Theorie der historischen Gruppenfantasien kehrt die Richtung des ursächlichen Pfeils genau um, den andere Geschichtstheorien im Hinblick auf die Beziehung zwischen privater Liebe und privatem Haß einerseits und gesellschaftlichen Institutionen andererseits annehmen. Statt davon auszugehen, daß private Emotionen die wirtschaftliche oder soziale „Basis" der jeweiligen Epoche „widerspiegeln", behauptet die psychogene Theorie umgekehrt, daß sie die wirtschaftlichen und sozialen Formen jedes Zeitalters *bestimmen*. Gesellschaftskritiker von Friedrich Engels bis Steven Marcus haben zum Beispiel gemeint, daß das Eigentumsrecht von Ehemännern an ihren Frauen eine Widerspiegelung des wirtschaftlichen Eigentumsrechts an Gütern sei und daß die sexuellen Einstellungen Frauen gegenüber, die mit kapitalistischen Ausdrücken wie „sparen" und „vergeuden" arbeiten, aus dem wirtschaftlichen Bereich abgeleitet seien.⁴ Das scheint mir den Fall just von der verkehrten Seite her aufzurollen. Was wirklich geschieht, ist doch, daß Familien ihre heranwachsenden Kinder Einstellungen gegenüber ihrem eigenen Körper lehren, die sie die eigene Sexualität so sehr fürchten lassen, daß sie einen Sexualkodex entwickeln, der sie anweist, ihre Begierden (und in zweiter Linie auch ihre Besitztümer) bis zur Hochzeit „aufzusparen". Später dann, als Erwachsene, projizieren sie diese sexuellen Einstellungen auf den wirtschaftlichen Bereich und konstruieren eine Gruppenfantasie des erotischen Materialismus, die ihnen hilft, ihre individuellen Sexualängste zu bewältigen. Begriffe wie das „Aufbewahren" und „Vergeuden" des männlichen Samens lassen sich in der Geschichte der Sexualität bis zu Aristoteles zurückverfolgen und sind also schwerlich etwas, das im Kapitalismus neu aufkäme. Was jedoch *sehr wohl neu* ist, ist die Gruppenfantasie, daß Geld von sexuellen Phantasien durchzogen ist, und daß zur Umverteilung des Geldes Schemata eingesetzt werden, um Kastrationsängste zu mildern. Im wirklichen Leben kämpft nur im sexuellen Bereich eine größere Anzahl von Menschen gegen den Wunsch an, etwas zu „vergeuden", und echte Kapitalisten „sparen" in Wirklichkeit kaum, um ihr Kapital aufzustocken, wie sich die kapitalistische Gruppenfantasie das vorstellt. Somit ist der ursächliche Pfeil in Wirklichkeit vom psychosexuellen auf den wirtschaftlichen Bereich gerichtet und nicht umgekehrt.

Derselbe Grundsatz gilt natürlich für die Projektion ödipaler Konflikte, der Liebe und des Hasses jeder Epoche, auf die historischen Gruppenfantasien der Zeit. Einer der wesentlichen Vorteile, überhaupt historische Gruppenfantasien zu bilden, liegt zunächst darin, daß die Verwendung der historischen Bühne als Projektionsfläche individueller intrapsychischer Konflikte Gelegenheit bietet, Aufteilungen der Gruppe dazu zu benutzen, libidinöse Wünsche mit dem „guten" Teil zu gratifizieren und aufgestaute Ressentiments gegen den „bösen" Teil hin zu äußern, und zwar unter Vermeidung der störenden Ambivalenzen, die in interpersonalen Beziehungen vorhanden sind.

Alle diese Bedingungen stehen in Zusammenhang mit der psychohistorischen Entdeckung, daß das Endergebnis aller historischen Kindeserziehung bislang darin bestanden hat, Erwachsene hervorzubringen, die ihre ureigensten, tiefsten Ge-

---

[4] Friedrich Engels, The Origin of the Family, Private Property, and the State, London 1884 (dt. Der Ursprung der Familie, des Privateigentums und des Staats, Berlin 1990 (=MEGA, Bd. 29)); Steven Marcus, The Other Victorians, New York 1966 (dt. Doppelmoral. Sexualität und „geheime Kultur" im viktorianischen England, Frankfurt am Main 1977). Zur jüngsten Bibliographie vgl. Fraser Harrison, The Dark Angel: Aspects of Victorian Sexuality, New York 1978.

fühle in ihrem persönlichen Leben zu unterschiedlichen Graden strikt mißbilligen und sodann historische Gruppen zur gleichzeitigen Projektion und Verurteilung dieser Gefühle bei anderen Personen und Gruppen verwenden. Die Fähigkeit des Psychohistorikers, diese zentrale Bedeutung der Verschiebung von Liebe und Haß auf die geschichtliche Ebene zu erkennen, ermöglicht ihm, hinter der verwirrenden Vielfalt geschichtlicher Ereignisse Übereinstimmungen zu entdecken, egal wie gut verborgen und verzerrt sie sind, und in den Symbolen jeder Epoche – von Christus am Kreuz bis zum Atompilz über Hiroshima – die erotischen Gruppenfantasien des Zeitalters ausfindig zu machen. Auf der anderen Seite kann ein Scheitern beim Erkennen dieses entscheidenden versteckten Themas nur zu der Ansicht führen, daß alle geschichtlichen Ereignisse einzigartig sind und außerhalb der Reichweite wissenschaftlicher Forschung liegen. Das Augenmerk auf verschobene emotionale Konflikte unterscheidet den Psychohistoriker auch radikal von denjenigen, welche beim Studium der Geschichte das in der Gesellschaft vorhandene Bedürfnis nach Ausgleich der Kräfte (Soziologie), den Begriff „Kultur" als Ursache (Anthropologie) oder die Ansicht, daß geschichtliche Ereignisse in erster Linie von Reaktionen auf vorangegangene geschichtliche Ereignisse verursacht werden (narrative Geschichtswissenschaft), betonen.

(2) *„die es den Menschen erlauben, Gruppen dazu zu benutzen, ihre gemeinsamen privaten Gefühle zu beruhigen":* Eines der Fundamente der Psychohistorie ist der Grundsatz, daß es für einzelne große psychische Vorteile bringt, sich zu Gruppen zusammenzutun und Gruppenfantasien sowohl zu bilden als auch auszuagieren – das heißt solche Vorteile, die über die hinausgehen, welche rein private Phantasien bieten können. Es reicht für einen Psychohistoriker nicht aus, nur zu erkennen, daß die Teilnahme am Gruppenleben auf irgendeine Weise neue Typen gemeinsamer Fantasien hervorbringt, da diese Formulierung die alles entscheidende Frage danach umgeht, was genau denn die Vorteile sind, die einzelne daraus ziehen, neue Gruppen überhaupt erst zu bilden.
Daß historische Gruppenfantasien für das psychische Wohlergehen des einzelnen absolut notwendig sind, steht außer Zweifel. Menschen, die wichtiger Gruppenfantasien beraubt sind, haben – ungeachtet der Tatsache, daß ihr privates Phantasiesystem intakt bleibt – den Eindruck, daß sie verrückt werden. Die dramatischsten Beispiele dafür sind vielleicht diejenigen, die sich in Berichten von Anthropologen über Gruppen finden, die mit einem Schlag „dekulturiert" werden, die durch die traumatische Begegnung mit westlichen oder anderen Kulturen ihre Rituale und ihren Glauben verlieren. Dieser dramatische Verlust traditioneller

Gruppenfantasien führt im allgemeinen zu so schweren Ausbrüchen persönlicher Ängste, daß in der Regel umgehend neue Gruppenfantasien mit apokalyptischem und chiliastischem Inhalt gebildet werden, um sie zu ersetzen.[5] Ohne eine gewisse Grundausstattung von Gruppenfantasien zu sein, scheint zu den gefährlichsten persönlichen Zuständen zu gehören, die man überhaupt erfahren kann. Die Deutschen etwa hatten schon vor dem Ersten Weltkrieg Kriege verloren, doch kam dessen Ende so plötzlich und unerwartet, daß die meisten Deutschen, wie Binions Studie zeigt, ein „lähmender Schrecken", „eine regelrechte Panik", ein „furchtbarer moralischer Zusammenbruch" mit „so katastrophalen Auswirkungen und so verhängnisvollen Folgen" befiel, daß sogar die Ersatz-Gruppenfantasie vom „Dolchstoß" durch Feinde in den eigenen Reihen die Ausbreitung der Angst nicht eindämmen konnte.[6] Der plötzliche Wegfall der Gruppenfantasie deutscher Unbesiegbarkeit und nicht bloß die Niederlage im Krieg brachte diese traumatischen Wirkungen hervor, waren andere Kriege doch verloren worden, ohne ein schweres Gruppentrauma hervorzurufen. Binion drückt es so aus:

> Ein besonders beredtes Memento der Niederlage ist folgender Tagebucheintrag eines deutschen Matrosen vom 3. Oktober 1918: „Sozusagen über Nacht haben wir den Krieg verloren ... blieb das deutsche Volk über die Ereignisse da drunten völlig im Dunkeln und nun ist mit einem Male der Krach da ..." Eindrucksvolle Zeugnisse wurden von manch einem moralischen Opfer des Zusammenbruchs abgelegt. So Franz Schauwecker: „Mit einem Schlag waren die gewaltigsten Erwartungen zerstreut. Plötzlich war alles umsonst gewesen. Die Welt erschien sinnlos." Ernst Jünger fühlte sich anfangs schwach und anfällig, dann entwickelte er „Symptome, die sich wie bei einem chronischen Leiden bald stärker, bald schwächer bemerkbar machten, doch nie völlig ausblieben. Dazu gehörte ein Gefühl der Beengung, des Umschnürtseins ..."[7]

---

[5] Für eine Einführung in die anthropologische Literatur siehe Kenelm Burridge, New Heaven, New Earth: A Study of Millenarian Activities, New York 1969. Die beste psychoanalytische Interpretation vgl. Weston La Barre, The Ghost Dance: The Origins of Religion, New York 1972.

[6] Rudolph Binion, Hitler Among the Germans, New York 1976, 80 (dt. „... daß ihr mich gefunden habt." Hitler und die Deutschen. Eine Psychohistorie, Stuttgart 1978, 111 f.).

[7] A. a. O., 80 f.

Demnach ist es der psychische und nicht der materielle Schaden, den Gruppen erleiden und den sie als ungleich gefährlicher erleben, obwohl das, was sie tatsächlich verlieren, „bloß Phantasien" sind.

An dieser Stelle sollte hervorgehoben werden, daß ich keineswegs behaupten möchte, die menschliche Geschichte bestehe aus „nichts als" Projektionen individueller Ängste oder werde ausschließlich von historischen Gruppenfantasien bestimmt. Wie alle anderen Gruppen haben auch historische Gruppen neben der Fantasiearbeit wirkliche Arbeit zu leisten, und diese wirkliche Arbeit wird sowohl von der materiellen wie auch von der psychologischen Wirklichkeit der Zeit sehr stark geprägt. Wenn eine Gruppe von einer Seuche, von einem Vulkanausbruch oder von einer Horde Mongolen heimgesucht wird, so haben diese materiell greifbaren Ereignisse natürlich Auswirkungen auf die Geschichte der Gruppe, und die Wissenschaften der Epidemiologie, Vulkanologie und Demographie werden zu Rate gezogen werden, um Erklärungen für die Ursachen dieser Ereignisse zu liefern. Die Psychohistorie als eine eigenständige Wissenschaft von den historischen Motivationen mit der Theorie der historischen Gruppenfantasien *kann* eine Erklärung dafür liefern, welche Ebene der Reaktion auf unterschiedliche Situationen Gruppen erreichen können, deren Angehörigen unterschiedliche psychosexuelle Niveaus, unterschiedliche Persönlichkeiten und unterschiedliche Stärken, Ängste und Lösungsmuster zur Verfügung stehen. Ob die psychische oder die materielle Wirklichkeit zu einem gegebenen Zeitpunkt in der Geschichte „wichtiger" ist, hängt davon ab, was vorher ausbricht: der Vesuv oder die Fantasien der Gruppe.

(3) *„die die Menschen verdrängte Wünsche, Wutregungen und Verbote, die ihren Ursprung in den Kindheitserfahrungen der Gruppe haben, ausagieren und abwehren lassen*: Daß eine der Hauptfunktionen historischer Gruppenfantasie darin besteht, in der Kindheit wurzelnde verdrängte Wünsche, Wutregungen und Verbote in den Griff zu kriegen, ist vielleicht das Umstrittenste an diesem Begriff, denn nichts scheint Historikern mit gesundem Hausverstand selbstverständlicher, als daß allgemeine geschichtliche Vorkommnisse zwischen Erwachsenen und nicht Familienangelegenheiten beim Zustandekommen der geschichtlichen Ereignisse, die sie erforschen, am meisten zählen. Eine Nation wird von einer anderen im Krieg besiegt, daraufhin entwickelt sie eine Rachefantasie ... sicher ruft doch die militärische Niederlage diese Fantasie hervor? Und doch hat der gesunde Hausverstand nicht recht, denn mindestens ebenso häufig erzeugen militärische Niederlagen eben *keine* Rachefantasien. *Nur wenn ein geschichtliches Ereignis mit*

wichtigen unbewußten Aufgaben besetzt wird, hat es überhaupt spätere kausale Wirkungen. (Das gleiche gilt natürlich auch für persönliche Ereignisse, denn wenn ein Ereignis aus der Kindheit, wie „dramatisch" auch immer, nicht mit einer persönlichen Phantasie verwoben wird, *die durch einen Wunsch angetrieben wird*, hat es keine Auswirkung auf das spätere Leben.) Wenn eine militärische Niederlage nicht unbewußt mit verdrängten Wutregungen aus dem rein persönlichen Bereich verknüpft würde, hätten die Menschen gar keine nationalen Rachefantasien, sondern würden sich ganz einfach sagen: „Gott sei Dank, daß das vorbei ist. Wir wollen nie mehr einen schrecklichen Krieg haben."

Das soll *nicht* heißen, daß der Ausgang geschichtlicher Ereignisse als solcher „nicht zählt". Natürlich *zählte* es, ob Deutschland den Ersten Weltkrieg gewonnen oder verloren hat. Die Frage ist: *Inwiefern* zählte es? Was *bedeutete* es? Strenggenommen ist die Behauptung, Deutschlands Niederlage im Ersten Weltkrieg habe den Zweiten Weltkrieg *verursacht*, ebenso irreführend wie die Behauptung, die zweite Ehe eines Menschen sei gescheitert, weil die erste gescheitert sei, wohingegen in Wirklichkeit beide Ehen aus ähnlichen psychologischen Gründen gescheitert sind, die jeweils mit der Kindheit dieses Menschen, seiner psychosexuellen Entwicklung und seinem gegenwärtigen Persönlichkeitsbild zu tun haben. In der Tat besteht eine der anspruchsvollsten, aber auch lohnenswertesten Aufgaben eines Psychohistorikers darin, die Inhalte historischer Gruppenfantasien auf ihre Wurzeln in der Kindheit und spätere, den Mitgliedern der Gruppe gemeinsame Entwicklungsmuster zurückzuverfolgen – eine Aufgabe, die intime Kenntnis der Details der Kindheitsgeschichte dieser spezifischen Gruppe, empirische Untersuchungen des typischen Spektrums ihrer psychosexuellen Entwicklungsmöglichkeiten, sorgfältige biographische Arbeiten zu repräsentativen Gestalten, die beim Hervorbringen und Ausagieren der Gruppenfantasie wichtig sind, und Geschick beim Verfolgen der Verbindungen zwischen diesen in der Familie angesiedelten Quellen und dem verborgenen Gehalt der historischen Gruppenfantasie als solcher erfordert.

(4) *„in denen dieselben Ich-Mechanismen von Abspaltung, Verdichtung, Reaktionsbildung usw. am Wirken sind wie in der individuellen Phantasiebildung"*: Um die historische Gruppenfantasie zu entziffern, muß der Psychohistoriker genauestens mit jedem einzelnen Abwehrmechanismus des Ichs vertraut sein, der eingesetzt wird, um private Phantasien, Träume und Mythen zu interpretieren, wie in der psychoanalytischen Literatur der vergangenen acht Jahrzehnte beschrieben – und er muß außerdem in der Lage sein, ein paar neue Mechanismen zu entdek-

ken, die nur bei der Bildung von Gruppenfantasien zum Einsatz kommen. Manchmal sind die Verzerrungen offensichtlich, zumindest für jemanden, der nicht an der Gruppenfantasie beteiligt ist – was heißen soll, daß es immer am leichtesten ist, *anderer* Leute Fantasien zu analysieren, also dann, wenn man sie nicht teilt. Meistens jedoch sind fürwahr Jahre wissenschaftlicher Arbeit vonnöten, um die vielen Ebenen von Verstellungen offenzulegen, die anscheinend simplen, in Wahrheit aber hoch verdichteten historischen Gruppenfantasien wie „den Kreuzzügen", der „Hexenverfolgung", „dem göttlichen Recht der Könige", dem „protestantischen Märtyrertum", „der Sezession des Südens", „der Dreyfus-Affäre", „den Novembermorden", „den jüdischen Volksschädlingen", „der Kuba-Krise" usw. zugrundeliegen. Darüber hinaus sind historische Gruppenfantasien vielfältig, stehen in Beziehung zueinander und müssen – ebenso wie individuelle Phantasien – ihren psychologischen Verbindungen im Gefühlsleben derjenigen entsprechend, die sie haben, klassifiziert werden.

(5) *„sie (werden) in der öffentlichen Diskussion gebildet"*: Es ist nicht hinreichend, daß Phantasien *geteilt* werden, um sie als historische Gruppenfantasien zu betrachten – sie müssen auch über eine gewisse Zeitspanne *durch öffentliche Kommunikation* gebildet worden sein. Von einer Schar von Leuten am Strand mögen zu irgendeinem Zeitpunkt alle die Phantasie teilen, sich in der Sonne zu lieben, doch bleibt dies auf der Ebene einer privaten Phantasie, die lediglich viele einzelne zugleich haben. Gruppenfantasien kann man dabei beobachten, wie sie sich mit der Zeit entwickeln, indem verschiedene Mitglieder der Gruppe Variationen anregen, bis die genaue Formulierung erreicht ist, die den unbewußten Bedürfnissen der größten Zahl in diesem geschichtlichen Augenblick am besten entspricht.
Denjenigen, die sich des enormen emotionalen Einsatzes, welcher der Gruppenfantasie-Tätigkeit zugrundeliegt, nicht bewußt sind, erscheinen die Diskussionen im Zuge der Herausbildung historischer Gruppenfantasien rundheraus albern. Mein Paradebeispiel für diese Tätigkeit, die während der Bildungsphase einer historischen Gruppenfantasie am Werk ist, sind die frühchristlichen Kontroversen, wie sie etwa 325 n. Chr. auf dem Konzil von Nicäa geführt wurden, bei dem man zuschauen kann, wie die Gruppe die genaue Formulierung desjenigen Bildes von der christlichen Gottheit zurechtschmiedet, das die emotionalen Bedürfnisse der Zeit befriedigen würde. War Christus Gott oder Mensch? Wie litt er? Wie starb er? Inwiefern unterschied er sich von Gott? Hatte er Stuhlgang? Wie wurde er geboren? War das Jungfernhäutchen seiner Mutter nach seiner Geburt unver-

letzt? Und so fort – allesamt angsterfüllte Fragen unter dem Einfluß heftiger persönlicher Kindheitsfantasien, welche die Menschen zu dieser Zeit miteinander teilten. Die Diskussionen darüber zu verfolgen, ob Christus „dem Fleische nach wesensgleich war" oder nicht, ist eine gute Übung dafür, die in den frühen Phasen jeder Gruppenfantasie am Wirken befindliche, ähnlich geheimnisumwitterte und haarspalterische, doch nichtsdestoweniger bedeutsame Bildungsleistung zu erkennen.

Es ist natürlich der öffentliche Charakter dieses Bildungsprozesses, der dem Psychohistoriker das Material liefert, das zur Entwirrung der miteinander in Widerstreit stehenden emotionalen Stränge der Gruppenfantasie nötig ist, insofern früh im Bildungsprozeß auftretende Kämpfe um minimale Unterschiede oft unbewußte Konflikte enthüllen, die in der letztlich getroffenen Formulierung bemäntelt und ganz und gar verborgen sind. In unserem Beispiel wäre es schwierig, wenn nicht unmöglich, aus der Formel von Nicäa, derzufolge Christus „hinsichtlich seiner Menschlichkeit mit uns wesensgleich" ist, die Verdichtung persönlicher Phantasien aufzulösen, die dieser Schlußformulierung zugrundeliegen – genauso schwierig, wie es für den Therapeuten wäre, ohne freie Assoziationen die Verdichtungen eines Traums aufzulösen. Dem Psychohistoriker liegt oft umfangreiches Material vor, das wie freie Assoziationen die in die Schlußformulierung eingebetteten Fantasien und Ängste enthüllen kann – in diesem Fall die gesamte Geschichte der arianischen Kontroverse, die der Formel von Nicäa vorausging.

Von einer „öffentlichen Diskussion" zu sprechen, die im Zuge der Entwicklung einer Gruppenfantasie geführt wird, bedeutet natürlich nicht, daß die *unbewußten Inhalte* der Fantasie immer deutlich oder unverschleiert zu Tage treten. Wie wir bald im Detail sehen werden, werden Gruppenfantasien in einer Geheimsprache kommuniziert, die eine emotional mächtige Bildsprache benutzt sowie Metaphern, Gleichnisse, Körpersprache und weitere gefühlsbeladene Worte, die sorgfältig in genug Abwehrmaterial gehüllt sind, um ihr Eindringen in die bewußte Wahrnehmung zu verhindern.

(6) *„(sie bestehen aus) Materialien, die von aktuellen geschichtlichen Ereignissen geliefert werden"*: Der Grundsatz des narrativen Historikers – daß nämlich geschichtliche Ereignisse lediglich Reaktionen auf frühere geschichtliche Ereignisse seien – entpuppt sich als genau diejenige Rationalisierung, derer es zur Stützung einer Gruppenfantasie hauptsächlich bedarf. Wie offensichtlich ist es doch für jeden, der die Gruppenfantasie teilt, daß Länder auf Ereignisse schlicht „in der einzig

möglichen Weise" reagieren, und wie schwierig ist es für den Psychohistoriker, die unbewußten Entscheidungen, verborgenen Ziele und motivierten geschichtlichen „Irrtümer" aufzuzeigen. Geschichtliche „Irrtümer" sind – wie private „Versprecher" – *motiviert*. Ausdrücke wie „der Irrtum von München", der in jeder Geschichte des Zweiten Weltkriegs wiederholt wird, sind in Wirklichkeit *Teil* der Gruppenfantasie. Dem Psychohistoriker bleibt es vorbehalten, eine *Wissenschaft der Irrtümer* zu schaffen, die deren verborgene Motivationen aufdeckt, statt die öffentliche Meinung der Zeit zu akzeptieren.

Zeitgeschichtliche Ereignisse gewinnen, wie schon erwähnt wurde, nur dann emotionale Bedeutung, wenn sie mit einer im Entstehen begriffenen Gruppenfantasie verwoben sind. Ist diese Bedingung nicht erfüllt, gehen sie vorüber wie Kräuselungen im Wasser, ohne eine Spur zu hinterlassen, ungeachtet ihrer „wirklichen" Bedeutung, bis sie dann später für irgendeine neue Gruppenfantasie gebraucht werden. Die Leute fragen sich, warum etwa das Interesse am Holocaust zu- und abnimmt, als ob irgendwelche verborgenen Bedürfnisse jedes Jahrzehnts erfülle – in Wirklichkeit ist dies jedoch für alle geschichtlichen Ereignisse die Regel, nicht die Ausnahme. Das wird dann am klarsten, wenn wir uns mit der Geschichte einer weitaus früheren Zeit beschäftigen (zumal uns in weit zurückliegenden Epochen alles viel klarer scheint, da wir heute über so gänzlich andere Kindheitserfahrungen verfügen und somit die grundlegendsten Gruppenfantasien dieser Epochen nicht teilen).

Wenn etwa die Engländer nach 1066 feststellten, Williams Invasion sei aus dem Grund von Erfolg gekrönt gewesen, daß Gott ihnen zürnte, weil sie so viele englische Babys zu den Iren geschickt hatten, so lächeln wir darüber, daß sie zwei geschichtliche Ereignisse auf so absurde Weise miteinander verbinden. Und dennoch tun wir selber täglich dasselbe, um die Quellen unserer zeitgenössischen geschichtlichen Handlungen zu verdecken, die in der je eigenen Gruppenfantasie liegen.

Nur ein Beispiel aus der jüngeren Geschichte: Als in Amerika bekannt wurde, daß am 38. Breitengrad nord- und südkoreanische Truppen kämpften, schien der Schluß unvermeidlich, daß der Norden auf Befehl der Russen einseitig im Süden einmarschiert sei. Hinweise auf das Gegenteil wurden schlicht ignoriert: Daß der Norden gar nicht für den Krieg mobilisiert hatte, daß der Präsident des Südens, Syngman Rhee, gerade von seinem Parlament gestürzt werden sollte und guten Grund hatte, einen Krieg zu provozieren, daß die Russen gerade den Sicherheitsrat der Vereinten Nationen verlassen hatten und von den Kämpfen offensichtlich überrascht wurden – all das wurde angesichts des „Gefühls von Erleichterung und Einheit", in das der neue Krieg Amerika psychologisch gesehen versetzte, ignoriert.[8] Ein Verbündeter Amerikas war „angegriffen" worden – hatten wir eine andere Wahl als zu „reagieren"? Daß Amerika viele Wahlmöglichkeiten offenstanden und daß wir den Ausbruch des Konflikts zu genau der Zeit durch unsere ein paar Wochen früher erfolgte Verkündigung, derzufolge Korea nunmehr außerhalb unserer Abwehrstellungen lag, sogar begünstigt hatten, sind unangenehme Tatsachen, die durch die von der Gruppenfantasie erzeugte Formulierung vom Angriff als dem Reiz und unseren Truppenbewegungen als der Reaktion darauf geleugnet wurde. Wie jedes behavioristische Denken dient dieses Reiz-Reaktions-Modell von der Welt dazu, Motivationen zu verbergen, und nicht dazu, sie freizulegen; und was hier vom „behavioristischen" Durchschnittshistoriker verborgen wird, sind die inneren Quellen unseres Wunsches, nach Korea in den Krieg zu ziehen.

(7) *„die die Gruppenrollen nach Psychoklassen verteilen"*: Zum historischen Drama, das von aufeinanderfolgenden Gruppenfantasie-Zyklen hervorgebracht wird, gehört die Abspaltung verschiedener Gruppenrollen, eine Abspaltung, die meiner Ansicht nach psychologische Klassen (gemeinsame Kindererziehungsformen) präziser widerspiegelt als wirtschaftliche Klassen. Dieser Zugang läuft den Zugängen aller anderen gängigen Geschichtstheorien zuwider. Die psychogene Geschichtstheorie basiert auf der Grundthese, daß die Evolution der Erziehungsformen innerhalb der Familie neue geschichtliche Persönlichkeiten schafft, daß sich die Gesellschaft zu jeder gegebenen Zeit aus einigen solcher Persönlichkeitstypen zusammensetzt, daß die Werte der am meisten fortgeschrittenen Psychoklasse mit denen der älteren Psychoklassen zusammenprallen und daß sich dieser Zusammenprall der Werte dann in den Konflikten jeder neuen historischen Gruppenfantasie widerspiegelt. Innerhalb dieser Dramen werden die geschichtlichen Rollen entsprechend der Psychoklasse eingenommen, die mit der wirtschaftlichen Klasse jedoch nur grob übereinstimmt.
Ein Beispiel, das man in dieser Hinsicht anführen könnte, würde in einem Vergleich der Rollen bestehen, die bei den Revolutionen, aus denen die ersten modernen Nationalstaaten hervorgingen, eingenommen wurden. Da die Kindeser-

---

[8] Zu den Widersprüchen bei den Interpretationen der Ursache des Korea-Krieges vgl. I. F. Stone, The Hidden History of the Korean War, New York 1952, 1–72. Zur Atmosphäre in Washington an dem Tag, als US-Truppen entsandt wurden, vgl. Bert Cochran, Harry Truman and the Crisis Presidency, New York 1973, 316.

ziehungsformen im Frankreich des 18. Jahrhunderts die Tendenz aufwiesen, sich je nach wirtschaftlicher Klasse erheblich voneinander zu unterscheiden, haben sich die Rollen bei der Französischen Revolution stärker nach Maßgabe der wirtschaftlichen Klassenunterschiede aufgespalten als in jedem anderen Land (und Marx so mit der empirischen Grundlage seiner ökonomischen Geschichtstheorie ausgestattet). In England jedoch, wo sich die unterschiedlichen Erziehungsmuster eher auf die unterschiedlichen religiösen Gruppen verteilten, folgten die Spaltungen im Bürgerkrieg eher religiösen als wirtschaftlichen Bruchlinien. Mit Blick auf die amerikanische Revolution herrscht hingegen die einhellige Meinung vor, daß weder Wirtschaft noch Religion eine Erklärung dafür liefern, warum Menschen zu Widerständlern oder Königstreuen wurden, so daß man hier tatsächlich bei jeder einzelnen Familie die unterschiedlichen Kindheiten der beiden Gruppen untersuchen muß, um die Gruppenrollen zu verstehen. Schließlich verlief die Spaltung im amerikanischen Bürgerkrieg nicht in erster Linie aufgrund wirtschaftlicher Interessen zwischen Nord und Süd, sondern weil diese geografische Teilung aufs engste mit der Teilung der Psychoklassen übereinstimmte – war der Norden doch ursprünglich von fortschrittlichen Psychoklassen besiedelt worden, hauptsächlich von intakten Familien, die vor Verfolgung aufgrund ihrer fortschrittlichen religiösen Ansichten geflohen waren, während der Süden eher von (1) alleinstehenden Männern, (2) nachgeborenen Söhnen, die von ihren Familien abgelehnt wurden und eine schlechtere elterliche Fürsorge erfahren hatten als ihre erstgeborenen Brüder, und (3) Sträflingen, Bediensteten und anderen Persönlichkeiten in niedrigeren psychogenen Erziehungsformen besiedelt war. Somit nehmen Gruppen, auch wenn es zunächst den Anschein hat, daß sie sich entlang wirtschaftlicher, religiöser oder geografischer Bruchlinien aufspalten, ihre Rollen in Wirklichkeit entsprechend der Psychoklasse ein.

Rollenübernahme nach Psychoklasse ist freilich das zentrale Ergebnis vieler Untersuchungen in der angewandten Psychoanalyse, seit Adornos *Studien zum autoritären Charakter* die Korrelationen von autoritärer Kindeserziehung und autoritären politischen Einstellungen aufgewiesen haben. Gleichwohl muß eine vollständige Theorie von der Psychoklasse als Basis der Rollenübernahme in jeder geschichtlichen Epoche erst entworfen werden – was, wie ich glaube, ebenso an den Schwierigkeiten bei der Konzeptionalisierung einer so radikalen Ansicht liegt wie auch am Mangel an empirischen Belegen für geschichtliche Kindeserziehungsformen und Persönlichkeiten.[9]

Meine psychogene Theorie begreift Geschichte jedenfalls als eine Kombination aus der *Evolution* historischer Persönlichkeit – die ich als Entwicklung zu immer höherer Reife betrachte – und deren Manifestationen in *Zyklen* der Gruppenfantasie, die zusammen einen *spiralförmigen* Geschichtsverlauf anstelle eines bloß linearen oder zyklischen hervorbringen, wobei jede Spirale für Bemühungen um eine reifere Lösung für die Probleme des Zusammenlebens in Gruppen steht. Im Verlauf jedes Zyklus werden die Angehörigen der fortgeschritteneren Psychoklasse zu den „Liberalen" der Epoche, die sich mit dem Es identifizieren (während sie dessen infantilen Gehalt leugnen), sich vor allem vor Trennung fürchten und auf der Suche nach Geborgenheit Zuflucht in der Revolte suchen, während die Angehörigen der weniger fortgeschrittenen Psychoklasse zu den „Konservativen" werden, die sich mit dem Über-Ich identifizieren (während sie *dessen* infantilen Gehalt leugnen), sich vor allem vor Gratifikationen fürchten und Geborgenheit in klaren Ordnungen suchen. Jede Untergruppe steht für psychologische Teilwahrheiten, und zusammen teilen sie sich die emotionalen Anforderungen, die geschichtlichen Probleme der Gruppe zu bearbeiten.

(8) „*(sie erzeugen) eine Gruppendynamik, die zu einem Zusammenbruch der Gruppenfantasie, einer Periode paranoider Zusammenbrüche und dem Versuch ihrer Wiederherstellung durch die Bildung eines Gruppenwahns führen kann*": Insofern Gruppenfantasien verlangen, daß der Fantasie-Anführer aufgrund seiner Herrschaft über die Gruppe ständigen Angriffen ausgesetzt ist, und die Versuche des Anführers, diesen Attacken durch magische und heroische Bemühungen um Absicherung seines Images zu begegnen, zum Scheitern verurteilt sind, erreicht jede Gruppenfantasie schließlich eine „Zusammenbruchs"-Stufe, auf der der Anführer als äußerst schwach erlebt wird, unfähig, das Land zu versorgen, und zunehmend außerstande, die wachsende Wut und Angst innerhalb der Gruppe einzudämmen. Dieser Zusammenbruch der Ich-Abwehr setzt zuvor gebundenes Material auf allen psychosexuellen Ebenen frei – ein Zustand innerhalb der Gruppenentwicklung, der dem prä-paranoider Einzelner unmittelbar vor der Bildung ihres paranoiden Wahns entspricht.[10] Bei prä-paranoiden Einzelnen kommt es oft vor,

---

[9] Der Ansicht von der Geschichte als etwas, das von der Psychoklasse vorangetrieben wird, kommt am nächsten Glenn Davis, Childhood and History in America, New York 1976.

[10] L. Kovar, A Reconsideration of Paranoia, in *Psychiatry* 29 (1966), 289–305.

daß eine neue Lebenssituation eine wichtige autoritäre „Anführer"-Figur aus dem Gefühlsleben des Betroffenen entfernt, jemanden, der zuvor dazu da gewesen war, seinem Leben eine Richtung zu geben, es zu organisieren und ihm Bedeutung zu verleihen. Dieser Mangel an Richtung und Halt führt beim Einzelnen zu einem Zusammenbruch der Struktur – ein Zusammenbruch, den wiedergutzumachen der neue Wahn als solcher in Wirklichkeit einen Versuch darstellt.[11] Dieser Zusammenbruch der Struktur kann von jeder beliebigen Position unter der Vielzahl der existierenden Theorien aus mit Gewinn betrachtet werden: als Zusammenbruch der Ich-Funktionen (Freuds Auflösungsangst), als Zusammenbruch der Strukturen des Selbst (Kohuts Furcht vor Selbstauflösung), als Zusammenbruch der Alpha-Funktion (Bions Auflösung der Kontaktgrenzen) oder als Zusammenbruch der Mutterleibsumgebung (Grofs perinatale Basis-Matrix, Stufe 2). Bei historischen Gruppen bringt dieser „paranoide Zusammenbruch" einer wichtigen Gruppenfantasie einen geschichtlichen Augenblick extremer Angst, narzißtischer Wut und Verwirrung hervor. Da eine Funktion der historischen Gruppenfantasien darin besteht, Ängste durch die geschichtliche Rollenübernahme umzuverteilen, droht der Zusammenbruch der gerade aktuellen Fantasie sowohl einerseits Es- und Überich-Elemente freizusetzen, die diese zuvor gebunden hatte, als auch andererseits die Gefahr einer völligen Auflösung des Selbst herbeizuführen. Objektlose paranoide Ängste, oft mit religiösen apokalyptischen Anklängen, sind in der Gruppe im Umlauf. In dieser Phase des „paranoiden Zusammenbruchs" treten Ängste vor sexueller Zügellosigkeit und politischer Anarchie an vorderster Stelle in Erscheinung; lang verborgene orale, anale und ödipale Konflikte dringen eruptiv in Bewußtsein und Diskurs der Öffentlichkeit ein; Wiedergeburts- und chiliastische Fantasien mehren sich.

Diese Perioden des „paranoiden Zusammenbruchs" – in denen die Gruppenfantasien von Anarchie, sexueller Freiheit und Wiedergeburt zur vollen Blüte kommen – sind vielleicht am deutlichsten in der Reformation und der frühen Neuzeit zum Ausdruck gekommen. So hat etwa in der englischen Reformation der Zusammenbruch der katholischen Mythologie zu der weitverbreiteten Befüchtungen geführt, Veränderungen im Ritual könnten ausufernde Anfälle von wilder „tiergleicher Freiheit in fleischlichen Dingen" bei den Wiedertäufern hervorrufen, anarchische Gewalt bei den Sakramentariern (von denen in Wahrheit

---

[11] W. W. Meissner, The Paranoid Process, New York 1978, 136–138.

viele Pazifisten waren) und so weiter.[12] In ähnlicher Weise waren auch dem englischen Bürgerkrieg Ängste vor dem Überhandnehmen von Ehebruch und Inzest, verbunden mit chiliastischen Wiedergeburtsfantasien bei den Anhängern der Fünften Monarchie und anderen,[13] der Französischen Revolution eine paranoide „Große Furcht",[14] der amerikanischen Revolution haltlose Verschwörungsfantasien auf beiden Seiten vorausgegangen und so fort. Wie ich später im Detail beschreiben werde, geht *jedem* gewalttätigen Gruppenwahn in der Geschichte eine Periode des „paranoiden Zusammenbruchs" voraus, ob diese nun ein papistisches Komplott, eine gallische Gefahr, eine gelbe Gefahr, Überfremdungs- und Verhetzungsakte oder die Säuberung von kommunistischen Elementen zum Inhalt hat. Alle erfüllen die Funktion, die objektlosen Wutregungen und Ängste der Gruppe nach dem Zusammenbruch der Gruppenfantasie zu konkretisieren.

Während dieser Zusammenbruchsperiode spalten sich die Gruppen oft in gegnerische Lager, die einander noch feindseliger gegenüberstehen als üblich. Jede Untergruppe behauptet, die jeweils andere sei die wahre Bedrohung für Ordnung, Hierarchie und Autorität, projiziert das gesamte Es-Material auf diese andere Gruppe und identifiziert sich selbst mit dem moralistischen Über-Ich. Zu anderen Zeiten wird an chiliastische Minderheitengruppen, die hinsichtlich ihrer Mitglieder und Absichten oft rundheraus bizarr sind, die Aufgabe delegiert, die Ängste dieser Zusammenbruchsphase auszuagieren – Gruppen, denen der größere Teil der Gesellschaft zuvor nur wenig Aufmerksamkeit geschenkt hat, die aber nun Gegenstand allgemeinen Interesses und, als Delegierte des emotionalen Zustands der Mehrheit, sogar der Ehrfurcht sind. Da der Fantasie-Anführer auf dieser Stufe als extrem schwach und hilflos wahrgenommen wird, scheinen diese „verrückten" Delegationsgruppen sowohl unkontrollierbar und doch irgendwie auch außerordentlich bedeutsam zu sein – ob es sich nun um eine Gruppe nazistischer Jugendlicher, Millersche Chiliasten, bolschewistische Revolutionäre oder McCarthy-Paranoide handelt, sie sind in der Lage, die Masse der Öffentlichkeit weit über ihre marginale Größe hinaus zu hypnotisieren, weil sie die emotiona-

---

[12] Vgl. William Saffadys psychohistorischen Artikel ‚Fears of Sexual License During the English Reformation' in *History of Childhood Quarterly: The Journal of Psychohistory* 1 (1973), 89–97.

[13] Vgl. Robert Ashton, The English Civil War: Conservativism and Revolution 1603-1649, London 1971, 155; B. S. Carp, The Fifth Monarchy Men: A Study in Seventeenth Century English Millenarianism, Totowa, New Jersey, 1972.

[14] Georges Lefebvre, The Great Fear of 1789, New York 1973.

len Hauptkonflikte zum Zeitpunkt des paranoiden Zusammenbruchs weitaus besser widerspiegeln als der eher prosaische Fantasie-Anführer.

Eine Mahnung zur Vorsicht im Hinblick auf die Periode des paranoiden Zusammenbruchs sollte hier unterstrichen werden: Diese hat nichts mit den Perioden des *wirtschaftlichen* Zusammenbruchs zu tun, wie die meisten soziologischen Theorien postulieren. In der Tat sind Phasen der wirtschaftlichen Rezession fast immer Perioden von *vermindertem* paranoidem Gehalt, und Anführer sind zu Zeiten schwacher wirtschaftlicher Aktivität in der Außenpolitik relativ *untätig*. Nur wenn *die emotionalen Werte* einer Gruppe auseinandergebrochen zu sein scheinen, hält sie nach Fantasie-Anführern Ausschau, die eine aktive Außenpolitik betreiben und andere Nationen provozieren werden, um so viele Krisengebiete wie möglich abzustecken, aus denen dann neue Formen von Gruppenwahn gebildet werden können, um die psychische Stabilität der Gruppe wiederherzustellen.

Ein *Gruppenwahn* ist also eine noch irrationalere und gewalttätigere Gruppenfantasie, die einzelne entwickeln, um Gefühle des paranoiden Zusammenbruchs abzuwehren und Entlastung von einem unerträglichen Zustand emotionaler Dissonanz zwischen der relativ ruhigen Außenwelt und dem Aufruhr in ihrer Innenwelt zu erlangen. Die unerträgliche Ambivalenz der Zusammenbruchsstufe wird nun durch Abspaltung umgangen: Die verdrängte narzißtische Wut wird auf den Feind gerichtet, während die unerfüllte Liebe und Grandiosität auf die Gruppe selbst projiziert wird. Das Land wird nun als unendlich kostbar und erhaben, doch von *außen* – und nicht von der eigenen Feindseligkeit – gefährdet gesehen.

In Anbetracht der zentralen Rolle, welche die Beseitigung von „sündhaften" Gefühlen bei Gruppenwahnbildungen spielt, ist es kein Zufall, daß letztere so häufig in Form von Kreuzzügen ausgeführt werden, bilden die Kreuzzüge des Mittelalters doch geradezu das Paradigma für gewalttätige Gruppenaktivitäten, die angeblich in der Absicht gesetzt werden, die Seele von jeglicher Sünde zu reinigen – zumal sich die Teilnehmer an Kreuzzügen diesen ja deshalb angeschlossen haben, weil sie sich davon die Reinwaschung ihrer Seelen von aller Sündhaftigkeit versprachen. Der gruppenpsychologische Zweck von Gruppenwahnbildungen ist in der Tat identisch mit dem Zweck aller Sündenbock- und Opferrituale in primitiven und antiken Gesellschaften: der Reinigung von Befleckung und Unreinheit (das heißt von sexuellen und feindseligen Wünschen) durch Umleitung auf Ersatzopfer, einer Reinigung, die unternommen wird, um die Gruppenstabilität wiederherzustellen.[15]

Wie die Bildung eines Wahns beim einzelnen dient auch die Bildung eines Gruppenwahns immer der *Wiederherstellung* von etwas. Oft wird er im Zuge eines dramatischen Vorfalls gebildet, den man als einen „Moment gruppenpsychotischer Einsicht"[16] bezeichnen könnte, in dem spezifische, konkrete Feinde plötzlich als Ursache des gegenwärtig empfundenen schmerzhaften Zustandes wahrgenommen werden. Der Psychoanalytiker O. A. Will hat diesen Moment in der Bildung des paranoiden Wahns eines *einzelnen* wie folgt beschrieben:

> Wenn die Kommunikation versagt, wächst die Isolation, und der Leidende findet sich gefangen in einem Alptraum, getrieben von einem Gefühl der Dringlichkeit im Hinblick darauf, dem Unbegreiflichen, in das er verwickelt ist, einen Sinn abzugewinnen. Er sucht nach einer einfachen Formel, um alles zu klären, und wenn ihm das mißlingt, kann er die paranoide Lösung entwickeln mit ihrer Grandiosität, Schuldzuweisung und ständigen Neuformulierung von Vergangenheit und Gegenwart, um zu einem „System" zurückzufinden, das die Angst reduziert, und es zu bewahren.[17]

Dieser Gruppenwahn übernimmt und strukturiert sodann die benötigte autoritäre Komponente der alten Gruppenfantasie; doch auf eine neue, besser verankerte, weniger rationale und gewalttätigere Art. Wenn sich der Gruppenwahn auf einen äußeren Feind der Gruppe konzentriert und die Gruppe in den Krieg zieht, wird der einst schwache Fantasie-Anführer mit einem Mal als „stark" und „kämpferisch" gesehen, während seine verhaßten ödipalen Anteile auf den äußeren Feind abgespalten werden. Wenn sich der Gruppenwahn auf einen Feind in der Gruppe selbst richtet, kann der Anführer beim Ausradieren „jüdischer Schädlinge", „innerer kommunistischer Verschwörungen" oder „der Bourgeoisie angehöriger Volksfeinde" „stark" sein. Wenn der Gruppenwahn chiliastische

---

[15] Für eine detailreiche Einsicht in die „Opferkrise" früher Gesellschaften mit Begriffen, die meinem Begriff vom „paranoiden Zusammenbruch" nahekommen, vgl. René Girard, Violence and the Sacred, Baltimore 1972 (dt. Das Heilige und die Gewalt, Frankfurt am Main 1992).

[16] Der Ausdruck „psychotische Einsicht" stammt von Arieti; vgl. insbes. Silvano Arieti, Introductory Notes on the Psychoanalytic Therapy of Schizophrenics, in: A. Burton (Hg.), Psychotherapy of the Psychoses, New York 1961, 68–89 (auf deutsch liegt von Arieti zum Thema vor: Schizophrenie. Ursachen, Verlauf, Therapie, Hilfe für Betroffene, übers. v. Brigitte Stein, München ⁵1997).

[17] O. A. Will, Process, Psychotherapy and Schizophrenia, a. a. O., 18.

Züge aufweist, kann sich die Gruppe unter einer „starken" messianischen Persönlichkeit vereinen, welche die Welt bleibend aufteilen wird in jene, die gerettet werden, und jene, die in der kommenden Apokalypse getötet werden. Und wenn der Gruppenwahn königsmörderische Züge trägt, kann der alte schwache Anführer unter der Leitung eines neuen „starken" revolutionären Anführers um die Ecke gebracht werden, ob in Wirklichkeit oder in der Fantasie. In allen Fällen ermöglicht der Gruppenwahn die Entspannung der Angst, Verwirrung und Ambivalenz des paranoiden Zusammenbruchs, indem er eine neue autoritäre Persönlichkeit etabliert, um die Fantasietätigkeit der Gruppe zu strukturieren – doch nun mit irrationaleren Komponenten: paranoider, unbeugsamer, noch deutlicher unumkehrbar, machtzentrierter, intoleranter, grandioser, gewaltsamer.

Dieser „Moment der gruppenpsychotischen Einsicht" kann sich über lange Zeit hinziehen, wobei jedes der Wahnelemente von unterschiedlichen Delegationsgruppen[18] ausgearbeitet wird, die sich abgespalten haben, um den Gruppenwahn zu entwickeln. Alternativ dazu kann der Wahn aber auch sehr rasch gebildet werden, insbesondere dann, wenn die Gruppe schon lange auf der Suche nach einer wahnhaften Lösung für ihren Zustand des Zusammenbruchs war. So sind etwa Attentate beliebte Auslöser von Gruppenwahnbildungen. Ob sie nun zum Krieg führen wie die „Schüsse von Sarajewo" oder zu innerer Verfolgung wie die Ermordung vom Raths, welche die „Kristallnacht" auslöste und die Verfolgung von Juden verschärfte: nach einer ausgedehnten Phase des paranoiden Zusammenbruchs erzeugen Attentate exakt das Gefühl: „Aha! Ich *wußte* doch, daß der Feind real ist und nicht nur in meinem Kopf existiert." Dieses Gefühl ist nötig, um die entsprechenden Gruppenwahnbildungen zu rechtfertigen, wie etwa: „Deutschland wird *wirklich* von Feinden gewürgt", und „Juden sind *wirklich* Blutvergifter". Obwohl das dramatische äußere Ereignis die wahnhafte Lösung loszutreten scheint – wie es etwa der Fall war, als man die Fantasie entwickelte, der Reichstagsbrand sei eine Verschwörung, und dies dazu benutzte, Deutschland unter Hitler zu vereinigen –, geht die tatsächliche Bildung des Gruppenwahns dem Moment der psychotischen Einsicht dennoch *voraus*. So wurde zum Beispiel der Gruppenwahn, Fidel Castro stehe für eine gefährliche Ausweitung der russischen Macht und müsse von amerikanischen Streitkräften ausgelöscht werden, tatsächlich im Juli 1962 gebildet, wie wir bald im Detail zeigen werden. Erst im September jedoch, *nachdem* der Kongreß Präsident Kennedy besondere, auf Castro gemünzte Kriegsvollmachten gegeben hatte, ließ Amerika U-2-

---

[18] Zu „Delegationsgruppen" vgl. deMause, *Die psychogene Geschichtstheorie* (im vorliegenden Band).

Flugzeuge über Kuba fliegen, welche die Raketen entdeckten, die dann die auf dem Wahn basierende Konfrontation namens Kuba-Krise auszulösen schienen.

Es ist daher für den Psychohistoriker wichtig, daß er, wenn er Epochen erforscht, in denen die vorherrschende Gruppenfantasie sich aufgelöst hat, auf Belege dafür achtet, daß sich ein paranoider Zusammenbruch ereignet und ein Gruppenwahn gebildet haben könnte. Sullivan hat als erster darauf hingewiesen,[19] daß dieser Übertritt in die Wahnphase beim einzelnen mit einem Anflug von Unheimlichkeit, Mißtrauen und Verwirrung einhergeht – Gefühle, die verschwinden, wenn die wahnhafte Einsicht gebildet worden ist, weil alle Schwächen und Mängel, von denen man während der Zusammenbruchsphase den Eindruck hatte, sie befänden sich „in" einem selbst, in der Wahnphase auf den Feind projiziert werden, so daß die Welt endlich wieder einen *Sinn* zu haben scheint, wie gefährlich auch immer der reale Feind dann erscheint. Diese Gruppendynamik erhellt die bislang unerklärliche Tatsache, daß die politischen Psychologen Holsti und North[20], als sie einen „Paranoia-Index" erstellten und eine Inhaltsanalyse des deutschen Nachrichtenwesens vor dem Ersten Weltkrieg durchführten, herausfanden, daß der paranoide Gehalt genau in dem Moment seinen Höhepunkt erreichte, als die Entscheidung für den Krieg gefällt wurde – das heißt im Moment der psychotischen Einsicht, als der Gruppenwahn gebildet wurde. Danach nahm ihrer graphischen Darstellung zufolge die Angst abrupt ab, denn die Welt „hatte (wieder) einen Sinn", sobald der äußere Feind ausgemacht und die Entscheidung zu kämpfen getroffen worden war, auch wenn der eigentliche Krieg erst noch ausbrechen mußte. Wie desaströs auch immer die folgenden vier Jahre blutiger Gemetzel sich erweisen sollten, sie waren jedenfalls weniger bedrohlich als die entsetzlichen Gefühle des inneren Zusammenbruchs und der objektlosen Wut, die ihnen vorangingen.

(9) *„die in einem Gruppentrance-Zustand resultieren, der eine Entladung durch gewalttätige geschichtliche Handlungen erfordern könnte":* Je mehr ich im vergangenen Jahrzehnt historische Gruppenwahnbildungen erforscht und versucht habe, mit jenen empathisch zu sein, denen ich durch das mir vorliegende Material folgte, um so mehr wurde ich gewahr, daß bei diesen Forschungen etwas sehr Seltsames in mir selbst vorging. Als ich an Primärdokumenten arbeitete, fühlte mein Kopf sich zunehmend an, als wäre er mit Watte vollgestopft, mein Erinnerungs-

---

[19] Harry Stack Sullivan, Concepts of Modern Psychiatry, New York 1953.
[20] Ole R. Holsti und Robert C. North, The History of Human Conflict, in: Elton B. McNeil (Hg.), The Nature of Human Conflict, Englewood Cliffs 1965.

vermögen schien träge, und ich begann zu erkennen, daß ich mir angesichts der Probleme, die ich zu lösen versuchte, außerordentlich passiv vorkam – als ob es bei der Erforschung von Gruppenwahnbildungen, darunter insbesondere der Krieg, etwas gäbe, das mir immerdar entgehen würde und das diesen Gegenstand unter all den Problemen, denen ich je begegnet bin, zu einer Klasse ganz für sich machte. Ich fing an, mich wie in Trance zu fühlen, ein Zustand, den ich irgendwie mit denen teilte, die ich erforschte. Ich begann die Vermutung zu hegen, daß Menschen, die mitten in einem Gruppenwahn stecken, sich ihrerseits in einer *Gruppentrance* befinden, bei der die normalen Regeln der Logik außer Kraft gesetzt sind.

Saul Bellow hat dieses Gefühl der Gruppentrance einmal sehr treffend eingefangen. Als er versuchte, über das Problem des Krieges nachzudenken, so stellte Bellow fest, wurde er augenscheinlich

> sehr verschlafen ... Wachheit (ist) aus unerklärlichen Gründen immer im Kommen und Gehen ... Manchmal scheint mir, daß ich selbst unter einem fürchterlichen hypnotischen Einfluß stehe – ich kenne die Übel unserer Zeit und kenne sie nicht. Ich spüre oder erleide dieses abwechselnde Glühen und Verblassen an meiner eigenen Person, und ich sehe, daß andere gleichfalls davon befallen sind. Ich bin mit der Geschichte des ersten Weltkriegs und der Russischen Revolution vertraut. Ich kenne Auschwitz und GULAG, Biafra und Bangladesch, Buenos Aires und Beirut, aber wenn ich wieder zu den Tatsachen zurückkehre, finde ich, daß die Schärfe meines Berichts getrübt ist. Dann beginne ich, gegen jede Vernunft, den Einfluß einer vernebelnden Kraft zu vermuten – eines dämonischen Willens, der sich unserem Verständnis entgegenstellt. Ich bin gezwungen, darüber nachzudenken ... , ob wir nicht leicht narkotisiert dahinleben.[21]

Die Gruppentrance enthält alle Attribute des Primärprozesses beim individuellen wahnhaften Denken und bedient sich vieler Mechanismen dessen, was in der Kleinschen Schule als paranoid-schizoide Position bezeichnet wird, wobei jedoch das unlogische Denken durch den Konsens der Gruppe noch weiter bestärkt wird. Daher ist Gruppenwahnsinn so viel mächtiger – und weniger erforscht – als individueller Wahnsinn. Unter den üblichen Regel des Gruppentrance-Denkens finden sich auch folgende:

(a) *Gegensätze stehen zueinander nie in Widerspruch*: Juden können zugleich verachtete Schwächlinge und allmächtige Schädlinge sein, ohne daß das eine Bild das

---

[21] Saul Bellow, To Jerusalem and Back: A Personal Account, New York 1977, 111 (dt. Nach Jerusalem und zurück. Ein persönlicher Bericht, Köln 1977, 110).

andere beeinträchtigen würde; Rußland kann am Auseinanderfallen und ohnmächtig sein, doch zugleich auch am Höhepunkt seiner Macht und seiner Expansionsbestrebungen; man kann wie wir alle heute glauben, daß Kriege in der Geschichte mit Regelmäßigkeit auftreten und daß zwangsläufig bald ein neuer Krieg kommen wird, während wir zur selben Zeit unser Leben nach dem Axiom planen, daß zu unseren Lebzeiten ein Krieg unmöglich ist. Gegensätze, die sich in normalem bewußten Denken gegenseitig modifizieren würden, existieren im Trancedenken einfach nebeneinander.

(b) *„Irrtümer" häufen sich*: Als etwa Truman MacArthur trotz Warnungen von chinesischer Seite, daß man darauf militärisch reagieren würde, gestattete, weiter in den Norden Koreas vorzudringen, wurde das als „Irrtum" bezeichnet, ungeachtet umfassenden Belegmaterials dafür, daß „Irrtümer" dieser Art motiviert sind. München ist ein „Irrtum", Pearl Harbor ist ein „Irrtum", die Schweinebucht ist ein „Irrtum", Vietnam ist ein „Irrtum" – nichts ist ein *Wunsch*.

(c) *Zwei plus zwei ergibt null*: Je größer das Risiko, desto weniger wird es unter der Gruppentrance bewußt als solches wahrgenommen. Eichmann drückte es so aus: „Hundert Tote sind eine Katastrophe. Fünf Millionen Tote sind eine Statistik." Als Präsident Kennedy uns allen via TV mitteilte, daß er Chruschtschows Angebot ausschlagen werde, die Raketen auf Kuba im Austausch gegen unsere ohnehin obsoleten Raketen in der Türkei zurückzuziehen, und andeutete, er werde bald gezwungen sein, die Invasion Kubas zu veranlassen, obwohl auf diese Weise hundert Millionen Amerikaner von russischen Raketen getötet werden könnten, gaben wir alle durch Kopfnicken unsere Zustimmung aus den Tiefen unserer Gruppentrance kund, in der Gewißheit, daß diese Zahl zu groß war, um für uns persönlich von Bedeutung zu sein.

(d) *Persönliche Verwicklungen werden zum Ersatz für Politik*: Präsident Kennedys Zusammenfassung der amerikanischen Beziehungen zu Rußland zu Beginn seiner Amtszeit lautete: „Wenn Chruschtschow mich durch den Dreck ziehen will, ist alles vorbei." Chruschtschow seinerseits ließ während der Kubakrise zu, daß Rußland ebenfalls in dieselbe Art von wahnsinnigem „personalisiertem" Denken verfiel:

> Als ich die militärischen Berater fragte, ob sie mir versichern könnten, daß ein Festhalten an den eingefahrenen Positionen nicht mit dem Tod von fünfhundert Millionen Menschen enden würde, schauten sie mich an, als hätte ich den Verstand verloren oder, was noch schlimmer war, als wäre ich ein Verräter ... Die größte Tragödie bestand ihrer Ansicht nach nicht darin, daß unser Land verwüstet werden und alles verloren sein könnte, sondern daß die Chinesen oder die Alba-

ner uns der Beschwichtigungspolitik oder der Schwäche beschuldigten. Und daher sagte ich mir: „Zur Hölle mit diesen Irren. Wenn ich die Vereinigten Staaten dazu bringen kann, mir zu versichern, daß sie keinen Versuch unternehmen werden, die kubanische Regierung zu stürzen, werde ich die Raketen zurückziehen." So geschah es. Und jetzt werde ich also von den Chinesen und den Albanern geschmäht. Sie sagen, ich hätte Angst, einem Papiertiger entgegenzutreten. Das ist alles Blödsinn. Welchen Nutzen hätte ich in der letzten Stunde meines Lebens daraus gezogen zu wissen, daß – wenn auch unsere große Nation und die Vereinigten Staaten in Ruinen darniederlagen – doch wenigstens die nationale Ehre der Sowjetunion erhalten geblieben war?[22]

Die „personalisierten" Reaktionen im Gruppentrance-Zustand gehen alle davon aus, daß die Welt außerhalb der Gruppe plötzlich voller anderer ist, die aus irgendeinem seltsamen Grund darauf aus sind, die Nation und insbesondere ihren Anführer zu *erniedrigen*. Tatsächlich ist die Außenpolitik zu Gruppentrance-Zeiten so sehr mit Erniedrigung beschäftigt, daß die Suche nach der gruppenpsychotischen Einsicht in der Regel als eine „Suche nach einem erniedrigenden Anderen" durchgeführt wird. Das ist das Ergebnis zweier Gruppenprozesse auf der Zusammenbruchsstufe. Im ersten Prozeß spürt der Anführer den wachsenden, auf ihn gerichteten Zorn der Gruppe, der sich unter anderem auch in ständigen Angriffen auf seine Selbstachtung äußert, leugnet aber, daß dieser Zorn aus seiner eigenen Gruppe stammt, und verschiebt ihn stattdessen auf die Außenwelt: „Nicht das *amerikanische Volk* versucht mich zu erniedrigen – es sind die *Russen*." Eine sorgfältige Analyse der Anschuldigungen, die in der Einbildung der Anführer äußere Gruppen erheben, bringt in der Regel zutage, in wie geringem Ausmaß sich deren Erscheinungsweise von jenen Anschuldigungen unterscheidet, die zur selben Zeit von Angehörigen ihrer jeweils eigenen Gruppe erhoben werden. Im zweiten Prozeß, der parallel zum ersten verläuft, erleben sowohl die Gruppe als auch ihr Fantasie-Anführer angesichts eines Zusammenbruchs der Abwehrstrukturen, einer Auflösung des Selbst, extreme narzißtische Wut und werden anfällig für Erniedrigungen. Der „erniedrigende [Gruppen-]Fremde" ist lediglich die Reaktion des kritischen, anklagenden, verfolgenden Über-Ichs, die auf andere projiziert wird: „Die amerikanischen Werte zerfallen, und wir sind nichts als eine Menge selbstsüchtiger Begierden – *die Russen sehen, wie tief wir gesunken sind,* und versuchen, uns weiter zu erniedrigen."

---

[22] Norman Cousins, The Cuban Missile Crisis: An Anniversary, in der *Saturday Review* vom 15. Oktober 1977, 4.

(e) *Nichts ist wirklich, alles ist Fantasie*: Der Entwirklichungs-Prozeß im Zuge einer Gruppentrance ist so mächtig, daß ich nicht in der Lage war, in der Geschichte eine Nation zu finden, die in den Krieg zog und sich die Mühe gemacht hätte, die Zahl der Toten und Verwundeten, die erwartungsgemäß aus ihren Handlungen resultieren würde, auch nur zu schätzen. Die Toten erscheinen den Planenden völlig unwirklich, die aus ihrer wahnhaften Trance heraus tätig werden. Im Vietnamkrieg hat etwa das Pentagon nicht *einmal* versucht, eine genaue Schätzung aller zivilen Opfer vorzunehmen, auch nicht unter jenen Zivilisten, die wir eigentlich schützen hätten sollen. Als 1966 ein Harvard-Student Verteidigungsminister McNamara, der als „echte Zahlen-Kanone" berühmt war, fragte, wie viele Zivilisten denn in Vietnam getötet worden seien, gab dieser zu, schlicht keine Ahnung zu haben.

Die Funktion toter Menschen besteht im Zustand der Gruppentrance darin, die innere Gewalttätigkeit des Gruppenwahns zu bekräftigen. Wenn aus irgendeinem Grund nicht genug Menschen sterben, um der inneren Fantasie genüge zu tun, scheint etwas zu fehlen. Als die Zahl der amerikanischen Kriegsopfer gegen Ende des Vietnam-Krieges abrupt zurückging, fand Nixon folgende Worte: „Die amerikanischen Verluste in Vietnam hatten einen neuen Tiefstand erreicht. Ich wußte, daß diese Verringerung der Verluste vielleicht nur ein Trick der Kommunisten war, um eine Eskalierung der Kämpfe um so schwieriger für mich zu machen."[23]

(f) *Historische Amnesie ist die Regel*: In einem Jahrhundert, in dem 100 Millionen Menschen durch Kriege getötet wurden, und auf einem Planeten, wo es gegenwärtig Zerstörungskräfte gibt, die 10.000 Tonnen TNT für jeden Mann, jede Frau und jedes Kind entsprechen, löst die bloße Andeutung, daß sich noch größere Zerstörung am Horizont abzeichnen könnte, regelmäßig blankes Staunen und Verdachtsmomente im Hinblick auf mentale Unausgewogenheit aus. Historische Amnesie ist eines der ersten Symptome einer Gruppentrance. Wenn Kriege und Revolutionen immer ganz überraschend auftreten, so mag das weniger mit der Schwierigkeit beim Vorhersagen menschlicher Gewalttätigkeit zu tun haben als mit der Tatsache, daß es in den Bibliotheksregalen gegenwärtig mehr Studien über Juwelen gibt als über Krieg – so beherrschend ist unser Bedürfnis, auch nur die bloße Existenz unserer Gruppenwahnbildungen zu leugnen.

---

[23] Steven Kelman, Push Comes to Shove: The Escalation of Student Protest, Boston 1870, 60; Richard Nixon, The Memoirs of Richard Nixon, New York [o. J.], 404 (dt. Memoiren, Frankfurt am Main-Berlin-Wien 1981, 411).

(g) *Ziele verschwinden, der Drang zum Handeln wird unwiderstehlich*: Eines der bizarrsten Ergebnisse des Gruppentrance-Denkens ist, daß kein Krieg, keine Revolution und kein anderer Gruppenwahn je mit einer Zielvorstellung darüber begonnen wird, was denn mit der Handlung zu erreichen sei. Die logische Annahme, daß jeder Kriegsanführer auch wirklich einen Plan dafür hat, was zu tun sei, wenn der Krieg vorbei und gewonnen ist, erweist sich als völlig irrig. Obwohl man häufig annimmt, daß Kriege und Revolutionen wirtschaftliche Ursachen haben, hat keine Gruppe je ein Dokument erstellt, das die wirtschaftlichen Folgen ihrer beabsichtigten Handlung abgesteckt hätte. Hätte sie so etwas getan, wäre sie niemals auf ihrem Weg weitergegangen, da Gruppenwahnbildungen höchst unökonomische Mittel sind, das zu bekommen, was man wirklich will. *In Wirklichkeit ist die Handlung selbst das Ziel und nicht ihre Folgen.* Als die Japaner die einhelligen Berichte ihres Geheimdienstes ignorierten, daß die USA in jeder Auseinandersetzung mit Japan siegen würden; als die Deutschen die Berichte ihres Geheimdienstes ignorierten, daß ein gleichzeitiger Krieg gegen Rußland und England mit einer deutschen Niederlage enden würde; als Präsident Johnson die CIA-Berichte ignorierte, daß seine massive Bombardierung Nordvietnams nicht den Sieg bringen würde, waren sie nicht einfach alle „optimistisch". Ihr Ziel war die Gewalttätigkeit und die emotionale Freisetzung der Handlung selbst, nicht deren mögliche Konsequenzen im Hinblick auf irgendwelche erreichbaren Ziele, die wenigstens der glühendste Apologet als rational hätte betrachten können. In einer Gruppentrance wird Handeln unwiderstehlich, um wahnhafte Motive auszuführen. Ungeschminkt verrücktes Denken – das einen Begriff wie „Präventivkrieg" oder den Satz „lieber tot als rot" zuläßt – wird zur Regel.

(h) *Gewalt ist unumgänglich*: Da der innere wie der äußere Feind auf der Stufe des Gruppenwahns als Ablagerungsort für Projektionen dient, impliziert der Antrieb zur Handlung das Verlangen, die Träger dieser projizierten Gefühle auszulöschen. Die ganze objektlose Wut aus der Phase des paranoiden Zusammenbruchs steht nun dem organisierten Gruppenwahn zur Verfügung, und der Feind wird jetzt so gesehen, daß er weniger wert ist als Ungeziefer, das nur existiert, um getötet zu werden. Der offizielle Feind ist freilich nicht das einzige Opfer – die Gruppe vernichtet indirekt auch viele ihrer eigenen Es-Repräsentanten, nämlich ihre junge Generation, die für sie selbst in der Lebensphase steht, in der sie am meisten sexuell aktiv und aggressiv war.

Seltsamerweise ist der Gruppenwahn so mächtig, daß das Ergebnis der erfolgreichen Gruppen-Gewalttätigkeit – ein Ergebnis, das offenkundig von Machtfaktoren allein abhängt – von der Gruppe so gesehen wird, daß es den Sieg der *morali-*

schen Werte der Gruppenfantasie als solcher bestätigt. Daher meint man, daß Sieg bzw. Niederlage in „Kriegen gegen den Kommunismus", wie in Korea und Vietnam, jeweils Sieg bzw. Niederlage der liberalen amerikanischen Werte anzeigen; die verschiedenen Siege des alten Athen oder Spartas stellen angeblich den Wert ihrer unterschiedlichen politischen Systemen unter Beweis; in der Niederlage der spanischen Armada erwies sich die Größe der elisabethanischen Werte; die Niederlage des amerikanischen Südens im Kampf gegen den Norden bezeugt die moralische Überlegenheit des Abolitionismus und so weiter. Alle militärischen Triumphe werden unter Verweis auf den Mut und die Überlegenheit der „siegreichen" Gruppenfantasie-Systeme rationalisiert, in Wirklichkeit laufen jedoch alle auf die Akzeptanz des Grundsatzes, daß der Stärkere recht hat, und die Leugnung der Prämisse hinaus, daß alle gewalttätigen Handlungen in Wirklichkeit die Niederlage und nicht den Triumph echter menschlicher Werte repräsentieren.

Insgesamt liegt dem Begriff der historischen Gruppenfantasien eine Geschichtstheorie zugrunde, derzufolge Geschichte aus sich unablässig entwickelnden Zyklen von Bestrebungen einzelner besteht, große Gruppen zu bilden, die sich um gemeinsame Fantasiesysteme herum organisieren und auf Verschiebungen persönlicher psychosexueller Konflikte von immer höheren Psychoklassen basieren, wobei jeder Zyklus in einem paranoiden Zusammenbruch der Gruppenfantasie und dem Ausagieren eines Gruppenwahns gipfelt, um sich allgemein geteilter Gefühle von innerem Chaos und Wut zu entledigen. Diese Zyklen finden infolge der *psychohistorischen* Gruppendynamik statt, in einem Bereich der Psyche, der unabhängig vom Bereich der individuellen Neurose ist, jedoch auf ihren Inhalt zurückgreift. Die Unabhängigkeit der historischen Gruppenfantasie-Stufen von denen der individuellen Neurose erzeugt das seltsame Gefühl von Diskontinuität zwischen dem öffentlichen und dem privaten Bereich und spiegelt sich in Diskussionen über Fragen wie: „Waren die Deutschen wirklich *krank*, als sie Hitler folgten?" oder „Wurde Amerika während des Vietnam-Krieges *verrückt*?" Ein und dieselbe Gruppe – mit denselben Graden von Reife, persönlichem psychischen Leid und psychotischen Anteilen – kann an einem bestimmten Punkt in einem Gruppenfantasie-Zyklus ihre Ängste unter einem „starken" Fantasie-Anführer erfolgreich kontrollieren und einige Jahre später, ohne daß sich die Psychodynamik der einzelnen oder die „persönliche Gesundheit" im geringsten verändert hätte, in den Krieg marschieren. In Gruppenfantasie-Zyklen mit der Dauer von ein paar Jahren bis zu ein paar Dutzend Jahren werden wir nach Maßgabe der psychohistorischen Gruppendynamik „gemeinsam verrückt", völlig

unabhängig von den Zyklen persönlichen Leids, den Veränderungen bei den Mustern der Kindeserziehung oder irgendwelchen anderen Kriterien.
Im Unterschied zu der „natürlichen Therapie", die meiner Meinung nach innerhalb geschichtlicher Familien stattfindet, wenn nachfolgende Elterngenerationen jeweils versuchen, ihre Sache besser zu machen, als es die jeweils eigenen Eltern im Hinblick auf die Erziehung ihrer Kinder getan haben, bin ich *nicht* der Ansicht, daß das Durchlaufen aufeinanderfolgender Gruppenfantasie-Zyklen therapeutisch wirkt. Niemand scheint je irgendetwas aus Kriegen und Revolutionen zu lernen, und nach dem Ausagieren von Gruppenwahn-Projekten scheint die Persönlichkeitsstruktur genauso unreif zu sein wie zuvor. Gruppenwahnbedingte Gewalt ist in Wirklichkeit *traumatisch* für den einzelnen, für die Familie und für die Fähigkeit der Eltern, der nächsten Generation eine reifere psychische Struktur mitzugeben. Die Geschichte kann daher als ein Wettlauf zwischen der Therapie durch die Evolution der Familie und den Traumata durch die gruppenwahn-bedingte Gewalt betrachtet werden.
Meine Theorie, daß historische Gruppen entsprechend der Gruppendynamik, die ich beschrieben habe, vom Stadium der stabilen Gruppenfantasie über den paranoiden Zusammenbruch derselben in den Gruppenwahn taumeln, mit empirischem Material zu belegen, wird Aufgabe der restlichen Abschnitte dieses Kapitels sein. Zunächst möchte ich jedoch eine neue Technik einführen, die meiner Ansicht nach helfen kann, die spezifischen historischen Gruppenfantasien offenzulegen, die in der Fülle des dem Psychohistoriker zugänglichen empirischen Materials verborgen sind: die Fantasieanalyse.

Eine Fantasieanalyse der Nixon-Tonbänder
Zum Konzept der historischen Gruppenfantasie gehört die Annahme, daß der Großteil des öffentlichen Diskurses, den Psychohistoriker regelmäßig untersuchen, seinem Wesen nach defensiv ist und darauf abhebt, das bewußte Denken dazu zu verleiten, die Rationalisierungen zu akzeptieren, welche die zugrundeliegende Fantasiebotschaft verbergen, die von den Mitgliedern der Gruppe geteilt wird. Obgleich dieser rein defensive Inhalt auch für sich genommen interessant ist und nicht ignoriert werden kann, ist die zugrundeliegende Gruppenfantasie als solche leichter ersichtlich, wenn man *nur* die stärker emotionalen Worte auswählt und nebeneinanderstellt, so daß Verbindungen und Themen in Erscheinung treten können, die sonst unter der riesigen Menge an defensivem Material verborgen bleiben.

Eine Technik, die ich im Laufe der letzten Jahre als brauchbar erlebt habe, besteht darin, das historische Dokument – ob es ein Zeitungsartikel, eine Präsidentenrede oder die Mitschrift eines Kongreßausschusses ist – durchzugehen und dabei nur die Metaphern, Vergleiche, Körper-Ausdrücke, stark gefühlsbetonten Worte, wiederkehrenden Wendungen und symbolischen Ausdrücke herauszusuchen, um diese dann auf ihren thematischen Gehalt hin zu untersuchen. Diese Technik, die ich Fantasieanalyse nenne, geht einem recht leicht von der Hand, wenn man erkennt, daß man das Originalmaterial zunächst auf seinen offenkundigen Gehalt lesen muß, um den bewußten Wunsch, den man selber hegt, nämlich zu erfahren, was die jeweilige Person absichtlich über „wirkliche Ereignisse" sagt, zu befriedigen. Sodann muß man dasselbe Dokument mit einem völlig anderen Blick neuerlich durchlesen, diesmal nur auf seinen Fantasiegehalt hin. Dieser Fantasiegehalt macht selten mehr als ein Prozent des Gesamtinhalts des Dokumentes aus und kann ans Licht gebracht werden, indem man diesen acht Regeln folgt:

1. *Verzeichnen Sie alle Metaphern und Vergleiche*, unabhängig vom Kontext. Das ist nicht so leicht, wie es klingen mag – die Geschichte der Etymologie zeigt, daß alle Redewendungen in einem metaphorischen Schleier ihren Anfang nehmen und erst durch langen Gebrauch typisch werden. Es ist besser, Grenzfälle miteinzubeziehen, als sie auszulassen – so nimmt „Abrüstung" (*„arms cuts"* i. O.; *A.d.Ü.*) Fantasie-Untertöne an (etw bei einer Abrüstungskonferenz), sobald es mit anderen Fantasieworten verbunden wird, die darauf hinauslaufen, die wörtliche Bedeutung von Schnitten in den Arm (eines Menschen) zu vermitteln.
2. *Verzeichnen Sie alle Arten von Körpersprache, alle Anklänge an starke Gefühle und alle starken emotionalen Zustände.* Es ist offensichtlich, daß die Worte „töten", „Tod", „Liebe", „Haß" und so weiter wichtige emotionale Botschaften vermitteln – faszinierend ist jedoch, wie oft sie in Kontexten auftauchen, die zugleich ihre Wichtigkeit leugnen und sich dagegen verwehren, daß sie „wirklich" emotionale Bedeutung haben. Oft wird die meiste Zeit eines Treffens, bei dem darüber entschieden wird, ob man in den Krieg zieht, damit vergeudet, in langweiliger, emotionsloser Sprache über Vorgangsweisen zu diskutieren, just dann aber, wenn alle am Einschlafen sind, schleichen sich Wendungen ein wie „die ausstehende Gesetzesvorlage abwürgen" oder „der

Fortschritt bei der Gesetzesvorlage ist an einem toten Punkt angelangt", und der Psychohistoriker muß wachsam genug sein, um nur die Worte „abwürgen" und „tot" herauszunehmen.

3. *Verzeichnen Sie jeden wiederholten, unüblichen oder grundlosen Wortgebrauch.* Das erfordert absolute Konzentration, besonders wenn ein umfangreiches Dokument untersucht wird, zumal zwischen den Wiederholungen oft ganze Seiten liegen und die „Unüblichkeit" eines Wortes oder einer Wendung vom Kontext abhängt. Wenn aber zum Beispiel in einem Dokument der Russischen Revolution mehrmals „herauskommen" (*„coming out"* i. O.; A.d.Ü.) gebraucht wird (im Sinne von Revolution), sollte das als eine wichtige unübliche Wendung verzeichnet werden, die eine besonders starke emotionale Botschaft übermittelt.

4. *Verzeichnen Sie jeden offensichtlich symbolischen Ausdruck*, insbesondere politische Ausdrücke, wie Flaggen und dergleichen, aber auch Bildsprache aus dem Bereich der Familie und andere rundheraus symbolischen Wendungen.

5. *Streichen Sie alle Negationen.* Ein Redner, der vor Sie hintritt und sagt: „Ich möchte heute nicht über Krieg, Revolution, Tod, Angst und Zerstörung sprechen", vermittelt natürlich genau die positive Botschaft, die er leugnet. Alle Negationen und alle Verleugnungen sind Teil der Abwehr-, nicht der Fantasiestruktur; wie Freud schon vor langer Zeit sagte, kennt das Unbewußte keine Verneinung.

6. *Streichen Sie alle Subjekte und Objekte.* Zur grundlegenden Abwehrtechnik gehört auch die Projektion von Subjekt und/oder Objekt, so daß man sich nicht darauf verlassen kann, daß die Sprache des Redners das wirkliche Subjekt/Objekt der Fantasie anzeigt. Wenn das Dokument also lautet: „Die Russen sind am Zusammenbrechen", wird nur das Wort „zusammenbrechen" herausgeschrieben; zur Klärung, ob tatsächlich die Russen zusammenbrechen oder der Redner und seine Gruppe das Gefühl haben zusammenzubrechen, sollten andere Belege herangezogen werden.

7. *Verzeichnen Sie alle offenen Gruppenreaktionen*, Gelächter, Augenblicke der Entspannung bei Treffen, Unterbrechungen, Nebenbemerkungen, angespanntes Schweigen usw., wo immer dies möglich ist.

8. *Achten Sie auf alle längeren Perioden ohne Bildsprache.* Wenn Sie bei einem Treffen über ganze Seiten des Dialogs kein einziges Bild finden

können, machen Sie sich bei Ihrer Analyse in Klammern eine Notiz dazu – es zeigt an, daß es keine Gruppenentwicklung gibt und die Gruppenfantasie aus irgendeinem Grund heftig verdrängt wird.

Um zu veranschaulichen, welche Arten neuer Verbindungen und Themen mithilfe dieser Technik erblickt werden können, werde ich in diesem Abschnitt des Kapitels ein Dokument aus der jüngeren Zeitgeschichte nehmen, die Nixon-Tonbänder, und auf den nächsten Seiten *jedes einzelne Wort* der Fantasiesprache vorführen, das nach diesen Regeln geortet wurde – eine vollständige Fantasieanalyse der ganzen 800 Seiten Tonbandmitschnitte, die im Bericht vom daraufhin eingesetzten Untersuchungsausschuß durch Vergleich der Version des Weißen Hauses mit den diesem Ausschuß vorliegenden Originalbändern vervollständigt und korrigiert wurden.[24] Als informellen Zuverlässigkeitstest habe ich meine Version der Auswahltechnik mit den Versionen einiger Kollegen verglichen, die ebenfalls diese Regeln anwandten. Sie sind praktisch auf dieselbe Liste von Fantasieworten gekommen, nur manchmal hatten sie ein paar zusätzliche Wörter ausgewählt, die ich nicht verzeichnet hatte. Diese Wörter stellten im allgemeinen Variationen derselben Arten von Gefühlsausdrücken dar, die ich meinerseits auch aufgenommen hatte, nur daß ich dazu tendierte, ganz konservativ zu sein im Hinblick darauf, was denn nun ein „starkes" Gefühl ausmachte. (Natürlich sind die Leser eingeladen, die Zuverlässigkeit der Methode anhand der leicht zugänglichen Transkription der Bänder selbst zu überprüfen.)
Für die ersten beiden Zusammenkünfte vom September 1972 und Februar 1973 habe ich im folgenden ganze Sätze überall dort wiedergegeben, wo Worte für die Fantasieanalyse auftauchen, und die Fantasieworte in **Fettdruck** gesetzt, so daß der Leser das umgebende Material untersuchen kann. Auch habe ich in Klammern die Seitenzahl angegeben, um so wenigstens einen Eindruck von der geringen Häufigkeit zu vermitteln, mit der die Worte der Gruppenfantasie im gesamten Text erscheinen. Die Fantasieanalyse der ersten beiden Treffen zwischen Nixon und John Dean lautet wie folgt:

---

[24] The White House Transcripts: Submission of Recorded Presidential Conversations to the Committee on the Judiciary of the House of Representatives by President Nixon, New York 1974; weiters ergänzt durch Abweichungen, auf die man im Kongreß gestoßen ist: Hearings Before the Committee on the Judiciary. House of Representatives, 93rd Congress. Comparison of White House and Judiciary Committee Transcripts of Eight Recorded Presidential Conversations, Washington: U.S. Government Printing Office 1974, Seriennummer 34.

15. 9. 1972: Nichts wird **einstürzen** ... das ist eine **Dose Würmer**, zumal Sie viel von dem Zeug wissen, das da gelaufen ist ... die Art, wie Sie das alles erledigt haben, ist, wie mir scheint, sehr geschickt gewesen: Ihre **Finger in die undichten Stellen** zu legen, die hier und da aufgesprungen sind. [61] ... Sie versuchen also einfach, sich **zugeknöpft** zu geben, so gut Sie können ... [66]
20. 2. 1973: ... wahrscheinlich wird er es **da draußen treiben** lassen, und sie werden danach **schnappen**. [70] Sie würden ihm einen **heißen Stuhl** geben. [72] ... Es wird **heiß** werden, ich denke, sie werden **hart** im Nehmen sein. Ich glaube, sie werden in mancher Hinsicht **blutrünstig** sein, aber ich bin auch absolut überzeugt, daß, wenn jeder in dieser Sache **an seinem eigenen Strang zieht** ... [81] ... Die Ärzte sagen, daß der arme alte Herr einen **Tumor** hatte ... der Mann hatte einen **Hirntumor**. [82] ... Ich habe nicht den **Anflug** einer Ahnung. Es ist eine Sullivan-Geschichte darüber, wo die **undichte Stelle** hergekommen sein mag, über die jüngste *Time Magazine*-Story, gegen die wir hier völlig **mauern**. [84] ... Es hat nie eine **undichte Stelle** in meinem Büro gegeben. Es wird nie eine **undichte Stelle** in meinem Büro geben. Ich will gar nicht damit anfangen zu wissen, wie man **undicht** wird, und ich möchte auch nicht erfahren, wie Sie **undicht** sind. [86] ... Ich habe versucht, es in seinen **dicken Schädel** hineinzukriegen. Sein **Schädel** ist nicht **dick** ... [90] ... Ich plane eine Reihe von **Brain-Sessions** mit einigen Medienleuten ... Sie wissen, ich bin ein **kleiner Fisch**. [91]

Das erste, was man feststellt, wenn man den Seitenzahlen in diesem Zitat folgt, ist die sporadische Natur des Fantasieinhaltes. Es ist, als ob die Leute bei dem Treffen einige Minuten lang versuchen, jede Fantasiesprache außen vor zu belassen, dann in einem kurzen Ausbruch unvermittelt mehrere starke emotionale Wendungen von sich geben und schließlich für einige Minuten zur Verleugnung zurückkehren oder Aufgaben durcharbeiten. (Das gilt, wie ich herausgefunden habe, für die meisten Treffen, sowohl für die, welche ich in Transkription studiert habe, als auch für jene, an denen ich teilgenommen habe. Jedesmal, wenn die Gruppe fünf oder zehn Minuten ohne Fantasiesprache ist, fange ich an, mich unbehaglich zu fühlen, emotional hilflos und ohne Verbindung zur Gruppenentwicklung, bis ein neuer Ausbruch von Fantasiesprache die Spannung lockert und mich wieder in Kontakt mit der weiterlaufenden Gruppenfantasie bringt, obwohl sie sich in einer hoch verdichteten Sprache ausdrückt.)
Eine Untersuchung der fett gedruckten Fantasieworte bringt mehrere Bilder und Themen zutage, die ich für meinen Teil nie zuvor bemerkt hatte, obwohl ich die gesamten Bänder vorher schon mehrmals durchgelesen hatte. Obwohl es natürlich stimmt, daß jeder, der die Ergebnisse einer Fantasieanalyse liest, eine andere Deutung für die verschiedenen Gefühle und Themen entwickeln wird, sollte die

Existenz dieser Themen doch etwas sein, worauf die meisten Analytiker sich einigen können sollten. Bei diesen beiden Treffen beginnt man damit, etwas Kleines zu notieren („kleiner Fisch", „Würmer"), ein Gefühl des Treibens in einer Flüssigkeit („undichte Stellen", „treiben"), einen Behälter („Dose", „zugeknöpft"), die Drohung eines Zusammenbruchs („einstürzen"), und vielleicht noch die zusätzlichen Themen von einem schmerzenden Kopf („dicker Schädel", „Hirntumor", „Brain-Sessions" „mauern") und vom schmerzenden Hinterteil („heißer Stuhl"). Wie man diese Themen miteinander in Verbindung bringt, wird klarerweise je nach theoretischer Ausrichtung variieren. Einige Analytiker könnten die Besorgnis über die undichten Grenzen betonen, andere könnten infantile Bilder von Verletzlichkeit festhalten, davon, sich im Hinblick auf seine Gefühle zugeknöpft zu geben, von drohender Gefahr, und wieder andere könnten die Fantasie von einem Fötus erblicken, der in einem undichten Mutterleib treibt. Aber wie auch immer die Interpretation ausfallen mag, ein Initialthema klingt bestimmt an, das sich mit dem weiteren Verlauf der Treffen weiterentwickelt: daß die zuvor eingehaltenen Grenzen der Gruppe in Gefahr sind, zusammenzubrechen und eine Flut gefährlicher Gefühle freizusetzen.

Das nächste Treffen im März 1973, bei dem Haldeman, Dean und Nixon anwesend sind, präsentiert uns eine noch intensivere Bildsprache zu den bereits eingeführten Themen (ab hier werde ich nur noch die Fantasieworte jedes Treffens wiedergeben):

> 13. 3. 1973: ... in der Schublade ... hin und her pendeln ... verstecken ... sich auf die Hinterbacken setzen ... hin und her pendeln ... Kugelbeißer ... ihm ein bißchen Dampf machen ... drinnenhängen ... diese Brücke überschreiten ... kleine Bombe ... Stück Dynamit ... eine Deckung aufgeben ... zerbrechen ... Waschvorgang ... schlagend ... eine schwere Aufgabe ... trockenes Loch ... Straße zum Herumhängen ... Straße zum Herumhängen ... Straße zum Herumhängen ... herumgestoßen ... herumhängen ... herumhängen ... Dominosituation ... letzter Atemzug ... kreischen ... kreischen ... kreischen ... haben ihnen die Hölle heiß gemacht ... Establishment stirbt ... lief gegen Mauern ... Bärenfalle ... echte Bombe ... sehr heiß.

Das Gruppengefühl scheint nun eine neue Entwicklungsstufe erreicht zu haben. Das anfangs sanftere Bild von etwas, das bloß heiß ist, mit leichten Sprüngen und undichten Stellen, hat sich jetzt in ein Bild von wirklicher Explosivität („Dynamit" „echte Bombe", „Dampf machen", „sehr heiß", „Bärenfalle") und einem weitaus verletzlicheren Zustand der Grenze („Establishment stirbt",

„Deckung aufgeben", „zerbrechen", „herumhängen", „gegen Mauern", „versteckt", „kreischen", „letzter Atemzug") verwandelt. Die Gewaltsamkeit der Bildsprache ist um einige Grade erhöht worden, und man empfindet die wachsende Wut und Furcht, zusammen mit zusätzlichen Bildern von Zusammenbruch und Gefahr. Daß diese Gefahr und Wut von den Teilnehmern als etwas ihnen Äußerliches empfunden wird, das heißt als Teil des Gruppengefühls, *und zugleich* auch als etwas ihnen Innerliches, das heißt als Teil ihres eigenen unbewußten intrapsychischen Fantasiesystems, wird noch deutlich werden. An dieser Stelle jedoch sollte festgehalten werden, daß zumindest einer der Teilnehmer, nämlich Dean, auf genau diesen Sachverhalt hingewiesen hat, als er sich später für seine geheimen Zeugenaussage vor dem parlamentarischen Untersuchungsausschuß an diese Zeit erinnerte. Zweimal teilte Dean im Verlaufe seiner Zeugenaussage den Mitgliedern des Ausschusses mit, daß er sich während dieser Zeit „schwanger" gefühlt habe. Eines der Mitglieder war der Meinung, ihn akustisch falsch verstanden zu haben, und fragte ihn: „Mr. Dean, auf die Gefahr hin, taktlos zu sein: Habe ich richtig verstanden, daß Sie bei mindestens zwei Gelegenheiten im Zuge Ihrer Aussage sagten, Sie wären schwanger gewesen?" Dean antwortete: „Diese Redewendung habe ich gebraucht." Das Mitglied buchstabierte wie ungläubig: „S-c-h-w-a-n-g-e-r?" Dean sagte: „Ich ging mit der Vertuschung schwanger, damit habe ich, glaube ich, meine Aussage begonnen, und wo die Wendung das erstemal auftaucht, da sagte ich, ich sei zuerst eine sich sträubende Dame und bald darauf schwanger gewesen." Später in seiner Zeugenaussage bestätigte er noch einmal, daß die Watergate-Vertuschung in seinem *Inneren* gewesen sei, und gebrauchte die Wendung, daß er sich während der Konzeption[*] regelrecht „vergewaltigt" gefühlt habe.[25] Im weiteren Verlauf der Fantasieanalysen dieses und anderer Treffen wird immer deutlicher werden, daß sich die zum Ausdruck gebrachten Gefühle in erster Linie auf innere Gefühle von wachsender Wut und Angst und erst in zweiter Linie auf die Wahrnehmung der äußeren „Wirklichkeits"-Situation der Gruppe beziehen.

Eine Woche später eröffnete Dean sein Treffen mit Nixon mit seinem berühmten Spruch: „Die Präsidentschaft ist von einem Krebsgeschwür befallen" – ein Bild, das bereits von Nixon selbst in diesen Gruppenprozeß eingeführt worden war, und zwar in einer „Nebenbemerkung", die er bei dem oben zitierten Februar-Treffen fallengelassen hatte: das Bild einer Person, von der er gehört hatte, sie

---

[*] Der Ausdruck *conception* bedeutet sowohl Konzeption im Sinne eines Entwurfs, eines Plans, als auch Empfängnis. (A.d.Ü.)

[25] Edward Mezvins, A Term to Remember, New York 1977, 167 f.

habe einen „Hirntumor". (In der Tat hat Nixon das Bild vom „Krebsgeschwür" im Laufe seiner Karriere oft verwendet, für gewöhnlich allerdings im Hinblick auf internationale Angelegenheiten, bei denen die meisten Politiker es verwenden, wie etwa als er 1962 sagte, „Kuba sei ein Krebsgeschwür", das sich ausbreiten könnte.)[26] Die Fantasieanalyse dieses Treffens liest sich wie folgt (der Leser sollte versuchen, den ganzen Abschnitt laut zu lesen):

> 21. 3. 1973: ... innen ein Krebsgeschwür ... wachsen ... wachsen ... wachsen ... sprengen ... sprengen ... Desaster ... Fisch- oder Fleischköder ... Schläge ... schlagen ... ohne Erbarmen getrieben [*pushed*] ... das Weiße Haus ist nicht glücklich ... Weißes Haus ... Weißes Haus ... drückend ... losgelöst ... Eindämmung ... es halten ... in die Luft jagen ... wachsendes Krebsgeschwür ... schlagen ... Stöpsel auf der Flasche ... Schläge ... wachsen ... wachsen ... Schläge ... vertuschen ... zerbrechen ... auf ihren Hintern aufpassen ... meinen Arsch schützen ... Angst haben ... schlagen ... zerbrochen ... Stücke ... über die Klippe hinab ... Schlag ... heiß ... Schläge ... die Straße runter ... sich auf die Hinterbacken setzen ... es vertuschen ... es verborgen halten ... die Hitze ertragen ... die Hitze ertragen ... Stücke und Fetzen ... gebrochen ... Stücke und Fetzen ... verblutet ... hängen ... aus dem letzten Loch pfeifen ... in Rauch aufgehen ... herauskommen ... losbrechen ... widerspenstiger Drache ... Erosion ... Erosion ... langer Weg ... ihren eigenen Hintern schützen ... in die Luft jagen [*blow up*]... Zusammenbruch ... das Krebsgeschwür wächst ... damit aufräumen [*clean it out*]... mit dem Krebsgeschwür aufräumen ... das Krebsgeschwür herausschneiden ... Schlag.

Das erste, was man an diesem bemerkenswert expressiven und emotional dichten Treffen feststellen muß, ist, daß die *tatsächliche* Watergate-Situation im März 1973 weit davon entfernt ist, sich „aufgeheizt" zu haben, so daß man keinesfalls sagen kann, Ängste im Hinblick auf die Vertuschung seien für die Sprache dieses Treffens verantwortlich gewesen. In Wirklichkeit ist Nixon soeben mit großer Mehrheit wiedergewählt worden, die Watergate-Zwischenuntersuchung ist mit wenig Ergebnissen zuende gegangen, Hunt soll gleich nach diesem Treffen sein Schweigegeld erhalten, und es sieht ganz so aus, als würde die Vertuschung erfolgreich sein. Der Punkt (den wir in diesem ganzen Kapitel herausarbeiten wollen) ist der, daß die Sprache der enorm wachsenden inneren Gewalt der äußeren, „wirklichen" Gefahrensituation um Tage, Wochen oder Monate *vorausgeht*. Wie unsere Theorie der historischen Gruppenfantasie postuliert, werden der Zusammenbruch der Gruppenfantasie und die Fantasien von wachsender innerer Ge-

---

[26]   *New York Times* vom 19. September 1962, 3.

walt in der Tat, wie die oben zitierte Sprechweise zeigt, *zunächst* als „krebsartiges Wachstum" erlebt, das kurz davor steht, „in die Luft zu gehen" oder in „blutende Stücke und Fetzen aufzubrechen" - alles Bilder vom „paranoiden Zusammenbruch", wie sie auf dieser Stufe gemeinhin auftreten -, und *dann erst* werden von der Gruppe äußere Bedingungen gesetzt, welche die Fantasie in Wirklichkeit verwandeln.

Das wird bei diesem Treffen vom 21. März ganz deutlich. *Zunächst* erlebt die Gruppe die inneren Wut- und Zusammenbruchsgefühle, und *erst am Ende des Treffens* sagt der Präsident im Zusammenhang mit dem Schweigegeld für Hush: „Erledigt es" - was die entscheidende Handlung zur Behinderung der Justiz war, wofür man später ein Amtsenthebungsverfahren gegen ihn einzuleiten gedachte. Die Teilnehmer am Treffen durchlebten zuerst die Gefühle des paranoiden Zusammenbruchs und gingen erst dann dazu über, die illegalen Handlungen zu begehen, welche die Paranoia vergegenständlichten und die wahnhafte Lösung vorbereiteten: den fantasierten Tod des Anführers durch die „rauchende Pistole", mit der er selber in seinem eigenen Tempel herumschießen wird. Die bei diesem Treffen anwesende Gruppe ist nicht etwa mit Nixon „mitgezogen"; sie *befahl* ihm, eine Lösung für den unerträglichen Zustand von Wut und Zusammenbruch zu finden, den ihre Mitglieder allesamt empfanden.

Das zweite, was an der Sprache dieses Treffens zu bemerken ist, sind die starken analen Untertöne, mit denen die Gewalt ausgedrückt wird. Der in erster Linie anale Charakter des wachsenden Zorns offenbart sich nicht nur im offenkundigen Sinn solcher Redewendungen wie „meinen Arsch schützen" und „auf ihren Hintern aufpassen" usw., auch nicht nur im mit der ganzen Bildlichkeit von „treiben" [*pushing*], „in die Luft jagen" [*blowing*], „herauskommen" [*coming out*] und „aufräumen" [*clean it out*] implizierten Sinn, sondern ebenso in all den „getilgten Füllwörtern", die ja angeblich überhaupt vornehmlich anale Bildsprache beinhalten. Das zeigt sich im modernen politischen Diskurs sehr häufig, wenn er eine Fantasieanalyse unterzogen wird: Die anale Feindseligkeit bildet die Grundlage, in welcher die orale und ödipale eingebettet sind. Eine Gruppe auf einer niedrigeren psychogenen Persönlichkeitsstufe, ein primitiver Stamm etwa, dessen (anale) Sauberkeitserziehung nicht so strikt ist, könnte die anale Bildsprache durch die einer früheren Stufe ersetzen - zum Beispiel mit Bildern von wachsender Gruppenverschmutzung durch gefährliches Menstruationsblut. Hier jedoch, bei einer Gruppe, deren Sauberkeitserziehung früh und streng durchgezogen wurde, wie bei den meisten Amerikanern dieser Psychoklasse, die in den zwanziger und dreißiger Jahren aufwuchsen, ist die Bildsprache stark anal. Jeder

Teilnehmer an dem Treffen (Ehrlichman und Haldeman kommen etwa in der Hälfte zu Dean und Nixon hinzu) brachte, wenn er nach einer Metapher, einem Gleichnis oder einem emotional ausdrucksvollen Wort suchte, unabhängig vom Thema (und die Themen waren weitgestreut) immer nur ein und dasselbe Gefühl, ein und dieselbe Fantasie zum Ausdruck, was sich gegen Ende des Treffens zu einem Befehl auswuchs: „Wir müssen mit dieser explosiven Scheißwut bald aufräumen, oder wir werden alle in blutende Stücke und Fetzen explodieren."
Die Gefühle vom paranoiden Zusammenbruch bei einer modernen Gruppenfantasie sind identisch mit denen einer primitiven Gruppe im Moment der „Opferkrise".[27] Gefühle wachsender Verunreinigung innerhalb der Gruppe – hauptsächlich Gefühle wachsender Gewalt – verlangen nach Reinigung durch die Aufopferung eines Stellvertreters, eines Sündenbocks, damit das „soziale Netz", die wirkliche Gruppenfantasie, wiederhergestellt werden kann. Ob das Opfer nun ein wirklicher Sündenbock (Tier oder Mensch), ein Feind (außerhalb oder innerhalb der Gruppe) oder der Anführer selbst ist (wie beim alljährlichen Opfer der Gottkönige, das die reinigenden Regenfälle zur Befreiung der Gruppe von ihrer Verschmutzung bringt), das ist eine andere Frage, die mehr mit den Gelegenheiten zu tun hat, welche die jeweilige geschichtliche Situation bietet, als mit den Stufen der Gruppenfantasie, auf die sich unser Blick hier richtet. Im vorliegenden Fall war zum Teil Nixons eigene Persönlichkeit verantwortlich dafür, daß er die Gruppenwahn-Lösung „Selbstmord des Anführers" wählte, neben der Tatsache, daß ein weiterer Krieg unmittelbar nach dem Ende des Vietnamkriegs schwer zu verkaufen war. Tatsächlich bewegte sich Nixon schon am Tag nach seiner Wiederwahl auf die selbstmörderische Entscheidung zu, als er sagte, er sei im Begriff, „wie ein erloschener Vulkan" zusammenzubrechen,[28] und versuchte, gegen diesen starken Gefühlszustand anzukämpfen, indem er den Rücktritt seines gesamten Stabes im Weißen Haus und seines Kabinetts forderte – womit er zu einem umfassenden „Neuorganisations"-Schema ansetzte, das er geplant hatte, einem Schema, das ihn allen Angehörigen der Exekutive entfremden sollte und letztlich zu den undichten Stellen führte, die seinen Untergang verursachten. Doch sogar unter diesen Umständen brachte Nixon es beinahe zustande, bereits während der Watergate-Krise noch den zur Ablenkung der Wut nach außen erforderlichen externen Feind zu finden: die Alarmstufe Rot vom Oktober, als er einen imaginären Plan der Sowjets zur Entsendung einer Expeditionstruppe in den Nahen Osten aus dem Ärmel schüttelte und die amerikanischen Streitkräfte

---

[27] René Girard, *Violence and the Sacred*, 8 ff.
[28] Nixon, *Memoirs*, 768 f.

zum ersten Mal seit der Kuba-Krise in weltweite Alarmbereitschaft versetzte. Nixons „Krise" war jedoch zu sehr konstruiert, die Russen schlugen das Angebot, bei dem Konfrontationsversuch mitzuspielen, aus, und so stand ihm als Gruppenwahn nur noch der politische Selbstmord offen. Der Punkt, den ich hier hervorheben möchte, ist der, daß alle Gruppenwahnbildungen, ob man sich nun für Königs- oder Selbstmord, Krieg, Revolution oder Chiliasmus entscheidet, als Gruppenreinigungs-Riten fungieren, die dazu gedacht sind, die wachsende Wut auf andere zu verschieben, die Gruppe von Gewalt zu befreien und unter einer neuen, stabileren Gruppenfantasie wiedergeboren zu werden.

An dieser Stelle kann auch noch auf ein Drittes hingewiesen werden. Alle vier Teilnehmer an diesem Treffen vom 21. März haben trotz ihrer völlig unterschiedlichen Persönlichkeiten die Gruppenfantasie geteilt und zu deren Entwicklung beigetragen. Eine ausführlichere biographische Studie würde deutlich machen, wie jeder von ihnen aus dem Vorrat seiner persönlichen psychosexuellen Erfahrung etwas zu der Bildsprache jeder Stufe der Gruppenfantasie beisteuerte. So war etwa oft John Deans unbewußte Homosexualität in seinen Beiträgen evident, zum Beispiel in seiner Ausdrucksweise, „vergewaltigt" und mit Watergate „geschwängert" worden zu sein. Nixon andererseits zeigte häufig eine starke persönliche Neigung zur gedanklichen Beschäftigung mit dem Tod, die von seinen unbewußten Schuldgefühlen wegen des Todes seiner Brüder herrührt,[29] so daß letztlich auch er derjenige ist, der am meisten für die Einführung der Bildsprache des Todes in die im Entstehen befindliche Gruppenfantasie verantwortlich ist – etwa mit Ausdrücken wie „das Establishment stirbt", „wachsendes Krebsgeschwür" und dergleichen. Man kann auch – wie Rothenberg das so vorzüglich gemacht hat[30] – Nixons Beschäftigung mit Einbrüchen, Abhören, Lauschen, Tonbandmitschnitten, dem Beschatten von Verdächtigen, dem Brechen des Briefgeheimnisses und dem Eliminieren von „undichten Stellen" auf seine infantilen voyeuristischen Wünsche zurückführen. Indem sich unsere Fantasieanalyse der Tonbänder an diesem Punkt vornehmlich auf strukturelle und Inhaltsveränderungen konzentriert, um die *Stufen* der Entwicklung zu beschreiben, mag sie

---

[29] Zur Bedeutsamkeit des Todes von Nixons Brüdern vgl. James W. Hamilton, Some Reflections on Richard Nixon in the Light of His Resignation and Farewell Speeches, in *The Journal of Psychohistory* 4 (1977), 491–511.

[30] Alan B. Rothenberg, Why Nixon Taped Himself: Infantile Fantasies Behind Watergate, in *Psychoanalytic Review* 62 (1975), 201–223. Die Rolle individueller Persönlichkeitszüge im Hinblick auf deren Beitrag zur Entwicklung der Gruppenfantasie-Stufen wird besonders gut untersucht in: Richard D. Mann u. a., Interpersonal Styles and Group Development, New York 1967.

den Anschein erwecken, die *biographischen* Dimensionen des Gruppenprozesses auszublenden, die bei einer vollständigen psychohistorischen Studie über die Gruppe natürlich mit einbezogen wären. Ist dem auch so, so trägt doch, obwohl es natürlich immer *persönlicher* Zorn ist, den wir untersuchen, und obwohl es keinen Gruppen-*Geist*[*] und keine „unsichtbare Hand" gibt, welche die „Bedürfnisse" der Gruppe dirigierte, jedes Mitglied der Gruppe aus seinem eigenen Vorrat an unbewußten Emotionen auf solche Weisen zur im Entstehen befindlichen Gruppenfantasie bei, die der jeweiligen Stufe der *Gruppen*dynamik angemessen sind.

Was man von dem Material, das wir bislang im Zuge unserer ersten Fantasieanalyse der geheimen Vorgänge im *Oval Office* zu Gesicht bekommen haben, vielleicht am wenigsten erwartet hätte, ist die Tatsache, daß die Emotionen, die der Präsident und seine Mitarbeiter teilen und entwickeln, zugleich von ganz Amerika geteilt und entwickelt werden. Wenn man Fantasieanalysen von Leitartikeln in Tageszeitungen, Pressekonferenzen des Präsidenten, Sitzungen des Kongresses, Artikeln in Wochenmagazinen, Karikaturen und anderem, von der Öffentlichkeit geteilten emotionsgeladenen Material durchführt, stößt man auf dieselbe Verlagerung des Inhalts von der Stufe des „Brüchigwerdens" gegen Ende des Jahres 1972 mit ihren Ängsten vor der wachsenden Wut auf die Stufe des „Zusammenbruchs" im März und April 1973 mit ihrer nun gewalttätiger und offener gewordenen Wut.

Wie auf den Tonbändern findet sich auch die relevante Bildsprache der Medien *nicht* in erster Linie in Diskussionen, die sich auf die Entwicklungen rund um Watergate beziehen – die zu diesem Zeitpunkt in den nationalen Medien in Wirklichkeit kaum zur Kenntnis genommen wurden (der Untersuchungsausschuß im Senat wurde erst später eingesetzt). Stattdessen wird die Gruppenfantasie auf scheinbar harmlose Weise unterschwellig geteilt. Im September zentriert sich die Fantasiesprache der Medien in Schlagzeilen, Leitartikeln und Karikaturen um Bilder vom Brüchigwerden, von steigendem Druck und Furcht vor bevorstehender Explosivität, genau wie bei unserer Fantasieanalyse über die Gespräche im *Oval Office*. Die Wochenmagazine etwa gaben ihren Leitartikeln Schlagzeilen in einer Sprache, die „**Steigenden Druck** im Kampf um längere Kontrollen", „**Scharfes Durchgreifen** gegen das Verbrechen" und „Wo das Thema Geschäft **am heißesten** ist" hervorhob, und veröffentlichten Karikaturen wie jene, auf der unter einer tickenden Bombe zu lesen stand: „Anhebungen der

---

[*] Im Original deutsch. (*A.d.Ü.*)

Bundessteuern sind auf **Explosion** nach den Wahlen programmiert."³¹ Die *U.S. News* fragte am 18. September auf einem charakteristischen Titelblatt: „Wie **groß** wird der bevorstehende **Boom**⁺?", und der dazugehörige Leitartikel enthielt Befürchtungen über einen bevorstehenden „großen Boom"; seine Fantasieanalyse lautet schlicht wie folgt:

> Boom ... Boom ... Boom ... Gefahr ... überreizen ... Boom ... Dampf ... Ausreißer ... Druck³²

Man muß sich vor Augen halten, daß amerikanische Flugzeuge und Panzer im September 1972 Tausende vietnamesische Zivilisten abschlachteten, daß diese Tatsache aber in der Berichterstattung der nationalen Wochenmagazine beinahe völlig fehlte. Die Gruppenfantasie beschäftigte sich wie üblich relativ wenig mit der Wirklichkeit und widmete sich eher der Bildsprache auf der Stufe des „Brüchigwerdens" und Ängsten vor einem „bevorstehenden Boom", insofern die ödipale Wut auf den Fantasie-Anführer aus dem Ruder zu laufen drohte und Gefühle erzeugte, die besser auf innenpolitische Trivialitäten als auf Vietnam in seiner letzten Phase projiziert werden konnten.

Am 2. Oktober gerieten die *U.S. News* über das angebliche „Auseinanderfallen" der Demokratischen Partei in Aufregung und projizierten in einem Artikel mit dem Titel „Können die Demokraten ihre Partei wieder aufbauen? ... **Bruch** der *New Deal*-Koalition" die im Land allgemein geteilten inneren Gefühle vom Auseinanderfallen und von der bevorstehenden Gewalt wie folgt:

> Bruch ... Erdrutsch ... Wasserscheide ... Bruch ... zusammengeschweißt ... wegbrechen ... Ausrutscher ... Krieg ... drohendes Desaster ... zusammengebrochen ... Schwäche ... Desaster³³

Nun würde ich meinen, daß von diesem republikanischen Wochenmagazin als bevorstehendes Desaster in Wirklichkeit nicht das Auseinanderbrechen der Demokratischen Partei befürchtet wurde, sondern wohl eher das „drohende Desaster", das vom verborgenen inneren Gefühlszustand der Nation herrührte. Als Nixon zur gleichen Zeit aus Anlaß des Tags der Arbeit seine Rede an die Nation

---

31   *U.S. News & World Report* vom 18. September 1972, verschiedene Schlagzeilen.
+   *Boom* bedeutet sowohl „(Explosions-)Donner" als auch „Aufschwung", „Blüte", „Konjunktur". *(A.d.Ü.)*
32   *U.S. News & World Report* vom 18. September 1972, 13-15.
33   *U.S. News & World Report* vom 2. Oktober 1972, 24-27.

hielt, blieb auch seine Sprache noch auf der sanfteren Stufe des „Brüchigwerdens" [*cracking*], von dem er in diesem Fall im Sinne eines „scharfen Vorgehens gegen das Preisniveau" [*cracking down on prices*] sprach:

> Tretmühle ... Tretmühle ... Krieg ... brüchig werden ... kürzen ... ausquetschen ... Krüppel ... die Torte anschneiden ... eine größere Torte backen ... Haß ... Furcht ... Grundgestein ... aussitzen[34]

Zum Vergleich nun die für die „Zusammenbruchs"-Stufe typische Gewalt, die Explosivität und das Bedürfnis, die wachsende Gruppenverunreinigung zu beheben, aus zwei Reden, die Nixon rund acht Monate später im April und Mai 1973 hielt. Das erste Zitat ist ein Auszug aus einer ereignislosen, scheinbar langweiligen Rede, die er am Tag der Streitkräfte hielt (man bedenke, der Vietnamkrieg war nun vorbei, und auf der ganzen Welt herrschte Frieden):

> Kriege ... Krise ... begraben ... Rückgrat ... Krieg ... Krieg ... Krieg ... explosive Krise ... Krieg ... Kriege ... Hieb ... Bruch ... Schnitt ... Krieg ... Schnitt ... schneiden ... Schnitt ... Schlag ... Krieg ... Krieg ... Krieg ...[35]

Das zweite Zitat stammt aus seiner Stellungnahme zur Energiepolitik gegenüber dem Kongreß vom Mai 1973, wieder ein scheinbar langweiliges Thema, doch voller versteckter Botschaften über die Reinigung der gefährlichen Gruppenverschmutzung (mir ist aufgefallen, daß die Aufmerksamkeit der Nachrichtenmedien für Angelegenheiten der Umweltverschmutzung während der Zusammenbruchsphasen von Gruppenfantasie-Zyklen generell wächst):

> Krise ... Krise ... sauber ... sauber ... säubern ... Gefahr ... sauber ... sauber ... Kollision ... Verschmutzung ... Hitze ... Gefahr ... sauber ... Abfallentsorgung ... Begräbnis ... Abfälle ... sauber ... destruktiv ... gefährlich ... fragmentiert

Man beachte, daß viele dieser Redewendungen im Hinblick auf die Stellungnahme zur Energiefrage schlicht fehl am Platz sind. Die ausdrückliche Betonung der „Säuberung von Verschmutzung" war gar nicht Schwerpunkt der vorgeschlagenen Energiegesetzgebung; die Worte „destruktiv" und „gefährlich" entstammen

---

[34] Public Papers of the Presidents of the United States. Richard Nixon. 1972, Washington, D.C.: U.S. Government Printing Office 1975.

[35] Public Papers of the Presidents of the United States. Richard Nixon. 1973, Washington, D.C.: U.S. Government Printing Office 1975.

Nixons Behauptung, die Vereinigten Staaten hätten mehr „durch wechselseitige Kooperation als durch destruktiven Wettbewerb oder gefährliche Konfrontation" zu gewinnen; „fragmentiert" ist Nixons Ausdruck für den gegenwärtigen Zustand der Regierungsorganisation in Energiebelangen und so weiter. Doch die Botschaft der Fantasiesprache ist zweifellos zur Stufe des „paranoiden Zusammenbruchs" übergegangen, genauso wie im *Oval Office*.

Im Frühling des Jahres 1973 sind dann auch die Wochenmagazine voll mit einer gegenüber dem vergangenen September wesentlich gewalttätigeren Sprache. Manche Artikel reden der steigenden Gewalt offen das Wort, wie jener, in dem es heißt: „**Todes**strafe erhält einen **großen Antrieb**". Größtenteils jedoch wird die Gruppenfantasie-Botschaft wiederum verborgen, üblicherweise im wirtschaftlichen Bereich. Zu einer Zeit, als die amerikanische Inflationsrate noch einen beruhigenden einstelligen Wert aufwies, brachten die *U.S. News* einen Leitartikel über einen vermeintlichen „**Wachsenden Ärger** über das Preisniveau", in dem zudem festgestellt wurde: „... Konsumenten, Gewerkschaften, Gesetzgeber – Alle sind **kampfbereit**"; einen weiteren Artikel, der einen tobenden Stier mit dem Etikett „Fleischpreise" beschrieb, und einen Text, der die „**Wut und Verzweiflung**" der Nation hervorhob. Am 9. April druckten sie einen anderen Artikel, der behauptete: „**Frustration** (im Land) über die Nahrungsmittelpreise **steigt** auf den **Siedepunkt**", zusammen mit nicht weniger als *drei* Karikaturen von tobenden Stieren, von denen einer einen Schlag auf den Schädel erhielt und ein anderer von aufgebrachten Hausfrauen erstochen wurde. Am interessantesten dabei ist, daß all diese Bilder von tobenden Stieren und vor Wut kochenden Hausfrauen *unabhängig* voneinander in der gleichen Woche von drei Karikaturisten in Columbus, Georgia, Washington, D.C., und Louisville, Kentucky, gezeichnet wurden, allesamt nur als Reaktion auf die „nationale Stimmung".

Ich habe herausgefunden, daß die von den Karikaturisten des ganzen Landes benutzten Körperbilder bei weitem der beste Gradmesser für Gruppenfantasie-Stufen der Nation sind. Während der Stufe des „Brüchigwerdens" im September 1972 stellte Herblock in seinen Karikaturen zumeist die Bildsprache des Einbrechens von etwas in den Mittelpunkt – er nennt das Kapitel seines Buches mit den Karikaturen aus dieser Zeit „Risse im Damm"[36] – und zeigte die verschlossenen Türen des Weißen Hauses beim Zusammenbrechen (Abbildung 1). Im Juni zeichnete er für die „Zusammenbruchs"-Stufe Karikaturen, welche die eingestürzten Mauern und reinigenden Wasserfluten im Augenblick des Eindringens zeigen – das Kapitel über diese Zeit nannte er „Die Flut" (Abbildung 2).

---

[36] Herbert Block, Herblock Special Report, New York 1974.

Abbildung 1: „Brüchig", 17. September 1972 („Nimm nur, mein Junge! – Ein feiner Knochen –")

Abbildung 2: „Zusammenbruch", 26. Juni 1973

Wenn wir nun von der Analyse der nationalen Medien zu den Nixon-Bändern zurückkehren, so zeigt eine Fantasieanalyse der nächsten drei Treffen im *Oval*

Office, daß das Thema des vorangegangenen Treffens, das „Ausräumen der beschissenen Wut", auf noch offenkundigere Weise fortgeführt wird:

> 22. 3.: Zehenspitzen ... die Brücke überqueren ... kämpfen ... losgelöst ... den großen Fisch herausbringen ... lose ... herumhängen ... herumhängen ... herumhängend ... schwere Last ... das Feuer löschen ... festgenagelt ... herauskommen ... den Deckel hoch ... sauber ... guter Junge ... sauber ... sauber ... sauber ...
> 27. 3.: es abschneiden ... Arsch in dieser Sache ... Äpfel und Orangen ... geschüttelt ... große Enchilada ... roter Hering ... bluten ... abtauchen ... strömen ... Gegenströmungen ... sauber wie ein Hundezahn ...
> 30. 3.: undichte Stelle ... in der Hand ... vertuschen ... vertuschen

Mittlerweile war das illegale Schweigegeld an Hunt bezahlt worden, und nun mußte irgendjemand den nächsten Schritt setzen und ein Mitglied dazu delegieren, die Gruppe zu verlassen und die Ungesetzlichkeit der Vorgänge zu enthüllen – „den großen Fisch herausbringen" und den „Arsch" so „sauber" machen „wie einen Hundezahn", damit jeder ein „guter Junge" sein konnte, wie das in der Fantasiesprache ausgedrückt wurde. Das Thema Befreiung vom unerträglichen emotionalen Druck, „Ziehen des Stöpsels" unter der angesammelten Scheißwut, Reinigung der nationalen Gruppenverschmutzung wird gleich am Anfang des entscheidenden Treffens vom 8. April aufgebracht, dessen Fantasieanalyse sich schlicht so liest:

> den Stöpsel gezogen ...den Stöpsel gezogen ... den Stöpsel ziehen

An diesem Nachmittag handelt John Dean unbewußt als Delegierter der Gruppenbedürfnisse, indem er zu den Watergate-Ermittlern hinübergeht und ihnen alles erzählt, was er weiß. Bevor er das tut, teilt er Haldeman am Telefon tatsächlich mit, daß er mit ihnen sprechen wird, aber freilich nicht, daß er damit den an ihn delegierten Befehl, der Gruppe „den Stöpsel herauszuziehen", ausagiert. Und dennoch zeigt das nächste Treffen zwischen Nixon, Haldeman und Ehrlichman am Nachmittag des 8. April, zur selben Zeit also, als Dean die Sache in der ganzen Stadt ausplaudert, daß die Gruppe genau weiß, was zwischen Dean und den Anklägern läuft – und sie beginnt sich nun auszumalen, wie „schmerzhaft" die bevorstehende „Säuberung" sein würde, daß das „Aufstechen der Eiterbeule" sich anfühlen würde wie „Gift", als ob man „himmelhoch in die Luft gejagt" würde, wie eine „Bombe":

> 8. 4.: nageln ... angenagelt ... Schlag ... Schnitt ... Beutel ... Job ... gesprengt ... ruiniert ... mir kann das Wasser nicht höher steigen ... nageln ... nageln ... Tropfen, der das Faß zum Überlaufen bringt ... in den sauren Apfel beißen ... tötet ... tötet ... das letzte Pulver verschießen ... an den Fersen erwischt ... rollt seine Augen ... vertuschen ... vertuschen ... in den sauren Apfel beißen ... das Gift ertragen ... einstürzen ... einstürzen ... Köpfe dort oben auf der Anklagebank ... vertuschen ... vertuschen ... vertuschen ... Vergewaltigung ist unausweichlich ... brechen ... verbergen ... sie himmelhoch in die Luft jagen ... das Giftgas ertragen ... säubere dich ... reinbeißen ... reingebissen ... Bombe ... Schmerz ... schmerzhaft ... das ganze ordentlich durcheinanderwirbeln ... Eiterbeule mußte aufgestochen werden ... die Hitze ertragen ... die Eiterbeule aufstechen ... laß das inzwischen verschwinden ... zugeknöpft ... Späne fallen

Spätere Treffen setzen die anale Bildsprache vom „Runterspülen" der Wut „durch den Abfluß" bis zu dem Punkt fort, an dem offen eingestanden wird, daß die Gruppenstimmung nun so beschaffen ist, als sei die Gruppe „acht Monate lang verstopft gewesen, könne nun mit einem Mal wieder scheißen und tue dies mit Genuß":

> 14. 4.: den Abfluß runter ... zerbröckeln ... Schlag ... Samthandschuhe ... Fischernetz ... offenes Geständnis ... einfrieren ... einfrieren ... Hundekampf ... Kampf ... es aus mir rausziehen ... laut verkünden ... großer Beutel ... am Haken ... anheizen ... schlechte Karten ... tot im Wasser ... war leck ... es allein durchstehen ... ihm den Fehdehandschuh hinwerfen ... den Fehdehandschuh hinwerfen ... fertigmachen ... tretend und kreischend umherziehen ... großer Fisch ... acht Monate lang verstopft gewesen und kann mit einem Mal wieder scheißen und tut das mit Genuß ... auf Kopf und Schultern schlagen... stramm ... Apfelsauce ... stinken ... schwammig ... klebrig ... wilder Mann ... durcheinandergebracht ... Beutel ... Wringmaschine ... herumfließen und lecken ... schlucken ... herumschlagen ... siamesische Zwillinge ...
> 15. 4.: großer Fisch ... anbinden ... bis zu seinem Nabel ... kleiner Fisch ... Ebbe ... Flut

Die anale Gewalt scheint auf dem besten Wege zu sein, in einer solchen Bildsprache ausgespült zu werden, wie der „große Fisch", der „stinkt" und „klebrig" ist, die „Apfelsauce", die „Scheiße", die „den Abfluß hinunter" geht, „durch die Wringmaschine" der reinigenden „Flut", und so die „acht Monate lange Verstopfung" beendet (die Einberufung des ersten Ausschusses, nämlich Patmans Bank- und Währungsausschuß, der mit der Watergate-Untersuchung begann, ist genau acht Monate her).

Das nächste Treffen am 14. April spiegelt den enormen Rückgang der Wut und paranoiden Angst wieder, den die Gruppe nach dieser Reinigung verspürte. Trotz der Tatsache, daß sich auf der öffentlichen Ebene an der Watergate-Situation nichts geändert hat, ist dieses Treffen das erste, wo sich auf den Bändern *überhaupt keine Fantasiesprache* findet! Die folgenden beiden Treffen weisen nur sehr wenig Fantasiesprache auf („windiger Job ... bespritzt ... die Füße ans Feuer ... bespritzt ... bespritzt ... das Krebsgeschwür ganz herausschneiden"), und am 16. April folgt ein *zweites* Treffen ohne jede Fantasiesprache. Für den Augenblick besagt die Gruppenfantasie der Leute im *Oval Office*, daß die Eiterbeule aufgestochen wurde. Wie in der oben erwähnten Untersuchung von Holsti und North, derzufolge der „Paranoia-Index" der Deutschen abrupt fiel, nachdem der Kaiser die Entscheidung für den Krieg gefällt hatte, mildert auch hier die Konstruktion der Gruppenwahn-Lösung die Angst der paranoiden Zusammenbruchsphase.

Wenn allerdings der Anführer der Sündenbock der Gruppe sein und durch einen neuen, „starken" Anführer ersetzt werden soll, der eine neue Gruppenfantasie organisieren kann, welche die Emotionen der Nation wirkungsvoll zu bündeln imstande ist, dann funktioniert das Opfer von Nebenfiguren im Umfeld des Anführers leider nur kurz als Befreiung vom Druck. Erneut ist es eine Herblock-Karikatur, die zusammenfaßt, was geschieht, wenn von den engsten Vertrauten des Anführers einer nach dem anderen die Opferklippe hinabgestürzt wird (Abbildung 3).

Abbildung 3: Die Opferklippe, 25. Januar 1974

Daß Nixon unbewußt mithalf, jeden seiner Mitarbeiter von der Klippe zu stürzen, um den Tag seiner eigenen Abdankung hinauszuschieben, ist eindeutig. Er hat es sogar in Form eines „Freudschen Versprechers" selbst zugegeben, als er bei einer Rede am 17. November 1973 vor der Versammlung der Leitenden Herausgeber von *Associated Press* im Hinblick auf Haldeman und Ehrlichman erklärte: „Ich bin der Überzeugung, daß diese beiden sowie auch andere Angeklagte schuldig sind ...", was die *Times* mit dem Hinweis versehen wiedergab, daß „Mr. Nixon sich hier versprach – er meinte das Gegenteil".[37] Obwohl das Opfer seiner Freunde ohnehin unumgänglich war, hatte Nixon den Eindruck, daß das der einzige Weg sei, um seinen eigenen politischen Tod hinauszuzögern. In seinen *Memoiren* vergleicht er seine Entscheidung, Haldeman und Ehrlichman zu feuern, mit Selbstkastration: „Ich hatte das Gefühl, als hätte ich mir zuerst den einen Arm und dann den anderen abgeschnitten. Die Amputation [war] notwendig, um zu überleben ..."[38]

Eine Fantasieanalyse der letzten Wochen auf den Bändern, die uns zugänglich sind, zeigt die Wiederkehr des Gruppendrucks jeweils nach dem Opfer eines Stellvertreters und das immer erneuerte Bedürfnis, „den Stöpsel rauszuziehen", in der Hoffnung, daß der Anführer selbst nicht „bespritzt" werden und die Sache ohne „Schmerz" abgehen würde, letztlich aber doch im Wissen darum, daß auch der Anführer „das Handtuch werfen" und eines qualvollen „Todes" sterben würde müssen:

> 16. 4.: reinlich ... sich zurückhalten ... hing ... die Straße hinauf ... zieh es raus ... es allein durchstehen ... es allein durchstehen ... die Fäden ziehen ... band es fest ... bind es fest ... Gras drüber wachsen lassen ... Gras drüber wachsen lassen ... sauber ... brennend ... brennen ... Schmerz ... herausschreien ... mein Schwanz ... gespült ... großer Fisch ... bespritzt ... über Bord gehen ... Spritzer ... Gras drüber wachsen lassen ... Mist ... Schlag ... Eingeweide ... Gras drüber wachsen lassen ... Gras drüber wachsen lassen ... den Halt wegziehen ... zog den Stöpsel ... volle Brust ... Ei auf seinem Gesicht ... in den sauren Apfel beißen ... schmerzhaft ... das Handtuch geworfen ... ausgebügelt ... ausgebügelt ... eine ganzen Teller voll ...
> 17. 4.: angebissen ... aufgezogen ... herausgezogen ... seinen Hals retten ... herauskommen ... herauskommen ... herauskommen ... bei lebendigem Leib gefressen ... war leck ... war leck ... Arsch ... in der Suppe ... Bunker ... angebissen ... Abfall ... voller Druck des Gerichts ... die Wagen vorfahren lassen ... uns die Hände binden ... großer Fisch ... kleiner Fisch ... von Blume zu Blume fliegen ... seinen Blüten-

---

[37] Zitiert bei Rothenberg, *Why Nixon Taped Himself*, 202.
[38] Nixon, *Memoirs*, 849.

staub verteilen ... Arsch ... Arsch ... undichte Stellen ... weggefressen ... weggefressen ... Krebsgeschwür am Herzen ... drastische Operation ... Gras drüber wachsen lassen ... Quatsch ... bellen ... undichte Stellen ... undichte Stellen und undichte Stellen ... undichte Stellen ... die Röhre hinunter ... zog den Stöpsel ... uns allen die Hölle heißmachen .. . schrie wie ein Baby ... brach zusammen ... brach zusammen ... Schrei ... Schlag ... undichte Stellen ... undichte Stellen ... undichte Stellen ... Gift .... undichte Stellen ... undichte Stellen ... stieß ihn herum ... kein Geld mehr ... abbrechen ... hängen ... erschrecken ... Gerüst ... angenagelt ... Sack ... Hurrikan ... Tod ... schmerzt ... kochte ... weinte ... Brüche ... Vergewaltigung war unvermeidlich ... wäscht weg ...
18. 4.: leck sein ... leck sein ... leck sein ... Pulverfaß ... herauskommen ...
19. 4.: getötet ... tot ... tötet ... tötet ... tötet ... Schafe vor die Wölfe ... Panik ...
27. 4.: Arsch ... töten ... töten ... ihm die Hölle austreiben ... Würfel ... großer Fisch ... Druck ... den Gordischen Knoten durchschlagen ... töten ... töten ... derselbe Beutel ... derselbe Beutel ... sauber ...
30. 4.: Herz ... Falle

Der leitende Ausdruck in der Gruppe, während das Ende naht, ist natürlich das Wort „töten". Wieder stellt Herblock das am eindrücklichsten dar, indem er sich sehr effektvoll des Bildes der Sanduhr bedient, um die Leerung der Scheißwut, den Abgang des Fantasie-Anführers und sogar das Symbol der Geburt zu veranschaulichen (Abbildung 4).

Abbildung 4: Der Rutsch in den Tod, 12. März 1974

Das Drama der Nixon-Gruppenfantasie ist somit vorbei, die Wutregungen der Gruppe haben den schwachen Fantasie-Anführer umgebracht, seine Opferung hat die Reinigung gebracht, die Nation fühlt sich wie neugeboren, und ein neuer, starker Fantasie-Anführer tritt auf den Plan, um die Aufgabe der Organisation der emotionalen Konflikte der Gruppe zu bewältigen.

An dieser Stelle könnte eingewandt werden, daß meine Wahl der Nixon-Ära zur Illustration des Schwächerwerdens und Zusammenbrechens eines Fantasie-Anführers einem Spiel mit gezinkten Karten entspreche, insofern Nixon der einzige Präsident in der amerikanischen Geschichte ist, der aus dem Amt geworfen wurde. Was widerfährt starken Anführern, wie zum Beispiel Eisenhower oder Kennedy, die das Vertrauen der Nation genießen und persönlich nicht anfällig für selbstdestruktive Handlungen sind? *Sie* wurden von der Nation sicher nicht erlebt, als würden sie schwächer und stürben; die Nation machte in den 1950er und frühen 1960er Jahren sicher keine Zyklen von wachsender Verschmutzung, paranoidem Zusammenbruch, wahnhaften Gruppenhandlungen und symbolischer Wiedergeburt durch. Kann es nicht auch sein, daß die Nixon-Ära irgendwie besonders anfällig für diese Bilder von analer Reinigung war, die bislang den Hauptteil unseres Materials ausmachen? Die Watergate-Affäre betrifft auf jeden Fall *Geheimnisse*, und das Bewahren von Familiengeheimnissen regt dem Psychoanalytiker Theodore Jacobs zufolge immer Fantasien an, die sich um Angelegenheiten analer Kontrolle drehen.[39] Um diesen Einwänden zu begegnen, werde ich im nächsten Abschnitt dieses Aufsatzes Auszüge aus meiner Fantasieanalyse öffentlicher Dokumente der Eisenhower- und Kennedy-Jahre vorlegen und den wesentlichen Stufen der drei Gruppenfantasie-Zyklen folgen, die nach allem, was ich herausgefunden habe, während dieses Zeitraums von elf Jahren in der amerikanischen Geschichte aufgetreten sind.

Die drei Gruppenfantasie-Zyklen während der Präsidentschaften von Eisenhower und Kennedy
Sowohl der Wahlkampf Eisenhowers als auch der Kennedys war, wie die Wahlkämpfe aller Präsidentschaftskandidaten, voll von ödipalen Gruppenfantasien über die Bemühungen der „Hoffnungsträger", die nationale Gruppe zu „umwerben" und endlich „ihr Herz zu gewinnen". Auch ohne eine detaillierte Analyse der Bildsprachen der Wahlkämpfe durchzuführen, spürt man, daß der

---

[39] Theodore J. Jacobs in einem Vortrag mit dem Titel „Secrets, alliances and family fictions: Some psychoanalytic observations" vor der *New York Psychoanalytic Society* am 13. März 1979. In der Tat sind politische Karikaturen von Anfang an geradezu *voll* von analem Material; vgl. Herbert M. Atherton, Political Prints in the Age of Hogarth: A Study in Ideographic Representation of Politics, Oxford 1974.

jeweiligen Wahl etwas Besonderes anhaftete, es ging um „charismatische" Führungsqualitäten aufgrund der grandiosen Erwartungen, welche die Nation in sie gesetzt hatte, was sie zu - gegenüber den meisten anderen - noch idealisierteren „Ehemännern" für die mütterliche Gruppe machte. Gemäß einer Tradition in der amerikanischen Politik wurde der siegreiche Kandidat in den Medien am häufigsten nicht etwa dabei gezeigt, wie er seinem Mitkandidaten oder seinem Wahlkampfleiter die Hand schüttelte, sondern wie er *seine Frau umarmte*. (Das am häufigsten auserkorene Foto wurde aus etwa einem Meter Höhe aufgenommen, dem Blickwinkel eines ödipalen Fünfjährigen.) Und natürlich wurden ihre ersten Wochen im Amt als eine „Liebesaffäre mit dem Volk" beschrieben, als „Zeit der Flitterwochen", voller Hoffnung und Erwartungen. Unsichtbares Publikum und höchster Lohn jeder politischen Tätigkeit ist die Gruppe-als-Mutter, und das Einnehmen dieser Gruppen-Mutter für Anführer und Opposition gleichermaßen ist die heimliche Agenda der Tagespolitik.

Die Popularität amerikanischer Präsidenten wird natürlich von der Gallup-Organisation in landesweiten Umfragen zum Vertrauen der Nation in den Präsidenten sorgfältig erhoben. Der regelmäßige Rückgang der Popularitätswerte des Anführers nach seiner Wahl, der Bestandteil meiner psychogenen Theorie ist, erweist sich als normales Merkmal jeder Präsidentschaft. Die Umfrageergebnisse von Gallup für die drei in diesem Abschnitt untersuchten Amtsperioden sind in Abbildung 5 wiedergegeben. Ich habe in jeder Periode eine vertikale Achse hinzugefügt, die für drei vergleichbare Wendepunkte steht, auf die ich gestoßen bin, nämlich die militärischen Gruppenwahnbildungen, die jeweils mit einer Periode des paranoiden Zusammenbruchs endeten: die Taiwan-Krise, die Libanon-Krise und die Kuba-Krise. Wie aus den Graphen ersichtlich, erholte sich das Vertrauen der Nation in den Anführer jedes Mal für eine Weile, nachdem diese Gruppenwahn-Handlungen gesetzt worden waren, und begann daraufhin neuerlich zu sinken.

Obwohl zu allen drei Gruppenwahnbildungen Militärbewegungen und Kriegsrisiken gehörten, ist es bei allen dreien doch zugleich auch zustandegebracht worden, offene Gewalttätigkeit zu vermeiden - wie man aufgrund der Tatsache hatte annehmen können, daß sowohl Eisenhower als auch Kennedy nachgeborene Söhne waren. Wie Irving Harris gezeigt hat,[40] war der einzige amerikanische Krieg, der je von einem nachgeborenen Sohn geführt wurde, nämlich der spanisch-amerikanische Krieg unter McKinley, zugleich der kürzeste und am wenig-

---

[40] Irving D. Harris, The Psychologies of Presidents, in *History of Childhood Quarterly: The Journal of Psychohistory* 3 (1976), 337-350.

sten blutige. Alle anderen Male hat sich die Nation für einen heroischen, durch Ausrichtung an seinen Eltern sozialisierten erstgeborenen Sohn anstelle eines versöhnlicheren, durch Ausrichtung an Gleichaltrigen sozialisierten nachgeborenen Sohns entschieden, der sie in den Krieg führen sollte. Obgleich die Reihenfolge der Geburt kaum eine *Garantie* für Krieg oder Frieden darstellt, ist Harris' Material doch ohne Zweifel statistisch bedeutsam.

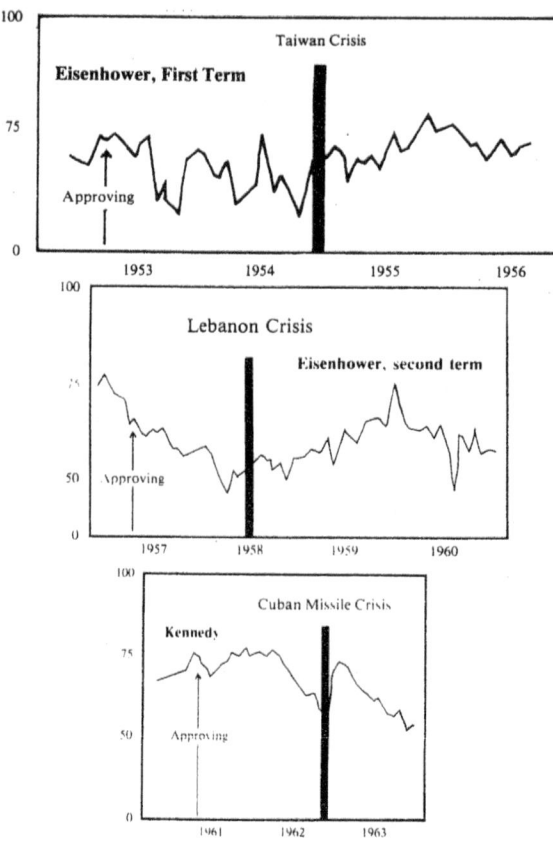

Abbildung 5: Rückgang des Vertrauens in die Präsidentschaft und vorübergehender Wiederanstieg nach Gruppenwahn-Handlung

In diesem Abschnitt des Aufsatzes verfolge ich die Absicht, mittels Fantasieanalysen einer Auswahl von Dokumenten aus einer weitaus umfangreicheren Zahl, die ich untersucht habe, zu veranschaulichen, wie der Druck der nationalen Gruppenfantasie auf Eisenhower und Kennedy diese drei Krisen als Gruppenwahn-Lösungen für die wiederkehrenden Stimmungsbilder vom Zusammenbruch des Vertrauens erzeugt hat. Von allen Präsidenten, deren öffentliche Äußerungen ich mittels Fantasieanalyse studiert habe, ist Eisenhower bei weitem der besonnenste, was seine Sprache betrifft. Das Verhältnis des Fantasiegehalts bezogen auf die Gesamtzahl der Wörter in seinen Reden weist in der Regel so niedrige Werte auf wie ein Fantasiewort auf tausend Wörter, während dasselbe Verhältnis bei anderen Präsidenten zehnmal höher ist. Seine Ruhe langweilte die Reporter, wenn sie ihm zuhörten, besänftigte aber zugleich das Land und verhalf Eisenhower dazu, der einzige gewählte Präsident in einem halben Jahrhundert zu werden, der in seiner Amtszeit sowohl Krieg als auch tatsächlich gefährliche Konfrontationen vermeiden konnte. Er war sich der Wirkung von Gruppenfantasie-Projektionen, die in ihn „hineingelegt" wurden, bewußt und beantwortete die angsterfüllten Fragen von Reportern bei Pressekonferenzen oft mit Aussagen wie: „Die bloße Tatsache, daß irgendein kleiner Zwischenfall auftaucht, wird mich nicht aus der Ruhe bringen. Experten haben mir noch jedesmal einen Schrecken versetzt, im Krieg wie im Frieden, und das ängstigt mich nicht."[41] Seine Fähigkeit, inmitten einer „Krise" (wie andere es nannten) herzugehen und auf dem Rasen des Weißen Hauses ein paar Schläge Golf zu spielen, amüsierte die ganze Nation und war dennoch Beweis seiner reifen Führungseigenschaften. Eisenhowers erdrutschartiger Wahlsieg half ihm, den Korea-Krieg zu beenden und im Frühjahr 1953 trotzdem ein „starker" Anführer zu bleiben. Sogar als Rußland im August 1953 über die Wasserstoffbombe verfügte – vermutlich das wichtigste „wirkliche" Ereignis der 1950er Jahre –, war er imstande, relativ ruhig zu bleiben und bange Fragen über diese Entwicklung der Dinge auf einer Pressekonferenz so zu beantworten: „Man will niemanden auf dieser Welt zu Tode ängstigen ... ängstliche Menschen können keine guten Entscheidungen treffen. Man muß daher unsere eigene Stärke – die Stärke der freien Welt, die Stärke Amerikas – zugleich immer auch im Hinblick auf die Abwägung unserer Gefahren und Risiken verstehen."[42] Die vollständige Fantasieanalyse dieser kritischen Pressekonferenz beginnt damit, daß Eisenhower auf die Nachricht über die russi-

---

[41] Public Papers of the Presidents of the United States. Dwight Eisenhower. 1953, Washington, D.C.: U.S. Government Printing Office 1960, 41.
[42] A. a. O., 618.

sche Wasserstoffbombe mit ein paar Bezugnahmen auf „Krieg ... Tod" reagiert, dann aber mit Ausdrücken wie „Spannungen" und „brechen" schnell zur üblichen Bildsprache der Stufe des „Brüchigwerdens" zurückkehrt:

> 30. 9. 1953: Herz ... Spannung ... Krieg ... Krieg ... Tod ... Tod ... undichte Stelle ... undichte Stelle ... undichte Stelle ... in der Zwickmühle ... Spannungen ... zerbrochen ... zerbrochen ... zerbrochen ... sich hart an der Grenze bewegen ... Bruch[43]

Obwohl seine Umfragewerte in den vorangegangenen sechs Wochen von 75% auf 65% gefallen waren, behielt Eisenhower Anfang 1954 seine relativ ruhige Reaktionsweise auf den wachsenden Druck seitens des Kongresses bei, in Indochina militärisch tätig zu werden. Als die Franzosen Amerika im April tatsächlich darum *baten*, ihnen zu Hilfe zu kommen, verblüffte Eisenhower alle mit seiner Feststellung, daß dies ohne eine formelle Kriegserklärung durch den Kongreß klarerweise unmöglich sei.

Auch als im Mai Dienbienphu fiel, betonte Eisenhower, daß deshalb *nicht* auch der Rest von Indochina „wie Dominosteine" fallen würde. Admiral Radford reagierte darauf mit dem Vorschlag, eine Atombombe auf Vietnam zu werfen, und *Newsweek* verkündete, daß „für die amerikanische Führung der Nachkriegszeit nun der Tiefpunkt erreicht sei".[44] Mit Schlagzeilen wie „Das westliche Bündnis **bricht auseinander**, die Staatsmänner scheinen **hilflos**" und Feststellungen wie der, daß die „Eisenhower-Regierung mit großer Vorsicht vorgehe, [und] ein Ausrutscher sich als politisch fatal erweisen könne", verbreiteten die Medien weiterhin Bilder vom bevorstehenden Zusammenbruch der Gruppenfantasie und des nationalen Vertrauens in den Fantasie-Anführer. Die Angriffe auf Eisenhowers friedliche Versuche, mit den Russen zu verhandeln, mehrten sich im Land, und jedermann beobachtete McCarthys Kreuzzug gegen die „Sympathisanten des Kommunismus" mit einer Faszination, die ihn regelrecht dazu delegierte.

Ende 1954 hatte Eisenhowers Popularität ihren tiefsten Stand erreicht. Einige Kongreßabgeordnete fürchteten, Amerika könne sich in einer „atomaren Pattsituation mit dem Kommunismus" befinden, und ein paar Senatoren begannen sich für eine militärische Blockade Chinas als Vergeltung für die Bombardierung einiger winziger vorgelagerter Inseln auszusprechen. Eisenhowers Pressekonfe-

---

[43] Ebd.
[44] *Newsweek* vom 7. Juni 1954, 41.

renz vom 2. Dezember war zum ersten Mal ganz von der Bildsprache des „paranoiden Zusammenbruchs" geprägt:

> 2. 12. 1954: Krieg ... Krieg ... zusammenbrechen ... zerstören ... beleidigen ... Zorn ... Frustration ... um sich schlagen ... Krieg ... Krieg ... Krieg ... Ermunterung ... Krieg ... Krieg ... Zorn ... Verstimmung ... Krieg ... Krieg ... Krieg ... Krieg ... Krieg ... Krieg ... Krieg ... hart ... Liebe ... niedergeschossen

Der Großteil der Fantasiesprache dieser Pressekonferenz vom 2. Dezember entstammt einer langen „Nebenbemerkung", die Eisenhower gegenüber der Presse machte und die vollständig zu zitieren sich aufgrund des darin zum Ausdruck kommenden, erstaunlich scharfen Bewußtseins über die Ursprünge der Kriegsfantasie in der nationalen Stimmung und deren Wiederherstellungssinn wohl lohnt:

> Für uns gibt es zwei Vorgangsweisen, und ich möchte hier in gewisser Weise ein bißchen von mir persönlich sprechen: In vielerlei Hinsicht ist es für einen Präsidenten, für die Regierung, die einfachste Vorgangsweise, eine trotzige, nach außen hin mutige, beinah beleidigende Haltung einzunehmen. Ein Präsident erlebt dieselben Ressentiments, denselben Zorn, dieselbe Art von Frustration gar, wenn anderen Amerikanern so etwas widerfährt, und seine Neigung geht dahin, um sich zu schlagen.
> Nun will ich aber klarstellen, daß man, wenn man die Verantwortung eines öffentlichen Amtes übernimmt, solchen Dingen nicht mehr frei Ausdruck verleihen kann; man muß an die Folgen denken.
> Es wäre nämlich genau aus diesem Grund der einfache Weg: Solche Handlungen führen zum Krieg. Nun denken wir einmal kurz über den Krieg nach. Wenn diese Nation in den Krieg zieht, dann erlebt sie automatisch eine Vereinigung. Wenn wir in Schwierigkeiten geraten, die Krieg implizieren, dann steht die Nation traditionellerweise wie ein Mann hinter dem Anführer. Die Aufgabe läßt sich plötzlich leicht verstehen – sie besteht darin, den Krieg zu gewinnen. Ein wahrer Kriegseifer entwickelt sich im ganzen Land, den man spüren kann, wo immer man hingeht. Von der Affäre geht regelrecht eine Ermunterung aus.
> Der große Lee hat gesagt: „Es ist gut, daß der Krieg so schrecklich ist; wäre er das nicht, wären wir allzu begeistert von ihm ..."[45]

---

[45] Public Papers of the Presidents of the United States. Dwight Eisenhower. 1954, Washington, D.C.: U.S. Government Printing Office 1960, 1075.

Aufgrund seines hohen Bewußtseins darüber, daß der Druck in Richtung Krieg als vereinigende Säuberungsaktion fungierte, war die Lösung, die Eisenhower Ende 1954 für die paranoide Zusammenbruchsphase fand, geradezu meisterlich. Zuerst übermittelte er dem Kongreß eine außerordentliche Botschaft, in der er ihn um die Erteilung besonderer Kriegsvollmachten ersuchte und so das Bedürfnis nach Freisetzung der gewalttätigen Fantasie befriedigte. Was Eisenhower jedoch neben der öffentlichen Erklärung „unserer Bereitschaft zum Kampf" und gleichzeitig mit den Reden von John Foster Dulles, die China mit der Atombombe drohten (Dulles teilte dem Nationalen Sicherheitsrat mit, daß „die Chancen, daß die Vereinigten Staaten Krieg führen [und] wir dabei atomare Waffen einsetzen müssen, mindestens 50:50 stehen")[46], wirklich *tat*, statt es nur zu *sagen*, war, die Tachen-Küsteninseln zu evakuieren, wie China es verlangt hatte! Dem Gruppenwahn, daß Amerika endlich jemandem gegenüber „massiv werden" müsse, wurde nur mit Worten und militärischem Säbelrasseln die Luft aus den Segeln genommen, und Eisenhower war imstande, die nationale Feindseligkeit auf das Ausland zu verschieben, während er immer noch hoffen durfte, daß die Chinesen auf das militärische Manöver nicht reagieren würden. Einen Tag, nachdem sowohl Eisenhower als auch Dulles China mit der Atombombe gedroht hatten, verkündete Dulles, der Fanatiker des Kalten Krieges, dem der Erfolg des Militärmanövers zu Kopf gestiegen war, daß den *Chinesen* infolge ihrer Politik des „aggressiven Fanatismus" der „Erfolg zu Kopf gestiegen" sei, verglich diese Politik mit der Hitlers und fügte hinzu, daß China sogar „gefährlicher sei und mehr zum Krieg herausfordere" als die Sowjets.[47] Die Medien verstärkten die Gewaltfantasien mit Schlagzeilen wie in *Newsweek*, welche die „**Geburt** einer **Politik**", den Ruf „Zu den **Gefechtsstationen**" und „Ikes Gedanken über den **Krieg**" verkündeten und von unserem potentiellen „**Sprung** kopfüber in die **Weltkatastrophe**" sprachen.[48]

Nach der Evakuierung der Tachen-Inseln erwarteten die Medien weiterhin einen chinesischen Vergeltungsschlag für unsere gewalttätigen Fantasien („Bis zum Krieg könnten es nur noch Wochen sein"), tatsächlich aber blieb alles ruhig. *Newsweek* verkündete, daß nur ein „Schauer" durch das Land gegangen sei, und Eisenhowers Popularitätswerte kletterten in neue Höhen. Weil das Land auf der Ebene der Fantasie auf die Stufe des „starken Anführers" zurückgekehrt war,

---

[46] Peter Lyon, Eisenhower: Portrait of the Hero, Boston 1974, 639.
[47] A. a. O., 640.
[48] *Newsweek* vom 31. Januar 1955, 19, vom 7. Februar 1955, 26, und vom 14. Februar 1955, 19.

mußte es seine paranoide Wut nicht länger delegieren, und McCarthy verschwand aus der Medienberichterstattung.
Nach Eisenhowers Wiederwahl Ende 1956 ging seine Stärke wiederum zurück. Als aber das Pulverfaß des Nahen Ostens in die Luft flog und die Russen Truppen nach Osteuropa schickten, gelang es ihm erneut, eine militärische Verwicklung Amerikas zu verhindern, da die Fantasiesprache der nationalen Medien sich immer noch auf einem recht stabilen Niveau bewegte. Als etwa China wiederholt Quemoy und Matsu bombardierte, brachten die Wochenmagazine jede Woche winzige Artikel über das Ereignis und nahmen kaum noch Notiz von einer „Angelegenheit", die zuvor so dringlich gewesen war, daß sie Drohungen mit dem Einsatz der Atombombe erforderlich gemacht hatte. In der Mitte des Jahres 1957 setzte mit Artikeln wie „Ikes Popularität – im Sinken?" die Sprache des Zusammenbruchs und der wachsenden Wut neuerlich ein, wurde diesmal aber auf *Rußland* projiziert, das in einer Titelstory von *Newsweek* über Chruschtschows „Explosion im Kreml" vorkam, deren Autor sich einen riesigen „**Knall**" und „**Umsturz**" in Moskau ausmalte.[49] Die USA ihrerseits wurden dargestellt, als seien sie „in Kampfeslust", und als im Oktober 1957 der russische Sputnik gestartet wurde, brach das amerikanische Vertrauen in die eigenen „Werte" völlig zusammen. Wir waren mit diesem „Roten **Feldzug**" „in eine neue Ara eingetreten", und das ganze Land verfiel über seiner „demütigenden" Niederlage im „**Weltkrieg** der Wissenschaft" gegen die Russen in einen masochistischen Kater.[50] Die Erniedrigung rührte vom projizierten kritischen Über-Ich her, das sich im russischen Satelliten regelrecht verkörpert sah. Der in Portland erscheinende *Oregonian* schrieb: „Es ist geradezu furchterregend, wie [der Sputnik] auf uns herabstarrt."[51] „Seit dem Zweiten Weltkrieg hatte es im Westen keine solche Einigkeit in der Zielsetzung gegeben",[52] erklärten die Medien so hoffnungsvoll wie orakelhaft, doch ein paar Monate später, Anfang 1958, wurden Zweifel im Hinblick auf diese „Einigkeit in der Zielsetzung" laut. Die Presse fragte sich: „Geistige **Herausforderung**: Sind wir ihr gewachsen?", und kehrte dann wieder zu ihrem zentralen Schwerpunkt zurück: „**Wütend** auf Ike?"[53]
Im Mai war Eisenhower so sehr in diese ständigen Botschaften vom paranoiden Zusammenbruch verstrickt, daß seine Sprache sich der der Medien anzugleichen

---

[49] *Newsweek* vom 15. Juli 1957, Titelblatt.
[50] *Newsweek* vom 14. Oktober 1957, 38.
[51] William Manchester, The Glory and the Dream, Boston 1973, 789.
[52] *Newsweek* vom 18. November 1957, 37.
[53] *Newsweek* vom 20. Januar 1958, Titelblatt, und vom 10. März 1958, 27.

begann. Eine Fantasieanalyse seiner Ansprache bei einem Abendessen für den Republikanischen Nationalausschuß am 6. Mai 1958 setzt etwa damit ein, das Bild einer „bösen Kraft" zu beschwören, die sich vor Amerika „auftürme":

> 6. 5. 1958: Bedrohung ... böse Kraft ... feindselig ... Zerstörung ... Sprengstoff ... zerstören ... töten ... tödliche Bedrohung ... die Hände binden ... Auflösung ... schwächer werden ... schwächer werden ... aufwallen ... zurückdrängen ... Schuß ... Krieg ... Krieg[54]

Da die Vorgänge auf internationaler Ebene zu dieser Zeit tatsächlich eher ruhig waren, begann die Suche nach einer Gruppenwahn-Lösung für den paranoiden Zusammenbruch. Drei Wochen später lieferten zwei kleinere Zwischenfälle den erforderlichen Auslöser. Der erste war ein Handgemenge, in dessen Verlauf Nixon während seines Besuchs in Venezuela von Demonstranten bedroht wurde, und Eisenhower schickte schleunigst Truppen in die Karibik „für den Fall, daß die venezolanische Polizei ihn nicht beschützen kann". Der zweite und wichtigere Zwischenfall begann mit ein paar gewöhnlichen Straßendemonstrationen im Libanon gegen dessen den USA günstig gesonnenen Präsidenten. Die Amerikaner reagierten auf die beiden Zwischenfälle, als ob sie noch nie von Straßenprotesten gehört hätten, und *Newsweek* gab den beiden Berichten den Titel: „**Schockwellen**: Die **Auswirkung** der weltweiten **Krise** auf die USA".[55] Die freigewordenen Emotionen waren so heftig, daß sie sich sogar auf die umliegenden Seiten übertrugen; ein *Newsweek*-Standardartikel über die Souveränität Alaskas erhielt den Titel „Über ganz Alaska liegt ein **Gefühl von Herzsausen** und **Stunde Null**", und ein Artikel über routinemäßige Untersuchungen im Kongreß schien auf dem Titelblatt als „**Raserei** in Washington" auf.[56]

Innerhalb einer Woche lenkte Eisenhower diese „Herzsausen verursachenden Schockwellen" in eine Gruppenwahn-Militäraktion um: Er ließ amerikanische *Marines* in den dazumal vor sich hindämmernden Libanon einmarschieren, eine Handlung, von der sein offizieller Biograph Peter Lyon berichtete, „daß sie die Sonnenhungrigen und Eisverkäufer an den friedlichen Stränden dieses Landes erheblich verblüffte".[57] Amerika hatte sich der Presse zufolge „an den Rand des Krieges bewegt", weil „ein Einschreiten weniger riskant war als das Elend der

---

[54] Public Papers of the Presidents of the United States. Dwight Eisenhower. 1958, Washington, D.C.: U.S. Government Printing Office 1960, 329.
[55] *Newsweek* vom 26. Mai 1958, 23.
[56] *Newsweek* vom 7. Juli 1958, 9, und vom 21. Juli 1958, Titelblatt.
[57] Lyon, *Eisenhower*, 773.

Untätigkeit". Man verspürte große Erleichterung darüber, daß die „Katastrophe nicht eine Sekunde zu früh abgewendet worden war".[58] Wie leicht vorherzusagen, stiegen Eisenhowers Umfragewerte wieder.

Als Kennedy das Präsidentenamt übernahm, war Eisenhowers Popularität jedoch erneut gefallen und blieb das ganze Jahr 1960 niedrig, so daß Kennedy mit dem Anti-Eisenhower-Programm „Amerika wieder in Bewegung setzen" gewählt werden konnte. Indem es den mit einem Macho-Image behafteten Kennedy wählte, verkündete Amerika, daß es von den Friedensbemühungen der fünfziger Jahre genug hatte. Wenn es galt, „neue Gebiete" zu erobern, würde Amerika „neue Indianer" finden müssen, die zu bekämpfen waren, und es gab wenig Zweifel darüber, *gegen wen* Amerika sich „wieder in Bewegung setzen" wollte. Ein Großteil der Bildsprache von den „neuen Gebieten" spiegelte zugleich die zugrundeliegenden Gefühle von Verzweiflung und Einsamkeit wider, die im Bild vom (Grenz-)Gebiet enthalten sind, das man sich als einen einsamen Außenposten vorstellt, der nur in losem Kontakt mit der Zivilisation steht – ein passendes Symbol für Amerikas teilweise unzivilisiertes Verhalten, das in dieser Periode folgen sollte. So machten die depressiven fünfziger Jahre den manischen sechziger Jahren Platz – ein Jahrzehnt, in dem es zu einer gefährlichen Annäherung an den nuklearen Holocaust, Amerikas längstem Krieg und einer wahnsinnigen Verdopplung des Pro-Kopf-Einkommens kommen sollte, dem größten wirtschaftlichen Aufschwung, den es je über ein Jahrzehnt in einem Land in der Weltgeschichte gegeben hat. Dieser Wechsel zwischen depressiven und manischen Phasen in der nationalen Gruppenfantasie, ein Phänomen, das Politikwissenschaftlern sehr vertraut ist[59] (doch bislang keiner rationalen Erklärung zugeführt werden konnte), wurde von der ganzen Nation empfunden, sobald Kennedy gewählt war. Vom Beginn seiner Amtszeit an lagen Taten „in der Luft", und das spiegelte sich in der Grandiosität der messianischen Bildsprache wider, die auf ihn projiziert wurde.

---

[58] *Newsweek* vom 28. Juli 1958, 15, 24.
[59] Vgl. Arthur Schlesinger, Tides in American Politics, in *Yale Review* 29 (1939), 217-230; Frank L. Klingberg, The Historical Alteration of Moods in American Foreign Policy, in *World Politics* 4 (1952), 239-273; vgl. auch die Diskussion um die gesetzmäßige geschichtliche Beziehung zwischen aktiven Perioden der Innenpolitik und dem Krieg bei David C. McClelland, Love and Power: The Psychological Signals of War, in *Psychology Today* vom Januar 1975, 44-48 (dt. unter dem Titel *Liebe und Macht: „Die psychologische Grundlage des Krieges"* in: ders., Macht als Motiv. Entwicklungswandel und Ausdrucksformen, Stuttgart 1978).

Die Gruppenfantasie-Bildsprache der Presse und auf Kennedys Pressekonferenzen bewegte sich eher noch schneller als sonst auf die Zusammenbruchsstufe zu, begünstigt vielleicht auch durch das Scheitern der Invasion Kubas (wohin Kennedy jedoch keine massiven amerikanischen Streitkräfte entsenden konnte, weil die Gruppenfantasie am Beginn seiner Amtszeit noch zu stabil war, um die erforderliche Gruppenwut freizusetzen). Es ist möglich, daß die größenwahnsinnigen Anfangserwartungen gegenüber Kennedy in Wirklichkeit eine Abwehrmaßnahme gegen schwere Verzweiflung darstellten, so daß man die rasche Desillusionierung und den Zusammenbruch des Vertrauens innerhalb eines Jahres durchaus hätte erwarten können. Auf jeden Fall näherte sich die Fantasiesprache der Medien in seinem ersten Amtsjahr gegen Ende August, nachdem die Russen die Berliner Mauer errichtet hatten, bereits der Stufe des paranoiden Zusammenbruchs, und Kennedy reagierte darauf, indem er Reservisten für den aktiven Dienst rekrutierte und US-Panzer die Friedrichstraße auf- und abfahren ließ. Die Medien verkündeten, wir ständen neuerlich „an der Schwelle zum Krieg". Karikaturen auf den Titelseiten verschiedener Wochenmagazine deuteten an, daß die Vereinten Nationen am Zusammenbrechen seien, von Schulkindern wurde berichtet, daß sie unter Alpträumen von nuklearer Zerstörung litten, es begann eine „Große Debatte" über Luftschutzbunker, und die *U.S. News* starteten eine Artikelserie mit dem Titel: „Krieg – die gegenwärtigen Risiken".[60]

Amerikas Gefühle vom paranoiden Zusammenbruch wurden jetzt auf die Russen projiziert, die man infolge einer großen „Krise im Kreml" mit einem Mal als „orientierungslos" sah und darstellte, als wären sie voller „Anstrengung, Unentschiedenheit, Anspannung [und] Ungewißheit im Hinblick darauf, wer sie führen soll".[61] Zu diesem Zeitpunkt, in den ersten Monaten des Jahres 1962, war das Bild, das die Medien von Kuba zeichneten, recht milde. Russische Truppen und Militärgerätschaften befanden sich bereits auf der Insel, das wurde zur Kenntnis genommen, doch schien sich keiner daran zu stoßen, und „Ein Blick auf Castros Kuba von innen" zeigte nur Fotos von glücklichen Kubanern und Russen in Swimmingpools.[62] Kennedy selbst meinte gegenüber Ben Bradlee, daß russische Truppen und Militäreinrichtungen auf Kuba für uns nur von geringem Interesse

---

60 *Newsweek* vom 2. Oktober 1961, Titelblatt, und vom 6. November 1961, Titelblatt; *U.S. News & World Report* vom 1. Januar 1962, 25, und vom 8. Januar 1962, 40.
61 *U.S. News & World Report* vom 29. Januar 1962.
62 *U.S. News & World Report* vom 12. Februar 1962, 43.

seien, denn sie unterschieden sich wenig von der Präsenz unserer eigenen Truppen in der Türkei.

> Der Präsident sagte, die Anwesenheit von 17.000 sowjetischen Soldaten auf Kuba, 90 Meilen von den USA entfernt, sei eine Sache, wenn man sie isoliert betrachte, eine andere hingegen, wenn man berücksichtige, daß in der Türkei 27.000 US-Soldaten stationiert seien, unmittelbar an der sowjetischen Grenze, und daß diese sich schon seit einigen Jahren dort befänden. Er warnte mich davor, diese Information weiterzugeben ... es würde für ihn politischen Selbstmord bedeuten, diese beiden Dinge öffentlich gleichzusetzen. „Es ist nicht klug, Chruschtschows Probleme auf diese Weise völlig zu verstehen", sagte er ruhig.[63]

Doch die inneren Gruppenfantasie-Gefühle von Zusammenbruch, Wut und paranoiden Ängsten, die zu diesem Zeitpunkt bestanden, konnten nicht lange objektlos gehalten werden. Kennedys Vertrauenswerte sanken schnell, und jede neue Ausgabe von *U.S. News* kündigte das totale „Auszucken" irgendeiner feindlichen Nation an – China, Rußland, Ostdeutschland oder was auch immer –, zusammen mit typischen paranoiden Gefühlen von Unheimlichkeit, die sich darauf bezogen, was die Zeitung „Das Chruschtschow-Geheimnis" nannte: „Was steckt hinter den ruhigen Tönen, welche Meldungen aus dem Kreml neuerdings begleiten – Das wachsende Geheimnis um Chruschtschows Besonnenheit – Stellt er uns eine Falle und wartet, daß wir hineinlaufen?"[64]

Diese Art paranoider Verdächtigungen konnte nicht ständig verdrängt werden. Obwohl sich weder auf Kuba noch in Rußland irgendetwas Neues ereignete, gab die Fantasieanalyse von Kennedys Pressekonferenz im Juli 1962 eine verborgene Sprache preis, die den Zusammenbruch ganz klar dokumentierte (obwohl das einzige, was er „katastrophal" nennen konnte, eine Abstimmung in Sachen medizinischer Versorgung war):

> 23. 7. 1962: Gefahr ... Gefahr ... Stürze ... katastrophal ... aufzehren ... aufzehren ... geschwächt ... Chaos ... chaotisch ... gefährlich ... Knall[65]

---

[63] Benjamin C. Bradlee, Conversations with Kennedy, in *Playboy* vom April 1965, 176.
[64] *U.S. News & World Report* vom 14. Mai 1962, 52.
[65] Public Papers of the Presidents of the United States. John F. Kennedy. 1962, Washington, D.C.: U.S. Government Printing Office 1963.

Die Gefühle von Chaos und Wut konnten nicht mehr länger zurückgehalten werden: Plötzlich „entdeckte" Kennedy, daß es auf Kuba Tausende Russen gab, und plötzlich waren die 90 Meilen zwischen den beiden Nationen allem Anschein nach doch eine Provokation. Obwohl er wußte, daß die einzigen auf Kuba befindlichen „Raketen" die üblichen Boden-Luft-Abwehrraketen mit einer Reichweite von 25 Meilen waren, warnte Kennedy Chruschtschow Anfang September davor, auf Kuba „Angriffswaffen" zu stationieren, und rekrutierte zusätzliche 150.000 Reservisten für den aktiven Dienst. Die Nachrichtenmedien kamen endlich zur „psychotischen Einsicht" darüber, wo die Gruppenwahn-Lösung ausgespielt werden würde: Obwohl Kuba bis dahin in ihren Blättern praktisch nie aufgetaucht war, brachten sie nun Titelgeschichten zum „**Krieg um Kuba?**": „Ein **Krieg** um Kuba, in den die USA mit Rußland geraten, **rückt näher**, nachdem die Sowjets nun über einen vorgeschobenen Militärstützpunkt unmittelbar vor der Küste Floridas verfügen."[66]

Da zu dieser Zeit in Wirklichkeit keine russischen Angriffsraketen auf Kuba stationiert waren (eine sorgfältige Rekonstruktion von bis vor kurzem geheimgehaltenem Material hat ergeben, daß die USA zu keinem Zeitpunkt im September über Beweise oder auch nur Verdachtsmomente für russische Angriffsraketen verfügten), konnte die Presse beim besten Willen nichts anderes tun als auf die bloße Möglichkeit hinzuweisen, daß sich raketenbestückte russische U-Boote in der Gegend befinden könnten. Ungeachtet fortgesetzter negativer Berichte von U-2-Flugzeugen und anderen CIA-Beobachtern waren die Würfel gefallen, und Amerika war in eine Gruppentrance eingetreten. Am 17. September fand ein geheimes Treffen zwischen den Mitgliedern des außenpolitischen Rates und des Verteidigungsausschusses statt, um Beschlüsse zu erörtern, die den Präsidenten dazu ermächtigen sollten, die Errichtung eines russischen Militärstützpunktes auf Kuba mit Gewalt zu verhindern. Eine vollständige Fantasieanalyse dieses langen Treffens enthüllt die wahre Stimmung des Landes *vor* der Entdeckung irgendwelcher russischen Angriffsraketen:

> 17. 9. 1962: Aggression ... Aggression ... schwächen ... Aggression ... Einmarsch ... Einmarsch ... sterben ... leiden ... Ängste ... Aufbau ... Blockade ... Krieg ... einmarschieren ... Zusammenbruch ... zusammengebrochen ... Zusammenbruch ... fallen ... Aufbau ... Gewalt ... Blockade ... Blockade ... Blockade ... Krieg ... Krieg ... Krieg ... Blockade ... Krieg ... Stacheln ... Feuer ... brennen ... Herz ... Aggression ... Krieg ... Kampf ... Kampf ... Holocaust ... zornig ... Herz ... zudecken ...

---

[66] *U.S. News & World Report* vom 17. September 1962, 37.

Gefahr ... Drohung ... Gefahr ... Aug in Aug ... heiß ... heiß ... Krieg ... Krieg ... Blockade ... Blockade ... Krieg ... Blockade ... Krieg ... Blockade ... Blockade ... Krieg ... Krieg ... Krieg ... Krieg ... Angst ... Angst ... Krieg ... Blockade ... Blockade ... Blockade ... Krieg ... Blockade ... Krieg ... Blockade ... Krieg ... Krieg ... Krieg ... Krieg ... Krieg ... Krieg ... Krieg ... Blockade ... Blockade ... Krieg ... Krieg ... Krieg ... Blockade ... ersticken ... ängstlich ... Krieg ... Krieg ... Krieg ... kämpfen ... schießen ... tot ... tot ... Krieg ... Henne und Ei.[67]

Eine landesweite Meinungserhebung bei der amerikanischen Bevölkerung durch *U.S. News* ergab ein ebenso heftiges Bild, und die einzige Frage, die noch unbeantwortet schien, lautete, ob Amerika lediglich eine Blockade über Kuba verhängen oder ohne Vorwarnung auf der Insel einmarschieren sollte: „Einmarschieren und die Russen rauswerfen ... Wir müssen etwas tun ... Jetzt ist der richtige Zeitpunkt, um diesem Verräter und seinen roten Kohorten den Wind aus den Segeln zu nehmen. Blockieren wir Kuba ganz und gar ... nutzen wir jedes Mittel, das uns zur Verfügung steht, um dieses Schlangennest auszuräuchern ... Kuba ist zu einem Krebsgeschwür geworden. Wenn Russen dabei getötet werden – das ist ein Risiko, das sie selbst herbeigeführt haben."[68]

Erst *einen ganzen Monat später*, nachdem eine begrenzte Blockade verhängt worden war, gefolgt von Forderungen der Medien und eines Großteils des Kongresses nach einer völligen Militärblockade und/oder Invasion, kam es – am 14. Oktober durch einen U-2-Piloten – zur ersten Entdeckung einer potentiellen russischen Basis für Angriffsraketen.[69] Endlich hatte Amerika einen „objektiven Grund" für seinen Gruppenwahn. Nicht, daß die neuen russischen Raketen das Gleichgewicht der Kräfte zu verändern drohten. Alle, von Kennedy bis zu den Militärs, waren sich einig, daß die Herausforderung rein psychologisch war. Eugene Rostow, ehemaliger Unterstaatssekretär im Außenamt, sagte vor kurzem: „Warum hat uns die Kubakrise so aufgeregt? ... Es gibt Raketen auf sowjetischen U-Booten. Und Raketen können die USA auch direkt von der Sowjetunion aus erreichen, auch von Jagdbombern aus. Aber es lohnt sich, den kubanischen Vor-

---

[67] U.S. Congress, Senate Committee on Foreign Relations and the Committee on Armed Services, 87th Congress, 2nd session: Situation in Cuba, Washington, D.C.: U.S. Government Printing Office 1962.
[68] *U.S. News & World Report* vom 24. September 1962, 47 f.
[69] David Detzer, The Brink: Cuban Missile Crisis, 1962, New York 1979, 97; Arthur M. Schlesinger, Jr., A Thousand Days: John F. Kennedy in the White House, Boston 1965, 799–801.

fall zu studieren, weil *wir damals bereit waren loszuschlagen.* Es herrschte Wut im Land und ein Gefühl von Bedrohung, und das war äußerst gefährlich."[70]
Die „psychotische Einsicht", daß Raketen auf Kuba eine unerträgliche Bedrohung Amerikas darstellten, die unverzüglich mit militärischen statt diplomatischen Mitteln beseitigt werden mußte, erforderte zur Rationalisierung mindestens zwei wahnhafte Hauptelemente, die beide von Kennedy offene Lügen gegenüber der amerikanischen Öffentlichkeit verlangten. Die erste Lüge war die Behauptung, Amerika müsse militärisch vorgehen, da Verhandlungen Zeit bräuchten und die Raketen inzwischen einsatzbereit gemacht werden konnten, was sowohl die amerikanische Sicherheit gefährden als auch Kennedys Verhandlungsposition schwächen würde. Diese Rationalisierung ist durch einen jüngst veröffentlichten und wenig bekannten CIA-Report als völlig falsch erwiesen worden: Kennedy wußte schon seit dem 22. Oktober, daß die Raketen *bereits* einsatzbereit waren, und er belog die amerikanische Öffentlichkeit einfach, als er das Gegenteil behauptete.[71] Es gab keinen Grund für diese Eile, keinen Grund für die Herzsausen verursachende militärische Konfrontation mit sowjetischen Schiffen auf hoher See – das heißt, keinen außer Gruppenwahn-Bedürfnisse.
Die zweite Rationalisierung, die zur Aufrechterhaltung des Wahns erforderlich war, besagte, daß es keine annehmbare und tragfähige Alternative zum „Hahnenkampf" gab, den die beiden Länder aufführten, während sich die Schiffe aufeinander zubewegten, und der gezwungenermaßen das Risiko eines nuklearen Schlagabtauschs beinhaltete. In Wirklichkeit jedoch gab es eine vollkommen annehmbare Alternative, die Chruschtschow anbot: daß nämlich Rußland seine auf Kuba stationierten Raketen im Tausch gegen die Entfernung der amerikanischen Raketen an der türkischen Grenze zu Rußland abziehen würde. Nun waren die amerikanischen Raketen in der Türkei von der Regierung bereits als völlig nutzlos erkannt worden, und Kennedy selbst hatte deren einseitige Entfernung schon Monate zuvor vorgeschlagen, so daß diese Alternative also bei jeglicher rationalen Abwägung der amerikanischen Interessen als rundum vernünftig erscheinen mußte. Doch noch bevor Chruschtschow dieses Angebot unterbreitet hatte, war Adlai Stevenson, als er diese Lösung am 20. Oktober der ExComm-Gruppe vorschlug, bereits von vielen für ein „Feigling" gehalten worden, eine Anschuldigung, die ihn bis zum Ende seiner Zeit bei der UNO verfolgte.[72] Tatsächlich

---

[70] William Whitworth, Naive Questions about War and Peace, New York 1970, 24.
[71] Barton J. Bernstein, The Week We Almost Went to War, in *Bulletin of the Atomic Scientists* vom Februar 1976, 17.
[72] Detzer, *The Brink*, 157.

stellte *jede* in Verhandlungen erreichte Lösung eine „Feigheit" dar, wenn die militärische Erniedrigung des vom Wahn bestimmten Feindes das Ziel war. Die Raketen in der Türkei hatten für die ExComm-Gruppe so geringe tatsächliche Bedeutung, daß viele ihrer Mitglieder an einem bestimmten Punkt ihrer Überlegungen etwas befürworteten, was ein Historiker „einen verrückten Plan" genannt hat: „... zuerst die Raketen in der Türkei entschärfen und die Sowjets darüber informieren; dann die Raketenstützpunkte bombardieren und auf Kuba einmarschieren".[73] Dieses Szenario – zuerst das Problem lösen, dann aber nichtsdestoweniger mit der gewalttätigen Invasion fortfahren – offenbart zweifellos die wahnhafte Motivation der ganzen Affäre!

Die Gruppentrance war tatsächlich so mächtig, daß das ganze Land Kennedys Erklärung, das Angebot Rußlands, einen Raketenabtausch durchzuführen, sei inakzeptabel, einfach fraglos hinnahm und es vorzog, das Leben von zig Millionen Menschen aufs Spiel zu setzen. In der Tat waren nur 16% der Amerikaner gegen militärische Aktionen, obwohl drei Fünftel von ihnen überzeugt waren, daß „einige Schußwechsel" unvermeidlich sein würden, und ein Fünftel sogar meinte, daß dies zum Dritten Weltkrieg führen würde. Die Antworten auf die Fragen der Meinungsforscher beinhalteten hauptsächlich Äußerungen wie „Das war längst überfällig" und „Wir sind lang genug herumgeschubst worden". Diese nationale Stimmung ermunterte Kennedy zu äußerster Offenheit im Hinblick auf seine militärischen Drohungen. Er drohte nicht nur offen mit Invasion und konzentrierte zu diesem Zweck eine Viertelmillion Mann und 180 Schiffe an der Südspitze Floridas, sondern versetzte zudem 156 ICBMs in „Startbereitschaft" und sandte – laut dem damals für die Übermittlung amerikanischer Nachrichten zuständigen Offizier der Air Force – den Russen folgende Mitteilung:

> Die Botschaft besagte, daß die USA über 1300 Nuklearwaffen auf Flugzeugen verfügten – und nannte sowjetische Städte, auf welche die Bomben gerichtet werden würden. [General] Keegan teilt mit, ein Offizier der Armee eines Landes aus dem Nahen Osten habe Nikita Chruschtschow gerade in seiner Datscha am Schwarzen Meer besucht, als Chruschtschow diese Botschaft ein paar Stunden nach ihrer Übermittlung erhielt. Er hatte vier Telefone auf seinem Tisch und versuchte sie alle zugleich abzuheben, um Moskau anzurufen. Und am selben Tag drehten die russischen Schiffe ab.[74]

---

[73] Barton J. Bernstein, Kennedy Brinkmanship, in *Inquiry* vom 2. April 1979, 21.
[74] H. R. Haldeman, The Ends of Power, New York 1978, 93.

Kennedys militärische „Erniedrigung" Chruschtschows, die zur Abdankung des russischen Anführers führen sollte – und auf die Kennedy sich einließ, um nicht selbst einer „Erniedrigung" zum Opfer zu fallen – fand jedoch in einer zu kurzen Zeitspanne statt, um eine vollends befriedigende erotische Reinigung der amerikanischen Wut zu bringen. Obgleich mir bislang noch unklar ist, was genau denn nun eine adäquate Reinigung von Emotionen ausmacht, schienen die Nachrichtenmedien in diesem Fall klar zu sagen, daß alles viel zu schnell vorüber war, und begannen sich zu fragen, ob Amerika wirklich „gewonnen" hatte. Die *U.S. News* stellten die unangenehme Frage, die jedem auf der Zunge lag: „Wird es nun eine Welt ohne wirklichen Krieg geben? Plötzlich scheint die Welt ruhig ... Große Fragen: Warum diese Ruhe? Was hat sie zu bedeuten?"[75] Kennedys Vertrauenswerte, die während der Krise dramatisch angestiegen waren, fielen wieder auf den Stand von zuvor, und offenen Angriffe gegen ihn kehrten mit voller Wucht zurück. Eine umfassende emotionale Reinigung stand weiterhin aus. Landesweite Erhebungen der öffentlichen Meinung durch die Medien verzeichneten ein „Großes Rätsel: Seltsame Stimmung heute in Amerika. Verwirrt und unsicher, was man glauben soll ... eine unheimliche Stimmung ..."[76] Genau diese „seltsame Stimmung" veranlaßt mich zu Spekulationen, ob Kennedys Ermordung Ende des Jahres, zumal sie in Oswalds Denken stark an die Ereignisse um Kuba geknüpft war, nicht in gewisser Hinsicht als eine von der Nation delegierte Tat bezeichnet werden könnte, trotz der Tatsache, daß wirkliche Belege für Oswalds Motive natürlich nie auftauchen werden.[77] Angesichts der ganzseitigen Zeitungsanzeigen, die Kennedy zu genau der Zeit, als er nach Dallas fuhr, für seine sanfte Behandlung Kubas attackierten und eingedenk seiner Aussage nach der Raketenkrise, daß er, hätte er keine militärischen Schritte gesetzt, „des Amtes enthoben worden wäre", kann man nicht anders als sich zu fragen, inwieweit die Gruppenfantasie-Wut der Amerikaner zu seinem Tod beigetragen haben könnte – und inwiefern eine solche Fantasie „durch" den verwirrten Geist eines kranken Attentäters in die Tat umgesetzt hätte werden können.

Der nächste amerikanische Gruppenwahn nach Kennedys Ermordung war natürlich der Vietnam-Krieg. Als im Verlauf des Jahres 1964 das nationale Vertrauen in Johnson seinen unvermeidlichen Abstieg begann, wurden Ängste vor „einem drohenden Zusammenbruch" ständig auf „Chruschtschows zerfallendes

---

[75] *U.S. News & World Report* vom 17. Dezember 1962, 54.
[76] *U.S. News & World Report* vom 25. Februar 1963, 31.
[77] Daniel Schorr, The Assassins, in *New York Review of Books* vom 13. Oktober 1977, 14–21.

Reich" projiziert,[78] und Karikaturen erschienen,[79] die *identisch* waren mit Herblocks „Zusammenbruchs"-Karikatur aus Abbildung 1 oben, die zeigt, wie die Türen des Präsidentensitzes unter dem Druck von außen einbrechen. Wenig später nahmen die ersten amerikanischen Truppen den Kampf in Vietnam auf. Nachdem Nixon den Krieg übernommen hatte und von seinem Land 1969 ebenfalls Zusammenbruchsbotschaften erhielt, erfand auch er etwas, das er die „Wahnsinnigen-Theorie" nannte, die darin bestehe, „mit dem Finger am nuklearen Knopf ... irrational in Erscheinung zu treten",[80] und stürzte Amerika mit dem Einmarsch in Kambodscha in einen weiteren Gruppenwahn. Statt jedoch an dieser Stelle meine in Monatsschritte eingeteilte Dokumentation dieser beiden Gruppenfantasie-Zyklen, die zum Vietnam- bzw. zum Kambodscha-Krieg führten, vorzustellen, möchte ich, zumal sich in diesen beiden Zyklen so viele der Muster militärischer Gruppenwahnbildungen wiederholen, die ich bereits dokumentiert habe, lieber das in den vergangenen 25 Jahren einzige Beispiel für den Versuch eines Präsidenten untersuchen, ein *Friedens*abkommen dazu zu benutzen, den Zusammenbruch des Vertrauens in ihn zu bewältigen. Obwohl wir oben schon gesehen haben, wie Eisenhower den friedlichen Truppenabzug von den Inseln vor der chinesischen Küste dazu verwendete, heroisch zu erscheinen und das Vertrauen der Öffentlichkeit in ihn wiederherzustellen, bestand bei dieser Vorgangsweise doch eine wie auch immer geringe, deutliche Gefahr – schließlich und endlich war es doch ein Militärmanöver. Der im hier untersuchten Zeitraum von 25 Jahren einzige Fall, bei dem ein Präsident es zustandebrachte, das Vertrauen in ihn *ausschließlich* durch friedliche Bemühungen eine Zeitlang wiederherzustellen, war folgender: Jimmy Carter und die Nahost-Gipfeltreffen in Camp David.

Jimmy Carter: Wiedergeburt in Camp David
Es ist schwierig, sich zur Zeit, da ich dies schreibe (Frühjahr 1979), die Idealisierung und die regelrecht messianischen Hoffnungen zu vergegenwärtigen, die so viele Amerikaner nach der Wahl Jimmy Carters entwickelten. In unserem Buch *Jimmy Carter and American Fantasy* zeigt John Hartmann im Kapitel über „Carter and the Utopian Group-Fantasy"[81], wie sehr der demokratische Konvent

---

[78] *U.S. News & World Report* vom 26. Oktober 1964.
[79] *U.S. News & World Report* vom 7. Dezember 1964, 31.
[80] William Shawcross, Dr. Kissinger Goes to War, in *Harpers* vom April 1979, 40.
[81] Lloyd deMause und Henry Ebel (Hgg.), Jimmy Carter and American Fantasy, New York 1977.

von der utopischen Bildsprache der Verschmelzung mit einer idealen Mutter beherrscht wurde, von Gruppenfantasien über chiliastische und messianische Wiedergeburtserwartungen, die sich erst in zweiter Linie auf Carters persönliche religiöse Vergangenheit bezogen. Carter-Karikaturen, die ihn als Fötus in einer Erdnuß zeigten, kurz vor der Geburt, oder als Christus, der auf dem Wasser wandelt, und andere messianische Anspielungen auf ihn als einen „Erlöser" (etwa durch das Spiel mit den Initialen J. C.) waren weit verbreitet. Der Abfall dieser Idealisierung wird in den Gallup-Umfragewerten über seine Gunst ersichtlich, die bis zu den Nahost-Friedensgesprächen kontinuierlich sanken. Die monatsweise Geschichte dieses Zusammenbruchs- und Genesungsmusters ist faszinierend.

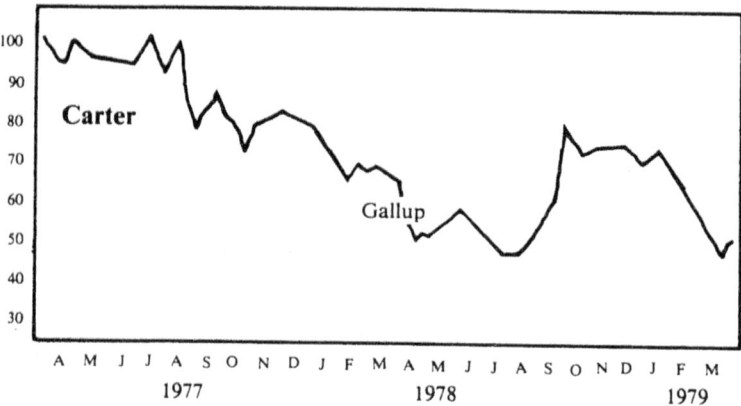

Abbildung 6: Gallup-Umfragewerte, die Abfall und Wiedererstarken des Vertrauens in Jimmy Carter zeigen

Wie man aus der Graphik ersehen kann, begannen die Umfragewerte erst im September 1977 abrupt zu fallen. Das spiegelt sich auch in meiner Fantasieanalyse der Medien und der Pressekonferenzen des Präsidenten wider, die zu dieser Zeit die ersten Anzeichen für den Zusammenbruch zeigten. Das entscheidende symbolische Ereignis, das diese Stufe ankündigte, war die Bert-Lance-Affäre, ein marginaler Vorfall, der zu dieser Zeit zu Gruppenfantasie-Zwecken benutzt wurde und im ganzen Monat September die verzückte Aufmerksamkeit der Nation gefangennahm. Da die zentrale Frage an einen überidealisierten Anführer lautet: „Wird er uns allein lassen?", stellte sich die Lance-Affäre als ein Problem des Verlassenwerdens dar: Würde Carter „seinen engsten Freund fallenlassen" (stellvertretend für die ganze Nation), und würde Carter im Gegenzug „seines engsten und verläßlichsten Vertrauten beraubt" werden?[82] Das Drama wurde ins Unermeßliche aufgeblasen. Lance wurde als Baby dargestellt, das im Begriff war, verlassen zu werden, und obwohl er „ein Schrank von Mann war, füllte [er] den Zeugenstand gerade so vollständig wie Prinzessin Goldilock die Wiege des kleinen Bären".[83] Bald begann das Drama des Verlassenwerdens sich der Bildsprache der Geburt zu bedienen, um der Trennungsangst Ausdruck zu verleihen.

Ich führe gewohnheitsmäßig Fantasieanalysen der abendlichen Fernsehnachrichtensendungen durch, indem ich mir die Bilder aufschreibe, die in den NBC-Spätnachrichten auftauchen. (Um Fantasieanalysen von Fernsehsendungen durchzuführen, drehe ich stets den Ton ab, ignoriere alle Bilder von Leuten, die nur sprechen, und verzeichne lediglich jene Szenen, die unmittelbar die Körperbilder spiegeln, welche Träger des Fantasiegehalts sind). Am 21. September, als Carter immer noch darüber nachdachte, ob er Lance „fallenlassen" sollte, begannen die Spätnachrichten mit einer ernsten Erklärung Carters zur Affäre und gingen im weiteren Verlauf der Sendung zu deren Gruppenfantasie-Bedeutung über, und zwar im „Section Three" betitelten Teil, der „leichtere" Kost enthalten soll, meiner Erkenntnis nach üblicherweise aber dazu benutzt wird, verborgene Gruppenfantasie-Botschaften im Hinblick auf diejenige Nachricht, die als Aufhänger der Sendung fungiert, zu übermitteln. An diesem besonderen Tag wurde eine Gorillamutter gezeigt, die eine Frühgeburt hatte, wobei die Kamera in Großaufnahme Bilder von ihr lieferte, wie sie das Baby aufhob, überlegte, ob sie ihm die Brust geben sollte, und es dann wieder hinlegte. Verwundert über die Leichtigkeit, mit der wir alle den Gedanken hinnehmen, daß Millionen Fernsehdollars dafür ausgegeben werden, Bilder von stillenden Gorillas zu machen, die dann zig Millionen Menschen als „Unterhaltung" ins Haus gesendet werden, wartete ich gespannt auf Carters Entscheidung am nächsten Tag. Sie kam mit der Morgenzeitung – Carter hatte Lance fallenlassen, und auf der Titelseite der *New York Times* erschien ein Bild von einem *weinenden* Carter (bis zu diesen Zeitpunkt waren die Fotos von Carter auf der Titelseite immer „starke" Bilder gewesen – vgl. Abbildung 7).

---

[82] *U.S. News & World Report* vom 19. September 1977, 25.
[83] *New York Times* vom 16. September 1977, A23.

Abbildung 7: Jimmy Carter während der „starken" Stufe

Begierig, die Gruppenfantasie-Botschaft zu erfahren, schaltete ich die NBC-Spätnachrichten ein und schaute neuerlich „Section Three". Wie nicht anders zu erwarten, war ein langer Abschnitt dem Thema Trennung gewidmet – diesmal der Trennung von siamesischen Zwillingsbabys, die an der Hüfte zusammengewachsen waren. Die Bilder standen eindeutig ebenso für Carter und Lance wie auch für die Beziehung von Fantasie-Anführer und Gruppe. Die Kameras konzentrierten sich auf die Krankenschwester, die uns allen zeigte, daß die Babys ruhig waren, wenn sie nebeneinanderlagen, und in Tränen ausbrachen, wenn sie getrennt wurden.
An diesem Punkt tauchten in den Medien die ersten Bilder vom „Zusammenbruch" auf. Sowohl *Nevsweek* als auch *Time* kamen unabhängig voneinander in derselben Woche mit identischen Karikaturen auf dem Titelblatt

heraus, die ein ideales Zusammenbruchssymbol zeigten: zerbrechende Eier – Bert Lance als Humpty Dumpty, der von der Mauer fällt (Abbildung 8).

Abbildung 8: Jimmy Carter während der Stufe des „Brüchigwerdens"

The New York Review of Books beschrieb Carters „Beinahe-Zusammenbruch" mit der Schlagzeile „CARTER DURCHBOHRT" (i. O. *„Carter lanced"*; *A.d.Ü.*). Die vor der Entscheidung durchgeführte Gallup-Umfrage ergab, daß 67% im Land der Meinung waren, Lance solle gehen, während sich nur 21% dafür aussprachen, daß er bleiben solle; die Entscheidung war also zweifellos populär. Lance war natürlich sowohl ein Symbol des Verlassenwerdens als auch ein Sündenbock, auf den die vom Fantasie-Anführer abgezogene Wut umgelenkt wurde. Die Karikaturen zeigten ihn als rituelles Opfer, das von einer Klippe gestürzt wird (Abbildung 9), genauso, wie man auch Nixon porträtiert hatte, als er *seine* Mitarbeiter von einer Klippe stürzte (vgl. Abbildung 3).

Abbildung 9: Lance wird vom Opferfelsen gestürzt

Obwohl dieses Drama des Verlassenwerdens vom Land gefordert worden war, blieb danach doch die Traurigkeit, die den ganzen Vorfall umgab, bestehen. Joseph Kraft fragte sich, warum die Lance-Affäre „über die Maßen aufgeblasen" worden war, konnte aber nicht herausfinden, warum das alles so traurig zu sein schien.[84] Am bedeutsamsten aber war, daß Carters Vertrauenswerte zu sinken begannen. In einer Fantasieanalyse des Artikels in *U.S. News* über „Carters Nöte" (der unter einer Karikatur erschien, die Carter beim Versinken in einem Sumpf zeigte) schlägt sich dies so nieder:

> 7. 11. 1977: festgefahren ... Sumpf ... kämpfen ... plumpsen ... zerfressen ... zerstört ... erwischt ... gebeugt ... Überschwemmung ... ins Schwimmen kommen ... im dunkeln ... Wasser

Unter der Überschrift „Risse im Boden des Senats" erklärte die *Washington Post*, daß „die sorgfältig gegliederte Fassade des Senats zerschmettert war".[85] Evans und Novak ernannten Carter zum „inkompetenten Politiker des Jahres 1977" und sagten, sein „zerschmettertes" Image hinterlasse das Amt des Präsidenten in einen „gefährlich schwachen Zustand"[86], und in der *New Republic* stellte TRB fest, er habe „seit Harry Trumans Zeiten keine Leitartikler und Kolumnisten erlebt, die einem Präsidenten gegenüber so bevormundend und herablassend aufgetreten

---

[84] *Washington Post* vom 25. September 1977, C7.
[85] *Washington Post* vom 9. Oktober 1977, A3.
[86] *Washington Post* vom 10. Oktober 1977, A23.

wären".[87] Carter selbst fing an, Sätze wie „die Weltwirtschaft könnte zusammenbrechen" fallenzulassen (falls nämlich sein Gesetzesvorschlag zur Energiefrage nicht verabschiedet würde), und hielt am 8. November in dieser Sache eine gesonderte Fernsehansprache, deren Fantasiegehalt voll war von typischen Bildern für die Zusammenbruchsstufe: „in den Griff kriegen ... Endstadium ... Druck ... Opfer ... entscheidend ... entscheidend ... aufzehren ... schmerzt ... drängt ... Druck ... handeln".[88] Die *U.S. News* kündigten vorsorglich eine „bevorstehende Krise in Rußland"[89] an, und Anfang 1978 wurde Carter von den Medien unaufhörlich gedrängt, er möge „einen Rundumschlag führen" gegen die Arbeitslosigkeit, gegen die Inflation, gegen die Energieprobleme – gegen wen oder was auch immer.

In Carters Pressekonferenz am 8. März 1978 schlug sich diese Bildsprache der „Zusammenbruchs"-Stufe sogar noch deutlicher nieder, und seine Worte übermittelten den Ruf des Landes nach Handlung, um den „ungeheuren Druck" loszuwerden, wie sich anhand der Fantasieanalyse der Pressekonferenz zeigt:

Frage:	Verschlechterung ... Zusammenbruch?
Antwort:	Verschlechterung ... nimmt rapide zu ... nimmt rapide zu ... Verschlechterung
Antwort:	toter Punkt
Frage:	Tot?
Frage:	Belastungen?
Antwort:	bis zu den Zähnen bewaffnet ... Spannungen ... verkettet
Frage:	Handlung ... Handlung?
Antwort:	handeln ... sofort handeln ... ungeheurer Druck ... Krise

Bilder davon, wie das Land und Carter am Ersticken sind, waren in den Karikaturen und Schlagzeilen allgegenwärtig, etwa wenn gezeigt wurde, wie Carter von affenähnlichen Kommunisten oder Drachen verschiedenster Art mit der Aufschrift „Inflation" gewürgt wird oder er gerade ein Energiebüro eingerichtet hat, das „BEI DER GEBURT ERSTICKT" worden ist.[90] Um sich von diesem Gefühl des Erwürgtwerdens zu befreien, forderte das Land von Carter weiterhin, auf

---

[87] *The New Republic* vom 17. Dezember 1977, 1.
[88] *New York Times* vom 9. November 1977, A20.
[89] *U.S. News & World Report* vom 2. Dezember 1977, 23.
[90] *U.S. News & World Report* vom 6. März 1978, 29.

irgendjemanden irre wütend zu werden*, wie im Artikel eines Kolumnisten deutlich wird, der – unter der Überschrift „Wenn der arme Carter nur einmal irre wütend würde" – verlangt, daß er „‚noch einmal' geboren werden soll, und zwar diesmal als ein starker, entschlußkräftiger Präsident".[91]

Die Abgehobenheit der Gruppenfantasie von der Wirklichkeit und ihre emotionale Dissonanz verschärften sich an diesem Punkt, insofern die unbewußten Gruppengefühle von Aufruhr, Chaos, Wut und Verschmutzung immer mehr als absoluter Gegensatz zur tatsächlichen Lage des Landes wahrgenommen wurden – welches im Hinblick auf das Bruttosozialprodukt und das Pro-Kopf-Einkommen die höchsten Werte in seiner ganzen Geschichte verzeichnete, in dem die bislang geringste Zahl von Menschen unter der Armutsgrenze lebte und weder Krieg noch innere Unruhen herrschten. Das *Wall Street Journal* brachte die Gefühlslage in diesem Augenblick so auf den Punkt:

> Wir alle haben diese Erfahrung schon einmal gemacht. Zu Hause ist alles in Ordnung, die Familie ist gesund, die Kinder machen sich gut in der Schule, das Geschäft floriert. Trotzdem wachen wir in der Nacht auf mit der unguten Ahnung, daß gleich irgendetwas Schlimmes passieren wird. Die Psychologen nennen das „freischwebende Angst" ...[92]

Im Sommer, nachdem Carters Umfragewerte innerhalb eines Jahres von 67 auf 39% Zufriedenheit gefallen waren, den seit Truman niedrigsten Stand zu diesem Zeitpunkt einer Amtszeit, erreichte sein Bedürfnis nach etwas Heroischem, das er vollbringen konnte, den Höhepunkt. Als aber ein außenpolitischer Vorfall eintrat, der dazu geeignet gewesen wäre, ein militärisches Einschreiten der USA zu veranlassen – der Einmarsch Katangas in Zaire –, zögerte Carter. Die Medien verlangten sofortige Handlung, brachten Karikaturen, die zeigten, wie Carter Breschnew ins Gesicht schlägt, und erklärten: „Wir befinden uns an der Schwelle zu unserer schwerwiegendsten Konfrontation mit den Sowjets seit den frühen 1960er Jahren, als wir einander wegen der Krisen um Berlin und die heimtückische Stationierung sowjetischer Angriffsraketen auf Kuba Stirn an Stirn gegen-

---

* Die Wendung „irre wütend" soll den Doppelsinn des in der amerikanischen Phrase „*to get mad at someone*" zentralen Wortes „*mad*" – verrückt; böse – wiedergeben, mit dem der Autor hier (im Hinblick auf den gewalttätigen Gruppenwahn) operiert. (*A.d.Ü.*)

[91] *New York Post* vom 21. April 1978, 19.
[92] Vermont Royster im *Wall Street Journal* vom 1. März 1978.

überstanden."[93] Dennoch war Carters Sprache immer noch um „Zurückhaltung" [*constraint*] bemüht, wie etwa auf seiner Pressekonferenz während der Ereignisse in Zaire:

> 26. 5. 1978: Gewalt ... töten ... tödlicher Angriff ... Last ... Zurückhaltung [*constraint*] ... Hemmungen [*constraints*] ... Hemmungen ... Hemmungen ... Hemmungen ... schmerzlich ... aufheizen ... Schlag ... Herz ... Hände sind gebunden ... bindet die Hände ... Zurückhaltung[94]

Die Frage, warum Carter zu dieser Zeit keine militärischen Schritte setzte, ist sehr wichtig. (In unserem Buch *Jimmy Carter and American Fantasy* sah ich voraus, daß die Gruppenfantasie zu dieser Zeit die höchste „Zusammenbruchs"-Stufe erreichen würde, und es war daher sehr wahrscheinlich, daß Carter dem unbewußten nationalen Drängen, endlich eine Gelegenheit zu militärischer Konfrontation zu finden, nachgeben würde.) Als erstes muß man festhalten, daß dieser kleine Angriff im Rahmen einer obskuren afrikanischen Auseinandersetzung ein nicht wirklich geeignetes Objekt zur Projektion der nationalen Wut war. Carter versuchte zwar, den Anschein zu erwecken, als sei ein gewichtiger Feind, nämlich Kuba, tief darein verwickelt, konnte aber nicht mehr tun, als eine Erklärung herauszugeben, daß „Kuba von den Invasionsplänen der Katangas gewußt und offensichtlich nichts unternommen hatte, um sie am Überschreiten der Grenze zu hindern" – was bestenfalls so etwas wie eine kriegsähnliche Unterlassungshandlung darstellte. Zweitens ist es laut I. F. Stone[95] möglich, daß Carter zwar ein militärisches Einschreiten der USA veranlassen *wollte*, dabei aber am Clark-Tunney-Zusatzartikel scheiterte, der ein direktes oder indirektes Tätigwerden in Angola ohne ausdrückliche Billigung des Kongresses untersagte. Es heißt, daß Carter in der Folge sowohl an Senator Clark als auch an Senator Birch Bayh, den Vorsitzenden des Untersuchungsausschusses im Senat, herangetreten sei und versucht habe, genug Zustimmung zu bekommen, um sagen zu können, er habe die Intervention mit dem Kongreß abgeklärt. Clark und Bayh verweigerten beide ihre Einwilligung, was die Ursache für Carters fortwährenden Gebrauch der Fantasie-Ausdrücke „Hemmungen ... die Hände sind gebunden ... Hemmungen" auf seiner oben erwähnten Pressekonferenz gewesen sein könnte. Nachdem die

---

[93] *U.S. News & World Report* vom 12. Juni 1978, 19; Carl Rowan in der *New York Post* vom 5. Juni 1978, 23.
[94] *New York Times* vom 26. Mai 1978, A10.
[95] I. F. Stone, Carter, Africa and Salt, in *New York Review of Books* vom 12. Juni 1978, 22–26.

ganze Sache schließlich als tatsächlich völlig unbedeutende Angelegenheit aufgeflogen war, hielt Carter am 7. Juni eine große Rede, in der er die *Sowjets* dazu ermahnte, „die Taktik der Konfrontation zu beenden", widrigenfalls sie „erheblichere" Spannungen mit Amerika riskierten – eine Rede, deren projektionengeladener Charakter so augenfällig war, daß sogar die Sowjets sie „seltsam" fanden.[96]
Jedenfalls ging die Gelegenheit zu einer heroischen Tat ungenutzt vorüber, und Carters Umfrageergebnisse erreichten neue Tiefpunkte. Das Land verzieh ihm die verpaßte Chance nicht; von allen Seiten wurde er für seine extreme Schwäche angegriffen. Ein Kommentator skizzierte die Stimmung der Nation Ende Juni so:

> CARTER, DER WACKELPRÄSIDENT
> Präsident Carter ist ein schwacher Präsident. An der Bürowand eines seiner Ratgeber hängt eine graphische Darstellung seiner Schwäche, eine Tafel, auf der sein Abschneiden in den Meinungsumfragen im Vergleich zu dem anderer Präsidenten über dieselbe Dauer der Amtszeit hinweg dargestellt ist. Sechzehn Monate im Weißen Haus, und er hatte einen neuen Rekord aufgestellt, noch unter Harry Truman und Jerry Ford.
> Wenige in Washington bestreiten die Schwäche des Präsidenten. Seine Regierungsbeamten und seine Gehilfen wissen, daß sie eine Tatsache ist. Auf dem Kapitol nehmen Parteifreunde wie -feinde sie gleichermaßen zur Kenntnis. Die Meinungsforscher messen sie; die Presse ergötzt sich größtenteils daran; und die Russen, so fürchtet man zumindest, ziehen daraus ihren Vorteil.[97]

Ohne Aussicht auf eine neue Handlung auf außenpolitischer Ebene, die sich als Projektion verwenden ließe, konnte Carter seine messianische Rolle jetzt einzig auf der Bühne der Nahost-Friedensverhandlungen spielen. Obwohl die Hauptinitiative während der gesamten Verhandlungen bei Sadat lag, behandelte die amerikanische Presse das Übereinkommen, als es endlich getroffen worden war, wie einen messianischen Triumph Carters. Am Titelblatt von *Newsweek* erschien Carter mit einem riesigen Grinsen unter der Überschrift „WIEDERGEBOREN"; *Time* brachte ein ähnliches Bild von Carter, auf dem auch seine steigenden Umfragewerte gezeigt wurden, und die Schlagzeile „CARTERS DURCHBRUCH". Die *New Republic* faßte die messianische Gefühlslage beim Treffen in Camp David zusammen: „Carter arbeitete in Camp David, Stunde um Stunde, Tag und Nacht, er drängte, schmeichelte, überzeugte.

---

[96] *New York Times* vom 8. Juni 1978, A1.
[97] *The Guardian* vom 25. Juni 1978, 17.

Die Reporter, groggy, wie sie waren, bekamen langsam einen Eindruck von der Sache. Ja, es ist wahr. Das Rote Meer hat sich geteilt. Jimmy Carter führt sie hindurch ..."[98] Im folgenden Monat war auch das Land groggy. Carters Umfrageergebnisse sprangen um elf Punkte in die Höhe, George Will von *Newsweek* sagte, „die Wirkung des Gipfeltreffens auf Washington gliche der von reinem Sauerstoff auf verglimmende Holzkohle, einer Aufflammen der Euphorie", und *Newsweek* titelte seinen Bericht über den Gipfel mit: „KANN DIE MAGIE VON DAUER SEIN?"[99]

Abbildung 10: Jimmy Carters Wiedergeburt vor der Zeit

Die Magie war natürlich nicht von Dauer, sondern erlitt das Schicksal aller magischer Lösungen für emotionale Probleme. Die Umfragewerte stürzten wieder ab. Erstaunlicherweise sah Carter ein, daß ihm ein zweiter Friedenstriumph nichts nützen würde; die faktische Unterzeichnung des Friedensabkommens Anfang

---

[98] *The New Republic* vom 30. September 1978, 3.
[99] *Newsweek* vom 2. Oktober 1978, 110, 22 f.

1979 wurde negativ aufgenommen und nicht positiv – Joseph Krafts Kolumne über das Ereignis trug den Titel „Carters Nahost-Triumph zeigt die Schwäche der USA auf".[100] Wie vorauszusehen, ist die Fantasiesprache zum Zeitpunkt, da ich dies schreibe (März 1979) auf den Stand der Zusammenbruchs- und Wutgefühle von vor Camp David zurückgekehrt, Carters Umfragewerte sind auf 36% gefallen, also noch unter den Stand vor Camp David, Leitartikel sagen seine „Abdankung" voraus, und Karikaturen wie die drei in Abbildung 11 zeigen Carter, wie er hilflos danebensteht, während ein Riese – der für unsere eigene riesige Wut steht, egal, welches Etikett er trägt – unkontrollierbar herumschreit.

---

[100] *New York Post* vom 15. März 1979, 23.

Abbildungen 11a, 11b und 11c: Bilder der amerikanischen Wut, Anfang 1979

Die achtzehn Hauptzyklen historischer Gruppenfantasien in Amerika
Die Geschichte ist wie eine ausgedehnte psychoanalytische Behandlung. Man kann sie aus der Nähe betrachten, wie ich das bisher in diesem Kapitel getan habe, und den monatlichen Schwankungen der Gruppenangst und -wut folgen, unter Einbeziehung aller Kriege, aller Konfrontationen und jeden geringen Wiederanstiegs des Vertrauens. Man kann sie aber auch aus der Distanz betrachten, alle nicht gewalttätigen Konfrontationen und Rücktritte von Anführern vernachlässigen und nur die großen Kriege und Revolutionen, die wichtigsten Läuterungsrituale und die gewalttätigen Gruppenwahnbildungen beachten, die eine hinreichend umfassende Säuberung der nationalen Wut brachten, um eine friedliche Atempause von zumindest ein paar Jahren zu garantieren. In diesem letzten Abschnitt des Aufsatzes werde ich einen kurzen Überblick über die achtzehn großen Gruppenfantasiezyklen in der Geschichte Amerikas seit seiner Gründung geben und einige der wichtigsten paranoiden Episoden darstellen, die jedem gewalttätigen Gruppenwahn vorausgingen.
Untersuchungen über die Gewaltzyklen in der Geschichte der Nationen sind gerade erst im Entstehen begriffen, viele Regelmäßigkeiten sind jedoch bereits gut herausgearbeitet. Die jüngste Forschungsarbeit zum periodischen Anstieg der nationalen Gewaltbereitschaft von Denton und Phillips[101], die sich ihrerseits auf Originalstatistiken aus dem Zeitraum 1480-1900 stützen, welche von Quincy Wright, dem Pionier der Kriegsforschung, gesammelt wurden, bestätigt frühere, jeweils auf bestimmte Staaten beschränkte Studien, denen zufolge im Hinblick

---

[101] Frank H. Denton und Warren Phillips, Some Patterns in the History of Violence, in *Conflict Resolution* 12 (1968), 182–195.

auf erhebliche Gewaltakte ein 25-Jahres-Zyklus existiert. Die auf der Tafel (Abbildung 12) aufscheinenden 17 großen amerikanischen Kriege, die sich über einen Zeitraum von 365 Jahren erstrecken, ergeben einen durchschnittlichen Zyklus von 21 Jahren, sie treten also etwas häufiger auf als im weltweiten Durchschnitt von 25 Jahren. Friedensperioden haben in Amerika eine Minimaldauer von vier Jahren – am Ende des 18. Jahrhunderts – und eine Maximaldauer von 34 Jahren am Beginn der Geschichte der Kolonien. Dennoch: Im Durchschnitt werden die jungen Männer Amerikas alle 21 Jahre, immer dann also, wenn eine neue Generation das Kampfesalter erreicht, in das Maul des Moloch geworfen – als Opfer, die nötig sind, um das nationale Bedürfnis nach Reinigung der Gruppe zu befriedigen.

Abbildung 12: Die 18 Hauptzyklen der amerikanischen Gruppenfantasie

Gruppenfantasie	*Zeitraum*	*Fantasie-Anführer*	*paranoide Episoden*	*Gruppenwahn*	*Zeitraum*
paternalistischer Absolutismus (ambivalente Psychoklasse)	(1) 1607-1641	James I., Charles	papistische Verschwörung, puritanischer Chiliasmus	englischer Bürgerkrieg	1642-1660
	(2) 1661-1675	Charles II.	Angst vorm wilden Indianer	King Philip's War, Bacons Rebellion	1675-1677
	(3) 1678-1689	Charles II., James II.,	papistisches Komplott	King William's War, Hexenverfolgung in Salem	1690-1697
	(4) 1698-1701	William & Mary	Frankophobie	Queen Anne's War	1702-1713
	(5) 1714-1738	George I., George II.	Erste Große Erweckung	War of Jenkins' Ear, King George's War	1739-1748
	(6) 1749-1753	George III.	gallische Gefahr	Krieg gegen Frankreich und Indianerkrieg	1754-1763
rassistischer Nationalismus (Psychoklasse der Einmischung)	(7) 1764-1774	George III.	Steuerangst, Massaker von Boston, Verschwörungsglauben	Revolution	1775-1783
	(8) 1784-1793	Washington	Angst vor indirekten Steuern	Whiskey-Rebellion	1794
	(9) 1795-1798	Adams	Angst vor französischer Invasion, Überfremdungs- und Verhetzungsakte	Seekrieg mit Frankreich	1799
	(10) 1800-1811	Jefferson, Madison	Embargo-Erlaß, Handelsverbot	Krieg von 1812	1812-1814
	(11) 1815-1845	Madison, Monroe, Jackson, Tyler, Polk	Zweite Große Erweckung, Chiliasmus	Mexikanischer Krieg	1846-1848
	(12) 1849-1860	Taylor, Fillmore, Pierce, Buchanan	Wiederweckungsbewegung, Angst vor Sklavenaufständen, Verschwörung der Sklavenhälter, Abolitionismus	Bürgerkrieg	1861-1865

erotischer Materialismus (sozialisierende Psychoklasse)	(13) 1866-1897	Johnson, Grant, Hayes, Garfield, Arthur, Harrison, Cleveland, McKinley	Dritte Große Erweckung, Gold/Silber-Rausch, populistische Verschwörungskampagne	Spanisch-amerikanischer Krieg	1898
	(14) 1899-1916	McKinley, Roosevelt, Taft, Wilson	Unterwasser-Angst, Zimmerman-Note	Erster Weltkrieg	1917-1918
	(15) 1919-1940	Harding, Coolidge, Hoover, Roosevelt	Angst vor Japanern	Zweiter Weltkrieg	1941-1945
	(16) 1946-1949	Truman	kommunistische Säuberungen, Truman-Doktrin	Koreakrieg	1950-1953
	(17) 1954-1964	Eisenhower, Kennedy, Johnson	Angst vor Kuba, Ermordung Kennedys	Vietnamkrieg	1965-1972
	(18) 1973-	Nixon, Ford, Carter			

Daß Kriegen und Revolutionen bedeutende paranoide Episoden vorangehen, ist ein Gedanke, der soeben erst die Bewußtseinsschwelle jener Historiker erreicht, die ihr Denken langsam psychoanalytischen Einflüssen öffnen. Einer der ersten, Richard Hofstadter, hat vor über einem Jahrzehnt skizziert, was er „den paranoiden Stil in der amerikanischen Politik" nannte, und beschrieben, daß ein großer Teil der amerikanischen Geschichte von paranoiden „Bewegungen argwöhnischer Unzufriedenheit ..., die in Wellen mit unterschiedlicher Intensität daherkommen", gekennzeichnet ist.[102] Obgleich Hofstadter nur ein paar Beispiele für diese Bewegungen angeführt und sie auch nicht mit Krieg oder Revolution in Verbindung gebracht hat, ist seine etwas schiefe, aber genaue Untersuchung der wiederholten Verwendung von typisch paranoider Bildsprache im politischen Leben ein guter Ausgangspunkt für die psychohistorische Erforschung des Themas.
Die in letzter Zeit interessanteste Entwicklung bei amerikanischen Historikern ist, daß unter traditionellen Forschern langsam das Bewußtsein für die paranoiden Dimensionen ihrer eigenen Spezialgebiete wächst. So haben amerikanische Historiker etwa die Verschwörungstheorien, denen die Anführer der amerikanischen Revolution anhingen, lange Zeit für absurd gehalten. Es fiel ihnen nicht

---

[102] Richard Hofstadter, The Paranoid Style in American Politics and Other Essays, New York 1965, 6.

schwer, die Ansichten der Kolonien, denenzufolge sie Opfer einer „ständigen, hartnäckigen, einförmigen" britischen Verschwörung waren, empirisch zu widerlegen – Historiker aber, die überzeugt waren, daß die Revolutionsführer vernünftige Leute gewesen seien, tendierten dazu, solch paranoide Theorien gleich zu ignorieren. Als Bernard Bailyn in einer Reihe von Büchern die Meinung vertrat, daß Historiker diese Verschwörungstheorien ernst zu nehmen hätten, daß sie „wirkliche Befürchtungen, echte Ängste" ausdrückten und daß ein Großteil der kolonialen Ideologie „krankhaft, pathologisch, paranoid" war,[103] führte er ganz für sich eine Revolution der amerikanischen Geschichtsschreibung herbei. Historiker wie Jack Greene, Richard Bushman und Gordon Wood versuchten, rationale Gründe für die Existenz dieser Verschwörungstheorien anzugeben, doch wurde ihnen endgültig die Show gestohlen, als James Hutson, ein junger Historiker, kürzlich einen Artikel mit dem Titel *Die amerikanische Revolution: Triumph eines Wahns?* veröffentlichte, in dem er schrieb:

> Intellektuelle Historiker sind verlegen, wenn sie zugeben müssen, daß Ideen, die sie untersuchen, pathologisch sein können, denn wenn sie das einmal zugestehen, laufen sie Gefahr, die Themenherrschaft an den Psychologen zu verlieren. Nachdem [auch] die amerikanische Nation das Produkt der amerikanischen Revolution ist, scheinen Theorien, welche die Revolution diskreditieren, die amerikanische Erfahrung anzufechten. Wurde die Revolution von allgemein verbreiteten Bildern des Verfolgungswahns ausgelöst? Dann haben sich die Vereinigten Staaten nicht in Freiheit entwickelt, wie Lincoln behauptete, sondern in einem Wahn, eine Vorstellung, die den meisten amerikanischen Historikern mehr oder weniger blasphemisch erscheint.[104]

Als George Forgie, ein anderer junger Historiker, vor kurzem sein Buch *Patricide in the House Divided: A Psychological Interpretation of Lincoln and His Age*[105] veröffentlichte, in dem er den amerikanischen Bürgerkrieg völlig richtig als ein verschobenes Brudermord-Ritual darstellte, bei dem die „guten" Brüder die „bösen" als Sündenböcke töteten, war er der Meinung, etwas nur für diese Epo-

---

[103] Die Geschichte dieser Kontroverse kann man nachlesen bei James H. Hutson, The American Revolution: The Triumph of a Delusion?, in: Erich Angermann, Marie L. Frings und Hermann Wellenreuther (Hgg.), New Wine in Old Skins. A Comparative View of Socio-Political Structures and Values Affecting the American Revolution, Stuttgart 1976, 177–194.

[104] A. a. O., 177.

[105] George B. Forgie, Patricide in the House Divided: A Psychological Interpretation of Lincoln and His Age, New York 1979.

che Charakteristisches entdeckt zu haben, das einem besonderen Bedürfnis, die „Gründerväter" zu stürzen, zuzurechnen sei, statt es als Beispiel für eine Gruppenfantasie-Dynamik zu erkennen, die der Geschichte insgesamt inhärent ist. Doch auch mit dieser Einschränkung erläutert Forgies Buch sehr klug einen Teil der Psychodynamik hinter den Verschwörungstheorien der Nord- wie der Südstaaten und hinter Lincolns eigener, besonderen Verschwörungstheorie, die für sein politisches Denken von zentraler Bedeutung war und die Forgie „einen Gegenstand" nennt, „der bei Gelehrten Verwirrung und sogar Verlegenheit auslöst, weil sie so wenig mit den Ereignissen zu tun zu haben scheint, die sie erklären sollte".[106]

Obwohl einige Historiker der Ansicht, daß in der Geschichte durchaus paranoide Gefühle auftreten können, heute offen gegenüberstehen mögen, sind sie doch weit von der Denkmöglichkeit entfernt, daß paranoide Perioden *allen* Kriegen und Revolutionen vorausgehen – und letztere in Wirklichkeit Wiederherstellungsversuche darstellen, um mit den Emotionen fertigzuwerden, die erstere erzeugt haben. Ich kann in diesem Aufsatz nicht mein Jahr für Jahr umfassendes Belegmaterial für die in Abbildung 12 aufgelisteten großen amerikanischen Gruppenfantasie-Zyklen präsentieren; was ich hier hingegen tun kann, ist, ein paar der verschiedenen Episoden paranoiden Zusammenbruchs zu erläutern, welche die 17 großen Kriege und Revolutionen Amerikas bewirkt haben.

Die frühesten Perioden paranoiden Zusammenbruchs, welche die amerikanischen Siedler betrafen, kreisten natürlich um politische und religiöse Entwicklungen in England. Sie begannen mit weitverbreiteten Ängsten vor papistischen Verschwörungen in der Armee und bei Hofe, die den Londoner Pöbel 1640 antrieben und letztendlich zum Gewaltausbruch im englischen Bürgerkrieg von 1642 führten. Wie erwähnt, waren apokalyptische Glaubenslehren chiliastischer Prägung zu dieser Zeit sowohl in England als auch in den Kolonien weit verbreitet, und Gruppen wie die Anhänger der Fünften Monarchie wurden dann später dazu delegiert, paranoiden Ängsten vor drohenden Katastrophen und Umstürzen Ausdruck zu verleihen, von denen man erwartete, daß sie mit der „Erschütterung von Himmel und Erde", die der Hinrichtung König Charles' folgten, einhergehen würden.[107] Selbst wenn er das Mittel der Fantasieanalyse nicht anwendet, wird keiner, der die vor dem Bürgerkrieg kursierenden Pamphlete, Reden und Predigten liest, umhin können, von der Allgegenwart der

---

[106] A. a. O., 259.
[107] B. S. Capp, The Fifth Monarchy Men: A Study in Seventeenth-Century English Millenarianism, Totowa, New Jersey, 1972.

Bildsprache des paranoiden Zusammenbruchs beeindruckt zu sein, und die amerikanischen Siedler teilten die Gruppenfantasien ihrer englischen Brüder in jeder Phase. Diese Ausrichtung an den Geschicken Britanniens war bis zur amerikanischen Unabhängigkeit die Regel. Die innerliche Erregung, welche die Glorreiche Revolution von 1688 hervorrief, reagierten die Siedler damit ab, daß sie Kanada im sogenannten *King William's War* angriffen; der europäische Krieg um die spanische Erbfolge zur Jahrhundertwende wurde in den südlichen Kolonien Amerikas als *Queen Anne's War* ausagiert; und so weiter.

Obwohl die paranoiden Zusammenbruchsängste dieser frühesten Zeit mit der politischen Lage in England verknüpft waren, erzeugte die lange Friedensperiode unter George I. und George II. von 1714 bis 1738 in den Kolonien eine enorme Ansammlung von Spannungen. Diese Spannungen erreichten ihren Höhepunkt in einem so totalen Zusammenbruch der alten Werte, daß Historiker diese Epoche als Amerikas Erste Große Erweckung [*Great Awakening*] bezeichnen. Sie begann mit weit verbreiteten persönlichen Bekehrungserlebnissen in den 1720er Jahren und weitete sich in den 1730er Jahren zu Massen-Wiedererweckungstreffen in allen Kolonien aus, wobei der „Zusammenbruch aller alten Werte" und die „Revolte gegen die Lebensweise der Väter" zu „tiefen Ängsten vor dem nahenden Tod und Strafgericht"[108] sowie zum traumatischen Verlust der Selbstgrenzen führte, die typisch sind für alle intensiven Bekehrungserfahrungen. Beim Studium der Karte (Abbildung 12) ist höchst interessant festzustellen, daß alle drei Großen Erweckungen Amerikas am Ende langer Friedensperioden eintraten: die erste nach 24 Friedensjahren (1714-1738) unter George I. und George II., die zweite nach 30 Friedensjahren (1815-1845), die mit Madison und Monroe begannen, und die dritte nach 31 Friedensjahren (1866-1897), die dem Bürgerkrieg folgten. Bei allen dreien gab es die typischen Gruppenfantasien vom paranoiden Zusammenbruch, ob sich diese nun mehr um persönliche Bekehrungserlebnisse (wie in der ersten), um perfektionssüchtige Sündhaftigkeit und nationalistische politische Aktivität (wie in der zweiten) oder soziale Reformbestrebungen (wie in der dritten) drehten. Ob großen nationalen Erweckungsbewegungen immer lange Friedensperioden vorangehen, ist eine interessante Frage, die noch weiterer psychohistorischer Vergleichsstudien bedarf, für Amerika kann man jedoch sagen, daß dies der Fall zu sein scheint.

---

[108] Für eine Betrachtung von Amerikas „Großen Erweckungen" aus der Sicht der Wahrnehmungspsychologie vgl. William G. McLoughlin, Revivals, Awakenings, and Reform: An Essay on Religion and Social Change in America, 1607-1977, Chicago 1968.

Ein Problem taucht freilich auf, wenn bestimmt werden soll, welches Ausmaß an emotionalem Umbruch gegeben sein muß, um eine solche Erweckung auszumachen, zumal meiner psychogenen Theorie der historischen Gruppenfantasien zufolge *alle* Perioden paranoiden Zusammenbruchs Anzeichen von „Erweckungs"-Fantasien aufweisen, ob offen oder verdeckt. Daher zeigt sich ein Historiker, der die Epoche vor den Kriegen mit Frankreich und den Indianern untersucht und dabei überwältigende Belege dafür findet, was er „zivilen amerikanischen Chiliasmus"[109] nennt, sehr bestrebt, diese chiliastischen apokalyptischen Gruppenfantasien von denen der ersten Großen Erweckung ein Jahrzehnt zuvor zu unterscheiden, die zu dieser Zeit, wie er sagt, bereits „ausgestorben" sind. Nun sind Fantasien des paranoiden Zusammenbruchs aber keine Seuchen, die „aussterben" oder „auflodern"; sie sind periodisch auftretende, allen gemeinsame emotionale Zustände. Als die Amerikaner in den 1750er Jahren eine „gallische Gefahr" heraufbeschworen, durch die, wie John Mellen es ausdrückte, ihr „Land den wilden Tieren, seine Einwohner dem Schwert, die Rechtschaffenen dem Feuer des Märtyrertums, unsere Frauen der Schändung und unsere Söhne und Töchter dem Tode und der Folter anheimfallen könnten"[110], äußern sie damit projizierte, zyklisch auftretende paranoide Fantasien, die in vielen Epochen der amerikanischen Geschichte üblich sind, auch wenn sie hier in die chiliastische Sprache der Kolonialzeit eingebettet sind. Wenn Historiker angesichts der Stempelakten-Krise, die kurz danach eintrat, den Schluß ziehen, das „Bemerkenswerte an der Reaktion der Minister sowohl auf die Stempelakte als auch auf den Versuch, eine amerikanische Diözese einzurichten, sei die Verwendung der unvermeidlichen Ideologie des zivilen Chiliasmus" aus den 1750er Jahren,[111] dann bemerken sie in Wirklichkeit die Ähnlichkeit der Bildsprache des paranoiden Zusammenbruchs in beiden Perioden, nämlich des grandiosen apokalyptischen Gefühls, Gottes Auserwählter zu sein, am Ende der Zeit zu leben und den Antichristen in einem kosmischen Krieg zwischen Gut und Böse zu bekämpfen. Lediglich das Objekt des Wahns hat sich geändert. Was vorher als die Vernichtung des Antichristen im Kampf gegen die Franzosen gesehen wurde,

---

[109] Nathan O. Hatch, The Origins of Civil Millennialism in America: New England Clergymen, War with France, and the Revolution, in *William and Mary Quarterly*, Folge 3, Heft 31 (1974), 407–430.

[110] John Mellen, The Duty of all to be ready for future Impending Events, Boston 1756, 19 f.

[111] Hatch, *Origins of Civil Millennialism*, 428.

war zur Zeit der Revolution nun ein apokalyptischer Kampf gegen die Verschwörung des Satans gegen die amerikanischen Freiheiten.

Wie schon erwähnt, finden traditionelle Historiker immer wieder heraus, daß der Gang ihrer Untersuchungen sie auf eine psychologische Erklärung dieser Kriege und Revolutionen hinführt, doch sie bleiben stets unvermittelt stehen, sobald sie des Belegmaterials ansichtig werden, das ihre eigene Forschung zutage gefördert hat. Was den Fall der amerikanischen Revolution angeht, so beendet Esmond Wright, der führende Historiker dieser Epoche, seine Arbeit über jene Zeit[112] mit der Frage: „Was hat also die amerikanische Revolution verursacht?" und schließt, daß es *weder* die Steuern waren *noch* das Fehlen einer parlamentarischen Vertretung – die nur wenige Kolonisten wünschten – *noch* die Verschuldung der Siedler, *noch* deren Ansuchen um das Stimmrecht beim Treffen von Entscheidungen, *noch* überhaupt irgendwelche Momente britischer Politik aus einer ganzen Fülle von Themen. Er gesteht, daß er perplex ist, und schließt weiters, daß die Revolution „in erster Linie (überhaupt) nicht auf ‚Gründe'", sondern auf „die Schwäche der Exekutive", nicht auf Tyrannei, sondern auf ihr Gegenteil, den Zusammenbruch der Autorität, zurückzuführen sei. Aber Regierungsschwäche und Zusammenbruch sind *Beschreibungen* einer geschichtlichen Situation und nicht deren Erklärung. Lediglich James Hutson gelangt, wenn er sich zuletzt fragt, ob das, was er die „Ausbreitung paranoider Wahnvorstellungen" während der Revolution nennt, nicht als „*folie collective*"[113] bezeichnet werden sollte, in die Nähe meines eigenen Begriffs der historischen Gruppenfantasien.

Ein Großteil der übrigen in Tafel 12 aufgeführten Episoden paranoiden Zusammenbruchs ist jedem, der sich mit der amerikanischen Geschichte beschäftigt, vollends vertraut. Es besteht keine Notwendigkeit, den paranoiden Gehalt der Illuminati-Verschwörung, der X-Y-Z-Affäre und der Überfremdungs- und Verhetzungsakte vor dem unerklärten Seekrieg mit Frankreich im Jahre 1799, den des „Kriegsfiebers" vor dem Krieg von 1812 – bei dem man zeitweise unschlüssig zu sein schien, ob „zum Ruhme der Nation"[114] nun England oder Frankreich angegriffen werden sollte – oder den der vergleichbaren Ausbrüche von Kriegsfieber vor dem Mexikanischen Krieg von 1846 und dem – wie John Hay ihn

---

[112] Esmond Wright, Fabric of Freedom 1763-1800, durchges. Aufl. New York 1968, 96–102.
[113] Hutson, *The American Revolution*, 188.
[114] Vgl. insbesondere Bradford Perkins, Prologue to War: England and the United States 1805-1812, Berkeley 1968.

nannte – „glorreichen kleinen Krieg" mit Spanien 1898 noch einmal durchzugehen. Es ist mittlerweile auch schon genug über die Rhetorik des Abolitionismus geschrieben worden, die von Gefühlen persönlicher Sündhaftigkeit und Schuld, dem Zusammenbruch des Gefühls der nationalen Einheit, den vielen paranoiden Verschwörungstheorien und dem geprägt ist, was Lincoln selbst das Bedürfnis nach einem „blutigen nationalen Sühneopfer"[115] nannte, daß man annehmen kann, der amerikanische Bürgerkrieg sei ein wahnhafter Reinigungskreuzzug gewesen. Man könnte sogar mit dem Psychohistoriker Michael Paul Rogin über die Sündenbockfunktion der gewaltsamen Unterwerfung der amerikanischen Indianer – vor allem unter Andrew Jackson, der besessen war von Vorstellungen über von Indianern „abgeschlachtete, zerstückelte, ermordete und in Stücke zerrissene Kinder"[116] – und über die Rolle dieser Sündenböcke beim „Ableiten" der paranoiden Gewalt während der langen Friedensperiode zwischen dem Krieg von 1812 und dem Mexikanischen Krieg spekulieren.

Letztendlich sind es jedoch die beiden Weltkriege, in denen Amerika kämpfte – insbesondere der Zweite Weltkrieg –, die meine Theorie über die innere Gruppenfantasie als Quelle für Kriege und Revolutionen am meisten herausfordern. Beide Kriege schienen „gute" amerikanische Kreuzzüge zur Rettung der europäischen Freiheiten zu sein, und unsere emotionale Besetzung dieses Bildes ist so hoch, daß ich davon absehe, die sensible Frage nach den Gruppenfantasie-Ursachen für Amerikas Einschreiten auf den noch verbleibenden Seiten auch nur anfänglich zu behandeln. (Mein Kollege David Beisel widmet sich in seiner Psychohistorie der Ursprünge des Zweiten Weltkriegs genau dieser Aufgabe.) Im Rahmen dieses Aufsatzes werde ich mithin nur die Behauptung aufstellen, daß meine Theorie sich offenbar auf die meisten amerikanischen Kriege anwenden läßt, daß ihre uneingeschränkte Anwendbarkeit auf *alle* Kriege jedoch *„non liquet"* bleiben muß, bis weitere Forschungen durchgeführt worden sind.

Ein Abschnitt der Tafel (Abbildung 12) verdient noch erwähnt zu werden, bevor ich diese Abhandlung über historische Gruppenfantasien schließe. In der ersten Spalte habe ich die „maßgeblichen Gruppenfantasien" jeder Epoche der amerikanischen Geschichte angeführt. Diese Begriffe werden in Abbildung 13 weiter erläutert. Während eine umfassende Erörterung dieser weitläufigen historischen Kategorien einer anderen Arbeit vorbehalten bleibt, scheint es doch hilfreich, an

---

[115] Peter F. Walker, Moral Choices: Memory, Desire and Imagination in Nineteenth-Century American Abolitionism, Baton Rouge 1978.
[116] Michael Paul Rogin, Fathers and Children: Andrew Jackson and the Subjection of the American Indian, New York 1975, 147.

dieser Stelle die hauptsächlichen Arten zu skizzieren, wie Gruppenfantasien in jeder geschichtlichen Epoche organisiert waren.

Abbildung 13: Historische Gruppenfantasien

Psychoklasse und Persönlichkeitstyp	maßgebliche Gruppenfantasie	zentrales Reinigungsritual	Es-Projektion der Gruppe	„Meine Seele fände Frieden, wenn nur jeder ..."
Kindsmord (schizoid)	Sippenmagie	magisches Opfer für die Ahnen befreit von infantiziden Ängsten	auf magische Gegenstände und Geister	„... die Familiengesetze befolgen würde, die Sex und Gewalt regeln."
Weglegung (autistisch)	feudale Hierarchie	feudale Bindung und kirchliches Ritual negieren Ängste vor dem Verlassenwerden	auf den Herrn	„... eng mit seinem Herrn und Gott verbunden wäre."
Ambivalenz (depressiv)	paternalistischer Absolutismus	Gehorsam gegenüber dem idealen väterlichen Monarchen verteidigt gegen die ambivalente Mutter	auf Regierungsdynastien	„... einem König gehorchen würde, der ein guter Vater ist."
Einmischung (zwanghaft)	rassistischer Nationalismus	Überwachung der Nationalgrenzen und Kontrolle über andere „Rassen" kehrt das intrusive Verhalten der Eltern um	auf andere „Rassen" und Nationen	„... alles Schlechte aus unserer reinen Nation draußenhalten würde."
Sozialisation (ängstlich)	erotischer Materialismus	Erwerb von Gütern befreit von Kastrationsängsten	auf obere und niedere wirtschaftliche Klassen	„... unendlich viele materielle Güter kaufen würde."

Bis zur Antike brachte die kindsmörderische Erziehung eine schizoide Persönlichkeit hervor, die sich regelmäßig primitiver Abspaltung und massiver Projektionen auf Götter, Geister und magische Objekte bediente. Wenn diese Persönlichkeiten Gruppen bildeten, zentrierten sich ihre Fantasien um ein System *Sippenmagie*, das dazu diente, kindsmörderische Erinnerungen beständig durch Opferrituale verschiedenster Art abzuwehren, bei denen der Tod des Säuglings durch symbolische Opferung und Wiedergeburt immer wieder aufs neue durchgespielt und dann wieder ungeschehen gemacht wurde. Von der Antike bis ins späte Mittelalter brachte die Erziehungsform der Weglegung eine Psychoklasse hervor, die sich aus (in meiner Terminologie) autistischen Persönlichkeiten zusammensetzte – in grober Entsprechung zu dem, was zeitgenössische Psychoanalytiker „Borderline"-Persönlichkeiten nennen –, die sich an ihren Gefühlen des Isoliertseins, einem unproblematischen Gleiten in und aus psychotischen Zuständen, einem schwachen Realitätsbezug, emotionalem Anklammer-Verhalten, Hilflosigkeit beim Fehlen von Autorität, einem Mangel an Triebkontrolle sowie narzißtischer Grandiosität und Überidealisierung erkennen lassen. Da sich die mittelalterlichen Persönlichkeiten weniger der primitiven Abspaltung und Projektion bedienten, waren sie nicht in erster Linie magisch orientiert und organisierten ihre historischen Gruppenfantasien um *feudal-hierarchische* anstelle von Sippenstrukturen. Das feudale Band – oder dort, wo das feudale System weniger entwickelt war, andere persönliche Bindungen – stellt eine Möglichkeit dar, das in der Kindheit erlebte Verlassensein durch Anklammerungsbestrebungen ungeschehen zu machen, und ein Großteil der Rituale sowohl Kirche als auch Staat kreisen hauptsächlich um Fantasien neuerlicher Verschmelzung, die in feudalen wie monastischen Klammergruppen organisiert werden. In der Renaissance erlaubte die ambivalente Form elterlichen Verhaltens genug Beständigkeit in der Fürsorge, daß das heranwachsende Kind mit der strengen Spaltung der Mutter in idealisierte (Maria) und böse (Eva) Teilobjekte umgehen konnte, und machte es erstmals möglich, daß die Menschen wirkliche *Schuld* gegenüber einem vollständigen Mutter-Objekt empfanden (das Erreichen der depressiven Haltung bei Klein, das Ende der Marienverehrung durch den Protestantismus). Dies erzeugt eine depressive Persönlichkeit, die zum ersten Mal in der Geschichte Konflikte, die in ihrem persönlichen Leben auftraten, wirklich *internalisierte* und *verdrängte*, anstatt sie zu projizieren – das machte den Puritaner zum ersten modernen Menschen.

Von hier an wandelt sich die Aufgabe der Evolution historischer Persönlichkeiten: Sie besteht nicht mehr darin, projizierte Teile von einem selbst zunehmend zu internalisieren, sondern darin, innerpsychische Konflikte zu reduzieren. Die maßgebliche Art der Gruppenfantasie dieser Epoche organisiert sich um den *paternalistischen Absolutismus*, da ein absolutistischer König historisch erstmals als ein idealisierter Vater eingeführt wird, der die Trennung von der der ambivalenten Mutter zuläßt, Entfaltung gestattet und alle Kinder gleich behandelt – freilich in beständiger Gefahr, in einem revolutionären Akt abgesetzt zu werden. Im 18. Jahrhundert konnten die überkontrollierende Form der elterlichen Einmischung und die Einführung der frühen Sauberkeitserziehung die anal-zwanghafte Persönlichkeit hervorbringen, deren Augenmerk weniger bei idealisierten Anführern (Dynastien) als bei Gruppengrenzen (Nationen) liegt, so daß sich erst in dieser Epoche *rassistisch-nationalistische* Gruppenfantasien ausbilden. Bei diesen ersetzt die nationale Grenze die Selbstgrenze, und rassistische Phantasien über die „Gruppenreinheit" versuchen, die frühen analen Zudringlichkeiten ungeschehen zu machen. Die im Westen heute allgemein vorherrschende Form der sozialisierenden Kindheit schließlich erlaubt den verschiedenen Typen ängstlicher Persönlichkeiten, den Großteil der Befürchtungen in Hinblick auf ihre rassische Reinheit fallenzulassen und ihre Gruppenfantasien auf den wirtschaftlichen Bereich zu verlagern, so daß der Klassenkampf den Großteil des sozialen Denkens bestimmt (*erotischer Materialismus*).

Schon aus dieses groben Abrisses läßt sich ein erster Eindruck davon gewinnen, wie unterschiedliche Persönlichkeitstypen verschiedene historische Gruppenfantasien ausbilden. So können etwa alle Gruppen ihre oralen Ängste auf ihre historische Gruppenfantasie verschieben; die kindsmörderische Psychoklasse aber stellt sich das riesige, beißende Ungeheuer als magischen Geist vor, die Psychoklasse der Weglegung als Teufel oder Hexe, die ambivalente Psychoklasse als Antichristen, die Psychoklasse der Einmischung als Juden oder Schwarzen und die sozialisierende Psychoklasse als Kommunisten oder Kapitalisten. Die meisten Karikaturen, die man heute in den Zeitungen sieht, versehen beißende Ungeheuer mit der Aufschrift „INFLATION", worin sich die zentrale Fantasie des erotischen Materialismus widerspiegelt, derzufolge das, was uns alle heute unglücklich macht, schlicht ein gewaltiger Mangel an Gütern ist.

Mit diesen zugegebenermaßen knappen Beobachtungen zu verschiedenen Typen historischer Gruppenfantasien durch die Zeitalter schließe ich diese Abhandlung, die vorläufig letzte in einer ganzen Reihe, die ich im letzten Jahrzehnt im Rahmen meiner Bemühungen, die Grundlinien einer theoretisch konsistenten und empirisch verifizierbaren psychogenen Geschichtstheorie zu umreißen, geschrieben habe. Meine Hoffnung geht dahin, daß es mit den begrifflichen Werkzeugen, die ich entwickelt habe, möglich sein wird, eine Psychohistorie des Abendlandes zu verfassen, die für jede Epoche der Geschichte der westlichen Welt alles verfügbare Belegmaterial zur Kindheit, zu den historischen Persönlichkeiten – darunter auch deren Träume und psychosexuelle Entwicklung – und zu den großen geschichtlichen Institutionen und Gruppenfantasien im Detail darlegt. Ich hoffe auch, überzeugend zeigen zu können, wie die letzteren aus den ersteren hervorgegangen sind. Obwohl die historischen Persönlichkeiten in jeder Epoche ein weites Spektrum abdecken, fällt es doch um nichts schwerer, die Dynamik dieses Spektrums beispielsweise in bezug auf mittelalterliche Persönlichkeiten zu beschreiben, als es Psychoanalytikern fällt, die Dynamik zu beschreiben, die einem bestimmten Spektrum von Borderline-Persönlichkeiten gemeinsam ist (im übrigen glaube ich, daß diese beiden in Wirklichkeit identisch sind). Und wiewohl die großen historischen Gruppenfantasien nicht einfach zu entschlüsseln sind, wird die Aufgabe, den unbewußten Sinn des Christentums, des Nationalismus oder des Kapitalismus zu ergründen, wesentlich leichter zu bewerkstelligen sein, sobald man einmal eine Menge von Informationen über die Kindheiten, die Träume und das Liebesleben der Menschen gesammelt hat, die diese Gruppenfantasien brauchen. Somit liegen jedoch, wie das bei der Psychohistorie insgesamt der Fall ist, die spannendsten Aufgaben noch vor uns. Mit der Zeit erlangen wir ja vielleicht doch noch *bewußte* Kenntnis von den historischen Gruppenfantasien, die wir unbewußt immer schon teilen und mitteilen und nach denen wir uns richten – das wäre ein erster Schritt, um ihre wahnhafte Macht über uns zu verringern.

Die fötalen Ursprünge der Geschichte (1981)

> Die Geschichte des Menschen in den neun Monaten vor seiner Geburt wäre vermutlich weitaus interessanter und würde Ereignisse von größerer Tragweite beinhalten als die ganzen siebzig Jahre, die auf sie folgen.
>
> *Samuel Taylor Coleridge*

In dieser Abhandlung möchte ich das Material darlegen, das mich zu den folgenden drei Schlußfolgerungen geführt hat:

1. daß die Geistestätigkeit im Mutterleib mit einem fötalen Drama beginnt, das durch Ereignisse der Kindheit erinnert und ausgeweitet wird;
2. daß dieses fötale Drama die Grundlage für Geschichte und Kultur eines jeden Zeitalters bildet, so wie es sich durch die sich entwickelnden Stile der Kindererziehung verändert, und
3. daß das fötale Drama traumatisch ist, so daß es in Zyklen von Sterben und Wiedergeburt endlos wiederholt werden muß, wie es in Gruppenfantasien zum Ausdruck kommt, die auch heute noch einen großen Teil unseres nationalen politischen Lebens bestimmen.

Ich werde das Belegmaterial für diese drei Thesen in den folgenden drei Hauptabschnitten dieser Abhandlung vorstellen: im ersten Abschnitt durch die Darlegung von Erkenntnissen der Geburtshilfe in bezug auf das Vorhandensein einer fötalen Geistestätigkeit, im zweiten durch einen Überblick über die Erkenntnisse hinsichtlich der Erscheinungsform des fötalen Dramas in vergangenen historischen Perioden, und im dritten durch eine Prüfung des Materials zur Erscheinungsform des fötalen Dramas in der zeitgenössischen Politik.

Bevor ich jedoch zur Darlegung dieses Materials übergehe, möchte ich zusammenfassen, was ich zuvor über historische Gruppenfantasien geschrieben habe.

In fünf früheren Aufsätzen[1] habe ich mit historischem Material belegt, daß Nationen, bevor sie sich entschließen, einen Krieg zu beginnen, eine Wiedergeburts-

---

[1] *Die Eigenständigkeit der Psychohistorie, Die Entstehung der amerikanischen Persönlichkeit durch psychische Artenbildung, Die psychogene Geschichtstheorie, Jimmy Carter und die amerikanische Fantasie* und *Historische Gruppenfantasien*; alle im vorliegenden Band.

fantasie teilen, daß diese Gruppenfantasie von dem Wunsch herrührt, den Vorgang des ernstlichen Zusammenbrechens des Vertrauens in die Nation und ihren Anführer zu beenden, und daß der Anführer häufig die Wut der Gruppe von sich selbst auf einen „Feind" ablenkt, um das nationale Vertrauen wiederherzustellen. Über die Entdeckung hinaus, daß bildliche Geburtsvorstellungen immer *vor* den Ereignissen geteilt wurden, die zu Kriegen führten, erkannte ich auch, daß es vier Stufen innerhalb des politischen Zyklus gab, die parallel zu den Stufen des fötalen Lebens verliefen. Diese vier fötalen Stufen ordnete ich wie folgt ein:

Fötale Stufe 1 – stark: Im ersten Amtsjahr des Anführers sind die Fantasiesprache der Medien und die Körperbilder in den Karikaturen voll von Gruppenfantasien über die große Stärke der Nation und über den Anführer als jemanden, der bei der Verteidigung der Gruppe grandios und erbarmungslos agiert und absolut notwendig für deren nationale Vitalität ist. Der Anführer wird, meinem Material zufolge, nicht in erster Linie als idealisierter Elternteil, geliebtes Objekt oder Über-Ich-Figur gesehen, wie die meisten politischen Theorien annehmen. Vielmehr ist er ein „container"[2], ein Behälter, in den die Gruppe ihre wechselnden Gefühle entleeren kann, die zu bekräftigen und dann durch mehr fantasie- als realitätsbezogene Handlungen zu entladen von ihm erwartet wird. Mit anderen Worten, es ist weniger wichtig, daß der Anführer die Gruppe führt, liebt oder diszipliniert, als daß er für sie emotional erreichbar ist und bereit, ihre sich entwickelnden Fantasie-Bedürfnisse zu verkörpern. Die Gruppe nimmt sich in dieser „starken" Stufe gefühlsmäßig so wahr, daß sie sich in einer „starken" Mutterleibs-Umgebung geborgen befindet, daher werden auch alle Störungen von außen, die auftreten können, als nicht bedrohlich genug betrachtet, um eine gewaltsame Reaktion erforderlich zu machen.

FS 2 – brüchig: Die Vergöttlichung des Anführers beginnt zu schwinden, bei gleichzeitiger Steigerung der Bemühungen, einen Sündenbock zu finden, um die

---

[2] In psychoanalytischer Terminologie ist der Anführer nicht ein ganzes Objekt, sondern ein „Selbst-Objekt" (Heinz Kohut, The Restoration of the Self, New York 1977; dt. Die Heilung des Selbst, Frankfurt am Main [6]1996), eine „Klosett-Brille" (Donald Meltzer, The Psycho-Analytical Process, London 1967), ein „Container" für projektive Identifikationen (Leon Grinberg u. a., Introduction to the Work of Bion, New York 1977; James Grotstein, Splitting and Projective Identification, New York 1981).

Feindseligkeit vom Anführer abzulenken. Die Grenzen der Gruppe werden als „brüchig" empfunden, Bilder von einsickerndem Wasser und zerbröckelnden Mauern dominieren. Der Anführer wird als schwächer werdend und unfähig, die Ereignisse zu kontrollieren, wahrgenommen. Klagen darüber, bedrängt, hungrig und atemlos zu sein, mehren sich, und Bedenken dahingehend, daß der Zusammenbruch droht und die Feinde immer gefährlicher werden, werden mehr und mehr geäußert. Diese zweite Stufe dauert ebenfalls etwa ein Jahr.

FS 3 - Zusammenbruch: Die Gruppe erlebt auf dieser Stufe extreme Ängste vor dem Zusammenbruch ihres Selbstbildes und wachsende Wut gegenüber ihrem Anführer, der jetzt außerstande scheint, dem Gefühl der Gruppe, sie sei verunreinigt, sündhaft und am Verhungern, ein Ende zu setzen. In den Medien treten vermehrt Gruppenfantasien zu ersticken, zu fallen, alleingelassen zu sein, sich aufzulösen, zu sterben und zu bersten auf, Gefühle allesamt, die der Anführer und bestimmte Delegationsgruppen nach der Erwartung der Gruppe zunächst äußern und dann durch die Setzung konkreter Handlungen erleichtern sollen. Freischwebende paranoide Fantasien über namenlose giftspritzende Feinde häufen sich, während die Gruppe versucht, ihre eigene Wut nach außen zu projizieren und sich irgendwie über ihre inneren Gefühle des Aufruhrs Rechenschaft abzulegen. Die Stufe des „Zusammenbruchs" endet erst nach einer „Suche nach einem demütigenden Anderen"[3] - einem Feind, der in einem Augenblick „gruppenpsychotischer Einsicht" als die konkrete Quelle des Elends der Gruppe identifiziert wird. Da diese Suche nach einem kooperativen Feind Zeit braucht, kann sich diese dritte Stufe von ein paar Monaten bis zu zwei Jahren erstrecken.

FS 4 - Durchbruch: Die „gruppenpsychotische Einsicht", die wahnhaft den vermeintlichen Vergifter der Gruppe identifiziert, kann verschiedene Formen annehmen:
(1) *Die königsmörderische Lösung:* - Wenn der Anführer selbstzerstörerisch ist oder keinen äußeren Feind findet, kann er selbst zum Feind bestimmt werden, und eine rituelle Tötung wird inszeniert, angeführt von einem neuen Helden, der die verschmutzte Atmosphäre der Gruppe durch seinen Opfertod reinigt.

---

[3] Der Begriff des „erniedrigenden Anderen" stammt zwar von mir (vgl. Anm. 1), für die psychoanalytische Literatur über pathologische Erniedrigungsfantasien vgl. jedoch Julian L. Stamm, The Meaning of Humiliation and Its Relationship to Fluctuations in Self-Esteem, in *International Review of Psycho-Analysis* 5 (1978), 425–433.

Dieses königsmörderische Ritual kann durch Attentat, Revolution, Amtsenthebung oder auch durch eine „erdrutschartige Vernichtung" des Amtsinhabers bei einer Wahl erfüllt werden.

(2) *Die martialische Lösung*: – Wenn ein äußerer Feind geortet werden kann, der dadurch kooperieren wird, daß er die Gruppe erniedrigt, so fällt diese in einen tranceähnlichen Zustand sadomasochistischer Bezauberung gegenüber dem Feind, dessen restlos böses Wesen jede Wut gerechtfertigt und jedes Opfer edel erscheinen läßt. Nachdem die Wut der Gruppe jetzt vom Anführer abgespalten und auf den Feind umgelenkt ist, steigt die Popularität des Anführers beträchtlich. Insofern diese Abspaltung und Umleitung aber schwer aufrechtzuerhalten ist, scheint jedoch eine militärische Aktion gegen den Feind seitens des nunmehr heldenhaften Anführers der Gruppe unumgänglich, um den gehaßten „Feind" auszulöschen, die Phase des Durchbruchs zur Lösung zu bringen, mit der Verunreinigung aufzuräumen und die Wiedergeburt zu vollenden, die die Stärke und Vitalität der Gruppe wiederherstellt.

(3) *Die suizidale Lösung*: – Suizidale Personen lösen innere Ambivalenzen häufig durch eine Fantasie von einem „verborgenen Vollstrecker" auf, der ihnen bei dem selbstmörderischen Bemühen hilft, den schlechten, verunreinigten Teil von sich selbst zu töten, so daß der gute, gereinigte Teil wieder geliebt werden kann.[4] In ähnlicher Weise können Nationen andere Nationen dazu provozieren, sie anzugreifen, oder sie können sich wehrlos und ohne Verbündete suizidalen Gruppenfantasien überlassen, die dazu bestimmt sind, die schlechten Teile der Nation „auszubrennen", um diese zu „reinigen" und ihr eine „Wiedergeburt des nationalen Geistes" zu ermöglichen. Der „Zusammenbruch" Frankreichs in den späten dreißiger Jahren ist ein Beispiel für solch eine suizidale Lösung. Es ist natürlich ebenso wahr, daß *alle* Kriege im Tod eines Teils der eigenen Bevölkerung einer Nation eine suizidale Komponente haben.

Diese psychogene Theorie wiederkehrender Gruppenfantasie-Zyklen wurde gänzlich aus historischem Belegmaterial abgeleitet, noch bevor ich Material aus der Geburtshilfe auf die Möglichkeit einer Geistestätigkeit vor und während der Geburt hin untersucht habe. Im nächsten Abschnitt werde ich eine fötale Psychologie entwerfen, die auf Erkenntnissen der zeitgenössischen Geburtshilfe basiert, und ihre Beziehung sowohl zu späteren Ereignissen in der Kindheit als auch zur Individual- und Gruppenpsychologie von Erwachsenen aufzeigen.

---

[4] Stuart S. Asch, Suicide, and the Hidden Executioner, in *International Review of Psycho-Analysis* 7 (1980), 51-60.

I. Das fötale Drama

Frühere Theorien zur fötalen Psychologie
Faktisch leugnet jede zeitgenössische psychoanalytische Theorie die Möglichkeit geistiger Tätigkeit vor oder während der Geburt. Man glaubt, das Neugeborene sei ohne Gedächtnis, ohne Ich, ohne Objekte und ohne mentale Struktur. Wie ein Psychoanalytiker es ausdrückt: „Die Psychoanalyse fragt in Wirklichkeit nicht: ‚Wann fing es an?' Stattdessen stellt sie eine ganz andere Frage: „Wann nach der Geburt fing es an!"[5] Wenn Freud die Geburt auch manchmal als „die Urangst", „den Vorläufer der Angst" oder mit ähnlichen Phrasen bezeichnete,[6] so war er doch fest davon überzeugt, daß geistige Tätigkeit erst nach der Geburt begann, daß die „Geburt noch keinen psychischen Inhalt hat" und „daß ja die Geburt subjektiv nicht als Trennung von der Mutter erlebt wird, da diese als Objekt dem durchaus narzißtischen Fötus völlig unbekannt ist".[7] Seine Ansicht ist, seit er sie vor über 50 Jahren äußerte, von fast allen Psychoanalytikern nachgebetet worden. Von dieser Sichtweise soll er ein einziges Mal abgewichen sein, als er sich dem Vernehmen nach fragte, ob ein mittels Kaiserschnitt geborener Säugling nicht vielleicht ein anderes Angstmuster aufweise;[8] schriftlich hat er eine solche Überlegung aber nirgends eingeräumt. Greenacre folgerte in der Tat, daß Freud die Geburt nur durch eine Art von kollektivem Unbewußten mit der Angst verknüpfte, fast wie in Form eines Jungschen Archetypus. Und seit Freud Rank zornig aus der psychoanalytischen Bewegung warf, weil er 1923 geschrieben hat-

---

[5] Emanuel Peterfreund, Information, Systems and Psychoanalysis, New York 1971, 74.

[6] Sigmund Freud, The Interpretation of Dreams, *Standard Edition* 4 (1900), 400 (dt. Die Traumdeutung, in: GW II/III: Die Traumdeutung. Über den Traum, Frankfurt am Main [7]1987); Inhibitions, Symptoms and Anxiety, *Standard Edition* 20 (1926), 137 (dt. Hemmung, Symptom und Angst, in: GW XIV: Werke aus den Jahren 1925-1931, Frankfurt am Main [6]1976); zur Diskussion von Freuds Ansicht über pränatales Leben siehe Phyllis Greenacre, Trauma, Growth and Personality, London 1952.

[7] Freud, *Inhibitions*, 96 und 130 (dt. *Hemmung*, 161 und 203).

[8] Diese Geschichte wird (ohne ihre Quelle zu zitieren) erzählt von D. W. Winnicott, Collected Papers: Through Pediatrics to Psycho-Analysis, New York 1958, 175 (dt. Von der Kinderheilkunde zur Psychoanalyse. Aus den *Collected Papers*, Frankfurt am Main [6]1997).

te, daß es während der Geburt tatsächlich geistiges Leben gebe,[9] gab es für Psychoanalytiker gute Gründe, Freuds Meinung unkritisch zu akzeptieren.[10]
Das soll nicht heißen, daß es in der psychoanalytischen Literatur keine Aufsätze über Geburt gibt. Nachdem Geburtsvorstellungen in der klinischen Praxis allgegenwärtig sind, gibt es in der Literatur in der Tat Dutzende ausführliche Artikel und Hunderte klinische Illlustrationen von fötalem Material. Doch fast immer erachten die Therapeuten das ganze Geburtsmaterial als reine Phantasie, ohne jegliche Grundlage in der frühen Erfahrung. Da dies die *einzigen* klinischen Belege sind, die nicht als Kombination tatsächlicher Erfahrung und Phantasie behandelt werden, ist die Angst, die bei Therapeuten durch Geburtsfantasien des Patienten hervorgerufen wird, offensichtlich enorm. Diese Angst ist nicht so evident, wenn das fötale Material positiv ist – das heißt, wenn es so gedeutet werden kann, daß es für beruhigende Fantasien von einer „Regression in den Mutterleib" steht. Wenn der Patient aber *angstauslösendes* Material mit offen fötalem Inhalt hervorbringt, wird es entweder ignoriert oder vor dem Hintergrund späterer oraler, analer oder phallischer Phasen gedeutet.
Als Abraham über einen Patienten berichtete, der sein Leben lang Alpträume von einer blutsaugenden Spinne hatte, die aus einem Ei kam, um ihn zu zerquetschen, deutete er das Blutsaugen als „Kastrations-Symbol".[11] Ebenso bezeichnete Ralph Little, als sein Patient Alpträume von einer grauenhaften Spinne hatte, die ihn zerdrückte, verbunden mit der bildlichen Vorstellung, durch eine Nabelschnur mit seiner Mutter verbunden zu sein, so daß das „Blut zu ihr oder zu ihm fließen müsse, mit der Folge, daß nur einer leben konnte und der andere starb", die Spinne als „kastrierende Mutter".[12] Statt die Beispiele zu vervielfachen, kann

---

[9] Die ganze Geschichte läßt sich nur rekonstruieren, indem man Jessie Taft, Otto Rank: A Biographical Study Based on Notebooks, Letters, Collected Writings, Therapeutic Achievements and Personal Associations, New York 1958, in Kombination mit Fay B. Karpf, The Psychology and Psychotherapy of Otto Rank, Westport, Connecticut, 1953, liest.
[10] Zur Quelle der Probleme, die Freud mit Gefühlen um die Geburt herum hatte, und deren Zusammenhang mit der Geburt seiner Geschwister vgl. Lucy Freeman und Herbert S. Strean, Freud and Women, New York 1981.
[11] Karl Abraham, The Spider as a Dream Symbol, in: ders., Selected Papers on Psychoanalysis, New York 1957, 332 (dt. Psychoanalytische Studien. 2 Bde., Gießen 1999).
[12] Spider Phobias, in *Psychoanalytic Quarterly* 36 (1967), 52; Umbilical Cord Symbolism of the Spider's Dropline, in *Psychoanalytic Quarterly* 35 (1966), 589; Oral Aggression in Spider Legends, in *American Imago* 23 (1966), 169.

man am besten beurteilen, wieviele fötale Inhalte die ganze Zeit von Therapeuten übersehen werden, wenn man Calvin Halls sorgfältige Untersuchung von 590 beliebigen Träumen liest, die zeigt, daß 370 Träume (oder 60%) offenkundige bildliche Vorstellungen „aus der fötalen Umgebung, vom Geburtsvorgang und von der Rückkehr in den Mutterleib"[13] enthielten. Greenacre ist gewiß auf der richtigen Spur, wenn sie sich fragt, ob „vielleicht der Geburtskampf zu furchterregend und zu anregend zugleich für uns ist, um ihn ohne weiteres mit wissenschaftlicher Leidenschaftslosigkeit zu betrachten".[14]

Es gibt jedoch einige wenige Pioniere der Psychoanalyse, die die Möglichkeit eines geistigen Lebens bei der Geburt in Erwägung gezogen haben. Die meisten, wie Winnicott, gelangten erst zögernd zu dieser Überzeugung, nachdem sie Kinder analysiert hatten, die im Fantasie-Spiel Geburtserfahrungen in dermaßen konkreten Details und mit solcher emotionalen Beteiligung wiedererlebten, daß der Analytiker das Gefühl hatte, sie hätten eher von „Erinnerungsspuren der Geburt" als von späterer Beobachtung kommen müssen.[15] Doch sogar diese wenigen – darunter Greenacre, Winnicott, Melanie Klein, Karl Menninger, Roger Money-Kyrle, P. M. Ployé und andere[16] – stellten lediglich fest, daß Geburtsmaterial in Träumen und in der Phantasietätigkeit gegenwärtig war und fragten, ob nicht andere untersuchen könnten, ob Geistestätigkeit denn tatsächlich schon früher existierte, als die Theorie es eigentlich erlaubte.

Es gibt jedoch eine kleine Gruppe von Psychologen, die meisten von ihnen Psychoanalytiker, die die Möglichkeit der Existenz geistiger Tätigkeit bei der Geburt ernsthaft in Betracht gezogen haben: Otto Rank, Nandor Fodor, Francis Mott, Stanislav Grof, Elizabeth Fehr und andere amerikanische Wiedergeburts-Therapeuten, Arnaldo Rascovsky und einige andere Psychoanalytiker in Argentinien sowie eine Gruppe von Psychotherapeuten, die mit Gustav Graber in Deutschland die *Internationale Studiengemeinschaft für pränatale Psychologie* (ISPP) gegründet haben. Alle diese Therapeuten nehmen an, daß ein geistiges Leben bei der Geburt existiert, alle betonen nachdrücklich die traumatischen

---

[13] Calvin S. Hall, Prenatal and Birth Experiences in Dreams, in *Psychoanalytic Review* 54 (1967), 157-174.

[14] Phyllis Greenacre, The Biological Economy of Birth, in *Psychoanalytic Study of the Child* 1 (1945), 40.

[15] D. W. Winnicott, Birth Memories, Birth Trauma, and Anxiety, in *Collected Papers*, 178 (dt. Von der Kinderheilkunde).

[16] Eine kurzer und unzureichender Überblick über die Literatur findet sich bei P. M. Ployé, Does Prenatal Mental Life Exist?, in *International Journal of Psycho-Analysis* 54 (1973), 241-246.

Effekte der Geburtserfahrung, die auf etwas folgt, was sie für ein angenehmes intrauterines Leben halten, und die meisten bedienen sich nur der Träume und Phantasien von Erwachsenen als Belege für ihre Theorie. Ich werde ihre Beiträge zur fötalen Psychologie bis zum gegenwärtigen Zeitpunkt kurz zusammenfassen. Otto Rank begann seine Erkundungen von Geburtserfahrungen 1904, lange bevor er von Freud gehört hatte. Die Schlußfolgerungen seiner Bücher, angefangen 1923 mit *Das Trauma der Geburt*[17] – welches Freud zu der Bemerkung veranlaßte, er sei „fertig mit ihm" –, erscheinen heute nicht mehr außergewöhnlich, wenn er etwa in ihnen hervorhebt, daß das weibliche Genital häufig eine Quelle der Angst ist, die überwunden werden muß, um sexuelle Lust zu erfahren, und daß diese Tatsache sich oft in Träumen und Mythen widerspiegelt. Rank untersuchte Träume, Phantasien und Mythen sehr gründlich im Hinblick auf ihren Zusammenhang mit Trennungsangst von der Mutter, der Angst, im Dunklen allein zu sein, Spielen, bei denen man in Löcher kriecht, und so weiter. Er berührt sogar die Zusammenhänge zwischen Wiedergeburtsritualen und anderem kulturellem und mythologischem Material einerseits und Geburtserfahrungen andererseits – wiederum alles auf eine direkte Art und Weise, die heute ohne weiteres in jeder psychoanalytischen Zeitschrift zur Veröffentlichung angenommen würde. Das Ausmaß von Freuds eigenen Problemen mit der Zeichnung der Mutter als ursprünglicher Quelle der Angst – Probleme, die er widerstrebend erst später unter dem Druck vorwiegend weiblicher Analytiker überwand – läßt sich daran ermessen, daß er sich weigerte, mehr als den einleitenden Teil von Ranks 1923 erschienenem Buch zu lesen, es stattdessen seinen *Patienten* zu lesen gab und sie bat, ihm ihre Meinung dazu zu sagen.[18]

---

[17] Otto Rank, The Trauma of Birth, New York 1952 (dt. Das Trauma der Geburt und seine Bedeutung für die Psychoanalyse, Nachdr. d. Ausg. Leipzig-Wien-Zürich 1924, Gießen 1998); vgl. auch ders., The Myth of the Birth of the Hero and Other Writings, hg. v. Philip Freund, New York 1932 (dt. Der Mythos von der Geburt des Helden. Versuch einer psychologischen Mythendeutung, Nachdr. der 2. Aufl. 1922, Wien 1999), und ders., The Double: A Psychoanalytic Study, Chapel Hill 1971 (dt. Der Doppelgänger. Eine psychoanalytische Studie, Nachdr. d. Ausg. 1925, Wien 1993).

[18] Taft, *Otto Rank*, 92. Die Ranksche Praxis, jede Psychotherapie zu einem neunmonatigen Wiedergeburtsritual zu machen, kam erst viel später auf. Seltsamerweise bestätigt die jüngere psychoanalytische Forschung (vgl. Gilbert J. Rose, Transference Birth Fantasies and Narcissism, in *Journal of the American Psychoanalytic Association* 17 (1969), 1015–1029) das häufige Auftreten von Geburtsfantasien im neunten Monat der Analyse – ohne freilich wie die Rankianer daraus zu schließen, daß die Therapie damit als beendet anzusehen sei.

Für das folgende Vierteljahrhundert erwies sich Freuds Bannfluch hinsichtlich des Geburtsmaterials als wirkungsvoll, und sogar eine so brillante Psychoanalytikerin wie Margaret Fries – deren über vierzig Jahre sich erstreckende Langzeituntersuchungen „von der pränatalen Zeit bis zur Elternschaft" grundlegende Persönlichkeitsmuster bei der Geburt aufwiesen, die bestimmend blieben und anhand derer man spätere Entwicklungen richtig vorhersagen konnte – nahm nichtsdestoweniger davon Abstand, aus ihren Erkenntnissen über pränatales Geistesleben irgendwelche tatsächlichen Schlüsse zu ziehen.[19]

Daher war die therapeutische Gemeinschaft 1949, ein Vierteljahrhundert, nachdem Ranks Arbeit vergriffen war, völlig unvorbereitet auf das, was Nandor Fodor zu sagen hatte, als sein Buch *The Search for the Beloved: A Clinical Investigation of the Trauma of Birth and Prenatal Condition*[20] in Amerika veröffentlicht wurde. Daß die Geburt traumatisch war und in Träumen und Phantasien erinnert wurde, daß die Geburt eine Quelle der Todesangst war, daß sie Alpträumen vom Ersticken, Klaustrophobie und vielen anderen Symptomen zu Grunde lag, all diese Schlußfolgerungen wurden von Fodor auf sehr sensible Weise mit reichem klinischen Material illustriert – wenig davon, um es nocheinmal zu sagen, würde heute für aufsehenerregend gehalten werden, obwohl die meisten Therapeuten sein Buch seinerzeit ignorierten. Wie Rank nahm Fodor an, daß „die physische Umgebung im Mutterleib perfekt ist" und daß „das Kind nach neun Monaten friedlicher Entwicklung durch kataklysmische muskuläre Konvulsionen, die seinen Aufenthaltsort wie ein Erdbeben bis in die Grundfesten erschüttern, in eine fremde Welt getrieben wird".[21]

Wie viele der späteren Geburts-Theoretiker glaubte auch Fodor an Parapsychologie, doch können seine Spekulationen über Telepathie zwischen Mutter und Fötus[22] ohne weiteres von seinem klinischen Material über die Geburt geschieden werden. Das gilt nicht für seinen Anhänger Francis J. Mott, einen englischen Psychologen, der sein ganzes Leben an einem System der fötalen Psychologie

---

[19] Für eine Bibliographie zu diesem Projekt, das weiterhin keinen Eingang in die psychoanalytische Theorie findet, vgl. Margaret E. Fries, Longitudinal Study: Prenatal Period to Parenthood, in *Journal of the American Psychoanalytic Association* 25 (1977), 115–140, und dies., Marie Coleman Nelson und Paul J. Woolf, Developmental and Etiological Factors in the Treatment of Character Disorder with Archaic Ego Function, in *Psychoanalytic Review* 67 (1980), 337–352.

[20] New Hyde Park, New York 1949.

[21] A. a. O., 309 und 3.

[22] Beschrieben bei Maarten Lietaert Peerbolte, Some Problems Connected With Fodor's Birth-Trauma Therapy, in *Psychiatric Quarterly* 26 (1952), 294–306.

gearbeitet hat. Motts enorme Produktivität,[23] seine furchtlosen Spekulationen und seine unaufhörliche Hingabe an die Aufgabe der Entwicklung einer fötalen Psychologie machen seine Arbeiten (falls man sie in irgendeiner Bibliothek ausfindig machen kann) zu einer reichen Materialquelle, insbesondere seine umfassende Verwenung von Träumen und mythologischem Material. Aber Motts mystischer Auftrag der Verknüpfung uterinen Lebens mit einem astralen, universalen Schöpfungsentwurf sowie seine oft wiederholte Weigerung, aus der Geburtshilfe bekannte Tatsachen zu berücksichtigen (wenn er etwa die Fähigkeit des Fötus, das Blut beim Hinausströmen zur Plazenta „fühlen" zu können, einfach behauptet, ungeachtet der Tatsache, daß die Nabelschnur keine Nerven hat), machen sein umfangreiches Werk durch und durch unzuverlässig.[24]
Stanislav Grof ist ein Psychiater, der 1956 in der Tschechoslowakei begann, LSD zur psychotherapeutischen Regression zu benutzen, und hat im letzten Vierteljahrhundert über 3.000 LSD-Therapiesitzungen in Europa und den Vereinigten Staaten geleitet.[25] Nachdem er immer wieder feststellte, daß Patienten dabei ihre Geburtserfahrungen neuerlich durchlebten, stellte er vier „perinatale Basis-Matrices" (PBM) auf, von denen er den Eindruck hatte, daß seine Patienten sie unter dem Einfluß von LSD regelmäßig wiedererlebten.

---

[23] Eine Basisliste mit Francis J. Motts Hauptwerken hätte zu enthalten: *The Universal Design of Birth* (Philadelphia 1948), *The Universal Design of Creation* (Edenbridge 1964), *The Universal Design of the Oedipus Complex* (Philadelphia 1950), *The Nature of the Self* (London 1959), *The Myth of the Chosen People* (London 1953), und *Mythology of the Prenatal Life* (London 1960).

[24] Trotzdem will ich meine eigene Dankbarkeit gegenüber Mott für seinen Mut bei der fötalen Forschung nicht unerwähnt lassen, insbesondere für seine klinische und mythologische Interpretation der Plazenta als eines „Zwillings" und eines „blutsaugenden Ungeheuers". Die Unzugänglichkeit von Motts Schriften hat eine Parallele in der Unzulänglichkeit derjenigen von Dev Satya-Nand, dessen umfassende psychoanalytischen Schriften zur fötalen Psychologie (allein 70 Einträge in einer einzigen Ausgabe von Grinsteins *Psychoanalytic Index*) sich allesamt in indischen Zeitschriften befinden, die mir nicht zugänglich sind.

[25] Eine gute Zusammenfassung von Grofs Arbeit findet sich in seinem Aufsatz ‚Perinatal Roots of Wars, Totalitarianism and Revolutions: Observations from LSD Research', in *Journal of Psychohistory* 4 (1977), 269-308; sein grundlegendes Referenzwerk zur Geburt ist *Realms of the Human Unconscious: Observations from LSD Research* (New York 1975).

PBM 1 (anfängliche Einheit mit der Mutter): im Mutterleib; Paradiesfantasien, Einheit mit Gott oder der Natur, Heiligkeit, „ozeanische" Ekstase etc.

PBM 2 (Antagonismus mit der Mutter): beginnend mit dem Einsetzen der Wehen, wenn der Gebärmutterhals noch geschlossen ist; Gefühle des Gefangenseins, der Nichtigkeit, von zerquetschendem Kopfdruck und Herzbeklemmung, unerträglichem Leid und höllischen Ängsten, Gefühle wie die, in einen Strudel hinabgezogen oder von einem furchtbaren Ungeheuer, Drachen, Kraken, Python etc. verschlungen zu werden.

PBM 3 (Synergie mit der Mutter): wenn sich der Gebärmutterhals öffnet und die Austreibung durch den Geburtskanal einsetzt; Fantasien von titanischen Kämpfen, sadomasochistischen Orgien, explosiven Entladungen von Atombomben und Vulkanen und von brutalen Vergewaltigungen sowie suizidaler Selbstzerstörung, allesamt Teile eines überwältigend gewaltsamen Todes-Wiedergeburtskampfes.

PBM 4 (Trennung von der Mutter): nach der Beendigung des Geburtskampfes, nach dem ersten Atemzug; Gefühle der Befreiung, Erlösung, Liebe und Vergebung, zusammen mit Fantasien darüber, gereinigt, entlastet und geläutert worden zu sein.

Obwohl sich auch Grof bald in die paranormale Sphäre verabschiedete (offenbar ein mit der Beschäftigung mit fötaler Psychologie verbundenes Berufsrisiko), ist seine ursprüngliche klinische Arbeit über die Fähigkeit Erwachsener, Geburtsgefühle wiederzuerleben (oder zu phantasieren – er machte keinen Versuch, sein Material zur Bestätigung dessen, daß es sich um Erinnerungen handle, auszuwerten), sehr detailreich und wertvoll. Grofs Arbeit hat vielerlei Parallelen in ähnlichen Erfahrungen verschiedener „Wiedergeburtler", die meinen, daß das Wiedererleben der Geburt therapeutisch sei. Angefangen bei der „Natal-Therapie" von Elizabeth Fehr und einschließlich der „Geburts-Primals" Arthur Janovs und anderer[26] sind viele Regressionstechniken anstelle von LSD eingesetzt worden, um die gleichen Geburtsgefühle, wie Grofs Patienten sie erlebten, zu erfahren. Ohne

---

[26] Leslie Feher geht in ihrem Buch *The Psychology of Birth* (London 1980; New York 1981) über andere „Wiedergeburtler" hinaus, indem sie die Möglichkeit geistigen Lebens vor der Geburt in Betracht zieht; aber auch sie hält fest, daß „das erste Trauma die Geburt ist". Arthur Janov, The Feeling Child, New York 1973 (dt. Das befreite Kind. Grundsätze einer primärtherapeutischen Erziehung, Frankfurt am Main ^{8}1993); John Rowan (Hg.), The Undivided Self: An Introduction to Primal Integration, London 1978.

die therapeutische Wirksamkeit von Wiedergeburts-Techniken in irgendeiner Weise zu kommentieren und die Frage nach der Beziehung zwischen Phantasie und Erinnerung für den Augenblick offen lassend, muß jedenfalls anerkannt werden, daß sich in den letzten zwei Jahrzehnten ein umfangreicher Schatz an psychologischem Material über Geburtsgefühlen angesammelt hat – Material, das bislang jedoch in keiner Weise in den Mainstream psychologischen Denkens, sei es psychoanalytisch oder sonstwie, integriert worden ist.

Was all diese Arbeiten charakterisiert, sind zwei wesentliche Voraussetzungen: (1) Sie sind allesamt geburtszentriert, wobei das Leben im Mutterleib als angenehm, die Geburt als traumatisch und das Wiedergeborenwerden als Bewältigung der Trennungsangst dargestellt wird, und (2) sie sind anhand von klinischem Material über Erwachsene entwickelt worden und werten kaum je Literatur aus dem Bereich der Geburtshilfe aus, ungeachtet der Tatsache, daß die meisten Forscher Ärzte sind. Diese zwei Voraussetzungen bleiben im großen und ganzen auch in der kürzlich veröffentlichten Arbeit jener südamerikanischen Psychoanalytiker bestimmend, die im Kreis um Arnaldo Rascovsky arbeiten,[27] wie auch bei denen, die mit ihren Beiträgen regelmäßig an den Konferenzen der Internationalen Studiengemeinschaft für pränatale Psychologie in Deutschland teilnehmen.[28] Obwohl Rascovsky und einige von der deutschen Gruppe als Kinderärzte anfingen, werden mitunter der Geburtshilfe entstammende Beobachtungen über pränatales Leben verwendet.

Die Ergebnisse von 60 Jahren Arbeit über fötale Psychologie haben also darin bestanden, Freuds anfängliche Meinung zu bekräftigen, daß die Geburt der Prototyp aller späteren Angst sei, unter der Annahme, daß es vor der Geburt kein Ich, keine Objekte und keine geistige Struktur gebe, sondern nur die symbiotische Einheit mit der Mutter, und daß die Geburt der rauhe Schock sei, von dem

---

[27] Arnaldo und Matilde Rascovsky et al., Niveles Profundo del Psiquismo, Buenos Aires 1971, und Arnaldo Rascovsky, El Psiquismo Fetal, Buenos Aires 1977.

[28] Eine unvollständige Liste mit Veröffentlichungen von Mitgliedern der ISSP enthält: M. Lietaert Peerbolte, Psychic Energy in Prenatal Dynamics, Parapsychology, Peak-Experiences, Wassenaar 1975; ders., De Foetale Psyche. Inleiding tot de prenatale psychodynamika, Antwerpen 1979; Gustav Hans Graber, Gesammelte Schriften. 4 Bde., Berlin 1975-1979; ders., Pränatale Psychologie, hg. v. der Internationalen Studiengemeinschaft für Pränatale Psychologie, München 1974; Friedrich Kruse, Die Anfänge des menschlichen Seelenlebens, Stuttgart 1969. Eher populär verfaßte Artikel sind: Friedrich Kruse, Nos Souvenirs du corps maternal, in *Psychologie* vom Juli 1977, 51–56, und ders., Wann beginnt die Kindheit?, in *Kindheit* 1 (1979), 5–27.

sich später die Trennungsangst herleite. Es ist meine Absicht zu zeigen, (a) daß diese Theorie, die die Geburt mit der Trennungsangst gleichsetzt, falsch ist, (b) daß die Theorie als eine Abwehr gegen die Belege konstruiert worden ist, denenzufolge die Erfahrung des Fötus im Mutterleib in Wirklichkeit die eines Individuums ist und oft mehr traumatisch als symbiotisch und ausschließlich friedlich, und (c) daß die Geburt tatsächlich eine *Befreiung* von traumatischen Erfahrungen im Mutterleib ist statt bloß ein „Trennungstrauma". Um das Belegmaterial vorzustellen, das mich zu diesen Schlußfolgerungen geführt hat, wende ich mich nun den Erkenntnissen aus der Obstetrik über die Bedingungen des geistigen Lebens im Mutterleib und während der Geburt zu.

Obstetrische Erkenntnisse über die Bedingungen fötalen Geisteslebens
Erst in den letzten Jahrzehnten hat sich die medizinische Wissenschaft für die Erforschung des Fötus zu interessieren begonnen. Ein Arzt, der sich fragte, warum das Interesse früher gefehlt habe, sagte, es sei vielleicht daran gelegen, daß der Fötus so „unvorteilhaft in einer höchst unzugänglichen Lage versteckt (war). Dieser Bereich der Medizin bot wenig Möglichkeiten für Entdeckungen und zog nicht viele Talente an. Warum ein Geschöpf erforschen, das so passiv, so teilnahmslos, so klein und technisch so problematisch ist? ... Vielleicht fand auch die Tatsache, daß es bis zu einem gewissen Grad ersetzbar war, Eingang in die Überlegungen."[29] Da die medizinische Erforschung anderer „unzugänglicher" Organe schon seit Jahrhunderten betrieben wird, ist es wahrscheinlich, daß der letzte Satz, der möglicherweise einen kindsmörderischen Gedanken widerspiegelt, der bedeutsamste ist. Was auch immer der Grund sein mag, auf jeden Fall haben sich die jüngsten Erkenntnisfortschritte über den Fötus so rasch vollzogen, daß „ein Student des Fachs die heutige Literatur mit der vor zwanzig Jahren vergleichen und zum Schluß kommen könnte, hier würden zwei verschiedene Spezies untersucht".[30]
Die Ergebnisse jüngerer Studien gingen alle in eine Richtung: den Beginn aller Entwicklungsphasen und sensorischen Fähigkeiten des Fötus immer früher an-

---

[29] G. S. Daives, Revolutions and Cyclical Rhythms in Prenatal Life: Fetal Respiratory Movements Rediscovered, in *Pediatrics* 51 (1973), 965.

[30] Robert H. Emde und Jean Robinson, The First Two Months: Recent Research in Developmental Psychobiology and the Changing View of the Newborn, in: J. Noshpitz (Hg.) Basic Handbook of Child Psychiatry, Bd. 1, New York 1979, 72.

zusetzen.[31] Das gilt insbesondere für die Entwicklung des Gehirns, des Nervensystems und des sensorischen Apparats, die alle im ersten Monat nach der Empfängnis ihren Anfang nehmen. Gegen Ende des zweiten Monats nach der Empfängnis ist der zweieinhalb Zentimeter lange Fötus erstaunlich gut ausgestattet, mit einem schlagenden Herzen, einem Kreislaufsystem, einem Verdauungstrakt, zierlichen Armen und Beinen, Gesichtszügen, Ohren, Fingern und Zehen und – der entscheidende Mittelpunkt aller fötalen Ernährung und Atmung – einer pulsierenden Nabelschnur, buchstäblich einem fünften Glied, das zwei Arterien und eine Vene enthält, durch die Blut zur und von seiner Plazenta gepumpt wird, welche dem Blutgefäßsystem der Mutter am nächsten gelegen ist. Es ist die Plazenta, die das Blut des Fötus mit Sauerstoff und Nährstoffen versorgt und Kohlendioxyd sowie Ausscheidungsstoffe aus seinem Blut beseitigt. Gegen Ende des ersten Trimesters (der ersten drei Monate) sind das Nervensystem und der sensorische Apparat so gut entwickelt, daß der Fötus auf ein Streicheln seiner Handfläche mit einem feinen Haar mit Greifen, seiner Lippen mit Saugen und seiner Augenlider mit Blinzeln reagiert.[32] Ärzte, die zu diesem Zeitpunkt eine Amniozentese durchführen, um eine Probe des Fruchtwassers zu nehmen, können den Fötus manchmal zurückweichen sehen und einen erhöhten Puls feststellen, falls er von der Nadel berührt wird. Das Sehvermögen ist so gut entwickelt, daß der Puls steigt, wenn der Bauch der Mutter von einem hellen Licht angestrahlt wird, und wenn der Arzt ein hell erleuchtetes Fötoskop einführt, dreht der Fötus oft seinen Kopf vom Licht weg.[33] Um die 14. Woche ist der Geschmackssinn entwickelt, und der Fötus reagiert von dieser Zeit an sensibel auf die Beschaffenheit seines Fruchtwassers.[34]

---

[31] Es gibt mehrere ausgezeichnete Bücher, die die fötale Entwicklung in Normalsprache erläutern, darunter: Robert Bugh und Landrum B. Shettles, Fro Conception to Birth: The Drama of Life's Beginnings, New York 1971; Axel Ingelman-Sundberg und Claes Wirsén, A Child Is Born, New York 1965; sowie Linda F. Annes, The Child Before Birth, Ithaca 1978.

[32] Rugh, *From Conception to Birth*, 56; Robert M. Bradley und Charlotte M. Mistretta, Fetal Sensory Receptors, in *Physiological Reviews* 55 (1975), 358; Tryphena Humphrey, Function of the Nervous System During Prenatal Life, in: Uwe Stave (Hg.), Physiology of the Perinatal Period, Bd. 2, New York 1970, 754–789.

[33] Robert C. Goodlin, Care of the Fetus, New York 1979, 1.

[34] Robert M. Bradley und Charlotte M. Mistretta, The Sense of Taste and Swallowing Activity in Foetal Sheep, in *Foetal and Neonatal Physiology*, Cambridge 1973, 81.

Das Gehör wird während der ersten drei Monate sogar noch besser entwickelt: Die fötale Aktivität und der Herzschlag steigern sich, wenn es in der Nähe des Bauches der Mutter ein lautes Geräusch gibt, und es wurden viele Experimente durchgeführt, die tatsächliches fötales Lernen durch akustische Reize an den Tag brachten. Darunter war ein Experiment, bei dem vier Föten *in utero* Debussy vorgespielt wurde, während Mutter und Fötus jeweils ruhten, mit dem Resultat, daß diese vier Säuglinge auf Debussy reagierten (und andere nicht), als er ihnen später in der Säuglingsstation als Beruhigungs- oder Besänftigungsmittel vorgespielt wurde – nur eines von vielen Experimenten aus der Literatur, die pränatale Erinnerungsfähigkeit und Lernen *in utero* klar unter Beweis stellen.[35]

Trotz der Zahl an Belegen, die sich hinsichtlich der Fähigkeit des Fötus, mit dem zweiten Trimester zu fühlen, sehen, riechen, schmecken, hören und sich fötaler Ereignisse zu erinnern, angehäuft haben, fährt der Großteil der medizinischen und psychologischen Schriften damit fort, die ältere Sicht von einem blinden, tauben und schmerzunempfindlichen Fötus zu wiederholen.[36] Diejenigen, die diese negative Sicht vertreten, belegen sie häufig mit dem Hinweis auf eine Untersuchung Langworthys[37] von 1933, die behauptet hatte, daß „die unvollständige Myelinisierung von Wahrnehmungssträngen" den Fötus daran hindere, Botschaften von seinen Wahrnehmungsorganen zu erhalten – obwohl seit langem bekannt ist, daß vollständige Myelinisierung zum Funktionieren nicht notwendig ist (sie steigert nur die Schnelligkeit der Weiterleitung) und daß gut organisierte Hirntätigkeit möglich ist, lange bevor die Nervenfasern vollständig myelinisiert

---

[35] J. Bernard und L. .Sontag, Fetal Reactions to Sound, in *Journal of Genetic Psychology* 70 (1947), 209 f.; J. C. Grimwade u. a., Human Fetal Heartrate Change and Movement in Response to Sound and Vibration, in *American Journal of Obstetrics and Gynecology* 109 (1971), 86–90; D. K. Spelt, The Conditioning of the Human Fetus *in Utero*, in *Journal of Experimental Psychology* 38 (1948), 454–461. Ebenso hat eine andere Untersuchung gezeigt, daß Föten nach der Geburt an laute Geräusche gewöhnt waren und bei Flugzeugstarts, die andere Babys aufweckten, tief und fest schliefen. Vgl., Bradley/Mistretta, *Fetal Sensory Receptors*, 358.

[36] Vgl. z. B. Linda Annes, *The Child Before Birth*, 49 und 58; M. F. Ashley-Montagu, Life Before Birth, New York 1964, 207; L. Carmichael, The Onset and Early Development of Behavior, in: ders. (Hg.), Manual of Child Psychology, New York 1946, 136; Phyllis Greenacre, *The Biological Economy of Birth*, 41.

[37] U. R. Langworthy, Development of Behavior Patterns and Myelinization of the Nervous System in the Human Fetus and Infant, in: Contributions to Embryology, Bd. XXIV, Nr. 139, Carnegie Institute of Washington, D.C., 1933.

sind.[38] Dieses Argument von der „unvollständigen Myelinisierung" wird immer wieder benutzt, um in vielen Bereichen der Medizin die Fähigkeit des Fötus und des Neugeborenen zur Schmerzempfindung zu leugnen, von der Verwendung abgetriebener Föten als Versuchsobjekte für schmerzhafte medizinische Experimente bis hin zur Verweigerung der Narkose für Neugeborene bei der Beschneidung oder chirurgischen Eingriffen.[39]

Im zweiten Trimester sieht, hört, schmeckt, fühlt und lernt der Fötus also aus seiner Umgebung, und wirkliches mentales Leben hat angefangen – was Babys, die mehrere Monate vor der Zeit geboren wird, ohne weiteres zugestanden wird, nicht aber Föten gleichen Alters, die noch im Mutterleib sind, so als brächte Sichtbarkeit irgendwie das Vermögen zu sinnlicher Wahrnehmung mit sich. Welche Art von Umgebung ist es nun also, die den sensorischen Input für den Anfang psychischen Lebens liefert? Welche Lektion über seine erste Welt lernt der Fötus aus all dem, was ihm während der letzten zwei Trimester widerfährt?

Liley gewahrt den Unterschied zwischen der alten und der neuen Sichtweise der Mutterleibsumgebung auf, wenn er sagt: „Möglicherweise hält sich die Auffassung vom fötalen Leben als einer Zeit der Stille, der geduldigen und blinden Entwicklung von Strukturen in der antizipierenden Erwartung eines Lebens und einer Funktion, die dann mit der Geburt beginnen sollen, nirgendwo hartnäckiger als in der Vorstellung vom schwangeren Uterus als einer dunklen und stillen Welt ... Ein schwangerer Bauch ist nicht ruhig, und der Uterus und die amniotische Höhle ... könnten ohne weiteres wie mit einer Fackel in einem verdunkelten Raum durchleuchtet werden."[40] In der Tat ist der Mutterleib ein sehr lauter, sich verändernder, sehr aktiver Ort zum Leben, voller Ereignisse und Emotionen, die sowohl angenehm als auch schmerzhaft sind.

Im zweiten Trimester, wenn die Fruchtblase immer noch ziemlich geräumig ist, treibt der Fötus einmal friedlich dahin, ein anderes Mal tritt er energisch um sich, schlägt Purzelbäume, hat Schluckauf, seufzt, uriniert, schluckt und atmet Fruchtwasser und Urin, lutscht seinen Daumen, seine Finger und Zehen, ergreift seine Nabelschnur, wird bei unvermittelten Geräuschen aufgeregt, beruhigt sich,

---

[38] W. F. Windle, Physiology of the Fetus, Philadelphia 1940, 163; M. Bekoff und M. Fox, Postnatal Neural Ontology, in *Developmental Psychobiology* 5 (1972), 323–341.

[39] Maggie Scarf, Body, Mind, Behavior, New York 1976, 23–40; Goodlin, *Care of the Fetus*, 192.

[40] A. W. Liley, The Foetus as a Personality, in *Australian and New Zealand Journal of Psychiatry* 6 (1972), 103.

wenn die Mutter ruhig spricht, und wird wieder in den Schlaf geschaukelt, wenn sie herumgeht. Fötale Aktivitätsmuster sind mittlerweile gut erforscht, insbesondere seit der Entwicklung von Ultraschalltechniken. Der normale Fötus verbringt kaum einmal zehn Minuten ohne deutliche Aktivität, ob es nun schnelle fötale Atemzüge während REM-Schlafperioden oder andere Bewegungen sind.[41] Er bewegt sich in regelrechten Übungsmustern, und ein Beobachter hielt fest, man könne auf Ultraschall-Bildern sehen, wie er „sich von einer Seite auf die andere rollt, wobei er sich streckt, dann Rücken und Nacken beugt, Kopf und Hals dreht, mit den Armen winkt und mit den Füßen tritt. Man sah, wie sich die Füße beugten und streckten, als der Fötus gegen die Seitenwand der Fruchtblase trat. Bei einem Fötus sah man, wie sich der Kiefer auf und ab bewegte".[42] Der Fötus hat tatsächlich ziemlich regelmäßige Aktivitätszyklen, die im Durchschnitt etwa 45 Minuten dauern, Zyklen, die später, im dritten Trimester, von der Mutter recht genau wahrgenommen werden können.[43] Diese fötalen Muster werden bis zu einem gewissen Ausmaß mit den Aktivitätszyklen der Mutter koordiniert – Beleg dafür, daß der Fötus durchaus empfindlich ist für ein breites Spektrum der mütterlichen Aktivitäten und Emotionen.[44]

Raucht die Mutter eine Zigarette, so raucht sie auch der Fötus, und nach den ersten paar Zügen beginnt sein Herz, schneller zu schlagen, er spürt einen Rückgang des Sauerstoffs (Hypoxie) und ein Ansteigen des Kohlendioxyds, und er hört auf, sich zu bewegen, und steigert seine fötale Atmungsgeschwindigkeit, um zu versuchen, die Hypoxie wieder wettzumachen – allesamt Reaktionen, die bei starken Raucherinnen einen hinreichend ernsten kumulativen Effekt haben, um zu Totgeburten, Wachstumsverzögerungen, Frühreife und späterer Hyperaktivi-

---

[41] A. B. Roberts, D. Griffen, R. Mooney, D. J. Cooper und S. Campbell, Fetal Activity in 100 Normal Third Trimester Pregnancies, in *British Journal of Obstetrics and Gynecology* 87 (1980), 480–484; Williamina A. Himwick, Physiology of the Neonatal Central Nervous System, in: Stave, *Physiology of the Perinatal Period*, 732–738.

[42] L. G. R. van Dongen und Elizabeth G. Goudie, Fetal Movements in the First Trimester of Pregnancy, in *British Journal of Obstetrics and Gynecology* 87 (1980), 191–193.

[43] Menachem Granat, Paretz Lavie, Daniela Adar und Mordechai Sharf, Short-Term Cycles in Human Fetal Activity. I. Normal Pregnancies, in *American Journal of Obstetrics and Gynecology* 134 (1979), 696–701.

[44] Bibliographische Hinweise finden sich bei Christopher Norwood, At Highest Risk: Environmental Hazards to Young and Unborn Children, New York 1980, und Child At Risk: A Report of the Standing Senate Committee on Health, Welfare and Science, Quebec 1980.

tät sowie Verhaltensproblemen beizutragen.[45] Wenn die Mutter Alkohol trinkt, geht der Alkohol direkt auf den Fötus über, dessen Blutalkoholspiegel sich schnell dem der Mutter nähert. Föten, die täglich Alkohol trinken, wachsen letztlich langsamer, ihre Abortrate ist höher, sie werden oft zu früh geboren und weisen mehr körperliche Abweichungen, geistige Zurückgebliebenheit und Hyperaktivität auf – ganz zu schweigen von den äußerst schmerzhaften Entzugssymptomen, die mit dem fötalen Alkohol-Syndrom einhergehen.[46] Das gleiche Prinzip gilt natürlich für Tausende anderer Drogen, darunter auch Aspirin und Koffein, die alle über etwas, was früher „die plazentale Grenze" genannt wurde, direkt auf den Fötus übergehen und alle möglichen schädigenden und schmerzhaften Effekte, einschließlich Hypoxie (Sauerstoffmangel), hervorrufen.[47] Ebenso wichtig sind verschiedene Ernährungsfaktoren, wobei etwa Unterernährung bei den Armen (oder auch bei Wohlhabenden mit schlechten Eßgewohnheiten) eine Vielzahl schädlicher Körper- und Verhaltensdefizite bewirkt.[48] Diese Gefährdungen der intrauterinen Umwelt sind in der Tat dermaßen weit verbreitet, daß nur wenige Föten den von ihnen ausgehenden Schädigungen völlig entgehen. Selbst der Medizinische Direktor der Dow Chemical Corporation mußte eingestehen, daß von den „30 bis 40 Prozent aller Empfängnisse, [die] üblicherweise mit einem spontanen Abort, einer Totgeburt oder Geburt mit angeborener Mißbildung enden, eine unbestimmte Anzahl vermutlich das Resultat einiger Umweltfaktoren ist".[49] Weit davon entfernt, ein sicherer, behaglicher Hafen zu sein, in den wir alle zurückkehren wollen, ist der Mutterleib in Wirklichkeit ein gefähr-

---

[45] Die beste Überblicksdarstellung der Auswirkungen des Rauchens bei Schwangeren ist: Peter A. Fried und Harry Oxorn, Smoking for Two: Cigarettes and Pregnancy, New York 1980; vgl. auch N. J. Berrill, The Person in the Womb, New York 1968, sowie I. Thaler, J. D. S. Goodman und G. S. Daives, Effects of Maternal Cigarette Smoking on Fetal Breathing and Fetal Movements, in *American Journal of Obstetrics and Gynecology* 138 (1980), 282–287.

[46] Roger E. Stevenson, The Fetus and Newly Born Infant: Influences of the Prenatal Environment, St. Louis ²1977; *Child at Risk*, 13–15.

[47] Raymond D. Harbison (Hg.), Perinatal Addiction, New York 1975; D. H. Scott, The Child's Hazards *in Utero*, in: John G. Howells (Hg.), Modern Perspectives in International Child Psychiatry, New York 1971, 19–60.

[48] *Child at Risk*, 10–12; L. W. Sontag, Difference in Modifiability of Fetal Behavior and Physiology, in *Psychosomatic Medicine* 6 (1944), 151–154; J. D. Lloyd-Still (Hg.), Malnutrition and Intellectual Development, Littleton, Massachusetts, 1976; vgl. auch die verschiedenen Publikationen der *Society for the Protection of the Unborn Through Nutrition*.

[49] Norwood, *At Highest Risk*, 6.

licher und häufig schmerzhafter Aufenthaltsort, an dem auch heute noch „in den neun Schwangerschaftsmonaten mehr Leben verlorengehen als in den nachfolgenden 50 Jahren postnatalen Lebens".[50]

Doch der Fötus befindet sich nicht nur in Not, wenn die Mutter raucht, trinkt oder Drogen nimmt. Er wird ebenso durch die Ängste, den Zorn und die Depressionen der Mutter biologisch wie psychisch beeinflußt. Eine umfangreiche Literatur hat sich in den letzten drei Jahrzehnten angesammelt, die in bemerkenswertem Detail die vielen Weisen aufzeigt, wie die Emotionen der schwangeren Mutter die physische und emotionale Entwicklung des Fötus affizieren.

Es ist seit langem bekannt, daß Labortiere, die während ihrer Schwangerschaft zehn Minuten am Tag gestreichelt wurden, gesündere und weniger neurotische Nachkommen hervorbrachten als jene, denen die Streicheleinheit nicht zuteil wurde, und daß geisteskranke und depressive Mütter viel häufiger unterentwickelte und verhaltensgestörte Babys zur Welt bringen als andere.[51] Ungleich direktere statistische Erhebungen haben kürzlich ergeben, daß Mütter, die nicht schwanger sein wollen, ihren Föten gegenüber feindselige Gefühle hegen, während der Schwangerschaft außergewöhnlich ängstlich oder emotional sehr unreif sind, allesamt Babys von geringerem Gewicht mit größerer geistiger Retardation unter häufiger auftretenden Geburtsproblemen und mehr Verhaltensschwierigkeiten beim Stillen gleich nach der Geburt gebären (nach dem Urteil unabhängiger Beobachter) als Mütter in Kontrollgruppen.[52] Es wird jetzt häufig erkannt, daß „mütterliche Ängste, Furcht, Spannungen, Temperamentausbrüche, Frustrationen, ‚Schocks', ‚Streß', Depressionen und andere mentale Zustände dem sich

---

[50] Stevenson, *The Fetus and Newly Born Infant*, 3.

[51] Lester W. Sontag, Implications of Fetal Behavior and Environment for Adult Personalities, in *Annals of the New York Academy of Sciences* 134 (1965), 782–786; Melvin Zax, Arnold J. Sameroff, Haroutun M. Babigian, Birth Outcomes in the Offspring of Mentally Disordered Women, in *American Journal of Orthopsychiatry* 47 (1977), 218–230.

[52] Abram Blau u. a., The Psychogenic Etiology of Premature Births, in *Psychosomatic Medicine* 25 (1963), 201–211; Robert McDonald, The Role of Emotional Factors in Obstetric Complications: A Review, in *Psychosomatic Medicine* 30 (1968), 222–236; Kay Standley, Bradley Soule, Stuart A. Capans, Dimensions of Prenatal Anxiety and Their Influence on Pregnancy Outcome, in *American Journal of Obstetrics and Gynecology* 135 (1979), 22–26; A. J. Ferreira, The Pregnant Woman's Emotional Attitude and Its Reflection on the Newborn, in *Journal of Orthopsychiatry* 30 (1960), 553–561; E. K. Turner, The Syndrome in the Infant Resulting from Maternal Emotional Tension During Pregnancy, in *Medical Journal of Australia* 1 (1956), 221 f.

entwickelnden Fötus schaden können".[53] Die oftmals tödlichen Auswirkungen mütterlicher Feindseligkeit gegenüber dem Fötus werden heute so allgemein anerkannt, daß Frauen, die wiederholt Fehlgeburten haben, regelmäßig und erfolgreich allein mit Psychotherapie behandelt werden.[54]
Die biologischen Mechanismen zur Übermittlung dieser mütterlichen Emotionen an den Fötus sind mannigfaltig. Verspürt die Mutter Angst, so folgt ihrer Tachykardie innerhalb von Sekunden die des Fötus, und wenn sie sich fürchtet, kann der Fötus innerhalb von 50 Sekunden durch veränderte Beschaffenheiten des uterinen Blutes hypoxisch werden.[55] Auch von Änderungen des Adrenalin-, Plasma-Epinephrin- und Norepinephrin-Spiegels, höheren Werten der Hydroxykortiko-Steroide, Hyperventilation und vielen anderen Auswirkungen mütterlicher Angst ist bekannt, daß sie den Fötus unmittelbar betreffen.[56] Daß diese Effekte für den Fötus schmerzhaft sind, ist nicht mehr zweifelhaft – Ultraschall- und andere moderne Techniken zeigen den Fötus oft in furchtbarem Leid, wie er sich etwa bei Sauerstoffmangel vor Schmerz windet und um sich tritt. Eine Mutter, deren Ehemann sie gerade verbal mit Gewalt bedroht hatte, kam in das vorgeburtliche Untersuchungszentrum mit einem Fötus, der so wild um sich schlug und trat, daß es ihr wehtat, und dessen erhöhter fötaler Herzschlag noch viele Stunden lang andauerte.[57] Das gleiche wilde Herumschlagen und -treten des Fötus ist auch bei mehreren Müttern beobachtet worden, deren Ehemänner unvermutet gestorben waren.[58]

---

[53] Ernest M. Gruenberg, On the Psychosomatics of the Not-So-Perfect Fetal Parasite, in: Stephen A. Richardson und Alan F. Guttmacher (Hgg.), Childbearing – Its Social and Psychological Aspects, New York 1967, 54.

[54] Elaine Grimm, Psychological and Social Factors in Pregnancy, Delivery, and Outcome, in Richardson/Guttmacher, *Childbearing*, 2; Antonio J. Ferreira, Emotional Factors in Prenatal Environment: A Review, in *Journal of Nervous and Mental Diseases* 141 (1965), 108–118.

[55] Ronald E. Myers, Maternal Psychological Stress and Fetal Asphyxia: A Study in the Monkey, in *American Journal of Obstetrics and Gynecology* 122 (1975), 47–59; Antonia J. Ferreira, Prenatal Environment, Springfield, Illinois, 1969; ein vorzüglicher Überblick über die Literatur zu den zahlreichen Auswirkungen von Streß auf schwangere Labortiere findet sich bei Lorraine Roth Herrenkihl, Prenatal Stress Reduces Fertility and Fecundity in Female Offspring, Vortrag auf der 86th *Annual Convention* der *American Psychological Association* im August 1978 in Toronto, Kanada, Philadelphia 1978 (Mimeographie, Temple University).

[56] Ferreira, *Prenatal Environment*, 133–136.

[57] Sontag, *Implications*.

[58] A. a. O., 785.

Ehestreit ist in der Tat eine der bestdokumentierten emotionalen Ursachen fötalen Leids, die in mehreren sorgfältigen statistischen Untersuchungen mit späterer Kindersterblichkeit, physischer Krankheit, körperlichen Schäden, schweren Verhaltensstörungen, Hyperaktivität, Aggressivität und frühem Schulversagen in Verbindung gebracht wird.[59] Tatsächlich kann mütterliche Angst allein so gravierend sein, daß sie den unmittelbaren Tod des Fötus auslösen kann.[60] Schweres emotionales Leid in der Familie während der Schwangerschaft der Mutter ist in der Tat von Dennis Stott anhand von großen Sampleuntersuchungen sowohl in Schottland wie auch in Kanada als „mit beinah hundertprozentiger Sicherheit" schädlich für den Fötus erkannt worden.[61]

Obwohl die meisten dieser Untersuchungen generell von Medizin und Psychologie gleichermaßen ignoriert worden sind, haben einige Obstetriker kürzlich damit begonnen, die gleichen Schlußfolgerungen wie ich im Hinblick auf den Mutterleib als einen Ort voll von sowohl Schmerz als auch Ruhe zu ziehen. Albert Liley ist im Zuge der Aufnahme von, wie er sagte, „rasenden" Bewegungen des Fötus bei uterinen Kontraktionen mittels Röntgenfilm zu dem Schluß gekommen, daß sie „typisch für ein menschliches Wesen mit heftigem Schmerz waren, zumal der Fötus seine Arme und Beine herumwarf und jeder Kontraktion mit verschiedenen Drehungen seines Körpers aktiv entgegenzuwirken schien".[62] Wäre der Uterus nicht mit Flüssigkeit gefüllt, so sagt der Geburtshelfer Robert Goodlin, und gäbe es im Mutterleib Luft, könnte man den Fötus die meiste Zeit „*in utero* weinen" hören. Tatsächlich ist es ihm zufolge für „Geburtshelfer, die Luftamniogramme verwenden, oft notwendig, die Mutter dazu zu mahnen, nach dem Amniogramm mehrere Stunden lang eine sitzende

---

[59] D. H. Stott, Follow-up Study from Birth of the Effects of Prenatal Stress, in *Developmental Medicine and Child Neurology* 15 (1973), 770–787; Lester Sontag, The Significance of Fetal Environmental Differences, in *American Journal of Obstetrics and Gynecology* 42 (1941), 996–1003; und mehrere Studien, die in *Child at Risk*, 16, aufgelistet sind.

[60] Goodlin, *Care of the Fetus*, 10.

[61] Zeugenaussage von Dennis H. Stott, in: Senate of Canada: Standing Senate Committee on Health, Welfare and Science. Third Session, Thirtieth Parliament 1977, *Childhood Experiences of Criminal Behavior*, Heft 1, 2. Sitzungsbericht vom 24. November 1977. Vgl. jedoch Belege dafür, daß emotionale Konflikte mit dem wichtigsten *weiblichen* Partner der Mutter sich als noch störender für die Schwangerschaft erweisen, bei Richard L. Cohen, Maladaptions to Pregnancy, in *Seminars in Perinatology* 3 (1979), 15–24,

[62] Goodlin, *Care of the Fetus*, 193.

oder aufrechte Position einzunehmen (Post-Luftamniogramm), damit die Luft von der fötalen Larynx abgehalten wird; andernfalls kommt es auf seiten der [Mutter] zur Verstörung darüber, daß sie ihren ungeborenen Fötus weinen hört. Es scheint daher nicht unvernünftig anzunehmen, daß sich Föten *in utero* ebenso häufig unwohl fühlen (unwohl genug, um zu weinen) wie *extra utero*, [denn] es ist das Intrapartum, nicht die Neugeborenenzeit, das voller Schmerzen und Streß für das Kind ist"[63].

Das Leid des Fötus wird während seines dritten Trimesters im Mutterleib mehr und mehr wahrgenommen. Nachdem der Fötus in dieser Zeit seine Länge von 33 cm auf 50 cm erhöht und sein Gewicht fast verdreifacht, ist er eingeengter, mehr von Streß, einschließlich Hypoxie, beeinträchtigt, er bewegt sich weniger und träumt mehr[64], und er fängt an, eine bestimmte „Persönlichkeit" an den Tag zu legen, die die Mutter nun als seine eigene erkennen kann, insofern er sich als Reaktion auf gewisse Handlungen und Positionen von ihr aufregt und sie lebhaft tritt – wenn sie etwa in einer für ihn ungemütlichen Position schläft. Die für den Fötus in diesem neuen, eingeengten Mutterleib entscheidenden Probleme liegen darin, daß er der Fähigkeit seiner Plazenta, ihn zu ernähren, mit Sauerstoff zu versorgen und sein Blut von Kohlendioxyd und Abfallstoffen zu reinigen, buchstäblich über den Kopf wächst. Nicht nur hört die Plazenta in dieser Zeit auf zu wachsen, sie nimmt auch in ihrer Leistungsfähigkeit ab, wird hart und faserig statt schwammig, da ihre Zellen und Blutgefäße degenerieren und sie sich mit Blutklümpchen und verkalkten Bereichen füllt. Im Zuge dieser Entwicklung tritt für den Fötus der Effekt ein, daß er noch anfälliger für Hypoxie wird als zuvor. Seit den frühen Forschungen von Anselmino, Haselhorst, Bartels und anderen in den dreißiger Jahren[65] hat sich die medizinische Forschung über den niedrigen Sauerstoffdruck im fötalen Blut gewundert, welches stets so niedrige Sauerstoff-

---

[63] A. a. O., 93. Föten, die abgetrieben werden, können schon mit 21 Wochen weinen; vgl. Humphrey, *Function of the Nervous System*, 78.

[64] Sepp Schindler, The Dreaming Fetus, Vortrag beim Kongreß der *International Society for the Study of Prenatal Psychology* am 17. September 1976 in Bern.

[65] Für einen bibliographischen Überblick über die Debatte um den „Mt. Everest *in utero*" vgl. Giacomo Meschia, Evolution of Thinking in Fetal Respiratory Physiology, in *American Journal of Obstetrics and Gynecology* 132 (1978), 806–810; André E. Hellegers, Placental Exchange of Oxygen and Carbon Dioxide, in: H. M. Carey (Hg.), Modern Trends in Human Reproductive Physiology, London 1963; Donald H. Barron, The Environment in Which the Fetus Lives: Lessons Learned Since Barcroft, in: Joseph Barcroft (Hg.), Researches in Prenatal Life, Springfield, Illinois, 1947.

gehalte aufweist, daß Erwachsene in vergleichbaren Umständen ohnmächtig würden. Dieser Normalzustand des niedrigen Sauerstoffdrucks wurde „Mount Everest *in utero*" genannt, unter der Annahme, daß die fötale Entwicklung im letzten Trimester analog dazu verläuft, wie ein Bergsteiger den Mount Everest besteigt und dabei das langsame Sinken der Sauerstoffwerte spürt, nachdem der Fötus größer wird und die Plazenta weniger leistungsfähig. Trotz der Entdeckung, daß dieser sehr geringe Sauerstoffgehalt durch eine Sauerstoffaffinität der fötalen roten Blutkörperchen, die ein bißchen höher ist als die Erwachsener, zum Teil ausgeglichen wird, erkennen jetzt doch viele Forscher, daß dieser eine Faktor nicht ausreicht, die wachsende Unzulänglichkeit der Sauerstoffversorgung der Hirnzellen vollkommen wettzumachen. In der Tat ist der Fötus in der letzten Zeit der Schwangerschaft oft „extrem hypoxisch nach Erwachsenenstandards". Wie ein Geburtshilfe-Forscher es ausdrückte, „kann der Fötus *in utero* großen O_2- und CO_2-Druckwechseln unterworfen sein", die häufig Hypoxie hervorrufen, „die häufigste Ursache von Hirnschäden in der perinatalen Periode".[66]

Die jüngere medizinische Literatur ist voller Eingeständnisse bezüglich ihrer Unwissenheit und erfordert eine weitergehende Erforschung dessen, was als die „erstaunliche" Fähigkeit des Säuglings bezeichnet wird, mit so niedrigen Sauerstoffwerten und einer dermaßen „leistungsunfähigen" Plazenta zu leben – mit einer Leistungsfähigkeit bei der Sauerstoffübertragung, die Bartels die „schlechteste" von allen Säugetieren nennt.[67] Nachdem „der erstickende Fötus keinen zerebralen Regulationsmechanismus hat, der der Durchblutung des Gehirns Priorität verleiht"[68] und das menschliche fötale Gehirn ein Vielfaches der vergleichsweisen Größe anderer Säugetiere gleichen Körpergewichts beträgt, „ist die Sicherheitsgrenze des fötalen Gehirns gegenüber der Hypoxie beim Menschen vermutlich kleiner" als bei anderen Tieren, so daß jede noch so geringe Reduktion des ohnehin schon sehr niedrigen Sauerstoffgehalts in der Spätzeit des fötalen Lebens als extrem belastend empfunden wird.[69]

---

[66] Meschia, *Evolution of Thinking*, 807; Heinz Bartels, Prenatal Respiration, New York 1970, 47; Lubor Jilek u. a., Characteristic Metabolic and Functional Responses to Oxygen Deficiency in the Central Nervous System, in: Stave, *Physiology of the Perinatal Period*, 987.

[67] Bartels, *Prenatal Respiration*, 123.

[68] T. Weber und N. J. Secher, Transcutaneous Fetal Oxygen Tension and Fetal Heart Rate Pattern Preceding Fetal Death – A Case Report, in *British Journal of Obstetrics and Gynecology* 87 (1980), 165–168.

[69] Meschia, *Evolution of Thinking*, 810.

Mit dem Voranschreiten des dritten Trimesters und dem Nahen der Geburt, wenn die Plazenta weniger leistungsfähig wird und die fötalen Bedürfnisse nach Sauerstoff, Nahrung und Reinigung des Bluts von Kohlendioxyd und Ausscheidungsstoffen steigen, nimmt die Verunreinigung des Blutes zu, und jede Streßsituation wird verstärkt und somit schmerzhafter für den Fötus. Bei einem so niedrigen Sauerstoffwert sind sogar normale „Kontrakturen" (Übungskontraktionen), die ein Ansteigen des uterinen Drucks und eine Senkung des Sauerstoffspiegels um bis zu 25% hervorrufen,[70] für den Fötus schmerzhaft – als ob der Mutterleib ihm eine stündliche „Quetschung" verabreichen würde, um ihn auf die ungleich heftigeren Kontraktionen, die noch bevorstehen, vorzubereiten. Ungefähr zwei Wochen vor der Geburt sinkt der fötale Sauerstoffspiegel noch tiefer,[71] und der Sauerstoffbedarf des Fötus wird so kritisch, daß etwa ein Kaninchenfötus, dessen Geburt Barcroft künstlich hinauszögerte, kurzerhand die Mutter tötete, indem er sie ihres Sauerstoffs beraubte.

Während der Wehen selbst sinkt die Sauerstoffanreicherung sogar noch weiter unter die kritischen Werte, und der Kohlendioxydgehalt im Blut steigt an. Saling stellte in fötalem Kopfhautblut beim Einsetzen der Wehen einen Sauerstoffwert von 23% und kurz vor der Entbindung von 12% (bei Erwachsenen versagt das zentrale Nervensystem bereits bei unter 63%),[72] Erkenntnisse, die sogar die vorsichtigsten Geburtshelfer zu dem Schluß geführt haben, daß „Hypoxie bis zu einem bestimmten Grad und einer bestimmten Dauer eine normale Erscheinung bei jeder Entbindung ist".[73] Die Auswirkungen dieser schweren Hypoxie auf den Fötus sind dramatisch: Das normale fötale Atmen hört auf, der fötale Herzschlag wird schneller, dann wieder langsamer, der Fötus schlägt als Reaktion auf den Wehenschmerz und die Hypoxie oft wie rasend um sich, und bald nimmt er seinen Kampf auf Leben und Tod auf, um sich aus dieser schrecklichen Lage zu befreien.[74]

---

[70] C. A. M. Jansen u. a., Continuous Variability of Fetal PO2 in the Chronically Catheterized Fetal Sheep, in *American Journal of Obstetrics and Gynecology* 134 (1979), 776–783.

[71] Joseph Barcroft, Researches in Pre-Natal Life, Bd. 1, Springfield, Illinois, 1947, 209 und 252.

[72] Erich Saling, Foetal and Neonatal Hypoxia in Relation to Clinical Obstetric Practice, London 1968; vgl. auch E. Stewart Taylor, Beck's Obstetrical Practice and Fetal Medicine, Baltimore 1976, 57.

[73] Jilek u. a., *Characteristic Metabolic and Functional Responses*, 1043.

[74] Peter Boylan und Peth J. Lewis, Fetal Breathing in Labor, in *Obstetrics and Gynecology* 56 (1980), 35–38; Peter Lewis und Peter Boylan, Fetal Breathing: A Review,

Die vielen Hindernisse, die Mutter und Kind während dieses Befreiungskampfes oft noch zusätzlich in den Weg gelegt werden, sind wohlbekannt: Die Medikation, die heutzutage ein Fünftel aller Wehen künstlich einleitet, macht die Kontraktionen stärker, läßt sie länger andauern und verursacht stärkere Hypoxie; auch schmerzlindernde Mittel haben denselben Effekt, die Hypoxie zu verlängern, und so weiter. Die Auswirkungen dieser Mittel sind mittlerweile so gut erforscht, daß sogar eine leichte Hypoxie, weit davon entfernt, Hirnschäden zu bewirken, als Ursache meßbarer negativer Folgen für die Persönlichkeitsentwicklung in der späteren Kindheit nachgewiesen wurde.[75] Ob diese modernen Gefahren für den Fötus schlimmer sind als die Praktiken der Vergangenheit – das heftige Schütteln und Rütteln der Mutter, die Praxis, sie kopfüber aufzuhängen, das Bearbeiten des Bauches mit den Fäusten, das Einschlagen auf die Vulva und die verstümmelnden rostigen Geburtszangen –, darf bezweifelt werden.[76] Was aber nicht mehr bezweifelt werden kann, ob für Vergangenheit oder Gegenwart, ist, daß die biologischen Tatsachen und die menschlichen Verfahrensweisen zu-

---

in *American Journal of Obstetrics and Gynecology* 134 (1979), 587–598; Hisayo O. Morishima u. a., Reduced Uterine Blood Flow and Fetal Hypoxemia With Acute Maternal Stress: Experimental Observation in the Pregnant Baboon, a. a. O., 270–275; Carl Wood, Adrian Walker und Robert Yardley, Acceleration of the Fetal Heart Rate, a. a. O., 523–527; Goodlin, *Care of the Fetus*, 193.

[75] Vgl. die bibliographischen Angaben in *Child at Risk*, 20 f.; Norman L. Corah u. a., Effects of Perinatal Anoxia After Seven Years, in *Psychological Monographs: General and Applied*, Nr. 596, 79 (1965) 4, 1–34; Ira S. Wile und Rone Davis, The Relation of Birth to Behavior, in *American Journal of Orthopsychiatry* 11 (1941), 320–324; Annemargret Osterkamp und David J. Sands, Early Feeding and Birth Difficulties in Childhood Schizophrenia: A Brief Study, in *Journal of Genetic Psychology* 101 (1962), 363–366; *New York Times* vom 10. April 1975, 48; M. Shearer, Fetal Monitoring: Do the Benefits Outweigh the Drawbacks?, in *Birth and Family Journal* 1 (1973-74), 12–18.

[76] Jacques Guillimeau, Child-birth or, The delivery of Women, London 1612; Lisbeth Burger, Memoirs of a Midwife (1880), New York 1934; A. J. Rongy, Childbirth: Yesterday and Today. The Story of Childbirth Through the Ages, to the Present, New York 1937, 35; Jean Donnison, Midwives and Medical Men: A History of Inter-Professional Rivalries and Women's Rights, New York 1977, 11 und 31; Ian Young, The Private Life of Islam, London 1974; Palmer Finley, Priests of Lucina: The Story of Obstetrics, Boston 1939, 114; James H. Avelling, English Midwives: Their History and Prospects, London 1967, 13 und 38; Hermann H. Ploss, Max und Paul Bartels, Woman: An Historical, Gynaecological and Anthropological Compendium, Bd. II, London 1935, 714–758.

sammenwirken, um den Kampf um Befreiung aus dem schmerzhaften Mutterleib tatsächlich zu einer gefährlichen Schlacht werden zu lassen.
Und doch ist es trotz alledem ein Befreiungskampf und durchaus keine Frage der „Trennungsangst" von einem angenehmen Mutterleib. Die Tausenden Patienten von Grof, Janov und anderen, die ihre Geburt wiedererlebten, mögen sich an sie als einen umwälzenden, titanischen Kampf erinnert haben – daß es aber ein Kampf um Befreiung aus einem höllischen Mutterleib war, hat keiner bezweifelt. Noch auch können diese bildlichen Vorstellungen weiterhin als „bloße Phantasien" betrachtet werden, die vom Therapeuten durch Übertragungs-Suggestionen induziert würden. Denn obwohl weder Grof noch Janov sich um eine Verifikation der tatsächlichen Geburtserinnerungen ihrer Patienten bemühten, gibt es doch andere Forscher, darunter auch Obstetriker, die Menschen hypnotisiert haben, bei deren Geburt sie Jahre vorher anwesend gewesen waren, und dann die von der hypnotisierten Person ins Gedächtnis zurückgerufenen Geburtsdetails mit den tatsächlichen Krankenhauseinträgen, ihren eigenen Berichten sowie denen der Mütter verglichen und dabei unter Hypnose signifikante Details herausgefunden haben, die *nur* als tatsächliche Erinnerungen erklärt werden konnten.[77] In der Tat bestätigt jedes Belegstück, ob aus Obstetrik oder Klinik, das der wachsenden Literatur über das fötale Leben hinzugefügt werden kann, die konkrete Wirklichkeit dieser Erinnerungen an Gefühle des Schmerzes, der Furcht und der Wut, die aufgetreten sind, als der Fötus um Befreiung aus dem ihn erstickenden Leib kämpfte. Was die psychischen Auswirkungen dieser geburtshilflichen Tatsachen sind, was es bedeutet, sein mentales Leben mit einem fötalen Drama voller Lust und Schmerz zugleich zu beginnen, werde ich im nächsten Abschnitt der Abhandlung erörtern.

---

[77] Denys R. Kelsey, Fantasies of Birth and Prenatal Experience Recovered From Patients Undergoing Hypnoanalysis, in *Journal of Mental Science* 99 (1953), 216–223; Marilyn Ferguson, Using Altered States of Conscious to Improve Recall, in *Quest* 1 (1977), 123; T. R. Verney, The Psychic Life of the Unborn, Vortrag beim *Fifth World Congress of Psycho-Somatic Obstetrics and Gynecology* in Rom.

Die Psychologie des fötalen Lebens: Das fötale Drama
Im Gegensatz zur Theorie von der „symbiotischen Einheit"[78] beginnt der Fötus sein geistiges Leben in Wirklichkeit mit einer aktiven Beziehung zu einem lebenswichtigen Objekt: seiner eigenen Plazenta. Seine Abhängigkeit von der Plazenta hinsichtlich der Ernährung und der ständigen Reinigung des Blutes gehört zu seiner Existenz, und wie wir gesehen haben, reagiert er auf jedes Nachlassen plazentaler Funktionen mit sichtbarem Zorn, wie seine Schlag- und Tretbewegungen und der erhöhte Herzschlag zeigen. Immer wieder kann man sehen, wie der Fötus während seines frühen Lebens im Mutterleib Zyklen friedlicher Aktivität, schmerzhafter Hypoxie, Zeiten des Um-sich-Schlagens und Zeiten wiederhergestellter Ruhe durchlebt, wenn die Plazenta ihm frisch mit Sauerstoff angereichertes, hellrotes Blut zuzupumpen beginnt. Die Plazenta-Nabelschnur-*Gestalt*[*] ist das erste Objekt des Fötus – tatsächlich hat man den Fötus schon im zweiten Trimester mit Endoskop-Kameras dabei gefilmt, wie er offenbar beim Versuch, sich zu beruhigen, seine Nabelschnur ergreift und festhält, wenn er von den grellen Lichtern der Intrauterin-Kamera aufgeschreckt wird.[79]

Das Pumpen von verunreinigtem Blut zur Plazenta, seine Verarbeitung durch dieses Organ und die Rückgabe frischen neuen Blutes sind dermaßen lebenswichtige Prozesse für das fötale Leben, daß sie zu physischen Prototypen der späteren infantilen Mechanismen von *Projektion* und *Introjektion* werden, im Zuge derer das Baby die Mutter als „Abort" für seine unangenehmen Gefühle phantasiert – als einen plazentalen „Reiniger", der die Emotionen des Babys verarbeiten und sie in weniger gefährlicher Form wieder „zurückgeben" kann.[80] Die nährende Plazenta wird somit langsam *zum frühesten Objekt des fötalen Geisteslebens,* und die regelmäßigen Störungen dieser lebenswichtigen Beziehung rufen beim Fötus die frühesten Angstgefühle hervor.

Im zweiten und dritten Trimester findet langsam eine erster Strukturierung des fötalen Geisteslebens statt. Wenn das von der Plazenta kommende Blut hellrot, voll mit Nährstoffen und Sauerstoff ist, wird das so empfunden, daß es von einer, wie ich sie nenne, *Nährenden Plazenta* kommt, und der Fötus fühlt sich gut,

---

[78] Ein überlegter Angriff auf Annahmen bezüglich des „undifferenzierten" Neugeborenen findet sich bei Emanuel Peterfreund, Some Critical Comments on Psychoanalytic Conceptions of Infancy, in *International Journal of Psycho-Analysis* 59 (1978), 427–440.

[*] Im Original deutsch. (A.d.Ü.)

[79] *The Miracle Months* auf CBS-TV am 16. März 1977, 20.00 Uhr EST.

[80] James Grotstein, Splitting and Projective Identification, New York 1981.

wenn das Blut aber dunkel wird und von Kohlendioxyd und Ausscheidungsstoffen verunreinigt ist, wird das bildlich so vorgestellt, daß es von einer *Vergiftenden Plazenta* kommt, und der Fötus fühlt sich schlecht, und man kann sehen, wie er nach der Quelle seines Schmerzes tritt. In den letzten Monaten vor der Geburt, wenn der Fötus der Plazenta entwächst, wird der Mutterleib enger und das Blut stärker verunreinigt, und das fötale Drama steigert sich an Intensität. Ich stelle die These auf, daß so, wie die befriedigenden und dankbaren Gefühle, die mit der Nährenden Plazenta verbunden werden, einen Prototyp für alle späteren Liebesbeziehungen bilden, auch die Erfahrungen des Verunreinigtwerdens und Erstickens eine Haltung der Furcht und des Zorns gegenüber der Vergiftenden Plazenta hervorrufen, die somit der Prototyp aller späteren Haßbeziehungen ist – ob zur mörderischen Mutter, zum kastrierenden Vater oder, in letzter Instanz, zum strafenden Über-Ich selbst.

Was ich also vorschlage, ist ein grundlegendes Modell der fötalen Psychologie, bei dem das fötale Drama der Vorläufer des Ödipus-Komplexes ist; beide haben eine Dreier-Struktur und implizieren eine Beziehung des einzelnen zu einem geliebten und zu einem gefürchteten Objekt. Daß der Fötus wie Ödipus das Gefühl entwickelt, tatsächlich mit der Vergiftenden Plazenta (Sphynx heißt auf griechisch „Würger") *kämpfen* zu müssen, um die Nährende Plazenta zurückzuerobern, halte ich für möglich: Schließlich lehrt ihn die wiederholte fötale Erfahrung, daß das Ergebnis seines Tretens nach der Vergiftenden Plazenta die Wiederherstellung der Nährenden Plazenta ist. Sicher ist jedenfalls, daß das fötale Drama lange vor der Geburt spielt und der Fötus lernt, daß seine angenehmen Gefühle häufig von schmerzhaften unterbrochen werden, die abzuwehren er machtlos ist, und daß sein einstens friedlicher Mutterleib langsam enger, weniger nährend und stärker verunreinigt wird, bis er zuletzt erst durch die Schlacht befreit wird, die der Aufruhr der Geburt selbst ist.

Eines der grundlegendsten Prinzipien der Psychoanalyse ist, daß massive Reizquantitäten, insbesondere sehr schmerzhafte Erfahrungen, auf ein schwerwiegendes „Trauma" des einzelnen hinauslaufen, vor allem, wenn das Ich zu unreif ist, um sich dagegen zu schützen, daß es von den Affekten überwältigt wird. Daß fötale Not traumatisch ist, kann kaum bezweifelt werden, da der Fötus noch über keinen der psychischen Abwehrmechanismen verfügt, um mit massiver Angst und Wut umgehen zu können. Daher hat die Psyche, wie Psychoanalytiker vor langer Zeit als für alle Traumatisierungen – vom Erhalt früher Einläufe bis zu Schockerlebnissen im Krieg oder Erfahrungen in Konzentrationslagern – gültig herausgefunden haben, das Bedürfnis, das Trauma in einem spezifischen

„Wiederholungszwang" endlos wiederzuerleben, der, wie Greenacre als erste hervorhob, der „Prägung" bei niederen Tieren ähnelt.[81] Da kein psychischer Apparat so offen für Traumata ist wie der des hilflosen Fötus, ist auch kein Wiederholungszwang so stark wie der, der aus der „Prägung" des fötalen Dramas – mit den wiederholten Gefühlen des Erstickens, der Verunreinigung und anschließenden Reinigung des Blutes – resultiert, das seinen Höhepunkt in einer kataklysmischen Schlacht und einer Befreiung durch einen schmerzhaften Geburtsvorgang findet. *Obwohl die Form, die dieses endlos wiederholte fötale Drama von Tod-und-Wiedergeburt im späteren Leben annimmt, durch die Art der Kindeserziehung bestimmt wird, die man jeweils genießt, kann das zugrundeliegende „eingeprägte" fötale Drama dennoch immer unter all den prä-ödipalen wie ödipalen Überlagerungen freigelegt werden.*

Das „eingeprägte" fötale Drama ist mithin die Matrix, in die alle späteren Kindheitserfahrungen sich einschreiben, wenn das Kind die grundlegenden Fragen neuerlich bearbeitet, die seine Erfahrungen im Mutterleib aufgeworfen haben: Ist die Welt unweigerlich in nährende und vergiftende Objekte geteilt? Soll ich ewig hilflos sein und abhängig vom lebensspendenden Blut anderer? Müssen alle guten Gefühle von schmerzhaften unterbrochen werden? Muß ich immer um jede Lust kämpfen? Werde ich die Unterstützung und den Raum haben, den ich zum Wachsen brauche? Kann man sich jemals wirklich aufeinander verlassen? Ist die Entropie, daß alles dazu verdammt ist, enger und schmutziger zu werden, das Gesetz meiner Welt? Muß ich mein Leben mit dem Töten von Feinden verbringen?

Je liebevoller und empathischer die Erziehung, umso positiver sind die Antworten auf diese Fragen und umso stärker werden die feststehenden Elemente des fötalen Dramas modifiziert. Jeder einzelne Akt guter Kindererziehung trägt zur Eindämmung der Ängste des Kindes bei und lindert die Härte der Spaltung zwischen dem idealisierten und dem vergiftenden ersten Objekt. Im Gegenzug gibt jedes Versagen der Eltern das Kind den archaischen Ängsten und Wutzuständen des fötalen Dramas anheim und bestätigt dessen Lektion, daß die Welt voller ge-

---

[81] Phyllis Greenacre, The Influence of Infantile Trauma on Genetic Patterns, in: S. Furst (Hg.), Psychic Trauma, New York 1967; vgl. auch H. Krystal (Hg.), Massive Psychic Trauma, New York 1968. Eine vorzügliche theoretische Zusammenfassung sowie ein bibliographischer Leitfaden zur Frage nach Trauma und Wiederholungszwang findet sich bei Jonathan Cohen, Structural Consequences of Psychic Trauma: A New Look at ‚Beyond the Pleasure Principle', in *International Journal of Psycho-Analysis* 61 (1980), 421–432.

fährlicher Objekte ist – eine Lektion, die infantile Ängste hervorruft, welche Pychoanalytikern so übertrieben und unrealistisch erschienen, daß sie angeborene „Todestriebe" und „Grundstörungen" angenommen haben, um sie zu erklären.[82] „Todeswunsch" und „Grundstörung" sind real genug und existieren bei der Geburt – nicht aufgrund genetischer Triebvererbung, sondern wegen der sehr realen angstauslösenden Erfahrungen des fötalen Lebens.

So hat die fötale Psychologie, die ich vorschlage, dieselbe Struktur wie die, die Freud für die psychoanalytische Theorie angenommen hat: daß nämlich unserer lebenslangen Suche nach Liebe, Lust und Unabhängigkeit eine strafende innere Instanz, das Über-Ich, entgegensteht. Das Über-Ich beginnt jedoch weder mit der inneren Repräsentation des ödipalen kastrierenden Vaters noch jener der prä-ödipalen verschlingenden Mutter, *sondern mit der bildlichen Vorstellung der fötalen Vergiftenden Plazenta.* Jede Therapie – sowohl historisch wie auch individuell – besteht darin, die Härte dieser frustrierenden inneren Instanz zu reduzieren, so daß das Erwachsenenleben auf der ihm eigentümlichen Liebe und Lust basieren kann statt auf der Angst, dem Haß und den Abhängigkeiten des fötalen und kindlichen Lebens.[83] Je besser die Kindeserziehung, umso weniger wird das Leben von den blutsaugenden, vergiftenden Monstern beherrscht, die einem im fötalen Drama eingeprägt werden, und umso weniger werden diese Prozesse der Idealisierung, Abspaltung, Wut und Passivität die Suche des Menschen nach Liebe und Glück behindern.

Das fötale Drama als Grundlage historischer Gruppenfantasien
Die Berücksichtigung der fötalen Dimension in der Psychologie wird, wie ich glaube, große Auswirkung auf die Psychotherapie haben. In dem früher angeführten Beispiel versteht der Psychoanalytiker Lester Little die wiederholten Träume seines Patienten, in denen dieser ein durch eine Nabelschnur mit einer blutsaugenden Spinne verbundenes Baby ist, nur annäherungsweise, wenn er da-

---

[82] Sigmund Freud, The Ego and the Id, *Standard Edition* 19 (1923), 40 (dt. Das Ich und das Es, in: GW XIII: Jenseits des Lustprinzips. Massenpsychologie und Ich-Analyse. Das Ich und das Es und andere Werke aus den Jahren 1920-1924, Frankfurt am Main ⁹1987); Michael Balint, The Basic Fault: Therapeutic Aspects of Regression, London 1968 (dt. Therapeutische Aspekte der Regression. Die Theorie der Grundstörung, Stuttgart ²1998).

[83] Vgl. Vamik D. Volkan, Primitive Internalized Object Relations, New York 1976 (dt. Psychoanalyse der frühen Objektbeziehungen. Zur psychoanalytischen Behandlung psychotischer, präpsychotischer und narzißtischer Störungen, Stuttgart 1978).

bei an eine „kastrierende Mutter" denkt.[84] Mein Anliegen in diesem Artikel ist es jedoch, die Grundlagen von Geschichte und Kultur zu erörtern, nicht die Therapie. Für den Psychohistoriker und den psychoanalytisch orientierten Anthropologen ist das Verstehen der fötalen Dimensionen des Gruppenlebens eine entscheidende Aufgabe, zumal ihr empirisches Material von der offenen Bildsprache des fötalen Dramas durchzogen ist. Die Allgegenwart der fötalen Bildsprache mit Verschmutzungsängsten, Blutsbanden, nährenden und monströsen Wesen, Wiedergeburtsritualen und kataklysmischen Umwälzungen im Gruppenleben der Menschheit von primitiven Religionen bis zur modernen Politik ist einfach zu deutlich, um ignoriert zu werden.

Das ist nicht nur deswegen so, weil einzelne in Gruppen leichter auf fötale Ebenen regredieren, sondern *weil einzelne Gruppen bilden, um das fötale Drama zu wiederholen und zu überwinden.* Zuerst gesellt man sich einer Gruppe zu, um den Kontakt zu diesem tiefsten Teil von einem selbst wiederherstellen zu können, und danach spielt man in der Gruppe Rollen, um die verschiedenen Phasen des fötalen Dramas auszuagieren. Diese Gruppenfantasie-Aufgaben erlangen Priorität und sind das Wesen aller historischen Gruppenbildungen. Nur ein kleiner Teil der Gruppenenergie steht daher den Aufgaben der Realität zur Verfügung und nicht den Bedürfnissen der Fantasie – ein Verhältnis, das rasch geschätzt werden kann, indem man die Gesamtsumme der fantasiegebundenen religiösen und militärischen Aktivitäten einer Gruppe mit ihren produktiven Gemeinschaftsaktivitäten vergleicht. Vor diesem Hintergrund hat Bion eine Gruppe treffend als „eine Ansammlung von einzelnen, die sich alle im gleichen Regressionszustand befinden"[85], definiert, und ich würde nur hinzufügen, daß dieser Zustand eine Regression auf die frühestmöglichen Erinnerungen darstellt: jene an das fötale Drama.

Wie schon erwähnt, werden die Elemente des fötalen Dramas durch Kindheitsereignisse modifiziert, wobei jeder sorglose Akt die Spaltung zwischen der Nährenden und der Vergiftenden Plazenta vergrößert und jeder liebevolle Akt dazu beiträgt, diese Spaltung zu überwinden und dem Kind zu ermöglichen, die Härte seiner inneren Objekte zu mildern. Nachdem reife, liebevolle Kindererziehung eine späte geschichtliche Errungenschaft ist, findet sich die am wenigsten modifizierte Version des fötalen Dramas bei frühen primitiven und archaischen Gruppen, deren Form der Kindeserziehung noch die des Kindsmords ist. Im

---

[84] Lester Little, Spider Phobias, in *Psychoanalytic Quarterly* 36 (1967), 51–60.
[85] Wilfred Bion, Experiences in Groups, New York 1959, 142 (dt. Erfahrungen in Gruppen, Frankfurt am Main 1990).

nächsten größeren Abschnitt dieser Abhandlung werde ich im Detail das Belegmaterial untersuchen, demzufolge frühe primitive und archaische Gruppen das fötale Drama auf so direkte Weise ausagierten, daß jede Minute ihres Wach- und Traumlebens von konkreter fötaler Bildlichkeit wie höllischen Mutterleibern, Vergiftenden Plazentas, verunreinigtem Blut und Wiedergeburtsschlachten beherrscht war. Bevor ich aber mit dieser ausführlichen empirischen Untersuchung beginne, wird sich ein Überblick über die hauptsächlichen fötalen Elemente im Gruppenleben jeder historischen Epoche als nützlich erweisen.

Emotional einer Gruppe anzugehören kann so verstanden werden, daß man die Fantasie teilt, in einem Mutterleib zu sein, mit anderen durch Nabelschnüre, d. h. buchstäblich durch „Blutsbande" verbunden, seine Gruppenrolle um fötale Symbole herum zu organisieren und Zyklen des fötalen Dramas von wachsender Verunreinigung und reinigender Wiedergeburt durch einen Kampf mit einem vergiftenden Ungeheuer auszuagieren. Von den aufeinanderfolgenden Zyklen dieser Gruppenfantasie der Wiedergeburt wird dann gesagt, sie bildeten die „Geschichte" der Gruppe. Die Initiation in das Gruppenleben erfolgt immer mittels einer schweren Wiedergeburts-Prüfung, welche die zu teilende Fantasie etabliert und die im fötalen Drama zu übernehmende Rolle bestimmt. Sobald man „Teil der Gruppe wird", indem man das symbolische plazentale Blut trinkt, *nimmt jedes Element des Gruppenfantasie-Lebens den Nimbus fötaler Symbolik an*, von dem als „das Heilige", „das Numinose" oder „das Charismatische" gesprochen wird. Wie Rudolf Otto zuerst entdeckt und Mircea Eliade seither gründlich dokumentiert hat,[86] weiß man um die Anwesenheit des Heiligen durch das Gefühl von Ehrfurcht und Schrecken angesichts eines Objekts, das die Erscheinung von Geheimnis und überwältigender Macht besitzt, eines „ganz anderen", das nicht wirklich menschlich ist und doch mit dem Wesen eines selbst in intimer Verbindung steht – eine perfekte Beschreibung der Plazenta. Man kann dieses fötale Gefühl von Ehrfurcht vor dem ursprünglichen heiligen Objekt vielleicht dadurch zurückgewinnen, daß man versucht, sich mit den Gefühlen des Fötus zu identifizieren, der sich an die Plazenta anschmiegt, wie in Abbildung 1 ersichtlich. Die Nabelschnur-Plazenta hat einst *dir* gehört, ein lebendiges, pulsierendes

---

[86] Rudolf Otto, The Idea of the Holy, London 1923 (dt. Das Heilige. Über das Irrationale in der Idee des Göttlichen und sein Verhältnis zum Rationalen, München 1997); Mircea Eliade, The Sacred & The Profane: The Nature of Religions, New York 1959 (dt. Das Heilige und das Profane. Vom Wesen des Religiösen, Frankfurt am Main 1998).

[*] Im Original deutsch. (*A.d.Ü.*)

„fünftes Glied", das du hattest, bevor du noch Arme oder Beine hattest, und von dem du fühlst, daß es noch existiert – eine „Phantom-Plazenta", etwa so wie beim „Phantom-Glied"-Gefühl, das Menschen, denen ein Glied amputiert wurde, häufig haben. Wenn die Empathie einen so weit tragen kann, dann wird man vielleicht auch imstande sein, die Aura des plazentalen Prototyps jeden Gottes, „von dem alle Wohltaten ausgehen", und jeden Anführers, „von dem alle Macht ausgeht", wiederzugewinnen. Daß Götter und Könige Plazentas sein sollen, scheint natürlich noch bizarrer zu sein, als daß sie Eltern sein sollten, wie es zunächst schien. Wenn man jedoch die Merkmale von Heiligkeit und Charisma leidenschaftslos untersucht, wird man feststellen, daß Göttlichkeit weitaus mehr plazentale als elterliche Eigenschaften aufweist: selbstgenügsam, willkürlich, verborgen, geheimnisvoll, allmächtig, unnahbar, unerkennbar, geschlechtslos – das sind alles nicht die Eigenschaften irgendwelcher lebender Eltern als vielmehr die eines lebenden, zu allem fähigen „Dings", von dem man völlig abhängig ist, dessen willkürliche Handlungen man jedoch nicht beeinflussen kann und mit dem man einen fortwährenden stillen Austausch pflegt.

Weil alle Gruppen diese Fantasie teilen, daß ihre Götter und Anführer Plazentas sind, die dazu benötigt werden, lebensspendendes Blut hereinzupumpen und das eigene schlechte Blut von Verschmutzung zu reinigen, wird jeder Gruppenraum „heiliger" Raum, und die erste Handlung jeder Gruppe besteht darin, diese Mutterleibs-Umgebung dadurch zu errichten, daß sie „grundgelegt" wird, indem ein besonderes Mutterleibs-Loch oder ein Nabelstein *(omphalos)* oder ein zentraler Nabelschnur-Pfahl *(axis mundi)* auserkoren wird, der den Mittelpunkt des Mutterleibs bildet, jenen Ort, an dem Opfer und andere Teile des fötalen Dramas ausgeführt werden.[87]

Von jedem heiligen Zelt, jedem Tempel, jeder Kirche, jedem Thron wird angenommen, er stehe genau im Mittelpunkt des Universums und sei mit einer kosmischen Nabelschnur-Säule verbunden, die nach oben zum Mittelpunkt des Himmels (Nährende Plazenta) und nach unten zur Großen Schlange der Unterwelt (Vergiftende Plazenta) führt.

---

[87] Eliade, *The Sacred*, 53; ders., Patterns in Comparative Religion, New York 1958, 231 (dt. Ewige Bilder und Sinnbilder. Über die magisch-religiöse Symbolik, Frankfurt am Main 1998).

Abbildung 1: Die Vergiftende Plazenta der Antike
Im Uhrzeigersinn von links oben: Rückansicht der weiblichen Statuette von Lespugue; gemalter Stier und plazentales Zeichen von Lascaux; Basrelief einer Frau mit Horn, aus Laussel; Votiv-Erdmutter mit Schamdreieck und Hakenkreuz, aus Hissarlik; Leoparden-Göttin während der Geburt eines Kindes, aus Catal Hüyük; Geier-Göttin mit kopflosen Männern, aus Çatal Hüyük; Rollsiegel mit plazentalen Symbolen, aus Ur; die Plazenta des Pharao auf der Standarte, Narmers Palette, Ägypten; Humbaba/Huwawa-Maske, Wächter der von Gilgamesh gefällten Zeder; Hekate und Szylla, gravierte Gemmen, Rom; italienischer Drachen in seinem Labyrinth; Perseus erschlägt Gorgon, mit Hermes; Jason wird von dem Drachen erbrochen; dänische Midgard-Schlange.

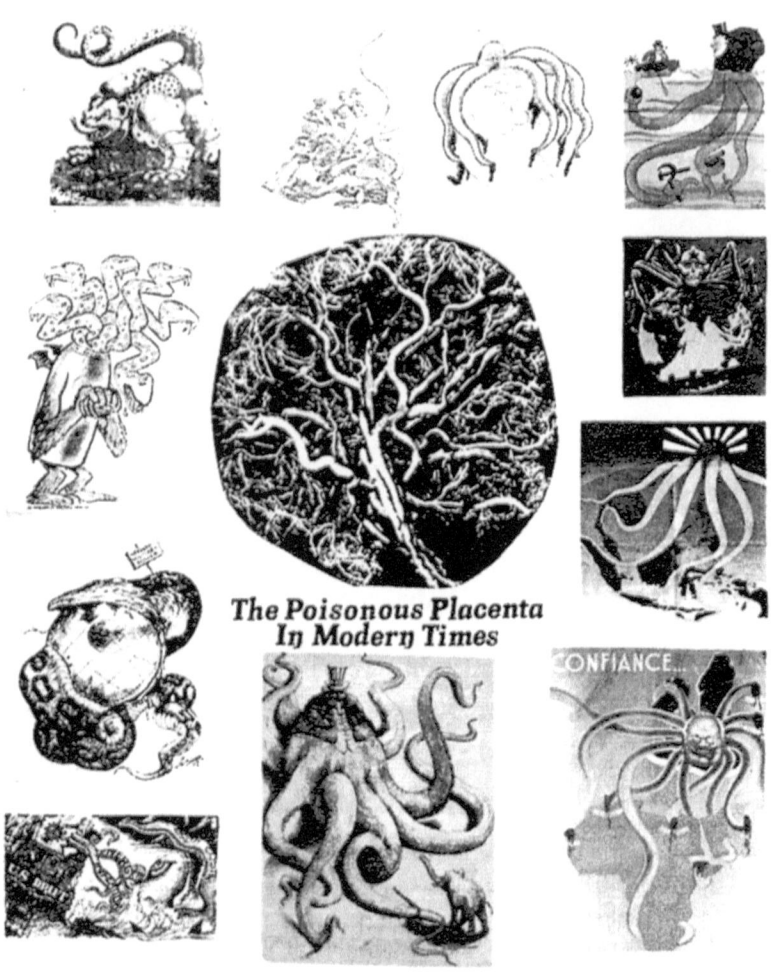

Abbildung 2: Die Vergiftende Plazenta der Neuzeit
Im Uhrzeigersinn von links oben: Kriegsgott, 17. Jahrhundert; große Bestie der Apokalypse; zwei Illustrationen von Churchill als Oktopus; Bolschewismus als Spinne; Japan als Oktopus; Churchill als Oktopus; amerikanische Regierung als Oktopus; Carter, von einem Oktopus erfaßt; deutsche Schlange verschlingt die Welt; MIRV-Atombombe als vielköpfige Schlange.

Die Plazenta hat viele Erscheinungsformen, von denen die meisten entweder ihre baumähnliches Verzweigtsein, mit der Nabelschnur als Stamm, oder sonst ihre schlangenähnlichen Eigenschaften hervorheben, die oft als vielköpfige Schlange oder als Oktopus symbolisiert werden (vgl. Abbildungen 1 und 2). Mitunter wird die Nabelschnur auch eigens dargestellt, wenn sie etwa die Form eines Fahnenmastes, einer Verbindungsschnur oder einer Schlange annimmt (vgl. Abbildung 3). Diese Symbole wiederholen sich mit wenigen Variationen in jeder primitiven und archaischen Religion, in historischen Religionen sowie in vergangenen und zeitgenössischen politischen Symbolen, und wenn man diese grundlegenden fötalen Symbole nicht versteht, gibt es schlechterdings keine Möglichkeit, allzu viel von dem zu erklären, was auf der Welt geschieht.

Die Plazenta als Kosmischer Baum,[88] der mit seinen Zweigen die Gruppe mit dem Himmel und mit seinen Wurzeln mit der Hölle verbindet, findet sich in den meisten religiösen und politischen Systemen, ob sie nun die Gestalt eines heiligen Baumes (die nordische Yggdrasil), eines heiligen Pfahles (der hebräische Asherah), eines heiligen Kreuzes (das christliche Kreuz) oder einer heiligen Fahnenstange (das römische Vexillum oder das keltische heilige Holz) annimmt. Der Kosmische Baum ist natürlich der Baum des Lebens, der „am goldenen Nabel der Erde" steht, wo „sich auf den Zweigen die Seelen kleiner Kinder vor der Geburt wie kleine Vögel niederlassen".[89] Häufig hinterläßt das Blut des plazentalen Prototyps deutliche Spuren auf dem Kosmischen Baum oder Pfahl, ob tatsächlich – wie beim von primitiven Stämmen oft geübten Ritual des Einreibens des heiligen Pfahles mit echtem menschlichem Blut –, mythisch – wie in den vielen Mythen von blutenden heiligen Bäumen – oder symbolisch – wie beim Blut Christi am Kreuz. Doch was auch immer die Form sein mag, der plazentale Baum ist so entscheidend für das Gruppenleben, daß, wenn er verlorengeht, die ganze Gruppe desorientiert wird, wie in dem Fall, als die Mitglieder eines primitiven Stammes, die ihren heiliger Pfahl zerbrochen hatten, sich daraufhin einfach hinlegten und auf den Tod warteten,[90] oder wie in den Geschichten von christlichen Kreuzfah-

---

[88] Mircea Eliade, Methodological Remarks on the Study of Religious Symbolism, in: ders. und J. M. Kitagawa (Hgg.), The History of Religions: Essays in Methodology, Chicago 1959, 93 (dt. Grundfragen der Religionswissenschaft. Acht Studien, Salzburg 1963).

[89] Mircea Eliade, Shamanism: Archaic Techniques of Ecstasy, Princeton 1964, 272 (dt. Schamanismus und archaische Ekstasetechnik, Frankfurt am Main 1975).

[90] Eliade, *The Sacred*, 33; das Einschmieren des Opferpfahles mit menschlichem Blut findet sich bei Mircea Eliade, Rites and Symbols of Initiation: The Mysteries of Birth and Rebirth, New York 1958, 5 (dt. Das Mysterium der Wiedergeburt. Ver-

rern, die ohne ihr Kreuz verloren waren, oder von Truppen, die die Schlacht verließen, wenn sie ihre Fahne verloren hatten.

Manchmal wird der uterine Ort dieses zentralen Baumes oder Pfahles als Heiliger Berg bezeichnet, wie etwa der Berg der Länder in mesopotamischen Glaubensrichtungen, das Paradies, das den Baum des Lebens birgt, der Berg Tabor *(tabbur* = Nabel) in der Mitte Palästinas, oder Golgatha, auf dem das Kreuz Christi stand.[91] In der Tat wies jede antike Stadt ebenfalls diese fötale Symbolik auf, zumal man für gewöhnlich annahm, sich genau im Mittelpunkt der Erde zu befinden, umgeben von Wasser, und die Stadt einen Tempel, eine Zikkurat oder eine Pyramide beherbergte, welche jeweils der Nabel des Universums und der Geburts- oder Wiedergeburtsort jedes fötalen Erlösers der Gruppe war, sei er Schamane, Pharao, Adam, Zarathustra oder Christus. In der hebräischen Tradition wird es so ausgedrückt: „Der Allerheiligste schuf die Welt gleich einem Embryo. Wie der Embryo vom Nabel aus wächst, so begann Gott die Welt mit dem Nabel zu erschaffen ... Der Fels von Jerusalem ... wird Grundstein der Erde genannt, das heißt, der Nabel der Erde, weil es von hier aus war, daß sich die Erde entwickelte."[92]

Das Drama des leidenden Fötus ist somit die tiefste Bedeutungsebene aller Rituale, ob religiöser oder politischer, in allen primitiven, archaischen oder historischen Gruppen, egal, wie viele Elemente des späteren Lebens darin vorkommen. Sobald man einmal die beschränkte Besetzungsliste, die üblichen Bühnenbilder und das rituelle Drehbuch des fötalen Dramas zu erkennen beginnt, reduziert sich das, was zunächst wie eine endlose kulturelle Neuerung in Geschichte und Ethnologie ausgesehen hat, sehr schnell auf einige rituelle Gruppenfantasien, die sich auf verschiedenen evolutionären Ebenen gemäß den Formen der Kindeserziehung, die die Gruppe erreicht hat, endlos wiederholen. Die fünf grundlegenden Elemente dieses fötalen Dramas sind (1) die Vergiftende Plazenta, (2) der Leidende Fötus, (3) die Zunehmende Verschmutzung, (4) die Nährende Nabelschnur und (5) die Kosmische Schlacht.

---

[91] such über einige Initiationstypen, Frankfurt am Main 1997), und blutende heilige Bäume bei James George Frazer, The Golden Bough. Bd. I, Teil 1: The Magic Art and the Evolution of Kings, London 1951, 100 (dt. Der goldene Zweig. Das Geheimnis von Glauben und Sitten der Völker, Reinbek bei Hamburg 1989). Mircea Eliade, The Myth of the Eternal Return: or, Cosmos and History, Princeton 1954, 12-17 (dt. Kosmos und Geschichte. Der Mythos der ewigen Wiederkehr, Frankfurt am Main 1994).

[92] Eliade, *The Sacred*, 44.

(1) *Die Vergiftende Plazenta:* In letzter Instanz ist jeder Gott und jeder Anführer eine Vergiftende Plazenta, denn sogar jene, die im Gewand des Wohltäters auftreten, geben ihre furchtbaren Anteile durch die Angst und Ehrfurcht zu erkennen, mit denen sie betrachtet werden. Das ist bei primitiven und archaischen Gruppen leichter festzustellen, werden doch bei ihnen entweder unmittelbar Ungeheuer als Götter angebetet, oder die guten Götter verwandeln sich in Ungeheuer, und zwar mit einer Selbstverständlichkeit, die das moderne Denken verblüfft. (Plötzliche Wechsel von nährenden Bedingungen zu erstickenden sind natürlich Wiederholungen der tatsächlichen Erfahrung des Fötus von abwechselnd guten und schlechten Bedingungen.) Die Grundform der Vergiftenden Plazenta in der Gruppenfantasie ist die Schlange oder der Drache, ein giftiges Meeresungeheuer (das Wasser symbolisiert dabei das Fruchtwasser) mit vielen schlangenähnlichen Köpfen (welche die Nabelschnur und das plazentale Netzwerk repräsentieren – vgl. Abbildung 2). In dieser Form kann man ohne weiteres Tiamat, Rahab, Behemot, Humbaba, Apophis, Hydra, Gorgo, Typhon und die Tausende anderen göttlichen Ungeheuer der Antike erkennen, darunter auch all die Schlangen, die von primitiven und archaischen Menschen offen verehrt werden. Nachdem die Schlange „im religiösen Mythos eine größere Rolle spielt" als alle anderen Tiere und „sogar in den Mythen von Ländern vorkommen (kann), in denen es keine Schlangen gibt"[93], ist ihre fötale Herkunft offenkundig. Die schlangenartigen Ungeheuer in den Abbildungen 1 und 2 sind nur einige wenige, die ich aus einem erstaunlich breiten Spektrum von Tausenden ausgewählt habe, die es in der Kunst der Vergangenheit und in zeitgenössischen Karikaturen gibt, von den giftigen Drachen der Antike und dem biblischen siebenköpfigen Tier der Apokalypse bis zu den ihre Opfer wie ein Oktopus würgenden „Feinden" der Neuzeit. Die Schlange verrät ihren Ursprung aus der Vergiftenden Plazenta in jeder Hinsicht: mit ihrer Geburt aus einem Ei, ihrem Nest in Löchern oder im Wasser, ihrer Rolle als Wächterin des Lebensbaumes, ihrem lebensspendenden Blut, aus dem die Menschheit hervorgegangen ist, ihrem giftigen Biß und ihrem erbitterten Widerstand gegenüber dem mythischen Helden.[94] Ist einem dieses

---

[93] Robert Briffault, The Mothers: A Study of the Origins of Sentiments and Institutions, Bd. II, London 1927, New York 1963, 306; Douglas Hill, Serpent, in: Richard Cavendish (Hg.), Man, Myth and Magic. Bd. 18, New York 1970, 252–258; ein vorzüglicher Überblick über die Literatur zu Schlangen findet sich bei Kenneth A. Adams, Family and Fantasy: Dread of the Female and the Narcissistic Ethos in American Culture, Dissertation, Brandeis University 1980.

[94] Frances Huxley, The Dragon: Nature of Spirit, Spirit of Nature, New York 1979; Eliade, *The Sacred*, 48.

Grundmuster erst einmal vertraut, so ist es nicht allzu schwierig, die Elemente der Vergiftenden Plazenta hinter *jeder* übelwollenden Gruppenfantasie in der Geschichte zu entdecken, hinter jedem bösen Zauberer, jeder gefährlichen menstruierenden Frau, jeder blutsaugenden Hexe oder jedem blutvergiftenden Juden und hinter jedem roten Kommunisten, der je unser „nationales Lebensblut" bedroht hat.

(2) *Der Leidende Fötus*: Der Held jeder Gruppenfantasie, jedes Mythos und jeden Rituals sind natürlich wir selbst, als der leidende Fötus. Wir identifizieren uns mit all jenen, die vom Schicksal dazu verurteilt sind, sich Leiden und Tod ausgesetzt zu sehen, und vergöttern sie, von Marduk bis Tammuz, von Osiris bis Christus, von Cäsar bis Napoleon, von Jeanne d'Arc bis Piaf. Es ist unabdingbar, daß der Held unseres fötalen Dramas im Grunde so unschuldig ist, wie wir selbst uns im Mutterleib gefühlt haben, so unschuldig wie das Neugeborene, das in den Rachen des Moloch geworfen wurde, und wie der unschuldige Tammuz, der in der Hölle bis aufs Blut gepeitscht wurde, oder wie der sündenfreie, am Kreuz leidende Christus.[95] Und dennoch muß das traumatische Ritual von Leiden und Wiedergeburt wie im Mutterleib immer wieder von neuem wiederholt werden, ob in den alljährlichen Leidens- und Wiedergeburtsritualen bei archaischen Gruppen zu Neujahr oder in den alljährlichen Oster-Ritualen von Leiden, Tod und Wiederauferstehung bei christlichen Gruppen. Da alle wichtigen Vorkommnisse im Leben die Vergeltung des Über-Ich entfachen können, beschwört jedes größere Lebensereignis ein Leidens-und-Wiedergeburts-Ritual herauf: Geburt, Pubertät, Heirat, Tod. Manchmal wird nur ein Teil des fötalen Dramas aufgeführt, wie bei der Taufe oder der Beschneidung nach der Geburt, welche die Erfahrungen des Fruchtwassers, die reinigende Rettung des Babys vor dem Teufel oder das Durchtrennen des Nabelschnur-Penis und die Errichtung des Bundes des Blutes mit Gott wiederholen. Manchmal wird das gesamte fötale Drama wiederholt, wie in den Initiationszeremonien bei der Pubertät, bei denen ein ganzes Ritual von Leiden, Tod und Wiedergeburt inszeniert wird. Am wichtigsten ist jedoch, daß alle größeren Gruppenereignisse eine Wiederholung des fötalen Dramas erfordern: am Ende jeden Jahres, bei jeder Aussaat im Frühling, bei der Ernte, im Karneval, vor Schlachten, bei Krönungen. Tatsächlich haben viele archaische Gesellschaften durch alljährliche Todes- und Wiedergeburtsrituale nicht nur die Macht ihrer Könige erneuert und die jeweilige Gruppe gereinigt, wie Frazer in seiner Untersuchung über *Dying and Reviving Gods* ausführlichst dokumentiert hat, einige, wie etwa die Ägypter, verlangten von ihren Anführern,

---

[95] Eliade, *Myth of the Eternal Return*, 101.

am Morgen jeden Tages ein Wiedergeburtsdrama zu durchlaufen, aus Angst, die Welt würde sonst in hoffnungslose Verschmutzung sinken. Das Christentum freilich war in der Lage, diese Reinigung der Gruppe durch wöchentliche Messen ähnlichen Inhalts von Tod und Wiedergeburt zu erzielen, und moderne Nationen führen ihre Reinigung durch regelmäßig stattfindende Wahlen durch.

(3) *Die Zunehmende Verschmutzung:* Die einzige Erfahrung im Leben, die der grundlegenden Überzeugung der Gruppe entspricht, daß die Welt ständig in der Gefahr schwebt, von verunreinigtem Blut überschwemmt zu werden, ist die des fötalen Lebens. Allem Gruppenleben, vom primitiven Tabu bis zur modernen politischen Paranoia, liegt vor allem der Horror vor der Verschmutzung zugrunde. Jede soziale Ordnung, wie irrational sie auch sein mag, wird aufrechterhalten, um die dräuende Gefahr der Verschmutzung des Gruppenlebens durch einen diese Ordnung übertretenden Missetäter abzuwehren. Jedes Ritual, jede „Opferkrise" wird ausgeführt, um die Gruppe von der Verschmutzung zu reinigen.[96] Die beiden entgegengesetzten Pole Heiligkeit und Unreinheit haben einen gemeinsamen plazentalen Ursprung; das Wort „heilig" („sacred", lat. *sacer*) bedeutete in seinem lateinischen Ursprung *sowohl* heilig *als auch* verunreinigt.[97] Das Menstruationsblut der Frauen ist die einem Universale am nächsten kommende mit Tabu belegte Substanz auf der Welt, weil es mit *verunreinigtem Blut* gleichgesetzt wird, und das Bild von der wild menstruierenden „plazentalen" Frau ist ein zentrales Thema der Mythen vieler primitiver Kulturen. In der Tat wird Menstruationsblut als solches von Primitiven oft personifiziert; nachdem aus ihm „ein Fötus (hätte) gemacht" werden können, sagen sie, muß es jetzt für Menschen gefährlich sein.[98] Von menstruierenden Frauen glaubt man, sie seien eine Gefahr für die ganze Gemeinde: Sie zerstören Siedlungen, verschmutzen ganze Wälder, verkleinern die Herden, berauben Männer ihrer Manneskraft, vergiften Wein, verursachen Mißernten und bringen alle Arten von Unheil für die Gruppe mit sich. Und dennoch ist Menstruationsblut im Grunde auch lebensspendend, stark und heilig; der Inzest zwischen Mutter und Sohn, das hauptsächliche per-

---

[96] Der Begriff der „Opferkrise" wird brillant erklärt bei René Girard, Violence and the Sacred, Baltimore 1977 (dt. Das Heilige und die Gewalt, Zürich 1987).

[97] Vgl. Mary Douglas, Purity and Danger: An Analysis of the Concepts of Pollution and Taboo, London 1966 (dt. Reinheit und Gefährdung. Eine Studie zu Vorstellungen von Verunreinigung und Tabu, Frankfurt am Main 1987); Eliade, *Patterns in Comparative Religion*, 14.

[98] Douglas, *Purity and Danger*, 96.

sönliche Tabu, stellt letztlich nichts anderes dar als den mächtigen Wunsch, zum ursprünglichen plazentalen Quell des Lebens zurückzukehren.

Das deutlichste Beispiel für die Gruppenfantasie der Verschmutzung findet sich in den Neujahrs-Ritualen auf der ganzen Welt. Die Bildung von verunreinigtem Blut erreicht ihren sichtbaren Höhepunkt, wenn die Sonne den niedrigsten Stand über dem Horizont erreicht und die Tage am kürzesten sind. Wie Eliade sagt, agiert die Gemeinde diesen verschmutzten Zustand der Gruppe durch „das Auslöschen der Feuer" aus, „die Rückkehr der Seelen der Toten, soziale Vermischung von der Art, wie sie am Beispiel der Saturnalien zu erkennen ist, erotische Zügellosigkeit, Orgien und so weiter symbolisierten die Rückkehr des Kosmos zum Chaos. Am letzten Tag des Jahres war das Universum in den Urgewässern aufgelöst. Das Meeresungeheuer Tiamat – Symbol der Dunkelheit, des Formlosen, des Nicht-Manifesten – wurde wieder lebendig und bedrohlich. Die Welt, die ein ganzes Jahr existiert hatte, verschwand *wirklich*. Da Tiamat wieder zugegen war, war der Kosmos nichtig; und Marduk war verpflichtet, ihn wieder zu erschaffen, nachdem er Tiamat neuerlich überwältigt hatte"[99]. Dieses fötale Drama von der zunehmenden Verschmutzung, der Rückkehr des plazentalen Untiers sowie der rituellen Reinigung und Wiedergeburt durch Gewalt wiederholen wir auch heute nach wie vor in Gruppenfantasie-Zyklen in der Dauer von einigen Jahren, bloß in der politischen statt der religiösen Sphäre, wie ich es mit meinem Vier-Stufen-Modell am Anfang dieser Abhandlung beschrieben habe.

(4) *Die Nährende Nabelschnur:* Wie ich schon festgestellt habe, kann man in Uterin-Filmen erkennen, wie der Fötus in Notlagen seine Nabelschnur umklammert. In Abbildung 3 sind politische Plakate zu sehen, auf denen jeweils jemand eine Stange, ein Seil, eine Kette oder ein anderes Objekt hält, das aus seiner Körpermitte entspringt. Diese Plakate sind eine Auswahl aus Hunderten, die ich gesammelt habe.[100] Das mit Abstand gebräuchlichste politische Symbol, das von Nationen verwendet wurde, die gerade in den Krieg zogen, stellte jemanden dar, der eine Stange auf der Höhe seiner Körpermitte hält, ein Bild, das mehr als ein Drittel aller politischen Plakate ausmachte, die ich gefunden habe.

---

[99] Eliade, *The Sacred*, 79.
[100] Viele stammen aus Stefan Lorant, Sieg Heil! An Illustrated History of Germany from Bismarck to Hitler, New York 1974 (dt. Sieg Heil! Eine deutsche Bildgeschichte von Bismarck zu Hitler, Frankfurt am Main 1979).

Abbildung 3: Die Nährende Nabelschnur
Im Uhrzeigersinn von links oben: Fahne der amerikanischen Kolonien; vier Versionen von Hitler-Plakaten; vier Versionen japanischer Plakate.

Meist ist diese Stange natürlich eine Fahnenstange, und das Bild von einem Anführer, der eine lange Fahnenstange (Nabelschnur) mit einer wehenden (Fruchtwasser) Fahne (Plazenta) in den Farben rot (arterielles Blut), blau (venöses Blut) oder grün (Lebensbaum) hält, ist immer ein tröstliches Gruppensymbol. Man geht den Weg des arteriellen Blutes vom Herzen bis zur plazentalen Fahne jedesmal, wenn man den „Treueeid" leistet, indem man die Hand zuerst aufs Herz legt und sie dann auf die Flagge richtet. Eine starke Windstoß, der die Fahnen flattern und sie lebendig erscheinen läßt, wühlt unser Blut auf, Windstille hingegen läßt die Fahne wie „tot" herabhängen. Dieser Zustand ist so erschreckend, daß etwa Baseball-Reporter vor Spielen den ominösen Kommentar abgeben, daß „die Fahnen im linken Feld tot sind", und die amerikanische Flagge, die auf dem Mond angebracht wurde, mit Draht verstärkt werden mußte, um sie „flattern" zu lassen, sogar dort oben im luftleeren Raum. Frühe Flaggen und Standarten zeigten am häufigsten plazentale Untiere, Schlangen oder Drachen, und die allerfrüheste Fahne war – wie ich im nächsten Abschnitt ausführlich beschreiben werde – die *wirkliche Königs-Plazenta*, mitsamt der hängenden Nabelschnur (vgl. deren Darstellungen auf der rechten Seite von Abbildung 1). Kurz gesagt, symbolisiert jede Verbindungsschnur, -stange oder -leiter die Nährende Nabelschnur, vom Seil oder der Leiter, die der Schamane verwendete, um in den Himmel zu steigen, bis zur Regenbogen-Schlange in den Legenden der Primitiven, den Regenbögen Noahs und Jonas', den Himmelsleitern Jakobs und Mohammeds und so weiter.[101]

(5) *Die Kosmische Schlacht*: Die zunehmende Verschmutzung der Gruppe endet immer mit einer kosmischen Schlacht zwischen dem heroischen Leidenden Fötus und der schlangengleichen Vergiftenden Plazenta. Alle Geburtsanstrengungen werden in diese kataklysmische Schlacht hineingelegt, der ganze zermalmende Druck auf den Kopf, die über die Welt hereinstürzende Sintflut beim Brechen des (Frucht-)Wassers, die Gefühle, Glied für Glied auseinandergerissen zu werden, die Erstickungsgefühle – dazu kommen natürlich alle sadistischen und masochistischen Fantasien aus der späteren Kindheit. Jedes Element des Wiedergeburtsdramas im Zuge der primitiven Initiation, vom Lärm der Trommeln und dem Getöse der Schleuderrasseln bis zur Grausamkeit aller initiatorischen Prüfungen, bringt diese fötale Schlacht neuerlich hervor.[102] Jedes Element des Geburtskampfes hat sich uns bis auf die Knochen eingeprägt. Anläßlich von Salks

---

[101] Vgl. Eliade, *Shamanism*, 487–494; Eliade, The Two and the One, Chicago 1965, 160–188; Adams, *Family and Fantasy*, 373–375.
[102] Eliade, *Rites and Symbols of Initiation*, 21–40.

Experiment etwa, bei dem er Neugeborenen den normalen Herzschlag eines Erwachsenen von 80 Schlägen pro Minute vorspielte – von dem er herausfand, daß er so beruhigend war, daß sie weniger weinten und an Gewicht zulegten –, regten sich die Babys in dem Moment, als er den Herzschlag auf 120 Schläge pro Minute erhöhen wollte (die Geschwindigkeit des mütterlichen Herzschlags in den Wehen), sosehr auf, daß er das Experiment beenden mußte.[103] Ein ähnlicher Effekt ist beim Vergleich zwischen der beruhigenden Wirkung der meisten Musikstücke, die mit ungefähr 80 Schlägen pro Minute gespielt wird, und den das Blut in Wallung bringenden Wirkungen von Militärmusik mit 120 Schlägen pro Minute zu beobachten – was die Militär-Marschkapelle in Kombination mit den Auswirkungen flatternder plazentaler Fahnen, die auf umbilikalen Stangen den langen, engen uterinen Durchgang, den die Straße darstellt, hinuntergetragen werden, zu einem der machtvollsten Wiedergeburts-Mittel macht, die je erfunden wurden.

Die kosmische Schlacht zwischen dem leidenden Helden und dem plazentalen Ungeheuer ist das zentrale Thema der Mythen in jedem Kulturkreis der Welt und wird bei wichtigen rituellen Gelegenheiten in symbolischer Form, in Scheinkämpfen oder wirklichen Schlachten, wiederaufgeführt. Die vielköpfige plazentale Schlange wird von Gilgamesch und Marduk, Osiris und Thor, Zeus und Herkules, Pharao und Ra bekämpft – sogar Adam wurde von einer Schlange aus dem Paradies vertrieben, obgleich der Kampf selbst später herausgenommen wurde.[104] Diese Schlacht wird während des Rituals nicht nur mythisch inszeniert, sondern *sie selbst ist das Opfer*, auch wenn sie nicht konkret ausgeführt wird. *Das grundlegende Reinigungsritual jeder primitiven und archaischen Gruppe ist das Opfer des Untiers, und dieses Untier symbolisiert immer die im fötalen Drama getötete Vergiftende Plazenta.*

Das prototypische Opferritual wird von Hubert und Mauss in ihrem klassischen *Essai sur la nature et la fonction du sacrifice* wie folgt beschrieben: Der Opfernde wird zuerst rasiert und von Verschmutzungen gereinigt und dann in eine Tierhaut gehüllt. „Dies ist ein feierlicher Augenblick, wenn sich das neue Geschöpf in ihm regt. Er ist ein Fötus geworden. Sein Kopf wird verhüllt, und er muß die Fäuste ballen, denn der Embryo in seinem Sack hat geballte Fäuste. Man läßt ihn um die Feuerstelle gehen, so wie sich der Fötus im Mutterleib bewegt." Dann tötet er das Opfertier und ißt entweder wirklich oder symbolisch seinen Körper

---

[103] Adain Macfarlane, The Psychology of Childbirth, Cambridge 1977, 9 (dt. Die Geburt, Stuttgart 1978).
[104] Eliade, *Myth of the Eternal Return*, 29–39.

und trinkt sein Blut, schüttet es auf den Altar oder beschmiert sich damit.[105] Das Tier wird vorher in alle Arten plazentaler Symbole gekleidet, von Kronen mit Mutterleibs-Kränzen und Zweigen vom Baum des Lebens bis zu Kostümen mit lauter umbilikalen Bändern. Während des Tötens „verschmelzen" Opfernder und plazentales Untier „miteinander ... und mischen sich", und das Töten selbst „ist ein Verbrechen, eine Art Sakrileg ... der Tod des Tieres wurde betrauert, man weinte um es, wie man um einen Verwandten weinen würde. Vor dem Erschlagen bat man es um Verzeihung ... das Messer wurde verdammt und ins Meer geworfen."[106]

Jedesmal, wenn der Mensch etwas tut, was sein strafendes archaisches Über-Ich auf den Plan ruft – genaugenommen seine Vergiftende Plazenta –, jedesmal, wenn er auf die Jagd geht, ein Haus baut, das Feld bestellt oder in den Krieg zieht, opfert er, das heißt, er wird ein Fötus und erlebt seine Wiedergeburt durch die Tötung des plazentalen Untiers. Und jedesmal, wenn die Gruppe selbst voll Schmutz ist, stellt sie sich vor, daß ihr Anführer das verhaßte plazentale Untier geworden ist, und sie muß ihn entweder mittels eines königsmörderischen oder revolutionären Akts töten oder sonst einen Sündenbock finden, auf den die rituelle Opfergewalt verschoben werden kann. Ohne die Kenntnis der Symbole des fötalen Dramas ist dieses grundlegende kulturelle Muster völlig unverständlich. Ist man jedoch erst einmal mit dem Stein von Rosette der fötalen Psychologie ausgerüstet, wird es (wie in den folgenden Abschnitten dieses Kapitels) möglich, anhand des empirischen Materials, das uns jede vergangene geschichtliche Epoche hinterlassen hat, zu verstehen, welche evolutionäre Form das fötale Drama jeweils angenommen hat, von den frühesten paläolithischen Kulturen bis zum politischen Leben von heute.

---

[105] Henri Hubert und Marcel Mauss, Sacrifice: Its Nature and Function, Chicago 1964, 21 (Original Paris 1899).
[106] A. a. O., 33.

II. Das fötale Drama in den psychogenetischen Formen der Eltern-Kind-Beziehungen

In diesem Abschnitt werde ich die wichtigsten Gruppenfantasien jeder geschichtlichen Periode untersuchen, um aufzuzeigen, wie die Formen des fötalen Dramas durch die Evolution der Eltern-Kind-Beziehungen modifiziert wurden.[107]

Die Form des Kindsmords: Sadistische Phase
1962 untersuchte der Archäologe Alexander Marshack, der sich fragte, ob der paläolithische Mensch imstande gewesen sein könnte, Abfolgen nach Maßgabe des „Faktors Zeit" aufzuzeichnen, einen Knochen, in den eine Reihe von unerklärlichen Kerben eingeritzt war, und stellte die Hypothese auf, daß diese für die Tage der Mondphasen stünden. Im darauffolgenden Jahrzehnt untersuchte er Tausende solcher Knochen mit dem Mikroskop und veröffentlichte seine Resultate in einem Buch mit dem Titel *The Roots of Civilization*, das – zusammen mit André Leroi-Gourhans Arbeit über prähistorische Kunst – die neueren Urteile über den prähistorischen Menschen revolutioniert hat.[108]
So überzeugend Marshacks Untersuchungen auch sind, tauchen in seinem empirischen Belegmaterial doch einige ungeklärte Einzelheiten auf, die eine Revision seines Erklärungsschemas erfordern und als brauchbare Einführung in die Gruppenfantasien des paläolithischen Menschen dienen werden.

---

[107] Belege für die psychogene Theorie von der Evolution der Eltern-Kind-Beziehungen finden sich in: Lloyd deMause (Hg.), The History of Childhood, New York 1974 (dt. Hört ihr die Kinder weinen, Frankfurt am Main 1977); Glenn Davis, Childhood and History in America, New York 1976; deMause, The Psychogenic Theory of History, in *Journal of Psychohistory* 4 (1977), 253–267 (dt. Die psychogene Geschichtstheorie, im vorliegenden Band x-y, dt. Erstübersetzung unter dem Titel *Die psychogenetische Theorie der Geschichte* in: deMause, Grundlagen der Psychohistorie, hg. v. Aurel Ende, Frankfurt am Main 1989, 89–104); sowie über 30 Artikeln von deMause und anderen zur Kindheit in *History of Childhood Quarterly* (seit 1976 *The Journal of Psychohistory*).

[108] Alexander Marshack, The Roots of Civilization: The Cognitive Beginnings of Man's First Art, Symbol and Notation, New York 1972; André Leroi-Gourhan, Treasures of Prehistoric Art, New York o. J. [dt. Prähistorische Kunst, Freiburg ^{5}1981 (=Ars Antiqua, Serie I: Grosse Epochen der Weltkunst, Bd. 1)]; zu einer psychohistorischen Diskussion dieser beiden Werke vgl. Robert S. McCully, Archetypal Psychology as a Key for Understanding Prehistoric Art Forms, in *History of Childhood Quarterly: The Journal of Psychohistory* 3 (1976), 523–542.

1. Obwohl alle Knochen Marshacks Muster mit Phasen aufweisen, die denen des Mondes ähneln, sind sie seltsam unregelmäßig, wenn manche Zyklen etwa nur 25 Tage umfassen, andere aber 35. Nachdem Mondzyklen nicht tatsächlich unregelmäßig sind, sondern alle 29,5 Tage auftreten, versucht Marshack diese Anomalie durch Spekulationen über bewölkte Nächte und Unsicherheiten in bezug darauf, ab wann man das beginnende Ab- und Zunehmen des Mondes zu zählen habe, zu erklären. Noch jenseits aber der Unwahrscheinlichkeit, daß der paläolithische Mensch 10.000 Jahre lang von einem System besessen war, dessen Regeln von Zufälligkeiten bestimmt waren, erwächst aus dieser Art der Erklärung eine wirkliche empirische Schwierigkeit. Denn auch wenn die Zählregeln unpräzise waren, müßte das System sich selbst korrigieren. Marshack selbst hält fest: „Wenn er [sc. der prähistorische Mensch] hier und da mit seinen Aufzeichnungen einen Tag nachhinkt, so wird er doch *immer* von der folgenden Reihe der Mond-Phasen korrigiert werden ... Über eine bestimmte Anzahl von Monaten ist die Methode also selbstkorrigierend."[109] Und dennoch addiert sich der Großteil der viele Monate erfassenden Beispiele Marshacks *nicht* zu einer korrekten Gesamtsumme, eine Tatsache, die er einfach ignoriert. Die meisten ergeben *weniger* als die korrekte lunare Gesamtsumme. Der Blanchard-Knochen zum Beispiel, den er am ausführlichsten analysiert, weist 69 + 63 + 40 = 172 Markierungen auf, die er mit einer sechsmonatigen lunaren Gesamtsumme von 29,5 x 6 = 177 vergleicht und daraus schließt, die beiden Summen seien ungefähr gleich, „plus/minus ein paar".[110] Die Zahl 172 steht aber für ganze 5 Tage weniger als 177, was sechs „lunare" Perioden von 28,7 statt 29,5 Tagen ergeben würde.
2. Die Motivation, die er dafür angibt, Tausende von Knochen nach einem bedeutenden religiösen System zu gravieren, das auf ein bißchen ungenauen lunaren Einkerbungen beruht, mutet unwahrscheinlich an. Ein einziger Knochen mit einem Standardzyklus sollte doch alles sein, was man braucht, wenn die Absicht darin liegt, die Jahreszeiten zu bestimmen, wie Marshack meint – und nicht unzählige Variationen mit Tausenden von Mustern.
3. Die meisten Knochen sind rot angemalt, was etwas mit „Tod, Blut, Geburt und Erneuerung" zu tun haben könnte, wie Marshack in Klammern sagt, was er sonst aber nicht mit seiner lunaren Theorie in Verbindung bringt.
4. Obwohl der Mond selbst *nie* auf den Knochen dargestellt wurde, wurden viele Knochen entweder mit brünstigen Tieren, trächtigen Stuten oder vaginalen Symbolen graviert, oder sie wurden gleich in Form des weiblichen Torsos herge-

---

[109] Marshack, *Roots of Civilization*, 28.
[110] A. a. O., 49.

stellt. Sexualität scheint daher bei der „lunaren" Aufzeichnung eine Rolle gespielt zu haben. An einer Stelle gegen Ende seines Buches fragt Marshack den Leser: „Bezieht sich das Bild über die Geschichte von Geburt, Tod und Widergeburt und mittels Vergleichen zwischen den Mond- und den Menstruationszyklen auf den Mondzyklus?"[111], doch macht er nie den Schritt zurück und überprüft seine anfängliche Mondtheorie im Lichte dieser Möglichkeit.

Wie mittlerweile offensichtlich sein dürfte, bin ich der Ansicht, daß die Knochenmarkierungen in Wirklichkeit dazu dienten, die Menstruationszyklen zu verzeichnen, nicht die Mondzyklen, und daß diese Erklärung allen oben beschriebenen Anomalien genügt. Menstruationsperioden, nicht Mondperioden, sind variabel, betragen im Durchschnitt 28 Tage anstelle von 29,5 Tagen, und sie sind nicht über aufeinanderfolgende Perioden „selbstkorrigierend". Der rote Okker auf den Knochen symbolisiert Menstruationsblut, und die dazugehörigen sexuellen Szenen stehen in Zusammenhang mit dem Zeitpunkt des Geschlechtsverkehrs, um der weiblichen Mentruationsperiode zu entgehen. Sexuelle Szenen und nicht Mondszenen wurden in die Knochen eingraviert, weil es der unregelmäßige Sexualzyklus der Frau ist, der berechnet werden muß, und nicht der Mondzyklus. Obwohl das etwaige lunare Bezüge nicht völlig ausschließt, da, wie wir sehen werden, viele Gruppen glaubten, der Mond sei physisch mit dem Mutterleib verbunden, ist die Ausrichtung dieses Systems in der Tat sexueller und menstrueller, nicht aber lunarer Natur.

Welche Bedeutung kann das Bild von der menstruierenden Frau für den paläolithischen Menschen haben? Da so wenig prähistorisches Material erhalten ist, werde ich mich zeitgenössischen Jäger-und-Sammler-Stämmen zuwenden, um ihre Gruppenfantasien zu untersuchen, bevor ich wieder zu unserem prähistorischen Material zurückkehren und mit großer Aufmerksamkeit für die möglichen Unterschiede zwischen beiden prüfen werde, ob sie nicht einige brauchbaren Parallelen aufweisen.

Da die bestdokumentierten Jäger-und-Sammler-Gruppen die australischen Aborigines sind, werde ich diese einigermaßen ausführlich untersuchen und nur kurz auf andere Jäger-Kulturen eingehen, um die bei den australischen Stämmen vorgefundenen Muster zu erweitern. Zunächst einmal ist die Kindheit australischer Aborigines, wie die aller zeitgenössischen Jäger und Sammler,[112] bei der Form

---

[111] A. a. O., 283.
[112] Die Schlußfolgerungen von Anthropologen wie Whiting, Child, Bacon und anderen, daß Jägergruppen über ein weites Formenspektrum in der Kindeserziehung

des Kindsmords anzusiedeln. Das heißt, sie töten nicht nur einen großen Teil ihrer Neugeborenen ohne alle Gewissensbisse, sondern behandeln auch jene, die sie aufziehen, mit einer Mischung aus schwerer Vernachlässigung, körperlichem wie emotionalem Mißbrauch und symbiotischer Bindung. Zunächst *verzehrten* viele australische Stämme bis vor kurzem ihre Kinder, und zwar nicht aus Hunger nach Nahrung, sondern aus Objekt-Hunger, so wenig unterschieden sie sich voneinander. Einige verzehrten gleich den Fötus und führten zu diesem Zweck eine Abtreibung herbei, indem sie den Bauch der schwangeren Mutter drückten und den Fötus am Kopf herauszogen.[113] Andere verzehrten jedes zweite Kind vor „Baby-Hunger", wie sie es nannten, und zwangen ihre anderen Kinder dazu, sich am Festmahl zu beteiligen.[114] (Daß der Anthropologe, der diese Gewohnheiten beschrieb, daraus folgerte, daß elterlicher Kannibalismus mit Kindern „die Persönlichkeitsentwicklung nicht beeinflußt zu haben scheint" und daß es wirklich „gute Mütter (sind), [die] ihre eigenen Kinder verzehren"[115], ist eher ein Kommentar zur Qualität anthropologischer Forschung als zur Lebenswirklichkeit der Aborigines.)

Die glaubwürdigste Feldstudie zur Kindererziehung der Aborigines, jene von Arthur Hippler, zieht den Schluß, daß Mütter ihren Kindern gegenüber „nachlässig" sind, wobei „gewohnheitsmäßiger brutaler" Mißbrauch sehr kleiner Kinder mit „offener Vernachlässigung" und dem Einsatz der Brust als Kontrollmittel wechsle.[116] Empathie fehlt so ganz und gar, daß er festhält: „Ich habe *nie*

---

verfügen, von sehr dürftigen Formen bis zu ausgezeichneten, basieren – aus meiner Sicht muß ich sagen: leider (vgl. Fußnote 107) – auf völlig unzulänglichem anthropologischem Feldmaterial. Wir haben das *Journal of Psychological Anthropology* gegründet, um genau dieser Tatsache zu wehren und psychoanalytisch ausgebildeten Anthropologen eine Chance zu geben, diese Gruppen neuerlich zu erforschen. Was jedoch an verläßlichen Belegen existiert, bestätigt den kindsmörderischen Grundzug des elterlichen Verhaltens und den Irrtum früherer Anthropologen, die Vernachlässigung als „Toleranz" und symbiotische Bindung als emotionale „Wärme" bezeichnet haben.

[113] Geza Róheim, The Western Tribes of Central Australia: Childhood, in *The Psychoanalytic Study of Society* 2 (1962), 200.

[114] Geza Róheim, Psychoanalysis and Anthropology: Culture, Personality and the Unconscious, New York 1950, 62 (dt. Psychoanalyse und Anthropologie, Frankfurt am Main 1977).

[115] A. a. O., 63 und 60.

[116] Arthur E. Hippler, A Culture and Personality Perspective of Northeastern Arnhem Land: Part I – Early Socialization, in *Journal of Psychological Anthropology* 1 (1978), 221–244.

auch nur eine einzige erwachsene Aufsichtsperson bei den Yolngu gesehen, gleich welchen Alters oder welchen Geschlechts, die ein Kleinkind herumgeführt, ihm die Welt gezeigt, ihm Dinge erklärt hätte und mit seinen Bedürfnissen empathisch gewesen wäre. Sind kategorische Behauptungen auch höchst riskant – dessen bin ich mir völlig sicher." Des weiteren berichtet er, daß jede Bewegung des heranwachsenden Kindes hin zur Unabhängigkeit von der Mutter so erfahren wird, daß das Kind sie verläßt, und nachdem die Welt regelmäßig als „gefährlich und feindlich, voll von bösen Geistern" dargestellt wird, kann nur eine geringe Individuation stattfinden. Das heranwachsende Kind wird zudem gewohnheitsmäßig von beiden Eltern sexuell stimuliert, von älteren Kindern geschlagen und sexuell mißbraucht und von anderen in der Gruppe geängstigt, so daß es nicht überrascht, daß das Ergebnis ein Erwachsener ist, der magisches Denken einsetzt und sowohl psychologisch als auch technologisch sehr primitiv ist.

Aufgrund dieser kindsmörderischen Erziehung wird die ursprüngliche, furchterregende fötale Erfahrung kaum modifiziert und durch das gleichermaßen furchterregende elterliche Verhalten nur verstärkt. Da die Eltern im Grunde genommen ebenso infantil und bedürftig sind wie das Neugeborene, ist das erwachsene Über-Ich jedes einzelnen genauso strafend und verfolgend wie das von Psychotikern in der modernen Gesellschaft. Wie bei allen Jägern ist das Denken des Aborigine von massiver Abspaltung und Projektion anstelle von Verdrängung geprägt, vom Einsatz der archaischen Abwehrmechanismen Grandiosität und Omnipotenz, von unsicheren Selbst- und Objektgrenzen, von der Vermischung sexueller Bereiche und dem Vorherrschen von Vergewaltigungsphantasien, sowie von einem Erwachsenenleben voller paranoider Phantasien, die ständig Rituale des Ungeschehenmachens erfordern, um die allgegenwärtige Verfolgungsangst abzuwehren.

Das Gruppenleben von Jägerstämmen wie den Aborigines ist eine Welt samt und sonders eingerichtet wie ein Mutterleib und findet in einer Dimension statt, die die Aborigines „das Träumen" nennen, bei dem jedem echten Baum, jedem Loch und jedem Felsen eine „heilige" mythische Bedeutung zukommt, das heißt, eine *fötale* Rolle. Der meiste Zeit des Lebens ist ein regelrechter Alptraum – tatsächlich zeigt eine sorgfältige Studie[117], daß sie sich bei den Ritualen buchstäblich in

---

[117] Für Hinweise auf Forschungen, die alle diese Definitionen von „primitiv" verkörpern, vgl. Robert N. Bellah, Religious Evolution, in: William A. Lessa und Evon Z. Vogt, Reader in Comparative Religion. New York 1965, 76–78; vgl. auch Geza Róheim, The Gates of the Dream, New York 1952.

einem Tagtraum-Zustand befinden. Jede erdenkliche Gelegenheit zum Lustgewinn ruft das sadistisch-kindsmörderische Über-Ich auf den Plan und verlangt nach einem Sühneopfer. Geburt, Pubertät, Hochzeit, Jagd, genaugenommen alle potentiell glücklichen Vorkommnisse erregen das Vergeltungsbedürfnis der unmodifizierten Vergiftenden Plazenta und erfordern eine konkrete Ausführung des vollständigen fötalen Dramas von Tod und Wiedergeburt.

Das Initiationsdrama folgt den Mustern aller Primitiven, lediglich mit extrem ausgeprägten fötalen Symbolen.[118] Die zentrale Figur des Aborigine-Rituals ist die Vergiftende Plazenta, vertreten in Gestalt einer gefährlichen, doch sexuell erregenden und überaus stark menstruierenden Frau, die eine *alknarintja* genannt wird. Nicht nur wird sie als heftig menstruierend dargestellt, sie soll auch mit Blut beschmiert sein und eine magische Schleuderrassel *(tjurunga)* besitzen, eine hölzerne Scheibe, auf der plazentale Kreise und Schleifen eingeritzt sind und die das „Double" oder der „Schatten" des Knaben, der wiedergeboren wird, heißt. Die Schleuderrassel wird von manchen Stämmen wirklich „Plazenta" genannt, von anderen „Innen im Mutterleib", und ist das zentrale religiöse Objekt, das dem wiedergeborenen Initiierten gegeben wird. Zweck des Initiationsrituals ist es, (a) die monströse Vergiftende Plazenta – für welche die Schleuderrassel steht, die den Initianden verschlingen soll – zu *bekämpfen* und danach (b) mit der Plazenta *wiedervereinigt* zu werden – am Ende der Zeremonie erhält der wiedergeborene Initiierte seine Schleuderrassel. Alle Objekte des fötalen Dramas sind beim Wiedergeburtsritual gegenwärtig. Die Nabelschnur wird von einem rituellen Pfahl dargestellt, der in einem Loch steckt, in das die Männer ein bißchen eigenes Blut geschüttet haben. Der Mutterleib ist eine kreisförmige Grabenrinne, an deren Wällen eine plazentale Schlange eingraviert ist und in die der Initiand hineingeworfen und in ihr begraben wird. Die Vergiftende Plazenta ist die Schleuderrassel, später am umbilikalen Pfahl befestigt, die herumgewirbelt wird, um ihr so einen schrecklichen Lärm zu entlocken, der den Initianden ängstigen soll. Der Todeskampf bis zur Geburt beinhaltet viele schmerzliche Prüfungen,

---

[118] Australische Rituale werden am besten beschrieben bei Geza Róheim, The Western Tribes of Central Australia: The Alknarintja, in *The Psychoanalytic Study of Society* 3 (1964), 173–196; Róheim, *Psychoanalysis and Anthropology*; ders., Children of the Desert: The Western Tribes of Central Australia, Bd. I, New York 1974; ders., The Eternal Ones of the Dream: A Psychoanalytic Interpretation of Australian Myth and Ritual, New York 1945. Man darf festhalten, daß die wirkliche Plazenta *laut* ist, und das Geräusch, das der Fötus im Mutterleib hauptsächlich hört, ist das Wallen des Blutes durch die Plazenta – somit ist es nur stimmig, daß auch die plazentale Schleuderrassel laut ist.

wie etwa eine tiefe Subinzision (einen Einschnitt an der Unterseite des Penis in die Harnröhre). Die Menge des echten Blutes, das bei der Zeremonie vergossen wird, ist beträchtlich. Das Blut aus der Subinzisionswunde – die die „Vagina" des Knaben genannt wird – wird gesammelt und auf ihn geschmiert, um seine Geburt zu symbolisieren, und die Männer des Stammes öffnen ihre eigenen Venen, um zusätzliches Blut beizusteuern – das häufig vom Initianden *getrunken* wird, was auf deutlichste Art und Weise den Fluß des plazentalen Blutes zum Fötus-Initianden symbolisiert. Dieses magische plazentale Blut aus der Subinzisionswunde wird vom Stamm zu anderen Zeiten auch als Fruchtbarkeitsmittel verwendet, da es die Fähigkeit hat, die Wiedergeburt von Tier und Mensch zu bewirken, und so die Versorgung der Gruppe mit Nahrung steigern kann.

Schon diese knappe Beschreibung veranschaulicht sowohl die Rolle der Plazenta und ihres Blutes beim primitiven Ritual als auch die entscheidende Rolle der menstruierenden plazentalen Frau in Mythos und Zeremonie, weit über ihre Rolle beim sexuellen Tabu hinaus. Tatsächlich stammt das Wort „Tabu" von *tupua*, was auf polynesisch „Menstruation" heißt, und in jeder bekannten primitiven Kultur steht das Menstruations-Tabu mit den Grundlagen des Gruppenlebens selbst in Zusammenhang. „Größer als die Angst vor Tod, Entehrung oder Verstümmelung ist der Respekt des primitiven Menschen vor Menstruationsblut. Die Maßnahmen, die er gesetzt hat, um diese geheimnisvolle Substanz zu meiden, haben seine Essens-, seine Schlaf- und seine Jagdzeiten beeinflußt; und die primitive Frau, unfähig, zwischen sich selbst und ihrem Blut zu unterscheiden, wußte, daß von ihrem tabuisierten Zustand die Sicherheit der ganzen Gesellschaft abhing."[119]

Nachdem das Blut der Vergiftenden Plazenta als Menstruationsblut sichtbar wurde, besaß es buchstäblich *mana*, es war *sacer* – das heißt, es war *sowohl* gefährlich *als auch* begehrt. Und nachdem alle verwandtschaftlichen Bande „Blutsbande" sind, die die Mitglieder der Sippe verbinden, besteht der Initiationsritus, der jemanden zum Mitglied der Sippe macht, in *einem buchstäblichen Teilen des plazentalen Blutes* – das heißt, in einem konkreten Verbinden des Initi-

---

[119] Janice Delaney, Mary Jane Lipton und Emily Toth, The Curse: A Cultural History of Menstruation, New York 1976, 5; vgl. auch William N. Stephens, A Cross-Cultural Study of Menstrual Taboos, Provincetown, Massachusetts, 1961. Die Frauen primitiver Stämme trinken bei ihren Initiationsritualen oft Menstruationsblut und stellen so deren plazentale Herkunft unter Beweis – es geht eben nicht um „Kastrationsangst"; vgl. Marla N. Powers, Menstruation and Reproduction: An Oglala Case, in *Signs: Journal of Women in Culture and Society* 6 (1980), 61.

anden mit der Gruppenfantasie einer gemeinsamen Plazenta. Jedes neue Mitglied einer Gruppe setzt diese Gruppenfantasie, mit einer gemeinsamen Plazenta verbunden zu werden, in Szene, ob durch das Trinken plazentalen Blutes, durch den Treueeid vor einer plazentalen Fahne oder durch andere symbolische Verrichtungen. Die menstruierende Frau *ist* somit die Vergiftende Plazenta, und in allen Gruppen, die sich je gebildet haben, findet sich als zentrales Objekt der Gruppenfantasie die blutige Frau. Was für die australischen Aborigines in sehr konkreter Weise gilt, gilt daher auf der Ebene der Fantasie für alle Gruppen, auch heute noch. Im verbleibenden Teil dieses Aufsatzes wird es meine Aufgabe sein, empirische Belege für diese seltsam anmutende Theorie zu liefern.

Ich werde damit beginnen, daß ich zu Marshacks paläolithischen Knochen zurückkehre, welche die Phasen des Menstruationszyklus markieren. Ob sie zum „Zählen" von Menstruationszyklen oder als Bestandteile von Ritualen mit „erzählenden" Funktionen benutzt wurden, ist zweitrangig: Sie waren wesentlich menstrueller, das heißt plazentaler Natur. Sie sind mitunter vielleicht sogar als Schleuderrasseln verwendet worden, denn viele von ihnen haben Löcher, die es erlaubt haben könnten, sie an Bändern zu schwingen – ähnlich den sogenannten „baguettes" und anderen paläolithischen Stäben, die Maringer zufolge die gleichen „Schleifen, Kreise und Spiralen ... wie die Stäbe der australischen Aborigines"[120] aufwiesen. In der Tat ergeben paläolithische Objekte und Rituale erst dann einen Sinn, wenn man über den plazentalen Schlüssel verfügt. Die weitverbreiteten „Vulvascheiben" mit verschiedenen eingekerbten Vulva-Symbolen – die im Ritual ähnlich verwendet wurden wie die Schleuderrasseln – sind ebenso Vergiftende Plazentas wie die große Anzahl der Vulva-Symbole, die sich auf Höhlenzeichnungen allenthalben finden.[121] Vergiftende Plazentas in diesem Sinne sind auch die bekannten „Venus"-Statuen, die nicht nur blutrot angemalt, sondern fast ausschließlich Bauch sind, ohne Füße oder Gesicht, und die, wie man auf Abbildung 1 sehen kann, mitunter auf der Rückseite der Statue ganz offen die Menstruation darstellen.

Die Ansicht, daß diese grotesken blutroten Statuen „Venera" seien, Liebesgöttinnen, oder daß sie irgendetwas mit der Steigerung der tatsächlichen menschlichen Fruchtbarkeit zu tun hätten, verdankt sich lediglich einer abwehrenden Auffassung auf seiten des neuzeitlichen Menschen. Erstens sind sie bis ins Detail iden-

---

[120] Johannes Maringer, The Gods of Prehistoric Man, London 1956, 212 und 60 (dt. Vorgeschichtliche Religion, Einsiedeln-Zürich-Köln 1956).
[121] Marshack, *Roots of Civilization*, 297, 319.

tisch mit der heftig menstruierenden *alknarintja* und ähnlichen Figuren bei anderen Jägerstämmen, von der roten Farbe bis zum erschreckenden Fehlen eines Gesichts und der Behandlung der geflochtenen Haare. Zweitens können sie mit der menschlichen Fruchtbarkeit nichts zu tun haben, weil zeitgenössische Jägerstämme sich äußerst kindsmörderisch zeigen und die Eltern selten mehr als ein Baby zur gleichen Zeit zum Herumtragen behalten wollen. Daß paläolithische Eltern gleichermaßen kindsmörderisch waren, ist gewiß: nicht nur, weil prähistorische Fossilien ein sehr unausgewogenes Verhältnis der Geschlechter zeigen und so eine vergleichsweise höhere Kindsmordrate bei weiblichen Nachkommen enthüllen,[122] sondern auch, weil sie deutliche Belege dafür hinterlassen haben, daß sie rituelle Kannibalen waren, die die Gehirne der Kinder verzehrten.[123] In der Tat besteht eine der am weitesten verbreiteten Verirrungen der anthropologischen und frühen archaischen Forschung darin, solchen Elementen das Motiv „menschliche Fruchtbarkeit" zuzuweisen, die in Wirklichkeit Teil des fötalen Dramas sind: Nicht jede symbolische Vagina, jeder Mutterleib oder jede „Mutter"-Figur steht für den Wunsch, mehr Babys zu haben; sie steht für den Wunsch, ein Fötus zu sein. Es stimmt, daß dieses fötale Drama oft mit der „Fruchtbarkeit" der Herde oder der Erde in Verbindung gebracht wird, doch ist dies eine Überlagerung auf der Ebene des Erwachsenen, kein infantiler Wunsch. Und es bezieht sich jedenfalls *nie* auf menschliche Babys.

Die Figur der paläolithischen menstruierenden Vergiftenden Plazenta ist am deutlichsten in dem berühmten großen Basrelief von Laussel zu sehen (vgl. Abbildung 1), wie sie, ganz rot angemalt, ihren Hornbehälter mit dem Menstruationsblut hochhält, sichelförmig wie der Mond und mit dreizehn Markierungen für die dreizehn Menstruationsperioden des Jahres. McCully sagt über diese Figur: „Wie spätere Göttinnen in Kulten der Mutter Erde war sie nicht dazu bestimmt, geliebt zu werden, ihr sollte vielmehr gedient, sie sollte besänftigt werden ... durch das Opfer kleiner Kinder ... Ihre rechte Hand hält ein Bisonhorn. Seine Lage läßt es wie den Halbmond aussehen (der, wie die Fruchtbarkeit der Frau, eine zyklische Abfolge aufweist), während es doch als Auffangbehälter für Blut dient. Ein blutgefülltes Horn symbolisiert in den kretischen Stierkulten höchste Fruchtbarkeit. Ihre linke Hand senkt sich hinab zu ihrem Bauch, dem beim Fruchtbarkeitsritual so bedeutsamen fruchtbaren Bereich."[124] Ich würde

---

[122] Henri V. Vallois, The Social Life of Early Man: The Evidence of Skeletons, in: Sherwood L. Washburn (Hg.), Social Life of Early Man, Chicago 1961, 225.
[123] Maringer, *Gods of Prehistoric Man*, 10-19.
[124] McCully, *Archetypal Psychology*, 528 f.

dem nur hinzufügen, daß es sich um Wiedergeburt und nicht um Geburt handelt, die hier dargestellt wird, und um ein fötales Ritual, kein „Fruchtbarkeitsritual". Die rechte Hand, die den gefürchteten Behälter mit Menstruationsblut hält, und die linke Hand im Bauch sind Hinweise darauf, wofür der Blutbehälter wirklich steht.

Wenn wir uns der Arbeit Leroi-Gourhans über prähistorische Kunst zuwenden, finden wir überall diese plazentalen Symbole, die sich in ein paar wenigen Erscheinungsformen wiederholen. Leroi-Gourhans entscheidende Entdeckung ist die, daß die Tiere und Symbole der Höhlenkunst alle nach einem weithin geteilten symbolischen System ausgewählt und angeordnet sind, bei dem „weibliche" Tiere und Zeichen in der Mitte und „männliche" Tiere und Zeichen an der Peripherie angesiedelt sind. Alle Bisons zum Beispiel waren in der Höhlenkunst „weibliche" Symbole, und es wurden viele Zeichnungen gefunden, die Bisons und Frauen in identischen Haltungen zeigen, als ob sich eins ins andere verwandelte.[125] Bei dieser Tier-Frau-Figur handelt es sich in Wirklichkeit um die Vergiftende Plazenta, und die „männlichen" Nebensymbole stellen den Fötus dar. Das Drama, das tief im Bauch der dunklen Höhle abgebildet wird, ist dieselbe fötale Szene, die auf der Bühne *aller* dunklen Kathedralen dramatisiert wird: die Schlacht mit dem Vergiftenden Plazenta-Untier und der Tod und die Wiedergeburt des Fötus-Jägers.

Dies läßt sich am besten an dem berühmten Bild aus der Höhle von Lascaux erkennen (vgl. Abbildung 4). Laut Marshack zeigt diese Szene „einen nackten, vogelköpfigen Mann mit erigiertem Phallus, der vor einem verwundeten Bison, dessen Eingeweide herausquellen, liegt oder gerade zu Boden fällt. Man erkennt einen Speer im Bison, einen Vogel auf einem Stock und eine seltsam gegabelte Form", die gewöhnlich „Speerschleuder" genannt wird.[126] Wenn man die Szene jedoch sorgfältig betrachtet, wird man bei dieser Erklärung mehrere offenkundige Irrtümer feststellen. Erstens ist der „Speer" überhaupt *nicht* im Bison – er liegt auf ihm drauf, wobei seine „Spitze" von ihm *weg*zeigt, zweifellos merkwürdig, wenn es sich um eine Speer-Szene handeln sollte. Tatsächlich ist der „Speer" gar kein Speer. Paläolithische Speere sind Stäbe mit kleinen Steinen an ihrer Spitze – das hier ist eine lange Linie mit einer Zweiglinie in einiger Entfernung von der Spitze. Noch auch gleicht die „Speerschleuder" irgendeiner Schleuder, die man sonst je im Paläolithikum gesehen hat. Speerschleudern sind kurze Stöcke mit einer sanften Kerbe an der Spitze, während das hier wiederum ein gegabeltes

---

[125] A. a. O., 532.
[126] Marshack, *The Roots of Civilization*, 277.

Symbol ist, ganz ähnlich dem sogenannten „Speer" selbst. Beide sind in Wirklichkeit Versionen des üblichen plazentalen Symbols, nämlich eines Zweiges vom oben erwähnten „Baum des Lebens", und werden in der Höhlenkunst sehr häufig im Umfeld von Tieren gemalt (vgl. Abbildung 1). Der vogelköpfige Mann ist natürlich ein Schamane und kein Jäger, und sein umbilikaler Schamanenstock ist neben ihm abgebildet, mit dem typischen Vogel auf der Spitze, genau so, wie man ihn bei so vielen zeitgenössischen schamanistischen Gruppen findet. Der Schamane hat hier aus demselben Grund wie im primitiven Mythos einen erigierten Penis, weil er nämlich wiedergeboren worden ist, zu neuem Leben erweckt. Die „Eingeweide" sind vermutlich gar keine Eingeweide, da es sich um ein schamanistisches Wiedergeburtsritual und nicht um eine Jagdszene handelt; die Linien sind Menstruationsblut, wie sie es auch bei den „Venus"-Figurinen sind. Die Szene stellt in der Tat das ganze fötale Drama dar und enthält jedes der fünf Elemente, die wir oben beschrieben haben: (1) Vergiftende Plazenta (Frau-Tier mit „Lebenszweig"-Zeichen), (2) Leidender Fötus (sterbender Schamane), (3) Verschmutzung (Menstruationsblut), (4) Nährende Nabelschnur (Schamanenstock mit einem Vogel an der Spitze) und (5) Kosmische Schlacht (das Bild als ganzes, die Gegnerschaft zwischen gefährlichem Tier und Schamanen).

Abbildung 4: Szene aus der Höhle von Lascaux

Leroi-Gourhan scheidet auch alle *abstrakten Zeichen* der prähistorischen Kunst in weiblich und männlich. Das zentrale weibliche Zeichen ist leicht zu erkennen, insofern es gewöhnlich entweder vulva-förmig ist (ein Dreieck, ein Oval, ein Rechteck) oder das, was er ein „Wunden"-Zeichen nennt.[127] Die „männlichen" Zeichen sind jedoch nicht wirklich phallisch, wenn wir dabei an Speere oder andere mögliche Symbole denken – für gewöhnlich sind es Punkte oder kurze Striche. Nun stehen Punkte oder kurze Striche in Verbindung mit einem Dreieck in der psychoanalytischen Symbolik für Babys im Mutterleib. Ich meine, daß das in der paläolithischen Kunst ebenso der Fall ist. Die Ähnlichkeiten können am besten herausgebracht werden, indem man eine Kinderzeichnung mit einer typischen Höhlenzeichnung vergleicht.

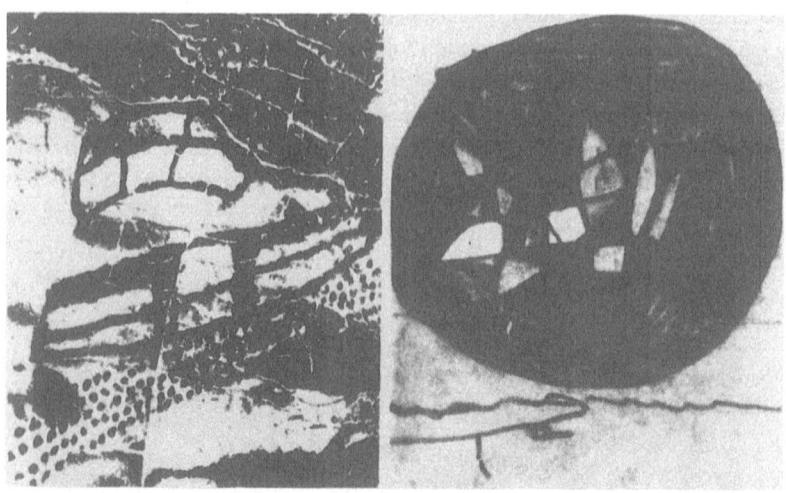

Abbildung 5: Paläolithische Zeichen und Kinderzeichnung

In Abbildung 5 sehen wir auf der linken Seite zwei paläolithische „weibliche" Vulva-Zeichen mit zahlreichen Punkten darunter. Auf der rechten Seite ist die Zeichnung eines kleinen Knaben namens Richard, der ein Patient von Melanie Klein war. Die Zeichnung zeigt einen roten „garstigen Kraken" (der ganze Kreis)

---

[127] Leroi-Gourhan, *Treasures of Prehistoric Art*, 145 f., 173.

mit einem kleinen Fisch darunter und links daneben. Dieser „böse Krake", sagte der Junge, befände sich in „rasender Wut" und sei „sehr hungrig" nach den Fisch-„Babys" im Wasser, die er, Richard, wieder „lebendig machen" müsse.[128] Richards zeichnerische Beschreibung des fötalen Dramas, wie seine wiederholten Zeichnungen des roten „bösen Kraken" und seines feuchten Kampfes mit den Fisch-Babys, stellt eine Parallele zu dem ähnlichen Drama in den Höhlenzeichnungen dar. In der Tat ist, wie jeder bestätigen kann, der je kleine Kinder in Kunst unterrichtet hat, die Plazenta das erste Objekt, das von den meisten Kindern gemalt wird (und das Lehrer oft als „Sonne" oder „Mandala" bezeichnen).[129] In der Regel sieht sie Richards „Kraken" oder den paläolithischen „Vulva"-Zeichen sehr ähnlich – meiner Ansicht nach in beiden Fällen eine Erinnerung an die echte Plazenta.

Die paläolithische Höhle ist somit ein Mutterleibs-Heiligtum, in dem das fötale Drama dargestellt wird. Leroi-Gourhan faßt seine Forschungen zusammen, indem er sagt: „Was für den paläolithischen Menschen das besondere Herz und den Kern der Höhlen bildete, sind eindeutig die Malereien im mittleren Teil, dominiert von Tieren der weiblichen Kategorie und weiblichen Zeichen und ergänzt von Tieren der männlichen Kategorie und männlichen Zeichen. Der Eingang zum Heiligtum, gewöhnlich ein enger Teil der Höhle, ist mit männlichen Symbolen, entweder Tieren oder Zeichen, verziert; der hintere Teil der Höhle, oft ein enger Tunnel, ist mit den gleichen Zeichen verziert ..."[130] Das heißt, die großen Hohlräume in der Mitte enthalten die Plazentas und die engen Tunnels an jedem Ende die Föten, die geboren werden. Es ist daher nicht überraschend, Fußabdrücke von Jugendlichen im Schlamm zu finden, als ob junge Menschen in den Höhlen getanzt hätten, wie etwa die fünfzig Fußabdrücke in Le Tuc d'Audoubert, in der Nähe der Bilder von zwei Bisons, eine Entdeckung, die Abbé Breuil zufolge „den Gedanken an irgendeine Initiationszeremonie hervorruft".[131]

---

[128] Melanie Klein, Narrative of a Child Analysis: The Conduct of the Psycho-Analysis of Children As Seen in the Treatment of a Ten-Year-Old Boy, New York 1975, 66–79 [dt. Darstellung einer Kinderanalyse. 2 Tle., Stuttgart 1999 (=Gesammelte Schriften, Bd. IV)], . Klein hat den Schauplatz der Schlacht korrekt als den Mutterleib interpretiert, war aber nicht in der Lage herauszufinden, was die Zeichnungen des roten „Kraken" bedeuteten, und nannte sie daher den „Penis des Vaters".
[129] Rhoda Kellogg, Analyzing Children's Art, Palo Alto o. J.
[130] Leroi-Gourhan, *Treasures of Prehistoric Art*, 144.
[131] A. a. O., 181.

Diese Gleichsetzung von gefährlichem Tier und Vergiftender Plazenta, die in der Höhlenkunst veranschaulicht wird, kann auf die gesamte Lebensweise aller Jäger- und-Sammlergruppen in Vergangenheit und Gegenwart ausgeweitet werden. Eine der merkwürdigen Erkenntnisse der jüngeren Ethnographie besteht in der Entdeckung, wie leicht es ist, die für das Leben notwendige Nahrung in wenigen Stunden am Tag zu sammeln. Jack Harlan, ein Spezialist für frühen Ackerbau, ging selbst hinaus auf eines der „weitläufigen Meere von urtümlichem, wildem Weizen", wie sie in den Berggegenden des Nahen Ostens nach wie vor wachsen, und erntete mithilfe einer 9.000 Jahre alten Sichel Getreide so schnell, daß hochgerechnet „eine familiäre Gruppe ... in einer Zeitspanne von drei Wochen oder mehr leicht wildes Getreide ernten und dabei, ohne jemals sehr hart zu arbeiten, mehr Getreide sammeln könnte, als eine Familie in einem Jahr aufbrauchen kann".[132] Zeitgenössische Sammlergruppen können das genauso gut: „Weit davon entfernt, am Verhungern zu sein ... kriegen sie alle Kalorien, die sie brauchen, auch ohne sehr hart zu arbeiten. Sogar die Buschmänner in der vergleichsweise unwirtlichen Kalahari-Region kamen offenbar, wie sich anläßlich einer an ihnen vorgenommenen Input-Output-Analyse herausstellte, bei weniger als drei Tagen Nahrungssuche pro Woche auf 2.100 Kalorien am Tag. Vermutlich schafften Jäger-Sammler zu prähistorischer Zeit in üppigeren Umgebungen sogar noch mehr."[133] Wenn einem zeitgenössischen Sammler gezeigt wird, wie man das Feld bestellt, lacht er gewöhnlich beim bloßen Gedanken daran, so wie der Buschmann, der sagte: „Warum sollen wir etwas anpflanzen, wo es doch auf der Welt so viele Mongongo-Nüsse gibt?"[134]

Die Frage, die einem sofort in den Sinn kommt, ist natürlich die: „Warum dann jagen?" Jagen ist, wie sich herausstellt, in Wirklichkeit eine Gruppenfantasie-Tätigkeit, ist sie doch oft höchst unökonomisch, zumal wenn die Verfolgung mehr Kalorien erfordert, als der Fang einbringt. Um es anders auszudrücken, die Jagd ist, wie der Krieg, die Gruppenfantasie, der die Männer nachgehen, während die Frauen die Nahrung sammeln, die diese religiösen Tätigkeiten ermöglicht. „Das Tier töten" ist hauptsächlich ein Spiel, das aus fötalen und nicht aus kalori-

---

[132] John E. Pfeiffer, The Emergence of Man, New York 1969, 366.
[133] Kent V. Flannery, Origins and Ecological Effects of Early Domestication in Iran and the Near East, in: Peter J. Ucko und G. W. Dimbley (Hgg.), The Domestication and Exploitation of Plants and Animals, Chicago 1969, 75.
[134] Richard B. Lee, What Hunters Do For a Living, or, How to Make Out on Scarce Resources, in: Richard Lee und Irven DeVore (Hgg.), Man the Hunter, Chicago 1968, 33.

schen Gründen veranstaltet wird, ob es in einer Höhle oder in einem Wald stattfindet. Die Verehrung „tierischer Schutzgeister", die – worüber die Religionsgeschichtler sich heute einig sind – die ursprüngliche Religion der Jäger-und-Sammler-Gruppen war,[135] vollzogen als Anbetung einer „Tier-Seele", die über die Gattung und den Wald herrscht, ist die verschobene Verehrung eines plazentalen Untiers, das nährt, droht, tötet und alle Lebewesen gebiert – wozu unmißverständlich auch die Gruppe selbst zählt –, ob es nun durch einen Bären-Geist oder eine Herrin der Tiere repräsentiert wird. Wie Eliade hervorhebt, ist die Tötung dieses heiligen Tieres jedesmal ein Ritual – die Seele des Tieres wird geachtet und rituell angesprochen, die Knochen, insbesondere der Schädel und alle langen Knochen, sind Gegenstände besonderer Rituale, ein Teil des Tieres wird oft dem Gott dargeboten, sein Blut wird rituell behandelt und so weiter.

Die rituell konservierten Schädel und langen Knochen des heiligen plazentalen Tieres – und menschlicher Wesen – lassen sich durch Funde bis in die Zeit von Choukoutien (400 000 v. Chr.) zurückverfolgen und verdienen nähere Beachtung, bevor wir das Paläolithikum verlassen. Das am weitesten verbreitete paläolithische Ritual, das sich belegen läßt, ist die Kopfjagd. Man hat viele Schädel gefunden, die an der Basis deutliche Hinweise auf Enthauptung und Verstümmelung aufweisen, um das Herausnehmen und Verzehren des Gehirns zu ermöglichen.[136] Der Schädel wurde dann aufbewahrt, indem man entweder in einem besonderen Bereich der Höhle einen Kreis von Schädeln oder um den Schädel herum einen Kreis von Steinen bildete. Viele dieser Schädel stammten von geopferten Kindern, und die meisten waren mit rotem Ocker bemalt.[137] Da auch Bärenschädel in ähnlichem Zustand gefunden wurden, war das Sammeln und der rituelle Verzehr des Gehirns aus Menschen- wie auch Tierschädeln wohl ein wichti-

---

[135] Ivan Paulson, The Animal Guardian: A Critical and Synthetic Review, in *History of Religions* 3 (1963), 202-219; Mircea Eliade, A History of Religious Ideas. Volume I: From the Stone Age to the Eleusinian Mysteries, Chicago 1978, 8 (dt. Geschichte der religiösen Ideen. Band 1-4: Von der Steinzeit bis zur Gegenwart, Band 5: Quellentexte, Freiburg ³1997). Die Anspielung mit „das Tier töten" zielt natürlich auf William Goldings erkenntnisreichen Roman *Herr der Fliegen*.

[136] Alberto Blanc, Some Evidence for the Ideologies of Early Man, in Ashburn, *Social Life of Early Man*, 126-134; E. O. James, Prehistoric Religion, New York 1957, 19-21; Joshua A. Hoffs, Anthropophagy (Cannibalism): Its Relation to the Oral Stage of Development, in *Psychoanalytic Review* 50 (1963), 29-49; Garry Hogg, Cannibalism and Human Sacrifice, New York 1966; Eli Sagan, Cannibalism: Human Aggression and Cultural Form, New York 1974.

[137] Nigel Davies, *Human Sacrifice*, 31-33.

ges frühes Ritual mit zahlreichen Elementen, die mit den Schädelkulten zeitgenössischer Primitiver wie den Ainus, den Tungus und den Kopfjägerstämmen Neuguineas identisch sind.[138] Alle diese Schädelkulte zentrieren sich um das Opfer für plazentalen Tiergeist oder die Herrin der Tiere im Verlauf von Zeremonien, die hervorheben, daß sich der Sitz der Seele des Tiers oder des Menschen im Gehirn befindet. Das Aufbewahren des Schädels, so glaubt man, verleiht dem Stamm Schutz gegen jede Art von Unglück, darunter auch gegen die Vergeltung für die Jagd.

Daß auch die Schädel für Vergiftende Plazentas stehen können, scheint eine seltsame Vorstellung zu sein, stellt sich jedoch tatsächlich als wahr heraus, wie man den Einzelheiten des Rituals entnehmen kann. Bei den kopfjagenden Asmat etwa ist die Kopfjagd das Vorspiel zu einem Wiedergeburts-Initiationsritual, und das Blut des abgeschnittenen Kopfes wird auf den Initianden geschmiert, genauso mithin, wie mit dem Blut aus dem subinzisierten Penis des australischen Aborigine verfahren wird.[139] Der Kopf ist offensichtlich eine symbolische Plazenta. Er wird geröstet, ein Loch wird in die Schädelbasis geschnitten, und das Gehirn wird herausgenommen und verzehrt, was den oralen Sadismus der kindsmörderischen Erziehung der Asmat widerspiegelt. Der Schädel wird daraufhin rot bemalt und zwischen die gespreizten Beine oder in den Schoß des Initianden gelegt – er wird dann als wiedergeboren betrachtet und krabbelt herum wie ein neugeborenes Baby. Es gibt noch viele andere plazentale Symbole in Verbindung mit dem Schädel-Kult, vom Namen des mythischen ersten Kopfjäger („Mann mit Wunde") bis zur Zeremonie vor der Kopfjagd, bei der die „Männer um die Steinscheibe herumsitzen, welche die Ur-Mutter auf ihrem Bauch getragen hat ..., und ihre Bäuche unter Seufzern auf die Scheibe hin bewegen", wie eine schwangere Frau in den Wehen.

Es ist weniger überraschend, all diese symbolischen „plazentalen Scheiben" bei Primitiven vorzufinden, ob sie Bauchscheiben oder Schleuderrasseln genannt werden, wenn man erst einmal verstanden hat, daß die *echte Plazenta*, die nach dem Baby geboren wird, von den meisten primitiven Stämmen aufbewahrt und rituell behandelt wird. Die Plazenta des Babys wird sein „Double", seine „Seele", sein „Bruder" oder „heimlicher Helfer" genannt und wird entweder an einer besonderen Stelle rituell begraben oder in einem Baum oder auf der Spitze eines Pfahls angebracht, der dann der Baum des Lebens wird. Manchmal wird ihr ge-

---

[138] Maringer, *The Gods of Prehistoric Man*, 33–39.
[139] Gerald A. Zegwaard, Headhunting Practices of the Asmat of Netherlands New Guinea, in *American Anthropologist* 61 (1959), 1021–1041.

opfert, und entweder sie selbst oder der Stummel der Nabelschnur werden als starkes magisches Amulett konserviert, das um Hals oder Taille des Kindes gehängt oder auch in speziellen Plazentakörben aufbewahrt wird. Bei manchen Stämmen wird der Stummel der Nabelschnur aufgehoben und als eine „persönliche Schlange" bezeichnet, die als eine Brücke zum Mutterleib ihrem Eigentümer großen Reichtum beschert, wenn sie günstig gestimmt wird. Mitunter wird die Plazenta des Neugeborenen von den anwesenden Erwachsenen sogar *gegessen*. Tatsächlich wird Plazentophagie in mehreren Ländern nach wie vor praktiziert und hat erst jüngst sogar bei vielen Gesundheitskost-Fanatikern in Kalifornien ein Revival erlebt.[140]

Das klarste Beispiel für die Verbindungen zwischen Plazenta-Vorstellungen, Ansichten über die „Seele" und Gruppenfantasie zeigt sich in den Ritualen der Baganda.[141] Hier wird die Plazenta „Geist-Kind" genannt und auf einen Bananenbaum gelegt, der dann von den Großeltern gegessen wird, damit der Geist des Kindes in der Sippe verbleibt. Bei der Taufzeremonie des Kindes wird die Nabelschnur in Milch gelegt (wenn sie nicht schwimmt, wird das Kind von der Sippe verstoßen) und dann von ihrem Eigentümer konserviert. Die Plazenta des Königs, die sein „Double" genannt wird, soll tödliche Macht besitzen, und sie wird immer sorgfältig getrocknet und mitsamt der Nabelschnur konserviert, in einem Topf versiegelt und auf einem besonderen Thron in einem ganz allein von ihr beanspruchten heiligen Haus plaziert. Diese Königliche Plazenta wird von dem Stamm verehrt; sie wird von den Menschen mit „König" angeredet, ein Medium ist zur Stelle, um ihnen die „Botschaften" der Plazenta mitzuteilen, *und ihr werden Menschenopfer dargebracht*. Bei jedem Neumond wird die Königliche Plazenta

---

[140] Für Literatur zu plazentalen Praktiken vgl. Frazer, *The Golden Bough* I, 182–200; M. E. Crawly, The Mystic Rose, London 1902, 119; Harold Speert, Iconographia Gyniatrica: A Pictorial History of Gynecology and Obstetrics, Philadelphia 1973, 190, 251; William B. Ober, Notes of Placentophagy, in *Bulletin of the New York Academy of Medicine*, 2. Folge, 55 (1979), 591–599; Geza Róheim, The Thread of Life, in *Psychoanalytic Quarterly* 17 (1948), 471–486; Gertrude Jobes, Dictionary of Mythology, Folklore and Symbols, Bd. 2, New York 1961, 1277; Briffault, *The Mothers*, 590; G. Elliott Smith, Human History, London 1934, 341; Ralph Linton, The Tree of Culture, New York 1959, 461; Karen Janszen, Meat of Life, in *Science Digest*, Ausgabe November/Dezember 1980, 78–81, 122.

[141] John Roscoe, The Baganda: An Account of their Native Customs and Beliefs, New York ²1966; ders., Further Notes on the Manners and Customs of the Baganda, in *Journal of the [Royal] Anthropological Institute* 32, 25–80; Tor Irstam, The Kings of Ganda: Studies in the Institution of Sacral Kingship in Africa, Westport, Connecticut, 1970.

mit Butter eingeschmiert und dem Mond ausgesetzt, um ihr neue Kraft zu verleihen. Dann beginnt eine sieben Tage dauernde Feier, gefolgt von den Menstruationsperioden aller Frauen bei zunehmendem Mond, wie es heißt. Tatsächlich hat die Königliche Plazenta die wirkliche Macht oder *mana* über die Gruppe, denn wenn der alte König stirbt, nimmt man erst an, daß der neue König auch wirklich über die königliche Macht verfügt, wenn er die Königliche Plazenta des alten Königs bekommen hat. (Die plazentale Macht des „Doubles" wird von den Baganda so tief empfunden, daß sie glauben, ein anderer „Zwilling", ihr eigener *Schatten*, sei ebenso verletzlich, es sei gefährlich, auf ihn zu treten, tödlich, ihn an einer Wand zu sehen, und er sei giftig, falls man zuließe, daß er auf Nahrung fällt. Diese Angst vor dem Schatten-„Double" teilen viele Primitive.)
Der universale Sinn von Beschneidungszeremonien wird klarer, wenn man sie mit der rituellen Behandlung der Plazenta vergleicht. Hinter der offenkundigen ödipalen Bedeutung einer Beschneidungszeremonie, die den Penis des Knaben verstümmelt, liegt die fötale Bedeutung in der Ähnlichkeit zwischen dem Durchtrennen der Nabelschnur nach der Geburt und dem Abschneiden der Vorhaut bei der Wiedergeburt. Sowohl Vorhaut als auch Plazenta werden oft „Double" genannt, beide werden oft verzehrt und auf Bäume gelegt oder von der Gruppe aufbewahrt. Bei der heutigen jüdischen *bris* gibt der *moyel* (Beschneider) dem Säugling als Kompensation für seine abgeschnittene Vorhaut eine *yarmulka* (plazentale Scheibe) mit etwas blutrotem Wein – genau wie der Aborigine im Austausch gegen seine Vorhaut eine Schleuderrassel-Scheibe und etwas richtiges Blut zu trinken bekommt. Tatsächlich malen die australischen Aborigines die abgeschnittene Vorhaut rot an und geben sie dem Jungen in einem Beutel zur Aufbewahrung oder legen sie auf den Totem-Baum (Baum des Lebens), um das Totemtier zur Vermehrung zu veranlassen. Somit haben die Vorhaut, die Plazenta, das „Double", die Schleuderrassel und das Menstruationsblut symbolischen Charakter wie die plazentale „Rote Schlange", die den Aborigines zufolge „das Herz und das Blut des Menschen [und] seinen Totemplatz überwacht [und] die Quelle der Blutversorgung des Menschen ist".[142]
Wenn Aborigines bei Initiationsriten wiedergeboren werden und über einen Zeitraum von mehreren Tagen literweise Menschenblut trinken, werden sie mit dem Blut des Totem-Clans buchstäblich „verbunden" und außerdem mit ihren eigenen Plazentas wiedervereint. Ein Indiz dafür, daß diese Zeremonie nicht einfach eine symbolische „Kastration" ist, kann man bei jenen primitiven Stämmen finden, die oft auch *Frauen* initiieren (im Gefolge ihrer ersten Menstruation),

---

[142] Róheim, *Eternal Ones of the Dream*, 14, 196.

indem sie sie in ein rotes Gewand kleiden und rotes Wasser trinken lassen, als ob auch sie heiliges (plazentales) Menstruationsblut tränken, um sich mit der Gruppe zu vereinen.[143] Ein australischer Stamm, die Bardi, erlebt diese plazentale Erinnerung so konkret, daß sie wie die Baganda ihre wirklichen Plazentas aufbewahren, sie ebenfalls ihr „Double" nennen, glauben, daß sie im Blut ihrer Arme leben, und träumen, daß ihre Plazentas sie nachts besuchen und ihnen Ratschläge erteilen.[144]

Man sieht also, daß jedes Element des Gruppenfantasie-Lebens von Jäger-und-Sammlergruppen ein Wiedererleben des fötalen Dramas in seiner konkretesten Form ist. Wenn ein Schamane seine gefährliche Reise zur Großen Seegöttin beschreibt, die die Verunreinigungen der Gruppe bewirkt hat, erlebt er seine eigene Geburt genauso direkt wieder wie ein Patient Grofs unter LSD, von den periodischen uterinen Kontraktionen bis zur Passage durch den Beckenknochen und den Geburtskanal hinab. Ein Schamane beschreibt die Erfahrung einem Anthropologen gegenüber so:

> Die Erde öffnet sich unter dem Schamanen, doch oft nur, um sich wieder zu schließen; er muß lange mit versteckten Mächten kämpfen, bis er endlich rufen kann „Jetzt ist der Weg frei" ... er ist auf dem Weg zum Herrscher der Meerestiere ... man hört nur Seufzen und Stöhnen ... als ob die Geister unter Wasser wären ... [Er] wird auf seinem Flug zum Meeresgrund vielen Gefahren begegnen, die gefürchtetsten sind drei große rollende Steine ... Er muß zwischen ihnen hindurch und aufpassen, daß er von diesen Steinen nicht zermalmt wird ... ein Weg tut sich auf ... ein Weg durch die Erde hinunter ... Er gleitet fast, als ob er durch eine Röhre fiele, die seinem Körper so angepaßt ist, daß er sich seines Vorankommens vergewissern kann, indem er gegen die Wände drückt ...[145]

Ich habe diese unmodifizierte Form des fötalen Dramas „sadistische" Phase der kindsmörderischen Erziehungsform genannt, weil sie vornehmlich durch Rituale ausagiert wird, die das sadistische Töten des gefährlichen Plazenta-Untieres symbolisieren, wozu die ganze Lebensweise des Jägers als solche gehört. Im nächsten Abschnitt werde ich auf die zweite evolutionäre Ebene des fötalen Dramas eingehen, die „sadomasochistische" Phase, in der das plazentale Untier die „Große Mutter" und der Fötus ihr „Sterbender Sohn" wird.

---

[143] Powers, *Menstruation and Reproduction*, 59.
[144] Róheim, *Eternal Ones of the Dream*, 239.
[145] Knud Rasmussen, Report of the Fifth Thule Expedition, 1921-1924, Bd. VI, Nr. 1: Intellectual Culture of the Iglulik Eskimos, Copenhagen 1929, 124–128.

Die Form des Kindsmords: Sado-masochistische Phase
Das Aufkommen des Ackerbaus und in der Folge des zivilisierten städtischen Lebens, welches das Neolithikum kennzeichnet, ist eine Errungenschaft, die auf der Evolution der Kindererziehung basiert. Diese Evolution bestand in einer Steigerung der Aufmerksamkeit, der Beständigkeit und der Identifizierung des Erwachsenen mit dem Kind. Jäger-Gruppen können von städtischen und bäuerlichen Gruppen durch die Verlagerung von der teilnahmslosen Mutter – die mit ihren kindsmörderischen Wünschen nur so umgehen konnte, daß sie entweder mit dem Kind verschmolz oder sich emotional völlig zurückzog – zur Einheit von Mutter und Vater unterschieden werden, als welche die Eltern fähig sind, ihr Unbewußtes massiv auf das Kind zu projizieren, sich mit ihm zu identifizieren und es dann streng zu disziplinieren und zu formen. Das Merkmal früher Zivilisationen steht paradoxerweise in Verbindung mit dem Aufkommen schwerer körperlicher Bestrafung bei der Gehorsamkeitserziehung. Auch bei zeitgenössischen Gruppen ist die Erziehung des Kindes zu „Gehorsamkeit, Selbstsicherheit und Eigenständigkeit"[146] umso nachhaltiger, je höher die kulturelle Ebene ist. Obwohl psychologische Anthropologen von der entgegensetzten Ursache-Wirkungs-Beziehung ausgehen – als ob der Ackerbau auf magische Weise die Art elterlichen Verhaltens hervorgebracht hätte, die zu seinem Aufkommen und seiner Stützung notwendig war –, gab es in Wirklichkeit *zuerst* die Evolution der Kindererziehung; die kulturellen Veränderungen folgten.
Das Thema der zweiten Phase der kindsmörderischen Erziehungsform läßt sich mit dem bekannten Bibelwort aus den *Sprichwörtern* 13,24 zusammenfassen: „Wer die Rute spart, haßt seinen Sohn, wer ihn liebt, nimmt ihn früh in Zucht." Eltern auf der Ebene des Jägers sind nicht beständig genug, um das Kind ausdauernd körperlich zu disziplinieren – sie können höchstens impulsiv zuschlagen, disziplinarische Prügelpraktiken jedoch kommen bei Jägern nicht vor. Kontrolliertes Schlagen mit zu diesem Zweck gedachten Mitteln bedeutet einen Fortschritt in der Fähigkeit der Eltern, sich mit dem Kind zu identifizieren – das heißt, in der Fähigkeit, das Kind zu „lieben", wie die Bibel sagt. Wenn man im Kodex Hammurabi die Strafen „Wenn ein Sohn seinen Vater schlägt, soll man ihm die Finger abschneiden" oder „Wenn ein Sohn zu seiner Mutter gesagt hat: ‚Du bist nicht meine Mutter', soll man ihm die Stirn brandmarken", oder in alten mesopotamischen Erzählungen die Prügel mit Rohrstöcken bemerkt, die in der Schule ständig Kindern verabreicht wurden, die ohne Erlaubnis redeten –

---

[146] Frances L. K. Hsu, Psychological Anthropology: Approaches to Culture and Personality, Homewood, Illinois, 1961, 387.

dann weiß man, daß die zivilisierte Kindererziehung begonnen hat.[147] Der ägyptische Lehrer, der sagte: „Das Ohr des Knaben ist auf seinem Rücken – er hört zu, wenn er geschlagen wird", und der Schuljunge, der seinem Lehrer dafür dankte, daß er „seine Glieder gezähmt" habe, indem er ihn drei Monate an den Block fesselte,[148] sind beide als Anzeichen für jene Art konstanter Aufmerksamkeit – wie brutal auch immer – zu verstehen, die der primitive Jäger einfach nicht erreichen kann. So sind auch Erfindungen wie das feste Wickeln – für das ich Belege gefunden habe, die mindestens bis zum zweiten Jahrtausend v. Chr. zurückreichen – Mittel zum „Formen und Überwachen", die Jäger nicht einsetzen, weil sie nicht genug Zuwendung dafür aufbringen, um es kontrollieren zu wollen.

Das soll nicht heißen, daß frühe Zivilisationen nicht kindsmörderisch waren: Neugeborene Kinder waren aufgetürmt auf den Misthaufen jeder Stadt zu finden, und Kindsopfer waren in jeder frühen Zivilisation gang und gäbe, wie ich an anderer Stelle ausführlich dargestellt habe.[149] Doch war die Opferung des Neugeborenen, üblicherweise des Erstgeborenen, selbst schon ein Fortschritt an Identifikationsfähigkeit, da Jäger ihre Kinder erst als vollwertige Menschen betrachten, wenn sie die Pubertät erreichen, wenn sie sich also der Prüfung durch die fötale Initiation unterziehen müssen. Frühe Zivilisationen jedoch lassen neugeborene Babys die Wiedergeburts-Prüfung durchlaufen, indem sie ihr am meisten geliebtes erstes Kind (mit dem sie sich auf masochistische Weise am meisten identifizierten) dem Gott Vergiftende Plazenta opfern, so daß es unter wildem Jubelgeschrei „durch das Feuer des Moloch geht" wie in Karthago oder von heiligen Krokodilen gefressen wird wie in Ägypten, während ihre Mütter Plutarch zufolge „stolz" auf sie waren.[150]

Die Evolution von der sadistisch-schizoiden Persönlichkeit des Jägers zur disziplinierteren und daher mehr internalisierten sadomasochistischen Persönlichkeit früher Zivilisationen kann bereits *vor* dem Aufkommen des Ackerbaus, im Mesolithikum, festgestellt werden. Beispielsweise gibt es in der mesolithischen

---

[147] The Code of Hammurabi, King of Babylon About 2250 B. C., übers. v. Robert F. Harper, Chicago 1904, 73; George H. Payne, The Child in Human Progress, New York 1916, 101; Christopher J. Lucas, The Scribe Tablet-House in Ancient Mesopotamia, in *History of Education Quarterly* 19 (1979), 305–332.

[148] Adolf Erman, The Literature of the Ancient Egyptians, London 1927, 189; Albrecht Peiper, Chronik der Kinderheilkunde, Leipzig 1966, 17.

[149] Vgl. die Angaben in Fußnote 107.

[150] Abt-Garrison, History of Pediatrics, Philadelphia 1965, 29; Payne, *Child in Human Progress*, 150–160; E. Wellisch, Isaac and Oedipus, London 1954, 13.

Kunst, etwa in Spanien, haufenweise zeichnerische Darstellungen von Menschen, die in irgendeiner Beziehung zueinander stehen, ganz lebensnah im Vergleich mit den Zeichnungen von plazentalen Untieren, bizarren Figurinen oder Stockgestalten der Menschen des Paläolithikums.[151] Auch wurden viele kulturelle Fortschritte, die einen Rückgang von verfolgerischen Elementen und ein Ansteigen der Ich-Kontrolle ausmachten, im Mesolithikum erzielt, *vor* dem Aufkommen des Ackerbaus: die ersten Behälter, etwa Töpferei und Netze; die ersten Grabstätten; die ersten runden Häuser und dauerhaften Dörfer; die erste um Mann, Frau und Kind zentrierte organisierte Religion usw.[152] Nachdem der Mutterleib und die Mutter selbst nicht länger als Orte des Schreckens voller Zerstörung angesehen wurden, konnten Mutterleibs-Häuser und Mutterleibs-Behälter erfunden und benutzt werden, ohne daß offen sadistische Fantasien ausbrachen. Erst als die Menschen diese neue Ebene der Beständigkeit in der Kindererziehung erreicht hatten, konnten sie sich dauerhaft niederlassen, statt immer weiterziehen zu müssen, um durch das endlose Auflassen jedes Lagers der fantasierten Anreicherung verschmutzten Blutes zu entgehen und um ebenso endlos das plazentale Untier zu suchen und es zu töten. Hatten sie sich im Mesolithikum erst einmal in Dörfern niedergelassen und aus dem sicherer gewordenen Mutterleib heraus Töpferei und Häuser erfunden, *so kam der Ackerbau dann von selbst auf,* insofern die Samen wilden Getreides auf den Abfallhaufen der Dörfer wuchsen. Hawkes drückt diesen Zusammenhang so aus: „Die Pflanzen haben sich den Menschen ebenso ausgesucht, wie er sie sich ausgesucht hat, wegen ihrer spezifischen Düngevoraussetzungen"[153] – das heißt, wildes Unkraut hat sich von selbst zu immer

---

[151] Luis Pericot, The Social Life of Spanish Paleolithic Hunters as Shown by Levantine Art, in: Sherwood Washburn (Hg.), Social Life of Early Man, Chicago 1961, 194–213; Miles Burkett, The Old Stone Age, New York 1963, 231; Luis Pericot-Garcia, John Galloway und Andreas Lommel, Prehistoric and Primitive Art, London 1969, 81–97.

[152] Lewis R. Binford, Methodological Considerations of the Archeological Use of Ethnographic Data, in: Richard Lee und Irben DeVore (Hgg.), Man the Hunter, Chicago 1968, 272; R. DeVaux, Palestine During the Neolithic and Chalcolithic Periods, Cambridge 1966, 4–14. Daß das Mesolithikum einen Anstieg an Erfindungen und einen Rückgang der Jagd auf Großwild verzeichnete, der *nicht* von einer Änderung der Umgebung abhängig war, beweist Lewis R. Binford, Post-Pleistocene Adaptations, in: Stuart Struever (Hg.), Prehistoric Agriculture, Garden City, New York, 1971, 27–33.

[153] J. G. Hawkes, The Ecological Background of Plant Domestication, in: Peter J. Ucko und G. W. Dimbleby (Hgg.), The Domestication and Exploitation of Plants

wieder anpflanzbaren Sorten weiterentwickelt, sobald die psychischen Bedingungen es Menschen erlaubt hatten, sich in dauerhafteren Siedlungen niederzulassen. Diese Theorie ähnelt der, über deren Wahrheit die Psychoanalytikerin Melanie Klein nachdachte: „Könnte deshalb die Grausamkeit der Attacken des frühen Menschen auf den Körper der Mutter für die intellektuellen Hemmungen verantwortlich sein? Und könnte der Grund dafür, daß der Ackerbau die erste Erfindung war, ... darin zu finden sein, daß es Frauen waren, nicht die Männer, die ihn erfanden, die die Ergebnisse von Aussaat und Kreuz-Züchtungen untersuchen konnten, ... und zwar deshalb nur Frauen, weil sie die Mutter nicht so übel zerstört hatten, daß sie ihren Körper nicht ‚erkennen' konnten (Erdboden, wie Ackerbau oder Korb, wie Töpferei etc.)?"[154]

Ackerbau, die Domestikation von Rindern und die Erfindung der von Rindern gezogenen Pflugscharen konnte es erst geben, als der Mensch seinen Sadismus hinreichend reduziert hatte, um die Jagd auf das plazentale Untier zu beenden, sich stattdessen niederzulassen und in einem um Auferstehung zentrierten Rinder-Kult „das Untier zu bewahren" sowie in einem um Fruchtbarkeit zentrierten Getreide-Kult den „Baby-Samen zu bewahren" – Kulte, die beide auf Ritualen des fötalen Dramas basieren.[155] Der Rückgang der sadistischen Version des fötalen Dramas liegt auch der Verlagerung von der reinen Sippenorganisation (alle sind unmittelbar mit der gleichen unsichtbaren heiligen Plazenta verbunden) zu einer eher hierarchischen Organisation nach Klassen zugrunde (göttlicher Anführer *ist* die Plazenta, ebenso wie der Fötus). Einer der Gründe, warum ich diese Phase die „sadomasochistische" nenne, ist der, daß die Fähigkeit, sich zu organisieren, sich unterzuordnen und masochistisch zu sein, einen *Fortschritt* gegenüber der Gemeinschaft sadistischer Gleicher des Primitiven bedeutet. Einen Anführer zu haben, sei er König, Priester oder auch Sklavenhalter, erfordert Vertrauen und eine beträchtliche Verminderung des Sadismus, und das Wachstum der Unterschiede sowohl an Reichtum wie auch an „Macht" erfordert auf seiten des unterworfenen einzelnen die Fähigkeit, gute und schlechte Teile seiner selbst auf andere zu projizieren. Die strenge Schichtung aller archaischen Zivilisationen –

---

and Animals, Chicago 1969, 19; Gene Bylinsky, The Beginnings of Civilized Man, in *Fortune* vom Oktober 1966, 159–236.

[154] Melanie Klein, Contributions to Psycho-Analysis: 1921-1945, New York 1964, 259 (dt. Gesammelte Schriften, Bd. I: Schriften 1921-1945, 2 Tle., Stuttgart 1995 bzw. 1996).

[155] Charles A. Reed, The Pattern of Animal Domestication in the Prehistoric Near East, in: Ucko/Dimbleby, *The Domestication and Exploitation*, 373; Erich Isaac, On the Domestication of Cattle, in: Struever, *Prehistoric Agriculture*, 459–461.

dabei oft auch der eindeutige Sklavenstatus der Mehrheit – ist bewirkt von der Fähigkeit dieser Mehrheit, masochistischen Gehorsam als psychischen Kontrollmechanismus einzusetzen, und nicht vom Zuwachs an „Macht" auf seiten einer Minderheit. Jäger sind einfach zu sadistisch, um masochistischen Gehorsam als Abwehr einzusetzen, und zu verfolgerisch, um einem Anführer zu vertrauen. Mit dieser Zunahme der masochistischen Abwehrmechanismen und der Gehorsamkeitserziehung in der Kindheit konnten archaische Zivilisationen alle Fortschritte erzielen, die von der Gruppenorganisation abhingen, wie etwa Ackerbau mit künstlicher Bewässerung, Verteidigung der Gruppe usw.,[156] und sie waren imstande, jene Ich-Kontrollmechanismen im Ansatz zu entwickeln, die zum Außerkraftsetzen der privaten Rache und zum langsamen Erreichen der Gruppenrechtsprechung über Verbrechen erforderlich waren. Diese Verbesserungen waren abhängig von psychischem, nicht von wirtschaftlichem Fortschritt – gibt es doch keinen plausiblen wirtschaftlichen Grund dafür, daß Jäger-Gruppen keine Könige, Priester, Sklaven-Klassen oder Strafgesetze haben. Der einzige Autor, der die entscheidende Bedeutung des Vorrangs der Psyche in jeder Theorie der Entwicklung früher Zivilisationen zu würdigen weiß, ist der psychoanalytisch orientierte Soziologe Eli Sagan,[157] dessen Arbeit über das antike Griechenland und über frühe komplexe Gesellschaften vieles vorzüglich ausführt, worauf ich hier nur kurz eingehen kann.

Die zentrale Gestalt der archaischen Gruppenfantasie, die sogenannte „Große Mutter", ist die Vergiftende Plazenta, jetzt allerdings mit einer Kombination plazentaler und menschlicher Attribute: „Sie, die alle Dinge formt [und] riesige Schlangen gebar, mit scharfen Zähnen und Fängen, voll Gift anstelle von Blut, grausam, schrecklich und gekrönt mit furchteinflößender Herrlichkeit."[158] Der fötale Held tilgt die Blutverschmutzung der Gruppe und erlangt seine eigene Wiedergeburt, indem er die plazentale Schlangengöttin vernichtet. Die klassische

---

[156] James L. Peacock und A. Thomas Kirsch, The Human Direction: An Evolutionary Approach to Social and Cultural Anthropology, New York 1970, 156–159.
[157] Vgl. Eli Sagan, The Lust to Annihilate: A Psychoanalytic Study of Violence in Ancient Greek Culture, New York 1979; ders., Double-sided, Double-tongued, Self-contradictory and Antagonistic: The Origins of Civilization, Tyranny, and the State, Manuskript in Buchlänge, 1981.
[158] Joseph Campbell, The Masks of God: Occidental Mythology, New York 1964, 79 (dt. Die Masken Gottes. Band 3: Mythologie des Westens, München 1996); die fötale Schlacht wird bewundernswert zusammengefaßt in Joseph Fontenrose, Python: A Study of Delphic Myth and Its Origin, Berkeley 1959.

Form der Schlacht, die sich bei anderen Gruppen in hunderterlei Variation wiederholt, ist das babylonische Epos vom Kampf zwischen Tiamat und ihrem Sproß Marduk. Daß diese Schlachten oft teilweise ödipale Themen haben, ist völlig richtig, denn Marduk fordert als Preis für die Tötung Tiamats die Herrschaft über seinen Vater. Doch wird der ödipale Bezug[159] nur flüchtig erwähnt, bildet eine Nebenhandlung des hauptsächlichen *fötalen* Dramas von der Raserei der giftigen weiblichen Schlange, deren Herz vom tapferen Helden durchbohrt wird und deren Arterien von ihm aufgeschnitten werden.

Diese Verunreinigung und Wiedergeburt der Gruppe durch der Marduks, Gilgameschs und Zeus' archaischer Zeiten Kampf mit der plazentalen Schlange wird zudem spielerisch in zentralen Gruppenritualen aufgeführt, die den Verunreinigungs-/Wiedergeburts-Kampf in öffentlichen Prozessionen und Scheinkämpfen darstellen, wie zum Beispiel bei den Neujahrsfeierlichkeiten der Sumerer, bei denen alljährlich die Große Schlange, die droht, die Welt ins Chaos zurückzustürzen, besiegt wird. Diese Rituale bilden die Matrix jeder archaischen Gruppentätigkeit. Wie Halpern sagt, „(ist) Kultur das Werk des Helden, des Muttermörders"[160], und der Ackerbau selbst ist in allen archaischen Mythen das „Produkt eines Mordes"[161], wie Eliade es ausdrückt – daher ist Nahrung heilig, und daher sind für die Aussaat Wiedergeburtsrituale notwendig, damit der plazentale Baum des Lebens alljährlich erneuert werden kann. Diese Wiedergeburtsrituale konnten sogar vor der Einführung des Ackerbaus festgestellt werden, wie etwa in den Darstellungen der schrecklichen Geier- oder Leopardengöttinnen im prä-agrarischen Çatal Hüyük oder Halicar, die Tier- oder Menschenkinder gebären (vgl. Abbildungen 1). Sowohl die Göttin als auch ihr Stier-Kind nahmen nur langsam und vage menschliche Gestalt an, als die Kindererziehung sich weiterentwickelte. Diese Malereien an den Wänden von Çatal Hüyük, welche die Geiergöttin beim Angriff auf kopflose Männer zeigen, werden auf den angrenzenden Wänden sehr schön von geformten Basreliefs kontrapunktiert, die Frauenbrüste zeigen, aus deren rot bemalten Brustwarzen Geierschnäbel ragen.[162]

---

[159] Campbell, *Masks of God*, 81.
[160] Sidney Halper, The Mother-Killer, in *Psychoanalytic Review* 52 (1965), 73.
[161] Eliade, *History of Religious Ideas*, 39.
[162] James Mellaart, Çatal Hüyük: A Neolithic Town in Anatolia, London 1967, 54. Somit hatte Freud symbolisch auf alle Fälle recht mit seiner Gleichsetzung von *mut* = Mutter = Geier; vgl. auch Noel Bradley, The Vulture as Mother Symbol: A Note on Freud's *Leonardo*, in *American Imago* 22 (1965), 47–56.

Wie das von der Göttin geborene Stier-Baby sich langsam in den jugendlichen Gott verwandelte, der sterben und durch einen alljährlichen Abstieg in die Unterwelt wiederauferstehen mußte, bildeten sich immer mehr sadomasochistische fötale Mythen und Rituale heraus, welche die Ergebenheit (die sich oft bis zur Selbstkastration auswuchs) des jungen fötalen Gottes und seiner Priester gegenüber der blutdürstigen Schlangengöttin zum Inhalt hatten.[163] Das Blut des Opfers war, wie das plazentale Blut bei primitiven Initiationsriten, echt und floß reichlich. Blut wurde „auf den Anbeter und zur Zeit seiner Weihe auch auf den neuen Priester ‚gesprenkelt'. Es wird vor dem Sanktuarium ‚versprenkelt', rund um den Altar, auf dem Altar, am Boden vor dem Altar, auf der Seite des Altars, auf den Armen des ‚Gnadenthrons', und es wird auf das brennende Opfer gesprenkelt oder gegossen".[164] Bei Initiationsriten wurde mit Blut ebenfalls reichlich verschwenderisch umgegangen, wie Prudentius im *Taurobolium* beschreibt:

> Es wurde ein Graben ausgehoben, über dem eine Plattform aus Planken mit Löchern und Spalten errichtet wurde. Auf der Plattform wurde der Opferstier getötet, dessen Blut durch die Löcher auf den Initianden im Graben tropfte. Er entblößte seinen Kopf und entledigte sich all seiner Gewänder, um von dem Blut durchtränkt zu werden; dann wandte er sich um und reckte seinen Hals hoch, so daß das Blut auf seine Lippen, Ohren, Augen und Nasenlöcher tropfen konnte; er benetzte seine Zunge mit dem Blut, das er danach als heilige Handlung trank. Von den Zuschauern begrüßt, kam er aus dieser blutigen Taufe hervor im Glauben, er sei von seinen Sünden gereinigt und „auf alle Ewigkeit wiedergeboren" worden.[165]

Daß das fötale Drama tatsächlich auch ausgeführt wurde, indem man Babys und Jugendliche tötete, steht heute außer Zweifel, denn überall in der antiken Welt sind Menschenopfer entdeckt worden, bis zum Kinderopfer „in den Rachen des Moloch" zu historischen judaischen und karthaginischen Zeiten.[166] Die meiste Zeit jedoch wurde der Gruppenstreß im Rahmen der rituellen Gruppenfantasie

---

[163] Zu psychoanalytischen Erörterungen dessen siehe Edith Weigert-Vowinkel, The Cult and Mythology of the Magna Mater from the Standpoint of Psychoanalysis, in *Psychiatry* 1 (1938), 353–376, und Wolfgang Lederer, The Fear of Women, New York 1968. Die Schriften Jungs und seiner Anhänger sind für den Psychohistoriker von geringerem Nutzen, zumal die Annahmen einer „Vererbung der Archetypen" und eines „kollektiven Unbewußten" letztlich mystisch sind.

[164] Royden K. Yerkes, Sacrifice in Greek and Roman Religions and Early Judaism, New York 1952, 50.

[165] S. Angus, The Mystery-Religions and Christianity, New York 1925, 113.

[166] Nigel Davies, Human Sacrifice: In History and Today, New York 1981, 37–65.

gebändigt, zu der erstmals auch organisierter Krieg zählte, und das fötale Drama konnte bei sadomasochistischen Ritualen aufgeführt werden, die den Tod und das Leiden des Fötus ebenso wie den Tod der Plazenta und die Wiedervereinigung mit ihr betonten. Die Wiederaufführung des fötalen Dramas konnte in der Tat den wirklichen Tod besiegen, wenn etwa die verstreuten Teile von Osiris' Körper, als man sie wieder zusammengefügte, zu einem Ganzen gemacht wurden, indem man sie in eine Kuhhaut wickelte, die „*meshkent*" oder „Plazenta" hieß. Beim üblichen ägyptischen Grablegungsritual kommt es zur Wiedergeburt des toten Mannes oder der toten Frau, indem man ihn oder sie in eine „*meshkent*"-Haut wickelt und einen Stab in Form einer Plazenta über ihm oder ihr schwenkt, während man sein oder ihr *ka*-Amulett als „mein Herz, meine Mutter, mein Herz, durch das ich ins Leben kam" anruft.[167] Beim großen ägyptischen Sed-Fest bereinigt der Pharao selbst die Verschmutzung der Gruppe, indem er sich einrollt „wie ein Fötus", wobei er in eine Tierhaut gewickelt ist, und wieder herauskommt, um zu rufen: „Der Pharao hat seine Geburten erneuert!" Während dieses Festes führt der Pharao eine riesige Prozession an, *an deren Spitze seine echte Plazenta samt herabhängender Nabelschnur auf einem langen Pfahl getragen wird* (vgl. Abbildung 6) – der konkrete Prototyp aller nachfolgenden Flaggen und Standarten. Wie bei den Baganda und anderen oben erwähnten Primitiven dachte man, daß die Plazenta des Pharaos sein „Double" sei, sein *ka*, sein „Helfer", sein „Zwilling", der ihm in der Schlacht helfen würde.[168] Es wurden sogar mehrere Pyramiden für die Plazenta des Pharaos gebaut. Man glaubte tatsächlich, daß sein plazentales *ka* oder Double jeden Ägypter überallhin begleite, und es war das Ziel jedes einzelnen der 500 Millionen mumifizierten Ägypter, im Leben nach dem Tode „zu seinem *ka* zurückzukehren", zu seiner Plazenta also. Dieser Plazenta-Zwilling, ob in Gestalt des ägyptischen *ka*, des babylonischen „einwohnenden Gottes", des iranischen *fravishi* oder des römischen *genius*, ist die ursprüngliche „Seele" aller Menschen, der ursprüngliche „Schutzgeist", und Holzmodelle von wirklichen Plazentas oder andersbeschaffene *ka*-Statuen

---

[167] Eugene Halpert, Death, Dogs and Anubis, in *International Review of Psycho-Analysis* 7 (1980), 392; E. A. Budge, The Book of the Dead, New York 1960, 240; Richard Reichbart, Heart Symbolism: The Heart-Breast and Heart-Penis Equations, in *Psychoanalytic Review* 68 (1981), 94.

[168] C. G. Seligmann und Margaret A. Murray, Notes Upon an Early Egyptian Standard, in *Man* 11 (1911), 165–171; G. Elliott Smith, Human History, London 1934, 331; Frazer, *Golden Bough* II, 68; Ange-Pierre Leca, The Egyptian Way of Death: Mummies and the Cult of the Immortal, New York 1981.

finden sich in den meisten ägyptischen Gräbern.[169] Daher sind alle Flaggen und Banner heilig, plazental, ob sie nun aus echten Plazentas bestehen, aus in Feindesblut getauchten Stoffetzen oder aus Bildern in Gestalt von Reptilien-Drachen,[170] denn, wie Grafton Smith es ausdrückt, „die Heiligkeit der Flagge verdankt sich der Tatsache, daß man ursprünglich annahm, sie fungiere als lebensspendende Macht des Königs und himmlische Quelle allen Lebens, repräsentiert durch die Plazenta des Königs".[171]

Abbildung 6: Ägyptische Standarten der Plazenta des Pharao

---

[169] Aylward Blackman, Some Remarks on an Emblem Upon the Head of an Ancient Egyptian Birth-Goddess, in *Journal of Egyptian Archeology* 3 (1916), 199–206; ders., The Pharoah's Placenta and the Moon-Goddess Khons, in *Journal of Egyptian Archeology* 3 (1911), 235–249; Rank, *The Double*; Grafton Elliot Smith, The Evolution of the Dragon, Manchester 1919, 45.

[170] Whitney Smith, Flags Throughout the Ages and Across The World, New York 1975; M. Oldfield Howey, The Encircled Serpent: A Study of Serpent Symbolism in All Countries and Ages, Philadelphia o. J., 97–99.

[171] Smith, *Human History*, 343.

Das Symbol der Plazenta, entweder als Hakenkreuz (vgl. die Schamgegend der Statue aus Hissarlik in Abbildung 1), als Standarte des Pharaos (Abbildung 6) oder als einfacher Kreis innerhalb eines Halbmondes, *enthält* und bündelt die Macht des Menschen. Der *ka* wird von den Ägyptern oft mit dem „Herzen" des Menschen gleichgesetzt, und jeder Ägpyter trug ein „Herz-Skarabäus"-Amulett mit einer Botschaft an sein *ka* auf der Rückseite. Das sumerische Symbol für die Plazenta, der *lugal*, war zugleich das Symbol für „großer Mann" oder „König".[172] Sowohl Göttinnen als auch Könige wurden häufig mit konkreten plazentalen Bildern gezeigt. In Ägypten etwa, wo die Hauptgöttin Isis bei Prozessionen als ein goldener Uterus dargestellt wurde,[173] waren die Symbole für die Göttlichkeit der Pharaonen die plazentalen Schlangen auf ihrer Stirn, das *ankh* (ein dem Uterus entstammendes Lebenssymbol) oder das Szepter (ein Zweig des plazentalen Lebensbaums), das sie in ihren Händen tragen.[174] Die Diener des Pharaos wurden oft „Wächter der Plazenta des Pharaos" genannt, und die Standarte mit der Königlichen Plazenta scheint seinem Königtum von den frühesten königlichen Denkmälern an bis zum Ende der ägyptischen Geschichte zuzugehören.[175] Bei königlichen Geburtsszenen werden oft zwei Babys dargestellt, eines steht für den Pharao selbst, das andere für sein *ka* oder seinen Zwilling, seine nach ihm geborene Plazenta, um die Quelle seiner Macht oder Lebenskraft zu repräsentieren. Man sollte nicht denken, daß all diese Plazenta-Bilder bloße „Symbole" des Königtums gewesen seien. Sie *waren* die Macht selbst in konkreter Gestalt. Wie Frankfort es ausdrückt, „sind eine Reihe von Gegenständen, die in einer Halterung an der Spitze eines Pfahls, von dem Bänder herunterhängen, irgendein hei-

---

[172] Clyde E. Keely, Secrets of the Cuna Earthmother: A Comparative Study of Ancient Religions, New York 1960; ders., Apples of Immortality from the Cuna Tree of Life: The Study of a Most Ancient Ceremonial and a Belief that Survived 10,000 Years, New York 1961; Henri Frankfort, Kingship and the Gods: A Study of Ancient Near Eastern Religion As the Integration of Society and Nature, Chicago 1978, 218.

[173] A. A. Barb, Diva Matrix, in *Journal of the Warburg and Courtauld Institutes* 16, 201; James Clark Moloney, Oedipus Rex, Cu Chulain, Khepri and the Ass, in *Psychoanalytic Review* 54 (1967), 201–247.

[174] Wolfgang Lederer, Oedipus and the Serpent, in *Psychoanalytic Quarterly* 51 (1964), 619–644; James Clark Moloney, The Origin of the Rejected and Crippled Hero Myths, in *American Imago* 16 (1959), 271–328; Alfred Plaut, Historical and Cultural Aspects of the Uterus, in *Annals of the New York Academy of Science* 75 (1959), 389–411; George Widengren, The King and the Tree of Life in Ancient Near Eastern Religion, Uppsala Universitets Arsskrift 1951, 4.

[175] Frankfort, *Kingship and the Gods*, 70–73.

liges Symbol darstellen, ... echte Fetische, voller Macht [und] in sehr enger Verbindung mit dem König: der Falke, der Ibis, der Wolf und die Königliche Plazenta".[176] Während der Krönung des Königs wurden Hymnen direkt an die Rote Kobra-Krone gerichtet, welche den Isis-Gott *enthielt,* und nachdem der König zuerst festgestellt hatte, daß er „von ihr gekommen" war, sprach er sie rituell wie folgt an:

> O Rote Krone, O Inu, O Große
> O Zauberein, O Feurige Schlange!
> Laß Schrecken vor mir sein wie den Schrecken vor Dir
> Laß Angst vor mir sein wie die Angst vor Dir
> Laß Liebe zu mir sein wie die Liebe zu Dir.
> Laß mich herrschen, ein Anführer der Lebenden.[177]

Alle Anführer erhalten so ihre Macht daraus, „gekrönt" zu sein, wie ein Neugeborenes einen „krönt", in einer Wiedergeburtszeremonie, die ihnen die Blut-Macht der verehrten Plazenta überträgt. Von diesem Moment an ist der Anführer buchstäblich ein Gottmensch, ein Fötus mit der Macht der Plazenta. Als Fötus durchläuft er die Leidens- und Wiedergeburtsrollen des fötalen Dramas in all seinen Formen, beim täglichen Wiedergebären der Sonne, bei alljährlichen Festen, bei der Geburts-Prüfung des Krieges. Als göttliche Plazenta, Inhaber aller plazentalen Fetische – Krone, Szepter, Talar, Banner, Fahne –, wird er als die Quelle aller Blut-Macht, die zum Volk „fließt", verehrt, er erhält alles Leben. Diese zwei Rollen – fötal und plazental – werden von den Menschen der Neuzeit oft vermengt, niemals aber von den Menschen archaischer Zeiten. Wie Frazer und andere dokumentiert haben, muß der König oft sterben, wenn die Gruppe zu schmutzig wird – doch ist es der *Plazenta-König*, der sterben muß, damit der *Fötus-König* wiedergeboren werden kann: „*Le roi placental est mort; vive le roi foetal.*" Häufiger natürlich wird der König, wenn die Gruppe sich verschmutzt vorkommt, den Rat irgendwelcher Eingeweide suchen oder sich in einem Tempel schlafenlegen und von einer alternativen Methode zur Reinigung der Gruppe träumen, indem er etwa einen Gottesbefehl halluziniert, der da lautet, einen Teil des Tempels neu zu errichten oder irgendeinen Krieg zu führen.[178] Doch was auch immer die wahnhafte Auflösung der Gruppenfantasie der Verunreinigung

---

[176] A. a. O., 91 f.
[177] A. a. O., 107 f.
[178] A. a. O., 256.

sein mag, jeder Anführer besitzt seinen göttlichen Status, sein Charisma, seine „Macht" insofern, als er Repräsentant der Plazenta ist. Nachdem die Kindeserziehung im Laufe der Antike langsam besser wurde, begann die offene plazentale Repräsentation in Gott und Anführer von einer phallischeren Bildsprache verdrängt zu werden. Vergiftende schlangenähnliche Göttinnen wurden durch immer offener phallische männliche Götter ersetzt, den Müttern zuzurechnende Schlangenkulte durch den Vätern zuzurechnende phallische Schlangenkulte,[179] schizoider Polytheismus durch den besser integrierten Monotheismus und religiöse Reinigungsfeste durch ethische Systeme und die Tragödie. Viele Autoren, von Briffault bis Reik, Patai und Lederer, haben etwa die Entwicklung des Judaismus dokumentiert, von den Wiedergeburtsritualen in Verbindung mit blutrünstigen Schlangengöttinnen bis zu denen der monistischen Verehrung Jahwes.[180] Doch hing die Verdrängung des Typs der Opferreligion von der Wandlung der kindsmörderischen Erziehungsform zur Form der „Weglegung" ab, einer Entwicklung, die das sadomasochistische fötale Drama der antiken Welt in die neue masochistische Version des Christentums verwandeln sollte.

Die Formen von Weglegung und Ambivalenz: Triumphierender Masochismus
Die Welt der Antike war erfüllt von den Schreien neugeborener Babys, die auf den Feldern und Straßen im Sterben lagen, wo sie von ihren Eltern ausgesetzt worden waren, damit sie von Rudeln hungriger Hunde gefressen wurden. Als aber das christliche Zeitalter herannahte, begannen einige griechische und römische Städte, das Recht der Eltern, ihre Neugeborenen zu töten, ein wenig einzuschränken, wobei manche verlangten, daß die Zustimmung von fünf Nachbarn eingeholt werde, bevor man die Kinder umbrachte, manche den Kindsmord an erstgeborenen Knaben verboten, und eine Stadt, Theben, den Kindsmord Aelian

---

[179] Weston La Barre, They Shall Take Up Serpents: The Psychology of the Southern Snake-Handling Cult, Minneapolis 1962.
[180] Briffault, *The Mothers*; Theodor Reik, Mystery on the Mountain: The Drama of the Sinai Revelation, New York 1959; Raphael Patai, The Hebrew Goddess, New York 1967; Lederer, *Oedipus and the Serpent*; Andrew Peto, The Demonic Mother Imago in the Jewish Religion, in *Psychoanalysis and the Social Sciences* 5 (1958), 280-287; ders., The Development of Ethical Monotheism, in *Psychoanalytic Study of Society* 1 (1960), 311-375; Geza Róheim, Some Aspects of Semetic Monotheism, in *Psychoanalysis and the Social Sciences* 4 (1965), 169-225; Dorothy Zeligs, The Role of the Mother in the Development of Hebraic Monotheism, in *Psychoanalytic Study of Society* 1 (1960), 287-310.

zufolge überhaupt für illegal erklärte.[181] Diejenigen, die sich über die Form der kindsmörderischen Erziehung hinaus entwickelt hatten, bildeten die frühesten christlichen Gemeinschaften; in der *Epistel an Diognetus* findet sich folgende Beobachtung:

> Christen unterscheiden sich von anderen Menschen nicht durch ihre Aussprache oder ihre Kleidung; sie folgen den örtlichen Eß- und Lebensgewohnheiten. Sie heiraten wie alle anderen, sie haben Kinder, sie praktizieren jedoch nicht das Aussetzen neugeborener Babys.[182]

Diese Fähigkeit, das offene Ausagieren kindsmörderischer Wünsche zu verringern, wurde durch die Kindeserziehungsformen von Weglegung und Ambivalenz des christlichen Zeitalters erreicht, bei denen an die Stelle dieses Ausagierens das Fortschicken unerwünschter Kinder zu Verwandten, zu anderen Familien (Pflegschaft) oder in Mönchs- oder Nonnenklöster (Laienbruder- bzw. -schwesternschaft) trat. Christliche Eltern waren in der Lage, eine engere, anhaltendere und mehr auf Delegation beruhende Beziehung zu ihren Kindern aufzubauen und reduzierten so die Notwendigkeit archaischer Abspaltung und massiver Projektion auf das heranwachsende Kind. Als Folge dessen brachte das christliche Zeitalter anstelle der „schizoiden" Persönlichkeiten der kindsmörderischen Form solche hervor, die man heute „Borderline"- und „narzißtische" Persönlichkeiten nennt, deren zentrale Angst sich um Weglegung, nicht um Tod drehte. Bereitete der Ägypter sich sein Leben lang aufs Sterben vor, so lebte der Christ vielmehr mit der Angst, daß „Gott sein Gesicht von ihm abwende". Und statt wie die Menschen der Antike in einer psychotisch ausgestatteten Traumwelt voller abgespaltener innerer Objekte zu leben, pendelte der Mensch des Mittelalters laufend zwischen Phasen psychotischer Zustände, denen zumeist Drohungen des Verlassenwerdens vorausgingen. Gegen diese Ängste vor dem Weggelegt- bzw. Verlassenwerden wurden die wesentlichen Institutionen des Feudalismus und des Klosterlebens eingerichtet, die beide „Zusammenhaltsgruppen" mit streng hierarchischen Aufbauweisen voller sublimierter homosexueller Unterwerfungsrituale waren.

---

[181] Dionysius von Halikarnassos, Roman Antiquities, Cambridge, Massachusetts, 1937, 355; A. Cameron, The Exposure of Children and Greek Ethics, in *Classical Review* 46 (1932), 105–113; George H. Payne, The Child in Human Progress, New York 1916, 9.

[182] Zitiert in Arnold Toynbee (Hg.), The Crucible of Christianity: Judaism, Hellenism and the Historical Background to the Christian Faith, New York 1967, 296.

Durch die Abnahme der Spaltung bei der christlichen Persönlichkeit konnten die Grenzen zwischen Selbst und Objekt nun etwas besser gezogen werden, so daß zum ersten Mal in der Geschichte, wiewohl das Begehren, mit Gott und dem Herrn gleichermaßen zu verschmelzen, nach wie vor übermächtig war, zumindest eine „Persönlichkeit" oder ein zusammenhängendes Selbstbild geformt werden konnte, ganz im Unterschied zu den fragmentierten Ichpunkten der Antike, die nicht einmal ein Wort für ein strukturiertes Selbst kannte.

In der Tat stellte die Fähigkeit, ein grandioses Selbst und ein idealisiertes Elternbild zu entwickeln, die wesentliche historische Leistung jener Christen dar, die in der Lage waren, über die kindsmörderische Erziehungsform hinauszugehen. Denn nur dadurch, daß sie es ermöglicht, einen idealisierten, fürsorglichen Elternteil (Christus) zu phantasieren, kann die christliche Lösung des triumphierenden Masochismus verwirklicht werden, *denn nur in Gegenwart eines imaginären fürsorglichen Elternteils kann man seine masochistischen Leiden und Selbstverleugnungen dramatisieren.*[183] Ein archaischer Ägypter hätte den Spruch „Den Sanftmütigen soll die Erde gehören" für unverständlich gehalten, denn Sanftmut und Selbstverleugnung hätten kein Mitleid von einer sadistischen Schlangengöttin erwarten lassen. Die masochistische Darstellung all jener asketischen Heiligen, all jener heiligen Männer, die in der Wüste fasteten oder sich mit Ketten geißelten, von Christus selbst, der am plazentalen heiligen Kreuz hing, erforderte die Gegenwart eines zuschauenden Elternteils, auf dessen Erbarmen man zählen konnte.[184]

Alle Elemente des fötalen Dramas waren in der christlichen Gruppenfantasie weiterhin gegenwärtig, doch wurden sie durch die historische Errungenschaft der masochistischen Persönlichkeit umgewandelt. Christus war natürlich der Leidende Fötus, der Fisch, das Opferlamm, dessen Geburtsprüfung und Tod am Plazentalen Kreuz (Lebensbaum) und Befreiung aus dem Grab (Mutterleib) die zentralen Phantasien des christlichen Rituals waren. (Petrus läßt die Bildsprache der Geburt konkret werden, indem er verlangt, mit dem Kopf nach unten ans Kreuz genagelt zu werden, wie ein Baby, das geboren wird, damit „die Weise, in der ihr mich jetzt hängen seht, jenen Mann symbolisiert, der als erster zur Welt

---

[183] Robert D. Stolorow, The Narcissistic Function of Masochism (and Sadism), in *International Journal of Psycho-Analysis* 56 (1975), 443.

[184] Peter Brown, The Rise and Function of the Holy Man in Late Antiquity, in *Journal of Roman Studies* 61 (1971), 80–101.

kam".)¹⁸⁵ So wiederholte auch die Eucharistie die Reinigung von der Sünde durch das Essen des Fleisches und das Trinken des Blutes des Gottes. Aber welch einen Unterschied bildete die christliche Lösung im Vergleich mit der Opfer-Gruppenfantasie, die in früheren Zeiten vorherrschte! Das Plazentale Untier mußte nicht sterben, daher konnte es mit dem Fötus *verschmolzen* werden, und der Sohn, der seinen Tod und seine homosexuelle Unterwerfung in einer ekstatischen Identifizierung mit Gott akzeptiert hatte, konnte zum ersten Mal in der Geschichte *Gott gleich* sein. Es ist nicht verwunderlich, daß Paulus, als er diese neue Glaubensformel vertrat, für blasphemisch gehalten wurde. Alles, was man tun müsse, sagte er, sei, die eigene Aggression und Sexualität zu unterdrücken, sich geduldig zu fügen, sich den masochistischen, am Kreuz leidenden Sohn einzuverleiben, und Gott werde mitfühlend sein, nicht kindsmörderisch, und er werde einem helfen, über alle anderen zu triumphieren, sogar über den Tod. Gott als Vergiftende Plazenta verlangte nun nur noch, daß Christus *einmal* starb; der Mensch konnte durch die mystische Vereinigung mit seinem kindsmörderischen Tod und seiner Wiedergeburt ewig leben.

Das Ausmaß, in dem der Christus-Fötus Gott war, bildete natürlich den Gegenstand zahlreicher Kontroversen in gnostischen und anderen Gruppen, denn damit die christliche Formel funktionierte, mußte er stets *sowohl* sterblich *als auch* göttlich sein und bleiben. Nichtsdestoweniger bestand ein enormer Unterschied zwischen der Göttlichkeit Christi und der des Pharaos. Während der Pharao die plazentale Rote Krone nur tragen und so Botschaften von den Göttern empfangen konnte, hatte Christus *selbst* das mächtige plazentale Blut in sich, so daß es vom Anbeter ohne die Notwendigkeit, ein Opfertier zu schlachten, direkt aus ihm getrunken werden konnte. Zudem mußte Christus nur einmal getötet und geschichtlich wiedergeboren werden, nicht täglich, und konnte als Gleicher zur Rechten Gottes sitzen, weil er seine Opferung durch Gott in einer triumphierenden masochistischen Unterwerfung akzeptiert hatte.

Ist diese masochistische Lösung des fötalen Dramas erst einmal als solche erkannt, wird der Rest der Symbolik des Christentums verständlicher. Zum Beispiel ist der seltsame Begriff der Dreieinigkeit, insbesondere die Identität des Heiligen Geistes, leichter zu verstehen, wenn man sich in Erinnerung ruft, daß alle „Geister", wie die ägyptischen „*kas*", Plazentas sind und somit auch der Heilige Geist, der „Geist, durch den Christus in Maria eingeboren wurde", wie Hippolyt an der folgenden Stelle enthüllt:

---

[185] Jonathan Z. Smith, Birth Upside Down or Right Side Up?, in *History of Religions* 9 (1970), 288.

Räumt ein, daß das Paradies ... der Mutterleib sei; und dies ist eine wahre Annahme, welche die Schrift lehrt, wenn sie die Worte zum Ausdruck bringt: „Ich bin der, der dich in deiner Mutter Leib formt." ... Wenn jedoch Gott den Menschen im Leib seiner Mutter formt – das heißt im Paradies –, wie ich behauptet habe, laßt das Paradies den Mutterleib und Eden die Plazenta sein, „ein Fluß, der Eden entspringt, um das Paradies zu wässern", womit der Nabel gemeint ist. Dieser Nabel, so sagt er, ist in vier Prinzipien geteilt; denn auf jeder Seite des Nabels liegen zwei Arterien, Kanäle des Geistes, und zwei Venen, Kanäle des Blutes. [Wenn] die Glückshaube, in die der Fötus gehüllt ist, in den Fötus wächst, der in der Nähe des ... Nabels geformt wird – nähren diese beiden Venen, durch die das Blut strömt und die es von Eden, der Plazenta, weiterbefördern ... den Fötus ... Und auf diese Weise bringt der Geist, der seinen Weg durch die Herzkammern zum Herzen geht, eine Bewegung des Fötus hervor.[186]

Ist dieser plazentale Ursprung des Heiligen Geistes erst einmal erkannt, werden viele Elemente der Bildsprache des christlichen Rituals klarer. Man wird „im Namen des Heiligen Geistes" in einer Reinigungs- und Wiedergeburtszeremonie getauft, die beinahe identisch ist mit den jährlichen Reinigungsfesten archaischer Gruppen, denn die Taufe, so sagt Johannes Chrysostomus, „steht für Tod und Begräbnis, Leben und Auferstehung ... wenn wir unseren Kopf ins Wasser wie in ein Grab tauchen, wird der alte Mensch versenkt, vollständig begraben; wenn wir aus dem Wasser auftauchen, erscheint in diesem Moment der neue Mensch".[187] Und wenn die Liturgie sagt, daß Jesus durch „den Willen des Heiligen Geistes in drei irdischen Wohnungen" lebte: „im Leib des Fleisches, im Leib des Taufwassers und in den düsteren Höhlen der Unterwelt",[188] dann wird die verborgene Plazenta an ihrem ursprünglichen Ort angerufen.
Und dennoch war es das Heilige Kreuz, das mehr als der Heilige Geist die plazentalen Bildsprache der Antike erbte. Die Bibel spricht wirklich davon, daß Christus „an einen Baum gehängt" (Apostelgeschichte 5,30) und „vom Baum herunter" genommen wurde (Apostelgeschichte 13,29), und erst im 5. Jahrhundert wurde anstelle eines Lebensbaums das Heilige Kreuz bildlich dargestellt. Auch dann noch wurde das Kreuz oft in der Form eines ägyptischen plazentalen

---

[186] Hippolyt, The Refutation of All Heresies, in: Alexander Roberts und James Donaldson (Hgg.), The Ante-Nicene Fathers, Bd. V, New York 1925, 77 [dt. Des Heiligen Hippolytus von Rom Widerlegung aller Häresien, übers. v. Konrad Preysing, München 1922 (=Bibliothek der Kirchenväter, 40)].
[187] Zitiert bei Eliade, *Patterns in Comparative Religion*, 197.
[188] Eliade, *Rites and Symbols of Initiation*, 120.

ankh (als ein Kreuz mit einem Kreis an der Spitze) gezeichnet, oder es wurde in der Mitte noch der heidnische Lebensbaum darübergelegt – tatsächlich nennt die byzantinische Liturgie das Heilige Kreuz nach wie vor „den auf dem Kalvarienberg gepflanzten Lebensbaum".[189] Doch egal in welcher Darstellungsform, das plazentale Kreuz beherrschte das christliche Ritual, ob es nun in Häusern zur Anbetung angebracht wurde, bei welcher man einen umbilikalen Rosenkranz in Händen hielt, oder auf dem Opferaltar der Basilika oder Kathedrale – dem Nabel der Welt, dem Himmlischen Jerusalem, wo unter dämmrigen, mutterleibsähnlichen Gewölben, die von der plazentalen Scheibe der strahlenden Rosette dominiert werden, das fötale Drama von der Opferung und Wiedergeburt Christi ausagiert wird.

Es liegt auf der Hand, daß weitaus größere Selbstkontrolle und Triebverzicht – und daher mehr elterliche Fürsorge und Disziplin – zum Führen eines auch nur relativ reinen und sündenfreien – das heißt ohne Sex und Aggression auskommenden – christlichen Lebens erforderlich sind als zum Führen des trieberfüllten, periodisch gereinigten Lebens des Menschen der Antike. Daher wird das masochistische Ideal der christlichen Askese nur von wenigen auf der Welt erreicht, auch unter den Klerikern. Und doch konnte die masochistische, homosexuelle Hingabe an Christus, den Priester und den Herrscher in der Absicht, deren phallische Macht in sich aufzunehmen, zur Lebensweise aller Menschen werden. Das Muster, das in der Kindheit errichtet worden war, wurde in der Adoleszenz verstärkt. Im Mittelalter durchaus verbreitet waren umherstreifende Banden von „Jugendlichen", in denen homosexuelle Unterwerfung unter die älteren Mitglieder praktiziert wurde und die auch nächtliche kollektive Vergewaltigungsüberfälle auf schutzlose Frauen durchführten. Diese homosexuell organisierten Vergewaltigungsbanden „zwangen die Türen des Hauses einer Frau auf und vergewaltigten ihr Opfer auf der Stelle, ohne daß sie ihre Identität verhehlten und indem sie Brutalität mit Schmeicheleien, Drohungen und Beleidigungen mischten, oft in Anwesenheit von zwei oder drei verschreckten Zeugen. Manchmal zerrten sie das Opfer durch die Straßen und zogen es schließlich in ein Haus, dessen Inhaber Mittäter des Anschlags waren und wo sie die ganze Nacht lang taten, was ihnen beliebte."[190] Die Jugendlichen, unter ihnen Söhne

---

[189] Wendell C. Beane und William G. Doty (Hgg.), Myths, Rites & Symbols – A Mircea Eliade Reader, Bd. 2, New York 1976, 44.

[190] Jacques Rossiaud, Prostitutions, Youth and Society in the Towns of Southeastern France in the Fifteenth Century, in: Robert Forster und Orest Ranum (Hgg.),

von Gemeindeverantwortlichen, wurden selten bestraft, während die Opfer der brutalen Vergewaltigungsüberfälle als entehrt galten, von ihren Ehemännern hinausgeworfen und oft in die Prostitution gezwungen wurden. Historiker sind auf Städte gestoßen, wo diese Banden die Mehrzahl der Jugendlichen ausmachten und 80 Prozent aller sexuellen Übergriffe in Bandenvergewaltigungen bestanden, und haben daraus den Schluß gezogen, daß brutale Bandenvergewaltigung für viele Jugendliche im Mittelalter in der Tat „einen echten Initiations- oder Mannwerdungsritus darstellte".

Diese triumphale Absorption phallischer Macht durch masochistische homosexuelle Unterwerfung unter einen grandiosen Anführer verleiht dem Mittelalter seine charakteristische Mischung aus unterwürfiger Frömmigkeit und psychopathischer Gewalttätigkeit. Als es sowohl die Kirche wie auch der König auf dem Höhepunkt der phallischen Absorption befahlen, konnte ganz Europa unter plazentalen Fahnen mit Kreuzen und Schlangen in einem Heiligen Kreuzzug nach Palästina marschieren, einige Moslems oder Juden opfern und als Lohn eine Reinigung von den Sünden erhalten. Diese Reinigung wird oft so erfahren, als käme sie von einem göttlichen Herzen, und gewöhnlich als das Trinken des Blutes dargestellt, das aus den vaginalen Wunden oder später aus der Wunde des plazentalen Heiligen Herzens Jesu sprudelt, welches wiederum als vor Leben und göttlicher Liebe glühend gezeichnet wird.

Im Spätmittelalter, als sich die Erziehungsform der Weglegung zur ambivalenten Form weiterzuentwickeln begann und vorher normale, verfolgerisch-schizoide Lebensweisen unannehmbar wurden, bezeichnete man offene paranoide Episoden zunehmend als „Geisteskrankheit" und „Wahnsinn", statt sie in normale religiöse rituelle Tätigkeiten zu integrieren.[191] Der Katatoniker etwa, der „glaubte, daß er in seinem Sarg liegt, und sich für einen toten Mann hielt" und der früher vielleicht in ein ägyptisches Bestattungsritual integriert worden wäre, wurde jetzt von Ärzten als „Melancholiker" diagnostiziert.[192] Der „Heilige" des frühen Christentums, der sich laufend selbst verwundete, wurde jetzt schlicht als „wahnsinnig" bezeichnet. Der Grund dafür, daß, wie Wissenschaftler herausgefunden haben, „paranoide Schizophrenie die hauptsächliche Form von Geistes-

---

Deviants and the Abandoned in French Society; Selections from the *Annales: Economies, Sociétés, Civilisations*, Baltimore 1978, 6.

[191] Vgl. Judith D. Neaman, Disorder in the Mind of the Middle Ages, in *Book Forum* 5 (1980), 251-258.

[192] A. a. O., 251.

krankheit in diesen Jahrhunderten [war]"[193], liegt darin, daß die fortgeschrittensten Psychoklassen, erzogen von Eltern, welche die kindsmörderische Erziehungsform hinter sich gelassen hatten, nunmehr Gruppenfantasien teilten und Gruppenrituale entwarfen, die nicht mehr dazu gedacht waren, die Abwehrbedürfnisse schizoider Persönlichkeiten zu erfüllen. Diese weniger fortgeschrittene schizoide Psychoklasse wurde, ihrer Gruppenabwehrformen verlustig gegangen, oft dazu gezwungen, mit idiosynkratischen paranoiden Symptomen „krank darniederzuliegen", die jenen glichen, welche in der Antike von der ganzen Gruppe geteilt worden wären. Das ist nur eine Veranschaulichung des allgemeinen Prinzips, daß jede historische Epoche die weniger fortgeschrittenen Psychoklassen ihrer Gruppenabwehrformen beraubt und so Menschen in die „Geisteskrankheit" treibt, die früher als „normal" betrachtet wurden, weil sie Gruppenabwehrformen benutzen konnten, um die Regression zu verhindern.

Dasselbe Prinzip des Psychoklassenkonflikts ist die Ursache des vieldiskutierten unvermittelten Aufkommens und nachfolgenden Niedergangs der Hexenjagd im 16. und 17. Jahrhundert. Die Anklagen gegen Hexen sind identisch mit den fötalen Ängsten vor der Vergiftenden Plazenta, die in dieser Abhandlung erörtert worden sind. Denn Hexen taten nur genau das, was alle monströsen Göttinnen und menstruierenden Frauen immer getan haben; wie die berüchtigte Bulle von Papst Innozenz VIII. von 1488 festhält, „haben sie Kinder noch im Mutterleib getötet, ebenso wie die Nachkommenschaft von Rindern, haben die Früchte der Erde vernichtet, die Weintrauben und die Baumfrüchte, [und] sie hindern Männer daran, den Geschlechtsakt zu vollziehen, und Frauen an der Empfängnis ..."[194] Daß auch Satan, mit dem Umgang zu haben die Hexen beschuldigt wurden, die Vergiftende Plazenta war, läßt sich an seinen Tierhörnern, der roten Farbe und seinem schlangengleichen, umbilikalen Schwanz ersehen. Und daß das Christentum, wie jede Gruppenfantasie, in einen endlosen Kampf gegen den plazentalen Satan verwickelt war, war für diese Jahrhunderte kaum etwas Neues. Was jedoch in der Reformation neu war, waren Fortschritte der Kindeserziehung bei einer Minderheit, die einen Psychoklassenkonflikt auslösten, der stark genug war, die „Welt auf den Kopf zu stellen" und die europäische Psyche vieler ihrer grundlegendsten Abwehr-Gruppenfantasien und -rituale zu berauben. Dieser durch eine fortgeschrittenere Psychoklasse herbeigeführte Zusammenbruch der christlichen Gruppenfantasie im 16. Jahrhundert stürzte die weniger fortgeschrittenen Psychoklassen in fürchterliche Ängste angesichts verdrängter Wün-

---

[193] A. a. O., 255.
[194] Janice Delaney, *The Curse*, 39.

sche, die zuvor durch mittelalterliche christliche Glaubensvorstellungen und Rituale gebunden gewesen waren. Wie der Psychohistoriker William Saffady es ausdrückt: „Das Aufgeben religiöser Zeremonien ... würde, so schlossen sie, eine Gefahr für die Persönlichkeit eines Christenmenschen mit sich bringen und ihn in ein wildes Tier verwandeln", das in der Masse sogar zu inzestuösen und vatermörderischen Handlungen Zuflucht nehmen könnte, sobald das traditionelle Ritual erst einmal fallengelassen oder verändert worden sei.[195] So mußten etwa, sobald die Transsubstantiation (die konkrete Wirklichkeit des Essens von Christi Körper und des Trinkens seines Blutes in der Eucharistie) einmal hinterfragt wurde, die oralen kannibalistischen Wünsche, die diese Gruppenfantasie aus sich entließ, auf die „kannibalistische" Hexe projiziert werden, von der man glaubte, sie würde bei nächtlichen Treffen, welche die Eucharistie parodierten, Babys verzehren.[196] Auf solche Weise führten auch viele andere Gruppenfantasie-Abwehrformen –gegen fötales, orales, anales oder phallisches Material –, die von der Minderheit aus dem christlichen Ritual und Glauben entfernt wurden, zu schrecklichen Ängsten und regressivem Verhalten bei der Mehrheit.

Somit ist das, was Trevor-Roper „die allgemeine Krise des 17. Jahrhunderts" nennt,[197] von seinen religiösen und politischen Kriegen bis zur Hexenverfolgung, Ergebnis eines schweren Psychoklassenkonflikts. Neue Formen der Kindeserziehung in einer Minderheit brachten moderne Persönlichkeitstypen hervor, welche die traditionellen Gruppenfantasien veränderten und die aus weniger fortgeschrittenen Psychoklassen sich zusammensetzende Mehrheit damit bedrohten, von Ängsten und Wünschen überwältigt zu werden, die nunmehr nur noch auf Häretiker, Revolutionäre und Hexen projiziert werden konnten. Erst mit dem Aufkommen einer *neuen* Gruppenfantasie, nämlich der von der „nationalen Souveränität" – einer neuen „Mutterleibsumgebung", welche die Persönlichkeitskonflikte zu binden vermochte –, konnten die religiösen Kriege und Hexenjagden der frühen Neuzeit beendet werden. Daß die – von den meisten Gruppen natürlich auch heute noch geteilte – Gruppenfantasie des Nationalismus auf einer modernen Version des fötalen Dramas basiert, soll im verbleibenden Teil dieser Abhandlung nachgewiesen werden.

---

[195] Vgl. William Saffady, Fears of Sexual License During the English Reformation, in *History of Childhood Quarterly* 1 (1973), 89–97.
[196] Norman Cohn, Europe's Inner Demons: An Enquiry Inspired by the Great Witch-Hunt, New York 1975, 228.
[197] H. R. Trevor-Roper, The European Witch-Craze of the Sixteenth and Seventeenth Centuries and Other Essays, New York 1969.

Die Formen von Einmischung und Sozialisation: Moderner Nationalismus als ein fötales Drama
Die Etablierung der Erziehungsform der Einmischung mit ihrem beständigeren und den Kindern mehr zugewandten elterlichen Verhalten, das mehr auf psychologischen als auf physischen Kontrolleinrichtungen basiert, befähigte die Männer und Frauen der frühen Neuzeit, erstmals zu erreichen, was Melanie Klein als „die depressive Haltung"[198] bezeichnet hat: eine hinreichende Reduktion des Gefühls der Verfolgung und der Spaltung, die dem einzelnen erlaubte, gute und schlechte elterliche Elternbilder miteinander zu vereinbaren und mit Gefühlen von Schuld und Wiedergutmachung umgehen zu lernen. Diese neue Persönlichkeit konnte dann damit beginnen, im intellektuellen Bereich die moderne Wissenschaft, im technologischen Bereich die industrielle Revolution und im persönlichen Bereich die Liebesheirat einzuführen.

Jeder Fortschritt der modernen Persönlichkeit wurde jedoch nur durch Entwicklung aus einer Matrix fötaler Fantasie heraus erzielt, in die sie zuvor eingebettet gewesen war. Wir haben gesehen, wie frühe religiöse Systeme fötale Fantasien von einem geographischen System aufwiesen, das auf einer umbilikalen zentralen Weltachse *(axis mundi)* oder um einen Nabel *(omphalos)* herum gelegen war, zusammen mit megalithischen astronomischen Visiersystemen und schlangengleichen geodätischen Kräften.[199] Auf solcher fötalen Fantasie, voll mythologischer Kämpfe mit Weltdrachen und einer solaren Tod-und-Wiedergeburts-Bildlichkeit, und aus ihr heraus mußten die ersten Astronomen ihre frühen wissenschaftlichen Systeme errichten. So mußten auch die ersten Chemiker ihre Wissenschaft aus einer langen Tradition der Alchimie entwickeln, die an jeder Stelle Bestandteile des fötalen Dramas aufwies. Der Alchimist „betrachtete alchimistische Gefäße als Mutterleiber, [in denen] der Fötus wächst" aus Elementen wie „Drachenblut", und die nach neun Monaten ein „königliches Kind" gebären, das in einem Lebensbaum sitzt, einen „Stein der Weisen", der aus minderwertigen Metallen im Gefäß des Alchimisten geboren wurde.[200] Frühe Wissenschaftler wie Newton und Boyle waren sich sicher, daß sie in ihren Laboratorien solcher Bil-

---

[198] Eine Skizze dieses Begriffs findet sich bei Hanna Segal, Klein, London 1979, 78-90.
[199] Vgl. Nigel Dennick, The Ancient Science of Geomancy: Man in Harmony With the Earth, London 1979, 45-49.
[200] Vgl. Allison Coudert, Alchemy: The Philosopher's Stone, London 1980, 52, 116, 124 (dt. Der Stein der Weisen. Die geheime Kunst der Alchimisten, Bern-München 1992).

der ansichtig wurden und daß sich in ihnen solche fötalen Dramen abspielten, und es dauerte mehrere Jahrhunderte, bis die Unterscheidung zwischen Alchimie und Chemie klar geworden war.

Auch die moderne Politik wurde auf Grundlage einer Matrix früherer fötaler Symbolik eingeführt. Als sich der Ort der Fantasie plazentaler Macht vom Monarchen auf die „Nation" zu verlagern begann, erfanden die frühneuzeitlichen politischen Theoretiker eine „*intencio populi*, [die] der Mittelpunkt des mystischen Körpers des Reiches ist ... das Herz, von dem aus die politische Nahrung zum Wohlergehen des Volkes in die ... Glieder des Körpers als dessen nährender Blutstrom transportiert wird".[201] Dieses mystische zentrale Herz, diese neue Plazenta, die jeden Menschen des Reiches nährt, dieses *corpus mysticum* des Embryos, wie Fortescue es genannt hat, kann entweder im Anführer oder in einer kleinen Repräsentantengruppe situiert sein, aber es *repräsentierte* das Reich und versorgte und kontrollierte es durch sein nährendes Blut.

Als sich die plazentale Bildlichkeit vom Monarchen als Inhaber der Macht auf die „Nation" zu verlagern begann, konnte die moderne Gruppenfantasie des Nationalismus mit ihrem Nachdruck auf lückenlose Staatsgrenzen, rassische Reinheit und mystische Partizipation jedes Bürgers am nationalen fötalen Drama – besonders am Krieg – geboren werden. Die Anführer der Nation *konsultieren* dieses mystische zentrale „Herz des Reiches" in periodischen Abständen, genau wie es der Pharao tat, wenn er sich in einen Tempel begab, um von der Botschaft des plazentalen Gottes zu träumen, nur daß man diese nun „den Willen des Volkes" nannte. Dieser „Wille der Nation", der zu Rate gezogen wird (wenn etwa der Kongreß in der Frage zusammentritt, ob man aufgrund der Krise am Golf von Tonking in den Krieg ziehen solle), rekurriert auf die gleiche Fantasie wie das Konsultieren des „Willens der Götter", das der Pharao in seinem Traum-Tempel praktizierte; er bestimmt die Verfassung der Gruppenfantasie im Hinblick darauf, wie verschmutzt sich die Gruppe fühlt, welches Ausmaß der Zusammenbruch der Ichgrenzen hat, den die Gruppe durchmacht, und wieviel Wut gegenüber ihrem „zentralen Herz" sie verspürt. Wie wir im letzten Abschnitt dieser Abhandlung sehen werden, ziehen sich die Anführer moderner Staaten sehr oft in einen symbolischen Traum-Tempel zurück, um ihren plazentalen

---

[201] Zu einer Diskussion von Fortescue vgl. Eric Voegelin, The New Science of Politics: An Introduction, Chicago 1952, 42–45 (dt. Die Neue Wissenschaft der Politik. Eine Einführung, in Zus.-Arb. mit d. Eric-Voegelin-Archiv an d. Ludwig-Maximilians-Universität München hg. v. Peter J. Opitz, Freiburg ⁴1991).

Gott zu konsultieren, wenn sie am Ende jeder „Zusammenbruchs"-Stufe (FS 3) einen Feind aussuchen.

Das Belegmaterial für den vierstufigen fötalen Zyklus ist in meiner früheren Arbeit zur Gruppenfantasie enthalten, die auf den ersten Seiten dieses Artikels zusammengefaßt wird. Da die Mehrheit der Menschen in modernen Staaten nach den Formen der Einmischung und der Sozialisation erzogen worden ist, besteht die nationalistische Gruppenfantasie, innerhalb derer wir das fötale Drama heute aufführen, in der Verehrung eines „nationalen Willens", wie er von gewählten Anführern interpretiert wird, der unvermeidlichen zunehmenden Verunreinigung dieses „nationalen Lebensbluts", einem Zusammenbruch des nationalen Willens und einer aufopfernden Schlacht mit einem bestialischen Feind, häufig einer anderen Nation, um den nationalen Blutstrom zu reinigen und die Wiedergeburt nationaler Lebenskraft zu erreichen. Die Amerikaner von heute verehren, wie die Menschen des Paläolithikums vor 15 000 Jahren, eine Vergiftende Plazenta in Gestalt eines gefährlichen Großen Bären, der unsere Zeitschriften mit seinen Bildern füllt und auf dessen Tötung wir einen Großteil unserer Kräfte verwenden – nur daß es jetzt ein *russischer* Bär ist, den wir jagen. Wir wählen Anführer und hoffen, daß sie die Kraft haben, das gefährliche Untier fernzuhalten – darum ist Amerika noch nie im ersten Jahr einer Präsidentschaft in einen Krieg gezogen.[202] Doch die wachsende Verschmutzung des nationalen Lebensblutes ist nicht ignorierbar, der Zusammenbruch der Gruppenabwehrformen ist unvermeidlich, und das nationale Opfer und die Wiedergeburt sind schmerzvoll. Wie Hitler am Vorabend seines Einmarschs in Polen beim Betrachten des roten Leuchtens des Nordlichts zu einem Adjutanten sagte: „Das sieht nach viel Blut aus. Diesmal wird die Sache nicht ohne Gewalt abgehen."[203]

Nachdem alle unsere „größten" Anführer – von Cäsar und Napoleon bis Churchill und Roosevelt – Opferpriester mit dem Blut von Millionen an ihren Händen waren, müssen wir dieses zentrale Ritual sehr ernst nehmen, genauso ernst

---

[202] Das gilt für alle großen Kriege, die Amerika geführt hat. Die beiden, die am frühesten nach dem Beginn einer neuen Präsidentschaft angefangen wurden, waren kleine Kriege: der mexikanische und der spanisch-amerikanische; beide begannen jeweils 14 Monate nach der Wahl von Polk bzw. McKinley. Es ist festzuhalten, daß der Bürgerkrieg offiziell zwar unmittelbar *nach* der Wahl Lincolns begann, es in Wahrheit aber seine Wahl (als Kriegsanführer) war, die den [schon im Gange befindlichen] Krieg als solchen *bestätigte*, was die Lösung für die nicht beendete „Zusammenbruchs"-Stufe der vorangegangenen Regierung darstellte.

[203] Zitiert bei John Lukacs, The Last European War: September 1939-December 1941, Garden City, New York, 1976, 45. Ich danke David Beisel für diesen Hinweis.

wie etwa die Azteken *ihre* regelmäßigen rituellen Opferungen von Jugendlichen an ihren Gott. Wenn unsere Zeitschriften ein Amerika zeigen, das vor Atomraketen nur so strotzt, die auf einen russischen Bären gerichtet sind, muß ein Psychohistoriker lernen, dieses Bild für eine zutreffende Wiedergabe davon zu nehmen, wie die *Gefühlslage* der gegenwärtigen amerikanischen Gruppenfantasie beschaffen ist. Zur Betrachtung der jüngsten Opferkrise in der amerikanischen Gruppenfantasie werde ich mich nun einer Untersuchung der Gruppenfantasien und Ereignisse um die Präsidentschaft von Jimmy Carter und der sogenannten „Iran-Krise" zu.

III. Das fötale Drama in der amerikanischen Gruppenfantasie

Es ist meine feste Überzeugung, daß Psychohistorie eine Wissenschaft ist und daß es die Aufgabe eines Psychohistorikers ist, überprüfbare Hypothesen zu bilden und auf deren Basis klare Vorhersagen zu treffen, so daß durch die Widerlegung bestimmter Teile dieser Hypothesen neue Theorien formuliert werden können. Dementsprechend habe ich, nachdem ich zunächst das vierstufige Modell der historischen Gruppenfantasien aufgestellt hatte, am Beginn der Präsidentschaft Jimmy Carters eine Reihe von Vorhersagen über die zukünftigen Ereignisse gemacht, die eintreten würden, wenn die Theorie richtig wäre.[204] Diese Vorhersagen waren:

1. daß um 1979 das Vertrauen der Amerikaner in Carter zusammenbrechen würde,
2. daß dieser Zusammenbruch mit mächtigen Gruppenfantasie-Bildern von sowohl Carter als auch der Nation einhergehen würde, wie sie sich auflösen, ersticken und sterben,
3. daß die Nation Carter gegen Ende 1979 auffordern würde, einen „erniedrigenden Anderen" ausfindig zu machen, auf den ihre Wut projiziert werden könnte,
4. daß dieser neue Feind sich wahrscheinlich im Nahen Osten befinden würde, und

---

[204] Zuerst in: Lloyd deMause und Henry Ebel (Hgg.), Jimmy Carter and American Fantasy, New York 1977; die Vorhersagen wurden im Artikel *Historical Group-Fantasies* (zuerst in *Journal of Psychohistory* 7 (1979), 50–56) weiter präzisiert. [beide Artikel oben im vorliegenden Band]

5. daß Carter ermutigt werden würde, diesem Feind gegenüber „massiv zu werden", und daß er mit einer militärischen Aktion reagieren würde, die wahrscheinlich zu einem Krieg führt.

Der verbleibende Teil dieser Abhandlung wird sich dem Nachweis widmen, daß sich die ersten vier Vorhersagen bestätigt haben, insofern die sogenannte „Iran-Krise" tatsächlich eine gut motivierte *Lösung* der „Zusammenbruchs"-Stufe war, und daß die fünfte Vorhersage teils richtig, teils falsch war, da die US-Militäraktion im Iran knapp vor dem Ausbruch eines Krieges „abgeblasen"[*] wurde. Bevor ich mich aber einer Untersuchung dieser Ereignisse zuwende, möchte ich zuerst die Reaktionen von Lesern auf meine ersten Bemühungen um psychohistorische Vorhersagen mitteilen, als eine lehrreiche Lektion über die mächtigen Ängste, die unsere neue Wissenschaft entfacht.

Ich bin Anwürfe von seiten des Großteils des wissenschaftlichen Berufsstandes aufgrund meiner psychohistorischen Arbeit seit langem gewöhnt und habe oft versucht, die Gründe dieser Reaktion zu bestimmen. Mein kurzer 20-Seiten-Artikel in unserem Buch *Jimmy Carter and American Fantasy* jedoch rief einen Sturm des Zorns hervor, der alles übertraf, was ich bis dahin erlebt hatte – vermutlich, weil ich zum ersten Mal über *gegenwärtige* Gruppenfantasien geschrieben hatte. Die Rezensenten schienen besonders über jeglichen Anspruch auf wissenschaftliche Methodologie erzürnt zu sein. Gary Wills nannte mich in einem Artikel mit der Überschrift PSYCHOHISTORIE IST SCHWACHSINN einen „Quacksalber unseres ‚wissenschaftlichen Zeitalters'", eine Person mit einer „Mickey-deMause-Methode", die Leser „blödsinnig" machen könne.[205] Andere beklagten meine „unverfrorenen" Nerv, überhaupt Vorhersagen zu treffen,[206] meine „deterministischen" Methoden,[207] meine „Überheblichkeit eines großen Wissenschaftlers"[208] und meine Anmaßungen beim Schreiben von – so das *Wall Street Journal* – „Science Fiction".[209] *Publishers Weekly* nannte mich ein „schwächliches Orakel",[210] die *New York Post* sagte, ich sei ein „Revisionist", der

---

[*] Der Ausdruck im Original – „aborted" – bedeutet sowohl „fehlgeschlagen" und „verkümmert" als auch „fehlgeboren", „abgetrieben". (A.d.Ü.)
[205] *Washington Star* vom 18. Januar 1978.
[206] Philip Nobile, Talk With a Psycho-Historian, in *Parade* vom 10. November 1977.
[207] *Kirkus Service* vom 1. Oktober 1977.
[208] Harriet Van Horne in der *New York Post* vom 12. September 1977.
[209] Allan L. Otten im *Wall Street Journal* vom 10. November 1977.
[210] *Publishers Weekly* vom 3. Oktober 1977.

"Geschwafel" von sich gebe,[211] und die *Atlanta Constitution* hielt meine Vorhersagen für „Psychogeplapper ... reinen Mist ... Dreck ... Gewäsch".[212] Meine Psychohistoriker-Kollegen zeigten sich infolge meines Versuchs, Vorhersagen zu treffen, sogar noch mehr verärgert: *The Psychohistory Review* sagte, alle seien nur meine „eigenen erregten Phantasien"[213]; Peter Loewenberg sagte einer Reporterin, meine Vorhersagen seien „unverantwortliche Effekthascherei", da „sowohl Geschichte als auch Psychoanalyse sich [nur] mit *Nachher*sagen beschäftigen, mit der Rekonstruktion von Kausalität in der Vergangenheit"[214]; John Fitzpatrick sagte, daß „Psychohistoriker nicht über die Fähigkeit verfügen, einzelne Vorhersagen darüber zu treffen, was ein Präsident tun wird"[215]; ein anderer Psychohistoriker sagte zu einer Reporterin: „Ich mag die schmutzige Wäsche der Psychohistorie nicht in der Öffentlichkeit waschen, aber deMause' Beharren auf der ‚wissenschaftlichen' Natur seines Materials hat viel Groll verursacht"[216]; Robert Coles teilte *Newsweek* mit: „Manche bekritzeln Wände mit unanständigen Worten, andere treiben Psychohistorie"[217]; *The Chronicle of Higher Education* bezeichnete meine Arbeit als „ein Krebsgeschwür, das durch den ganzen Körper des Historikerberufs metastasiert"[218]; und John Demos sagte, dieser Art von Psychohistorie „müssen wir irgendwie Einhalt gebieten".[219]

Daß meinem „krebsartigen" Schreiben „Einhalt gebieten" Taten sowohl wie Worte implizierte, wurde bald augenfällig, als wissenschaftliche Zeitschriften sich weigerten, das Buch zu rezensieren, Wissenschaftlerverbände meine Bewerbung um Mitgliedschaft „wegen des umstrittenen Charakters Ihrer Arbeit" ablehnten,[220] Doktoranden, die meine Theorien verwendeten, wegen ihrer Verbindung zu mir ihre Doktortitel verweigert wurden,[221] Studenten befohlen wurde,

---

[211] James A. Wechsler, The Fantasy World of „Psychohistory", in der *New York Post* vom 21. Oktober 1977, 31.
[212] Bill Shipp, Jimmy Carter and the Psychobabblers, in der *Atlanta Constitution* vom 5. Oktober 1977.
[213] Lloyd S. Etheredge, Perspective and Evidence in Understanding Jimmy Carter, in *Psychohistory Review* 6 (1978), 54.
[214] Patricia O'Toole, Embattled Over Clio, in *Human Behavior* vom Juli 1978, 64.
[215] Ebd.
[216] Ebd.
[217] History's 50-minute Hour, in *Newsweek* vom 18. April 1977, 96.
[218] Kenneth S. Lynn in *The Chronicle of Higher Education* vom 16. Januar 1978, 48.
[219] *History's 50-minute Hour*, 100.
[220] Brief von Jeanne N. Knutson, Ph.D., Generalsekretärin der *International Society of Political Psychology*, an Lloyd deMause, datiert mit 10. Januar 1977.
[221] Brief von Glenn Davis an Lloyd deMause, datiert mit 25. Februar 1980.

ihre Arbeit für meine Zeitschrift einzustellen, andernfalls ihnen der Zugang zur Hochschule verwehrt würde,[222] und einem der Ko-Autoren des Carter-Buchs wegen seiner Mitarbeit an dem Buch mit dem Entzug seiner Professur gedroht wurde.[223]

Was offenbar passiert, wenn psychohistorische Interpretationen *gegenwärtiger* statt *vergangener* Gruppenfantasien vorgenommen werden, ist, daß die Gruppe, welche die Fantasien teilt, auf die gleiche Art reagiert wie ein Patient, wenn sein Psychoanalytiker eine vorzeitige Deutung gibt – mit tiefen Gefühlen von Erniedrigung und Wut. Der infantile Gehalt, über den ich schrieb, konnte nicht von den Gruppenfantasien gekommen sein, an die *sie* glaubten – daher mußte er aus *meinen eigenen* infantilen „erregten Phantasien" stammen, und *ich selbst* mußte infantil sein, ein kindischer „Mickey deMause", der seine Phantasien in einer Zeitschrift veröffentlicht, die ein „Comic-Heft für Erwachsene"[224] ist. Wie Bion es einmal ausgedrückt hat, schätzen Gruppen die Erforschung „der Charakteristika der Gottheit, deren Kult zu der Zeit gerade floriert"[225], nicht. Die einzige wohlmeinende Reaktion, die das Carter-Buch erhielt, kam aus *Deutschland*[226]; in Amerika sind Psychohistoriker leichter annehmbar, wenn sie über Hitler und die Deutschen schreiben.

Die Zusammenbruchs-Stufe von Carters Gruppenfantasie

Die Zusammenbruchs-Stufe von Jimmy Carters Präsidentschaft trat im Jahre 1979 ein. Amerika, die reichste und freieste Nation in der Geschichte, auf dem Gipfel seines Wohlstands mit dem höchsten Bruttosozialprodukt und der niedrigsten Anzahl von unterhalb der Armutsgrenze lebenden Menschen in seiner Geschichte, zum ersten Mal seit Jahrzehnten an keinem Krieg beteiligt und ohne innere Unruhen, begann eine Gruppenfantasie des totalen Zusammenbruchs seiner Mächtigkeit zu teilen. Nach einem kurzen Anstieg in den Umfragen in bezug auf das Vertrauen in Carter im Anschluß an seinen Erfolg bei den Nahost-Friedensverhandlungen in Camp David (zur Fantasie-Analyse derselben vgl. meinen Artikel *Historische Gruppenfantasien*)[227] nahm das Vertrauen der Amerikaner in Carter in den ersten acht Monaten des Jahres rapide ab. Die Umfrage

---

[222] Persönliche Mitteilung von David Beisel an Lloyd deMause.
[223] Ebd.
[224] Lynn, *The Chronicle*, 48.
[225] Bion, *Experiences in Groups*, 87.
[226] Gerhard Bliersbach, Der Strauß in uns, in *Psychologie Heute* vom März 1980.
[227] Im vorliegenden Band.

„Zur Lage der Nation" des *Time*-Magazins trug den Titel „Die Situation ist ernst"; Reporter begannen Carter auf Pressekonferenzen zu fragen, warum er „Schwäche und Unvermögen an den Tag lege"; George Will schrieb in *Newsweek*, Carter befinde sich jetzt „auf einem abwärtsführenden, abbröckelnden Pfad, [während] Amerikas Niedergang sich beschleunigt"; der *Washington Star* titelte mit Amerikas „WELTWEITEM ABGLEITEN IN DIE OHNMACHT"; die *New York Times* veröffentlichte an einem Tag zwei Artikel, wobei Carter im ersten „als schwächster und unfähigster Präsident seit Martin Van Buren" um seinen Rücktritt gebeten wurde und ein Psychiater im zweiten sagte, Carter brauche psychiatrische Behandlung; und eine amerikaweite Wahl des „prominentesten Inkompetenten" in der Geschichte konnte Carter mühelos für sich entscheiden.[228] Spekulationen über Carters Gesundheit mehrten sich; als Carter eines Tages eine Rede, die er vor der Presse halten sollte, nur für später ansetzte, „verursachte die unerklärte Absage weltweite Spekulationen darüber, daß Carter irre geworden war", und sein für die Termine zuständiger Sekretär mußte den Reportern versichern, daß „Carter gesund und im Amt war und wußte, was er tat".[229]

Abbildung 7: Carter im Fallen und in Auflösung begriffen

---

[228] *Time* vom 30. April 1979, 10; *New York Times* vom 2. Mai 1979, A27; TRB in der *New Republic* vom 17. Februar 1979, 37, und in der März-Ausgabe 1980, 3; *New York Times* vom 7. August 1979, A15.

[229] John Osborn in der *New Republic* vom 4. August 1979, 13.

Die Karikaturen zu dieser Zeit zeigen Carter im Fallen, im Auflösen begriffen oder im Sterben (vgl. Abbildung 7), Gefühle, die wir ihm sowohl wünschten *als auch selbst empfanden,* denn letztlich war es das amerikanische Volk, das die Gruppenfantasie von Zusammenbruch und Auflösung teilte. Doch die Wut der Gruppe darüber, einen plazentalen Anführer zu haben, der versagte, schwach und am Ersticken war, zeigte sich schon bald in Form von Karikaturen mit plazentalen Kraken, die Carter oder uns strangulierten (vgl. Abbildung 8) – plötzlich tauchte überall in den Karikaturen die Vergiftende Plazenta auf, die uns würgte, sei es als OPEC, als Inflation, als Amtsschimmel, als Massenpost, alles schnitt uns die Sauerstoffzufuhr ab. (Diese beiden Karikaturen sind typisch für über 400 aus diesen Monaten in meinen Unterlagen, die Ersticken, Fallen und Auflösen darstellen, während ich aus vorhergehenden Monaten nur ein Dutzend fand, die alle mildere Gefühle des „Fallens" zeigen.) Todeswünsche gegen den plazentalen Anführer nahmen überhand. Carter wurde ein „politischer Fall mit Ablaufdatum" genannt, „zu den politischen ‚wandelnden Toten'" gezählt und zu für „politisch begraben" erklärt,[230] und eine große Zeitung brachte als Aufmacher auf der Titelseite sogar das folgende Interview mit einem Gewerkschaftsführer:

„Gibt es einen Weg, wie der Präsident sein Ansehen in Ihren Augen wiederherstellen kann?"
„Ja, da gibt's einen Weg, wie er das tun kann."
„Welcher ist das?"
„Sterben."[231]

Abbildung 8: Carter wird von einer Vergiftenden Plazenta stranguliert

---

[230] James Wechsler in der *New York Post* vom 22. Februar 1979, 23; Max Lerner in der *New York Post* vom 12. Februar 1979.
[231] *Village Voice* vom 26. März 1979, 1.

Die enorme Ambivalenz infolgedessen, daß Amerika in der Vorstellung lebte, um des lebensspendenden Blutes willen *sowohl* von seinem Anführer abhängig zu sein *als auch* zugleich zu wollen, daß er stirbt, begann den Menschen im Sommer 1979 den Eindruck zu vermitteln, als seien sie in Gefahr, verrückt zu werden. In einem Artikel mit der Überschrift „DER SOMMERLICHE WAHNSINN" verkündete James Reston, daß „Washington einen Nervenzusammenbruch erleide", mehrere Magazine brachten in diesem Sommer am Cover Überschriften, die schlicht „SOMMER-WAHNSINN" lauteten, und Rosalynn Carter wurde einer Zeitung zufolge auf eine Vortragsreise durch das Land geschickt, „um die geistige ... Gesundheit ihres Mannes zu verteidigen".[232]

Carter tat, was jeder plazentale Anführer angesichts einer Gruppe tun muß, die vor lauter Gefühlen des Zusammenbruchs, der Verunreinigung und der Auflösung schier verrückt wird: Er ging „auf einen Berggipfel" in einen Traum-Tempel (Camp David) und beratschlagte mit den Göttern, wie die Verunreinigung zu beenden sei. Er selbst war so verunreinigt, er war *tabu* – wie eine menstruierende Frau, er war so gefährlich, daß er isoliert werden mußte. Zwei Wochen lang besuchten ihn eine Reihe von Beratern und andere auf dem Berg, und als er herunterkam, verkündete er seine Entdeckung: Wir machten eine „Vertrauenskrise durch, ... die Herz, Seele und Geist unseres nationalen Willens trifft und das soziale und politische Netz Amerikas zu zerstören droht".

Die Diagnose war perfekt: Das „nationale Herz" war in der Tat getroffen und lag im Sterben. Aber welche Opfer vermochten die monströse, verunreinigende Vergiftende Plazenta denn nur zufriedenzustellen? Carter versuchte zuerst etwas, das *Time* als einen kleinen „Aderlaß, ... eine Tempelreinigung ..." bezeichnete. „Drei Tage, nachdem er von seinen Meditationen in Camp David heruntergekommen ist, führte Jimmy Carter letzte Woche eine Säuberungsaktion durch, die genauso umfassend und blutig war wie jede in der jüngeren Präsidentschaftsgeschichte – eine Umwälzung, die innerhalb von 24 Stunden beinahe sein halbes Kabinett hinwegfegte."[233] Das blutige Opfer wurde von den Göttern, dem Volk, als unzureichend zurückgewiesen: es wurde aufgefaßt, „wie wenn jemand die Stühle auf der Titanic umstellt".[234] Das Staatsschiff sank weiter in den verschmutzten Gewässern, und Carters Umfragewerte fielen auf den geringsten

---

[232] *New York Times* vom 2. September 1979, E15; *Us* vom Juli 1979; *New York Post* vom 23. Juli 1979, 1.
[233] *Time* vom 30. Juli 1979, 22.
[234] *New York Times* vom 27. Juli 1979, 17.

Stand, den je ein Präsident in der Geschichte Amerikas gehabt hatte. Was war zu tun?

Man sollte sich daran erinnern, daß auf einer gewissen Ebene jede Gruppe und jeder Anführer weiß, daß das Ausfindigmachen eines äußeren Feindes, dem man die Schuld zuschieben kann, das Gefühl der Gruppe, verunreinigt und schwach zu sein, erleichtern und die Gruppe einen wird. Schließlich macht die Psychohistorie lediglich bewußt, was von historischen Gruppen die ganze Zeit unbewußt geteilt und mitgeteilt wird. Trotz der aufrichtigen Wahlversprechen, Amerikas ständigen Rückgriff auf militärische Lösungen für seine Probleme zu beenden, und trotz der Ernennung des nicht-militanten Cyrus Vance zum Außenminister erkannte Carter mit der Ernennung des bekannten „Falken" Zbigniew Brzezinski zu seinem außenpolitischen Berater nichtsdestoweniger die Möglichkeit an, daß er aufgefordert werden könnte, gegenüber irgendeinem Feind „massiv zu werden"; der erwähnte Brzezinski schien sich laut dem, was ein Beraters des Weißen Hauses *Newsweek* mitteilte, der notwendigen Lösung für das Problem des Zusammenbruchs des Vertrauens in Carter sehr wohl bewußt zu sein: „Bei einem Treffen mit Angehörigen des Kongresses letztes Jahr stimmte er [Brzezinski] dem Vorschlag zu ..., daß ein ‚kleiner Krieg' von Vorteil sein könnte, um die Härte des Präsidenten zu beweisen."[235]

Folglich entdeckten Brzezinski und Carter im Herbst 1979 plötzlich eine Brigade russischer Soldaten auf Kuba wieder. Inmitten eines Sturms wütender Proteste und Aufrufe zum Einschreiten im Kongreß rief Carter eine neue Kuba-„Krise" aus, bat die Nation, „ruhig zu bleiben", und verkündete: „Ich werde mich mit der Aufrechterhaltung des Status quo nicht zufriedengeben."[236] Doch kurz bevor man auf die Russen schoß, wurde offenkundig, daß es in Kuba diesmal keinen Sündenbock zum Opfern gab, und so ging die „Suche nach dem erniedrigenden Anderen" weiter.

Die gruppenpsychotische Einsicht: Die Opferung der Geiseln im Iran
Die Außenpolitik einer Nation wird hauptsächlich zu dem Zweck betrieben, auf der Welt genug Töpfe am Kochen zu halten, um ihren Anführer zu befähigen, eine Opferkrise auf fremdem Boden ausfindig zu machen, wenn die Nation eine braucht. Obwohl im Herbst 1979 kein wirklich geeigneter Feind zur Verfügung stand, der die Rolle der bestialischen Vergiftenden Plazenta spielen konnte, *gab* es doch einen Topf, in dem es in den vorhergehenden Monaten heiß gebrodelt

---

[235] *Newsweek* vom 11. Juni 1979, 71.
[236] *New York Times* vom 6. September 1979, 1.

hatte und der die erforderliche „gruppenpsychotische Einsicht" liefern sowie zugleich als erniedrigender Feind dienen konnte, der für Amerikas Gefühle der Verschmutzung und des Erstickens verantwortlich war: der Iran. Seit Anfang des Jahres hatten sich iranische Revolutionäre in Teheran Amerikaner geschnappt, Fahnen heruntergerissen und bei Massenerhebungen, bei denen regelmäßig amerikanische Einrichtungen und Personal angegriffen wurden, „Tod den Amerikanern" gerufen.[237] Trotz des fortgesetzten Ersuchens von Amerikanern im Iran, Personal und Ausrüstung in Sicherheit zu bringen, die Sicherheitsvorkehrungen zu verstärken (wie es in Afghanistan erfolgreich getan worden war) und andere besonnene Maßnahmen gegen mögliche Angriffe der Revolutionäre zu treffen, und trotz deutlicher Warnungen vor möglichen Konsequenzen seitens des amerikanischen Militärs (ein amerikanischer General fragte: „Wie viele Amerikaner werden sterben müssen, bevor wir etwas unternehmen?")[238] lehnte Washington jedes Eingreifen ab – bis auf eines. Dieses eine Eingreifen aber entpuppte sich als symbolisch für den einem Opfer gleichkommenden Sinn, die Amerikaner ohne Verteidigung zu lassen. Nachdem 100 000 Iraner am 25. Mai das eingezäunte amerikanische Botschaftsgrundstück angegriffen und die amerikanische Fahne heruntergerissen hatten, wurden schnell Vorkehrungen getroffen, um *die Fahne* zu schützen, indem man den Fahnenmast mit Schweinefett einschmierte und etwa sechs Meter unter der Spitze eine Barriere anbrachte, um Kletterer abzuhalten.[239] Die unbewußte Botschaft war deutlich: Beschützt die plazentale Fahne, beschützt die „nationale Ehre", opfert das Personal.

Aber für die Iraner war die Botschaft nicht deutlich genug, um sie zu einer entscheidenden Handlung zu bewegen. Offenbar mußte die amerikanische Führung deutlich etwas unternehmen, um die rituellen Opfer zu produzieren. Schon seit Monaten war die offensichtliche Provokation, die die Iraner gegen die Amerikaner in Teheran aufbringen konnte, greifbar: Der vertriebene Schah von Persien hatte beantragt, in die USA einreisen zu dürfen. Ungeachtet der Bestrebungen von Henry Kissinger, David Rockefeller und anderen, „unsere nationale Ehre zu retten" und den Schah ins Land zu lassen, ließen Berichte von Regierungsberatern und des CIA keinen Zweifel daran, daß „die amerikanische Botschaft eingenommen würde, wenn man dem Schah die Einreise gestattete, und dies eine Be-

---

[237] Vgl. Michael Ledeen und William Lewis, Debacle: The American Failure in Iran, New York 1980.
[238] A. a. O., 189.
[239] A. a. O., 221.

drohung des Lebens von amerikanischen Bürgern bedeuten würde".[240] Immer wieder baten die Angestellten der amerikanischen Botschaft um eine erhebliche Verstärkung der Wachen und höheren Schutz, während sie von der Meute angegriffen wurden; ihre Bitten wurden stets abgelehnt. Im August, als die Gruppe um Brzezinski, die für eine Einreise plädierte, immer mehr Anhänger fand, wurde eine Top-Secret-Botschaft aus dem Iran nach Washington geschickt, mit folgendem Wortlaut: „Die Gefahr von Geiselnahmen in Teheran wird bestehen bleiben. Wir sollten keinen Schritt setzen, den Schah einreisen zu lassen, bis wir eine schlagkräftigere Schutztruppe für die Botschaft bekommen und erprobt haben."[241] Immer noch wurden keine neuen Wachen bereitgestellt und kein Personal abgezogen. Das Opfer wurde vorbereitet: Falls die Botschaft angegriffen und Amerikaner getötet würden, hätte Amerika seinen bestialischen Feind, und die Gruppenfantasie-Krise könnte durch eine militärische Invasion gelöst werden.

Eine letzte Schwierigkeit war noch zu beheben: Sowohl Carter als auch Lance weigerten sich stur, den Schah einreisen zu lassen. Als im Spätsommer Brzezinski und Mondale Carter drängten, die Einreise zu genehmigen, explodierte er einmal: „Zum Henker mit dem Schah! [Carter gebrauchte den Ausdruck ‚zum Henker', als er von dem Ereignis erzählte.] Ich werde ihn hier nicht willkommen heißen, solange er woanders hinkann, wo er sicher ist."[242] Dieser Widerstand Carters gegen die Forderungen der Gruppenfantasie, „massiv zu werden" und „die nationale Ehre zu retten", indem er den Schah einreisen ließe, rührte von persönlicher Stärke und einem entschiedenen Vorsatz her, Amerika nicht aus trivialen Gründen dem Risiko eines Krieges auszusetzen. Diese persönliche Stärke Carters hatte ich offenbar falsch eingeschätzt, als ich die letzte der vorher getroffenen fünf Vorhersagen formulierte – wie ich meine, vor allem aufgrund der Unvollkommenheit unserer Informationen über seine Kindheit und Persönlichkeit, so daß ich annahm, er würde eher wie Lyndon Johnson oder Richard Nixon und nicht wie Dwight Eisenhower reagieren, um die Ängste in sich zusammenfallen zu lassen.[243] Außerdem hätte ich einen quantifizierten „Wut-Index" der an der Gruppenfantasie während der Zusammenbruchsstufen jeweils

---

[240] Terence Smith, Why Carter Admitted the Shah, im *New York Times Magazine* vom 28. Mai 1981, 37.

[241] So angeblich in einem Bericht gegenüber Rep. George Hansen; vgl. die *New York Post* vom 28. November 1979, 2.

[242] Terence Smith, *Why Carter Admitted the Shah*, 37.

[243] Vgl. meineAnalyse der Persönlichkeit von Präsidenten in *Jimmy Carter und die amerikanische Fantasie* im vorliegenden Band.

beteiligten Gewalt einführen sollen, so daß die Stärke des Drucks in Richtung gewalttätiger Handlung genauer vorhergesagt hätte werden können. Wie dem auch sei, Carter blieb stark (wofür er „schwach" genannt wurde) und weigerte sich weiterhin, den Schah einreisen zu lassen.

Tatsache blieb jedoch auch, daß die Befehle des „nationalen Willens" aus ganz Amerika regelrecht ins Weiße Haus strömten: „*Werd' endlich massiv*, finde uns einen Feind, wir ertragen den Würgegriff nicht, wir ertragen es nicht, dich so sehr zu hassen!" Die Gruppe um Carter hatte keine Wahl: Sie mußte ihn belügen, um seine Einwilligung zu bekommen. Ungeachtet wiederholter medizinischer Berichte gegenüber Carters Stab, denenzufolge der Schah sich in keiner unmittelbaren gesundheitlichen Gefahr befand und seine medizinischen Probleme ohne weiteres auch anderswo versorgt werden konnten,[244] sagte man Carter, der Schah sei „dem Tode nahe" und bedürfe einer Behandlung, die es nur in New York gebe. Einer Person zufolge, die selbst bei dem Gespräch dabei war, fragte Carter: „Wenn die Iraner unsere Leute in Teheran als Geiseln nehmen, was werdet ihr mir dann raten?"[245], und laut einem anderen Zeugen sagte er, daß wir „uns sehr wahrscheinlich in der Situation sehen würden, daß sich eine Gruppe von Fanatikern Amerikaner schnappt".[246] Trotz dieser bewußten Gefahren stimmte Carter zu, den Schah einreisen zu lassen. Es gab nur eine entscheidende Bedingung, eine wichtige Unterlassung, die seine Entscheidung begleitete, und diese machte offenbar Carters Hauptbeitrag dazu aus, der Gruppenfantasie klein beizugeben: Die Amerikaner in Teheran mußten schutzlos bleiben. Ein Reporter der *New York Times* äußerte sich so: „Eine Möglichkeit, die seltsamerweise nie ernstlich erwogen wurde, war die Evakuierung des Botschaftspersonals, bevor man dem Schah einzureisen erlaubte."[247] Am nächsten Tag wurde dem Schah in New York die Gallenblase entfernt, und neun Tage später nahmen, wie jeder vorhergesagt hatte, iranische Revolutionäre die Amerikaner als Geiseln.

---

[244] Terence Smith, *Why Carter Admitted the Shah*, 46; vgl. auch Roy Childs, Jr., The Iranian Drama in *The Libertarian Review* vom Februar 1980, 29; *New York Post* vom 6. Dezember 1979, 3; *Time* vom 26. November 1979, 37; vgl. auch den Vergleich, der auf die vom Arzt des Schahs eingebrachte Verleumdungsklage hin erfolgte, in der *New York Times* vom 26. Mai 1981, C2.

[245] Bernard Gwertzman in der *New York Times* vom 18. November 1979, 1.

[246] *Newsweek* vom 19. November 1979, 68.

[247] Terence Smith, *Why Carter Admitted the Shah*, 44.

„Durchbruchs"-Stufe FS 4: Die Iran-„Krise"

Inzwischen dürfte augenfällig sein, daß das, was man die Iran-„Krise" nannte, überhaupt keine externe Krise war, sondern in Wirklichkeit die ersehnte und sorgsam herbeigeführte *Lösung* der vorherigen *wirklichen* Krise des Zusammenbruchs der Gruppenfantasie. Die Wut gegen Carter wurde jetzt abgespalten und auf den Ayatollah Khomeini und seine höhnischen Meuten von Demonstranten projiziert, die – nachdem sie ihre *eigene* Lösung für den Zusammenbruch ihrer revolutionären Gruppenfantasie gefunden hatten – nur allzu gern zur Erniedrigung Amerikas beitrugen, indem sie gefesselte Geiseln vor die Fernsehkameras führten und Carter in Form von Puppendoubles aufhängten. Augenblicklich verschwanden alle Bilder des „Zusammenbruchs" aus der amerikanischen Presse. Der *New Yorker* beobachtete: „Die Zustimmungsrate zu Präsident Carter ... verdoppelte sich während der Krise. Der plötzliche Liebesrausch der Öffentlichkeit für ihr Land scheint den Präsidenten des Landes mit eingeschlossen zu haben."[248] Indem man nun sein Image als Vergiftende Plazenta von ihm abspaltete, wurde Carter in einen Kämpfenden Fötus verwandelt, einen Stellvertreter jedes Amerikaners, der gegen den bestialischen erniedrigenden Feind kämpfte. Ganz Amerika projizierte seine persönliche Wut in die Lösung durch diesen Gruppenwahn. Als ich über 800 Menschen, die mehrere Vorträge besuchten, die ich in der ersten Woche der Krise hielt, fragte, wie sie sich jetzt fühlten, sagten die meisten: „Wir fühlen uns gut ... wir fühlen uns vereint ... wir lassen uns nicht mehr herumschubsen ... es ist wieder gut, Amerikaner zu sein ... mein eigenes Leben und persönliche Enttäuschungen scheinen nicht mehr so wichtig." Die Nation trat mit der Bestimmung des erniedrigenden Feindes durch den Anführer in die vierte fötale Stufe des „Durchbruchs" ein. Der frühere Präsident Ford bezeichnete die Iran-Krise als „ernster denn jede andere Krise, der sich die USA seit dem Ende des Zweiten Weltkrieges gegenübersahen", und Zehntausende zogen auf die Straße, um ihrem Ärger Luft zu machen, iranische Flaggen zu verbrennen, an amerikanischen Colleges studierende Iraner zu beleidigen, Steine durch die Fenster lokaler arabischer Bäckereien zu schmeißen, mit Postern des Schauspielers John Wayne „als Symbol des Nationalismus mit geballten Fäusten" herumzumarschieren sowie „Schickt die *Marines*" und „Bombt den Ayatollah hoch" zu rufen.[249]

---

[248] *New Yorker* vom 24. Dezember 1979, 27.
[249] *New York Post* vom 9. November 1979, 2, vom 12. November 1979, 3, und vom 4. Dezember 1979, 3.

Amerika fühlte sich wieder *gut*. Ein Kolumnist sprach es offen aus. In seinem Artikel *Warum der Ayatollah unseren Dank verdient* erklärte er: „Der Ayatollah und die dahergelaufene Meute, die in jenem rückständigen, chaotischen Land als Regierung gelten, haben diesem Land einen verdammt großen Gefallen getan. Und ich meine nicht nur damit, daß sie praktisch die Wiederwahl Jimmy Carters garantiert haben. Der Beitrag der Iraner liegt darin, daß sie die Vereinigten Staaten zu einer Renaissance des Nationalstolzes und der nationalen Einheit aufgestachelt haben, von denen wir schon fürchteten, daß sie sich verflüchtigt hätten ..."[250]

Sogar als Rußland in Afghanistan einmarschierte, konnten sich die Amerikaner aufgrund ihrer Stärke gut fühlen. Carter nannte den russischen Schritt „die größte Bedrohung des Friedens seit dem Zweiten Weltkrieg" und konnte ohne weiteres die Entspannung beenden, „den neuen Kalten Krieg"[251] beginnen und mit „Militärtruppen" im Persischen Golf drohen, als ob seine früheren Versprechungen von militärischer Zurückhaltung nie gemacht worden wären.[252] Seit der Annahme der wahnhaften Lösung hatte die Welt wieder einen Sinn. Die vorherrschende Stimmung der Nation Anfang 1980 war gelassener Stolz:

> Wie ist es jetzt in Washington? Atemberaubend. Fangen wir bei Präsident Carter an. Überall Krise ... Er sieht ruhig aus. Er lädt kleine Gruppen von Reportern ein und beantwortet Fragen *off the record* in so ruhiger Offenheit, daß sie sich gegen ihren eigenen Willen wie ein Schutz fühlen ... Carter ist eine eindrucksvolle Gestalt ... Carter sieht ruhig aus ...[253]

Abbildung 9: Die wahnhafte Lösung durch Spaltung

---

[250] James Bradey in der *New York Post* vom 17. Dezember 1979, 26.
[251] Vgl. die Analyse von David Bendor in der *New York Times* vom 3. Februar 1980, 10.
[252] *New Republic* vom 16. Februar 1980, 10.
[253] TRB in der *New Republic* vom 5. Januar 1980, 3.

Die Karikatur in Abbildung 9 zeigt die wahnhafte Lösung, die diese Stärke und Ruhe erzeugte. Der ambivalente Anführer war nun in zwei Teile gespalten. Der gute Anführer, jetzt jung, stark und entschlossen, in eine plazentale amerikanische Fahne eingewickelt und weiß dargestellt, ist links abgebildet. Der böse Anführer, die Vergiftende Plazenta, alt, fremd aussehend und schwarz dargestellt, ist rechts abgebildet. Der Preis für die Spaltung sind die Geisel-Opfer, die von dem umbilikalen Tau, das die beiden Anführer zwischen sich hin und her ziehen, wie in Geburtsschmerzen gequetscht werden. Diese Geiseln waren für die wahnhafte Lösung von unumgänglicher Notwendigkeit. Wie William F. Buckley sagte, bestand die *wirkliche* Gefahr darin, daß sie ohne Gewalt befreit werden könnten:

> Was aber, wenn der Ayatollah die Gefangenen einfach freiläßt ... Bei der Öffentlichkeit wird das Gefühl eines nicht vollzogenen Geschäfts zurückbleiben. Wir werden unsere Augen auf Carter richten, um zu sehen, welche Form er wählt, um die im Amt bleibende Regierung des Iran zu bestrafen, und das ist der wunde Punkt. Es ist unwahrscheinlich, daß die USA, wenn die Geiseln einmal freigelassen worden sind, eine direkte militärische Aktion von der Art wünschen, die den Tod von Männern, Frauen und Kindern zur Folge hat.[254]

In den ersten Monaten des Jahres 1980 war es das unbewußte Ziel der amerikanischen Politik, die Geiseln in Gefangenschaft zu belassen oder sogar ihren Tod zu provozieren, als ein reinigendes Opfer und als Strafe für unsere Wut. Der Schah wurde ganz offiziell mit Flugzeugen der Luftwaffe zu verschiedenen Militärkrankenhäusern eskortiert, was die Iraner erzürnte, und die Presse spielte in einem fort Carters Reden über seine „Bereitschaft zum Einsatz militärischer Gewalt" hoch,[255] ohne Rücksicht auf die Konsequenzen. Nachdem der Schah die USA schließlich verlassen hatte, schrieb Carter einen Brief, den die *New York Times* als „unerklärlich" bezeichnete, an die Schwester des Schahs, in dem er ihn *bat zurückzukommen*: „Wir sähen es gern, wenn er von Dr. DeBakey behandelt würde, entweder in Gorgas, dem US-Krankenhaus in Panama, oder in Houston, Texas" – ein Schritt, der einem Todesurteil für die Geiseln gleichkam. „Wir waren uns sicher", erinnerte sich Hamilton Jordan später, „daß einige Geiseln getötet würden, falls der Schah von seinem Recht, in die Vereinigten Staaten zurück-

---

[254] *New York Post* vom 15. Dezember 1979, 7.
[255] *New York Post* vom 10. Januar 1980, 1.

zukommen, Gebrauch machte. Wir hatten konkrete Warnungen im Hinblick auf diese Folgen."[256]

Abbildung 10: Ersticken durch eine Vergiftende Plazenta bei der Geburt

Doch mußte immer noch eine direkte Handlung gesetzt werden, um die Opfergewalt hervorzubringen, welche die Durchbruchs-Stufe der Gruppenfantasie der Wiedergeburt beenden konnte. In der Fantasie ging es nicht nur um eine diplomatische Angelegenheit, da war eine furchtbare Vergiftende Plazenta nach wie vor dabei, die Nation zu erwürgen und ihr die Sauerstoffzufuhr abzuschneiden. Das *Time*-Magazin stellte auf dramatische Weise dar, wie wir uns kurz vor der Militäraktion gegen den Iran fühlten (Abbildung 10), indem es plazentale Fahnen zeigte, die über unsere Gesichter geklebt waren, und umbilikale Seile, die um unsere Brustkörbe geschnürt waren, ein Wiedererleben unserer Geburt, wie es direkter nicht dargestellt werden kann. Amerikanische Reporter versuchten den verwunderten Europäern, die nicht Teil dieser Geburts-Gruppenfantasie waren,

---

[256] Terence Smith, Putting the Hostages' Lives First, im *New York Times Magazine* vom 24. Mai 1981, 81 und 92.

zu erklären, warum „selten mehr vom Krieg geredet wurde, seiner Gewißheit, seiner Notwendigkeit, seiner Erwünschtheit".[257] Eingedeckt mit Forderungen, „der Nation das Rückgrat zu stärken" und die „Verantwortung zu übernehmen", um es Amerika möglich zu machen, „das Licht am Ende des Tunnels" zu erreichen und „... bald geboren zu werden"[258], gab Carter nach einer großen „ökonomischen" Rede, die von einem „BEDÜRFNIS NACH SCHMERZ UND DISZIPLIN"[259] sprach, und bestärkt von Umfragen, die zeigten, daß eine Mehrheit der Amerikaner einem Eingreifen positiv gegenüberstand, auch wenn dabei Geiseln getötet würden, das Startzeichen zu einem „Rettungsangriff".

Daß der militärische Angriff zwangsläufig den Tod vieler, wenn nicht der meisten Geiseln zur Folge haben mußte, galt als sicher, Carter, Vance, seinen Beratern und dem Pentagon.[260] Und dennoch wurde letztlich ein „Opfer für die nationale Ehre" für nötig befunden: Der vergiftende bestialische Feind mußte geschlagen und der Geburtsdurchbruch zu einem Ende gebracht werden. Wie Brzezinski während der Versammlung des Nationalen Sicherheitsrates am 11. April sagte, bei welcher die Entscheidung zum Einmarsch gefällt wurde, mußte Amerika „die Eiterbeule aufstechen"[261] und so die Infektion, die Verunreinigung des nationalen Körpers, beenden.

Aber die „Wiedergeburt des amerikanischen Willens" wurde an diesem Tag im April nicht erreicht – die Militäraktion mußte „abgeblasen" (*aborted*) werden. Es wurden keine Iraner und keine Geiseln geopfert, und es kam auch nicht zur Vernichtung des monströsen Feindes. Stattdessen gab es nur Erniedrigung und Niederlage und acht tote Amerikaner, die auf dem Sand des Iran zurückblieben. Carter übernahm die volle Verantwortung dafür, die Kampfeinheit abzuziehen und den alternativen Plan, den Angriff mit den im Gebiet befindlichen Hunderten Flugzeugen und Schiffen fortzusetzen, nicht auszuführen. Neuerlich wurde diese Charakterstärke auf seiten Carters, seine Entscheidung, keinen regelrechten Krieg zu riskieren, von seinen Kritikern für „Schwäche" gehalten. Richard Nixon, der oft mit den unaussprechlichen Gefühlen der Nation herausplatzt, sagte später: „Einer der entscheidenden Fehler, die Präsident Carter beging,

---

[257] Nat Hentoff in *Village Voice* vom 25. Februar 1980, 16.
[258] *New York Times* vom 3. Februar 1980, 20E; *Time* vom 4. Februar 1980, 12; Mary McGrory in der *New York Post* vom 15. Februar 1980, 29.
[259] *New York Times* vom 15. Mai 1980, 1 und 34.
[260] Terence Smith, *Putting the Hostages' Lives First*, 96; Drew Middleton, Going the Military Route, im *New York Times Magazine* vom 24. Mai 1981, 103–112.
[261] Middleton, *Going the Military Route*, 103.

[war,] daß sein hauptsächliches – und mir schien, tatsächlich sein einziges – Augenmerk ... dem Leben und der Sicherheit der Geiseln galt."²⁶² Diese „Schwäche" sollte man Carter nicht verzeihen. Nun hatte es den Anschein, als ob Amerika aus eigener „Hilflosigkeit" an einem „Knochen in der Kehle erstickte".²⁶³ Die nationale Wiedergeburt würde auf anderem Wege erreicht werden müssen: durch den reinigenden Opfertod des Anführers selbst.

Abbildung 11: Die rituelle Steinigung des Gottkönigs

Wie beim rituellen Opfer des göttlichen Königs in archaischen Gesellschaften ist es grundsätzlich immer möglich, die Gruppenverschmutzung dadurch zu bereinigen, daß man den alten, unfähigen Anführer zu Tode steinigt. Amerika betrieb Jimmy Carters Niederlage in der Wahl von 1980 in einer von offenen Todeswünschen erfüllten Atmosphäre. Die Karikaturen zeigten ständig, wie er zu Tode stürzte oder anderweitig getötet wurde. Im August – exakt 17 Jahre nach der Ermordung von Präsident Kennedy – hingen 70 Millionen Amerikaner an ihren Fernsehschirmen, um herauszufinden: „Wer erschoß J. R.?" Carters endgültige „erdrutschartige Niederlage" wurde als eine schmerzhafte „Steinigung" Carters durch Reagan dargestellt (vgl. Abbildung 11). Das Porträtfoto von Carter im Moment der Niederlage, das in der unmittelbarer Nähe der Karikatur abgedruckt wurde, schien die Wirklichkeit seines Todes zu bestätigen (vgl. Abbildung 12).

---

²⁶² In der *Barbara Walters Show* auf ABC am 10. Juni 1980.
²⁶³ Russell Baker in der *New York Times* vom 3. Mai 1980, 23.

Abbildung 12: Beweis für Carters Tod

Amerika war sich über die Ursache der rituellen Opferung Carters völlig im klaren. Im „Kampf zwischen Wut (auf Carter) und Angst (vor Reagan) ... landete die Wut einen Erdrutschsieg", schrieb eine Reporterin: „Das war keine Wahl. Das war Mount St. Helens, der heiße Asche über die ganze politische Landschaft goß."[264] Eine Fantasie-Analyse eines nach der Wahl in *Time* erschienenen Artikels über Carters Niederlage las sich wie der Bericht eines spanischen Priesters, der mit Grausen einem blutigen Aztekenopfer beiwohnte: „grausam ... zornig ... begraben ... Axt ... Triumph ... verstümmelt ... getötet ... glücklicher ... Fleisch ... rot ... Tränen ... Leid ... Schmerz ... Hölle."[265] Jimmy Carter hatte sich geweigert, unsere Verschmutzung dadurch zu bereinigen, Amerikaner zu opfern; daher mußte er selbst geopfert werden. Sein Fehler lag darin, die letzte Quelle der Verunreinigung nicht erkannt zu haben: *uns selbst*. Wie Tom Wolfe es ausdrückte:

> Die Leute haben nur darauf gewartet, daß Carter sagt: „Ihr wißt, was ihr getan habt, ich weiß, was ihr getan habt, wir führen uns nicht gegenseitig an der Nase herum. Ihr alle da draußen betrügt eure Frauen und Männer ... Ihr laßt eure Gemeinden in einem Sumpf von Dekadenz und Korruption versinken, und ihr sta-

---

[264] Mary McGrory in der *New York Post* vom 8. November 1980, 9.
[265] *Time* vom 5. November 1980, 10.

chelt zu Geilheit und Pornographie auf. Das ist kein Geheimnis, und es wurde Zeit, daß wir etwas gegen diesen Sündenpfuhl der Unmoral getan haben."[266]

Wolfe gab seinem Artikel den Titel *Führen wir eine Einberufung durch*. Derjenige, der dieser Einberufung Folge leistete, um der Auflösung und Verschmutzung eines unmoralischen Amerika Einhalt zu gebieten, war Ronald Reagan, der dieselben Themen schon jahrzehntelang gepredigt hatte. Seine Rede zur Nominierung als Kandidat ließ wenig Zweifel über die bewußte Anerkennung seiner Fantasie-Rolle im fötalen Drama der nationalen Auflösung und Wiedergeburt durch gewalttätige Opfer:

> Zerstören ... am Auflösen ... geschwächt ... Unheil ... Opfer ... zerstören ... Wiedergeburt ... verzehrt ... verschwendet ... erneuern ... erneuern ... Opfer ... fließt wie ein mächtiger Strom ... Leid zufügen ... verletzen ... drehte den nationalen Bauch um ... zerstören ... einfrieren ... Erschöpfung ... Zerstörung ... Schwäche ... Desaster ... Schwäche ... Krieg ... Krieg ... Krieg ... loderndes Feuer ...[267]

Nach Reagans Wahl trat eine zwei Monate währende, schier endlose „Zwischen-Periode" ein, in der, wie in archaischen Zeiten, der alte Anführer betrauert wurde, während der neue Anführer die plazentalen Attribute übernahm und die Zeit wieder erneuert wurde.[268] Im Januar 1981 übernahm Reagan schließlich sein Amt inmitten eines Ausbruchs von wiedergeburtlicher Bildlichkeit. Seine Amtseinführung, die zeitlich mit der Rückkehr der Geiseln zusammenfiel, wurde von einer Nation gefeiert, die mit Millionen plazentaler Fahnen und gelben umbilikalen Bändern überflutet war – Symbole der Wiederherstellung des Bandes sowohl zum neuen Anführer als auch zu den zurückgekehrten Geiseln, die, nachdem man sie sich tot gewünscht hatte, wieder ins Leben zurückgekehrt waren. Sonst emotionslose Fernsehsprecher wetteiferten miteinander im Singen von Lobliedern auf die nationale Wiedergeburt: „Nach 20 Jahren Pessimismus, nach Attentaten, Vietnam und Watergate, war uns endlich die Last von den Schultern. Das war das wiedergeborene Amerika, Amerika über alles!"[269] „Es war wie bei

---

[266] Tom Wolfe, Let's Have A Call To Arms, in der *New York Post* vom 13. Januar 1981, 33.
[267] *New York Times* vom 16. Juli 1980, A10.
[268] Vgl. Mircea Eliades Aufsatz über *The Regeneration of Time* in ders., *The Myth of the Eternal Return*, 51-92 (dt. Die Erneuerung der Zeit, in ders., *Kosmos und Geschichte*).
[269] *Independent TV News* am 30. Januar 1981 um 22.30 Uhr.

einer Hochzeit, bei der die Geburt des Babys einer Brautjungfer den Bräutigam in den Hintergrund drängt."[270] „Es ist, als trüge man ein Baby ... wie eine Wiedergeburt."[271] Die Konfettiparade für die Geiseln lockte „Massen an, mitunter hoch zehn, [die] den 17 Meilen langen Verlauf säumten, jubelten, lachten, weinten und Fahnen und natürlich gelbe Bänder schwenkten".[272] Die gelben Bänder erwiesen sich als eine so kraftvolle symbolische Nabelschnur, daß in ganz Amerika zig Millionen von ihnen an Bäume und Pfosten gehängt wurden, ganz wie die Aborigines die Nabelschnur selbst an Bäumen aufhängten. Und so wie andere primitive Stämme die Nabelschnur neugeborener Babys rituell verbrannten, sendeten amerikanische Radiostationen Aufrufe, die gelben Bänder an ein eigens eingerichtetes Postfach in Florida zu schicken, damit sie alle zusammen in einem besonderen Ritual zu Ehren der wiedergeborenen Geiseln verbrannt werden konnten.

Ronald Reagan wurde in den Karikaturen als stolzer Vater abgebildet, der anläßlich der Geburt seiner neuen Babys Zigarren verteilt, als ein plazentaler Ballon mit gelbem umbilikalem Band, der über dem Weißen Haus glänzt, und als jemand, der alle und jeden füttert. Die *New York Times* nannte ihn salbungsvoll „den ersten Präsidenten seit Jahren, der ... Charme, Anständigkeit – und Kompetenz ausstrahlt", und die *Washington Post* bestätigte, daß „ganz Washington und der Großteil Amerikas in eine Blase der Euphorie eingehüllt zu sein scheint, die Ronald Reagan aufgeblasen hat ..."[273].

Einem Psychohistoriker jedoch erschien die ganze Euphorie eher manisch als freudig. Carter war nicht wirklich gestorben, die Geiseln waren nicht gestorben, niemand – außer den schnell vergessenen acht Soldaten – war einen Opfertod gestorben, und so wütete die vergiftende Plazenta immer noch irgendwo in der Nähe und lechzte nach dem Blut ihres rituellen Opfers. Die Karikatur in Abbildung 13 stellt die amerikanische Gruppenfantasie am Tag von Reagans Amtseinführung dramatisch dar – die Vergiftende Plazenta wird vom wild um sich geschlagenenen Schwert eines geängstigten Reagan kaum im Zaum gehalten.

---

[270] *ABC-TV News* am 18. Januar 1981 um 23.30 Uhr.
[271] So die Mutter einer Geisel auf *NBC-TV News* am 18. Januar 1981 um 23.00 Uhr.
[272] *Time* vom 9. Februar 1981, 15.
[273] *New York Times* vom 20. November 1980, A34; *Washington Post* vom 27. Februar 1981, 1.

Abbildung 13: Die Vergiftende Plazenta, als Reagan Präsident wird

Obwohl die meisten „Flitterwochen" anderer Präsidenten kaum wütende Fantasiesprache aufweisen, wurde aufmerksamen Beobachtern bald klar, daß „trotz des entspannten Geschäkers des Präsidenten auf Pressekonferenzen und trotz der guten Umfragewerte ein leises, gemeines Gezischel im Land zu hören ist, [wie] die zähnefletschende, absichtlich bösartige Art zeigt, in der die Leute einander zunehmend behandeln".[274] Reagan forderte seinen Stab auf, beim Kürzen des Budgets „gemeiner als Straßenköter" zu sein, überall in den Medien wurden Schlagzeilen wie „ABSCHNEIDEN, AUFSCHLITZEN, ZERSTÜCKELN" wiederholt, und Karikaturisten zeigten mit lachendem Auge, wie jeder, vom Regierungsangestellten bis zu Babys und älteren Menschen, mit Äxten und Schwertern in der Mitte auseinandergehauen wurde.[275] Ungeachtet der Tatsache, daß die Zahl der Angestellten der Bundesregierung in Wirklichkeit 100 000 weniger betrug als ein Jahrzehnt früher, wurde Washington als eine aufgedunsene Vergiftende Plazenta mit Tentakeln, die das Volk würgten, gesehen. Daher mußte die Regierung selbst in Stücke gehauen werden – egal, ob die Folgen „grausam, unmenschlich und unfair" waren oder Kongreßabgeordnete über die Streichungen sagen konnten: „Es bricht einem das Herz. Wir haben Jahre damit zugebracht, diese Programme zu erstellen, und sie funktionieren. Jetzt werden sie zerstört."[276] Die amerikanische Verschmutzung war noch nicht durch einen Opfertod bereinigt worden. Deshalb mußte die Regierung als magische Handlung einen Akt der Selbstkastration vollbringen, um die Fruchtbarkeit des verunreinig-

---

[274] Flora Lewis in der *New York Times* vom 9. März 1981, A21.
[275] *Newsweek* vom 16. Februar 1981, Titelblatt; die Karikaturen von Herblock in der *Washington Post* vom 27. Februar und 26. März 1981.
[276] Sen. Howard Metzenbaum in der *New York Times* vom 13. März 1981, 1; Rep. Mario Biaggi in der *New York Times* vom 7. Juni 1981, 22.

ten Landes wiederherzustellen – genauso, wie die Priester der Kybele sich selbst kastrierten, um den Furor ihrer Göttin zu besänftigen. Sadistische Horrorfilme wurden nun als „die neue Welle" betrachtet und enthielten blutige „Abschneid-, Aufschlitz- und Zerstückel-"-Szenen, die eine Parallele zu den Reagan- und Budget-Karikaturen bildeten.[277] Die Anti-Diffamierungs-Liga verzeichnete einen Anstieg antisemitischer Vorfälle um das Dreifache gegenüber dem Jahr zuvor, der CIA war „von der Leine", und Reagans Fünf-Jahres-Budgetplan veranschlagte über eine Billion Dollar mehr für schreckliche neue Waffen sowie eine Viertelmillion für zusätzliches Militärpersonal – was einen militärischen Zuwachs bedeutete, der „dreimal so groß war wie der während des Vietnam-Krieges".[278] Das plazentale Untier blieb so nahe, daß Reagan bei einer Rede an die Nation sagte, seine Hauptarbeit werde darin bestehen, „eine böse Macht hintanzuhalten, die das Licht auslöschen möchte, das wir seit 6000 Jahren hüten".[279]

Die Magazine des Landes sprachen ganz offen über den ständigen Anstieg nicht entladener amerikanischer Wut. *Harper's* berichtete, daß „uns das Kriegsfieber wieder befallen hat ... unter der Oberfläche der jüngsten amerikanischen Vorfälle läßt sich die zunehmende Stärke von Haltungen und Gefühlen wahrnehmen, die uns erlauben, über Krieg in einer Art und Weise nachzudenken, die noch vor einem Jahr unmöglich gewesen wäre".[280] *The New Republic* gab den gleichen Sachverhalt aus der Innensicht der Verwaltung wieder:

> Zum ersten Mal seit den fünfziger Jahren scheint die Möglichkeit eines Atomkrieges gegen die Sowjetunion von Schlüsselfiguren in der US-Regierung und außerhalb ihrer ernstlich angenommen zu werden. Was lange als undenkbarer Gedanke galt, wird jetzt von einflußreichen Männern und Frauen in Washington gedacht ... Ein Außenpolitik-Experte des Weißen Hauses mit vielen Dienstjahren sagte: „Dreißig Jahre lang habe ich nicht einmal gedacht, daß ein Krieg wirklich möglich wäre: Jetzt glaube ich, er *ist* möglich."[281]

---

[277] *Wall Street Journal* vom 11. Februar 1981, 29.
[278] *Newsweek* vom 16. Februar 1981, 18; Lester Thurow, How to Wreck the Economy, in *New York Review of Books* vom 14. Mai 1981, 3.
[279] *Transcript of President's Commencement Address* in der *New York Times* vom 28. Mai 1981, D20.
[280] Peter Martin, Coming to Terms with Vietnam, in *Harper's* vom Dezember 1980, 41.
[281] Tad Szulc, The New Brinkmanship, in der *New Republic* vom 8. November 1980, 18.

Der reinigende Opferhöhepunkt des fötalen Dramas schien unerreichbar zu sein. Im März 1981 entwickelte sich in Amerika eine neue Gruppenfantasie: Da Reagan unfähig war, die erforderliche reinigende Gewalt zur Verfügung zu stellen, *würde auch er geopfert werden müssen!* Vielleicht konnte das Blut eines Märtyrers die verschmutzte Nation wieder fruchtbar machen und reinigen. Wie auf Abbildung 14 zu sehen ist, brachen die Medien in den letzten Märzwochen eine regelrechte Orgie mit lauter Aufforderungen, Reagan zu erschießen, auf den Titelseiten vom Zaun, von den drohenden Revolvern auf den Covers von *Time* und *Newsweek* bis zu den Gräbern vor dem Gebäude des Capitols am Cover von *The New Republic*. *U.S.-News* brachte in derselben Woche auf dem Titelblatt ein Bild von „zornigen, frustrierten" Amerikanern, wie es hieß, unter einer Schlagzeile, die da lautete: „60 MILLIARDEN $ VERSCHWENDUNG DURCH DIE BUNDESREGIERUNG – REAGANS NÄCHSTES ZIEL" (*$60 BILLION OF FEDERAL WASTE – REAGAN'S NEXT TARGET*), und kombinierte so kunstvoll die Botschaft „VERNICHTET [erschießt] REAGAN" (*WASTE REAGAN*) mit der ebenso deutlichen Delegierung „REAGAN [ist das] NÄCHSTE ZIEL" (*REAGAN'S [is the] NEXT TARGET*).[282] Es gab einen solchen Überfluß an Bildern in den Medien, die nahelegten, daß Reagan in dieser Woche erschossen werden solle, daß wir bei einem Treffen des regelmäßigen Reagan-Fantasie-Komitees unseres *Institute for Psychohistory* über unsere Besorgnis diskutierten, daß die Titelseiten der Zeitschriften und die ganzen Geschichten, die „erschießen ... töten ... sterben" beinhalteten, bald zu einem Attentatsversuch führen könnten.

Diese Attentatsbefehle waren die vorherrschenden Bilder an den Zeitungsständen, als der psychotische Schütze den Abzug drückte und auf den Präsidenten schoß. Da Hinckley schon im Besitz von Waffen gewesen war, als er sich einige Monate zuvor in der gleichen Stadt wie Präsident Carter aufhielt, ist es gut möglich, daß er *nun* als Delegierter der nationalen Gruppenfantasie den Abzug drückte. Schwächere Persönlichkeiten handeln in der Geschichte oft als sensible Empfänger versteckter Botschaften. Alexander Haig zum Beispiel, die schwächste Persönlichkeit in der Gruppe um Reagan, mußte die Schußbefehle auch aufgeschnappt haben, insofern er einige Tage *vor* dem Schußattentat die Frage der richtigen Nachfolge des Präsidenten zu erörtern begonnen hatte, als ob er es kommen gesehen hätte.

---

[282] Titelblätter von *Time* und *Newsweek* am 23. März 1981 und von *New Republic* und *U.S. News* am 30. März 1981. Ich danke Cyril Cohen für den Hinweis auf *U.S. News*.

Abbildung 14: Delegierung des Schußattentats auf Reagan. *Alle Karikaturen und Titelseiten erschienen vor den Schüssen auf Reagan.*

Auch die Reaktionen aus dem übrigen Land schienen die unbewußte Mittäterschaft der Menschen am Attentat widerzuspiegeln. Mehrere Zeitungen berichteten, daß Kinder in örtlichen Schulklassen bei der Nachricht vom Mordversuch in Jubel ausgebrochen waren. Nach dem Attentat verschwand Hinckleys Name aus der Presse. Ein Zeitungsherausgeber fragte nachher: „Warum ist Reagan nicht wütend? Warum sind wir alle nicht wütend?"[283] Niemand war wegen des Attentats wirklich wütend, niemand – Reagan und seine Frau eingeschlossen – rief nach mehr Überwachung von Waffenbesitzern, weil jeder wußte, daß diese Schüsse notwendig waren. Hatten nicht viele Amerikaner monatelang lachend vorhergesagt, daß Reagan im Amt sterben würde (weil das angeblich allen amerikanischen Präsidenten widerfuhr, die in einem Jahr, das mit einer Null endete, gewählt wurden)? War nicht seit Reagans Wahl auf vielen Autostoßstangen „Wählt Bush 1984 wieder" gestanden? Wie auf Kennedy – ein Jahr, nachdem es der Kuba-„Krise" nicht gelungen war, die nationale Verschmutzung und Wut wirklich zu bereinigen – geschossen werden mußte, so mußte auch auf Reagan – ein Jahr, nachdem es der Iran-„Krise" nicht gelungen war, die Nation zu reinigen – geschossen werden. Der Unterschied war natürlich, *daß Kennedy starb und Reagan nicht.* Die langersehnte Wiedergeburt war neuerlich abgeblasen (*aborted*) worden – und eine Woche nach dem Attentat tat die Titelseite von *Time* unsere Gefühle mit einer aus einem Wort bestehenden Schlagzeile kund: „ABTREIBUNG" (*ABORTION*).

Die nationale Gruppenfantasie würde also bald ein weiteres Opfer fordern, um den letzten Reinigungsakt des fötalen Dramas zur Aufführung zu bringen. Wie die Christen jahrhundertelang vor einem plazentalen Heiligen Herzen Jesu, samt vaginaler Wunde und glühend vor Leben, in Anbetung wie erstarrt waren, so fanden auch die Amerikaner jetzt nach dem Schußattentat an ihren Zeitungsständen ein Bild (Abbildung 15) des plazentalen Heiligen Herzens Reagans, des Gekreuzigten, der wiederauferstanden war – samt vaginaler Tür und glühend von neuem Leben, ein Symbol sowohl der plazentalen Quelle des Lebens im Mutterleib als auch der Opfergewalt, die noch kommen würde.

---

[283] *New York Post* vom 1. April 1981, 4; *Kansas City Star* vom 19. April 1981, 33A.

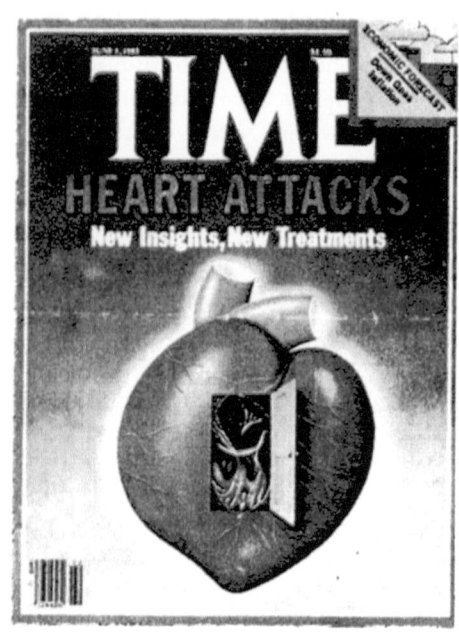

Abbildung 15: Das plazentale Heilige Herz Reagans

„Kopf oder Zahl": Geld als *poison container** (1988)

> Slip sliding away
> Slip sliding away
> You know the nearer your destination
> The more you're
> Slip sliding away
>
> *Paul Simon*

Geld ist seltsam.

Es scheint etwas sehr Nützliches zu sein – eine bequeme Art, den Handel zu erleichtern und Schulden anzuerkennen.

Schon ein einfaches Experiment zeigt jedoch, daß Geld mehr als nur Besitz in sich birgt. Nehmen Sie eine 10-Dollar-Note und geben Sie sie einem Freund. Ohne Erklärung, nur so. Etwas Seltsames wird passieren. Ihr Freund wird sich Ihnen gegenüber unwohl fühlen, vielleicht wendet er seine Augen ab, wenn er Sie trifft, er vermeidet vielleicht sogar, Sie zu treffen. Das Geld, das Sie ihm gegeben haben, scheint ebensoviel Schuld wie Besitz übertragen zu haben.

Unterzieht man das Geld, das Sie ihm gegeben haben, einer sorgfältigen Betrachtung, so werden seine Zwillingsaspekte Besitz und Schuld deutlich. Die eine Seite heißt „Kopf" und zeigt in der Regel auch einen solchen – jenen Teil von uns, mit dessen Hilfe wir Lust empfinden, essen, riechen, hören, schauen. Er steht für Besitz, die *Güter-* oder Aktiva-Seite des Geldes. Die andere Seite heißt „Zahl", und sie zeigt Symbole von Tod, Schuld und Zerstörung: Grabmäler von Toten, Raubvögel, Zweige, die Opferbäume repräsentieren, usw. Sogar dann, wenn die Rückseite sexuelle Symbole aufweist – wie etwa die deutsche 20-Mark-Note mit ihrem phallischen Bogen und der weiblichen Violine –, werden diese neben einem todbringenden Vogel dargestellt und stehen daher für *sündigen Sex*. Diese Bilder repräsentieren die Schuld, die *Verlust-* oder Passiva-Seite des Geldes. Wann immer Sie Geld weitergeben, bringen Sie sowohl Kopf als auch Zahl, sowohl *Güter* als auch *Verlust*, sowohl Lust als auch Schuld, sowohl Nahrung als auch Gift, sowohl Leben als auch Tod in Umlauf.

---

* Aus: *The Journal of Psychohistory* 16 (1988), 1–18; dt. Erstübersetzung unter dem Titel *Geld: Schuld und Sühne* in *Psychologie Heute* vom Dezember 1988, 26–31.

Abbildung 1: Die Kopf- bzw. Zahl-Seiten von Geld

Dieser ambivalente Aspekt des Geldes ist ohne weiteres an den Worten zu bemerken, mit denen wir es beschreiben. Das deutsche Wort *Geld** und das englische Wort *guilt* haben denselben Ursprung – *Geld** bedeutete im Altdeutschen „Opfer" und hat denselben Ursprung wie *Vergeltung**, „Rache". Und das englische Wort für „Gabe" ist identisch mit dem deutschen Wort *Gift*. In den meisten Sprachen findet sich diese Identität von Gift und Gabe. Es hat sich herausgestellt, daß die Gabe, die Sie ihrem Freund reichten, giftige Schuld in sich trug.

Seit Freud auf die analen Ursprünge des Geldes hingewiesen hat, ist es Allgemeinwissen geworden, daß Geld unbewußt für Scheiße steht und unsere ambivalente Haltung gegenüber unseren Körperexkrementen repräsentiert. Die Reichen „stinken nach Geld", Bankangestellte sind Dukatenscheißer*, und Schuldner stecken „bis zum Hals in der Scheiße". In der US-Army pflegten wir zu sagen: „Am Zahltag scheißt der Adler." Diese Sprache reicht bis zu den Anfängen des Geldes in frühen Zivilisationen zurück. Die Azteken nannten das Gold „die Scheiße der Götter", während die Bablyonier es „die Scheiße der Hölle" nannten.[1] Werte und Unwerte sind immer als im Geld vereint erkannt worden.

Nicht Teil des Allgemeinwissens ist jedoch, daß die frühesten Geldsorten nur *eine* Seite aufwiesen, und zwar die *Schuld*-Seite. Das allererste Geld waren vermutlich Muscheln, zumal sich solche in paläolithischen Gräbern finden. Wenn in frühen Stammeswirtschaften Muscheln als Geld gebraucht wurden, so sind sie in Wirklichkeit überhaupt nicht dazu verwendet worden, den Handel mit *Gütern* zu erleichtern, sie wurden vielmehr ausschließlich zur magischen Zirkulation der *Verluste* eingesetzt – das heißt der Schuld. Werfen wir einen Blick darauf, wie das funktioniert hat.

Eine der am besten untersuchten Muschelgeld-Ökonomien ist, seit Malinowski sie in seinem Buch *Argonauts of the Western Pacific* so vorzüglich beschrieben hat,[2] die der Trobriand-Insulaner, die einen Großteil ihrer Zeit darauf verwenden, Muschelarmbänder und -halsbänder herzustellen und damit regen Austausch entlang einer sogenannten „kula ring"-Handelsroute zu treiben. Dieses Muschelgeld wird jedoch völlig unabhängig von ihrem Tauschhandels-System

---

* Mit einem Asterikon (*) gekennzeichnete Worte sind im Original deutsch. (A.d.Ü.)

[1] Die beste Sammlung psychoanalytischer Arbeiten über Geld ist die von Ernest Borneman (Hg.), The Psychoanalysis of Money, New York 1976. Sie enthält auch eine hervorragende Bibliographie zum Thema.

[2] Bronislaw Malinowski, Argonauts of the Western Pacific: An Account of Native Enterprise and Adventure in den Archipelagoes of Melanesian New Guinea, London 1922.

gehandelt, in dem brauchbare Güter ausgetauscht werden. Die nutzlosen Muscheln werden angeblich aus „Prestige"-Gründen gehandelt, und je mehr man hergibt, desto mehr Ansehen genießt man.

Diese anthropologische Erklärung des Handels aus Gründen des Ansehens schreit jedoch nach der wirklichen Frage – warum jemanden mit hohem Ansehen belohnen, weil er die meisten Muscheln hergibt?

Alle frühen Geld-Ökonomien – ob die Währung nun aus Muscheln, Fellen, riesigen steinernen Rädern, Metallgegenständen oder den Kopffedern eines Spechts bestand – waren vergleichbare Gabensysteme. Seit Mauss' bahnbrechender Studie *Die Gabe*[3] haben Gelehrte vergeblich herauszufinden versucht, warum Geld als etwas begann, was man ausgab oder sogar vernichtete, statt es beim Handel mit Gütern zu verwenden.

Eines ist bei all dieser Gelehrsamkeit über Gabenökonomien gewiß: Daß diese Menschen bei ihren Verschwendungsritualen bloß „großzügig" und „freundlich" seien, ist nicht die Antwort. Wenn ein Kwakiutl-Mann wütend auf seinen Nachbarn ist, dann nimmt er Kupfergeld, gibt es ihm im Rahmen einer „Potlatsch"-Gabenzeremonie und sagt: „Happ-happ-happ! Ich habe dich aufgegessen. Du bist jetzt ganz in meinem Bauch."[4] Er scheint nicht seine Freundlichkeit, sondern seine beißende Wut in sein Geld gelegt zu haben. Wenn er seinem Nachbarn Geld gibt, stellt er sich vor, daß er ihn aufißt, ihn tötet. Folgerichtig bezeichnen die Kwakiutl Gaben-Potlatsche im großen Stil als „mit Eigentum kämpfen". Als weiße Siedler kriegerische Auseinandersetzungen zwischen den Stämmen vor einem Jahrhundert verboten, erlebte das Schenken von Gaben als Kriegsersatz einen enormen Aufschwung, und „Eigentumskriege" wurden zur zentralen Kwakiutl-Einrichtung, bei der Zehntausende Decken und Kupferstücke auf einmal weggegeben, verbrannt oder ins Wasser geworfen wurden.[5]

Um zu verstehen, was in diesen frühen Geldsystemen tatsächlich vor sich geht, müssen wir auf die Persönlichkeiten derjenigen achten, die sie erfunden haben – was bedeutet, daß wir uns ihre Kindheiten anschauen müssen. Kwakiutl-Eltern betrachten ihre Kinder als riesige Mäuler, als im Innersten gierig und zerstöre-

---

[3] Marcel Mauss, The Gift: Forms and Functions of Exchange in Archaic Societies, New York 1967 (dt. Die Gabe. Form und Funktion des Austauschs in archaischen Gesellschaften, Frankfurt am Main 1988).

[4] Clellan S. Ford, Smoke From Their Fires: The Life of a Kwakiutl Chief, New York 1968, 182.

[5] Helen Codere, Fighting With Property: A Study of Kwakiutl Potlatching and Warfare 1792-1930, New York 1961.

risch, und ihre Literatur ist voll mit Bildern von Babys, die ihre Eltern verschlingen.[6] Da die Kwakiutl in einer fruchtbaren Umwelt mit genug Nahrung leben, ist es offensichtlich, daß diese Eltern ihr eigenes verschlingendes *Bedürfnis nach Liebe* auf ihre Babys projizieren.

Um in weiterer Folge unter Kontrolle zu halten, was sie als bedürftige, monströse, bissige Babys wahrnehmen, unterwerfen sie sie einer strengen Trieberziehung: Sie binden sie (wickeln sie) in aus Kisten hergestellte Wiegen und lassen sie dort zwei oder drei Jahre lang; sie lehren sie, ihre Begierden rigoros zu überwachen, ihr Kauen zu verheimlichen, sich für jedes ihrer Bedürfnisse schuldig zu fühlen. Sie erschrecken sie mit fleischfressenden Tieren – wie dem Kannibalenvogel, der Menschen den Schädel aufbricht und das Gehirn frißt – und führen bei Gabenzeremonien sogar vor ihren Augen kannibalistische Rituale aus.[7] Kurz gesagt, Kwakiutl-Kinder lernen, wegen allem, was sie begehren, und sei es schlicht die Liebe ihrer Eltern, extreme Schuldgefühle zu empfinden.

Als Folge davon fühlt sich ein Kwakiutl immer dann schuldig, wenn er kriegt, was er wirklich will – eine Frau, einen guten Fischfang, ein neues Haus. Er löst dieses Problem durch Abhaltung eines Gabenpotlatsch-Rituals, bei dem er seine Schuld und seine schlechten Gefühle auf irgendein Fell- oder Kupfergeld ablädt und *dieses Schuld-Geld mitsamt seinen schlechten Gefühlen weggibt*. Dadurch, daß er das Schuld-Geld mit seinem Nachbarn teilt oder es vernichtet – ins Feuer oder in den Fluß wirft –, fühlt er sich viel besser. Dann kann er sich ohne Furcht vor seinem extrem strafenden Überich und ohne Angst vor den strengen Bestrafungen für jedes Vergnügen durch seine Eltern seiner Frau, des Fischfangs oder seines Hauses erfreuen.

Es mag schwer zu glauben sein, daß Menschen ihre schlechten Gefühle manipulieren können, indem sie sie auf Objekte übertragen. Wir machen das aber ständig. Psychoanalytiker nennen diesen Vorgang „projektive Identifikation", seit Melanie Klein sich diesen etwas sperrigen Namen ausgedacht hat.[8] Ich verwende stattdessen gern den Ausdruck „Injektion", sowohl weil er weniger umständlich ist, als auch weil er das Bild vom „Injizieren" einer giftigen Substanz mittels einer

---

[6] Stanley Walens, Feasting With Cannibals: An Essay on Kwakiutl Cosmology, Princeton 1981, 12.
[7] A. a. O., 15.
[8] Melanie Klein, Notes on Some Schizoid Mechanisms, in: Joan Riviere (Hg.), Developments in Psycho-Analysis, London 1952, 292 ff.

hypodermischen Nadel vermittelt – zumal Menschen, die ihre schlechten Gefühle in Objekte injizieren, diese immer als giftig ansehen.[9]

Der Psychoanalytiker Wilfred Bion bringt ein Beispiel aus seiner Erfahrung.[10] Einer seiner Patienten kommt in die Praxis und weigert sich, auf der Couch zu liegen. Er wirft dem Analytiker einen angestrengten Blick zu, es schaudert ihn, sein Blick schweift kurz in eine gegenüberliegende Ecke des Raums ab, und erst dann vermag er sich auf die Couch zu legen. Schließlich sagt er: „Ich fühle mich völlig leer ... es hat keinen Sinn; ich bin zu mehr heute nicht fähig."

Nachdem er die unbewußten Phantasien des Patienten zu diesem Vorfall analysiert hat, rekonstruiert Bion den unbewußten Vorgang wie folgt. Als der Patient zu Bion kam, fühlte er sich sehr bedürftig und wütend. Als er zuerst Bion ansah, hatte er den Eindruck, daß dessen *Zähne* bedrohlich aussähen – das heißt, er hatte seine eigene Beißwut *in Bions Mund* injiziert. Daraufhin stellte er sich vor, Bion würde ihn beißen, und daher hatte er Angst, sich auf die Couch zu legen, wodurch er ihm den Rücken zugekehrt hätte. In der Folge stellte er sich vor, die *Beißzähne aus Bions Mund zu saugen* und sie in einem Objekt in der gegenüberliegenden Ecke des Raums zu placieren, wo er sie im Auge behalten konnte. Erst dann konnte er sich sicher genug fühlen, um sich auf die Couch zu legen. Doch selbst unter dieser Prämisse, nachdem er seine Emotionen einem anderen Objekt injiziert hatte, fühlte er sich innerlich leer, unfähig, sein tatsächliches Gefühl wahrzunehmen.

Alle Arten von schlechten Gefühlen können in etwas injiziert werden, das ich Giftbehälter, *„poison container"*, genannt habe. Beißende Wut, Schuld, Verzweiflung, Liebesbedürftigkeit, alle Gefühle, die zu gefährlich sind, um sie bewußt zu erleben, werden in Geld injiziert. Die ersten Formen des Geldes sind nichts als *poison container*. Die Kwakiutl nannten die Gegenstände, die sie als Geld verwendeten, *yaklelwas*, was soviel heißt wie „böse Dinge", ein Wort, das dieselbe Wurzel hat wie der Ausdruck für „Leichname" und „Gedärme". Wenn sie ihre Potlatsch-Geldvernichtungs-Zeremonien veranstalteten, erklärten sie, sie würden durch das Ausgeben oder Vernichten von Geld „die Schande" von ihrem Körper „wischen", so wie man Scheiße abwischt.[11]

---

[9] Vgl. Lloyd deMause, The Poison Builds Up, in: ders., Reagan's America, New York 1984, 114–135 (dt. Reagans Amerika, Frankfurt am Main ²1988).

[10] Wilfred R. Bion, Second Thoughts: Selected Papers on Psycho-Analysis, London 1967, 65–68.

[11] Alan Dundes, Heads or Tails: A Psychoanalytic Study of Potlatch, in *The Journal of Psychological Anthropology* 2 (1979), 395–424. Ich würde Dundes' brillante Ana-

Alle Stammesverbände haben Systeme erfunden, um ihre schlechten Gefühle umzuverteilen. Jägergruppen fühlten sich in der Regel wegen des Wilds, das sie erlegten, schuldig und entwickelten Verteilungssysteme innerhalb der Sippe, um den Großteil der Schuld anderen zu übertragen, da sie sonst von dieser vergiftet würden.[12] Frühe Ackerbau-Gruppen hatten komplexere Systeme zur Aufteilung der Schuld, und zwar Gabenverteilungs-Wirtschaften ähnlich jener der Trobriander und der Kwakiutl, in denen Geld als *poison container* in Umlauf gebracht wurde, Systeme, die ganz unabhängig von ihren Tauschhandels-Systemen existierten. Die als Geld firmierenden *poison containers* selbst waren natürlich sowohl heilig als auch *tabu* – auf New Britain° wurde das Muschelgeld sogar *tambu* genannt[13] –, da das Heilige stets das enthält, was gefährlich und *tabu* ist.

Das Zirkulieren dieser *poison container* war der zentrale Zweck aller frühen politischen Systeme. Die dazugehörige Gruppenfantasie bestand darin, daß der Häuptling stark genug war, das Gift zu „verdauen" und es in weniger gefährlicher Form „wiederzugebären". Die Tikopia, ein polynesischer Stamm, bringen ihrem Häuptling Gaben dar, und er singt: „Ihr scheißt hierher, damit ich es esse / Ihr habt ein mächtiges Stück mitgebracht / Ihr habt hierhergebracht / Euer todbringendes Festmahl."[14] Der Häuptling nimmt die Gaben an („ißt" sie), reinigt sie mit magischen Opferritualen von ihrer Vergiftung und verteilt sie dann wiederum als kleine Geschenke unter den Leuten, in wiedergeborener Form, gereinigt von allen schlechten Gefühlen.

Reinigung von Gift ist meiner Meinung nach der Hauptzweck jeder sozialen Organisation, sei sie nun wirtschaftlich (Gabenökonomien), religiös (Opfer) oder politisch (Krieg).[15] Wenn zuviel Lust unser strafendes Überich auf den Plan ruft, fühlen wir uns von Sündhaftigkeit verschmutzt und wenden uns Anführern zu, die unser Lustempfinden durch die Vernichtung von Gütern reduzieren können. In modernen Gesellschaften erreichen wir dieses Ziel durch Herbeiführung einer Rezession oder durch Krieg. Jene, die uns am besten von unseren schlechten Ge-

---

lyse der Potlatsch-Analität noch ausdehnen und auch andere Ebenen von Giften einbeziehen, nämlich die fötale (Blut), orale und genitale.

[12] Alain Testart, Game Sharing Systems and Kinship Systems Among Hunter-Gatherers, in *Man* 22 (1987), 287–304.

[°] Eine heute zu Papua-Neuguinea gehörende Insel; ehemals als Neu-Pommern unter deutschem Protektorat. (*A.d.Ü.*)

[13] A. L. Epstein, *Tambu*: The Shell-Money of the Tolai, in: R. H. Hook (Hg.), Fantasy and Symbol: Studies in Anthropological Interpretation, London 1979.

[14] Raymond Firth, Primitive Polynesian Economy, London 1939, 224.

[15] Vgl. deMause, Die fötalen Ursprünge der Geschichte, im vorliegenden Band.

fühlen reinigen, erwerben das höchste Ansehen. Jene, die uns – wie Bismarck und Roosevelt – einen Krieg *und* eine große Rezession bescheren, werden selbstverständlich als unsere größten Anführer überhaupt betrachtet.

Ein typisches Beispiel für ein frühes Gabenverteilungssystem und seine Reinigungsfunktion findet sich in einem dörflichen Bereich Nordindiens, der Region Saharanpu, wo die niedrigeren Kasten den Brahmanen Nahrung und andere Gegenstände geben, um „das Böse" von sich zu „entfernen" und es auf die oberste Kaste zu übertragen.[16] Die Sündhaftigkeit – die Verschmutzung, die es zu übertragen gilt – wurde als so gefährlich betrachtet, daß der Empfänger bezeichnet wurde als „derjenige, der – nachdem er soviele Gaben angenommen hat – sich fühlt, als habe er Gift geschluckt". Vom Brahmanen wird erwartet, daß er dieses Gift „verdaut", sowohl durch rituelle Mittel als auch durch neuerliche Umverteilung eines Teils davon in weiteren Transfers. Dafür wird ihm das höchste Ansehen zuteil, die meisten Dankbezeugungen der anderen Kasten, weil er sie von ihren Verunreinigungen befreit.

Archäologen haben herausgefunden, daß die frühesten Geldsysteme der Antike ebenfalls Gabentauschsysteme waren, bei denen sich die obersten Klassen durch das Ausgeben und Zerstören von Vermögen Prestige verschaffen.[17] Von denjenigen, die Hesiod „gabenverzehrende Häuptlinge" nannte,[18] wurde erwartet, daß sie aufwendige Gaben austauschten und sie sogar im Zuge von Verschwendungs- und Opferritualen zerstörten, insbesondere in Form der Vernichtung und des Vergrabens von Vermögen anläßlich von Bestattungen.[19] Das trägt auch zur Erklärung dessen bei, inwiefern Bernhard Laum den Ursprung des Geldes in seinem brillanten Buch *Heiliges Geld*[20] in intimem Zusammenhang mit dem Opfer sah.[21] Außerdem erklärt es, warum das früheste Metallgeld entweder aus metal-

---

[16] Gloria Goodwin Raheja, The Poison in the Gift: Ritual, Prestation, and the Dominant Caste in a North Indian Village, Chicago 1988.
[17] Ian Morris, Gift and Commodity in Archaic Greece, in *Man* 21 (1986), 1–17.
[18] Hesiod, Works and Days, 38 (dt. Werke und Tage. Griech./Dt., übers. u. hg. v. Otto Schönberger, Stuttgart 1996).
[19] Richard Bradley, The Destruction of Wealth in Later Prehistory, in *Man* 17 (1982), 108–122.
[20] Bernhard Laum, Heiliges Geld. Eine historische Untersuchung über den sakralen Ursprung des Geldes, Tübingen 1924.
[21] Vgl. William H. Desmonde, The Origin of Money in the Animal Sacrifice, in Borneman, *The Psychoanalysis of Money*, 113–133.

lenen Spießen bestand, wie sie beim Grillen von Opfertieren eingesetzt wurden, oder aus den Doppeläxten, die zu deren Tötung verwendet wurden.[22]
Jene, die als erste wagten, dieses heilige Geld zur Erleichterung des Handels unter Verbrauchern auf der frühen griechischen *agora* um 400 v. Chr. heranzuziehen, wurden – wie später die Juden, die im Mittelalter Geldverleih betrieben – betrachtet, als wären sie voller Gift, selbst zur Gefahr geworden durch die *poison containers*, mit denen sie umgingen.[23] Von mittelalterlichen Geldverleihern, die starben, ohne Buße zu tun, hieß es mitunter, sie seien so voller Gift gewesen, daß sie „schwarz und angeschwollen"[24] aussahen und „wie Hunde aus der Kirche hinausgeworfen" wurden, um ohne Erlösung zu sterben. Im Zuge der Verbesserung der Kindheit und der immer häufigeren und weiter verbreiteten Verwendung von Geld zu Handelszwecken und zum Verleih gegen Zins wurde der Bereich des illegalen Geldverleihs immer kleiner, doch der Makel, der auf dem Handel mit Geld lastete, ist nie ganz geschwunden. Geld bleibt gefährlich, und auch jene, die heute damit umgehen, müssen stark sein, wenn sie vermeiden wollen, von den emotionalen Giften, die wir in es injizieren, kontaminiert zu werden.
Aus diesem Grund haben wir bis vor kurzem Bankgebäude errichtet, die Opfertempeln ähnelten, zumal die Banker – unsere modernen Opferpriester – diejenigen sind, die mit dem Gift-Geld so umgehen müssen, daß Güter zerstört werden, wenn der Wohlstand zu bedrohlich und unsere Schuldgefühle zu groß werden. Daß wir Wirtschaftszyklen haben, liegt daran, daß wir weiterhin nur eine geringe Toleranz für Lustempfinden haben. Wenn der Wohlstand zu groß wird (und der Frieden uns, wie die Kwakiutl, davon abhält, unsere überflüssigen Güter im Kampf zu zerstören), fangen wir an, uns extrem sündhaft und verschmutzt zu fühlen, und Geld scheint mehr denn je „ganz Zahl" zu sein, erfüllt mit unseren Schuldgefühlen. Statt es in produktive Unternehmen zu investieren, fangen wir an, uns in Spekulationsgeschäften zu ergehen, schmeißen es auf inflationäre Börsenmärkte, schicken das Gift-Geld an die Oberschichten der Dritten Welt, auf die man zählen kann, wenn es um Verschwendung geht, ändern unsere Steuersätze zugunsten der Reichen, um ihnen noch mehr von unserem Geld zukom-

---

[22] Paul Einzig, Primitive Money: In its Ethnological, Historical and Economic Aspects, 2. durchges. Aufl. Oxford 1966, 190.
[23] T. F. Carney, The Economics of Antiquity: Controls, Gifts and Trade, Lawrence, Kansas, 1973.
[24] Jacques LeGoff, Your Money or Your Life: Economy and Religion in the Middle Ages, New York 1988, 60 (dt. Wucherzins und Höllenqualen. Ökonomie und Religion im Mittelalter, Stuttgart 1988).

men zu lassen, da nur sie dessen Verschmutzung „verdauen" können.[25] Wie die Kwakiutl, die ihr Geld tausendfach vervielfältigt haben, nachdem sie immer reicher geworden waren, erhöhen auch wir unsere Geldvorräte, je verschmutzter wir uns fühlen, da wir immer mehr *poison containers* brauchen, die unsere wachsenden Schuldgefühle aufnehmen können.

Abbildung 2: Gift-Geld verschmutzt die Welt

Da es in Europa und Japan schon über vier Jahrzehnte lang keinen echten, den Überschuß vernichtenden Krieg mehr gegeben hat, bestand die einzige Möglichkeit, sich der Schuldgefühle zu entledigen und den Wohlstand einzuschränken, darin, Geld in die USA fließen zu lassen und sich im Hinblick auf seine Zerstörung auf *sie* zu verlassen. In den 1980er Jahren haben Europa und Japan Amerika eine halbe Billion Dollar geliehen (als Gift-Gabe dargebracht), welche die USA prompt vernichtet haben, indem sie sie im Boden versenkt (Nuklearraketen) und ins Meer geworfen haben (Nuklearflugzeuge), genau so, wie es die Kwakiutl bei ihren Potlatsch-Zeremonien taten. Gleichwohl ist die Menge dessen, was Amerika vom Schuld-Geld der Welt aufnehmen und zerstören kann, beschränkt.

---

25   Vgl. deMause, Carrying Out the Sacrifice, in ders., *Reagan's America*, 68–90.

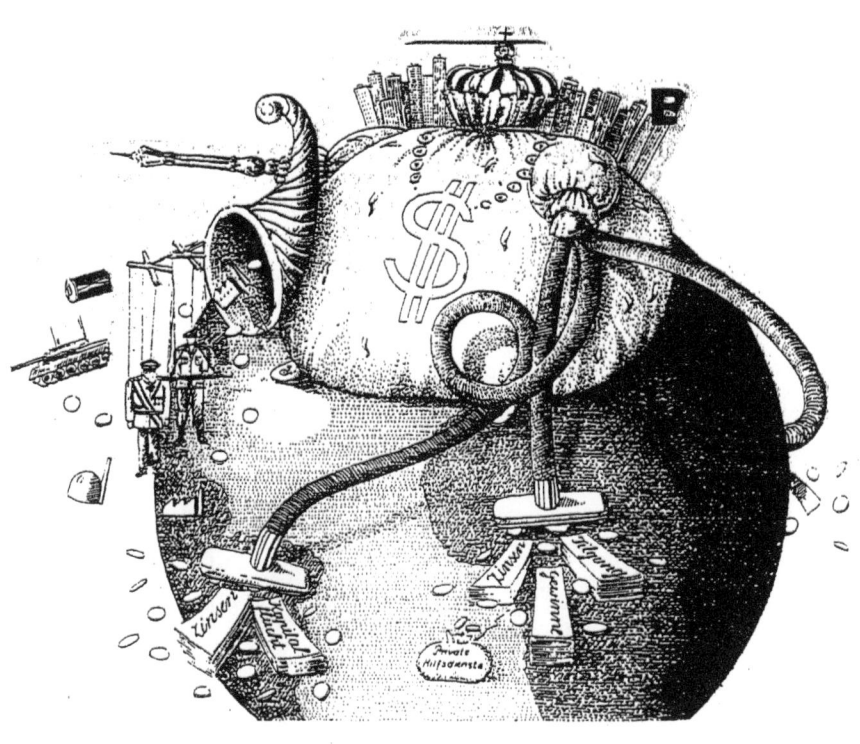

Abbildung 3: Gift-Geld wird in die USA gepumpt

Das gilt insbesondere zum gegenwärtigen Zeitpunkt, da der Welt gerade Schreckliches widerfahren ist: Friede ist „überall ausgebrochen", wie Newsweek kürzlich geschrieben hat.[26] Die Gefahr, die für unsere Psyche davon ausgeht, daß es zur selben Zeit einen Abrüstungsvertrag zwischen Rußland und den USA und Frieden in Afghanistan, in Kambodscha, in Angola, im Iran und in Mittelamerika gibt, besteht darin, daß der Druck in Richtung eines großen inneren Opfers (Depression) immer größer wird – falls es keinen Platz für ein äußeres Opfer (Krieg) gibt. Hier ist es nun an unseren Geldpriestern – den Verantwortlichen

---

[26] Is Peace Really Breaking Out All Over?, in Newsweek vom 1. August 1988.

der Zentralbanken und den Beamten der Finanzministerien –, ihren wichtigsten Aufgaben nachzukommen.

„Der Job der Nationalbank besteht darin", meinte William McChesney Martin, früherer Vorsitzender der amerikanischen Nationalbank, „den Topf mit dem Punsch genau dann wegzunehmen, wenn die Party losgeht."[27] Paul Volcker, der während der Rezession in den frühen 1980er Jahren Vorsitzender der Nationalbank war, gibt ihm recht. Scherzenderweise gab er einmal das unbewußte Geheimnis seiner sozialen Rolle preis: „Wir [die Leute von der Zentralbank] haben eine gespenstische Angst, daß irgendwo irgendjemand glücklich sein könnte."[28] Um zu verhindern, daß das angstbesetzte Lustgefühl unvermindert anhält, könnte es erforderlich sein, eine weltweite Wirtschaftskrise von großem Ausmaß zu verursachen. Das ist der wahre Grund dafür, daß im Augenblick (August 1988) so viele führende Köpfe in Amerikas Finanzgemeinde auf einer Geldpolitik bestehen, welche die Welt in einen schwerwiegenden wirtschaftlichen Niedergang stürzen könnte.

Abbildung 4: Unsere sündigen Begierden verschmutzen unsere Umwelt

Ein Finanzexperte beschreibt das Opferszenario, das gerade diskutiert wird, so: „Nach den Wahlen wird die Führung dieses Landes zur Nationalbank sagen: ‚Los, Jungs, dreht [den Geldhahn] zu.' Die Staatsreserven werden knapper, die Zinsen steigen, die Wirtschaft gerät ins Stocken. Dann werden sie dem nächsten Präsidenten und dem nächsten Kongreß anschaffen, die Steuern zu erhöhen ...

---

27 William Greider, Secrets of the Temple: How the Federal Reserve Runs the Country, New York 1987, 65.
28 A. a. O., 70.

man erwartet von uns, daß wir dem Land echte Sparmaßnahmen auferlegen. Das macht mir Angst."[29]

Die Vorbereitungen für das nächste interne Opfer in Amerika haben schon begonnen. Überall erscheinen Artikel, die „die Wirtschaftskrise, die wir brauchen", skizzieren,[30] neue Verbrauchersteuern in enormer Höhe werden vorgeschlagen,[31] die Zentralbanken auf der ganzen Welt haben damit begonnen, die Zinsen zu erhöhen,[32] der Internationale Währungsfonds hält die Ökonomien der Dritten Welt weiterhin so im Keller, daß sie keine westlichen Waren kaufen können.[33] Die Schuldenlast und die Geldmittel nehmen weiter zu und lassen eine baldige scharfe Reduktion befürchten – wie bei den Kwakiutl besteht das Vorspiel zur Geldvernichtung bei einem Potlatsch in einem Ansteigen der Verschuldung.

Das Problem mit dem Vorschlag, daß der Präsident „eine kleine Rezession" wie die am Beginn von Reagans Amtszeit verursachen solle, um „sich rechtzeitig für die Kampagne zur eigenen Wiederwahl in einer Erholungsphase zu befinden",[34] liegt darin, daß die amerikanische Wirtschaft 1988 wesentlich schlechter dasteht als 1980. Die Schuldenlast ist weit höher, die Handelsbilanz ist unausgeglichen, die Banken haben einen schwächeren Stand, die Firmen sind weniger gesund. Amerika jetzt zu befehlen, sich in „eine kleine Rezession" zu begeben, ist dasselbe, wie einem Mann, der am Rande einer Klippe steht, zu befehlen, „einen kleinen Hüpfer" zu machen.[35]

---

[29] Ders., The Shadow Debate on the American Economy, im *Rolling Stone*, Ausgabe 14.-28. Juli 1988, 85.

[30] Paul Blustein, Squeeze Play: The Slump We Need Has Started, in der *Washington Post* vom 7. Februar 1988, C1; Maxwell Newton, Fed Must Move to Stem Growth in U.S. Economy, in der *New York Post* vom 26. Januar 1988, 35; The Inevitable Tax Hike, in *U.S. News & World Report* vom 11. Juli 1988, 17; Jeff Faux, The Austerity Trap and the Growth Alternative, in *World Policy Journal* 3 (1988), 367-414; Eliot Janeway, It's a Bad Time To Cut Consumption, in der *New York Times* vom 15. Mai 1988, F3; Greider, *The Shadow Debate*, 85 ff.

[31] John B. Judis, Cuomo Report Warns of Potential Economic Split, in *In These Days*, Ausgabe vom 6.-19. Juli 1988, 2.

[32] Dearer Money Comes Creeping Back, in *The Economist* vom 7. Mai 1988, 71.

[33] John Eisendrath, How the IMF Makes the World Safe for Depression, in *The Washington Monthly* vom Februar 1983, 15-20.

[34] Greider, *The Shadow Debate*, 86.

[35] Da Amerikas Handels- und Budgetdefizit so hoch ist, hat Washington nicht mehr so viel Freiheit beim Einsetzen von monetären und steuerlichen Anreizen, um die Rezession zu beenden und die wirtschaftliche Entwicklung wieder in die andere

Doch das ist natürlich der Endzweck all dieser Sparvorschläge. Veranstalte einen riesigen Potlatsch, wirf unser Geld und unsere Güter ins Feuer, befreie die böse Welt in einer rituellen Opferorgie von ihren Sünden, mach unser Leben – und unser Geld – wieder rein. Als die Nationalbank die Welt 1929 in die Große Depression stürzte, sagte Finanzminister Andrew Mellon: „Das wird die Verfallenheit unseres Systems bereinigen."[36]

Abbildung 5: So verschmutzt fühlen wir uns im Jahre 1988

Denn hinter dem *homo economicus* lauert *homo necans*, der Opfermensch, voller Schuldgefühle ob des Wagemuts, seine Wünsche auszuführen. Das ist das Vermächtnis unserer Kindheit – und das Ziel unserer Institutionen. Nur ein erhebliches Maß an emotionaler Reife kann uns davor bewahren, die Muster der Vergangenheit zu wiederholen.

Alles hängt davon ab, für welche Seite der Münze wir uns entscheiden: die Lust oder die Schuld. Kopf – du gewinnst. Zahl – du verlierst.

---

[36] Richtung laufen zu lassen; vgl. Barry Eichengreen und Jeffrey A. Frankel, Now It's Harder to Fix a Recession, in der *New York Times* vom 14. August 1988, F19.
Greider, *Secrets of the Temple*, 300.

ANHANG

Fantasieanalyse der Debatte zwischen den Präsidentschaftskandidaten Bush und Dukakis am 25. September 1988

Frage: Drogen? Drogen?
Bush: Drogen ... Verschlechterung ... härter ... Krokodil ... böse ... Droge
Dukakis: Drogen ... Drogen ... Kinder ... Drogen ... Mädchen ...verzweifelt ... helfen ... helfen ... Droge

Frage: Droge?
Bush: Drogen ... freundlich ... aufräumen ... waschen ... einreißen
Dukakis: Droge ... Droge ... jung ... Leute ... junger Kerl ... junge Leute ... hart ... Droge ... Droge ... Droge ... junger Kerl

Deutung: Die Verschlechterung unserer Lage wird von Kindern auf Drogen verursacht.

Frage: zum Bersten voll? kürzen [*cut*][+]?
Bush: loslassen ... kürzen ... Kürzung ... kürzen ... einfrieren
Dukakis: hart ... hart ... Kürzungen ... zerbrochen

Frage: kürzen? einfrieren?
Bush: es runterbringen ... unter Kontrolle ... kürzen ... einen Schlag versetzen
Dukakis: Kinder ... Enkelkinder ... stark

Deutung: Daher müssen wir Kinder beschneiden und einfrieren.

Frage: Netter, sanfter? Eltern, Kinder, Schutz?
Bush: Schlag ... rauswerfen ... katastrophal ... töten ... rauswerfen ... katastrophal ... katastrophal
Dukakis: Kinder ... krank ... Vater ... Sohn ... Sohn ... verletzen

Deutung: Wir können nicht nett sein, wir müssen Söhne töten und verletzen.

[+] Auch hier operiert deMause mit dem Doppelsinn von *cut* – „kürzen" bzw. „schneiden" –; dasselbe gilt weiter unten für den Ausdruck *slash*, der ebenfalls sowohl „stark kürzen" (z. B. das Gehalt) als auch „aufschlitzen", „zerfetzen" bedeutet.

Frage: katastrophal? Droge? Seuche? Drogen?
Bush: Köpfe in den Sand ... Drogen ... sauber ... Blut ... rein ... Blut ... Drogen ... Blut
Dukakis: angegriffen ... Drogen

Deutung: Töten wird unser Blut säubern und reinigen.

Frage: leidenschaftslos? Leidenschaft? schmerzlich? Leidenschaft? Leidenschaft?
Bush: Leidenschaft ... Krieg ... Kinder ... Krieg ... Leidenschaft ... leidenschaftlich ... Leidenschaft ... Enkelkind ... Jugendverbot ... Kinderpornographie ... Leidenschaft
Dukakis: Leidenschaft ... Krieg ... Krieg ... ruhiger ... angegriffen

Deutung: Wir brauchen einen Krieg gegen Pornographie und Kindersex.

Frage: leiden? Kinder?
Bush: Lichtpunkte ... Ehefrau ... Lichtpunkte ... krank
Dukakis: kürzen ... Kinder ... Traum

Frage: junge Menschen? ausquetschen?
Bush: schnappen ... Elend
Dukakis: Traum ... Kriege

Frage: Tod? töten?
Bush: Mörder ... Tod ... Morde ... Vergewaltigung ... Brutalisierung ... Mord ... Abtreibung
Dukakis: Tod ... stark ... kürzen ... Mord ... Droge ... junge Leute ... Tod ... Droge ... exekutieren ... Abtreibung ... Frauen

Frage: Abtreibung? Vergewaltigung, Inzest? Abtreibungen? Abtreibungen? Abtreibungen? Frauen?
Bush: Kinder ... abgetrieben ... Geburt ... Liebe ... Vergewaltigung, Inzest ... Abtreibung ... Tötungen
Dukakis: Frau ... Frau ... Frau

Frage: Frauen? verfolgt? Kinder? Explosion? Kinder? außer Kontrolle? kürzen?
Bush: Kontrolle ... verfolgen ... Kinder ... einbrechen ... Lichtpunkte
Dukakis: kürzen ... aufgeschlitzt [*slashed*] ... kürzen ... aufgeschlitzt ... Kinder ... junge Leute ... Mütter ... Tausende Lichtpunkte ... kürzen ... aufgeschlitzt ... hingeschlachtet ... Kinder verletzen

Deutung: Weil Kinder Inzest und Vergewaltigung wollen, müssen wir sie und ihre Mütter aufschlitzen und hinschlachten.

Frage: Krise? Krise?
Bush: Kind
Dukakis: Kind ... Mutter ... Kinder ... Kinder ... Kinder ... Drohung ... Vater ... furchtsam ... verletzen ... helfen ... helfen

Frage: Schwäche?
Bush: einfrieren ... einfrieren ... hart ... schwach ... kämpfen
Dukakis: Stärke ... Droge ... Stärke ... Stärke

Frage: kürzen?
Bush: hart ... hart ... nett ... nett ... Kürzungen ... Frieden ... Stärke
Dukakis: einfrieren ... einfrieren ... kürzen ... Kriege ... Kürzungen

Frage: Kriege? böse?
Bush: Kürzungen
Dukakis: einfrieren ... Stärke ... stark ... stark

Frage: Kriege? Herz?
Bush: Angriff ... kürzen
Dukakis: Herz ... Krieg ... Kriege ... kürzen ... kürzen ... Muskel und Faser ... Drogen ... Drogenkriege

Frage: Geisel? Geisel?
Bush: Terrorist ... Terrorist ... Geiseln ... Terrorismus ... Geiseln ... Frieden ... Terrorismus ... Frieden
Dukakis: Terroristen ... Geiseln ... Terroristen ... Geisel ... Terrorismus ... Droge ... Terroristen

Deutung: Nur Terrorismus gegen Geiseln wird uns Frieden bringen.

Frage: Herzschlag?
Bush: pumpern ... brutal
Dukakis: Herzschlag ... stark

Frage: Kürzungen? Tod? Kontrolle?
Bush: freundlich ... freundlich ... optimistisch ... sanfter und netter ... Frieden ... Elend ... hart ... Droge ... Tod
Dukakis: stark ... Stärke ... Söhne ... Söhne ... Traum ... sauber ... stark ... stark ... stark

Deutung: Ihr brutaler Tod wird uns reinigen und uns wieder Frieden und Stärke bringen.

Die Gruppenfantasie, die sich in der Debatte äußert:

EINE INTERNE OPFERUNG VON KINDERN UND FRAUEN WIRD UNSERE SÜNDIGE NATION REINIGEN.

Die sanfte Revolution: Die Wurzeln der russischen und osteuropäischen Demokratiebewegungen in der Kindheit* (1990)

Im Tagebuch eines französischen Rußlandreisenden des achtzehnten Jahrhunderts findet sich folgende Beschreibung einer traditionellen Taufzeremonie:

> Melissino und ich wohnten einer außerordentlichen Zeremonie [an der Newa] bei, die mit gut eineinhalb Metern Eises bedeckt war. Nach der Segnung des Gewässers wurden die Kinder getauft, indem man sie in ein großes, ins Eis gehauenes Loch tauchte. Als ich dort zugegen war, geschah es dem Priester, daß ihm eines der Kinder aus den Händen glitt. „*Drugoi!*", rief er. Das heißt: „*Gib mir das nächste!*" Man kann sich mein Erstaunen vorstellen, als ich sah, daß Vater und Mutter des Kindes sich im Zustand freudiger Erregung befanden; sie waren überzeugt, ihr Baby sei geradewegs in den Himmel befördert worden.[1]

Ein solcher Vorfall darf als typisch gelten für die Praktiken der Kindeserziehung in Rußland bis weit in unser Jahrhundert – durchaus mittelalterlich also, verglichen mit denen im Westen. So glaubten die meisten russischen Eltern etwa, daß es Säuglinge in tunlicher Weise „abhärte" und ihnen „das Untaugliche austreibe", wenn man sie extremen Temperaturen aussetze. Ein Reisender aus England berichtet zum Beispiel:

> Die Moskowiter lassen ihre Kinder die Extreme von Hitze und Kälte, Hunger, Durst und Zwangsarbeit durchmachen. Sie waschen ihre neugeborenen Säuglinge in kaltem Wasser und rollen sie auf Eis und in Schnee, und wenn sie das nicht überleben, so erachten ihre Mütter sie für nicht einmal einer Träne würdig.[2]

Die Haustaufe in Eiswasser dauerte gewöhnlich über eine Stunde. Lomonossow beschreibt eine solche, wie er sie 1883 miterlebt hat:

---

*   Aus: *The Journal of Psychohistory* 17 (1990), 341–352; dt. Erstübersetzung unter dem Titel *Die Geburt der Perestroika* in *Psychologie Heute* vom Juni 1990, 38–41. Wörter in eckigen Klammern sind, sofern nicht anders verzeichnet, Ergänzungen des Autors.

[1]   The Memoirs of Jacques Casanova de Seingalt, übers. v. Arthur Machen, New York o. J., Bd. V, 511 f.

[2]   Anonymus, The Common Errors in the Education of Children and Their Consequences, London 1744, 10.

> ...die große steinerne Halle des Elternhauses, in der die Taufe stattfinden sollte, wurde 24 Stunden lang nicht geheizt und das Wasser direkt aus dem Brunnen genommen ... Das Kind schrie entsetzt auf und hielt nicht ein, mit ganzer Kraft zu schreien, mit Ausnahme von kurzen Unterbrechungen zum Zwecke des Luftholens nach dem völligen Eintauchen ... Das Kind fiel in den Zustand der Bewußtlosigkeit und bekam Krämpfe und Fieber...[3]

Es überrascht nicht, daß die Kinder-Sterblichkeitsrate in Rußland bis vor kurzem dreimal so hoch war wie jene der Länder Westeuropas, was bedeutet, daß mehr als die Hälfte aller Neugeborenen während ihrer Kindheit starben.[4]
In Westeuropa waren derart fehlgeleitete Erziehungsmethoden schon Jahrhunderte zuvor aus der Mode gekommen. So war etwa das Baden von Kindern in Eiswasser ein in ganz Europa üblicher Brauch, wurde aber bereits im Laufe des achtzehnten Jahrhunderts in zunehmendem Maße kritisiert. Während ältere Tagebucheintragungen häufig berichten, daß Neugeborene „an der Taufe [in Eiswasser] gestorben"[5] seien, und Ärzte tägliche Bäder in Eiswasser für Kinder empfahlen,[6] erachteten Eltern gegen Ende des achtzehnten Jahrhunderts solche Methoden der „Abhärtung" für unangebracht. 1797 schreibt man:

> Zu sehen, wie ein kleiner Säugling im kalten Wasser gewaschen wird ..., er selbst in einem einzigen, unaufhörlichen Schreien begriffen, und die liebende Mutter,

---

[3] E. A. Pokrowski, Pervonacal'noje fiziceskoje vospitanije detej, Moskau 1888, 244.
[4] Patrick P. Dunn, „That Enemy Is the Baby": Childhood in Imperial Russia, in: Lloyd deMause (Hg.), The History of Childhood, New York 1974, 385 (dt. „Der Feind ist das Kind": Kindheit im zaristischen Rußland, in: Hört ihr die Kinder weinen. Eine psychogenetische Geschichte der Kindheit, hg. v. Lloyd deMause, Frankfurt am Main 1977, 535–564, hier 537); Nancy M. Frieden, Child Care: Medical Reform in a Traditionalist Culture, in: David L. Ransel (Hg.), The Family in Imperial Russia: New Lines of Historical Research, Urbana 1978, 236 f. Die Statistiken, die in diesen Quellen zusammengefaßt werden (z. B. 69% Kindersterblichkeit im Moskau des neunzehnten Jahrhunderts) gelten für fortgeschrittenere Gegenden; die Ziffer für Gesamtrußland ist mit Sicherheit viel höher, besonders wenn die Säuglingssterblichkeit berücksichtigt wird, was hier nicht der Fall ist.
[5] Alice Morse Earle, Customs and Fashions in Old New England, Detroit 1968, 2.
[6] John Floyer, The Ancient Psychroloysia Revived, or An essay to prove cold bathing both safe and useful, London 1702, und The History of Cold-Bathing, London [6]1732; John Jones, The arts and science of preserving bodie and soule in healthe (1579), Ann Arbor: University Microfilms 14724, 32.

die ihre Ohren unter der Bettdecke verbirgt, um durch seine Schreie nicht gepeinigt zu werden, hat mich stets als unnotwendige Härte berührt ...[7]

Dennoch beginnt eine wirksame Gegenbewegung gegen die althergebrachten, kinderschädigenden Erziehungsmethoden in Rußland nicht vor dem zwanzigsten Jahrhundert. Die Verzögerung einer Reform der Kindeserziehung um zweihundert Jahre ist, wie ich meine, die Wurzel der – verglichen mit den Ländern des Westens – gleichfalls zweihundertjährigen Verzögerung politischer Reformen in Rußland. Darüber hinaus hat die umfassende Verbesserung der russischen Kindeserziehung in den letzten Jahrzehnten eine Veränderung der russischen Mentalität nach sich gezogen und die Grundlage geschaffen für die dramatischen politischen Veränderungen der jüngsten Vergangenheit.

Reform der Kindeserziehung und politische Reform
Das zentrale Thema meiner psychohistorischen Studien der letzten zwei Jahrzehnte ist die These gewesen, daß einer politischen Reform immer eine Reform der Kindeserziehung vorausgeht.
Rußland stellt einen besonders dramatischen Prüfstein bzw. Beweis dieser These dar. Die politischen Alpträume des zaristischen und stalinistischen Rußlands waren exakte Abbilder der Alpträume einer gewöhnlichen russischen Kindheit.[8]

---

[7] Scevole de St. Marthe, Paedotrophia: or, The Art of Nursing and Rearing Children, London 1797, 63, in einer Fußnote des Übersetzers H. W. Tytler. Zum Beweis dafür, daß viele die Warnungen der Ärzte ignorierten und mit dem Baden in Eiswasser fortfuhren, vgl. Elizabeth Grant Smith, Memoirs of a Highland Lady, London 1898, 49; Mary Elizabeth Haldane, Mary Elizabeth Haldane: A Record of A Hundred Years (1825-1925), London 1925, 6 und 45; William Moss, An Essay on the Management, Nursing and Diseases of Children ..., London ²1794, 137; Jean Paul Friedrich Richter, Levana; or, The Doctrine of Education, Boston 1863, 140 [engl. Übers. von Jean Pauls Schrift *Levana oder Erziehlehre* (1807), dt. Ausgabe Bad Heilbrunn 1963; A.d.Ü.]; The Maternal Physician, A Treatise on the Nurture and Management of Infants, from Birth Until Two Years Old, New York 1811, 23; Pey Henry Chavase, Advice to a Mother on the Management of her Children ..., Philadelphia ¹¹1871, 18; Bogna W. Lorence, Parents and Children in Eighteenth-Century Europe, in *History of Childhood Quarterly: The Journal of Psychohistory* 2 (1974), 17.
[8] Dieses Prinzip ist, wiewohl es nicht explizit wird, bei Dunn, *Formation*, 398–405, impliziert; Geoffrey Gorer und John Rickman, The People of Great Russia: A Psychological Study, London 1949; und Nathan Leites, A Study of Bolshevism, Glencoe 1953.

Weitverbreiteter Kindsmord, heftige Schläge und andere Arten physischer Mißhandlung waren die Vorbilder für die physische Gewalt des Kremls, des KGB und des Gulag. Was Nathan Leites als traditionelle russische Charaktereigenschaften anführt – Furcht vor Unabhängigkeit, Wankelmut und Wunsch nach externer Kontrolle[9] –, all das war Resultat der bis vor kurzem weitverbreiteten Praktiken des langen Wickelns der Kinder, der emotionalen Weglegung und der Gefühlskälte der Eltern gegenüber ihren Kindern.[10] Gerade so, wie Säuglinge, die gewickelt worden sind, nach ihren Windeln schreien, wenn sie ent-wickelt werden – so sehr gewöhnen sie sich an ihr Eingeschränktsein –, schreien auch Erwachsene, die als Kinder physisch und emotional gewickelt worden sind, nach totalitären Beschränkungen in ihren politischen Systemen.

Die Alpträume einer bis vor kurzem in Rußland üblichen Kindheit
Die russische Kindeserziehung ähnelte traditionellerweise in mancherlei Hinsicht mehr jener in Indien und anderen Staaten des Ostens als der im Westen. So waren etwa Kindsmord und Kinderhochzeit in Rußland bis ins neunzehnte Jahrhundert weitverbreitet.[11] Nicht nur wurden die meisten Mädchen noch vor der Pubertät verheiratet und sexuell initiiert,[12] die Väter hatten oft auch Geschlechtsverkehr mit den kindlichen Bräuten ihrer Söhne. Wie ein Reisender im neunzehnten Jahrhundert berichtet:

> Väter verheiraten ihre Söhne in einem sehr frühen Alter mit einem heranreifenden Mädchen im Dorf und schicken die jungen Männer dann entweder nach Moskau oder St. Petersburg auf Arbeitssuche ... Nach einigen Jahren findet der Sohn, wenn er auf sein Landgut zurückkehrt, heraus, daß er nominell Vater mehrerer Kinder ist, des Nachwuchses seines eigenen Vaters nämlich, der es als seine

---

[9] Vgl. Leites, *Bolshevism*. Leites dokumentiert in bewundernswerter Weise russische Persönlichkeitszüge, kommt aber nicht auf deren Ursprünge in der Kindheit zu sprechen.

[10] Zu den Formen der Kindeserziehung vgl. das Kapitel *Die Evolution der Kindheit* im vorliegenden Band.

[11] Zur Beobachtung, daß die Kindstötung bei Mädchen in Rußland länger andauerte, vgl. die bei David L. Ransel, Mothers of Misery: Child Abandonment in Russia, Princeton 1988, ausgewiesenen Knaben-Mädchen-Verhältnisse mit denen des übrigen Westeuropa, die im *Anhang: Zur Demographie des Tötens der Nachkommenschaft* an das Kapitel *Die Entstehung der amerikanischen Persönlichkeit durch psychische Artenbildung* im vorliegenden Band angeführt werden.

[12] Eve Levin, Sex and Society in the World of the Orthodox Slavs, 900-1700, Ithaca [Jahreszahl fehlt; A.d.Ü.], 96 f., 126.

Pflicht angesehen hat, auf diese Weise die Stelle eines Ehemanns für die junge Frau einzunehmen. So geschieht es in ganz Rußland..."[13]

Langwieriges und festes Wickeln (das Einschnüren der Säuglinge mit Bandagenschichten während ihres gesamten ersten Lebensjahres) wurde in Rußland ohne Unterbrechungen bis vor wenigen Jahrzehnten praktiziert. In Westeuropa fand diese Praxis im Laufe des achtzehnten und neunzehnten Jahrhunderts ihr Ende.[14] Russische Kinder dagegen wurden fest gebunden und verwandelten sich in exkrementgetränkte Würste, was sie davon abhalten sollte, „sich ihre Augen auszureißen". Die Babys wurden zudem am Schreien gehindert, indem ihre Münder ständig mit schmutzigen Schnullersäckchen „gestopft" wurden, die oft in ihre Kehlen hinuntergesogen wurden und die Kinder so erstickten.[15] Das Schlagen von kleinen Kindern mit Peitschen – „Austreiberinnen des Bösen und Kultivatorinnen der Tugend" genannt – war eine übliche Behandlung auch unter Gebildeten.[16] Das traditionelle Familienhandbuch *Domostroj* riet, „du mußt ihm [dem (männlichen) Kleinkind; A.d.Ü.] mehr Wunden zufügen und wirst dich seiner hernach erfreuen ... Brich seine Rippen, solange er noch nicht erwachsen ist, oder er wird gefestigt und hört auf, dir zu gehorchen". Sogar Töchter wurden oft erbarmungslos ausgepeitscht: „Bedingungsloser Gehorsam und knochenbrecherische Disziplin war das Motto unseres Vaters", so schrieb eine Revolutionärin.[17] Die Peitsche wurde Kindern und Ehefrauen gegenüber dermaßen oft angewandt, daß sie dem Ehemann des öfteren als Teil der Hochzeitszeremonie überreicht wurde.[18]
Von Eltern, die ihren Kindern gegenüber Mitgefühl zeigten, wurde angenommen, daß sie damit eine Sünde begingen. Nahm eine besorgte Mutter ihren

---

[13] Robert Ker Porter, Travelling Sketches in Russia and Sweden, 1805-08, in: Peter Putnam (Hg.), Seven Britons in Imperial Russia, 1698-1812, Princeton 1952, 327. Vgl. weiters Peter Czap, Jr., Marriage and the Peasant Joint Family in the Era of Serfdom, in: Ransel, *Family in Imperial Russia*, 105.

[14] Dunn, „That Enemy Is the Baby", 386 f.; Gorer und Rickman, *People of Great Russia*; deMause, *Die Evolution der Kindheit*.

[15] Dunn, „That Enemy Is the Baby", 388; Gorer und Rickman, *People of Great Russia*, 50 und 97; Frieden, *Child Care*, 250.

[16] Dunn, „That Enemy Is the Baby", 396 f.; Max J. Okenfuss, The Discovery of Childhood in Russia: The Evidence of the Slavic Primer, Newtonville, MA, 1980, 5.

[17] Barbara Alpern Engel, Mothers and Daughters: Family Patterns and the Female Intelligentsia, in: Ransel, *Family in Imperial Russia*, 47.

[18] Levin, *Sex and Society*, 237.

kranken Säugling von der Brust der Amme und wiegte ihn selbst in den Schlaf, so warnte ein Verwandter sie, daß „eine solche übertriebene Liebe ein Vergehen wider Gott sei und Er es gewiß ahnden würde"[19]. Die ihre Kinder nicht auspeitschten, sondern sie lieber freundlich behandelten, wurden für seltsam und abartig gehalten. Ende des neunzehnten Jahrhunderts wird Grigori Belinski, der seine Kinder nicht schlug, beschrieben als „der einzige Vater in der Stadt, der verstand, daß Erziehung von Kindern nicht notwendigerweise darin bestehen muß, sie wie Vieh zu behandeln"[20].

Eltern waren für gewöhnlich kalt und unempfindlich, was die Bedürfnisse ihrer Kinder anlangte. Kinder des Adels wurden üblicherweise in ihren ersten Lebensjahren zum Stillen zu Bauernfamilien geschickt und Dienern übergeben, wenn sie nach Hause zurückkamen. „Am Morgen küßten die Kinder die Hände ihrer Eltern, dankten ihnen für Mittag- und Abendessen, und vor dem Zubettgehen verließen sie sie"[21], erinnert sich eine Frau. Wurden sie auch nicht geschlagen, strikte Disziplin wurde ihnen doch eingebleut. „Wir fürchteten [Vater] mehr als Feuer", erinnert sich eine andere. „Ein kurzer Blick, kalt und durchdringend, reichte aus, uns zittern zu lassen."[22] Kostomarov hat die traditionelle russische Kindeserziehung auf den Punkt gebracht: „Zwischen Eltern und Kindern herrschte ein Geist von Sklaverei ..."[23]

Jüngste Wandlungen in der sowjetischen Kindeserziehung
Obwohl nach der Revolution von 1917 einige Anstrengungen unternommen worden waren, die althergebrachten Methoden der Kindeserziehung zu verändern[24] – vor allem durch die Errichtung von Horten, wo der körperliche Mißbrauch durch die Eltern verringert wurde –, ging der Fortschritt bis in die dreißiger Jahre nur schleppend voran; dann erst begann die Kindheit in Rußland, jener in der übrigen modernen Welt immer mehr zu ähneln.

---

[19] Sergej T. Aksakow, Chronicles of a Russian Family, London 1924, 205.
[20] D. P. Iwanow, zitiert bei Patrick P. Dunn, Fathers and Sons Revisited: The Childhood of Vissarion Belinskii, in *History of Childhood Quarterly: The Journal of Psychohistory* 1 (1974), 389.
[21] Engel, *Mothers and Daughters*, 48.
[22] A. a. O., 46.
[23] Dunn, „*That Enemy Is the Baby*", 390.
[24] H. Kent Geiger, The Family in Soviet Russia. Cambridge 1968; Ransel, *Mothers of Misery*.

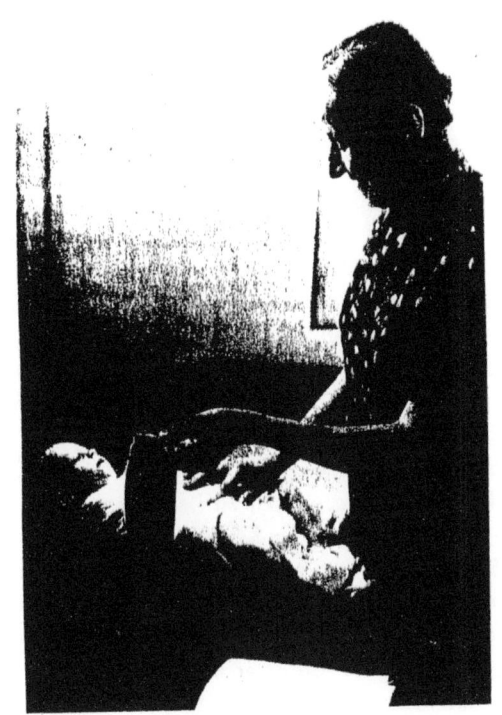

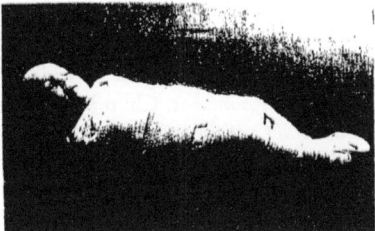

Abbildung: Eine slowenische Großmutter führt die traditionelle Technik des festen Wickelns vor

Das feste Wickeln war für die Kinder der Gebildeten vorbei,[25] das Auspeitschen wurde inakzepabel, und elterliche Wärme begann den „Geist der Sklaverei" zu vertreiben, der den Großteil der Kindheit bis dahin durchweht hatte. Auf Erziehung für alle wurde mehr Wert gelegt, auch für Mädchen – ein sicheres Zeichen für eine Verbesserung der Kindheit. Tatsächlich bilden Frauen unter den sowjetischen Arbeitern mit höherer Bildung heute die Mehrheit.[26] In den vergangenen drei Jahrzehnten sind, wie im Westen im neunzehnten Jahrhundert, „Familienrunden" populär geworden, in denen diskutiert wird, wie man Kinder am besten erzieht und gleichzeitig ihre Freiheit und Individualität schützt.[27] In jüngster Zeit haben sich sogar feministische Gruppen gebildet, die für die Rechte von Kindern kämpfen.[28]

Die Wandlungen in der Kindeserziehung spiegeln sich in den ebenfalls im Wandel begriffenen Persönlichkeitszügen russischer Anführer wider. Lenins Mutter-die selbst den althergebrachten „Abhärtungsmethoden" (wie etwa der, regelmäßig in nasse und kalte Tücher eingewickelt zu Bett gebracht zu werden) ausgesetzt gewesen war – erzog ihren Sohn „auf spartanische Weise", samt dem üblichen Wickeln und Säugen. Berichten zufolge konnte er nicht laufen, bis er fast drei Jahre alt war, und wurde für ein „wildes, ungebärdiges Kind" gehalten, das „oft in Zorn ausbrach"[29]. Als Erwachsener zeigte er sich gefühlskalt, gegenüber Gegnern gewalttätig bis hin zum Mord, war möglicherweise impotent und insgesamt wenig besorgt um demokratische Freiheiten.[30]

Stalin wiederum hatte einen Alkoholiker zum Vater, der seiner Frau und den Kindern häufig „angsteinflößende Schläge" verabreichte, sie mit Stiefeln trat und umzubringen versuchte. Seine [Stalins, A.d.Ü.] Mutter schlug ihn ebenfalls.[31]

---

[25] Urie Bronfenbrenner, The Worlds of Childhood: U.S. and U.S.S.R., New York 1970; Ruth Benedict, Child Rearing in Certain European Countries, in *American Journal of Orthopsychiatry* 19 (1949), 345.

[26] N. Wischnjewa-Sarafanowa, Soviet Women – A Portrait, Moskau 1981, 116.

[27] Sheila Cole, Soviet Family Clubs and the Russian Human Potential Movement, in *Journal of Humanistic Psychology* 26 (1986), 48–83.

[28] „The Secret Police vs. Women's Lib", in *Time* vom 4. August 1980, 41.

[29] Isaac Deutscher, Lenin's Childhood, London 1970, 10; Stefan T. Possony, Lenin: The Compulsive Revolutionary, Chicago 1964, 7; Robert Payne, The Life and Death of Lenin, New York 1964, 50.

[30] Bruce Mazlish, The Revolutionary Ascetic: Evolution of a Political Type, New York 1968, 113–141.

[31] Daniel Rancour-Laferrière, The Mind of Stalin: A Psychoanalytic Study, Ann Arbor 1988, 36 und 59; Robert C. Tucker, Stalin As Revolutionary: 1879-1929 – A Study in History and Personality, New York 1973, 72–74.

Auch Stalin schlug seine eigenen Kinder. Es ist nur konsequent, daß er als Führer für den Tod von Millionen seiner Landsleute verantwortlich zeichnete. Gorbatschow dagegen, geboren 1931, hatte Eltern, die ihn mit Respekt behandelten, und eine Kindheit, die ein Gleichaltriger als „sehr freudvoll"[32] in Erinnerung hat. Obwohl er kaum als ein Vorreiter der Demokratie bezeichnet werden kann, weist Gorbatschow dennoch Persönlichkeitszüge auf, die sich deutlich von jenen seiner Vorgänger unterscheiden. Bereits als Kind ruhig und ausgeglichen, zärtlicher Beziehungen zu Frauen, auch zu seiner Ehefrau, fähig, kann er als Repräsentant all jener in der Sowjetunion gelten, die nicht länger der politischen Einwicklung und Gewalt bedürfen und imstande sind, eine demokratische Reform zuzulassen.

Anführer sind schließlich bloß Delegierte der Wünsche des Volks, und letztere brauchen einige Jahrzehnte, um sich gleichfalls zu ändern, nachdem die Kindeserziehung sich geändert hat. Als Gorbatschow an die Macht kam, war es fünf Jahrzehnte her, daß der Alptraum der traditionellen russischen Kindheit zu verschwinden begonnen hatte, so daß in der Sowjetunion heute viele der Meinung sind, keiner totalitären Führer, gewaltsamen Kollektivierungen oder Gulags mehr zu bedürfen.

Nur wenige Beobachter waren in der Lage, das Timing der gegenwärtigen demokratischen Umwälzungen in der Sowjetunion und in Osteuropa zu erklären. Tatsächlich wurde das Ende des Kommunismus weder durch ökonomischen Niedergang (in Wirklichkeit hat es im vergangenen Jahrzehnt wirtschaftliche Fortschritte gegeben) noch durch die Billionen US-Dollar teure Aufrüstung der amerikanischen Armee ausgelöst (wie Ronald Reagan behauptet hat). Ebensowenig ist der Kommunismus „bloß alt geworden und gestorben"[33], wie ein Schriftsteller es ausdrückte.

Anders als gewaltsame Revolutionen sind friedliche Revolutionen Resultate einer vorangegangenen Steigerung der Liebe gegenüber Kindern. Sie sind viel eher Revolutionen der Liebe als Revolutionen des Hasses. Sie sind eher Revolutionen von *Psychoklassen* als Revolutionen *ökonomischer Klassen*, sie sind Revolutionen neuer Arten von historischen Persönlichkeiten, Revolutionen, die – um Camus zu paraphrasieren –

---

[32] David Remnick, The Cultivation of Young Gorbachev, in *The Washington Post* vom 1. Dezember 1989, B1 und B8; Gaily Sheehy, The Man Who Changed the World, in *Vanity Fair* vom Februar 1990, 118; Dev Murarka, Gorbachev: The Limits of Power, London 1988; Zhores Medvedev, Gorbachev, London 1986.

[33] Lars-Erik Nelson in der New Yorker *Daily News* vom 12. November 1989, 1.

in die Welt kommen so sanft wie Möwen ... inmitten des Getöses, von Imperien und Nationen ein leises Flügelschlagen, der sanfte Aufruhr von Leben und Hoffnung.

Wird die Demokratie Bestand haben?
Wird die sowjetische Demokratie überleben, oder wird sie zusammenbrechen wie das demokratische Experiment der Duma 1906? Und werden die demokratischen Bewegungen in den osteuropäischen Ländern anhalten, oder werden auch sie dem Bedürfnis nach autoritärer Regelung zum Opfer fallen, das in der Vergangenheit so oft den Niedergang der Demokratie bedeutet hat?
Unglücklicherweise ist der Fortschritt in der Kindeserziehung in der Sowjetunion und in Osteuropa nicht flächendeckend verlaufen. Festes Wickeln, regelmäßiges Auspeitschen und elterlicher Mißbrauch sind auch heute noch gang und gäbe in vielen Sowjetrepubliken und Teilen Osteuropas.[34] Sogar in Deutschland – wo noch 1964 die Hälfte aller Kinder regelmäßig von ihren Eltern mit Stöcken geschlagen wurden[35] – gibt es viele Gebiete, in denen der Kindsmißbrauch alarmierend bleibt, was auch eine hohe Zahl von Fällen sexueller Belästigung von Kindern einschließt, wie eine neuere Studie zeigt, in deren Rahmen die Mehrheit der interviewten Berliner Schulkinder von solchen Vorfällen berichtet.[36]

---

[34] George A. Krimsky, The Russian Babushka: Absolute Arbiter of All Things Baby, in *Worcester Sunday Telegram* vom 18. Juli 1976, D1; Alenka Puhar, Prvotno besedilo zivljenja, Zagreb 1982, und dies., Childhood in Nineteenth-Century Slovenia, in: *The Journal of Psychohistory* 12 (1985), 291–312; Michael Lewis und Peggy Bann, Variance and Invariance in the Mother-Infant Interaction: A Cross-Cultural Study, in: P. Herbert Leiderman, Steven R. Tolkin und Anne Rosenfeld (Hgg.), Culture and Infancy: Variations in the Human Experience, New York 1977, 329–356; Alice Hermann, Early Child Care in Hungary, London 1972; Aurel Ende, Battering and Neglect: Children in Germany, 1860-1978, in: *The Journal of Psychohistory* 7 (1980), 249–279.

[35] Walter Havernick, „Schläge" als Strafe: Ein Bestandteil der heutigen Familiensitte in volkskundlicher Sicht, Hamburg 1964, 49; Gerd Biermann, Kinderzüchtigung und Kindesmißhandlung: Eine Dokumentation, München 1969; Ende, *Battering and Neglect*.

[36] Persönliche Mitteilung von Detlef Berentzen, Leiter des *Instituts für Kindheit* [1990; A.d.Ü.]. Vgl. auch jüngere Ausgaben von *enfant t.: Zeitschrift für Kindheit*; Dirk Bange, Jungen werden nicht mißbraucht - oder?, in: *Psychologie heute* vom Januar 1990; sowie Lloyd deMause, The Universality of Incest, in: *The Journal of Psychohistory* 19 (1991), 123–164.

Dieses schwankende Bild des Kindsmißbrauchs zeigt, daß der Erfolg der Demokratie in der Sowjetunion und in Osteuropa weit davon entfernt ist, ein für allemal garantiert zu sein. Ein Weg festzustellen, welche Länder in dieser Hinsicht auf Dauer erfolgreich sein könnten, ist der, die jeweiligen Sterblichkeitsraten von Säuglingen zu untersuchen – als Maß für die unterschiedlichen Wertsetzungen, die jedes Land seinen Kindern entgegenbringt.[37]

Von den neun Ländern, die jüngst politische Umwälzungen erfahren haben, sind die fünf mit der niedrigsten Säuglingssterblichkeit diejenigen, die die besten Chancen auf Durchsetzung einer friedlichen demokratischen Reform haben: die DDR (9,6‰), die Tschechoslowakei (15,3‰), Bulgarien (15,4‰), Ungarn (17,0‰) und Polen (18,5‰). Die beiden Länder mit mittlerer Sterblichkeitsrate bewegen sich auf eine demokratische Reform hin, was jedoch von mehr Gewalt begleitet ist: Rumänien (23,4‰) und die UdSSR (26,0‰). Und die beiden Länder mit der höchsten Sterblichkeitsrate waren bislang nicht in der Lage, erfolgreiche demokratische Bewegungen hervorzubringen: Jugoslawien (28,8‰) und Albanien (44,8‰). Der Stand der Kindeserziehung, gemessen an der Säuglingssterblichkeit, auf der einen Seite korreliert somit vollständig mit den jüngsten politischen Reformen auf der anderen.

Ein friedliches Europa?
Zuletzt: Kann ein demokratisches Europa ein friedliches Europa sein? Vor allem: Wird ein wiedervereinigtes Deutschland eine Bedrohung für den Frieden in Europa darstellen?

Wenn der Krieg – wie auch andere Formen politischer Gewalt – zugleich auch ein Spiegel der Kindeserziehung ist, dann sollten die weitgehenden Wandlungen der Kindheit für die Mehrheit der Menschen in Deutschland und Osteuropa seit dem Zweiten Weltkrieg die Möglichkeit eines weiteren europäischen Kriegs unwahrscheinlich machen. Die deutsche Kindheit verändert sich heute so schnell, daß Deutschland in nächster Zeit viel eher als Bewahrer des Friedens in Europa betrachtet werden kann denn als Hauptinitiator europäischer Kriege.

Nationen, die vom körperlichen Mißbrauch ihrer Kinder zu Formen des psychologischen Mißbrauchs übergegangen sind, zetteln keinen Krieg in ihren eigenen Territorien an – sie finden die entlegenen Falkland-Inseln und Vietnam, um dort Menschen zu opfern. Ist dem so, dann könnte das Jahr 1990, „das Jahr der Demokratie", die Grundlage bilden für 2000, „das Jahrhundert des europäischen

---

[37] Vgl. Robert B. McFarland, Infant Mortality Rates as a Guide to How Nations Treat Children, in: *The Journal of Psychohistory* 17 (1989), 417–424.

Friedens" – das heißt, Frieden auf dem europäischen Kontinent, während man sich, wie die USA, an militärischen Aktivitäten andernorts beteiligt.

Ich gebe zu, daß ein paneuropäischer Friede eine utopische Erwartung zu sein scheint, so kurz nach einem Jahrhundert, in dem 100 Millionen Menschen in europäischen Kriegen gestorben sind. Je mehr ich aber als Psychohistoriker den Krieg studiere,[38] desto mehr bin ich davon überzeugt, daß alle Kriege perverse sexuelle Rituale sind, deren Zweck es ist, unerträgliche Gefühle des Ungeliebt-Seins abzuschütteln oder sie zu erleichtern, Gefühle, die Resultate der vorangegangenen Methoden der Kindeserziehung sind. Krieg – wie auch Lynchen und politische Folter – löst innere Spannungen bei denjenigen, die als Kinder emotional ausgehungert und dazu abgerichtet worden sind, sich für ihre Regungen schuldig zu fühlen. Die wirtschaftlichen Ziele eines Krieges sind meines Erachtens bloße Rationalisierungen.

Wenn der Alptraum des Krieges seinen Ursprung im Alptraum der Kindheit hat, dann ist es möglich, daß ein neuer Geist von Liebe und Freiheit in der Familie Europa von einem fortwährenden Schlachthaus in einen zwar streitbaren, aber friedlichen Kontinent – wie Nordamerika – verändert.

Sollte diese Vision sich bewahrheiten, dann wird die „sanfte Revolution" ihr Versprechen eingelöst haben.

---

[38] Vgl. neben den Aufsätzen im vorliegenden Band auch Lloyd deMause, Reagans Amerika. Eine psychohistorische Studie, Frankfurt am Main 1984, sowie ders., A Proposal for a Nuclear Tensions Monitoring Center, in: Kenneth Porter, Deborah Rinzler und Paul Olsen (Hgg.), Heal or Die: Psychotherapists Confront Nuclear Annihilation, New York 1987.

Der Golfkrieg als Geistesstörung[*] (1991)

> Jedes Trauma verlangt nach Wiederholung.
>
> *Selma Fraiburg*

Obwohl die Leute mittlerweile mit dem Gedanken vertraut sind, daß die mörderischen und selbstmörderischen Akte einzelner von Geistesstörungen herrühren können, klingt es weniger vertraut, die Möglichkeit in Betracht zu ziehen, daß die mörderischen und selbstmörderischen Akte ganzer Staaten – Kriege – ebenso von zeitweiligen Geistesstörungen herrühren könnten. Besonders schwierig ist es, die Motivationen für einen Krieg zu erörtern, den das eigene Land aus, wie es glaubt, gerechtfertigten Gründen angefangen hat. Nichtsdestoweniger werde ich hier historisches Belegmaterial für die These vorbringen, daß der aktuelle Golfkrieg eine allgemein geteilte emotionale Störung ist, mit diagnostischen Symptomen, einer Psychodynamik und Ursprüngen in der Kindheit, die den Störungen, die bei einzelnen auftreten, sehr ähnlich sind. Nachdem mein Zugang zu irakischem Material beschränkt ist, werde ich mich hier hauptsächlich auf die amerikanische Psychodynamik konzentrieren, obwohl natürlich beide Länder zum Ausbruch des Krieges beigetragen haben.

Nach der Invasion Kuwaits durch den Irak im August 1990 erschien in den amerikanischen Medien Bildmaterial, das Saddam Hussein als *Furchterregenden Vater* (*Terrifying Parent*) porträtierte, einen Kindesmißhandler, der die ihm anvertrauten Kinder zu verletzen beabsichtigte (Abb. 1). In den über hundert Zeitschriften und Zeitungen, die unser *Institute for Psychohistory* beobachtet, um den emotionalen Gehalt politischer Karikaturen, Titelblattgestaltungen, Überschriften und Präsidentenreden zu untersuchen, war das Bild vom *Furchterregenden Elternteil* (*Terrifying Parent*) ungewöhnlich weit verbreitet – so wurde Hussein etwa in Karikaturen als eine böse dreinschauende schwangere Mutter mit einer Atombombe im Mutterleib dargestellt, als Babykiller und als jemand, der Kinder belästigt. Tatsächlich drehte sich der Großteil der amerikanischen Empörung über die irakische Invasion um das Kindern zugefügte Leid und konzentrierte sich auf solche angeblich vorgefallenen Ereignisse wie die Hinrichtung von Kindern vor den

---

[*] Aus: *The Journal of Psychohistory* 19 (1991), 1–22; dt. Erstübersetzung in *Texte zur Kunst* 1 (1991), 97–110.

Augen ihrer Eltern durch irakische Truppen und den Mord an Säuglingen dadurch, daß man sie aus ihren Brutkästen herauszerrte.[1]

Abbildung 1: *Der Feind als* Furchterregender Elternteil

---

[1] *New York Times* vom 30. Oktober 1990, A12, und *New York Newsday* vom 28. November 1990, 1.

Als Psychohistoriker haben wir festgestellt, daß solche weitverbreiteten Bilder in den nationalen Medien mit Gewinn als „nationale Träume" betrachtet werden können, die – genauso wie Träume einzelner – eine ganze Menge über das unbewußte Gefühlsleben einer Nation enthüllen. Obwohl eingewendet werden könnte, daß es – ebenso wie bei persönlichen Träumen – insofern eine Wirklichkeitskomponente im Bild gab, als tatsächlich Kinder von den irakischen Truppen getötet wurden, war das, was ausmachte, daß die Bilder einiges vom Innenleben Amerikas offenbarten, zum ersten das Ausmaß, in dem Kindesmißbrauch in gewisser Weise der symbolische Brennpunkt der Krise zu sein schien, und zum zweiten die Tatsache, daß *die Bilder vom* Furchterregenden Elternteil *und vom* Verletzten Kind *bereits mehr als ein Jahr vor der Invasion immer wieder in den amerikanischen Medien auftauchten.*²

Abbildung 2: *Bilder vom* Verletzten Kind *vor dem Golfkrieg*

---

² Für noch mehr Belegmaterial vgl. Lloyd deMause, It's Time to Sacrifice ... Our Children, in *The Journal of Psychohistory* 18 (1990), 134–144.

Abbildung 3: *Wütende, bissige Mäuler vor dem Golfkrieg*

Der Großteil der Bilder vom *Verletzten Kind*, die vor der Golfkrise erschienen (Abbildung 2), stand entweder in Verbindung mit Zeitungsberichten über eine vorgebliche Verbrechenswelle gegen Kinder oder verdankte sich der großzügigen

Verwendung von Bildern gefolterter Kinder in Karikaturen und auf Titelblättern von Zeitschriften – wie etwa auf dem Titelblatt der Zeitschrift *Money*, das eine Story über Zulassungen zum College illustrierte, indem es unter der Überschrift „DIE OPFERUNG UNSERER KINDER" einen Jugendlichen im Todeskampf zeigte, der von Wimpeln [der verschiedenen Colleges, A.d.Ü.] durchbohrt war. Der *Furchterregende Elternteil* tauchte in einer Flut von Karikaturen auf, die wütende, bissige Mäuler zeigten (Abbildung 3), oder war mit immer wiederkehrenden Bildern von berühmten „gefährlichen Frauen" verbunden (Abbildung 4), wie etwa Leona Helmsley als *Gierige Schlampe*, Ivana Trump als *Kastrierende Ehefrau*, Madonna als *Blutsaugende Hure* und Roseanne Barr als *Beleidigendes Lästermaul*.

Abbildung 4: *Bilder von „gefährlichen Frauen" vor dem Golfkrieg*

Abbildung 5: *Selbstmordbilder vor dem Golfkrieg*

Diese Themen des *Furchterregenden Elternteils* und des *Verletzten Kindes* wurden von allgemein geteilten Gefühlen persönlicher Depression, Schuld und Sündhaftigkeit begleitet. Ab dem Jahresbeginn 1990 berichteten die Medien, daß „die Leute unglaublich deprimiert sind ... Seit dem vergangenen Monat weht ein Hauch von Zusammenbruch und Verderben durch die Stadt ... Es steht etwas Katastrophales bevor".[3] Die Kurve der Verbraucherstatistik, die das Vertrauen in die Wirtschaft anzeigt, stürzte nach unten, die Zahl der Anrufe bei den Selbstmord-Hotlines schnellte in die Höhe, und apokalyptische Vorhersagen wie etwa die weitverbreitete Überzeugung, daß im Mittleren Westen gigantische Erdbeben drohten, hatten Hochkonjunktur.[4] Die *Washington Post* schloß, daß nach acht Jahren voller Optimismus „Amerika sich in ... einem schrecklichen Spasmus von Schuldgefühlen, Furcht und Nostalgie befindet. Wieder einmal ist Amerika deprimiert".[5] Es hagelte Karikaturen, die zeigten, wie Leute von Klippen hintersprangen (Abbildung 5), und andere Selbstmordthemen darstellten. Eine besonders aufschlußreiche Karikatur, die nur ein paar Tage vor der irakischen Invasion veröffentlicht wurde, bezog sich auf die kurz zuvor aufgekommene Aufmerksamkeit der Medien gegenüber einem Arzt, der eine Maschine erfunden hatte, um Menschen beim Selbstmord zu helfen. Die Karikatur (Abbildung 5) stellte George Bush als „Selbstmord-Doktor" der Nation dar, der uns dazu einlud, uns selbst eine tödliche Dosis Gift zu verabreichen – eine unheimliche Vorahnung von den amerikanischen Todesfällen, die im Krieg eintreten würden. Wie so oft vorher, waren diese allgemein geteilten „Traumbilder" *nationale Wünsche*, die offenbarten, was zu tun Amerika im Begriff war.
Nun, wenn ein Patient, der an quälenden Bildern von furchterregenden Gestalten, die Kinder foltern, an einer schweren Depression ohne Bezug zu tatsächlichen Ereignissen in seinem Leben und an Todeswünschen leidet, eine psychiatrische Klinik betreten sollte, so würde man höchstwahrscheinlich das Vorliegen eines post-traumatischen Streß-Syndroms vermuten. Ich bin der Meinung, daß das die diagnostische Kategorie ist, die am besten zu dem paßt, was Amerika in den Monaten vor der Golfkrise emotional durchgemacht hat.[6] Auch die anderen

---

[3] *The New York Times* vom 2. Januar 1990, D1; *New York Post* vom 26. April 1990, 4; *Washington Post* vom 2. Oktober 1990, A19.
[4] *The Wall Street Journal* vom 31. Oktober 1990, A1, und vom 18. September 1990, A1.
[5] *The Wall Street Journal* vom 26. November 1990, B1.
[6] Mardi Jon Horowitz, Stress Response Syndromes, New York 1986; Lenore C. Terr, Too Scared To Cry: Psychic Trauma in Childhood, New York 1990; M. R.

Standardsymptome dieser Erkrankung treffen auf das allgemein geteilte Gefühlsleben der Nation zu: (1) emotionale Instabilität bei extremen Stimmungsschwankungen, (2) häufige Panikattacken und übertriebene Zukunftsängste, (3) eine vorangegangene Periode hektischer Aktivität mit hohen (finanziellen, *A.d.Ü.*) Ausgaben und Anleihen, (4) Drogenmißbrauch, (5) Hemmung von Zuneigung und Mitgefühl gegenüber anderen, (6) übermäßige Wachsamkeit gegenüber eingebildeten Feinden und (7) Gefühle des Unwirklich-, Abgelöst- und Entfremdet-Seins.

Quälende Bilder von *Verletzten Kindern* und *Furchterregenden Eltern* sind beim post-traumatischen Streß-Syndrom als „Rückblenden" (*flashbacks*) bekannt, Fragmente von dem Patienten früher zugefügten Traumata, die oft in der Kindheit begonnen und sich im Laufe der Entwicklung des Patienten wiederholt haben. So durchleben beispielsweise Kinder, die in ihren frühesten Jahren ein physisches oder sexuelles Trauma erlebt haben, immer wieder von neuem stark visualisierte Erinnerungen an Fragmente ihrer spezifischen traumatischen Vorfälle. Sie entwickeln auch Ängste, Panikreaktionen, übermäßige Wachsamkeit und andere Abwehrmanöver, um einen ähnlichen überwältigenden Schrecken in ihrem gegenwärtigen Leben zu verhindern.[7] Was diese Zustände bei Erwachsenen auslöst, sind nicht nur, wie man erwarten könnte, neue Situationen, die sie an die damalige Gefahr erinnern, sondern häufiger noch Zeiten rasanter Veränderung und neue Erwartungen, wie etwa bei einer Heirat, einer Geburt, einer Beförderung oder unverhofftem Wohlstand. Das ist deshalb so, weil Opfer von Kindheitstraumata letztlich glauben, daß sie auf irgendeine Weise schuld an ihren traumatischen Erlebnissen gewesen seien und daher im späteren Leben kein Glück verdienten.

Weithin geteilte nationale Gefühle wie beim post-traumatischen Streß-Syndrom, die vor Kriegen erlebt werden, treten regelmäßig nach Perioden rasanter Veränderung und allgemeinen Wohlstands auf. Belegmaterial für diesen Schluß ist im Zuge der Erforschung von Kriegszyklen – die meisten modernen Staaten erleben etwa alle 25 Jahre einen Krieg – angehäuft worden, was sowohl statistische als auch psychologische Forschungen einbegreift. Statistisch gesehen treten die meisten Kriege nach Perioden wirtschaftlichen Wohlstands und gesellschaftlichen Wandels auf, und jene Kriege, die während solcher Aufschwünge erfolgen, sind

---

[7] Trimble, Post Traumatic Neurosis, Chichester, New York, 1984; Bessel A. van der Kolk, Psychological Trauma, Washington, D.C., 1987.
Lenore C. Terr, Childhood Traumas: An Outline and Overview, in *American Journal of Psychiatry* 148 (1991), 1–20.

nicht nur weitaus häufiger, sondern auch „sechs- bis zwanzigmal größer, als die Zahlen der Todesfälle in der Schlacht anzeigen".⁸ Dieser Schluß wird gestützt durch psychohistorische Untersuchungen der allgemein geteilten Fantasien, die sich regelmäßig vor Kriegen finden und die die Überzeugung enthüllen, daß die Nation irgendwie sündig gewesen sei, zu materialistisch, zu wohlhabend und zu sexuell ausschweifend, und daß jemand dazu gebracht werden sollte, für diese Periode des Überschwangs durch irgendein Opfer zu bezahlen.

Abbildung 6: *Amerika als sündige Nation*

Diese Fantasie von der „sündigen Nation" war in den Monaten vor der Golfkrise allgegenwärtig. Betrachten Sie zum Beispiel eine typische Karikatur (Abbildung 6), die einen fetten, sündigen Uncle Sam zeigt, der von einer orgiastischen Feier mit der Aufschrift „(die) 80er (Jahre)" kommt und so viel dünner werden muß, daß er durch eine wesentlich engere Tür mit der Aufschrift „(die) 90er (Jahre)" eintreten kann. In den Medien gab es Artikel zuhauf, die behaupteten, daß Amerika sich in den vorangegangenen Jahren auf einem nicht verantwortbaren Gela-

---

⁸ Joshua S. Goldstein, Kondratieff Waves as War Cycles, in *International Studies Quarterly* 29 (1985), 425; vgl. auch sein Buch *Long Cycles: Prosperity and War in the Modern Age* (New Haven 1988).

ge befunden habe und daß bald jemand für seine Unmäßigkeiten würde bezahlen müssen. Als ich zu Beginn des Jahres 1990 diese Fantasien von der „sündigen Nation" untersuchte und einen Aufsatz schrieb (*It's Time To Sacrifice ... Our Children* – ‚Es ist Zeit zu opfern. Wen? ... unsere Kinder'), der zeigte, daß Amerika damals eine „Versuchsballon-Fantasie" lancierte, die die Kinder für Amerikas angebliche Sündhaftigkeit verantwortlich machte, schloß ich, daß es ganz so aussehe, als werde ein nationales Kinderopfer vorbereitet.[9] Da mir jedoch deutlich bewußt war, daß Amerika zu dieser Zeit (auf dem Gipfel der *Glasnost*) keine offenen Feinde hatte, schrieb ich, daß das übliche *äußere* Opfer – Krieg – wahrscheinlich nicht möglich sein werde und wir uns mit einem *inneren* Opfer – Rezession – zu bescheiden haben würden, das die Sterbefälle von Kindern gleichermaßen in die Höhe treiben werde.[10]

Seltsamerweise war meine Schwierigkeit, zu Beginn des Jahres 1990 zu glauben, daß die deutlichen Gruppenfantasien, auf die ich gestoßen war, wieder einmal zum Krieg führen würden, kein Einzelfall; es war nicht das erste Mal, daß ich nicht glaubte, die nationalen Traum-Wünsche, die ich in den Medien beobachtet hatte, würden tatsächlich ausagiert werden. Im März 1981, als ich mein Buch *Reagans Amerika* schrieb, stellte ich fest, daß die Gruppenfantasien klar darauf hindeuteten, daß Reagan erschossen werden würde (das war zwei Wochen vor dem tatsächlichen Anschlag). Scherzhalber bemerkte ich gegenüber Studierenden, die ich im Zuge einer Lehrveranstaltung in Politischer Psychologie unterrichtete, daß ich vielleicht das FBI alarmieren sollte ..., aber erst, als die Studenten in die nächste Unterrichtseinheit stürmten und riefen: „Es ist auf ihn geschossen worden! Genauso, wie wir gesagt haben!", wurde mir klar, wie erstaunlich prognostisch die Analyse von Gruppenfantasien sein kann.

Rituelle Menschenopfer in der Absicht, Gruppen von ihrem Beflecktsein zu reinigen, waren natürlich bei frühen Zivilisationen wie denen in Ägypten, Mesopotamien, Israel, China, Mexiko, Mittelamerika etc. eine weitverbreitete Praxis. Auch damals wurde das Opfer als dazu notwendig hingestellt, die Götter (Eltern) in Verbindung mit Schuldgefühlen aufgrund irgendeines Erfolgs zu beschwichtigen. So töteten etwa die Karthager als Gegengabe für Erfolg bei wirtschaftlichen und anderen Unternehmungen Zehntausende ihrer Säuglinge und Kleinkinder

---

9   Vgl. Anm. 2.
10 Vgl. Lloyd deMause, „Kopf oder Zahl": Geld als *poison container*, im vorliegenden Band.

und bestatteten sie in Urnen.¹¹ In der Tat enthüllt eine Untersuchung dieser frühen Zeremonien mit der Opferung verbundene Gruppenfantasien,¹² die *dieselben Symptome des post-traumatischen Streß-Syndroms aufweisen wie jene, die Kriegen der Neuzeit vorhergehen*, darunter:
(1) *eine sündhafte, befleckte Welt* mit einem Anführer, den man als zunehmend unfähig sieht, das wachsende Gefühl der Nation, sich in einem emotionalen Chaos zu befinden, zu zügeln;
(2) *zornige Götter und Göttinnen*, die drohen, die Nation zu verschlingen oder auszulöschen, wenn nicht eine rituelle Darbringung eines Opfers veranstaltet wird, eines Opfers, das letztlich
(3) *das göttliche Kind* darstellt – den Sohn und Liebhaber der Großen Mutter, ein Kind, das getötet wird und dessen Opferblut das Gefühlsleben der Gruppe wiedererweckt und das in letzter Instanz das „schuldige" Kind repräsentiert, welches Opfer des ursprünglichen Traumas gewesen ist.
Genau so, wie einzelne, die unter dem post-traumatischen Streß-Syndrom leiden, oft dadurch eine zeitweilige Erleichterung ihrer emotionalen Not erfahren, daß sie sich oder andere verletzen, haben auch größere Gruppen herausgefunden, daß sie durch periodische Gruppen-Heilungsrituale eine beträchtliche Katharsis erfahren und ihr emotionales Gleichgewicht wiedererlangen können. Menschenopfer und Kriege haben durchaus ähnliche dramatische Phasen, die während der vergangenen zehn Jahrtausende bemerkenswert konsistent geblieben sind, darunter:
A. *Einen Feind für den rituellen Kampf schaffen* – Wenn die Azteken sich verunreinigt fühlten, veranstalteten sie „Blumen-Kriege", in denen sie ihre Armeen willkürlich in zwei Seiten aufteilten und eine Kosmische Schlacht fochten, um feindliche Krieger zu schaffen, die für das Herzopfer verwendet werden konnten, das ihre Nation wieder zum Leben erweckte. Auch moderne Nationen sind regelmäßig damit beschäftigt, sich die Feinde zu schaffen, die sie letztendlich bekämpfen werden, indem sie brutale Regimes bewaffnen, die eines Tages als Gegner gebraucht werden könnten. Im Falle des Golfkriegs schuf Amerika einen zur Kriegsführung fähigen und willigen Irak, indem es zunächst ein Jahrzehnt lang

---

[11] Ausführliche Verweise finden sich in: Lloyd deMause, The History of Child Assault, in *The Journal of Psychohistory* 18 (1990), 16–21.

[12] Theodore H. Gaster, Thespis: Ritual, Myth and Drama in the Ancient Near East, New York o. J.; Valerio Valeri, Kingship and Sacrifice: Ritual and Society in Ancient Hawaii, Chicago 1985; Burr Cartwright Brundage, The Jade Serpent: A Ritual Life of the Aztecs, Salt Lake City 1985.

den Aufbau von Husseins Militärdiktatur unterstützte und ihm dann signalisierte, daß es an der Zeit war, die Kosmische Schlacht zu eröffnen, indem es seine Drohungen mit einem Einmarsch in Kuwait mit Nachrichten erwiderte, in denen festgehalten wurde, daß Amerika nicht eingreifen werde, da „wir ... bezüglich Ihres Grenzkonflikts mit Kuwait keine Meinung vertreten" und „wir kein Verteidigungsbündnis mit irgendeinem Land am Golf eingegangen sind".[13]

B. *Rituelle Demütigung des Anführers* – Weil das Kriegsritual die im Zuge des initialen Traumas erlebte furchtbare Demütigung und Erniedrigung des Kindes reinszeniert, muß der Anführer als Repräsentant der Nation zuerst eine rituelle Demütigung über sich ergehen lassen, bevor zum Tötungs-Teil des Opfers übergegangen werden kann. So wurde etwa der Heilige König Babyloniens zuerst geohrfeigt und dann gezwungen, in Demut vor dem Bild des Gottes niederzuknien und seine Sündhaftigkeit zu beichten. In Amerika wurde George Bush vor der Golfkrise gezwungen, eine beträchtliche Demütigungsphase über sich ergehen zu lassen, während der man ihn einen „Waschlappen" nannte – in Karikaturen wurde er oft mit einer Damenhandtasche an seinem schlaffen Handgelenk dargestellt –, bevor ihm erlaubt wurde, seine Männlichkeit dadurch wiederzuerlangen, daß er den Krieg begann. Tatsächlich zeigte ihn die Zeitschrift *Time* kurz vor Kriegsbeginn auf ihrem Titelbild sogar als zwei George Bushes, „*Männer* des Jahres", der eine stark und der andere schwach – ein Bild, das mit dem identisch ist, welches jene Gesellschaften verwendeten, die „Doubles" des Königs ernannten, um dessen starke und schwache Aspekte hervorzuheben.[14] Die rituelle Demütigung des „Waschlappens" Bush erlebte in der Folge ihren Höhepunkt mit der angeblichen Demütigung Amerikas durch den Einmarsch des Irak in Kuwait. Es dauerte tatsächlich eine Zeitlang, bis Bush erkannte, daß die irakische Invasion eine *Rituelle Demütigung* durch einen *Bösen Feind* war. Weit davon entfernt, aufgrund der Machtübernahme des Irak außer sich zu sein, betrachtete er sie anfangs einfach als ein politisches Routineereignis. Am Morgen nach der Invasion lud er die Reporter, die auf die amerikanische Antwort warteten, in sein Büro und teilte ihnen mit: „Wir ziehen keine Intervention in Betracht. Ich erwäge keinen solchen Schritt."[15] Auch als beschlossen wurde, Truppen nach Saudi-Arabien zu entsenden, sagte er der Nation im Fernsehen: „Ich möchte klarstellen, was wir tun und

---

[13] *The New York Times* vom 23. September 1990, L18 f.; *The Washington Post* vom 19. September 1990, A19; Paul A. Gigot, A Great American Screw-Up: The U.S. and Iraq, 1980-1990, in *The National Interest*, Winter 1990/91, 3–10.

[14] Valeri, *Kingship and Sacrifice*, 165.

[15] *Time* vom 7. Januar 1991, 22.

warum wir es tun ... Der Auftrag unserer Truppen ist ausschließlich defensiv ... Sie werden keinerlei Feindseligkeiten provozieren ..." Er brauchte offenbar einige Zeit, um zu erkennen, daß es sich im Unterschied zu früheren irakischen Invasionen diesmal um eine Invasion handelte, die als *casus belli* betrachtet werden wollte, und daß es Zeit war, gegen den Irak in den Krieg zu ziehen.

Abbildung 7: *George Bush als „doppelter" Gottkönig*

C. *Den Triumph des Guten über das Böse in Szene setzen* – Die theologische Sprache aller Kriege[16] ist notwendig, um die schmutzige Arbeit, Leuten die Gesichter und Gliedmaßen wegzuschießen, in einen heiligen Kampf zwischen Gut und Böse zu verwandeln. „Es gibt *Böses* auf der Welt", teilte der Kongreßabgeordnete Solarz dem amerikanischen Volk mit, als er bei der Abstimmung für das Einschreiten Amerikas die Kräfte anführte, die für den Krieg waren.[17] Präsident Bush sagte wiederholt, daß Amerika für eine Neue Weltordnung kämpfte, die, wie er versprach, eine Neue Ära des Friedens in der Welt herbeiführen würde. Die Nation teilte diese Wiedergeburts-/Wiederbelebungs-Fantasien. Am Tag, nachdem das amerikanische Militär seinen Angriff begonnen hatte, waren die Zeitungen voll mit Stellungnahmen „einfacher Amerikaner", die sagten, sie fühlten, daß „der Lauf der Geschichte sich geändert hat ... Ich weiß nicht genau, was das heißt, aber ich weiß, daß die Dinge ab jetzt anders sein werden ... Das Land hatte eine Schwelle überschritten ... Ich weiß nicht genau wie, aber die Einstellungen werden jetzt anders sein ... Das [ist] eines von jenen Ereignissen, die das Ende einer alten Ära und den Beginn einer neuen markieren".[18] Auch die irakische Kriegssprache war voll von der Bildlichkeit einer heiligen Reinigung, wenn etwa gesagt wurde, daß die Amerikaner „sich Gott widersetzt und Mekka entweiht" hätten, daß der Krieg „unsere Seelen und das Land von den Fremden reinigen" würde und daß der Irak bei der „endgültigen Auseinandersetzung zwischen Ungläubigen und Gläubigen, zwischen Gut und Böse" siegreich sein würde.[19]

So wie antike Gesellschaften ihre rituellen Reinigungskriege oft unter der Ägide von Sturmgottheiten führten, nannte Amerika seinen Krieg *Desert Storm* – als ob er seine „Bestimmung in der Wüste" durch die vorübergehende Gewaltsamkeit eines Wüstensturms erfüllen würde, der eine ausgedörrte Welt bewässerte und neue Fruchtbarkeit hervorbrächte. Sogar der Einsatz tödlicher Waffen wurde in religiösen Metaphern beschrieben, von „der Neuen Ära im Luftkrieg" zum „Wunder der Patriotischen Rakete". Nachdem der König dargestellt werden mußte, wie er mit seiner *Ehrfurchtgebietenden Macht* auf magische Weise das Reinigungsritual ausführte, waren die Medien vor dem amerikanischen Einmarsch

---

[16] Ira Chernus, Dr. Strangegod: On the Symbolic Meaning of Nuclear Weapons, Raleigh 1986.
[17] *New York Post* vom 17. Januar 1991, 31.
[18] *The New York Times* vom 16. Januar 1991, A1, und vom 18. Januar 1991, A1.
[19] *New York Post* vom 11. August 1990, 3; *New York Newsday* vom 12. Januar 1991, 10.

voll mit Schlagzeilen wie „USA KÖNNEN IRAK IN 5 TAGEN NIEDERMACHEN" – ein regelmäßig wiederkehrender historischer Irrtum, wie Abraham Lincolns Vorhersage, daß der amerikanische Bürgerkrieg nur 20 Tage, oder auch die Vorhersagen, daß der Erste Weltkrieg nur drei Monate dauern würde, belegen.[20]
Jede Anstrengung mußte unternommen werden, um den Eindruck zu erwecken, daß die *Kosmische Schlacht* nur die Vertreter des Bösen tötete. Daher kam den Berichterstattern die Aufgabe zu, ihre Leser von dem Blutbad abzulenken, das tatsächlich veranstaltet wurde, indem sie flächendeckende Bombardements „chirurgische Schläge" und Zehntausende verstümmelte Körper irakischer Zivilisten „Begleitschaden" nannten. Ein Fernsehreporter teilte der Nation, nachdem die ersten achttausend Lufteinsätze die irakischen Streitkräfte zertrümmert hatten, mit: „Bald müssen wir den Luftkrieg beenden und anfangen, Menschen zu töten"[21] – als ob Amerika nur bösartige Gebäude und Ausrüstung bombardierte und keine Menschen. Daß die Medien bei dieser Ablenkung der Öffentlichkeit von der furchtbaren Wirklichkeit des Krieges erfolgreich waren, wird durch die Beobachtung im *New Yorker* angezeigt, daß „für diejenigen von uns, die in den USA an ihren Fernsehgeräten hingen, der Krieg im persischen Golf am ersten Tag und noch einige Zeit danach eine unheimliche Fernbedienungs-Qualität hatte. Zu Zeiten schien es, als ob wir einen Krieg um Technologie verfolgten".[22] Der Krieg folgte Szene für Szene dem Film *Star Wars*, voll mit lauter geschniegelten Luke Skywalkers, die die Bunker des Darth Vader mit High-Tech-Laserbomben in die Luft jagten.
Der Golfkrieg hatte wie alle Rituale sein Drehbuch von Gott – das heißt vom Furchterregenden Elternteil der Kindheit – und wies daher die Eigenschaft der Zwangsläufigkeit auf, die ihn gefühlsmäßig so aussehen ließ, als läge er nicht in den Händen derjenigen, die ihn ausführten. „Es lag immer eine bestimmte Unvermeidbarkeit darin", wurde Bush zitiert, als er den Befehl zum Einmarsch gab, und man berichtet, daß er in der ersten Nacht des Krieges „der Nation zusah, als sie in den Krieg zog – wobei sie beinah exakt seinem Drehbuch folgte –, während er in einem ans *Oval Office* grenzenden kleinen Arbeitszimmer saß und mit der

---

[20] *New York Post* vom 20. Dezember 1990, 2; Geoffrey Blainey, The Causes of War, New York 1973, 41–45.
[21] WCBS-TV am 21. Januar 1991.
[22] *The New Yorker* vom 28. Januar 1991, 21.

Fernbedienung seines Fernsehers zwischen ABC und CNN herumschaltete ... [Er] bemerkte ruhig: ‚Genau wie es geplant war.'".[23]

Wirklich unvermeidlich war natürlich die Notwendigkeit des Opfers von menschlichem Leben. Die militärischen und politischen Ziele des Krieges waren deshalb so unbestimmt geblieben, weil es das eigentliche Ziel des Krieges war, Opfer zu töten, und nicht, Erdölvorkommen zu schützen oder amerikanische Arbeitsplätze zu retten oder einen Scheich wieder auf seinen Thron zu hieven. Nachdem die Grundformel des Krieges lautet: „Füg anderen zu, was man dir angetan hat", konnte der Krieg erst dann ein Ende finden, wenn genug Menschen getötet worden waren, um den *Furchterregenden Elternteil* in unseren Köpfen zufriedenzustellen, und kein bißchen früher. Es gab zum Beispiel einige Experten, die argumentierten, daß *jeder* Bodenkrieg unnötigerweise amerikanische Soldaten tötete; nachdem Kuwait Wüstenlandschaft ist und Amerika die totale Kontrolle über den Luftraum besaß, war es lediglich erforderlich, den irakischen Streitkräften die Nahrungs- und Wasserversorgung abzuschneiden und ein paar Wochen zuzuwarten, bis sie sich ergaben.[24] *Jeglicher* Einmarsch diente ganz einfach der Erbringung ritueller Opfer.

D. *Die Feier der Wiedergeburt des Lebens* – Weil das rituelle Opfer die sündhaften, deprimierten Gefühle der Nation erleichtert, indem es die traumatische Gewalt rituellen Opfern auferlegt, gibt es beim Kriegsausbruch stets eine ungeheure emotionale Erleichterung. Und so erschienen, gleich nachdem der Irak in Kuwait eingefallen war, dankbare Kommentare in den Medien, etwa in einem Artikel der *New Republic*, wo es hieß: „Saddam Hussein hat der Welt einen Gefallen getan, indem er in Kuwait einmarschiert ist", und in Ben Wattenbergs Kolumne, der er die Überschrift gab: „DANKE, SADDAM, DAS HABEN WIR GEBRAUCHT." Ein Medienexperte, Prof. Ray Brown, schloß: „Wir haben uns schon seit Monaten schlecht gefühlt ... Plötzlich fühlen wir, daß wir wieder ein Ziel haben".[25]

---

[23] *The Washington Post* vom 16. Januar 1991, A1; *New York Post* vom 17. Januar 1991, 8.

[24] Edward Luttwak, *McNeil/Lehrer News Hour* vom 30. Januar 1991; *New York Post* vom 31. Januar 1991, 4.

[25] *The New Republic* vom 3. September 1990, 9; *New York Post* vom 7. August 1990, 21.

Abbildung 8: *Der jubelnde Priester, der das rituelle Opfer präsentiert*

Abbildung 9: *Amerika fühlt sich sicher, nachdem es seine Ängste auf die Truppen übertragen hat*

Abbildung 10: *Am Valentinstag sehnt sich Amerika nach analer Vergewaltigung*

Abbildung 11: *Amerika fühlt sich durch den Krieg wiedergeboren*

Abbildung 12: *Das Kastrieren des Feindes.* „Zuerst schneiden wir's ihm ab, dann bringen wir's um."

Abbildungen 13a und 13b: *Der als Gott wiedergeborene Gottkönig*

Als erst einmal ein lebender Feind auserkoren war, hörten die Rückblenden in unseren Köpfen auf. Die Stimmung in Amerika veränderte sich dramatisch. Nachdem Amerika mit der Bombardierung begonnen hatte, schnellten die Zustimmungsraten für den Präsidenten und die Börsenkurse in die Höhe, während alle Geschichten darüber, wie deprimiert Amerika sich fühlte und wie unvermeidlich eine schwere weltweite Rezession war, verschwanden. Alles Böse lag nun im Feind, während ein neues, vereinigtes, wiedererstarktes Amerika ohne die hinderliche emotionale Störung, die es im voraufgegangenen Jahr gelähmt hatte, „mit seinem Job (zu leben) fortfahren" konnte.

Daß traumatische Kindheiten die Quelle dieser periodisch wiederkehrenden, allgemein geteilten Zustände des post-traumatischen Streß-Syndroms sein können, mag jene unwahrscheinlich dünken, die glauben, daß die Kindheit für die meisten Amerikaner im großen und ganzen einigermaßen glücklich verlaufen ist. Hingegen wird jeder, der den beachtlichen Forschungen zur Geschichte der Kindheit folgt, die von unserem *Institute for Psychohistory* in den letzten zwei Jahrzehnten veröffentlicht worden sind,[26] erkannt haben, daß die durchschnittliche amerikanische Kindheit bis in die 40er Jahre, als (beginnend mit der „Spock-Generation") sanftere Formen der Kindeserziehung größere Breitenwirkung erlangten, tatsächlich ziemlich traumatisch gewesen ist – weitverbreitete körperliche Grausamkeit und sexuelle Belästigung eingeschlossen. Tatsächlich steht die Spaltung zwischen denjenigen Amerikanern, die meinten, daß „unvermittelt, massiv und entschieden ... Gewalt angewandt werden muß", um Saddam Hussein eine Lektion zu erteilen (Außenminister James Baker), und jenen, die meinten, daß „der Irak durch das Zurückhalten der Versorgungsmittel infolge des Embargos diszipliniert werden kann" (die Demokraten im Kongreß), für eine Spaltung zwischen denen, die in ihrer Kindheit mittels traumatischer körperlicher Gewalt gezüchtigt wurden, und jenen, die durch ein Zurückhalten der elterlichen Zuwendung diszipliniert wurden. Sogar die Sprache der Anführer spiegelte ihre jeweilige Kindheit wider. Obwohl es gegenwärtig keine detaillierten Psychobiographien gibt, kann man in vielen Anspielungen George Bushs, wie etwa in seiner Drohung, Hussein „in den Arsch zu treten", die Züchtigungspraxis seines strafenden Vaters erkennen („er legte uns übers Knie und vertrimmte uns mit seinem Gürtel. Er hatte einen kräftigen Arm, und Mann, das haben wir ge-

---

[26] Literaturangaben dazu finden sich in: deMause, *History of Child Assault*, 1–29.

spürt")²⁷. In ähnlicher Weise spiegelt sich Husseins eigene traumatische Kindheit – seine schmerzhafte, blutige Beschneidung als Knabe eingeschlossen – ohne Zweifel in seinen Ansagen, daß seine Mission darin bestehe, „den Zweig Kuwait zurück zur Wurzel zu führen", und daß die Amerikaner dazu gebracht werden würden, „in ihrem eigenen Blut zu schwimmen".²⁸
Nachdem die Kindheit sich tatsächlich langsam verbessert,²⁹ brennen mit jedem Jahrzehnt immer weniger Menschen enthusiastisch darauf, in den Krieg zu ziehen. Frauen – die vor einer Generation weitaus weniger körperliche Züchtigung als Knaben erhielten – waren einen Monat, bevor er ausbrach, mit 73 zu 22 Prozent gegen den Krieg – während Männer im Hinblick auf die Wünschbarkeit des amerikanischen Eingriffs zur Hälfte gespalten waren.³⁰ Meinungsumfragen zeigen konsequent, daß umso weniger Menschen einem Krieg zustimmen, je geringer das Alter der Befragten ist. Hoffentlich darf man erwarten – so könnte man schließen, wenn der Krieg denn wirklich die nationale Reinszenierung des Kindheitstraumas ist –, daß die Beseitigung der traumatischen Kindheit für die größtmögliche Zahl von Menschen letztlich zugleich das Ende kriegerischer Auseinandersetzungen bedeuten wird ... vorausgeschickt, daß wir die Welt nicht vorher in die Luft jagen.

---

[27] Barbara T. Roessner, Obedience, Diligence, and Fun: Bush's Extraordinary Family Life, Recalled by Brother Prescott, in der *Times-Union* (Jacksonville, Florida) vom 15. Januar 1989, A3.
[28] *The Wall Street Journal* vom 7. Februar 1991; *The New York Times* vom 7. Januar 1991, A1; *New York Newsday* vom 13. Januar 1991, 7; Rafael Patai, The Arab Mind, New York 1983.
[29] Vgl. meine Artikel zur Geschichte der Kindheit im vorliegenden Buch.
[30] Louise Harris, The Gender Gulf, in *The New York Times* vom 7. Dezember 1990, A35.

Rotraut De Clerck (Hg.)
Trauma und Paranoia
Individuelle und kollektive Angst im politischen Kontext

2006 · 147 Seiten
Broschur · ISBN 978-3-89806-510-8

Trauma ist charakterisiert durch das »Loch« – im Bewusstsein und in der Sprache –, die Symbolisierung, die nicht gelingt und nicht gelingen kann.
Das angreifende Böse bleibt als bedrohliches Unfassbares mit seiner zerstörerischen Wirkung erhalten und kehrt wie ein Bumerang in der Paranoia als Projektion zurück. Auf der Ebene des Individuums sind es unbestimmte imaginäre Feinde, die es angreifen und ihm auflauern, auf der Ebene der Politik sind es Parteien oder Institutionen, auf der Ebene der Gesellschaft sind es andere Völker und Staaten. Über diese Linie von der Mikro- hin zur Makroebene sich erweiternd machen die Beiträger dieses Bandes den Zusammenhang von Trauma und Paranoia infolge von kriegerischen Auseinandersetzungen verständlich und loten seine Relevanz für Gesellschaftsanalysen aus.

Mit Beiträgen von Micha Brumlik, Werner Bohleber, Rotraut De Clerck, Ilany Kogan, Ulrike Prokop und Hans-Jürgen Wirth

Eberhard Th. Haas (Hg.)
100 Jahre *Totem und Tabu*
Freud und die Fundamente der Kultur

2012 · 299 Seiten · Broschur
ISBN 978-3-8379-2092-5

»Freuds *Totem und Tabu* gehört zu jenen Büchern, die alt werden müssen, um in ihrer Radikalität erkannt zu werden. Wenn wir heute von einem Buch sagen, es sei radikal, so meinen wir, daß es wichtige Probleme unserer Gegenwart in ein klares und scharfes Licht taucht.«
Mario Erdheim

Freuds Kulturauffassung, die er zeit seines Lebens vertrat, lässt sich als maßgeblichen Beitrag zu einer allgemeinen Theorie des Opferrituals ansehen. 100 Jahre nach Erscheinen von *Totem und Tabu* ist dieses Buch immer noch Gegenstand heftiger und fruchtbarer Kontroversen. Gerade in den Humanwissenschaften hat das Thema »Ritual« erneut besondere Aktualität gewonnen.

Die Debatte wird im vorliegenden Band von Kulturwissenschaftlern verschiedener Disziplinen fortgeführt und um erstmals ins Deutsche übersetzte Texte ergänzt. Die hier versammelten Aufsätze sind den zentrifugalen Kräften des Spezialistentums entgegengerichtet und haben das Potenzial zu einer Theoriesynthese.

Mit Beiträgen von Elizabeth Bott Spillius, Ulrike Brunotte, Paula Elkisch, Robin Fox, René Girard, Eberhard Th. Haas, Alfred L. Kroeber, Cyril Levitt, Margaret Mead, Wolfgang Palaver, Uwe C. Steiner und Herbert Will

Sudhir Kakar
Kultur und Psyche
Psychoanalyse im Dialog mit nicht-westlichen Gesellschaften

2012 · 149 Seiten · Broschur
ISBN 978-3-8379-2098-7

»Sudhir Kakars Bücher zu lesen, bedeutet immer eine große Freude. Seine Mischung aus Wissen, Humor und Weisheit ist so selten wie sein sowohl schriftstellerischer und zugleich psychoanalytischer Zugang zur Welt.«
die tageszeitung

Der bekannte indische Psychoanalytiker Sudhir Kakar zeigt, dass die Rolle der Kultur in der Ausbildung der Psyche ebenso grundlegend in der menschlichen Entwicklung ist wie früheste körperliche Erfahrungen oder familiäre Erlebnisse. Kakars Ansatz zeichnet sich nicht nur dadurch aus, dass er die Psychoanalyse anwendet, um nicht-westliche Kulturen besser zu verstehen; er stellt auch psychoanalytische Modelle infrage, von denen Universalität angenommen wird, die sich aber historisch und kulturell auf den modernen Westen beschränken.

Die vorliegenden Essays behandeln die Rolle der Kultur und kulturelle Unterschiede in verschiedenen Kontexten. Themen sind die Psychotherapie mit nicht-westlichen Patienten, Erfahrungen und Identität von Immigranten, die indische Identitätsbildung, Liebe in der islamischen Welt und das psychoanalytische Verständnis von Religion.

Psychosozial-Verlag

Oliver Decker, Christoph Türcke, Tobias Grave (Hg.)
Geld
Kritische Theorie und Psychoanalytische Praxis

Wolfgang Harsch
Der Midaskomplex
Zur unbewussten Bedeutung von Gold, Geld und Kapital

2011 · 195 Seiten · Broschur
ISBN 978-3-8379-2128-1

2012 · 334 Seiten · Broschur
ISBN 978-3-8379-2143-4

Die Rolle des Geldes für den globalen Kapitalismus ist kaum zu überschätzen. Aber ist seine Bedeutung allein ökonomisch erfassbar? Sogar Banker räumen ein, dass in den Bewegungen des Finanzmarkts viel Psychologie steckt. Nur von Tiefenpsychologie sprechen sie gewöhnlich nicht – davon, warum Geld derart libidinös besetzt ist. Die Beiträger nehmen die Finanzkrise zum Anlass, Geld erneut in den Fokus kritischer Gesellschaftstheorie und Psychoanalyse zu stellen. So werden das Finanzsystem betreffende Hypothesen in weit umfassenderem Sinn erforscht als in der Ökonomie üblich.

Mit Beiträgen von Jean Clam, Martin Eichler, Hannes Gießler, Rolf Haubl, Robert Heim, Horst Kurnitzky, Claus-Dieter Rath und Sonja Witte

Gewinnmaximierung und Profitgier bestimmen zunehmend unser gesellschaftliches Zusammenleben. Doch welche Wünsche und Ängste stecken hinter diesem Drang, alles in Gold verwandeln zu wollen? Ausgehend vom Ovid'schen Midasmythos analysiert der Autor, welche unbewussten und infantilen Vorstellungen mit der menschlichen Gier nach Gold verbunden sind, und zeichnet die Entwicklung des Midaskomplexes nach. Er beschreibt, wie der Midaskomplex gesellschaftlich und individuell immer wieder neu entsteht, wie er sich historisch verwirklichte, generalisierte und globalisierte.

Ziel des Buches ist es, den Midaskomplex aus seinem Schattendasein herauszuführen und dem Ödipuskomplex zur Seite zu stellen. Damit leistet es einen genuin psychoanalytischen Beitrag zum Verständnis der unbewussten Bedeutung von Gold, Geld und Kapital.

Walltorstr. 10 · 35390 Gießen · Tel. 0641-96 99 78-18 · Fax 0641-96 99 78-19
bestellung@psychosozial-verlag.de · www.psychosozial-verlag.de

Psychosozial-Verlag

Paul Klaus-Dieter Bär
Architekturpsychologie
Psychosoziale Aspekte des Wohnens

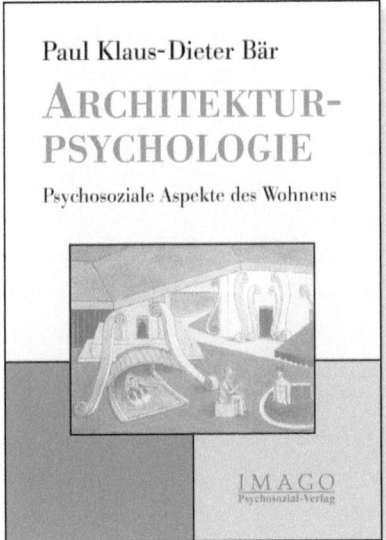

März 2008 · 223 Seiten · Broschur
ISBN 978-3-89806-756-0

»Der Autor bezieht auch tiefenpsychologische Dimensionen, wie das Unbewusste und Archetypen, in seine Betrachtung mit ein. Die einzelnen Kapitel werden durch anschauliche Darstellungen, Checklisten und Fragebatterien aufgelockert.«
Public Health, 2008

Die Wohnung ist das Zentrum des privaten Lebens. Paul Klaus-Dieter Bär erläutert die Verbindung zwischen unseren Wohnbedingungen und unseren psychischen Bedürfnissen und stellt seine Konzepte der Wohnberatung dar, die er mit der Architekturpsychologie verbindet. Umweltaspekte der Wahrnehmung, des Erlebens und des Verhaltens werden auf das Wohnen transponiert. Ebenso werden tiefenpsychologische Dimensionen einbezogen. Zur Ermittlung von Wohnzufriedenheit und Wohnpräferenzen stehen fundierte und plausible Fragebögen zur Verfügung.

Walltorstr. 10 · 35390 Gießen · Tel. 0641-969978-18 · Fax 0641-969978-19
bestellung@psychosozial-verlag.de · www.psychosozial-verlag.de

www.ingramcontent.com/pod-product-compliance
Ingram Content Group UK Ltd.
Pitfield, Milton Keynes, MK11 3LW, UK
UKHW041946230426
12048UKWH00008B/163